朝鮮解放一年史

民主主義民族戰線

編輯

1946

韓國學資料院

朝鮮解放一年史

民主主義民族戰線
編輯

1946

圖書出版
書籍卸賣

文友印書館

本館 京城府鍾路区中學洞十二番地
分館 京城府鍾路区鍾路四丁目一一二番地
電話 本館光化門③三八七三
分館東大門⑤二二四五
振替口座京城三五六七八番

合同通信社調査部

合同通信社調査部

朝鮮左翼書籍出版協議會

우리書院

서울市慶雲町九六

電話光化門三九九九

(書籍目錄寄贈)

中央新聞

셔울신문

朝鮮人民報

朝鮮産業新聞

青年解放日報

獨立新報

現代日報

建國

民戰事務局 編纂

朝鮮解放年報

一九四六年版

文友印書館

編輯者의 말

카이로 포스담宣言에서 朝鮮의獨立을 約束하여준지 임의오래였고 日帝의 殺人的虐政에서 解放된지도 벌서二年이 되였으나 遺憾스럽게도 우리民族의 最大目的인 自主獨立은 아직되지못하였다。그렁나 우리는 解放後 朝鮮의政治運動이 일즉히 前古에 보지못할만큼 長足的으로 發展하야 近代的 世界水準에까지 進出하였다 할수있으니 이것은 오로지 우리建國鬪士들의 慘憺한苦心과 犧牲的努力이 多大한것은 알어야할것이다. 이에우리는 過去의 鬪爭史를 批判하며 앞으로의 나갈길을 提示하기爲하야 本年報를 發行한다。

무릇 歷史의進展은 不絕한 矛盾의集積과 그의爆發에서만 있을수있으므로 여기에는 不斷한鬪爭이附作되는것이다。그렁므로 우리가 過去解放一年史를 回顧할때에 許多建國鬪士와 人民大衆의 鮮血이 淋漓하고 戰跡에 點綴한 歷史的자취를 뚜렷이바라볼수있다。

解放後 組織된 各政黨과 各政治團體와의 對立鬪爭、人民委員會를 中心으로한 人民的組織活動、親日派 民族叛逆者를 背景으로한 反動團體들의 大亂舞、三國外相會議決定支持와 反託運動、同胞殺戮을 일삼는 惡質分子의 테로行爲等々 헤아릴수없는 數多의事實은、民主主義와 反民主主義의 原則的對立을 反映하는 歷史的事實이다。

그렁나 合理란、더욱히 歷史의偉大한 發展을 옳은方向으로 引導하는眞理란、피비린내나는 鬪爭中에도 正確하게 항상人民大衆의 나갈길을 提示하고있는것이니 이것이 우리朝鮮人民을 本位로하고 그들에게 政治的、經濟的、社會的、文化的創造性을 確保하여주는 進步的民主々義運動의 正當한 路線이라는것이다。그러하야 反動分子들은 殘虐한 暴力과 選擇없는 手段方法으로써 이運動의進展을 阻害또는後退시키려하였으나 人民大衆은 國際的新環境과 國內的新比重에 强力히依據하야 敢然한 鬪爭을繼續하여왔다。後世의 史家와 現代의 論評者들은 이解放一年史에對하야 人民大衆이 一切反民主々義運動과 對立鬪爭하는데에서만 그重點을 發見치않을수 없을것이다。그러므로 本年報의 內容은 過去鬪爭史의摘發、觀察、把握、提起의 方法에있어서 民族建設의主力인 民主々義運動의 發展狀況과 그의必然的經過에證示하고 따라서 民主々義運動의 發展的前途를 明確히 提示하려는데에 그目標와意圖가 있는것이다。今後에本年報를 繼續刊行 하려는분도 이點을반드시 參酌하려니와 讀者諸賢도 이러한 見地에서 聲援하여주기바란다。

本年報를 刊行함에있어서 解放後 初試驗의 出版物인만큼 執筆者、材料蒐集、出版技術에對하야 많은困難을發見하였다。諸賢은 以上여러가지點을 充分히 諒解하시고 來年號부터 充實하여지기를 미리바라는바이다。

一九四六年八月

朝鮮解放年報出版部

編輯委員

李康國
崔益翰
朴文圭
李錫台

執筆者（無順）

崔益翰
鄭　甲
朴熙秉
朴憲永
李鍾世

白斗鉉
李康國
鄭　栢
金桂林
李錫台
金午星
韓永煌
尹　赫
高讓甫
朴世榮
韓志成
韓澤五
李桂順
文一民
朴貢模
朴景洙

金正洪
鄭洪錫
張錫斗
科學者同盟
在美韓聯
羅承裵
金世溶
李哲宰
朴克采
姜聖宰
韓炯奇
辛鍾立
高明子
玄又玄
李　琉
朴永鍾

李乃燕
韓圭鵬
文殷鍾
宋鎭璟
朴俊泳
洪章燮
金南天
尹喜淳
李世德
朴榮根
秋　民
溫樂中
鄭泰植
金革史
陳朋錄

次例

第五章 國內事情

第六章 政治

第七章 經濟

第九章 勞 働

第十章 土地問題

第十一章 文敎

第十二章 文化

第十三章 宗 教

第十四章 三八以北事情

次例

解放의 노래

朝鮮音樂同盟 撰

一、朝鮮의 大衆들아
들어보아라
우렁차게 들녀오는
解放의 날을
示威者가 울니는
발굽소리와
未來를 告하는
아우성소리

二、勞働者와 農民들은
힘못다하야
놈들에게 떠앗긴
土地와 工場
正義의 손으로
奪還하여라
제놈들의 힘이야
그무엇이랴

民戰行進曲

林和 金光均
吳章煥 金起林 詞

一、日帝의남은뿌리
掃蕩의싸움이다
나가자民主主義
民族의戰線으로.

人民이가는곧 가는곧마다
民戰은함께進軍한다
人民이가는곧 있는곧마다
民戰은있다 지키고있다

二、封建의남은자취
쓸어엎새버리자
우리의民主主義
民族의戰線으로

三、男女와老少없다
모도다달녀와서
戰列에지체말자
民族의戰線으로

四、愛國의가面을쓴
팟쇼를부시자
우리의民主主義
民族의戰線으로

日誌

八月

八・一五—七・二〇

十四日 日本政府、蘇、米、英、中、四個國에對하야포쓰담宣言受諾通告

十五日 朝鮮解放의날이되읍니다。正午日皇裕仁은聯合國에對하야日本의無條件降伏을放送 朝鮮完全獨立條項이包含된「카이로」「포쓰담」宣言內容發表▼阿部總督招請으로呂運亨氏總督府에서治安政務接收와會談結果、呂氏가提出한五個條要求를阿部總督全面的受諾▼政治犯一部出獄(서울市內刑務所及各警察署留置場에서)▼桂洞某處에서在京革命者들이會合하고上記要請五個條를中心으로議論。

十六日 早曉共產主義者들이朝鮮共產黨을結成하고本部를長安빌딩에두다(俗稱長安派共產黨) 高麗共產黨組織準備委員會共同會合하야京城市黨部結成▼全朝鮮各刑務所에서政治、經濟犯大部分出獄▼安國洞徽文中學校에서在京革命者大會開催▼京城市民蘇聯軍歡迎次로驛頭集結▼京城各地에서人民解放行進이有하다▼[illegible]發領、金光洙氏等每日新報社를占領하고『解放日報』로改題下에第一號發行하였으나日軍干涉으로發刊中止。

十七日 建國準備委員會臨時部署를決定하고猛活動開始▼全朝鮮各地에殘留한政治、經濟犯全部出獄▼治安隊、保安隊、朝鮮學徒隊等結成하야各地의治安及交通整理에活動▼朝鮮共產黨各地支部結成開始。

十八日 朝鮮共產主義靑年同盟[illegible]에서結成▼朝鮮文化建設中央協議會結成▼政治運動者救援會發生▼建國靑年治安隊、學兵等結成開始。

十九日 蘇聯軍北明川以北까지進駐▼日本人所有의各機關과施設을우리들의손으로接收開始。

二十日 朝鮮共產黨再建委員會結成(俗稱再建派共產黨)▼蘇軍北朝鮮全域占領

二十一日 蘇軍平壤、咸興에進駐▼하지中將麾下의米軍이朝鮮에進駐한다는데라를米機가出現하야撒布▼建準宣言綱領發表▼日軍政當局이建準治安隊解散要求。

二十二日 建準은沈默을지키고朝鮮共產黨은다시地下運動展開▼蘇軍開城、海州等地進駐。

二十三日 建準部署決定(十二部)▼蘇軍元山上陸▼맥아―더元帥二十八日東京서平和會議開催預定言明。

二十四日 日本降伏의正式調印은三十一日東京灣內米艦隊「미조리」號上에서擧行하기로決定。

二十五日 二十六日午後四時부터同八時까지 米軍約一萬八千仁川에上陸하야一部解放軍入城은、二十七日豫定이라고發表▼朝鮮과北部는蘇軍이京城以南은米軍이日本軍武裝解除가完了되고新政府가樹立된때까지治安維持目的으로臨時駐屯한다고放送으로부터放送。

二十六日 建準幹部及人事決定發表(一局十二部)▼日本의對聯合國降伏調印式은四十八時間延期라고發表。

二十七日 日本降伏調印式은九月二日、聯合軍의日本本土上陸은八月二十八日、맥아―더元帥의日本到着은八月三十一

日이라고主로平壤에서放送。

二十八日 北朝鮮의治安及行政全權을모다各地人民自治機關에로다오다。

二十九日 蘇軍平壤各工場其他機關接收完了。

三十日 聯合艦隊三百八十隻橫須賀에入港하고 맥아더元帥厚木飛行場에到着

三十一日 建準은日本의最後發狂的抵抗으로그活動에[illegible]責任을지고中央執行部全部委員長에게辭表提出。

九月

一日 市內中學町大東證券會社에서共黨召集下에在京共產主義熱誠者大會開催▼朝鮮國民黨結成▼朝鮮學兵同盟結成

二日 降伏調印式은午前九時十五分橫須賀上「미조리」艦上에서完了

三日 降伏文書에依하야朝鮮의北緯三十八度以北은蘇軍以南은美軍이分割占領한것을發表▼降伏文書內容全文發表▼建準百三十五名委員을招請하여第一回委員會를開催

四日 建準委員全體大會開催呂運亨、安在鴻兩氏留任과許憲氏副委員長으로選任決定。

六日 在日本朝鮮人聯盟結成大會로東京各朝鮮人團體合合、中央委員新部署組織、發表▼朝鮮國軍準備隊組織綱領、規約、網成을發表▼美軍八日京城進駐를發表▼午後九時京畿高女講堂에서全國人民代表者大會를千餘名代表參集下에開催하고國號는朝鮮人民共和國으로決定、人民委員五名十名、候補二十名、顧問十二名選出하야 中央人民委員會를組成하다。

八日 平壤人民委員會行政部署決定、委員長에曹晩植氏▼午後一時米軍仁川上陸開始▼交通運行禁止▲學兵同盟과政治[illegible]한市街行進으로會社[illegible]의賃金問題로從業員罷業開始▼北朝鮮小作料三七制決定▼[illegible]에서在京共產主義者[illegible]會[illegible]開催▼

九日 午前八時半米軍一部京城에入城▼午後三時前總督府第一會議室에서歷史的降伏調印式擧行▼阿部總督과[illegible]軍司令官降伏文書에正式調印完了▼呂運亨氏聯合軍에[illegible]을보냄▼[illegible]及政策決定。

十日 日本國旗降下式擧行▼午後二時仁川서日軍이[illegible]하고 聯合軍歡迎하는[illegible]同胞十三名을殺害。

十一日 在日本朝鮮人聯盟準備委員會結成▼아ー놀드少將朝鮮[illegible]代表約五十名을招請懇談▼中央人民委員會開催▼蘇軍[illegible]▼平壤에서小作料三一制決定▼國內各地에서는農民大會를開催하고小作料는現金納付키로決議▼[illegible]城北[illegible]하며[illegible]生[illegible]中[illegible]日[illegible]衝突되어李二[illegible]安[illegible]에넘어지다▼午後二時半하ー지中將施政方針을發表。

十二日 [illegible]人民委員會結成委員長[illegible]洛氏

十三日 [illegible]委員會支部가人民委員會로改組開始▼前記[illegible]二名[illegible]學校[illegible]一萬餘名聯合[illegible]行進▼美國記者團共產主義代表와會見▼美國記者團建準委員會訪問▼中央人民委員會小作料三七制決定發表。

十四日 [illegible]▼軍政長官아ー놀드少將任命▼하ー지中將府民館에서朝鮮政治、文化界의代表者를招請하야

施政方針을發表▼[illegible]院結成（委員長白南雲氏）▼咸南道人民委員會政綱及部署發表。

十五日 朝鮮人民共和國의行政部署政綱決定發表▼朝鮮共產黨再建發表하고鬪爭目標發表。

十六日 前總督府各局長을罷免▼美軍將校로分擔代行▼與南日鐵工場從業員들이스스로接收管理하게됨。

十七日 日人의公私有財產은全部朝鮮의것이라고하는美軍政長官言明▼하지中將各政黨代表와每週月火二回面談할것을發表。

十八日 鍾路三丁目派出所에手榴彈事件發生▼前總督府早田法務局長投獄▼夜間通行禁止時間短縮▼朝鮮文化建設本部市街行進▼學生들의市街行進은許可制라고美軍政廳發表。

十九日 延禧에서在日同胞救護班派遣▲부로文藝協會結成。

二十一日 美軍政當局武器回收令公布。

二十二日 日帝時代教育者로서의適格者를調査하고中等教員總辭職▼日帝時代의暴惡한警察官吏를一一罷免하는軍政長官令。

二十四日 國民學校一齊開學▼朝鮮學徒隊市街行進▼京電從業員들이職場에로나오라고軍政廳命令。

二十五日 五政黨合同하야國民黨을擴張▼朝鮮共產黨平南地區委員會綱領發表▼元總督府財務局長水田拘束。

二十七日 平壤에서第二次全國人民代表會議召集하고及其活動方針을決定發表▼咸北道人民委員會結成。

二十八日 日帝裕仁이맥아더元帥를訪問▼日本軍民의朝鮮에서의撤去方針을軍政[illegible]臨決定發表。

二十九日 美軍醫療同盟結成▼美國陸軍第二十五軍團將校四名 下士官元名으로組成된委員團과하지中將과의軍政的連絡을取하기爲하야、去二十五日부터서울에駐屯하고있다고軍政廳公報部發表▼廣學中央會館中에있는東京의正午와이번은오늘부터울니기始作。

三十日 米軍錦山에進駐▼訓民正音頒布四百九十九週年紀念日▼國民黨에서三十八度線撤廢를맥아더元帥에建議。

十月

二日 中央人民委員會에서國內日人財產全部는朝鮮의것이라고發表。

三日 中央人民委員會에서는明年三月一日第二次全國人民代表者會開催를發表。

四日 呂運亨氏와하지中將最初會見▼同時에하지中將側에서는呂氏에게對한誤解一掃。

五日 軍政長官顧問官에金性洙氏外十名任命發表▼各政黨代表者懇談會市內英國領事館에서開催▼朝鮮革命者救援會結成。

六日 日本共產黨再建▼日本政治犯全部釋放▼아놀드軍政長官三一運動志士孫秉熙氏外五名을招請하고朝鮮問題에對하야懇談。

七日 朝鮮이人共으로發展的解消▼全國農民組合總聯盟結成準備協議會를地方代表六十名參集下에서全國農民組合事務所에서開催。

八日 하지中將安在鴻氏를招請하야北緯三十八度線撤廢建議를米大統領에게傳達할것을示諾。

九日 아놀드軍政長官三十八度線撤廢問題及其他에對하야十五日頃까지美大統領에게特使를派遣하야朝鮮의要求를傳하겠다고記者團에言明。

十日 朝鮮共產黨代表朴憲永[illegible]兩氏、

서울으로政見發表▼日本共産黨大會開 廢止를說明▼在日革命同志金天海氏日本府中刑務所로부터出獄。

十一日 朝鮮共産黨第一回中央擴大委員會開催。

十二日 全國農民組合總聯盟南鮮人民委員會結成▼朝共、韓國同盟、國民黨、朝鮮[illegible]黨代表九名이모여統一戰線問題에對하야協議▼軍政廳에서保安法刑事訴訟法第七十二條等合을撤廢▼아너ㅣ-共和國否認。

十三日 朝共西北五道黨責任者及熱誠者大會開催。

十四日 呂運亨氏軍政顧問官就任▼和信從業員管理權自治問題로爭議▼淺野스레-트從業員退職金要求하고爭議。

十五日 中央人民委員會公報를時局宣言政權樹立要求▼在日本朝鮮人聯盟結成。

十六日 仁川市人民委員會結成▼軍政廳에서朝鮮人面長官七十名任命▼蒙古人民共和國政府樹立▼印度에서는人民나和國에對하야[illegible]布告▼[illegible]運動。

十七日 日本選擧法改正을公布▼하-지中將南部朝鮮[illegible]政策에臨한政府에 絶對協力하라고聲明。

十八日 江原道人民委員會結成▼서울人、釜山市民大會及市街行進은軍政廳許可撤回로中止▼北海道夕張炭山에서朝鮮人勞働者六千餘名罷業斷行▼日本社會黨結成準備委員會에서政治、外交、經濟에關한政綱政策을發表▼알젠친全國勞働者罷業開始▼鷄林勞働者罷業擴大(參加人員四十餘萬名)▼獨逸戰爭犯罪者逮捕▼獨逸共産黨活動許可。

二十日 全南道及仁川市人民委員會結成▼朝鮮精版社事件(幹部五名이辭任을要求하고總罷業▼軍政廳에서勞働賃金日當十七圓으로制定。

二十一日 朝鮮勞動組合十六個團體가朝鮮勞動組合中央委員會를結成。

二十二日 朝鮮國民黨發起的解消하고朝鮮人民黨結成日本社會黨結成政綱發表

二十三日 青年團體代表會結成(二十六靑年團體)

二十四日 서울市內國民學校開校式擧行

二十五日 李承晩博士를中心으로二百餘名政黨代表會合하야獨立促成中央協議會結成。

二十六日 全國勞組合結成大會開催▼東京讀賣新聞社從業員幹部排斥을聲明。

二十九日 中央人民委員會는第二次全國人民代表大會召集延期決定發表▼서울人民委員會同八名選擧▼[illegible]

三十日 朝鮮政府의信託統治適用說은軍政當局의意思가아니라고아-놀드軍政長官記者團에言明。

三十一日 六道經濟友會結成▼朝鮮鑛山勞働組合結成▼緊急法令을公布한다고民政長官하-지로드大佐談話。

十二月

一日 統一戰線問題로朝共代表朴憲永氏와李承晩博士要談。

二日 朝鮮交通運輸勞組朝鮮金屬勞組▼朝鮮一般使用人勞組朝鮮鐵道勞組朝鮮出版勞組朝鮮纖維勞組結成▼朝鮮國軍準備隊總司令部에서[illegible]▼서울人委各員長洪元植氏서울市長李範升氏를親日分子로彈劾하고하야彈劾。

三日 朝鮮土建勞組朝鮮化學勞組朝鮮通信勞組結成▼日本全學徒同盟組合東京에서結成▼第十六周年光州學生事件을記念하기爲하야學生國際問題로同時에記念하기로決定하고明治座에서記念式擧行。

四日 朝鮮木材勞組朝鮮電氣勞組朝鮮運

業勞組朝鮮鐵道部所屬組合結成▼東京市民[illegible]示威行進。

五日 朝鮮勞働組合全國評議會結成委員長許成澤氏▼朝共中央委員會에서聯合國勞働階級에[illegible]서지發送▼서울市內電車乘賃五十錢으로引上。

六日 朝鮮靑年代表學友會[illegible]月館에서懇談會開催하고[illegible]의問題로[illegible]合。

七日 朝鮮産業勞働調査所創立總會開催▼開天節紀念式서울市[illegible]場에서擧行▼中國共産黨延安方民衆大會開催▼[illegible]元澤氏軍政布告令違反으로二千四百圓罰金刑六十日에處함[illegible]로시아革命記念日(一九一七)市內各處에서記念講演會開催。

八日 朝鮮新聞會全體委員會開催▼하—지三軍政長官民情視察次南鮮地方으로出發▼日本共産黨全國協議會東京서開催▼[illegible]會社從業員[illegible]反對하고罷業[illegible]。

九日 日本自由黨結成。

十日 京畿道人民委員會結成(委員長朴衡秉氏)▼軍政廳서朝日新聞에停刊命令▼朝鮮化學勞組結成▼水原農民[illegible]事件을呂運亨氏出馬調停。

十二日 八·一五出獄同志會結成▼靑年團體代表會에서群小政黨統合을勸告▼朝鮮東拓은新韓公司로再出發(資本金十億圓)

十三日 아—놀드軍政長官北朝鮮과의[illegible]交渉中이라고言明。

十四日 各政黨行動統一準備委員會開催▼朝鮮共産靑年同盟、世界共産主義靑年大會에[illegible]打電▼日本共産黨擴大强化促進委員會에서天皇制打倒等九個條綱領決定發表。

十五日 軍政廳에[illegible]設置하고[illegible]募集。

十六日 全國靑年同盟代表會를合體로全國靑年團體同盟結成。

十七日 軍政廳內에[illegible]하기爲하여人事問題[illegible]委員會[illegible]朝鮮經濟再建問題에關하여美蘇交涉中이라고[illegible]▼佛蘭西[illegible]共産黨과의意見不一致로組閣斷念▼佛共産黨[illegible]後任으로社會黨首[illegible]그[illegible]主席으로推薦。

十八日 아테네에서알바니아에對한米英兩國政府에反對하고十餘萬民衆示威運動▼美國、比律賓에五億圓借款供與。

二十日 全國人民委員會代表者大會[illegible]天道敎記念館에서代表七百餘名參集開催。

二十一日 人民代表大會第二日。[illegible]을[illegible]大會場에侵入[illegible]行。

二十二日 人民代表大會終了 ○人委員六[illegible]執行委員會開催。

二十三日 [illegible]日報[illegible]으로改名發刊▼全美國의工場勞働者四十八萬名罷業▼印度各地에서反英暴動勃起▼在[illegible]大韓臨時政府要人金九氏以下十四名個人資格으로歸國▼[illegible]統一[illegible]하여發展的解消를[illegible]行。

二十四日 金九氏軍政長官과會談 各政黨代表와會見。

二十五日 [illegible]五個年計劃發表。

二十七日 金九氏[illegible]와會見要請▼和信[illegible]賃金引上待遇改善[illegible]爭議▼[illegible]要求▼[illegible]。

二十八日 三十八度線問題로駐[illegible]大使[illegible]政下[illegible]會談開催。

二十九日 四十一個進步的民主主義青年團體代表協同會議에서「서울市聯盟」을結成▽右翼側青年團體外國民黨會議室에서獨立促成中央青年會結成。

三十日 지난二十五日人委全國代表大會決議文을中央人委에서發表▽東亞日報發刊▽軍政廳鑛工局에서勞働仲裁所新設▽朝共政見發表放送▽朝鮮滿洲의日本投資賠償支拂에充當하겠다고賠償使節포ー레氏發言。

十二月

一日 京畿道農民組合聯盟結成▽安在鴻、朝鮮獨立同盟金科奉、崔昌益、武丁諸氏入國▽日本共産黨第四回全國大會開催(三日間)▽在北平朝鮮人二萬名이日本軍과의協力嫌疑로收監되다。

二日 臨政要人二十三名空路로金浦飛行場에着陸▽天京▽蘇軍滿洲撤退는明年一月三日로決定▽東京서外國人戰犯者二百五十九名收監▽佛蘭西議會五大銀行國營案을通過。

三日 獨逸內英軍占領地域에百五十萬獨逸軍武裝社排는現存하다고外信發表。

四日. 文化中協外七個文化團體代表金九氏를訪問하고民族統一戰線에對하야意見開示▽右翼三十九小政黨이單一黨結成키爲하야各政黨統一期成會組織▽日本共産主義青年同盟全國協議會開催▽日本의對外投資額一千百億円中朝鮮內의것만九十億円이라고發表。

五日 朝共에서獨促中協과別個로聯合國에멧세ー지發送▽十二月八日에反戰反파쇼鬪爭데모를展開키爲하야十九個團體가失業者同盟에서委員會組織▽유ー고人民共和國樹立。

六日 日本共産黨에서日本에人民共和國樹立及天皇制打倒를決議發表。

七日 呂運亨人民黨을代表하야政見放送

八日 全國農民組合總聯盟結成大會(三日間)▽日共黨主催로戰犯者摘發人民大會開催日帝裕仁以外千餘名에達한第一回戰犯者名簿發表。

九日、全國協同組合總合會發起(全評、全農、서울市人委主催로四千餘名會合)▽朝鮮青年總同盟京畿道聯盟結成▽大阪朝鮮人民大會에서朝鮮人民共和國支持決議▽伊太利新內閣은한지ー를氏首班으로成立。

十日. 美軍政長官更迭新任長官아ー치러ー취少將▽少數右翼青年大韓獨立促成青年總聯盟結成▽滿洲鐵道는中蘇共同管理키爲하야하얼빈에合同管理委員會를設置▽中國人戰爭協力者王克敏氏外二百四十九名軍統局이逮捕▽伊太利新內閣基督敎民主黨首가스페리氏를首班으로成立。

十一日 朝鮮商總結成大會(二日間)▽日本三銀行(三和、安田、帝國)支店接收▽日本에있는工場施設의一部를朝鮮에賠與하고朝鮮에있는日人財産은朝鮮人에게分配한다고포ー레賠償使節言明

十二日 하ー지中將人民共和國否認에對한聲明發表▽中國共産黨江蘇安徽省地區에蘇皖邊區政府設置。

十三日 朝鮮文學家同盟結成(委員長洪命熹氏)▽中央人民委員會에서昨十二日하ー지中將聲明에對한反駁聲明發表▽朝鮮海運同盟仁川에서結成▽瑞西急進民主黨칼고벨트博士大統領被選▽在美印度人聯盟第八次大會에서印度獨立要求▽中國共産黨日本共産黨과의協力을聲明。

十四日 韓國民族黨結成(黨首權東鎭氏)▽三十八度以南의米穀收穫高一千八百

蔣石推想을實政謀略局에서發表。

十五日 朝鮮自由社會建設者聯盟結成▼金日成將軍獨立同盟一行歡迎準備會組織(서울市人委外二十餘團體參加)▼日本人民戰線結成(議首山川均之助)▼日人公私有財産全部軍政廳이接收。

十六日 머ー취新軍政長官赴任▼朝鮮映畵同盟結成。

十七日 莫斯科에서美、英、蘇三國外相會議開催。

十八日 머ー취軍政長官가이로宣言의公約을實現한다고就任第一聲을發하다。

十九日 軍政廳에서白米最高價格을石當七三○圓乃至七五○圓으로統制로決定。

二十日 朝鮮演劇同盟結成。

二十二日 朝鮮婦女總同盟結成(委員長劉英俊氏)

二十三日 美國政府、쏘ー고人民共和國政府正式否認。

二十四日 朝共에서中協과의關係를破棄한다고聲明。

二十五日 李博士共産黨에對한正面攻擊反黨及共放送에對하야各界與論沸騰。

二十六日 大阪에서朝鮮人民大會를開催하고朝鮮人民共和國支持在日朝鮮人聯日議民族叛逆者摘發本國選擧參加要求等決議▼英府三相會議의中間報告에서朝鮮에對한信託統治問題가들리오다▼朝鮮國軍準備隊全國大會開催。

二十七日 머ー취新軍政長官南鮮地方巡回出發▼朝鮮文化協會創立(會長洪命熹氏)▼在日朝鮮人聯盟東京人民大會參加(約一萬五千名)不法彈壓反對를決議하고日本內閣官邸에示威。

二十八日 莫府三相會議의朝鮮에對한決議事項이「信託統治」로決定되엇다는斷片的誤報가들어지자서울市民反對氣勢極度昂揚。

二十九日 莫府三相會議朝鮮에關한決定全文發表▲臨政側은託治反對口號로群衆動員自派勢力扶植에狂奔人民殺려로國에게挑戰宣布하다。

三十日 所謂「信託統治」에對한反對示威行列▼軍政廳職員總罷業、撤市、罷業이잇다。反共으로共同鬪爭委員會結成(委員長權東鎭氏)▼宋鎭禹氏自宅에서被殺。

三十一日 서울市民所謂託治反對로示威決定▼京畿道廳職員으로總辭職決定

一月

一日 中央人民委會에서人共、臨政을同時解消하고統一政府樹立한것을臨政에提議。

二日 人共이提議한臨政拒否한 人共中委에서莫步插話發表▼하ー지中將과軍政長官莫府三相決定에依하야不遠에開催될美蘇共同委員會와所謂託治問題에對하야記者團에談話發表▼三相決定은正確하게實現한韓鮮獨立保障임을確認한다고北朝鮮指導者共同名義聲明發表

三日 서울市人委、町聯合會、民共共同主催下에託治反對民族統一促成市民大會를서울運動場에서開催하고三相會議決定支持와後援이託治아니란것을決定하고市行行進하다▼하ー지中將司令部에서朝鮮內日人預金凍結命令發布。

四日、三相會議決定問題로反動政客은民族分裂을圖謀하고白色테로跋扈는漸次激烈化하다▼市內八處警察은上部命令不服을理由로一齊辭職▼하ー지元帥는日本의戰爭官吏追放과日本軍國主義團體解散을命令。

五日 朴憲永氏內外記者團과會見하고三相決定은進步的國際路線임을解明하고民族統一과原則必要함을披瀝▼中國國共の協決定을國民政府로부터公式發表

六日 「지난一日以後人共、臨政의合作에對한兩側의個人的交涉도遂決裂▼人共과四大政黨市內共處에서統一問題에關하야會談▼本町署들데로國이襲擊。

七日 四大政黨正式代表十氏市內共處에서統一問題에對하야會談決裂▼韓民黨首故宋鎭禹氏後任으로金性洙氏就任▼三相會議決定支持聲明을積極的各團體連名으로로發表▼서울市人委委員長崔元澤氏出獄。

八日 四黨共同으로三相會議決定支持의뜻을니키發表▼러ㅣ취新軍政長官치음으로聲明、아ㅣ놀드軍政長官으로부터正式事務引繼▼中央委員會에서李承晩、金九、申翼熙三氏를本部名譽로부터除名을發表▼美蘇共同豫備會談代表더고蘇聯側代表委員入京。

九日 昨八日發表한四黨共同너쥐은韓民黨、國民黨에서取消宣言▼臨政人委立會下에五政黨會議開催▼美蘇共委豫備會談件의蘇聯側代表委員聲明。

十日 人民委員會三十八度以南各道代表者大會開催（三日間）▼五政黨會談一旦中止▲倫敦에서國際聯合總會開幕。

十一日 人委各道代表者大會에서「託治」用語는不妥當하므로반드시「後援」이라고쓸것을決定發表。

十二日 패터ㅣ슨美陸軍長官來朝。

十三日 四十二人組織强盜團鍾路署에逮捕

十四日 美蘇共同委員會開催地에는「서울」로確定、兩國代表는米國側代表사ㅣ논드少將以下四名、蘇聯側代表스티코프大將以下四名으로正式決定되었다고發表▼五大政黨會談再開▼패터ㅣ슨米國陸軍長官軍政廳第一會議室에서內外記者團과會見後午前十一時半上海向發▼朝共에서三、一運動記念準備委員會를組織하야共同主催提議를發表。

十五日 三週第一日米蘇共委蘇聯側代表團首席委員스티코프大將以下一行八十名入京▼日本共産黨首領野坂參三氏를推擬決定。

十六日 美蘇共委豫備會談第一會議室에서開幕▼中央人委에서地主、財閥들의保有米强制買上制를實施하라고軍政廳에建議▼市民合會에서「市民은市民의손으로生必品으로協組를設立하야配給할것」을市廳及關係當局에建議

十七日 五大政黨會談決裂▼은다部共國來朝▼人民黨、서울市人民委員會人民綜社技術學生同盟에對해、政府當局하다。

十八日 米蘇會談秘密討議를終了하고第三日로進入▼五大政黨決裂은韓民黨의背信行爲에原因함이라고人民黨에서그經過를發表▼臨政系三韓同盟本部는「反蘇派卽三名負傷者六名二十一名檢擧라는騷擾事件이發生

十九日 미ㅣ취軍政長官「託治」는自招하는民託運動을하ㅣ고聲明發表▼米蘇會談作會▼民族統一戰線結成準備會三十氏參加發表、團體代表參加로結成。

二十日 臨政에서非常政治會議準備會開催。

二十一日 三週間放送日▼러ㅣ취軍政長官私設軍事團體解散을命令▼하ㅣ지中將은米國과特派記者를即時停止하라고聲明發表。

二十二日 러ㅣ취軍政長官「獨立은待하지는政府를結合하는것으로서不能」이라는

의聲明을發表하야白色테로에對하야一計를주다。臨政要人金星淑氏非政[illegible]會脫退意見表明▽米蘇共委續開▽內閣[illegible]四非常[illegible]提携로[illegible]立內閣組閣。

二十三日 [illegible]國民代表[illegible]市民大會서울運動場에서開催하고市街行進▽非政[illegible]會에서臨政要人金[illegible]、金元[illegible]金尙德、成周寔、金星淑、五氏脫退聲明發表。▽米軍政下第二次各道知事會議開幕▽日本[illegible]內閣[illegible]。

二十四日 非政[illegible]脫退한臨政要人金元鳳、金星淑、成周寔三氏民族統一戰線에參加決定▽各道知事會議閉幕▽[illegible]朴氏非常[illegible]會議[illegible]。

二十五日 [illegible]人[illegible]朴[illegible]外三十五名、日共[illegible]國[illegible]에서[illegible]發表▽獨立同盟[illegible]主席[illegible]氏平壤으로부터入京▽[illegible]長[illegible]問題事件[illegible]을中間發表。

二十六日 [illegible]代表와記者團會見▽東京에서日共[illegible]野坂參三氏歡迎大會開催。

二十七日 [illegible]三[illegible]會議의[illegible]이다는[illegible]으로[illegible]▽[illegible]에서[illegible]兩國代表團歡迎市民大會開催△三相決定의[illegible]朝共、人共에서發表。

二十八日 朴憲永氏[illegible]政[illegible]委員會設置에反對[illegible]明發表▽北朝鮮五道統治行政局의各局長에朝鮮人이全部就任하였다고發表。

二十九日 하ー지中將 [illegible]朝鮮獨立의[illegible]은朝鮮民衆이自主하고三相決定支持에協同努力하는것이라는뜻의聲明發表▽朝共、[illegible]同外五[illegible]非常國民會議參加拒否[illegible]明發表△[illegible]部長에로[illegible]大部分은右翼이라고記者團에言明。

三十日 美蘇共委第一次共同聲明書發表▽기난十八日발[illegible]의[illegible]에[illegible]서[illegible]氏의[illegible]는六十[illegible]社會團體合同[illegible]으로[illegible]에서[illegible]行▽中央人民委員會에서[illegible]、民[illegible]規定[illegible]發表。

三十一日 民戰[illegible]委員二十四氏決定[illegible]▽[illegible]反對。

二　月

一日 民戰結成準備委員會[illegible]宣言發表△[illegible]國民會議[illegible]▽洪[illegible]和國[illegible]하고[illegible]大統領에[illegible]氏選[illegible]。

二日 非常國民會議[illegible]休會△[illegible]使해리만氏一行來朝。

三日 三相決定支持에對한北朝鮮各政黨及團體共同聲明發表。

四日 民戰의[illegible]▽民戰[illegible]委員會事務局部署를決定發表。

五日 해리만[illegible]大使一行退京▽臨政要人[illegible]氏非常國民會議[illegible]明發表▽獨立同盟서울[illegible]委員會組織委員長[illegible]氏▽[illegible]에서世界各國[illegible]議長會議開催。

六日 [illegible]一個月內에臨政樹立에[illegible]한다는第二次共同聲明發表。

七日 [illegible]及[illegible]代表一行退京▽[illegible]▽[illegible]마니아[illegible]。

八日 全[illegible]大會[illegible](二日間)▽[illegible]三次共同聲明發表。

九日 獨立同盟[illegible]▽民戰結成式[illegible]決定發表▽北朝鮮人民委員會[illegible]委員長金日成[illegible]▽日本全國[illegible]組合結成。

十日 獨立同盟主席[illegible]氏一行[illegible]▽[illegible]、英三國一[illegible]。

十一日 하지中將談話會談을맞이고朝鮮國民에게聲明發表▼蘇聯第四次五個年新計劃發表

十二日 民選李氏非常國民會議要人들과會談▼法曹者同盟結成。委員長趙平載氏。

十四日 南朝鮮國民代表民主議院結成。

十五日 民國黨結成大會、鍾路靑年會館에서舉行▼各界를網羅한代議員五百餘名參集(三日間)▼非常政治會議準備會는臨時政府要人金元鳳、張建相、成周寔、金星淑四氏民議參加▼軍政廳에서米穀收集令發布。

十六日 民議中央委員三〇五名選出發表▼民議中央委員第一回大會開催하고議長、副議長、常務議員選擧。

十七日 三、一記念國民大會準備委員會結成▼朝鮮敎育者協會創立大會開催▼京畿道民戰結成準備委員會組織。

十八日 國立同盟副主席鄭栢氏宿所學院...▼中國으로부터...第一號民選▲民戰事務局部署決定發表。

二十日 軍政廳第五十五號法令政黨登錄法頒布。

二十一日 美國新聞界巨星一行來朝▼안協定不法認한다고中國國民政府外交部情報課長邵毓山氏聲明。

二十二日 朝美親睦次首腦者懇親會開催。

二十三日 朝鮮藝術家同盟結成、委員長金周經氏▼政兵事件與相關在新聞記者會發表▼마니라에서山下奉文死刑執行

二十四日 全國文化團體總聯盟結成大會

二十五日 三、一記念行事統一을新聞、通信社代表會에서三一、已未兩記念會에다提議▼婦總京畿道支部結成。

二十六日 北韓臨時人民委員會를軍政當局서發表▼政黨登錄法反對를民戰傘下政黨及團體四十餘處共同聲明發表▼京畿道民戰準備委員會結成▼日本共產黨第五回全國大會에서天皇制廢止、民主政府樹立宣言發表▼中國國共兩黨協定成立。

二十七日 已未準備會側의拒否로三、一記念行事遂分裂▼民戰中央議員二十四名增選發表▼在日本朝鮮人聯盟第二回臨時議會에서民戰參加를決議。

二十八日、三、一記念行事分裂의責任은「已未準備會」側에있다고民戰、人民黨에서聲明發表。

三月

一日 三、一運動記念民族大會南山公園에서舉行▼已未側은서울運動場에서舉行▼民議主催로塔洞公園에서三一記念式舉行▼東京、大阪、橫濱各地에서三一記念으로人民大會、解放戰士追悼式舉行。

二日 獨일共產黨大會十三年만에伯林에서開催。

三日 民戰서米蘇共委에對備하고저對策委員會開催▼民戰各専門委員選定發表▲滿洲學生同盟作成事件의全貌發表▼中國共四軍整理將軍釋放。

四日 朝鮮同盟、朝鮮新民黨으로改稱▼反子항고쯔비米國下院에서結成▼西班牙反辛당고打倒를米、英、佛三國共同聲明發表。

五日 一九四六年度軍政廳預算百億圓發表▼忠南道民戰委員會結成委員長白樂佳氏▼北朝鮮人民委員會에서土地改革法令發布。

六日 朝鮮商民黨宣言綱領發表▼朝共反食糧對策提出(八個條解決策)發表▼食糧對策六政黨代表會合開催。

七日 執行政務命令撤廢를各文化團體가京畿道警察部에要求▽清州學生盟休事件解決▽처ー칠氏英美軍事同盟提唱에美蘇會談態度冷靜。

八日 美蘇代表會議結果를軍政廳公報局에서發表▽鍾路에서國際婦人데ー記念式을朝鮮共産黨[illegible]會館에서擧行。

九日 「[illegible]事件」關係、釋放五十名、起訴二十九名▽[illegible]私立學校[illegible]務局서發表▽天安[illegible]各國[illegible]代表[illegible]▽全南道民議會委員會結成、議長[illegible]氏。

十日 軍政廳法令第五十二號(新韓公社令)發布。

十一日 民戰서新韓公社令修正하라고聲明書發布▽하ー지中將美蘇共委開會앞두고聲明發表。

十二日 在美『朝鮮獨立新聞』所載李博士朝鮮鑛山權提携密約內容發表。▽러ー치軍政長官、[illegible]하라고[illegible]에指令▽朝鮮[illegible]自動車會社[illegible]政廳[illegible]을從業員이反對陳情▽忠北道民議會委員會結成委員長[illegible]氏。

十三日 [illegible]서土地問題解決에對하야[illegible]談發表▽스타ㄹ린首相처ー칠氏英美[illegible]盟提議에對한反駁演說放送。

十四日 러ー치軍政長官新韓公社令修正을發表▽美蘇共委의美國側代表五氏決定發表。

十五日 러ー치軍政長官日人所有農地를農民에게放賣한다고聲明書發表▽民戰에서[illegible]하는反民主法令은[illegible]民主主義[illegible]의責任이라고談話發表▽協同[illegible]合中央聯盟結成大會[illegible]日▽[illegible]聯合[illegible]開始。

十六日 協同組合中央聯盟結成大會開催[illegible]理事長朴[illegible]氏。

十七日 市內[illegible]에서在外同胞[illegible]會開催。

十八日 美蘇共委蘇聯側代表團入京。

十九日 民戰서美蘇代表歡迎談發表▽러ー치軍政長官日人財産[illegible]保留를言明▽京畿道警察部長趙[illegible]二十三日午後四時까지[illegible]許可를얻지못하면二十五日부터[illegible]不能이라고[illegible]。

二十日 第一次美蘇共同委員會德壽宮石造殿에서開幕▽[illegible]中將[illegible]司令官[illegible]

二十一日 駐中美司令官웨드마이어將軍退京▽在日本朝鮮人聯盟에서民戰과絶對合作을表明▽美蘇共委第一號共同聲明發表。

二十二日 中央人民委員會에서美蘇共委를[illegible]委員會開催。

二十三日 新韓公社令、[illegible]▽[illegible]共委第二號共同聲明發表。

二十四日 食糧難의[illegible]이이러나기始作▽蘇聯『이란』撤退를發表。

二十五日 民戰서[illegible]談話發表▽北朝鮮[illegible]保障理事會[illegible]。

二十六日 [illegible]▽[illegible]三十六週[illegible]▽[illegible]氏[illegible]記者質問에回答▽시키고大[illegible]『[illegible]』[illegible]談話發表하야[illegible]。

二十七日 在[illegible]朝鮮人[illegible]『[illegible]』[illegible]

고 트루만米大統領에게親翰을手交▽
安保理事會에서「이란」問題討議延期
案否決로蘇聯代表退場。
二十八日 「쌀을달라」고三百餘群衆서울市
廳에殺到示威▽李忠武公碑、右翼側에
建設▽在平壤韓僑協會에서「人民共和國」
에合流支持聲明▽中國太原陷落。
鮮에보내기로决定元帥發令。
二十九日 「軍政法令改革案」(十一部七局)
發表▽지난十八日全州에서拘禁되었든
金昆淑、安基成兩氏에體刑六個月言渡
三十日 英蘇共委第三號共同聲明發表▽
法政學校學部反對鬪爭委員會가英蘇共
委에聯合反託決議文提出▽ 에서지
는食糧難으로市民은쌀을달라고 市廳
에示威 各區에서는示威運動展開▽
第一次韓共黨領袖金在鳳氏二週日間
擧式擧行▽朝鮮民主靑年同盟組織準備
委員會結成。

四　月

一日 民戰에서는今日부터七日間을臨時政
府樹立促進宣傳週間으로定하고國內宣
傳...開始▽現在는右側通行,
行은左側通行으로交通規則改正, 소...
政府三相會談反對者除外하고共產黨、
人民黨을中心으로新內閣組織完了。
二日 緊迫한世界的風雲에對處하야東京
에서世界緊急食糧會議開催。
三日 大法院長金用茂氏辭任。
四日 來八日부터는一合式配給한다고러
취軍政長官은食糧對策協議會에言明▽
各政黨社會團體代表로서組織된社會實
情調査團兩南線方面으로出發。
六日 「民主同盟事件第一回公判」▽法政學
校學生、軍政廳前에서開校시켜달라
고集會하려다가總被檢▽南朝鮮過渡政
府機構改正、「朝鮮通信」A、P特派
七日 南朝鮮過渡政府機構改正、國務省
否定聲明한다고說明發表▽하、지이사
하지元帥가行政顧問官으로서東京行▽
日本共產黨主催의人民大會에在日本
朝鮮人聯盟二萬名同胞參加。
八日 英蘇共委第四號共同聲明發表▽英
蘇共委分科委員會서처음으로合同會議開催
九日 安全保障理事會會議再開。
十日 英蘇共委會期中一時休會를中止할러
취軍政長官發令하다가午後五時同發
此令是正午日本東京施行」
十一日 ... 市民人...
運動場에서臨大會擧行▽南朝鮮新年度
豫算決定發表。(歲入八〇億圓歲出一一
八億)▽北朝鮮民間銀行設立(資本金
三億圓)을發表。
十二日 北朝鮮하야한新政府의組織을北朝
鮮人民委員長金日成氏發表▽民戰主催
故루즈벨트米大統領一週年追悼會를
國際劇場에서擧行。
十三日 서울市民戰結成大會長谷川町
武館에서開催(二日間)。
十五日 「民族文化建設全國大會」靑年
會館에서開催(五日間)▽經濟制度改
革委員會實施(八個區를管轄、監察
部設置)。
十七日 朝鮮共產黨創立二十一週年記念
式을鐘路基督敎靑年會館에서擧行。
十八日 「英蘇共委第五號共同聲明發表▽
美國은유-고스라비아政府正式承認。
十九日 朝鮮共產黨第五號聲明支持宣言
을英蘇共委에準備提出▽北朝鮮서도五號
聲明支持를發表▽國際聯盟解散。
二十日 第二次民戰中央委員會를天道敎堂
에서開催(二日間)▽民戰서第五號共
同聲明支持聲明發表▽在日本朝鮮人
聯盟第二次本部...入京▽臨北千五

百名同胞仁川上陸。

二十一日　臨時政府國立促進仁川市市民大會開催。

二十二日　民戰議長團에 하-지軍政長官과 會見要談▼하-지中將五號說明에對한 談話發表▼[illegible]日本內[illegible]。

二十三日　第二次全國人民委員會代表者大會[illegible]天道敎堂에서開催（二日間）

二十四日　[illegible]大會[illegible]發表▼[illegible]三巴公判開廷▼蔣介石[illegible]國民大會延期를發表。

二十五日　朝鮮民主靑年同盟[illegible]大會를 天道敎堂에서開催（二日間）▼[illegible]出席▼巴里[illegible]四相會議[illegible]。

二十六日　政[illegible]一[illegible]正을[illegible]公判部發表▼는

二十七日　하-지中將[illegible]提出한[illegible]世界名에關한談話發表▼共委에[illegible]提出은民主陣營各々完了▼北朝鮮[illegible]明協會[illegible]。

二十九日　日本[illegible]以下A級戰犯者二十八名에對한起訴狀을聯合國[illegible]裁判所에手交▼[illegible]大[illegible]에로하는氏[illegible]。

三十日　北朝鮮人民委員會、北朝鮮土地改革成果內容發表▼러-취軍政長官은 軍이接收한日軍財產中土地는 新政府에서 移管을言明。

五　月

一日　全評京畿道[illegible]六十萬名[illegible]記念大會[illegible]運動場[illegible]大[illegible]▼共[illegible]▼民主[illegible]正式[illegible]。

三日　日本戰犯[illegible]開廷。

四日　[illegible]-氏[illegible]食糧[illegible]入京▼[illegible]司令部[illegible]山一[illegible]命令中[illegible]政府[illegible]氏[illegible]（三[illegible]）[illegible]。

五日　[illegible]二十八週年▼[illegible]記念式[illegible]中[illegible]擧行▼[illegible]完了를發表▼巴里四相會議[illegible]。

六日　러-취軍政長官[illegible]南京行▼中國國民政府[illegible]南京으로[illegible]。

七日　[illegible]公布[illegible]▼[illegible]。

八日　五八[illegible]

第一週年紀念大會[illegible]運動場에서擧行。同會場에서民主陣營[illegible]指導者[illegible]計劃이[illegible]으로[illegible]人[illegible]。

九日　하-지中將[illegible]美蘇共委는[illegible]▼朝共[illegible]이다고言明發表▼共委[illegible]하는[illegible]。

十日　[illegible]。

十一日　[illegible]巴里四相會議[illegible]。

十二日　[illegible]大會[illegible]運動場[illegible]▼大會[illegible]「人民[illegible]中央[illegible]。

十三日　[illegible]大會[illegible]名[illegible]。

十四日　反共[illegible]共委[illegible]▼러-취長官[illegible]十二日[illegible]。

라고說明發表▼民戰在國國民大會에對하야攻擊談明發表。

十五日 아이젠하워元帥來朝 即日午後離京。하ー지中將大邱騷擾에三週間停刊處分을命令▼軍政廳公報部에서南鮮新聞事件에對한特別發表。

十六日 民戰共委休會事件에對한說明發表▲포ー레ー氏一行來朝▼美蘇共委休會에對하야蘇聯이스티코프의論評發表▼朝共에서僞幣事件에對하야全然關係없다고聲明發表。

十七日 포ー레ー氏朝鮮內日本財產移轉않는다고記者團에言明▼巴里四相會議一個月休會決定▼中蘇共委休會에對하야 美政府當局의見解發表▼全印度回民會議英使節團의印度獨立聯邦案을討議▼國內各政黨은國會에統合問題決定

十八日 朝鮮共產黨本部近澤빌딩을 CIC에서搜索하고退出을命令▼軍政廳解放日報停刊을命令。

十九日 러ー취長官 朝共本部除外하고近澤빌딩閉鎖를發表▼民戰서僞幣事件은民主陣營에對한 謀略임을指摘聲明

二十日 中央百貨店(丁字屋)全從業員罷業하고閉鎖命令反對陳情。

二十一日 러ー취軍政長官記者團에 南朝鮮單獨政府設否定을聲明。

二十三日 軍政廳에서三十八度線無許可越境禁止를發表▼全美國鐵道從業員總罷業開始。

二十四日 呂運亨氏러ー취長官과會見要談。

二十五日 러ー취長官 殺傷放火、暴行、誹謗者는罰한다고「메ー데」에關한布告發布▼포ー레ー氏一行南京向發▼美國鐵道罷業解決▼홀빌러ー氏歸國

二十六日 民戰서 홀빌러ー氏의認識不足을반박한다고談話發表。

二十七日 軍政廳法令第七十二號、第七十號(公娼廢止令)第八十二號(對外貿易規則)發布▼軍政廳朝共近澤빌딩退去를命令▼포ー레ー使節團一行南京▼巴里四相會議經過를 모로토프蘇聯外相報告演說放送。

二十八日 러ー취長官 朝鮮은外國投資가必要하다고 記者團에言明。

二十九日 民戰議長團러ー취長官과會談▼포ー레ー使節團一行平壤向發▼軍政廳法令第八十八號(出版物許可令)發布。

三十日 開闢五、三〇血戰第十六週年紀念大會天道敎堂에서盛大히擧行。

三十一日 民戰議長團各部下團體에 共委再開促進에對한指示發表▼朝共本部日華빌딩으로移轉▼아인스타인博士世界政府樹立하라고演說放送▼美國鐵道罷業緊急法令案上院서否決却下。

六 月

一日 金評 미소에對한不得已의境遇에는正當防衛로서公平한行動은不辭한다고重大聲明文發表▼스타ー린元帥로부터米大統領招請을拒否▼全美의黑人 經濟的平等要求를 國際聯合行政事務總長에게提出。

二日 民戰서臨時國防部改造를軍政廳에要望。

三日 각정당共委北朝鮮에서朝鮮에 臨時政府即時樹立을強調聲明。

四日 포ー레ー使節團北鮮으로부터歸京하야 北朝鮮工業施設撤出非常調査한다고調査結果發表▼李博士全北井邑演說에反對左翼界總反擊▼蘇聯邦最高會議委員長카리ー닌氏逝去。

五日 마ー샬氏 蔣介石周恩來兩氏와國

共合作問題로會談。

六日 仁川與新伊議國軍政府에陳情△蔣介石氏、國共衝突을七日正午로停止한다고特別聲明發表。

七日 英勞動黨中央執行委員會에서 蘇聯에親善使節團派遣을決定公表。

九日 하－지中將「朝鮮問題는三相會談決定이原則」이라고特別放送。

十日、六一○記念、美蘇共委再開促進市民大會、서울運動場에서盛大히擧行。

十一日 러－취軍政長官「單獨政府樹立에는全然反對」라고記者團에言明▼北朝鮮에蘇聯서穀物、石油等貸與物와다發表△佛蘭西內閣辭職。

十四日 仁川與新伊議國要求條件 全面受諾△러－취氏의斡旋으로呂運亨、許憲、金奎植、元世勳諸氏左右合作問題에對하야會談。

十五日 在美朝鮮[illegible]中氏美蘇兩元首에게「共委」再開에對한提案을發表。

十六日 民戰서자난六月九日金用茂大法院長光州地方法院에서 行한訓示에對하야聲明發表▼朝鮮建民會結成△유－리博士原子力委員會에서 戰爭防止의最後手段으로 世界科學者의原子力로 이고르主張。

十七日 伊太利總選擧結果基督敎民主黨優勢△聯合國日本管理理事會에서蘇代表 日本農地改革問題의無償沒收를主張。

十八日 러－취軍政長官第七十二號法令施行中止를公表▽國際法令違反者全部釋放을言明▼商工會議所에서폴－리賠償使節에게 對日賠償要求書提出▽코－레－氏「經濟的半殖民地克服에는朝鮮南北統一政府樹立이急務」라고特別聲明發表▽골키－別世十週年記念祭擧行。

十九日 서울大學 京城統合同政策은 서울大學醫學部生大會서反對聲明發表。

二十日 民戰議長團左右合作에對한原則을記者團에談話發表▽비도－氏佛大統領當選 共産黨、社會黨、人民共和黨聯立內閣組織着手。

二十一日 巴里四相會議에서駐伊美英軍講和條約締結後九十日以內撤退를合議▽[illegible]發表▽四相會談「트리에스트」問題討議開始。

二十二日 朝소文化協會主催로侍天敎堂에서蘇獨開戰記念講演會開催▽全州軍政廳에서全北人民委員會에解散命令。

二十三日 마－샬、徐永昌、周恩來三氏會談▽美蘇共委續開促進仁川市民大會開催。

二十四日 맥司令部「歸國치않는朝鮮人은앞으로日本人取扱」한다고在日同胞에對하야特別布告▽北朝鮮臨時人民委員會서勞働法令發布實施。

二十五日 하－지中將朝鮮을共産化한惡思想이라고聲明發表▽러－취長官共委再開及三八地帶撤廢問題에對하야記者團에聲明發表。

二十六日 全北人委는解散當할理由없다고趙炳玉警務部長言明。

二十七日 民戰傘下團體結合하야 水害救濟臨時委員會組織하고活動開始▽上海서反美示威運動展開。

二十八日 [illegible]金九氏를副總裁로한民族統一總本部設置發表▽張澤相[illegible]內容[illegible]에서人民黨[illegible]訓示發表。

二十九日．張警察部長訓示에對하야 信賴한다고民戰에서談話發表▼朝共서民族分裂責任者李承晩을追放하라고聲明發表▼全評國際勞働組合加入決定通知發表。

三十日 平壤서北朝鮮勞働法實施慶祝大會가大々的擧行▼世界勞働組合聯盟에서反푸랑코運動展開。

七月

一日 呂運亨氏記者團에民族統一에對한構想을發表▼러ー취長官하ー지中將에게 立法機關設置案을書翰으로提案▼하ー지中將呂金兩氏의統一工作은支持한다고聲明發表。

二日 在京蘇聯總領事館撤廢하고一行退京▼四相會議「포ー」港問題十年間自治地域으로하기로決定。

三日 「朝紡」不祥事件發生▼警官隊「朝紡」二百七十一名工員檢束。

四日 民戰主催로美國獨立記念祝賀式을侍天敎堂에서擧行▼朝鮮駐屯美軍美國獨立記念祝賀閱兵式擧行▼比律賓獨立

五日 러ー취軍政長官低物價政策을取하도록中央物價行政處에命令했다고聲明發表▼四相會議巴里에서來二十九日二十一個國媾和會議開催를決定發表▼比律賓獨立承認美大統領宣言發表。

六日 尹奉吉等三烈士遺孝昌公園에서葬式擧行▼四相會議伊太利對蘇賠償一億弗로決定▼獨逸問題討議開始。

七日．猶太人英京에서反英示威運動展開▼民戰서「國際的約束인朝鮮臨時民主政府樹立을信賴하고期待한다」고談話發表▼水害救濟臨時委員會에서南朝鮮各道에救濟班派遣을決定發表▼中日戰爭勃發記念日을際하야中國共產黨爆彈聲明發表▼反팟쇼共鬪에서七·七日을抗戰反戰데ー로規定▼楊林氏를中心한獨立勞働黨結成。

八日 民戰議長團「朝紡」爭議本部訪問으로慰問▼民戰議長團하ー는드少將과會見要請▼「朝紡」事件解決도록全評活動▼北朝鮮農民同盟主催、七月十、十一兩日間第三次北朝鮮農民代表大會開催한다고發表。

九日 하ー지中將 러ー취長官의 立法機關設置案承認의聲明發表▼佛政府二十九日開催될講和會議에參加할二十一個國에招電。

十日．法曹會에서러ー취長官訪問하고法令第七十二號撤廢와金用茂氏訓示眞相糾明을陳情▼北朝鮮臨時人民委員會에서解放記念行事로政府에感謝使節團派遣을決定發表▼朝共서左右合作과立法機關에對한見解說明▼聯合國日本管理委員會에서蘇聯代表日本에勞働法案實施를提案▼四相會議에서四十年間獨逸武裝解除保障管理案合議。

모ー든政權은人民委員會로넘기라！

第一章 地理

領土

朝鮮은亞細亞大陸의東南에突出한一大半島로서 最南端에서最北端까지의距里가 約三千里나된다하야 「三千里江山」이라고도불은다。

領土의位置는 北으로中國(滿洲地方)에接해있고 豆滿江入口는바로쏘베드로서와相接해있다。東에는東海、南에는朝鮮海峽、西에는黃海가包圍해있다。地形에類似한 半島로서經緯度는다음과같다。

極東	慶尙北道鬱陵島竹島	東經度分 一三〇·五六二三
極西	平安北道龍川郡馬鞍島	西經度分 一二四·一一
極南	全羅南道濟州島馬羅島	北緯度分 三三·〇六
極北	咸鏡北道穩城郡柔浦面	北緯度分 四三·〇〇

朝鮮內主要都市의經緯度를摘記하면다음과같다。

地名	緯度	地名	緯度
木浦	三四·四七	濟州	三三·三一
釜山	三五·〇六	鎭南浦	三八·四四
全州	三五·四九	平壤	三九·〇一
大邱	三五·五二	咸興	三九·五五
京城	三七·三四	新義州	四〇·〇六
仁川	三七·二八	中江鎭	四一·四七

面積

總面積 二二〇·八四〇方粁 (一四、三二二方里)

各道面積 (單位方粁)

咸鏡南道	三一、九七九·四一
平安北道	二八、四四四·五〇
江原道	二六、二六一·九九
咸鏡北道	二〇、三四六·七六
慶尙北道	一八、九八八·八三
黃海道	一六、七三七·九九
平安南道	一四、九三九·二五
全羅南道	一三、八八七·一七
京畿道	一三、八一〇·八八
慶尙南道	一二、三〇四·五六
全羅北道	八、五五一·三九
忠淸南道	八、一〇六·四四
忠淸北道	七、四二八·八八

地勢

北方國境에蜿蜒히뻐처있는長白山脈은 東北에서西南으로迤走하여있고 南으로延走한山脈은平安南北道 咸鏡南北道四道의 境界를劃하고江原道에 들어와서 無限한起伏을把握해있고 다시東海를끼고南으로沿走하야 慶北의太白山을이르켜 半島의脊梁을形成하고있다。이와같이 大山脈이 東方에偏在하여있으므로 이山脈以東의地形은 傾斜가急하야 大江과平野가稀少하나 山脈以西와以南에는大江과平野가만하야 鴨綠江、大同江、淸川江、臨津江、漢江、錦江、萬頃江、蟾津江、洛東江等의大小江이있어舟楫灌漑의利가多으며

地味가豊富하야延白平野, 湖南平野等의 穀倉地帶를가지게되였다。

地勢는大體北、中、南의三部로分하야, 各其特徵을發見할수있으니北部의遼東山脈에屬한長白山脈 狼林山脈 妙香山脈等은 各々二千메터內外의標高를가진山嶽으로서豆滿、鴨綠兩江의支流가 이山嶽地帶의깊은溪谷을뀌여흘르고있으며 이地帶가朝鮮最高의高原地帶를形成하고있다。

이高原의岩石은全部玄武岩인데 시베리아東部와古高原의東南邊으로같이 第三紀에서第四紀에亘하야活動한火山의噴出한것이다。白頭山은그熔岩의우에새로噴出한火口湖(俗稱天池)를가진 白色粗面岩의火山이므로 玄武岩과의黑白의對照가 顯著할뿐아니라 白頭山附近에 있어서도 낮은高原에 黯色의針葉樹林에덮이여있으므로 兩者의對照는一層顯著하다。 白頭山에對하야 吉林省과間島와의境界線을分割한山稜에 聳山의名이있는것도 이顯著한色彩의相異를말한것이다。

中部는이高原과京元線(京元鐵道)과를境界線으로한 西의地域으로서高原은西南으로向하면서그形勢가低弱하야, 平壤을中心으로한沃野가展開되였는데 이平野間을大同江이貫流하야 黃海로빠지고있다。京元線은元山에서南(微西)方으로뻗친一大溪谷線을構成해있고 이線에斜斷된朝鮮南半部는 北部中部와全혀判異한地勢를形成하고있으니 이것이일은바江原道一帶의山嶽地帶인데西南에緩斜한片麻岩其他古期岩層의準平原狀態地帶로되야 太白山脈이타블너區別되여있다。

南部는全南北, 忠南北, 慶南北六道를包括한地域을稱함이니, 東海岸에沿走한太白山脈은 蔚珍의南方에이르러끊어졌다。慶尙南道의東岸에는南微西로달린山地塊가있어 弓形으로西南을싸고돌며 海岸線을달니고있다。그렇나東南西北으로달닌稍造線에依하야分割된地塊의隆起는다시顯著하다。北部에는太白山의西側에서分岐된漢江, 洛東江上流의分界를形成하고있다。

竹嶺은이方向에延長하야 南部에는洛東江、錦江兩江의水源地에 德裕山智異山의兩高峰을갖인大山塊가南西南으로뻗처여 그西南端은二工蟾津江溪谷에遮斷되여있다。半島南部의南半은洛東江의流域에屬한慶尙北과 錦江、蟾津江上流의流域에屬한全南北이傾斜지게 갈녀있으므로京釜線鐵道에依하야南北으로往來하는사람은 이分水界인秋風嶺을넘지않으면아니된다。江原道東部인嶺東은山嶽과溪谷이互相侵蝕하야 形態가深刻하고西部인嶺西는地形이一變하야溪谷의凹凸이鈍해보이고있다。

名山標高

名稱	道名	標高
白頭山	咸北	二、七四四米
冠帽山	咸北	二、五四一

遮日峰	咸南		二、五〇六
臥碣峰	咸南	平北	二、二六一
狼林山	平北	平南	二、〇〇二
漢拏山	全南		一、九一五
智異山	慶南		一、九一九
金剛山	江原		一、六三八
伽倻山	慶北		一、四三〇
五臺山	江原		一、四二二
俗離山	慶北		一、〇五七
九月山	黃海		九五四
北漢山	京畿		八三三
南山	京畿		二六〇

十大江

名稱	流水延長(粁)	流域面積(粁²)
鴨綠江	七九〇·四五	六三、六三八·七〇
豆滿江	五二〇·七〇	四一、二四三·八六
洛東江	五二五·一五	二三、八五九·二五
漢江	四九四·七一	三三、三三六·四四
錦江	四〇一·四〇	九、八八五·七五
大同江	三九七·〇五	一九、三五五·四八
蟾津江	二二三·二三	四、八九六·三四
淸川江	一九六·七七	六、四七五·八六
禮成江	一七四·二五	四、〇八八·八六
南大川(端川)	一六〇·四〇	二、四四四·八三

主要湖沼

各稱	周圍(粁)	面積(町)
貯浦	七·一七	一、三三九·一
長淵湖	六·二六	七四八·一
小洞庭	三·二九	四九七·七
天同浦	三·二七	二九二·三
下浦	三·二三	四四一·七
江洞湖	二·三四	二八九·二
晩浦	二·三〇	六九九·七
花津浦	二·二〇	二二八·六
不津	二·六〇	一九二·八
龍湖	二·四〇	一四三·一
鏡湖	二·一〇	一七五·二

海岸線

朝鮮은南北에 길고 三面이 바다로 包圍되여 있으므로 海岸線이 길다。特히 南海岸線은屈曲이 많으나 東海岸線은屈曲이 甚하지 않으므로 東南의對照는顯著하다。그럼므로東海岸은一般的으로平滑한데 그中永興灣이 큰灣入을形成하야 灣頭에는有名한元山港이 있다。東海岸은一般으로平地와島嶼와 海灣이 적으나 西南海岸은曲折이 複雜함과同時에 近海에는無慮三千三百에 達하는島嶼가 있다。島嶼가 많은곳은全羅南道로서 千八百四十一島이고 그다음은慶尙南道의四百三島다。

朝鮮本土의海岸線의延長은 八、六九三키로인데 섬을包含한海岸線의延長은 一七、二六九키로다。東海岸이라하면咸鏡北道에서 慶尙南道釜山까지를말함이오 南海岸은釜山에서 朝鮮의最南端 西海岸線은南海岸에서 鴨綠江入口까지를말하게된다. 그距離는左記의數字로서表示된다

東海岸	一、七二七·三四〇
南海岸	二、二四六·七六〇
西海岸	四、七一九·〇〇〇

氣 溫

氣候

우리나라의大陸에對한 水平的距節로보아서 海岸에서最大의距離가三〇키로에不過한半島이다。그러나廣大한大陸에隔하야있고 또한南北이길고 北上할사록地勢가高峻하고 大陸과半島의사이에 介在한黃海가面積이狹小할뿐더러水深이얏터서氣候調節의效果가매우적은까닭으로 그氣候가大陸性임은勿論이고 南北의差가또한現著하다。大略같은緯度上의歐洲海岸地帶는 年中偏西風으로大陸內部까자도氣候調節의恩擇을받고있으나 우리半島는季節風의影響으로 겨울이면激烈한酷寒과 夏節이면長霖、豪雨、炎熱이繼續되는것이通例다。大略同緯度上의다음地點의氣溫을보면

北緯四〇度
新義州—一月平均零下 九・九
北緯四一度
나포리—一月平均零下 八・二
北緯三五度
釜山—一月平均零下 一・五
北緯三五度
名古屋—一月平均零下 三・一度

그差가이렇게現著함을알수있고 特히半島山脈의脊梁이東쪽에偏在하야 半島의斜面이大陸에面向하므로 等溫線이急峻한勾配를나타내고 北上할사록氣溫의激減을보인다。南部만은北으로山을등지고있으므로寒冷한北風이遮斷되고 北上하는黑潮支流의溫暖한影響으로因하야氣溫이높고 雨量도많어 特殊한氣候現象을나타낸다。

氣溫

年平均이南海에는約十三度나되는데北上할스록遞減되야 中央部에는十度內外며 國境地帶에는三—四度에까지激減된다。東亞로볼때東海岸方面은 山脈脊梁이大陸에서오는寒風을막으며 또北上海流의影響으로因하야西海斜面에比하면年二度內外의高溫을나타낸다大體로夏季氣溫은南北의差가殆無하야 北東部沿岸蓋馬高原이、二十二度、一般低地帶가二十六度內外가량이다。그러나冬季氣溫은果然그差가커서一月平均이

濟州島 四・四　中江鎭 (一)二三
釜山 一・五　大邱 (一)一・七
京城 (一)四・八　元山 (一)四・三
平壤 (一)八・六　城津 (一)五・八
雄基 (一)九・三　龍光浦 (一)九・九

이며年較差가北上할사록甚하야、

濟州 二七・八　京城 四〇・七
中江鎭 四四度였다。

다음에記錄的인最低、最高氣溫을보면

元山 三九・六　大邱 三九・二
中江鎭 三八〇　京城 三七・五
中江鎭 (一)四一・六

그大陸性임을右表로서 다시금認識할수있다。

氣溫上한가지滋味있는것은、週期的變化를이르키는「所謂三寒四溫」의現象이다。大體로七日을週期로한寒暖交替가가장顯著한데 이現象은冬季北支那、蒙古方面에서襲來하는

季節風의消長에因한것이므로써이現象은우리半島보담은滿洲가더욱現著하다。

風

우리나라가季節風帶에屬한까닭으로 그冬風이季節에따라大體로一定하다。 즉冬季는北面滿洲大陸으로부터오는北西風이며夏季는東南海風이卓越하야겨우의추위、여름철의長霖及季節時期가있게된다。 이兩大季節風交替期인春、秋에는風向이區々하야一定치않으나 乾燥하고낮은日氣가繼續된다。 半島의脊梁山脈이東岸에偏在한까닭으로 겨울일지라도大陸의차고强烈하고세ㄴ바람이山脈에遮斷되여 東部沿岸은西海岸보다一般的으로氣溫이溫暖하고雨雪이적다 또西部海岸의氣溫은海岸 쌔고 內陸에드러갈사록寒冷해지는傾向이 現著할을指摘할수있다。

雨量이季節風의影響을받음으로四ㅡ九月까지가大體로雨期 十一三月까지가乾期가됨으로 年降雨量의六、七割이四九月까지에나리고 六、七、八三個月中에는 大體로五六割이나린다 甚한때는하로에一〇〇、미리以上 쏘다지기도한다。 雨量圖를보면 最多雨地는南部임으로 半島의內陸部인京畿中部、平安中部임은理解할수있다。

雲、霧

降 雪

해에따라時期와量이다르다。 北方일쑤록降雪期가길고 積雪一―二尺쯤은普通이다。

北部高原地帶의 初雪十月下旬―終雪三月末

東南海岸地帶의 初雪十二月下旬終雪四月末

霧

近海一帶에서보는現象인데南部多島海附近에甚하야 年七十日의霧期를算하며 西、北東部가 二―五十日동안계속된다。 바다로부터內陸에들어갈사록없어진다。 一般的으로初春에發生하야晩春、初夏에盛하고차츰減退되는것이普通이다。 以上에말한것과같이 季節風地帶에屬한氣候임으로 우리半島가農業國으로서自然的條件에適합하여야할것은勿論이다。

地 質

우리朝鮮半島는 地史上으로본대大陸一部를構成한까닭으로、大陸과共通한要素를많이가지고있다。 日本列島같은것들과 그存在를나타내지않었으며、 朝鮮半島는벌서大陸一部로써嚴存하였다는것이다。 그런故로우리나라에는 寒武利亞系의地層、前寒武利亞의層生、始生界의岩層을이廣大한地域에걸처 그分布를보인다。 始生代의岩層은 黑雲母片麻岩千枚岩、角閃岩、石英片岩、石灰岩二疊質水成岩이나花崗片麻岩들로써構成되였는데 變質岩은成鏡道의摩天嶺一帶、平南西部、京畿漣川、江

原州、忠北忠州附近에서 全北群山까지에걸친地域에分布되어있고花崗片麻岩은東西蓋馬高原、江原으로부터京畿、忠淸、全羅各道에까지걸친同時에北東、南西의支那方向을取하야 數列의帶狀으로널니分布되어있다。이岩層은古代에迸入된花崗岩을挾有하고 含金石英岩脈、石墨鑛床이豊富하므로 産金地帶를이루고있다。

火成岩中花崗岩이가상廣範域에分布되고 南鮮地方의河川이流路에서縱橫으로侵蝕하야 그岩層을나타내고있으며 火山岩의分布는적으나 就中玄武岩은咸鏡道에局하야 白頭山下의雄大한熔岩臺地、竹粉嶺地帶、谷山、新溪、迎日、摩天嶺一帶와吉州、明川地溝帶、七寶山地帶알카리流紋岩、粗面岩과熔岩流로써分布되고있다。

原生代地層은 石灰岩、頁岩、千枚岩、珪岩으로되어있는데 黃海一帶와平南中和東方에岩層을構成하고있으나 이것을祥原系라고稱한다。

古生代地層은下部에있는朝鮮系와 上部에있는平安系(二疊、三疊、石炭系)의 두系로區別할수있는데 朝鮮系가下部에는頁岩、珪岩、렌즈狀石灰岩、上部에는石灰岩이있다。平南、黃海兩道에널니 또江原南部나 鴨綠江上流에도分布되여있다。殷栗、載寧의鐵鑛床이 이地層에胚胎될뿐아니라 세멘트材料로써利用된다。

平安系地層은朝鮮系의上部에累積하였는데 平安、黃海、江原南部에分布하야陸成砂岩、頁岩으로되어있고 多量의植物化石과無煙炭을包含하고있는것이큰特徵이니 平壤三陟炭田은 곧이地層임은勿論이다。

中生代地層은그最下部가 平安系의一部가되고 最上部即中生代最古의三疊紀層으로써古生層에連續하야 狹小하게分布되어있다。下部로부터 下部大同層、上部大同層、下部慶尙層、佛國寺層等으로나눌수있다。下、中部大同層은 礫岩、砂岩、頁岩으로되며 大同江下流、忠南錦山附近、江華島附近、咸南、江原에分布되어있다。上部慶尙層은 礫岩、砂岩、頁岩으로되였고 上部慶尙層이堆積할時期에南部一帶에火山活動이있었기에 熔岩流、火山灰、集塊岩이併存하야 全羅道一帶、大同江、載寧江下流에分布되고 下部慶尙層은慶尙道洛東江流域丘陵과 中山性地帶를占領하고있다。佛國寺層은火山性의岩層인데 石英斑岩、凝灰岩、集塊岩等으로되고 이地層中에서 [illegible] 明礬石、陶磁土가産出된다。

마즈막인新生代의地層 그中第三紀層은大部分陸成及淺海成의 礫岩、砂岩、頁岩이亞炭層을併有하는데 慶源、會寧、吉州、明川、迎日灣附近이그의主要한分布區域이다。特히吉州、明川地溝帶서産出되는褐炭은液化工業原料로利用된다。第四紀層은 河川流域、海岸地帶의丘陵、冲積平原을形成한다。

第二章 朝鮮民族發達史略論

上古民族의分布

言語、骨相、傳統、風俗等에더욱가치로보아 우리朝鮮族이 歷史的으로構成된人間共同體로서의發足이상당이오랬든것이다。지금부터四五千年前에 우리先族은아시아東北으로부터 滿洲에들어와서 諸多先住民族을征服하고 狩獵生活을營爲하는한便에西南으로 漢族과接觸함에依하야 農耕栽培의方法을發見하야部分的으로 農耕生活을시작하게되었다。

滿洲를根據로그들은 强悍한氣質와豐饒한食物을찾어 勇敢히前進하였다。一部는西南으로 漢族의境內에侵入하야 漢人史籍에「夷」로서나타났으니 夷는大弓人을意味한것인즉 弓術이일즉부터發達된民族의앞에는 漢族도恐怖를 禁치못했든것이며 肅愼氏의石砮楛矢는 周人에 대단珍貴히녀겻든것이다。漢族과의最初衝突로서 漢族의大酋長인黃帝와、蚩尤決戰한靑邱의實大戰을想像할수있으며「禹貢」에 이를바「島夷皮服」은 狩獵物의皮革을갖고 漢族과、交易한것을端的히指證한것이다。周穆王時代의 徐夷의三十六國은漢土內에侵入하든 夷族의勢力이 强盛하였든것을말한것이었다。先族의一部는 南으로朝鮮半島에들어와서 農業과漁業의生活을營爲하는 部落社會인三韓을創立하는한便 그部隊의分派는 멀리海洋을건너 倭即日本族을形成하였다。從來日本史家들은 統治民族의優越性을 主觀的으로主張키爲하야 日本族이主로「朝鮮族의分派란것을 巧妙히隱蔽하고 도로혀朝鮮族이 日本族의分派처럼宣傳하였든것이다。그들의說話構[illegible]은 民族統治를意外로轉感한바닥었든것이다。그리고그主部隊는 肅愼、穢貊、扶餘等名稱으로서 滿洲東西部及半島北部에 盤踞하면서 四圍의諸多族屬에對한 分離結合의波瀾이 가장많었든것이다。그러나以上三大部隊에 統括的名稱은 夷、또는 朝鮮으로서불려저왔든것이다。

第二節 朝鮮語

古記에依하면距今四千二百餘年前에 檀(或云壇)君桓儉은 最初의君長으로서 平壤에定都하고 國號를朝鮮이라하였다。이古記를引用한

現存最古史書로는 高麗僧一然(一
二〇六—一二八九)의 三國遺事以外
儒者李承休(一二二四—一三〇〇)
의「帝王韻紀」가있는데 前者는 佛敎人
은 後者에對하여 全然無知하고 前
者만을 偏重하야 民族的信仰을 마음
대로加工하였다。即高麗佛敎徒는 佛
敎를宣傳할目的으로 帝釋桓因이라는
介하야 古朝鮮을假借해 버린것이라 한
다。이는 그들이 우리民族의 歷史的
感情을 너무 따르려는 宗敎的 要素
에서나온 一種의 說話이다。그러나
이古記의內容을 檢討해보면 天神崇拜
山, 神樹, 祭壇의俗과 熊虎에 나타
난 穀靈崇拜 …俗과 祈禱에나
타난 農業思想 및 拜禱俗과 古代的
習俗과 薩滿崇拜, 巫覡信仰等,
道的要素의混入 — 이 여러가지 要素
를分析해 보면 … 佛敎哲學說
는 … 이아니고 悠久한 民族的片이
各時代를通過하면서 — 그時代 그時代
의 生活 및 信仰風俗等 諸多要素와
影響이이에錯綜되었거니와 그러므로 三

것이記錄에固定되기는 … 을爲主
하고 漢族으로부터 道佛을 輸入한
後의時代이었다。따라서아마도
高句麗中代와 일이라고 推定할수가
있다。
高麗는國號로보나 世系로보나 扶
餘族의 高句麗를 繼承한것이므로 益
高句麗說도 高麗가 高句麗로부터 直接
을이어 갖고 統一國家의 威力을 밝혀 新
羅文化圈의 南部에 까지 普及시켰든 것
이다。要컨대 檀君은 한個人이 아니요
始祖 = 곰 = 神 = 儉검 (日語 カミ)을
崇拜하든 狩獵社會의 代表的首長이
며 檀君的時代는 狩獵生活로부터 牧
畜段階의 農業이 시작된 時代에 까지
어느 代表的 部落社會를 指稱한것이니
그의 中心地域은 松花江流域 長白山
附近이었을것이다。後世 檀君의 解慕
漱, 東明聖王에 關한 傳說도 대개 檀
君과의 同系統의 것이다。「一得世不知
幾, 歷年 幾千年」이란 檀近의 詩句
가 巫覡의 習俗을 傳하고 있는 것이다。
(註) 從來韓國仙派는 桓仁(=
桓因)과 檀君을 祖述하고 그 로
부터 系統을 出發시켰으니 … 高句
麗의「仙人王儉」을 尊崇한것,
新羅의 國仙風流를 崇尙한것이
며 개 韓上古仙統의 … 派이며
中國秦漢間에 三神山不死藥이 東
海中에 있다는 것과 海上 齊燕方
士가 神仙의 인을 다투가며
와서 말하다 는것은 … 明
仙者의 國外에 傳播를 證한 … 이다
中國 … 의 盛行으로부터 仙派가
衰頹해졌으나 그래도 그 一脈은
靑鶴, 播露等 仙學 … 通하야 近
世까지 … 君이 … 風이 招 … 해
왔었다。

第六、衛滿、樂浪

西紀前一千百餘年頃 漢土에서殷
周의王朝交替가있어서 殷의貴族一
部가 우리東族의境內에亡命來住하
였는데 그中代表者는漢土에서도 箕
子로有名한箕子였다。그들은政治、

文化의生活水準이 善은先進國人인만큼 法制, 技術, 學藝를적지않게輸入하였다。그러나그들의寄留區域은小範圍에不過하였으므로 그들은결국夷族의言語와 血統에同化되고말았다。그後孫準王은西紀前二百年頃에漢土에서 쫓겨온衛滿에게國都를잃고 南으로馬韓에와서王이되었다

이 箕氏朝鮮에對하야 考證學的으로도 排他的인國粹主義的으로 異說이紛紜하다。그러나古代漢史가箕子東出을말하였고 이것을否定할 明確한史料가없는以上에는 朝鮮史로부터 箕子를輕率히除去할수없는것이며 또地理의接近과當時의情勢로보아 箕氏와같은亡命一派의移住는있을수있는일이아닌가。

(註) 崔南善『朝鮮歷史』의箕子=개아지說은 懷疑로선多少價値있을런지몰으나 그것으로서史實을確定하려는것은 一種偏狹한獨斷論에따라진것이다。

衛滿朝鮮은 그의孫인右渠에일으러 即三百八十七年만에漢武帝에게敗滅當하고 漢은(前一〇三) 樂浪眞番, 臨屯, 玄菟四郡을두어 以後四百餘年間半島北半部를 軍事的으로占領하였다。

元來夷族은漢族과接近해있는關係로 互相侵入이옛적부터끄님없었거니와 더욱衛滿以來 一部地域이繼續被占되어 우리古代社會에 巨大한變動을일으킨것이다。即夷漢兩族의開放으로 血緣, 風俗及文化上많은混合이있었을것은勿論이오 戰利品及貿易品으로因한 生産技術의變化, 外族의軍事的占領으로因한 種族的抗爭의促進, 戰時捕虜의奴隷로因한 奴隷階級의發達等々이었다。夷族의나라는 벌서短促의處女國이아니고 漢軍駐屯地는一種의國際的性格을갖인 都市였든것이다。

四郡中樂浪(=나라)는 漢人占領地의中心이며 他族壓迫의策源地이었으므로 四圍의夷族 即南의韓(忠淸, 慶南, 全羅三道)과 東의濊(江原道)와 北의沃沮(咸鏡道)及卒本扶餘(鴨綠江北)等 群小族屬이漢族壓迫에對抗統一的氣勢를보여왔든것이다。距今一千七八百年前頃에 高句麗는北方에서 百濟는南方에서 各北勢力을强化하야 扶餘의態勢를取한結果 一千六百年前頃에일으러 樂浪의漢人支配權은 全然撤廢되고말었다。

扶餘와三韓

北方即滿洲一帶에는上古에群小部落이 散在하야完全한統一이없었고 그中扶餘族은가장强大한部落國家로서 約三千年前即箕子入境前後부터 夷族의尙武的傳統을發揮하야漢族의文化를吸收하는反面에 항상自族의領域을固守하고 群小部落을잘統御해왔든것이다。當時同族中先住族인濊(예)는 滿洲中部에서扶餘에게 驅逐되어沿海府下하야 一部는漢人에게投降하고 一部는半島東

部(江原道)에殘留하고 一部는東海를건너日本島의侵略에重要한要素가되엇으니 지금우리말에倭를「예」라하며 壬辰倭亂을壬辰예亂、丙子胡亂을丙子에다라라고하는것이 濊에서由來한것이다。

馬加、牛加、豬加、狗加의四官名을보아 扶餘가牧畜族이엇든것을알수잇으며 後來高句麗太祖朱蒙이射術과御馬에能한것은、이馬加의部落이엇든것이다。 그들의經濟는牧畜과農業을經營하엿고 政治는各部貴族의選擧에依하야 君主가되엿으며 法律은殺人하야殺人者、男女姦淫者、女子妬忌者는死刑에處하엿다。階級은대개貴族、平民、奴隸로分化되엿든것이다。

扶餘는後來大發하야 北扶餘(滿洲開原中心) 東扶餘(寧古塔附近) 卒本扶餘(鴨綠江附近)로分立되엿는데 高句麗는卒本扶餘의發展으로서 三扶餘가나종에모다이에統合되엿다。

北方扶餘의發展과同時頃인 即約三千年前頃에南方漢江以南(京畿三南)에서는 韓族이發達되엿으니 韓族은亦是扶餘族과같이 桓(한)族의後裔로서 土地肥沃하고物產豐富한南方을찾어서 半島로南下하엿으며 더욱이衛滿、四郡等漢人의侵略을避하야 閑安한地帶로續々南下하엿다。夫餘와三韓이截然히大分된理由는 數百年동안漢樂浪이中間에가로놓여잇엇든것이다。

馬韓은五十四國(約十五萬戶) 辰韓、弁韓은各十二國(各約五萬戶)으로서 結成된部落聯合國이며 그中馬韓은가장强大한나라로서首部는月支國이엿고 그王은三韓의最高統治者엿다。 그러나王은世襲制가아니고各小國의聯合選擧에依한것이엇다。激烈한外來兵患이없고 農業漁業의發達以外에 商業이일즉부터잇게되어 民物은殷盛하고文化程度는比較的높앗든것이다。 그러나그安定한生活의裏面에部族强弱에서自然히發生한階級的差別이 업지안엇든것이다。

三國과駕洛

上世에잇어서諸多群小族屬中北의扶餘와南의馬(마=南)韓族이가장優勢하엿으므로 扶餘는高句麗와百濟를、韓은新羅와駕洛을各其建設하야所謂三國時代를展開하엿다。

三國立國이대개同時代엿으며 그中新羅始祖朴赫居世는 西紀前五十七年에 辰韓六部人의推戴를받어王이되엿다。

元來扶餘는北方尙武의族이며 또漢族과의接觸이아마오랫든것이므로 그制度風俗이男權中心과 奴隸階級의社會를일즉부터形成하엿지만 韓族은比較的平和를愛好하고戰亂을回避하야 原始共同體를오래도록支持하엿다。 女系尊重의俗과部落合議의制度는 新羅와駕洛의共通된特徵이엇으며 特히新羅에서는朴、昔、金三姓이女系로서로傳位하고 聖骨、眞

德、眞聖三女主가모다王統을繼承하였는데、이러한것은他餘族이高句麗、百濟에서는、꿈꾸어볼수없는史實이었다。然亡人이辰韓을建設하였단것은、秦辰二字의同音에서나온、後人의附會說에不過한것이다。

國土로말하면辰韓에는新羅가、馬韓에는百濟가、各분립하였거니와一世紀동안新羅에귀하야 弁韓에는九干長의排斥을하여 金‖首露‖가首露가駕洛의王이되었다。立國遺說과制度風俗이新羅와略同하였고、五百年間弱小國으로서存在하다가드디어新羅의併呑한바되었었다。倭人이荒唐無稽한傳說을捏造하야 駕洛國의任那(慶南固城附近)에日本府를設置하고三國을統治했다고한것은그들의植民地的侵略意圖에서起因한謬說에不過한것이고、다만駕洛(가라)時代에日本과의貿易往來가頻繁하였든것이므로、日本人은지금까지唐을「カラ」라하고、唐貨를「カラノタカラ」라고하니、當時駕洛이日本의對外貿易에있어、唯一한關門이었든것을足히推論할수있다。

× ×

는當時北部에서勃興한高句麗는、三國中第一强大한나라로서 北은黑龍江、東은沿海州、西는遼東、南은半島中部를包括한、廣大한版圖를갖고있었다。그러므로西紀四五世紀頃에國王談德은廣開土王의尊號를얻게되었으며 그後七世紀頃中國隋唐의侵略이屢次있었으나、모다不利하였다。더욱이大中國의天子로百萬大軍을자랑하든、隋主・煬帝(六一二)과唐主李世民(六四五)은百萬의遠征軍을동원하고來襲하다가、겨우前者는薩水江上에서、乙支文德의大功을입우어주며、後者는安市城外에서淵蓋蘇文의雄略과、楊萬春의神才를맛보게될뿐이고 自身들은幾回요를侵入하든나중엔은의 悲慘한身世、가되고말었든것이다。朝鮮族의威勢는祖國防衛의正義와함께 天下를震動했든것이다。

그러나高句麗는末世에일으러、貴族平閥이너머跋扈하는同時에、各部族에對한統制가너머分權的이었으며일즉이漢土로부터道佛儒敎를輸入하였으나、固有에適合한獨自的인文化를발전치못하였고 平和와戰爭에對한人民의負擔과苦痛이날로過重하였다。그러자新羅와唐의挾擊한攻擊에軍事的抗戰치못하야、七百年의王朝는드디어문어지고말었다。

× ×

新羅는高句麗와反對로國土는비록적었으나、共同體的制度가比較的完全하게保存되고、貴族民主々義가相當히發達되며 君臣協助의美風이좋은그效果를發揮하였다。또農民에對한賦役과救恤과賑濟의政策이周到하였으며、宗敎、文化에있어서는唐을본떠서自由政策을取하였다。然而였이온原始共同體의合議制인和白制度를잘利用하고、花郞道로써公平히選擧하야、民智와政務機關을圓熟하고、軍事에있어서도技術을優遇하고愛國心

을極度鼓吹하얏다。即文事武備와內治外交에均衡的發達이잇게되엿다。더욱이唐의燦爛을積極獎勵하는同時에國王子弟와留學生의名目밑에唐에對한外交權을直接掌握하야天下形勢의動向을機敏히操縱하엿다。第二十九代不世出의英主인武烈王과大軍略家인金庾信은唐의援軍을誘請하야第一次로百濟를 그다음에는高句麗를挾擊하야다敗滅시키고最後로는唐軍을巧妙히籠絡하야百濟領土全部와大同江以南高句麗領土를실그머니占領하야半島統一의偉業을遂成하엿다。

× ×

百濟始祖溫祚는高句麗東明王의家子로半島南部에扶餘族의勢力을發展시켯엇다。그는尙武의族으로서約七百年間三國爭霸場裡에서强兵籍戰의名聲을크게날렷엇다。戰爭과農業으로全國民을組織訓練시켯고南中國과日本에對한貿易往來는盛國을凌駕하얏으며 더욱이儒佛文化、工藝의通達者를일즉이日本에多數派遣하야啓發指導한것은東洋文化史上重要한貢獻이엿고末葉에와서羅唐聯合에對立하야麗濟同軸을成立하려한것은百濟外交의必然的趨向이엿다。그러나末世君臣이서로猜疑하고驕奢에빠저서內治와軍事에크다疏忽하엿으며農民은亦是戰爭의負擔에견되지못하고國家는外憂內患에엇지할수없엇다。百濟는드되어羅唐聯合軍에게敗亡되엿으나얼마않되어다시新羅의所有가된것은朝鮮族의確立過程에있어서最大의모ㅣ멘트엿다。

南北朝(統一新羅와渤海)

東洋의强者인高句麗가唐에게亡한後 그의遺民의反唐運動은곧機烈化되엿다。그代表大氏(種族의한高句麗의크의同氏系)는高句麗의群衆을다시糾合하야國號를震(唐人은渤海)이라하고大同江以北과滿洲全幅을그의版圖에지어넣고五京十五府를設置하며海東盛國의稱號를唐人으로부터얻게되엿다。唐과의國交는拒絕치않엇으나內容에있어서決코屬國的關係를取치않엇고造模倣의方法으로唐의制度文物을크게利用하엿다。武王(七一九—七三七)은唐의登州를攻擊하고따라서新羅軍을南部國境에서壓迫하엿으며日本과도貿易과文化宣揚을爲하야使節往來가頻繁하얏다。延國二百餘年(九一八)에東蒙古地方에서새로히이러난遼(契丹)에게北朝渤海는드되어敗亡되엿다。

× ×

南朝新羅는數十萬의唐兵을利用하야麗、濟兩國을키웟새고다시唐兵을驅逐하야平壤以南의地域을統一한後所謂偃武修文의政策을取하야民生의安定을圖謀하엿다。過去兵站的組織이農村的組織으로轉換되면서

農業經濟가增進됨에、奴隸從事를대신한農民의土着的作業이 農奴的制度를促進시켰다。더욱이唐의均田制의移用은 從來共同體的遺俗과合勢하야 近畿地方의有名한部落및 各地方有力한豪族에게均田制度가 一部施行되었으나 이것을契機로한貴族의莊園制가 收穫의自由權에依하야必然的으로發達되어왔든것이다。이封建經濟的傾向의土臺우에서 君主와貴族의深侈豪華한生活이進行되며貴族과僧侶의背肆한田租에依한農民搾取가너머過度하야 農民叛亂은鬱蒸勃起의形式을取하였으며 地方의群雄은이農民叛亂을 自己들의政權樹立에恣意로利用하였다。新羅는이것으로亡國의運命을完成하였다。

高　麗

新羅의末期에일으킨弓裔의後高句麗와 甄萱의後百濟가出現하면서 前의新羅는過去三國으로再現되었다 이것은各地方住民의傳統的要求가、勿論없지않었지만 이보다도地方側權를目的한 當時群雄의民心收攬에對한巧妙한方法이였든것이다。朝鮮民族이北部에있어서는 渤海가契丹에게滅亡當하고 그後女眞(‖朝鮮、肅愼) 即金(‖倉‖검)人이高麗人의後孫으로서 渤海의系統을承襲했으나 經濟政治生活의分離와言語、文化의變遷을따라 血緣의觀念잇는漸次遁滅되고말었다。오즉南部에있어서는高麗가國家는新羅의뒤를있고 血族과精神으로는大高句麗를直接再建한다고自處하야 朝鮮族의確固한單位를扶植하였든것이다。高麗太祖는絶對的이懷柔策에依하야新羅를合併하고同族國인渤海를保護한理由로契丹과國交를斷絶하야 朝鮮族의雄國와威信을상당이誇示하였다。

高麗는高句麗의領內인半島中部의松嶽에定都하야 歷代治績이크게發揚되었다。特히第六代成宗과十一代文宗은優秀한君主로서 國朝文化는이때가장隆盛하였다。

그렇나이反面에宿命的인 外敵의侵入은非一非再였다。契丹은外交斷絶以後항상侵伐을일삼더니 康兆의爭亂을타서十餘萬의大軍이쳐드러옴으로顯宗十年(一〇一九)에名將姜邯贊은龜州에서擊破하야 遼人으로하여금 다시鴨綠江以南을엿보지못하게하었다。高麗는滿洲의高句麗故地가 遼의占領한바된것을항상痛恨히여기더니 渤海가亡한뒤百餘年만에 渤海遺族大延琳(大祚榮의七世孫)이興遼國을세우고척쳤으나 겨우一週年이지나자마자 곧敗亡되었다

× ×

滿洲北方에있는女眞族即渤海遺族中 完顏部의酋長盈歌(高麗人金俊의玄孫金의穆宗) 烏雅束(盈歌의子金의康宗)이모다英俊하야 차차로諸多女眞部落을統合하야 高麗의國境과接觸되었다。그때서睿宗時(一一〇七)에 尹瓘、吳延寵等은大陸軍十七萬을거느리고 그를먼리驅逐하고 咸州(咸興)以北에九城을새

모두었더니 烏雅束은世々入貢을盟約함으로또九城을드루주었다。

烏雅束의아우阿骨打(金太祖)가完顏部長이되매 더욱强盛하야(金國皇帝가되며(一一一五)混同江(松花江)가에서遼軍을크게擊破하였다 渤海王孫高永昌이또한이틈을타서東京(遼陽)을차자하고大元國皇帝라하고, 遼軍을또한크게擊破하였으나 결국金人南下의勢에견되지못하야敗亡되고말었으나 南北滿洲가모다金人의版圖에드러갔다。 그러데高麗는이틈을타서留從內遼의뜻으로있는 保州, 來遠두城을더이서義州를두었다。

× ×

高麗는中葉에올으며 外戚의專橫과武人의跋扈로 政治가極度로紊亂하더니 末葉에蒙古의侵入과干涉이甚하야國情이悲慘케되었다。高宗이元에降服한以後 元室의結婚政策에얽매여진高麗朝廷은 朝鮮族으로서初有의恥辱을입었는것이다。宋與蒙

恭愍王은國勢回復에뜻을두었든中 마침元의內亂와틈을타서 征元軍을일으켜遼東故地를찾는同時에 元의羈絆을벗으려하였다。

때마침朱元璋이 元人을쫓고明國을세웠으며 또鐵嶺衛를만드러高麗의西北境을더앗고자하므로 偉人崔瑩은國王에게明을쳐서 高句麗故地를奪還할策을올리고 崔는八道都統使가되고 曹敏修, 李太祖로左右都統使를시켜 四萬餘兵을데리고遼東을치게하더니 李太祖는異志를품고威化島에서回軍하야곧崔瑩을죽이고政權奪取의基礎를만드렀으니 高國太祖以來數百年동안서라오든 故地回復의策圖는 이것으로서最後의機會를노치게되었다。

× ×

高麗는新羅의經濟, 政治, 文化各種制度를그대로繼承하되 土地는分田制를使用하고 新羅統一後擡頭되어온封建制를더욱促進시키며 佛敎를第一崇尙하며美術及文化를極度發揮하야 實로蔚然의盛觀을나타내었다。 또武班에있어서도歷々巨大한外寇를격그면서드 民族의威信을떠러트리지않었다。 더욱이最後로倭寇의跳梁을 崔瑩, 李太祖의一擧에依하야餘袖없이退治해버린것은 참으로드문快報의하나인것이다。

그러나高麗太祖가 功臣과軍士에게優先分配하여준田制役分田法은莊園制確立에對한物質的土臺를만들어준것이며 따라서從來貴族과寺院이土地와山林을無限制的으로兼並하고自由收奪에放한農民搾取는 말할수없음만큼苛酷하였다。 이에李太祖一派가田制改革의標榜밑에 農民의信望을集中하야 그들의叛亂을鎭靜하고, 從來貴族僧侶의世襲的土를沒收하야 그들의經濟的地盤을剝奪하고, 儒敎崇尙과佛敎排斥의政策으로貴族社會排擠에 또한많은任務를遂行하였다。 國家交替의歷史的主因이要컨대이에있었고 李太祖의南征北伐에軍功이赫々한것과 威化回軍

에戰爭을反對하야 民衆의歡心을산것은第二次的要因이었다。經濟的、政治的性格에있어서高麗가李朝로되는것은新羅가高麗로된것과 대개類似한듯하나 그보다新羅統一以來徐徐히進行되든莊園制는高麗에와서所謂封建的經濟組織을確立시켰고、李朝에와서는中央集權的封建制度가一層强化되었든것이다。

李朝朝鮮

李朝가從來貴族僧侶의土地財産을沒收하야 新興兩班에게分配해준것만큼 初期 物質基礎의移動過程에있어서는 農民及一般民衆의利益이多少擁護되었다。 그러나李朝는國策과明의事大依作우에成立된것이므로 또 李朝成立과함께 民族의對外的發展은極度로限縮되어 朝鮮族의世界가鴨綠江以外의一步地를넘어드되지못하고말었든것이다。

「世宗英王(一四一九——一四五〇)에일으며 百般制度가새로히改革되며 寺社의奴婢와土田을革罷하야官에歸管시키며、金宗瑞로하여금六鎭을開拓하야 豆滿江으로國境을定하고、더욱이自國의글인正音을製定하야、朝鮮族의獨創的天才를發明하였다。이 正音制定은治者階級의意識을、民衆에게宣傳、浸透시키기爲한것이오、決코民衆그들의感情思想을表現하드록하기爲한것은아니었다。그러므로이製定即時王室讚頌歎인「龍飛御天歌」其他治者階級으로서의必要한書籍부터、正音을使用하였든것이다。그러나이것은民衆의成長에따라서民衆의武器로서 使用될수있는것이며 使用者의創作才와進步性을蓄積치않을수없었다。

× ×

그러나李朝는 事明의外交政策에爲하야만기어武備를解弛하하고 次第에便讀하였으며 儒士輩出이 文才學의修練에依치않고 한갓文辭容文의科擧에依하였으므로文弱이擊는海寇가 三朝보담三가하였다。

封領的環境안에서所謂四色이分立하야、少數貴族間의政爭이 三百年의國家史를占領하고이것으로나라를滅亡시켰으나、一民族와放射的發展은全然不可能하였든것이다。

壬辰倭亂에있어서는、全民族의決死的鬪爭이이러났었다。當時斥倭義勇에君臣上下가共同參加하였고、더욱이義兵戰은偉大한役割을내었다。그러나階級的不平이、戰亂의機會를어떻게敏捷히利用하였는가는、宣祖의播遷即夜에京內賤民이掌隸院刑曹邸에放火한事가、곧이것을雄辯하였다。

李舜臣將軍의海軍과 各地忠勇無比한義兵이있는限에는 倭敵의敗退는既定的事實이더。當時明의援軍은國際的厚意라기보담、倭軍侵明의길을막으려는 自衛的必要에서나온것이더。또그의援助進退은朝鮮人에게一利가있는反面에、百害가또한있었든것이다。何如間壬辰倭亂은東洋三國이인러더 一時參戰하든東洋大事

作이며 朝鮮民族의絕對的試練이었다。文弱에기우러졌든남어지었자만 大弓族이아즉드재國家는 제가지킬수있다는것을 天下에表明한것이다。그렇나丙子胡亂에는 君主가城下盟을躬行하였음에不拘하고 그後오히려明의發現을固守하고 항상北伐을觀念한것은무엇인가 이는오즉腐儒偸士가 自階級의兩班的地位를維持하는데 虛飾的이오欺瞞的인綱領이다。이從明伐淸主義의兩班黨은近代史의現實에부되칠때에 도로혀親淸, 親俄, 親日로國策을轉換하고 從明主義는아지못한새이에形影을감추게되었다。

× ×

개李朝는封建制度에있어 高麗朝보다一層中央集權的이며 同時에收奪機關인政府는 各種緻密한稅納法規로서組織的으로活動하였다。그리고國初부터크게增數되어온 功田、賜田、學田等名目은곧世襲의形式式을갖게되며 이에附隨된所有觀念이兩班社會에發生됨을따라 土地兼併 財諸聚取의行爲가 官僚土豪의苛斂誅求의方法에依하야 거의合法的으로進行되었다。이에對한農民及下賤階級의反亂은、李朝歷代의特產物이다할수있을만큼 頻發되었으며 그中純祖時의洪景來亂과 末期의晋州우롱 東學亂은가장大規模的이었다。東學亂은淸日戰爭의口實이되었는反面에 淸日兩軍과政府軍이三角聯合으로서 이것을共同擊滅하였으니 東學亂의革命的國際性과 日本資本主義의侵略的出發을 우리는如實히認識할수있는것이다。東學亂은貴族階級과封建制度를顚覆하고 自由와平等을獲得하려는農民大衆의叛亂이며 그에添附된要素로말하면 從來天主敎의傳道系統을通하야 民間에傳播된西洋近世思想밑信仰形式이었다。그렇므로天道敎徒의信仰鼓吹는、이東學亂의民衆에對한傍系的刺戟은되었지만 그主動的性質은依然히當時封建社會의矛盾的인 農民抗爭에있었든것이다。이것이비록失敗는되었으나 그의끼친影響과傳統은쌋로偉大하였다。李朝史는東學亂으로서 또는이것으로惹起된淸日戰爭으로서 그의封建國家的幕을닫치었다。

朝鮮民族發達史에 對한總論

우리朝鮮民族發達史를대개三期로놓아볼수있다。

第一期 檀君朝鮮——南北朝

第二期 高麗——李氏朝鮮

第三期 抗日運動——民主獨立

第一期는民族의出發期인만큼群小部落國家의分立은 統一에서의分立이아니라 統一에로의分立이었다。生活條件은狩獵或은牧畜으로 農業時代에들어왔든것이며 階級은貴族奴隸平民으로對立하였으나 아즉原始共同體的遺制가 廣汎히殘存하야 治者階級이一部奴隸를除하고 一般

被治者에對하야 그다지相應한支配形態에達치않었든것이다。

이反面에戰鬪的組織이 이좀期間의特徵이되어있었으므로 東族의武勇은天下에떨쳤든것이다。

그리고南北朝의分立은民族의羣衆과 國土의縮圖와文化의系統의各方面에 巨大한區畫을招來하야 南北兩朝가되어있었든것이다。當時南北兩朝는言語、風俗、信仰으로보아同系同族的關係는維持하였지만 南北兩朝的觀念은아주淡薄하였든것이다。渤海亡後遺民多數가高麗에內附한것과 高麗太祖가渤海滅亡을契丹에게歸責하야、國交를斷絕한것을보면 兩國의內情的關係이아주緊密하였든것이다

그러나지금一部評者는 新羅金庾信이唐兵의손을빌어百濟를合倂한것이 統一條件은되었으나外敵을끌어들여 同族을排擊함에지나지못한것이라고 그러나이것은現代民族意識으로그를規定하는것이오 當時民族意識에適한評論은아니다。또新羅는實力의充分한準備우에 唐兵을外交로操縱한것이오 金玉均一派와같은無準備한冒險이아니었다。新羅의交涉政策은우리民族發展史上에가장偉大한 國際的戰術이었든것을우리는再評價하여야할것이다。

× ×

高麗朝에와서는 半島一圓에强力한統一政府가確立되면서 封建的組織과 軍事組織은民族의團結을强然히形成시켰다? 그러나渤海의故地에는、女眞(日本音조선)이있었고金人은이의後繼있으며 後來淸은繼金으로自稱하였으니 그들의系統을探求하면 또한同族의後裔이다。그러나이들은渤海滅亡後經濟的、政治的、文化的으로오래分離되어 血緣의紐帶가全然無力케되어 同族諸人의觀念을現出하였다 이는蒙古의別族인 契丹族의擾亂掠奪등을많이입은것이며 이로부터朝鮮族의名稱는 오늘半島同族의專有物이되어버렸다。

더욱[illegible]은[illegible]하고 亞細亞의要衝地帶이므로 漢族과蒙古族의侵略侵入이어데보다도激甚하였다。그리고朝鮮族으로서의對抗戰이또한勇壯하였든것이다。數千年동안數百回의戰役이 대개는모다國防衛戰이었고 外族에對하야無名의師로서 侵略한일은別로없었으니 宋朝때高麗는好戰族이아니고 平和愛好族이것을斷言할수있다。그反面長久한期間에異族의攻勢가集中的으로닥쳐와서 全滅이나同化의危機가끊임없었음에도不拘하고 依然히民族의獨自的인文化系統을綿々不絕히固守해왔으니 이는世界各民族史上에稀有한實例이다。蒙古、金、淸이百年乃至數百年間 漢族을支配하야政治的威勢를자랑하였지만 결국文化的으로는被支配者의지위를면치못하고말았으니 우리朝鮮族의堅靭不撓한氣魄의傳統에對하야 다시感歎치않을수없다。옛날漢人이우리東夷를大人君子、不死의國이라한것이 全然無根한說이아니었든것이다"

上記와같이數千年의長期間에 우리民族은相當히豐富한史的內容을갖고있었으나 生産關係의社會的發展으로보아서는 農業開始後奴隷와農奴의 時代的區分이저欧羅巴와같이그다지鮮明치못한一種의亞細亞的狀滯期間에따라서있었든것이다。自然征服으로서銅鐵器를手工業에使用한以後…技術의根本的變化가없었고 兵器에있어서도弓矢使用의悠長한期間을지나 鳥銃使用期間이겨우二三世紀에不過하였다。또人口數는李朝에와서 英祖時代七百餘萬이最高記錄이였다。

何如間朝鮮民族은 長久한期間과複雜多端한過程을通過해온民族인만큼 民族的意識은相當히發達되었는것이다。그러나現代的意味의民族意識은 資本主義社會的産物이므로 우리朝鮮民族運動도 日本資本主義侵入以後의일이다。 朝鮮民族이民族으로서의活動을開始한것은 또한抗日運動에서볼수밖에없는것이다。

× × ×

第三期卽抗日運動

民主獨立

이期間에對한敍述은 指定된紙面의關係로서끝을맺추고다른機會로미루며 또現在若干同好者의發表가어느程度까지 이것을代用할수있으므로讀者의厚諒을바라는바이다。

다만한가지附言할것은如左하다。

우리朝鮮族의長久한歷史的過程에있어서 箕子、衛滿、漢四郡等은部分的範圍에不過한것이며 明淸等의正朔奉行은一王室과王室과의外交的形式에不過하고 朝鮮人의行政、司法、軍事上何等干涉이없었든것이다 그러나眞正한意味로서의異民族의支配는 日本의殖民地的統治에서우리가처음當한일이다。卽日本資本主義的支配는 朝鮮統治者階級에限한것이아니고 朝鮮民族全體에對한支配였으나 이에對應하야民族全體의解放運動은 必然的으로일어나는것이었다。日帝資本主義에對抗하는朝鮮民族解放運動이 朝鮮民族發達史上에있어 劃時期的意義를갖고있는것은한거름나아가서 世界史的見地에서再評價하여야할것이다。

이第三期의抗日運動階段은다시三期로細分하면如左하다。

(1) 民族運動——兩班儒生을中心한排外主義的抗日運動

(2) 獨立協會等政治運動으로出發하야三一運動에絕頂的으로表現된것。——土着資本家、知識分子敎會人들이上部가되어 無抵抗、無組織主義로指導하였으므로下部組織한群衆과遊離되었다。

(3) 三一運動失敗後改良主義化한民族主義運動은完全히分離하야勞動大衆、進步的小市民、知識分子及靑年學生의土臺우에서社會主義運動이展開되었다。卽前衛黨의領導下에서廣汎한民族解放運動이血鬪的으로進行되었다

第三章 朝鮮解放의國際的由來

우리朝鮮問題가民主主義陣營의[illegible]사 이에具體的으로提起된것은 一九四三年十一月二十七日「카이로宣言」에서였다。이는루스벨트美國大統領 처칠英國首相및 蔣中華民國政府主席이 埃及「카이로」에서會談하야 [illegible]한데 [illegible]時에日本敗戰後의朝鮮問題處理에對한大要를[illegible]이決定한바있는것이다。[illegible] 門라든가 方法이라든가 [illegible] [illegible]까지는 決定되지않었으나 [illegible]國은「朝鮮人民의奴隸狀態에留意하야 適當한時期에朝鮮의 自由獨立을 [illegible]한다」고 [illegible] 하나마 [illegible]이 [illegible] 決定하야 [illegible] 와 그로써 [illegible]

問題解決의協定밑에 日帝打倒의歷史的課業은漸々進行되어갔다。 國際信託問題를提起하고 스라부民族 統治이라는術語밑에 [illegible]的最後 [illegible]으로方法과手段을가리지않고 最 [illegible]를피라[illegible]어가며、밀어 붙어오는[illegible]、파시즘 히틀러의軍 隊를 [illegible]人民과 붉은 軍隊가 [illegible] 突破[illegible] 이서[illegible]하고 그가다시擊退한크리 미야半島의북쪽「얄타」에서、所謂 太平洋[illegible]에 [illegible]一九 四五年二月十一日 美英蘇三巨頭가 「얄타」協定을締結하였다。이 곳에서는비록韓國問題가具體的으로토 論되지는않았으나 [illegible]을 [illegible]以上 世界人類의[illegible] 나치스獨

軍의最後的掃蕩戰과 戰後過程의處分을決定하였을뿐아니라、太平洋戰線의日本을打倒하기爲하야、東亞에서도、三大民主主義指導者美英蘇의完全한共同戰線을樹立할것을決議하야、今次世界大戰의最後的終結方針을決定한것이다。弱少民族解放의先驅者이다。今次「포츠담」에있어가장決定的인役割을한것은 우리의仇敵日本帝國主義의太平洋戰線에參加한것이 決定되었다。

世界史上에[illegible]시즘의元兇히틀러[illegible]은 一九四五年五月八日[illegible]되어[illegible]하는 붉은軍隊의英雄的戰鬪로말미아마 마침내[illegible]、一九四五年七月十七日부터[illegible]外포츠담에서 [illegible]을비롯[illegible]와 [illegible]中心인東亞問題를討議하기爲하야 토루만美大統領、처칠英國首相、스타린蘇[illegible] [illegible]이 [illegible]二十六日 토루만美大統領、蔣中華民國主席、처칠英首相은「포츠담」에서對日本無條

件降服을要求하는 美英中三國의共同宣言決定을表하였으나, 日本國은此를默殺하는態度를 取하였으므로八月八日蘇聯은, 이共同宣言에 加入하는同時, 드디어對日宣戰布告를行하였다。 歐羅巴戰線에있어 나치스獨逸軍과의 戰鬪를벌사이드없이끝은軍隊는「얄타」協定에依한約束戰線에參加하야 民主主義聯合國은完全한反팟쇼共同戰線을樹立하였다悽々한反팟쇼사움터에서그戰鬪를通하야, 大地를물들이는 방울방울의피의結晶으로써맺어지는 民主主義聯合國의結束은, 民主主義世界再建을爲한英雄的戰鬪를繼續하야, 世界人類史上에, 일즉이그例를보지못한罪惡史를꾸민놈은獨日伊의軍隊를 打倒하기에 成功하였든것이다。 먼저「카이로」宣言에서約束된우리朝鮮의獨立은「포쓰담」宣言第八項에서「카이로宣言의條項은履行될것이며」云々하야, 다시朝鮮獨立을再確認하였다。

歷史的인解放의날 一九四五年八月十五日그때를回顧해보면, 日帝의殘惡的暴虐으로因하야, 一部革命鬪士를除外하고는, 自意的이아니고他意的이라할지라도 反聯合國的戰爭터에서 戰後에서直接間接으로日本帝國主義에의協力을 强要當하여暗黑에허매이고있을때 우리의解放軍붉은軍隊는 八月九日北朝鮮에進擊을開始하였다。 廣島와長崎를재항을만들어가면서드 朝鮮과滿洲, 北支에있어서의, 長期戰을豪言하든日帝는, 붉은軍隊의進擊이始作된지不過五日이못되여無條件降服을表明하야, 이瞬間에朝鮮은日本帝國主義의桎梏에서離脫되고, 朝鮮의主權은朝鮮人民의손에歸屬되게되었든것이다。 따러서南으로부터進駐하는 美軍과三八線을境界로하야, 日帝의武裝解除와日帝殘滓廓淸鬪爭이, 繼續되고있는것이다。

朝鮮民族이自己自身의힘으로日本帝國主義를打倒하고 그羈絆에서解放되었다고하드라드, 朝鮮이世界의一部分을構成하고있는만큼 許多한國際的制約을받게되였거든 더구나朝鮮의解放이上述한바와같이, 朝鮮民族의自力으로써達成되지못하였음에더러, 民族的自己批判을할때, 客觀的으로는解放의天使聯合國에對하야 日帝의殘滓를廓淸하지못한만큼그國際的制約性은濃厚하며, 世界的關聯性은보다더緊密한것이다。 聯合國의勝戰을기다리여비로서解放되는朝鮮이 이問題를 孤立的으로解決할수있으랴? 何況하게世界情勢를내다보고, 冷靜하게自己自身을도리켜본다면 누구나알는首肯할수있는不凡한眞理이며 嚴然한現實이다。 從來의國際的慣例나戰爭史를본다면, 朝鮮問題의解決은聯合國과 戰敗國日本과의 媾和會議를기다리지않으면안될것이였다。 그러나戰勝을豫測한, 그리고國際팟쇼를殲滅시키기爲한, 殘滓廓淸鬪爭을豫見한聯合國은 戰爭中에있어서이미戰後世界

問題處理에對하야 그進路를規定한바있었고 이規定에있어서朝鮮은多幸하게도그獨立이約束된것이며 日本에의降服條件提示에있어서 朝鮮이日本으로부터의分離가包含되게된것이다。이것이카이로宣言인것이며 포쓰탐宣言인것이다。

日本帝國主義가無條件降服한그瞬間에 朝鮮은解放되었다。朝鮮의獨立은이리하야 適當한時期와適當한方法의具體的인 決定을기다리게된것이며 이任務를完遂할것이莫斯科三相會議의決定인것이다。

朝鮮의獨立이戰爭遂行中에이미約束되고 그問題의解決이戰後世界問題의全體的處理에있어서 平和會議를기달임이없이歸着을보게된것은 朝鮮의特典이며또朝鮮民族의幸福인것이나 이點에있어서우리는聯合國의好意와支援에對하야 한層더感謝하여야할것이다。나아가서朝鮮의自主獨立만을생각하는것이아니라 朝鮮의民主主義發展을 育成하기爲하야또朝鮮의自主獨立을援助하고促進하며 保障하기爲하야最高五個年의國際的援助를 約束하기까지에이른것이다。그렇다면朝鮮民族된者는모름직이 이決定한다고볼수있는國際的好意에感謝하면서 三相會議決定의內容과그眞意를 理解하고把握하야 三相決定을實踐키爲한 美蘇共同委員會와協同促進運動을全國的으로展開하야 우리民族이부닥치고있는政治、經濟、文化의모ー든緊急한問題를 合理解決할수있는 民主主義臨時政府樹立에全力을傾注하여야할것이다。

카이로宣言

(一九四三年十二月一日發表)

各軍事使節은日本에對한、將來의軍事行動을協定하였다。三大同盟國은海路陸路와空路에依하야 野蠻的인敵國에對하야 假借없는彈壓을加할決意를表明하였다。이彈壓은임이增大하고있으며 三大同盟國은日本의侵略을停止시키고 此를罰하기爲하야今次戰爭을續行하고있는것이다 右同盟國은自國을爲하야 何等利益을要求하는것이아니며 또領土를擴張할아모런생각도갖이고있는것이아니다。

右同盟國의目的은日本國으로부터一九一四年第一次世界戰爭以後日本이奪取하고 또는占領한太平洋의島嶼를一切剝奪할것과 滿洲臺灣及彭湖島와같이日本國이淸國人으로부터盜取한、一切의地域을中華民國에返還함에있고 日本國은또暴力과貪慾에依하야 日本國이掠取한다른一切의地域으로부터驅逐될것이다。「前記三大國은 朝鮮人民의奴隷狀態에留意하야 適當한時期에朝鮮의自由로獨立할 것을決議한다」

이目的으로써右三大同盟國은 同盟諸國中日本國과交戰中인諸國과協調하야 日本國의無條件降服을 齎來하기에必要한困難하고또長期에亘

하는作戰을續行한다。

포쓰담宣言

(一九四五年七月二十六日發表)

一、我等合衆國大統領 中華民國主席 및大英帝國總理大臣은 我等의數億國民을代表하야協議한結果日本國에對하야 今次戰爭을終結시길機會를주기로 意見이一致되였다。

二、合衆國 英帝國及中華民國의巨大한陸海空軍은西方으로부터 自國의陸軍과空軍에依한數倍의增强을받어 日本國에對하야最後攻擊을加할態勢를整備하였다。

此軍事力은日本國의抵抗이終止하게될때까지 同國에對하야戰爭을遂行할 一切의聯合國의決意에依하야支持되고 鼓舞되고있는것이다。

三、蹶起한世界의自由로운人民의힘에對한 獨逸國의無益하고도無意義한抵抗結果는 日本國國民에對한先例를極히明白하게보인것이다。現在日本國에對하야集結하고있는힘은 抵抗하는「나치스」에對하야 適用될境遇에全獨逸人民의 土地、産業及生活樣式을 必然的으로荒廢케한힘에比하야 測定할수없는程度로强大한것이다。我等의決議에支持되는我等의軍事力의最高度의使用은 日本國軍隊의 不可避且完全한壞滅을意味하는것으로 日本國本土의完全한破壞를意味하는것이다。

四、無分別한打算에依하야 日本帝國을滅亡의구렁으로빠지게한 固執的인 軍國主義的助言者에依하야 日本國이繼續하야統御될것인가 또는理性의길을日本國이밟을것인가는 日本國이決定할時機는到來한것이다。

五、我等의條件은다음과같다。我等은이條件에서離脫할일은없다。 이에代할條件은 存在치않는다。我等은遲延됨을認定할수없다。

六、我等은無責任한軍國主義가世界에서驅逐되기까지는 平和安全과正義의新秩序가 생길수없음을主張하는바이므로 日本國國民을欺瞞하야 이로하여금世界征服의擧에나서게한 過誤를犯하게한權力及勢力은永久히除去되지않으면안된다。

七、이와같은新秩序가建設되고日本國의戰爭遂行能力이 破碎된것이確認되기까지에는 聯合國이指定할日本國領域內의諸地點은 我等이여기서指示한基本的目的의達成을 確保키爲하야占領될것이다。

八、카이로宣言의條項은履行될것이며日本國의主權은本州、北海道、九州、四國과我等이決定할諸小島에局限될것이다。

九、日本國軍隊는 完全히武裝이解除된後에 各自의家庭에復歸하야平和的이고生産的인 生活을營爲할機會를얻게될것이다

一〇、我等은日本人을民族으로서奴隸化하려하고 또國民으로서滅亡케할意圖를가진것은아니나 我等의俘虜를虐待한者를包含한 一切의戰爭犯罪者에對하야 嚴重한處罰을加

할것이다。日本國政府는日本國國民間의 民主主義的傾向의復活强化에 對抗 障碍一切를除去하라。言論、宗敎、思想의自由와 基本的人權尊重은確立될것이다。

一一、日本國은그經濟를支持하고 또公正한實物賠償을받을만한 產業을維持함을容許될것이나 但日本國으로하여금戰爭을하기爲하야 再軍備하게함과같은產業은 此限에不在한다。

右目的을爲하야原料의入手(그支配와는此等區別)를許可할것이다。日本國은將來世界貿易關係에參加함이容許될것이다。

一二、前記諸目的이達成되고 또日本國國民의自由로表現된意思에따라 平和的傾向을가지고 또責任있는政府가樹立되면 聯合國占領軍은곧日本國으로부터撤收할것이다。

一三、我等은日本國政府가 곧全日本國軍隊의無條件降服을宣言하고 또右行動에對한同政府의誠意를보이기爲하야 適當하고도充分한保障을提供하기를同政府에對하야要求한다。

右以外의日本國의選擇은迅速하고도完全한壞滅이있을뿐이다。

「얄타」協定

一九四五年二月十一日美、英、蘇三巨頭秘密締結

一九四六年二月十日 美、英、蘇 三國一齊發表

協定要旨

三大國指導者는 獨逸이降服後二三個月以內에 蘇聯은聯合國의一員으로서다음과같은條件下에 日本에宣戰함을約定함。

一、蘇聯은外蒙古와 外蒙古人의現在狀態를保障할것。

二、一九〇四年에日本의背信的攻擊에依하여喪失한 前露西亞의모든權利를恢復할것。卽

(가) 南樺太와그附近全島嶼는蘇聯에返還。

(나) 商港大連은自由港으로하나蘇聯에게優先權을주고 또旅順은蘇聯에게還付。

(다) 東淸鐵道와南滿洲鐵道는中蘇合辦會社를設立하고 兩國이共同管理로經營하되蘇聯에優先權을줄것

(라) 滿洲의主權은中國이完全히保有함。

三、千島列島는蘇聯에割讓함。그러나外蒙古 海港 鐵道에關한問題는蔣介石氏의同意를要할것이며 「루스벨트」大統領은 蔣氏의同意를얻음에對하야斡旋할것이다。그리고三大國은蘇聯의目的이日本降服後、異議없이完全히達成될것을協定하고 蘇聯은中國을日本의壓迫으로부터解放할것을 武力으로援助하기爲하여中國과友好同盟條約을締結할 意思

「聯合軍布告」

朝鮮人民에게

朝鮮人民들이여! 吾은軍隊와同盟國軍隊들이 朝鮮에서 日本掠奪

者들은 [illegible]하였다. 朝鮮은 自由國家이 되었다. 그러나 이것은 오직 [illegible]國史의 새지가 될 뿐이다. 朝鮮의 [illegible] 獨國은 사람의 努力과 朝鮮의 [illegible] 다. 이 다 간이 朝鮮의 幸福도 [illegible]人民이 實際的으로 [illegible]하고 [illegible] 努力하여야만 達成한다.

日本統治下에서 실은 [illegible]의 [illegible]을 [illegible]하라! 당신들은 [illegible] 지도 [illegible]지 그 괴로운 努力[illegible] 피[illegible]하여 달하지 않는가. 누구를 [illegible]하여 당신들이 [illegible]가? 왜놈들이 商業[illegible]에서 [illegible]食하며 朝鮮사람들을 壓迫하며 朝鮮의 [illegible]를 [illegible]한 것을 당신들이 알 것이다.

이 [illegible]的[illegible]은 다시 되[illegible]으지 않을 것이다. 한[illegible] 나는 [illegible] 것은 그 [illegible]는 永久히 없어지고 말 것이다.

朝鮮사람들은 이어 記憶하라! 自由은 당신들의 손에 있다. 당신들은 自由와 獨立을 얻었다. 이제는 모든 것이 죄다 당신들에게 달렸다.

붉은軍隊는 朝鮮人民에 自由를 가져 [illegible]的 努力에 [illegible]만한 모든 協作者[illegible]어주었다. 朝鮮人民自由가 만곳이 自己의 幸福을 創造하는 者로 되어야 할 것이다. 工場, 製造所[illegible] 工作所의 人들과 商業家, 또는 [illegible]들이여! 왜놈들이 파괴한 工場과 製造所들을 回復시키라. 새 [illegible]會社 製造所들을 開始하라. 商店을 [illegible]라. 商業, 및 共營企業所들을 새로 開設하라. 붉은軍隊司令部는 모든 朝鮮企業所들의 財産保護를 確信하며 그 企業所들의 正常的作業을 保障함에 百方으로 援助할 것이다.

朝鮮勞働者들이여! 勞力에서의 英雄心과 創作的 勞力을 發揮하라. 朝鮮사람의 [illegible]중한 民族性[illegible]하나인 勞力에 對한 [illegible]心을 發揮하라. 眞正한 事業으로서 朝鮮의 經濟的 및 文化的發展에 對하여 關心하는 者라야만 眞正한 朝鮮의 愛國者가 되며 忠實한 朝鮮사람이 된다.

解放된朝鮮人民萬歲!
붉은軍隊司令部

韓國民에게 告함

美軍은 日本軍의 降服條件을 履行하며 韓國의 再建及秩序있는 政治를 實行코저 近日中貴國에 上陸하게 되였읍니다.

이 使命은 嚴格히 實施하고저하오나 不幸한 國民에게 慈悲心 깊은 民主國인 美國에서 實施하는 것이니 確實한 것입니다.

住民의 輕擧, 無分別한 行動은 意味없이 人命을 잃고 아름다운 國土도 荒廢되여 再建이 遲滯될 것입니다.

現在의 環境은, 諸氏의 生覺하고는 맞지 안트라드 將來의 韓國을 爲하야서는 平靜을 직히지 않으면 않되겠으니 國內에 動亂을 發生할 行動있어서는 絶對않되겠읍니다.

諸氏는 將來의 貴國의 再建을 爲하여 平和的 事業에 全力을 다하여야되겠읍니다。

以上指示함을 忠實히지키던은 貴國은迅速히再建되고 同時에民主主義下에서 幸福히生活할時期가 速히到達될것입니다。

駐朝鮮美軍司令長官

존알·하ㅣ지

朝鮮에關한莫府會議決定書

(모스코바三相會議에서 決定된朝鮮의關係된原文)。

一、朝鮮을獨立國家로 再建設하며 그나라를 民主主義的原則下에發展시키는 條件을創造하고 可及的速히長久한日本의朝鮮統治의慘담한結果를淸算하기爲하야 朝鮮의工業交通、農業과朝鮮人民의民族文化의發展에必要한모든施策을取할臨時的朝鮮民主主義政府를樹立할것이다。

二、朝鮮臨時政府構成을 援助할目的으로 먼저그適宜한方策을考出하기爲하야南朝鮮合衆國管區와北朝鮮蘇聯管區의代表者들로共同委員會가設置될것이다그들의提案作成에있어그委員會는 朝鮮의民主主義政黨及社會團體와協議하여야한다。그委員會가作成한建議書는이共同委員會에代表를가진政府가最後決定을하기前에美英蘇中諸國政府에그참酌에供하기爲하야提出하여야한다。

三、朝鮮人民의政治的經濟的社會的進步와 民主主義的自治發展과 또는朝鮮國家獨立의樹立을援助協力(後)見할方策을作成할것도또한臨時朝鮮民主主義政府及朝鮮民主主義團體의參與下에 共同委員會가遂行할課業이다。共同委員會의提案은 最高五個年期間의四個國後見의協約을作成하기爲하야 美、英、蘇、中諸國政府의共同참酌에供하도록臨時朝鮮政府와協議한後提出되여야한다。

四、南北朝鮮과關聯된緊急한 諸問題를考慮하기爲하야 또는南朝鮮合衆國官憲와 北朝鮮蘇聯軍官憲의 行政經濟面의恒久的均衡을樹立하기爲하야 二週日以內에朝鮮에駐屯하는美蘇兩軍司令部代表로서會議를召集할것이다。

美蘇共同委員會

莫府三相會議가끝나자 一月十七日서울德壽宮에서 美蘇會談이열니였다가 三月二十一日美蘇共同委員會가開催되였는데 第七號聲明書까지發表되였으나 許多한曲折下에五月九日休會되였다。

開會劈頭에兩國代表의人事文과聲明書全文은다음과같다。

스티코프大將의人事

하ㅣ지中將其外諸氏들이여!

美蘇共同委員會는 朝鮮에關한모스코바美英蘇三相會議의 歷史的決定을實現할任務를가젓다。이歷史的決定은偉大한聯合國들이 朝鮮의自主獨立復興과 朝鮮이民主々義的原則下에서 發展될條件을創造하기爲하야 百方으로幇助하려는것이며偉大한美蘇兩國의 軍隊는日本帝國主義를打倒하므로서 朝鮮에서의日本勢力을永久히驅逐하고 朝鮮民族을解放시켯다。現下의朝鮮은 自己發展의새途程에서 民族復興과獨立國家建設을圖謀하고있다。

諸氏들이여! 半萬年의固有한文化와明哲한民族的自覺을갖인 朝鮮民衆은오랫동안 壓迫과殖民地奴隸的虐待를받어왔다。이러한朝鮮民衆은가진優秀한未來를渴望할資格을가젓다。

朝鮮民衆은피와無限한呻吟으로써獨立과自由스러운 自主的生活에對한權利를얻엇다。

蘇聯民衆은朝鮮民族의 이偉大한權利를熱烈히支持하고있다。蘇聯은모든民族들의自決과 自由的存在에關한權利를恒常主張하엿으며 또한편으로또는主張한것이다。우리一般이周知하는바와같이 朝鮮民衆은聯合國의後援下에서 平和를愛護하는諸民族과 友誼的關係를取하는 自由的인民主々義的政府를建立하려는渴望과決心을表示하였다。民主々義的朝鮮獨立國家建設의 偉大한目的은 全朝鮮民衆으로하여금 政治的生活에莫大한熱誠을發揮케한다。朝鮮民衆은自己의民主々義的諸政黨과社會團體및民主自治機關으로 人民委員會를組織하였다。그러나全朝鮮民衆의內部的生活을 漸次로民主々義化시키는路程에는 많은難關들이서고있다。이難關들은朝鮮에民主制度建立을妨害하려는 叛逆的또는反民主々義的惡分子들의 惡行으로因하여생기는것이다。

共同委員會의課業을 朝鮮人民들이自國의復興과 民主々義化實踐課業을能히實行할 그런民主々義的朝鮮的朝鮮臨時政府를 創建함에幇助할것이다。未來의民主々義的朝鮮臨時政府는 모스코바三相會議의決定을支持하는 各民主々義政黨과 社會團體를網羅한 大衆團體의土臺우에서 創立될것이다。다만이러한政府라야만 朝鮮의經濟，政治各部門에潛伏된過去日本統治의 殘滓要素를永々肅清할能力을 갖이게될것이며 國內反動分子들과 反民主々義的分子들과 決定的鬪爭을實施할수있으며 人民經濟復興과 朝鮮人民들에게政治的自由와，極東의平和建設을爲한鬪爭에 適用할諸對策을取할수있을것이다。蘇聯은朝鮮이 眞實한 民主々義的獨立國家가되기를要望하며 蘇聯과友誼的國家됨을期待한다。그러하야朝鮮은未來에蘇聯을侵犯함에必要한 要塞地와根據地가되지않기를要望한다。共同委員會의課業은 朝鮮에關한모스코바 三相會議의決定에서發足되여 朝鮮의民

主々義的臨時政府와 民主々義的各社會團體의參與下에서 朝鮮人民의政治的經濟的及社會的進步에 貢獻과發展에關한 對策을 講究할것이며 民主々義的自治政府의 樹立에關한方策을詳究할것이다。

이 사업은美蘇兩國代表로 民主的信義와民主々義的原則下에서 朝鮮이獨立國家로됨에必要한 諸條件을保障하는同時에 朝鮮人民들의 共通的利害關係에適應될것이다。

하ㅣ지中將 나는最後로三國代表委員의名義로 당신과당신의會合하신代表委員들에게 眞心으로感謝를들입니다。우리는朝鮮人民들의福利와利害關係를爲한 重大한事業을함께 共同的努力을進行하는데있어야充分한諒解를갖는겁니다。나는우리의共同的會議가 友誼的諒解的雰圍氣下에서進行된것과 또한우리朝鮮에關한 모스코바三相會議의決定에反映된 自己政府의意思를충심으로成果있게實行할것을믿습니다。

하ㅣ지中將人事

스티코平將軍 美國委員諸位及本會合式에 參觀하시는여러분 나는큰길거움과 朝鮮問題를갖이고 모스코三相會議에서 決定된條項을履行하기爲하야 美蘇兩國代表가여기서開催되는 美蘇兩國委員會의會合式에 蘇聯代表를歡迎합니다。오늘은朝鮮歷史上重大한날임니다。이날이야말로全朝鮮民族이 朝鮮의將來를爲하야 큰希望을갖이고 기달려오는그날이요 또그歷史上新紀元의出發日로, 將來에記念할그날이올시다。全世界와世界人의各國이 이자리에서되는우리의各般事를注視하고있읍니다。世界의 二大强國이 平和的으로 各交를打破하고서 그들의利害를爲하야 一般한努力을하느냐 또한不幸하고오래壓迫을 받은나라를 自由列國中의一個獨立自主國으로 恢復시길能力이있느나는 이共同委員會의結果가證明할것임니다。이委員會가成功하야成果를거두면 이것은朝鮮의將來와 世界의平和幸福에恒久한結果를남길것임니다。美國의代表者의一人으로兩國의共同努力은 이會議에上程된政治、經濟、行政에關한모ㅣ든問題를友誼的으로公平하게解決할수있으리라고 나는나의希望과自信을表現하는것입니다。스티코平將軍 ㅣ나는거듭閣下와閣下의高名한同僚代表諸位를 衷心으로歡迎합니다。朝鮮을援助하려는 우리兩國代表間의關係다協力에있어 나와나의同僚代表들은 自信을갖이고기다리고있읍니다。인제共同委員의美國側代表인아ㅣ놀드將軍 렁돈氏레이덜氏 뿌르大佐及우리들大佐를 紹介해드림니다。

共同聲明書第一號

一九四六年三月二十一日 서울市에서열린美蘇共同委員會에서는ㄱ모스코ㅣ三相會議에서決定된 第三條、第二、第三項의條項을 成就하기爲하야 會談을始作하였다。

第一會議는 一九四六年三月二十日十三時에 始作되였다。하ー지中將과 스티코프大將이 開會式에서 演說하였는데 演說은「라되오」로 中繼되었다。此會議에 參席한 共他委員은 다음과같다。

▽蘇聯軍司令部側代表

차랍킨 氏

러버데프少將

발라사노프 氏

캬ー블렌케中佐

▽美軍司令部側代表

아ー놀드 少將

런도 氏

런이버 氏

브ー스 大佐

파리톤스 大佐

그外에 兩國新聞專門技術者들과 朝鮮人과 美國人記者들도 參席하였다。

正式開會式이 끝난後 美蘇共同委員會委員들은 委員會의 會議進行方法에 關한 會議事項을 討議하기 始作하야 完全한 意見一致를 보았고 또 「모스코ー」三國外相會議에서 決定된 本委員會의 任務를 完遂할 最善方法에 있어서 意見을 交換하였다。第一次會議는 十八時五分에 終了하였다。

美國側首席代表

에이・비이・아ー놀드少將

蘇聯側首席代表

티・에프・스티코프 大將

共同聲明書第二號

共同委員會第二次會議는 一九四六年三月二十二日十三時에 朝鮮서울 德壽宮에서 開催하였다。美國側首席代表A・V・아ー놀드少將이 議長이 되였다。第一次會議에서 議長은 아ー놀드少將과 蘇聯側首席代表스티코프大將이 每週日規則的으로 交代하고 特別한 境遇에는 同意下에 議長을 種々交代로 決定되였다。스티코프大將과 아ー놀드少將은 第一回週間에는 아ー놀드少將이 司會하기로 同意하였다。

그리고 委員會는 兩國首席代表의 決定 또는 必要한 때에는 兩國首席代表中의 一便의 要求에 따라 種々 開催하기로 同意하였다。

朝鮮民主々義各政黨代表는 兩國首席代表의 相互協議에 依한 特別招待로 同會議에 參加할수 있을것이다

各會議는 英語와 露語로 進行될것이며 會議書類도 兩國語로 作成될것이다 此等書類에는 宣言文드 包含될것인대 그것은 朝鮮語로 飜譯할것이다。

委員秘書들의 責任은 第一次會議에서・詳細히 作定되였는데 委員長의 國籍을 갓인 秘書가 秘書職務에 對하야 主로 責任을 지게 되였다。共同委員會에서는 今日委員會의 事業을 說明하는 發表方法에 對한 議事를 完了하였다。一般特히 朝鮮國民은 朝鮮臨時政府樹立을 도음기爲한 共同委員會의 努力을 될수있는대로 알어야할 權利가 있으므로 一個의 問題가 解決되는대로 적어도 一週日에 一回以上 詳細한 共同聲明書를 新聞에 發表하기로 決定하였다。그리고 共同委員會에서는「모스코ー」三相會議

決定에依하야提案된 同委員會의任務卽朝鮮臨時政府樹立을 援助한다는任務에對하여考慮하였다。第一回會議에서는, 如斯한任務를完遂하기爲한 討議順序에對하야 各代表로부터提案이있었다。

一九四六年三月二十二日

美國側首席代表

에이·븨이·아—놀드少將

蘇聯側首席代表

티·에프·스티코프大將

(二十三日午後發表)

共同聲明書第三號

一九四六年三月二十五日부터二十九日까지德壽宮에서열린 美蘇共同委員會는 蘇聯首席委員, 스티코프大將의司會로서 開催되어, 모스크바三相會議에서 決定된第三條(朝鮮問題) 第二項第三項에對하야 詳細히硏究檢討하였다。美蘇兩代表間에이問題에對하야硏究討議한結果 共同委員會는以下의順序로 二階段에分하야進行하기로決定하였다。

第一階段

莫府會談決定第三條第二項의實踐

第二階段

莫府會談決定第三條第三項의實踐

第一階段은以下의諸問題를包含함。

一、民主々義諸政黨及社會團體들과 協議할條件及順序。

二、朝鮮民主々義臨時政府의機構及組織原則과 臨時憲章에依하야 組織될各機關에對한提案의準備討議。

三、將來朝鮮民主々義臨時政府의政綱及適宜한法規에關한準備討議。

四、臨時政府의閣員에對한 提案에關한討議。

以上의問題에關하야 適當한數의分科委員會內에 組織함이必要하므로三分科委員會를設置키로決定함。

一、民主々義諸政黨及社會團體와協議할條件及順序와 이實踐에臨한順序와討議共同議長。

蘇聯代表

에스·케·차랍킨氏

美國代表

씨·떠블유·데어스氏

二、朝鮮民主々義臨時政府의機構及組織의原則과, 臨時憲章에依하야組織될各機關에의討議。

共同議長

蘇聯代表

엔·지·레베데프少將

美國代表

에프·에취·뿌리튼大佐

三、將來朝鮮臨時政府의政綱及適宜한法規問題에關한準備討議

共同議長

蘇聯代表

지·엠·발라사노프氏

美國代表

에이·씨·런스氏

以上諸分科委員會를 共同議長은各分科委員會를 援助할技術者와顧問을指定함。

一九四六年三月三十日

美國首席代表
에이·븨이·아ㅡ놀드少將
蘇聯首席代表
타·에프·스티코프大將

共同聲明書第四號

共同委員會와分科委員會서는 이미發表된여러가지問題를 繼續討議中이다。

共同委員會々議開始와 그任務遂行에成功하기를바란다는 鄭重한電報와書信을많이받었다。共同委員會로서는 如斯한書信이너무도많었으므로一一히回答주못함을遺憾으로생각하는바이다。우리는各新聞이協力하야 우리에게好意를 갖이고있는사람들에게 우리가衷心으로 感謝하고있는同時에, 우리가朝鮮의永遠한福利를갖어오기爲하야 우리의任務를遂行하랴는 決心이있다는것을 傳達하여주길바라는바이다。

一九四六年四月六日

美國首席代表
陸軍少將 에이·븨이·아ㅡ놀드
蘇聯首席代表
陸軍中將 티·에프·스티코프

共同聲明書第五號

美蘇共同委員會는 民主々義政黨과및社會團體들과 討議할條件을繼續討議하였다。一九四六年朝鮮서울德壽宮에서 四月八、九、十一、十三日에열린會議는 蘇聯首席委員스티코프中將이 司會하였고同四月十七日에는 美國首席委員아ㅡ놀드少將이司會하였다。蘇聯委員들과美國委員들의意見을 詳細히硏究하고檢討한結果 共同委員會는 共同事業順序中 第一條件卽各民主々義政黨及社會團體들과 協議할條件에對하야以下의決定을하였다。

民主主義諸政黨과社會團體들과의協議에對한決議文

共同委員會는目的과方法에있어서 眞實로民主々義的이며 또는下記의宣言書를是認하는 朝鮮民主々義諸政黨及社會團體들과協議하기로함。

우리는모스코三相會議決議文中 朝鮮에關한第一節(項)에 陳述한바와같이 그決議의目的을 支持하기로宣言함。卽朝鮮의獨立國家로써의再建設朝鮮이 民主々義原則으로發展함에對한條件의設置와 朝鮮에서日本이오래동안統治함으로생긴一切害毒을 迅速히淸算할것—다음으로우리는 朝鮮民主々義臨時政府組織에關한 三相會議決議文第二節(項)實現에對한 共同委員會의決議를固守하기로함。다음으로우리는共同委員會가 三相會議決議文第三節(項)에表示한方策에關한 提案을作成함에協力하기로함。

署名　或團體代表

以上 朝鮮民主々義各政黨代表와各社會團體代表를招請하야 共同委員會와協議하는順序는 共同委員會

第一分科委員會에서 作成하는中으로, 이開序의細目이完成되면 곧公衆에게發表할것이다。

共同委員會第二分科會는 協議할各民主々義政黨及社會團體의 提案을參考하야 各層을網羅한朝鮮民主々義臨時政府組織의 政策及組織原則에關한答申書를作成하야 共同委員會에提出할것이다。

이臨時政府의各機關의 組織、立法、行政、司法의設立과 役員의選定할것이다。

第三共同分科委員會는 將來臨時民主々義臨時政府의 政綱과政治的한法規를檢討하야 作成할것이다。 이第三分科委員會는 모한朝鮮民主々義各政黨과 社會團體에協議할것이다 그政綱은臨時朝鮮民主々義政府의工業、經濟、社會方面에 關한問題와希望을 實現한것이될것이다 이政綱은政治、農業、交通、財政、教育、保健、言論의自由其他 모든것을 수있도록할것이다。

一九四六年四月十八日

美國首席委員

美國陸軍少將

에이·비이 아ー놀드

蘇聯首席委員

陸軍中將

티·에프·스티코프

共同聲明書第六號

美蘇共同委員會는 一九四六年四月二十日朝鮮서울德壽宮에서 會合한席上에서 朝鮮의民主々義各政黨及其他社會團體와 協議할節序와 및朝鮮民主々義臨時政府樹立에關한 事務進行方法을討議하엿다。 이討議에는美國側首席委員 에이·비이·아ー놀드少將이議長이되엇엇다。

兩國首席委員은各々意見을提出하엿으며 各分科委員會의作業을 迅速히完結하기爲하야 工作의方法을討議하고있는中이다。 共同委員會第一分科委員會에서는 共同委員會에서朝鮮民主々義各政黨及其他社會團體와協議함에關한 手續作成이進捗되었으므로 完備된內容이不日發表될豫定이다。 共同委員會第二分科委員會와第三分科會에서는 共同委員會와協議할 各政黨及其他社會團體代表에提出할試問書를作成中이다。 이試問書의目的은 共同委員會에서朝鮮國民의 民主々義에對한願望을 明確한理解를얻는同時에 朝鮮民主々義臨時政府와및 其政綱의組織과原則에關한問題에對하야 朝鮮國民의勸告와提議를考慮하라는것이다。

一九四六年四月二十日

美國側首席委員

陸軍少將

에이·비이·아ー놀드

蘇聯側首席委員

陸軍大將

티·에프·스티코프

共同聲明書第七號

美蘇共同委員會는 一九四六年四月二十二日로同二十七日까지 蘇聯

首席代表디·에프·스티코프大將司令下에 서울德壽宮內에서開催되여 [illegible]民主々義政黨과 社會團體와 協議方針과·共同委員會第二、三分科會에서起案"한·朝鮮民主々義政黨과 社會團體와協議할案을討議하였다。共同委員會는朝鮮民主々義政黨과 社會團體와協議할方針에關한第一分科會의報告와討議도·거진끝나간다。共同委員會第二、三分科會에서作成할民主主義政黨과社會團體에設問할審査項目은採擇하기로決定하였는데 그重要한設問은如下하다

(카) 朝鮮民主々義臨時政府와 地方行政機構의 組織과規則에關한件

1 人民의權利
2 앞으로樹立될臨時政府의一般體制와性質
3 中央政府의、行政及立法措施行機構
4. 地方行政機構
5 司法機構
6 臨時憲章의變更及修正方法

(구) 朝鮮民主々義臨時政府의政綱에關한件

1 政治對策
2 經濟對策
3 敎育及文化對策

共同聲明書第五號에 表示된宣言書樣式을印刷하야 南朝鮮에 있는民主々義政黨과 文化團體의手續의便宜를圖謀하는바 그樣式用紙는德壽宮에서提供함。但그用紙使用與否는隨意로함。이마宣言書署名手續을完了한團體는 그用紙에再次記入하여提出할必要가없음

一九四六年五月一日

蘇聯首席代表 티·에프·스티코프 大將

美國首席代表 에이·븨·아ㅡ놀드少將

八·一五解放記念의民主主義民族戰線標語

一、三相決定을 全面的으로 支持하므로써 共委를續開하야 民主主義臨時政府를、樹立하자!

一、테로를徹底히撲滅하고 檢擧投獄된 民主主義愛國志士를 卽時釋放하라!

一、無償沒收、無償分與의土地改革과 民主主義的土地法令을實施하라!

一、言論、集會、出版、結社、罷業、示威信仰의自由를戰取하자!

一、食糧管理는 人民의손에넘겨、配給을確保하라!

一、軍政으로부터政權을 人民委員會에 卽時넘기라!

一、民主主義聯合國에 感謝를드리자!

一、朝鮮完全自主獨立을 戰取하자!

第四章 國際事情

第二次大戰의性格

一九三九年九月一日 第二次世界大戰은 波蘭國境에서붙어始作되였다、館章的인獨逸軍은 나치스가政權獲得以來準備되이研磨하였든 國防軍機械部隊를動員하야 一擧에왈소까지 侵攻하였든것이다。

왈소의侵攻은 波蘭에保得權征을갖인 英國으로하여곰宣戰布告를내리게하였으나 이것이九月三日午前十時다。佛蘭西도參戰하였다。第二次世界大戰은 이르러本格化하였으나 이것은形式的인波蘭과의 互相援助協約을遵守키爲함이아니요 世界市場의再分割과 팟쇼打倒를假目的으로한戰爭인것이다。戰爭은一個月이채못되여 波蘭一帶를席捲하여버렸다

우리는여기서 人類歷史上 悲慘의插話일우는 戰爭가일어나기直前에있어서日後에參戰各國의 外交的關係를一瞥할必要가있다。

、一九三九年四月붙어 英佛과蘇聯과의會談이始作되였는데 約四個月이걸니도록 신통스런結果를보지못하였다。그것은三國間의互相援助條約이라는것이 表面에나타난精神은아름다우나效果的인適當方法에있어서는 離訣을持來하였기때문이다。이會談中에는 互換問題드包含되여있는데 이條約內容에依하면 國境이隣接한蘇波兩國係爭光分參商하야 英佛이蘇聯를援助함은勿論이오 弱少國인波蘭으로서는 蘇聯의援助를求함이 原則임에도不拘하고 波蘭이蘇聯의援助를拒否하였다는데다가英佛은이拒否案을 支持하는것이다。이것은누구나推斷할수있는것과같이英佛이蘇聯에게 不利한條件을提供하므로써、包容하여보려는思計였다。

、이러한交涉은外交工作이 無意味하게四個月이나그으는동안에 英佛으로서는 大膽性格의 蘇獨不可侵條約이締結되였다。

그대獨逸로말하면 一九三三年에執政以來히틀러의最高目標가 對蘇侵略에있음은두말할것드없다。그러나蘇聯의敵은獨逸뿐만아니라 英佛帝國主義도 嚴然한好標本의敵이여든것이다。歐洲外交의特徵은强大國家가많은만큼 以夷制夷的工作이 한개의傳統的戰術이므로 變化가繼續하였다。 그런데現實的傳統을갖인英佛外交는 第二次大戰前이므로 蘇聯과구태여提携할려고하지않은데에서 前記의外交方法이나왔고 戰爭에 汲々한獨逸은 巧妙하게드蘇聯과提手하였든것이다。 그대獨逸의獨點은 極東에있어서 中國一帶의重要都市를占領한日本軍이 滿洲國境

에도 精銳의 國東軍을 集結시켜있으므로 敵對關係를 잘알면서도 蘇聯이 挑戰치 않으리라는 即兩面戰爭策이 없으리라는 것을 看破했기 때문이였다。

一九三九年八月二十三日 歷史的인 蘇獨不可侵條約이 成立되자 나치스政權은 電擊的인、第二次大戰을 일으킨 以來 不過數日에 波蘭을 侵入한 後 곧 全兵力을 西進시켜 一九四○年四月九日、瑞典鐵鑛에 한對確保策과 英國爆擊基地及 潛水艦基地로할 수있는 스칸지나비아 進攻을 始作하였으며 同五月에는 和蘭、白耳義、佛蘭西降服으로 一旦有利한 地盤을 構成하였다。 又中石油權으로 伊太利가 中立을 抛棄하고 六月一日에 參戰한 것은 獨逸에 커다란 힘이 된 것이었다。

一九四一年二月北阿戰線에서 「론도고메리」 軍을 驅逐하려고 獨逸機械化部隊는 奮鬪하는 一便、同年五月三十日 地中海의 巨島(크레이드島)를 奪取作戰에 成功한 「히틀러」는 英國上陸作戰을 計劃하였다。 그러나 當時英海軍은 健在하였을뿐더러 英空軍의 發達도 漸々強化되고있으므로 그 作戰의 困難함을 看破한 「히틀러」는 長期戰을 覺悟하지 않으면 안되게되였다。 따라서 長期戰에 對備키 爲하야는 蘇聯을 侵略하므로써 可能하다 한後 一九四一年六月二十二日 蘇獨不侵略條約을 無視하고 蘇聯國境을 突然進擊하였든 것이다。 그리하야 그 作戰은 가장 迅速히 進行하였으나 蘇聯의 生産能力과 軍備의 優秀와 人民의 團結을 想像치 못한 獨逸은 큰 過誤를 犯하였든 것이다。 十月中旬頃北에는 「레닌그라드」를 包圍하였고 南에는 모스코前面까지 進擊하야、그 目的을 達成할것으로 생각하였을 것이다。

極東에 있어서는 日本帝國主義가 中國侵略遂後 이미 滿四年이 經過함에도 不拘하고 그 勝利의 길은 中國民族의 英雄的抗戰과 美國의 對中物資援助도 遲延되며왔다。

日本帝國主義指導者들은 이대야말로 北方蘇聯의 危機를 利用하야、英國에게 一大痛擊을 加하는데 絶好의 機會란 것을 認識하였으며 一九四一年十一月下旬華府에 열기었든 美日會談은 原則的으로 成立못할 것을 잘알고 東條內閣이 成立後 國內體制를 整備하야 對美戰의 機先을 制壓할 機會를 노리였든 것이다。

歷史的인 十二月八日 美日開戰이 太平洋上에서 展開되자 美英蘇對日獨伊의 關係는 世界를 完全히 二分시키고 말었다。 팟쇼의 集團的인 樞軸國들은 一九四○年九月二十七日、日獨伊防共協定에서 三國同盟으로 發展시키여、歐州와 極東에 있어서 蘇聯을 牽制하는 한便、美國의 對獨戰에의 參加를 防止하려하였든 것이다。 美國은 今次大戰에 있어 一九四一年三月下院을 通過한 武器貸與法에 依하야 英佛은 勿論이오 蘇聯에도 많은 武器를 貸與하므로써 眞正民主主義聯合

國의 兵器廠이되였다。

蘇獨戰이始作될때 蘇聯外相모로토프氏는 모스코放送局을 通하야 「히틀러는奈巴崙의第二의좀을추리라」고 國民에게豫言하였다。十一月모스코前面까지 進擊한獨逸軍은 하리코프 쓰탈、가리닝、레ー닌그라드線을넘지못한채 自然의偉大한힘앞에문어지기始作하였으나 이것이 蘇聯의第一次冬季攻勢이다。冬將軍이라는 自然的好條件드있었지마는 三次의五個年計劃으로 蘇聯은完全히 生產能力이强力한工業國으로發展하여있든것이니 히틀러自身이나 처칠國會에서 自己의錯覺을自白하였든것은當然한일이였다。이렇게戰爭이激烈하게되면서부터 英美兩國은 完全히共同作戰에邁進하게되였다。美國이歐羅巴戰線에처음으로參加하게된것은一九四二年十一月八日佛領北阿上陸作戰이다 이作戰은蘇聯의第二次冬季攻勢로 獨逸이相當히困難한作戰을展開하고있음때이다。美國의參戰과二次에亘한蘇聯의冬季攻勢앞에獨軍은할수없이 베로데지、스크ー로바도궁에서退却하는한便、스타린그라ー드에서約三十萬의投降으로 大勢는이마決定的으로獨軍이不利하였다。

한便、北阿에上陸한美軍은 一九四三年五月十四日「쥬ー니스」를占領後七月十一日에는시치리島上陸作戰을成功하고 八月二十九日에는英美兩軍이伊太利上陸作戰에成功하니 上陸後不過十餘月에 伊太利는無條件降服을하고말았다。

英美는一九四一年八月十四日太西洋上英戰艦에 루스벨트美大統領과처칠英首相의會談으로 太西洋憲章을發表以後 數次거듭하야 歐州作戰과國際的諸問題를論議하고 一九四三年一月카사부랑카會談에는兩國의軍事代表도모아會談을하였으나 이때蘇聯首相스타ー린氏는參席치않이하였다。이會談은戰況한戰後問題로부터 作戰의協議와韓國의無條件降服要求等々이였다。同年八月十七日加奈陀케백크會談도 亦是蘇聯은參席치않이하였으나 그當時第二戰線問題는要求하였다。이會談의內容은

一、

1 歐州의軍事行動에關한것

2 政治問題特히對蘇問題

3 르ー마市非武裝化시치리島處分問題

4 佛國政權强化問題

同年十月十九日莫府에서열린蘇英美三相會談은

一、現戰爭遂行戰後에諸問題을容[illegible]國際組織設立

二、軍事協力의緊密化

三、平和交涉은無條件降服時에만할것

四、戰後伊太利의民主主義化

五、루마니야의戰後獨立附與

六、[illegible]戰犯者處罰問題

七、戰後各國의政體規定

以上의成果를거둔蘇英美는 얻지않이한將來에 第二戰線結成과 루스

벨트大統領, 스탈ㅣ린首相, 처ㅣ칠首相의會合의基礎를여러느았든것이다 作戰은通하야美英蘇三國은이三巨頭會談으로, 世界民主主義建設을促進시키였든것이다. 一九四三年十一月二十七日카이로會談, 一九四五年二月十一日알타會談等은 戰後問題를處理하는基本方向의提示와 그方法에있어서언제나進步的이었다.

알타協定文을보면

蘇聯, 美國, 英國三大指導國은 二, 三個月後(獨逸이降服되고 歐羅巴戰爭이終了된後, 蘇聯은聯合國을爲하야·日本에對하야戰爭을始作하기로한것이다. 그뿐만아니라 카이로會談에있어서는 朝鮮을完全獨立國家로 育成시길것을決定하였으니(後記) 이三巨頭會談이 眞正으로平和와自由를사랑한 새로운歷史創造의意義를 우리는認定하는바이며 世界民主主義는 날로커갈것을約束한것이다

獨逸勢力이決定的으로弱하였든一九四五年一月 기다리고기다리는第二戰後問題는期於히實現되고말었다. 英美大軍은노루만지半島에上陸을成功하고, 英美爆擊機隊는恐怖爆擊을敢行하는한便, 高度로發達한電波探知機는獨逸에大陸封鎖打破의 唯一한武器인潛水艦의機能을막어버린것이다. 이리하야戰國는最終段階에이르렀다. 東部戰線의 連敗와 無盡藏한蘇聯의兵力앞에 마츰내一九四五年五月八日에降服을하고만것이다. 우리는이事實을알기前에 말치않으면안될것은 偉大한民主主義者故美國大統領루스벨트氏가 一九四五年四月十二日卒然이別世한것이다. 포스탐會談의歷史的光景을못보고作故한 루大統領의偉業은컷다.

×

今番大戰中우리가日帝에게받어온統制經濟는戰爭目的을遂行키爲하야强要되는現象이였으나, 資本主義國家에있어서戰時經濟는 全혀資本主義的經濟를 歸說하지는못하였다는것이다. 生産의國家統制나配給制度가 資本主義經濟를庇付主義經濟體制로變化하자는못하였슴은勿論 그는아즉까지도商品經濟의 域을버서나지못하였으나 그것은依然히 利潤追窮에있었기때문이다. 配給制度가消費의平均化를意味하는못하였으나 各階級의原則的인矛盾은 除去치는못하였다는것이다. 日本帝國主義가戰爭中戰時利潤을追窮하는 三菱, 住友, 野村, 三井等大財閥을더욱더욱育成시키기는하였으나 그配給制度로굼주린者는 農民과勞働者都市小市民이였다. 또한平時資本主義社會에있어서는 一年間에創造된價値總和의一部分은, 工場住宅의建設投資作商品스톡크等 現貨的形態의富源으로써增大하고있으나 戰時經濟는이를減少시키니 그原因은

一, 生産의減少
二, 消費의增大
三, 軍需資料의生産과消費의特殊

性이다

四、軍事的直接破壞으로서의破壞 이렇게世界資源은 莫大한富源을 枯渴하여갔다。그러므로帝國主義者들은 人民生活을考慮할수가없다。徵收掠奪、그대로의팟쇼政策이人民生活을困窮케하므로 이는結局自己自身의滅亡까지도招來한것이다。日帝의戰時總動員이란 이를두고말함이었으니 그들은勞働不能者까지動員시키면서 生產過程에이끄러내었다。다만이傾向은資本主義國家의 消耗的非本的傾向을緩和시키기는하었으나 그非本傾向을除去하는못하였든것이다。또한今番戰爭은 많은軍需品의消耗뿐이아니었다。莫大한輸送機關과、各種企業、住宅等市民財產은完全히破壞되었다。 이렇게破壞하는期間中 資本主義的再生產의進行은 停滯를招來할可能性이充分했다。固定資本의循環과擴張이生起치못하는戰時經濟에있어서는、週期的으로來襲하는 不景氣는避할수있었으나、商品飢饉은不足恐慌의基本現象이나타난다。이는必然的으로闇取引에흘르고、零落되는것은資本家가않이라庶民과中小商工業者이다。不足恐慌의現象은工業이發展치아니한國家에더욱甚하다 그렇므로그러한人民들은 自己國家의工業을發展시킬基本條件을樹立하기에努力하였다。即土地改革으로人民의購買力을育成하는同時에 工業發展은이로써可能한것을알려짐으로써人民들은 이路線을選擇하고、이路線을實踐하여주는政權을樹立하려고 努力하였든것이다。이것이第一次世界大戰後 人民들의覺醒과의 差異라고볼수있을것이며 資本主義搾取戰爭은 人民大衆에아모런利益도 가져오지못함을알었기때문에 第二次世界大戰末後期間에는 人民의權利를主張하고人民의利益을擁護하는人民政權樹立方向으로가게되었다。

國際情勢

第二次世界大戰에있어서民主主義의勝利는파시즘과戰爭으로부터世界를解放하였고 人類文化를救援하였다。

國際파시즘은崩壞되었으나그殘滓가부리채消滅된것은아니다。戰爭에이기었다고해서 곧世界平和가確立되었다고 安心할수없는것이다。今日에있어서는 새侵略을防止하는對策을세우지않고 平和를爲하야싸우지않는다면 平和를保證하는民族들은 또한새侵略을받을危險이없지않은것이다。獨占的資本主義는새侵略戰爭을 일으킬수있는根據인것이오 그것을土臺로한勢力은파시즘의殘滓와結託하여가지고、帝國主義政策을아직도抛棄하지않고있는것이다。그렇므로反팟쇼第二次世界大戰中實地戰線에서 피로써協力을基礎로하고結成된聯合國의 民主主義統一戰線은戰後에있어서도 恒久한世界平和

와새侵略戰防止를爲하야 玆재로는 侵略國을軍事的經濟的統制로써 徹底히武裝解除할것 둘재는聯合國組織(UNO)으로하여금 世界平和를擁護하고 새侵略戰爭을防止할수있는名實이相符한 眞正한國際安全保障機關으로發展시키자는것이다。戰後에있어서平和와民主主義를爲하야 싸우는聯合國의協力은 世界民主主義運動의 巨大한發展을가저오고말었다。 그러나民主主義化는 不均衡的으로發展하고있는것이 現實이며 具體的인것이다。

戰後民主主義發展狀況

民主主義國家들의統一戰線으로써 파시즘을打倒하기에成功한以來歷史上에일직이없든民主主義發展을보게되었다。 그것은世界各國에서民主主義政權이勢力을쥐게된것과 또한새로創立된것으로서可히알수있다。絶大多數되는여러나라에있어 그民族의極少數의利益을代表하는黨들이主權을잡는것이아니라 人民絶對多數를代表하고人民의利益을眞實로擁護하는黨이 主權을잡게된것이今日世界情勢의特徵이다。이것은特히東歐羅巴各國의例가證明하나니 現在波蘭에는社會主義黨勞働黨이 항가리아에는共産主義者勞働黨 즈베노人民同盟黨農民人民同盟黨이 유고슬라브에서共産黨、社會主義黨、人民農民黨 체코슬로바키에서共産黨社會民主黨이 루마니아에서는共産黨과社會民主黨愛國者同盟이 여러나라의國會와政府에서 根本의힘이되어가지고 國家生活을指導하고있는現狀이다。

五大强國의하나인佛蘭西에서도國會와政府에共産黨、社會主義黨、人民共和黨이支配黨이었는데 그中에共産黨과社會主義黨이 指導하고있다。 英國에서는國民의小數인 金融資本을代表하든帝國主義黨인保守黨은政治的指導에서물너서고 國民의絶對多數를代表하는勞働黨이 國家指導를하게된것은 일즉이없는民主主義的進步이다。이것은英國國民自體의意思에依하야決定된것임을잊어서는안된다。

美國에서는벌서十年以上을두고 보다進步的인民主黨이國家의指導를하고 帝國主義獨占資本을代表하는保守的共和黨은 美國一般國民의큰支持를받지못한다。

이웃나라中國에서도中國地主와資本家를代表하는國民黨과 中國國民의絶對多數인無産階級을代表하는共産黨이 中國의民主主義化와그再建을指導하게되었다。

蘇聯에서는一切搾取階級이淸算되었으므로 勤勞大衆、勞働者、農民인데리겐차即全國民을代表하는蘇聯共産黨이 全國民의意思에依하야國家를指導하고있다。이와같이世界各國에서는人民絶對多數를代表하는黨들이主權에서고있는것이다。

民主主義의根本目的은人民의利益을擁護함에있다。人民의絕對多數를代表한黨들이目標를잡은것은 今日民主主義의世界史的勝利라 고할수있다。

過去에여러파시스트國家를支配하든獨、伊、日의파시스트黨들과 佛蘭西의急進黨、英國의保守黨、美國의共和黨等은帝國主義黨으로서國民의極小數인金融資本을代表하였다。樞軸國에서파시스트黨들이打倒되고佛國의急進黨、英國의保守黨、美國의共和黨勢力이微弱해진것은 곧世界民主主義發展의큰進步를가져온것을意味한다。中國에서는過去에는國民黨이獨裁하였으나 現在에는그것이自己獨裁를 中國共産黨과民主同盟과 나누지않으면안될形便이되었다。世界여러나라에서勞働階級을代表하는黨들이 大部分指導的役割을놀고있다。이것은現世界에서勞働階級이가장進步的인階級인까닭이다。例컨대波蘭은유고슬라비아、불가리아、체코슬로바키아、佛蘭西等에서는共産黨과社會主義黨이指導的黨이며英國에는勞働黨內閣이요、諾威에서까지勞働內閣이다。

이와같이進步的民主主義黨들이指導함을따라國家形態도變하였다。特히西歐諸國에서封建的君主制度가없어지고 共和制度가創立된것이또한特徵的이다。유고슬라브、불가리아、알바니아、白耳義、伊太利에서는君主制度가淸算되고 共和國이樹立되고이中에서特히알바니아에서는人民共和國이樹立되였고、불가리아에서는現在人民共和國宣言을主張하고있다。以上의事實은一般的으로政治制度에서 民主主義制度가勝利하였다는것을證明하는바이다。

經濟機構의民主改革

經濟的으로보아서가장重要한두가지民主的改革이實施되고있다。그것은土地改革과國有化政策의實施이다

世界經濟는過去어느때보다도民主主義的으로發展되면서있다。戰後에民主主義諸國의큰成就中의하나는各民主主義國家에서 實行되고있는國有化政策과土地改革이다。土地改革이라는것은元來로부르주아 民主主義革命의課業이다。

그런데世界여러나라特히西歐諸國에서는 이부르주아民主革命이아직完遂되지못하였다。이번에파시스트獨逸의壓制로부터의解放되는同時에이나라들의民主主義勝利는부르주아民主主義革命의 그모든課業의解決과同時에土地改革도解決한것이다。몇개나라에서는이미훨씬예前에부르주아民主主義革命의階段을지냈다할지라드 土地改革이徹底히解決되지못한나라들도있었는데 이러한나라들도最終에土地改革課業을徹底히完遂하게된것이다。土地改革의民主主義的意義는다음과같다。

첫재로土地改革은農業經濟의生産力을發展시키며 또한農民生活의

經濟的內容을保障하며急進的生活改善을意味한다。農村에있어封建의支配는農業發展의큰障碍物인것이다。土地없는農民과土地적은農民의奴隷的狀態에一般가되는 封建經濟는生産力을發展시킬수없는것이다。土地改革은또은商品經濟를發展시키며國內市場을擴張시킨다。이는工業發展의發展가되며 國家工業化의前提條件이되는것이다。이같이土地改革은農村의落後性을淸算함을保障하여주는것이다。

土地改革意義의또하나는世界各國에서反動勢力의干城이오 土豪가되는封建遺物의淸算에있다。世界더러나라特히西歐諸國의封建地主들은自己階級의利益을爲하야 國內에서모든民主主義運動特히勞働者農民運動을彈壓하였으며 國外的으로는獨逸파시스트들과의協力政策을取하였다 獨逸이東歐羅巴를占領하였을때여기의地主들은파시스트와協力하고저祖國을抑壓하였다。自己들의運命을獨逸파시스트들과같이하고 獨逸이敗戰으로退却할때는그들도侵略者와함께나라로부터逃走하였다。民主主義勝利로서생긴土地改革은 反動的파시즘勢力의土豪를께트린것이다。이것은또한모―든親파시스트分子들을淸算하는前提條件이되었다。封建遺制의淸算은 國內外의民主主義化를促成시키고마렀다。이와같이土地改革은國家를民主主義化하는前提條件이되었다。 土地改革의意義는이러한것이다。

그러면그實踐은어떠한가

土地改革은東歐波蘭、 루마니야、불가리야、항가리아、等諸國에서實施되었다。波蘭에서는그前에는不過二萬名의地主가 全土地의거위四五%를차지하고 二百十萬의農民은全土地의一五%未滿을차지하고있었다。이번改革으로이와같은不公平을없애고 數百萬農民에게土地를주었다。土地改革提案은波蘭勞働黨과社會主義黨에서내노왔고 그의進行은波蘭民族解放委員會가主動이되었다。獨逸人土地、民族反逆者의土地地主의土地를無償沒收하야 土地없는農民、土地적은農民、雇傭사리에게五헥타ー(約五町步)平均으로分、配하여주고 地主들도五헥타ー式가질權利를주었다。루마니아에서도土地改革前의形便은亦是不公平한土地所有制度이었다。이번土地改革은이티한[illegible]을없이하였다。土地改革의提唱者는民族民主戰線이다。 여기에서드地主의土地를無償沒收하야 土地에굶주린農民에게난호와주었다。

항가리에서는土地改革前에는一萬六千의地主가 全土地의四八・五%를차지하고있었고 百五十萬以上의小農은겨우一二・六%를찾이하고있었다。洪牙利의人口가모다八百九十萬인데 그中에서百八十萬이土地없는農民과雇傭勞働者들이있다。이번土地改革은이러한不公平을淸算하였다。여기에서는항가리獨立民族戰線의主催로 그의政府에서實行하였는데 그提案은民族農民黨과共產黨에서한것이다。東歐諸國에서土地改革의實地實施는이롷게經過하였다。이에對하야地主들과모ㅣ든反動分子들은土地改革을反對하고、積極的으로鬪爭한것이다。그들은이것은不法이라고말하며 實은共產主義의첫거름이라고反對하였다。그렇나農民들은都市勞働者들의組織的支持를받어都市와農村이廣汎한大衆의支持밑에서成功的으로土地改革을實行하였다。그다음에있어서國有化政策은民主主義原則에가장符合되는政策이다。產業機關、土地、鐵道等、大企業의個人的獨占所有를廢止하고 國家所有卽全國民所有로轉換하는것은 全國民의利益을擁護하기爲한가장正當한일이다。民主主義라는것은어느國家에서든 그나라의모ㅣ든國民에게政治同等權을保障하여야한다。그런데國民사이에經濟的同等權이없이는政治的同等은實行될수없다。그러나完全한民主主義는 國民生活의土臺인經濟를、民主主義化함으로서만達成될것이다。

이번世界大戰에있어國有化問題가더욱큰進步를보이였다。그原因은戰時에資本主義國에서國家의役割이커진까닭이다。總力戰은交戰各國으로하여금 自己나라의모ㅣ든經濟力을全部動員하게하지않을수없다。이것은國家의一定한指導가없이는達成될수없었다。戰時中에는諸國에서國家가直接產業을經營하거나 生產여라部門을統制하게되였다。美國에서도全企業施設八十「 리아르드弗의五分之一인十五六「빌리아르드弗價格의工場을國家가가지고있었다。英國에서도國家統制가것던것이國有化와國家統制制度는戰爭產業으로부터 平和產業으로넘어가는데있어그損害를적게하며、民族經濟를全的으로利用하야 復興을速히完成하기에가장正當한政策이다。經濟의國有化基礎우에서만 國家經濟의計劃的生活을組織할수있다。이라한理由로서國各에서國有化가活潑히實行되고있는것이다。그國有化實行은普通으로는 國家가國有化할企業設備를사는形式을取하는것이다。親팟쇼民族叛逆者祖國安全에背反되는일을한 企業家들의所有를無償沒收하고있는데 이것은東歐諸國에서實行하였다。여기에서親팟쇼派인民族大資本家들의淸算으로因하야國有化는쉬게實行되었다。그것은獨逸支配의悽慘한結果를適히淸算하고 民族國家를復興시키는데唯一하게正當한길이되였다。佛國의獨占資本家의手中에서 모ㅣ든大企業은國家支配에넘어갔다。

國有化問題는英國에서도强하게서있다。廣汎한大衆이이것을支持하고있다。一九四二年與論調査한바에依하면、四○%가產業의基本部門이國有化되기를要請하였고 三六%가重要產業部門을國家가統制할것을要求하였고 다만二四%만이戰前制度로도라가기를希望하였다。保守黨이慘當하고勞働黨이勝利한原因도國有化

間에 있었다. 金融資本家와 銀行을 은行을 國有化하였다.

英國에 있어서도 國有化問題가 嚴重하여 크게 되었는데 製造工業의 三分之一까지 國家經營으로 되었었다. 世界先進國가에서는 土地改革은 勿論이요 國有化問題가 實現됨으로서 世界經濟的 民主主義를 實現한다. 國有化로 因하여 資本主義經濟와는 달리 를 確立할인 經濟로 發展하여 가지는 方向으로 나간다. 이리하여 國有化政策을 實行하는 民主主義經濟體制의 土臺가 으로 民主主義의 것이다.

各國內政策의民主主義的方向

戰後世界에서 各國國內政策이 民主主義方向으로 發展됨에 따라 그들의 外交政策도 또한 民主主義原則을 그 基礎로 삼는 것이다. 第二次世界大戰前에는 팟쇼國家인 獨逸, 伊太利, 日本은 侵略的 高壓的 外交政策을 썼으며 英國과 佛蘭西는 平和를 爲한 鬪爭을 回避으로 한 外交政策이 아니다. 所謂中立的 外交政策을 侵略者들로 하여금 助長하는 政策을 썼다. 이때 英國에 있어서도 孤立政策이 有力하였다. 그러나 戰後現在에는 侵略中立 或은 孤立이 外交政策의 指導原則이 되는 것이 아니라 世界平和를 爲하여 親隣과 互相協力이 世界各國關係의 根本原則이 되었다. 이協力은 팟쇼危險과의 共同鬪爭에서 생겼다. 팟쇼國家들은 世界民主主義나라들을 破壞할 것을 目的하였다. 그러므로 世界모ー든 民主主義國家들과 世界諸民主主義勢力은 統一戰線을 만들어 팟쇼와 鬪爭하여 그를 打倒하기에 成功하였다.

이렇게 現在 世界各國의 協力은 民主主義擁護를 爲한 鬪爭에서 생기었으며 民主主義에 協力의 基礎가 되였다. 또 現在世界協力의 堅固性은 그가 이 民主主義를 土臺로 하는 데 있다. 이러한 世界民主主義的 協力을 基礎로 하여 가지고 世界民主主義國家들의 平和와 安全保障을 爲한 共同鬪爭機關인 聯合國機構(UNO)가 생기였다. 聯合國機構는 平和를 保障하며 侵略을 防止할만한 모ー든 權力을 다ー 가지고 있다. 그의 機構은 安全保障理事會에서 作成되였으며 그의 機關들은 總數大會에서 結成되었다. 現在 그는 自己使命의 實行에 着手하였으며 그의 安全保障理事會는 지금 組織에 進行되고 있다.

世界民主主義的 協力의 좋은 實例로는 「世界經濟復興救濟委員會」(운라) 「國際食糧對策委員會」의 創立이다. 民主主義的 協力이 없이는 이와같은 國際的 援助와 活動이 없었을 것이다.

世界民主主義的 協力의 成長을 指摘함에 있어 世界各民主主義國勞働者階級의 國際的 協力機關인 「國際勞働組合聯盟」과 世界各民主主義 靑年들의 國際的 協力團體인 「國際民主靑年聯盟」 世界各民主主義國諸女性의 國際的 協力團體인 「國際民主婦女聯盟」 組織에 對하야 말하지 않을수 없다

이렇게世界各國과全世界는國內的으로또國際的으로，民主主義的方向으로發展되며 또完全한民主主義化를達成할것을自己의目的으로한다。그러나이것은民主主義가世界各國에서같은程度로 發展되다는것은아니다。各國의歷史的社會的條件에依하야 民主主義發展에는多少間의差異가있다。이에서世界民主主義發展은아래와같은 세가지等級으로나누아볼수있는것이다。

첫재．英國이나美國에서發展하는부루죠아民主主義 即부루죠아가領導하는民主主義。

둘재 맞쇼로부터解放된東歐羅巴各國에서發展되고있는 民主主義의特別形態인人民的民主主義 人民의多數를찾이하는階級들이領導하는民主主義。

셋재 蘇聯에서發展하는가장進步的인 푸로레타리아民主主義的社會主義的民主主義。

이中에서勿論國民의絕對多數가領導하는 둘재와셋재形式의民主主義가가장進步的인것으로보아야할것이다。今日우리朝鮮에서는둘재形式인人民的民主主義의方向으로나가야한다。即英美式民主主義도아니요 그렇다고해서蘇聯式푸로레타리아民主主義도아니다。獨逸파시즘으로부터解放된東歐羅巴諸國家에서．民主主義의歷史的새形態인人民的民主主義가發展하고있는것처럼．日本帝國主義로부터解放된朝鮮에서도．이民主主義的形態가가장適當하다고본다。

世界民主主義運動의特別形態로는植民地解放運動이또한展開되고있다 戰後世界에서植民地解放運動이歷史上그이느때보다도 强하게進行되는것은偶然한일이아니다。世界파시즘과의戰爭은各國이 自己의民族獨立과民主主義의自決을爲한鬪爭이였다。이것은植民地民族들에게도큰影響을주어 民族自決의意識을强化시키였다 桑港의聯合國會議는모—든民族의平等과自由를부르지젔다。이는植民地民族들의自決權을承認한것이였다。이런原因들로서植民地解放運動이인도네시아와印度에서猛烈히進行된다 이들은帝國主義統治와、植民地制度의前같은繼續을反對하고鬪爭은繼續되고있다。인드(印度)에는英國內閣使節團이 印度獨立運動指導者들과의交涉이開始되고있다。植民地問題를 民主主義的으로解決하는것은그들을帝國主義支配로부터解放시켜그들을結局獨立國으로만드는데있다고 蘇聯外相몰로토프는桑港會議에서强硬히主張하였다。眞正한世界民主主義國들은이를支持援助하여야할것이다。聯合國援助下에民主主義方向으로獨立이保障된것이고 朝鮮에對한모스크바三相會議決議가決定된것이다。植民地解放은現代世界民主主義發展의큰成功일것이다。

反民主的傾向

世界는今日에있어서歷史에서보지

못하는이러한民主主義發展을하고있다。그러나世界에는아즉反民主主義的反動勢力이남어있으며 그들은적지안타고보아야한다。爲先世界에는팟쇼勢力이아직根絶되지않었다。世界에는아즉팟쇼獨裁國은또남어있다 이는西班牙프랑코政權과葡萄牙살라사ー르政權이다。南美아르젠치나에서政權을팟쇼分子들이잡고있다。獨逸日本等팟쇼國自體에있어서도 팟쇼勢力이淸掃되지않고있다。特히日本에있어서는總選擧가보인바와같이팟쇼勢力과主張가그대로남어있으며民主主義勢力이勝利하기에는아직멀었다。우리는日本問題解決에적지않은關心을가지고있어야한다。過去의關係로보아朝鮮은日本에팟쇼政權의存在를許할수없으며 日本의民主化를自己事業의하나로알어야한다 이外에팟쇼國과協力하였거나또는그들에게 占領되었든나라들에서도팟쇼分子들이끝까지淸算되지않아있다。이런[illegible]反民主主義者들과「안텐스」를中心으로한波蘭亡命政府殘滓파시스트派와 미하이로비치를中心으로한 유ー고슬라비아의亡命팟쇼派들이이에대한實例이다。팟쇼勢力은부르조아民主主義國에있어서도 아직完全히淸算을當하지않아었다。例하면英國파시스트들의首領모스리같은者는 그대로活動하고있다。

둘재로世界民主主義的反動勢力을아직强한帝國主義勢力이만들고있다 이는[illegible]種族理論과戰爭을爲한[illegible]同盟을云云하는 英國保守黨首領처칠과그의英國과美國에있는同類들이다。帝國主義反動을特別히그의植民地政策에서나타난다。이는和蘭帝國主義者들의 인드네시아解放運動을彈壓하고있는事實에잘볼수있는것이다。英國々會의여러議員들도英國과和蘭의帝國主義政策을非難하고있다 이렇게世界反動勢力은淸掃되지않은팟쇼勢力과帝國主義勢力으로써形成되고있다。世界反動勢力의目的은世界民主主義運動을 破壞하려는것이며또戰爭을이르키려는것이다。世界民主主義의課業은이反民主主義勢力을克服淸算하는데있다。다만이때에만世界에完全한民主主義가達成될것이다。

平和와民主主義의發展

世界의民主主義發展을爲하야는長久한平和가要求된다。勿論戰爭이永遠히없을수는없다。왜그러냐하면「現代戰爭이獨占資本主義를基礎로하고生起는까닭이다。獨占資本家의市場과原料源泉을爲한爭奪에서戰爭이發生한다。그럼으로第一次第二次世界戰爭은 發生시킨條件들이現在그대로남어있다。또이條件들이남어있는以上戰爭은있을수있다。그렇다면어떻게하였으면 이戰爭이오래동안없도록할수있을까?

爲先帝國主義中에도第一强盜的이

오 獨逸帝國主義勢力과 日本帝國主義勢力이 다시 일어나지 못하도록 하여야 한다。 이 팟쇼國들을 徹底히 處罰하므로써 達成할수있다。 이 處罰에 있어서 가장 重要한 것은 그들의 軍事的經濟的土臺를 破壞할것이다。 第一次世界大戰後에 獨逸의 軍事的經濟的 [illegible]를 [illegible] 하지 못하였으므로 다시 侵略主義者들이 일어날수있었 [illegible] 그러므로 聯合國은 포츠담 決議를 徹底히 實行하면서 팟쇼國들의 經濟的 [illegible] 完全히 實行하여야 할것이다。 또한 獨逸과 日本의 戰爭犯罪者를 徹底히 處罰하여야 한다。 이에 現在 뉴-른베르그에서 進行中인 獨逸重要戰爭犯罪者 [illegible] 利의 [illegible] 가 [illegible] 이다, 팟쇼國들의 徹底한 處罰과 同時에 各國에 남아있는 [illegible] 팟쇼勢力을 끝까지 [illegible] 해야 한다。 이에서 [illegible] 에서 開催中인 安全保障理事會에서 波蘭代表 란게氏가 西班牙 [illegible] 提議한 것이 [illegible] 가 있는 것이 [illegible]

[illegible] 維持하기 위하여 聯合國 [illegible] 이 [illegible] 保障하며 [illegible] 合기에 可能한 國體가 되도록 하여야 한다 이를 爲하야 聯合國은 自己의 憲章을 忠實히 實行하여야 한다。

聯合國의 團結性과 威力은 그의 根本指導의 힘이 되는 三大國의 協議에 달리었다。 이 三大國이 根本的으로 팟쇼勢力을 破壞하였으며 또 그들이 戰後의 平和維持에 對한 責任을 지고 있다。 聯合國에 參加한 小國들은 大國의 指導役割을 반다시 認定하여야 할것이다。 그러므로 小國들은 이 原則에 따르며 大國들의 正當한 權利를 [illegible] 하지 말어야 할것이며 大國間의 [illegible] 이 되지 않어야 할것이다。 그러면 이번 뉴-욕 安保理事會에서 이란問題 取扱은 世界가 알지는 바 [illegible] 이 正當치 못하였으며 이란 問題는 結局 一部大國들이 다른 한 大國을 攻擊하는 手段이 되고 말았다。

聯合國은 勢力 다툼의 團體가 되여서는 안된다。 過去 國際聯盟의 失敗한 原因이 거기에 있었다。 帝國主義勢力들이 서르 다투는데 있었다。 다만 포츠담 會談이 宣言한 三大國의 指導原則을 忠實히 지켜 三大國의 [illegible] 을 [illegible] 基礎 우에서만 聯合國機構 (UNO) 가 鞏固한 團體가 될수있다。

世界에는 여러가지 所謂 平和案들이 많은데, 그들은 또 뚜 聯合國原則에 違反이 된다。 例를 들면 「西歐聯盟」 「北方聯盟」 또는 「北南美聯盟」 「世界政府」 「[illegible]」 「英美軍事同盟」 等이다。 이 中 「西歐聯盟」 은 [illegible] 力[illegible] 의 理論으로 부터 出發한다。 그들은 [illegible] 과 같이 말 한다。 世界에는 두가지 偉大한 集中勢力이 있다 (쏘聯과 英國) 우리 歐羅巴는 第三集中勢力을 만들 것이다。 그러하야 이 集中勢力이 [illegible] 介在하야 西歐이 [illegible] 합여야될 것이다 [illegible] 英國, 佛蘭西 白耳義 和蘭이 되여야 하며 이에 西班牙 伊太利 까지 들어야 한다고 말한다。

「北方聯盟」 案은 瑞典에서 나온것인데 北方聯盟은 瑞典, 諾威, [illegible] 丁抹等을 만들어 一北方의 平和를 保障하야 [illegible] 하는 것이다。

三 [illegible] 은 [illegible] 이 [illegible] 世界政府의

組織을協하야 各國은自己民族自主權을이政府에얼마즘讓步하여야한다고한다。그리하야이世界政府가法律을만들어 그것으로써 戰爭이發生되지못하도록한다는것이다。英國記者한스 그트스맨氏는 이政府는英國政府式으로各國이洲의役割을맡고 各洲國聯合政府가생긴것이라고말하였다。最近에發生한마추단計劃案은 美ㅣ칠의「英語使用國들의聯合」「美英軍事同盟」計劃案이다。이計劃案은平和的計劃案이라는것보다 오로지戰爭的計劃案으로볼수있다。이모든計劃案은聯合國機關을無視하게하려는것이며 그의根本原則인三大國의指導를破壞하려는것이다。現世界에서이는한나라가이를支配할수없다。또그렇나여러나라에서는大國들의協同으로있을수있다。平和와安定을保障할指導役割만이있을수있는것이다。

「戰爭의씨를一掃」하여平和의維持를爲하야現在에있어서는 反動者들과의鬪爭이必要하다。우리는世界民主主義化를더욱强하게 하며또民主力과帝國主義勢力을破壞하고 侵略戰爭의恐怖우에서만 恒久한平和를어들수있다。

結　論

經濟的으로보면앞으로몇해後에週期的經濟恐慌이올것은必然이다。資本主義世界에는이恐慌을免치못할것이니 美國과같은나라에는生産過剩으로恐慌이있을것이다。歐羅巴에는生産不足恐慌，英國과같은나라는消費者사이에中間程度의恐慌이다。恐慌으로부터完全히免除된나라는 蘇聯이다。今日歐洲에는戰爭에依한破裂과인플레슌이惡化되고있는데 이러한經濟的破裂을回復하고 民主經濟를確立하는唯一의길은 國有化와土地改革과같은急進的民主主義政策의斷行이다。人民을爲한眞正民主主義發展의方向은 世界民主主義文化를促進할것이오 이것은發展되어더욱進步的形態의歷史的發展法則의方向으로나갈것은 世界的必然이다。어쩌든今日時代는 世界民主主義路線을完全히發展시키므로써 反民主主義反動의根源을完全히淸算함에있을것이다。

國際聯合會議

國際聯合(UNO)

國際機構는桑港에서一九四五年四月二十五日開催되었든 國際機構設立聯合國會議에서 可決됨으로써비로소正式으로成立된것이다。이機構는第二次世界大戰이終結後 戰後平和와戰後問題를決定코저 設立된聯合國의國際機構이다。

桑港會議

開催場所　美國의桑港

開催時日　一九四五年四月二十五日

參加國은　美英蘇佛中外四十二個國

代表數　百九十名　顧問隨員數約一千百名

目的　桑港會議는非公式會談에서提案된決定에따라 憲章을用意하기爲하야 聯合國을招請한會議이다。

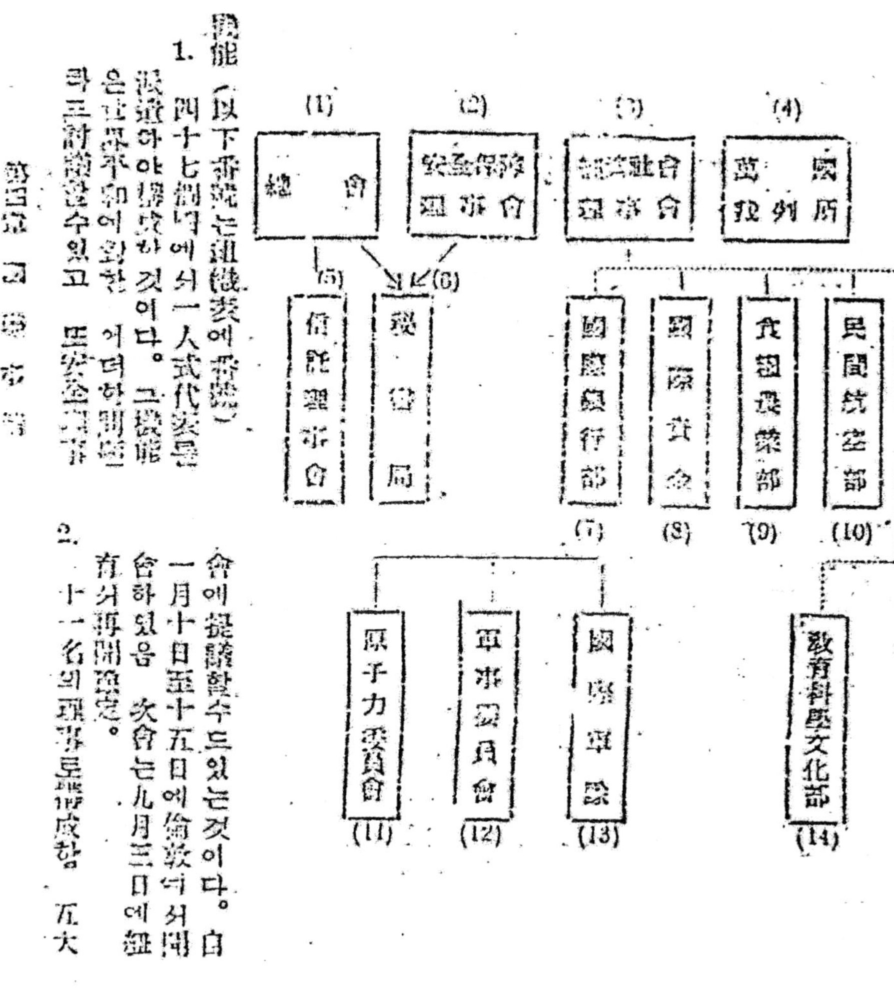

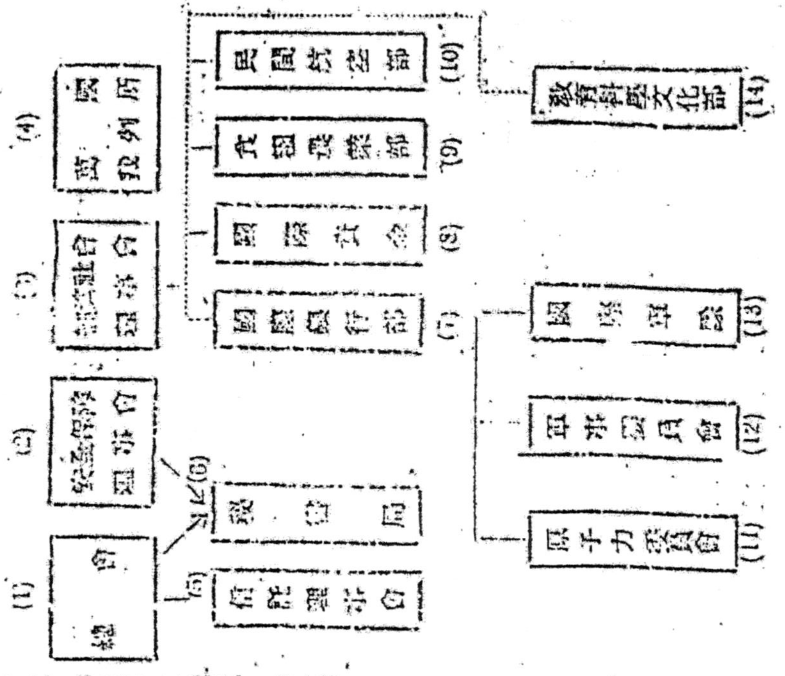

機能(以下番號는組織表에番號)

1. 四十七個國에서一人式代表를派遣하야構成한것이다。그機能은世界平和에對한 어떠한問題라도討議할수있고 또安全理事會에提議할수드있는것이다。自一月十日至十五日에倫敦에서開會하였음 次會는九月三日에紐育서再開確定。

2. 十一名의理事로構成함 五大國의代表는常務理事(美英蘇中佛)이며 其餘의六個國代表는總會의選擧로任命되며二個年間服務함。

그役割은

① 國際紛爭의平和調停及侵略國에對한懲罰的措置。

② 國際平和와安全保障의責任을갖는다。

③ 侵略者制裁方法은經濟的封鎖政治的斷交及武力干涉

그制裁段階은

第一段階 紛爭을討議中에는拒否權(五大國만이有함)을行使치못함。

第二段階 紛爭調停는五大國을包含한七個國의贊成이有하여야可能(萬若五大國一國이紛爭에關係되여있을때에는그理事는投票權如否權을喪失함)

第三段階 侵略國에對한行動에있어서는 紛爭에關係有無를

不拘하고五大國을包含한七個國의同意必要。

3 總會에서十八名의委員을選定한다。其下部에五部를두어戰爭의社會的經濟的根源을 除去할려는任務를갖는다。

4 總會에서委員十五名을選任하야構成한다。機能은國際的紛爭을法的으로調整(常設)海牙에서四月三日부터開廷。

5 五大國은職權上委員이되고現在와未來에植民地를統治하는國家는 모다이理事會에加入하게된것이다。

6 秘書長을先頭로研究執行委員이있어서 總會와秘書委員會에際官責任이有함。

또한國際聯合理事會全體에奉仕하는機關이다。

7 이것은三十五個國의批准으로成立되었고 戰後復興을爲하야資金의融通을꾀하며 九月初旬부터는商業을開始했다。

8 부레톤우드 經濟會議에依한計劃의一部로서聯合國의援助로通貨安定을爲하야融通하는곳이다。

9 世界食糧生産高와營養價의水準向上을目的으로함。

10 一九四四年에組織되었고 商品飛行輸送에關聯된 法的經濟的諸問題를取扱한다。

11 安保인十一個國理事와加奈陀代表로構成하고 原子彈에關한諸問題를研究한다。

12 五大國의參謀長으로構成하야安保理事會指示下에侵略國에對한行動을指揮하는곳이다。

13 國際文化의相互理解의發展을圖謀하는機關。

國際聯合이五大强國의現狀維持政策으로利用된다거나 帝國主義國家들의利益追窮을 外交的으로合法化하려는機關이된다고하면 國際聯合은도리어다시國際聯盟의前轍을밟는것이다。世界의平和는이러한不統一한合理化主義를떠나 眞正한民主主義를實現하려는强國으로 發展시키는데는 있것이다。

聯合國憲章

序 文

우리聯合國人民은여기一心團結하야 後世에두번다시人類로하여금 慘憺한戰禍를이르키지안토록 人類를基本으로하야 人格의尊嚴과價値를尊重하며 大小各國及男女의平等權利의信念을普及하고저 이에適當한環境을創造하며 힘써正義를維持하야、條約과國際法及其他淵源으로이러나는 義務를尊重하기에努力하야自由를케社會進步及民生의改善을促成하며 아울러이目的을達成키爲하야寬容에힘쓰고、彼此善隣의道로서和睦으로서로處理하며 力量을集中하야國際和平及安全을維持하되原則方法을確立하야 公共利益에그렇되지않토록保障하며 武力을使用치않고國際機構를運用하야 全世界人民의經濟及社會의進展을促成하고저發奮立志하고同心協力하야 有終之

實績을거두고자 各共本國政府로부터
산부란시스코에 代表를派遣하야 全
權證書를맞드며 互相檢閱하야善에立
同하야 本聯合國憲章을協定하고야
으로國際組織을設置하야 聯合國과
定名함。

第一章 聯合國主旨及原則

第一條 聯合國의主旨

一、國際平和及安全의維持와 그目的達成에有効한 集團的措置를採擇하야 和平에對한威脅을防止除去하고 侵略行爲또는 其他和平의破壞를制止하는同時에正義及國際法의原則에依하야和平을破壞할만한國際爭議와 情勢를調整또는解決함。

二、國際間에民族과人民의平等權利及 自決原則은有好關係를基礎로發展하고 其他適當한辦法을採擇하야 普遍的和平을增强함

三、國際合作을促成하야 國際間의經濟社會文化의諸問題及 人道的性質의國際問題를解決하는 人類全體의人權及基本自由等을尊重하야解決함。

四、各國行動이中心이되協調機構를結成하야 上述한共同目的을達成케함。

第二條 第一條所述의各宗旨를實現키爲하야 本組織及其會員全은當然下記原則으로遂行할事。

一、本組織은各會員國의主權平等을原則으로함。

二、各會員國은마당히誓言을가지고 本憲章에한任務을履行할事그리하야全會員國은本組織에加入함으로써 權益發生을保證함

三、各會員國은和平의方法으로써 國際爭議를解決하고 國際和平安全及正義의危險을免케함。

四、各會員國은其國際關係에있어會員國家와領土或은政治獨立權에對하야 聯合國宗旨에符合치않는方法 또는威脅과武力使用을못함。

五、各會員國은本憲章에關한行動을取하야 聯合國에對한協助에盡力하며 聯合國이는國家에對하야서는자 行動執行의自由를束縛하며 各會員國은當該國에對하야援助하지않음。

六、本組織은國際和平及安全을維持함에必要한範圍內에서非聯合國會員國도 上述原則을遂行할것을保證함。

七、本憲章은聯合國承認이없이는本質上어느國家內管轄事項에도干涉하는한 또會員國이該項事件을本憲章에依하지않고는解決을提請하지못함。

但此項原則은第七章內執行辦法適用을妨碍하지못함。

第二章 會員

第三條 샌프란시스코聯合國國際合議에參加하였고 一九四二年一月一日聯合國宣言에署名한國家로本憲章에署名하는同時에 憲章第百十條規定에依하야 미리批准한者

가모다聯合國의創始會員國이된다

第四條 一、其他平和愛好國家로本憲章所載의義務를承認하고 本組織이其所定와該項義務를確實히履行할者임을 認定하는時는會員이됨을得함。

二、前記國家가聯合國會員國됨을許可함에는 安全理事會의推薦을經하야大會의決議로써이를行함。

第五條 省略

第六條 省略（會員의除名）

第三章 機 關

第七條 （機構組織參照）省略

第八條 聯合國은其主要機關이나輔助機關에男女가平等한條件下에서엇던職務에던지參加하고 制限을加함을不得함。

第四章 大 會

組 織

第九條 一、本大會는聯合國으로組織함。

二、한會員國의代表는五名을超過치못함

職 權

第十條 以下第十七條까지（省略）

投 票

第十八條 及第十九條 省略

節 次

第二十條 第二十一條 第二十二條省略

第五章 安全理事會以下省略

第十二章 國際信託管理制度

第七十五條 聯合國은其權力下에國際信託管理制度를設立하야 該制度에從한領土는此後個別協定에依據하야管理와監督을함 此項領土는以下信託領土라略稱함。

第七十六條 本憲章第一條所載의聯合國宗旨에依據하야 信託制度의基本目的은下記와如함。

（ㄱ）國際平和와安全을促進함。

（ㄴ）託管領土居民의政治經濟社會及敎育의進展을增進하며 各領土及그人民의特殊形便과關係人民의自由表示의願望에適合함을原則으로하고 또各託管協定의該項에按照하야 自治或은獨立으로漸次發展하는趨向을增進시킴。

（ㄷ）種族、性別、言語、或宗敎의相異를分揀치않코 人類全體의人權과 基本自由의尊重을提唱하고世界人民의互相連繫하는意識을啓發케함。

（ㄹ）社會經濟及商業上에서 聯合國全體會員國과 其國民의平等待遇와各該國民의司法裁判上의平等待遇를保證함。

但上述目的의達成을妨碍치않으며 또第八十條의規定에違反치않음을限함。

第七十七條 一、信託制度適用은信託協定에依하야이制度밑에 下記各種類의領土로分別함。

（가）現在委任統治下의領土。

（나）第二次世界大戰結果로因하야 自然敵國으로부터割讓된領土。

(다) 管理責任을負한國家가自國하야此制度下에置한領土。

二、上記種類中何種領土든지將次信託制度下에置하라는、其條件에關하야는 此後妥當한規定의事項을協定함。

第七十八條 聯合國會員國이된者는信託制度를適用치아니하며 聯合國會員國間의關係는맛당이 主權平等의尊重한原則에基함。

第七十九條 信託制度下에 一領土마다의信託條項及其更改變更은直接關係各國으로부터하며 聯合國인會員國을包括하委任統治의受託이된者는 미리協定으로써第八十三條及第八十五條規定에依하야承認함。以下省略

會 合

一、聯合國機構準備會 時日一九四五年十一月二十六日於倫敦五十一個國代表의參席으로 이會合의目的은아래와같다。

國際聯合의重要機構인 事務局、總會、專門委員會國際裁判所의機構計劃作成案을짓는것。

2、第一回創立總會의開催의具體化準備。

二、聯合國機構總會第一回會議。
時日一九四六年一月十一日 場所倫敦。

1 非常任理事國選定 濠洲、伯、波、和、埃及、墨가리야等六個國。

2、安全保障理事會 第一會合
一九四六年一月十七日倫敦。

3 安全保障理事會 第二會合
一九四六年三月二十六日華府

모스코三相會議

場所 蘇聯莫斯科
時日 一九四五年十二月十五日—十二月下旬
參加國及代表
英國 베빈外相
美國 번—스國務長官
蘇聯 모로토프外相

모스코바三相會議開催된經緯는 第二次世界大戰々後에弱少國家에對한安全保障과 完全自主獨立國家로서의育成은 世界平和를爲하야는絕對的인것이다。一九四三年十一月二十七日埃及에서 루—스벨트美國大統領、처칠英首相、蔣介石中國主席의會合으로 日本에對한軍事行動을協定以後 一九四五年二月十一日얄타協定으로蘇聯이對日戰爭參戰約束과、一九四五年五月獨逸降服後七月十七日포쓰담會談에서 對日降服條件提示等 美英蘇의戰爭中協助及戰後處理의民主主義化에對한 共同的決定을하려고한것이이會談이다。

그러므로이會談은 三巨頭會談의具體化이며 이는民主主義世界發展의路線을밟는데 意義가高히評價될것이다。

그全文(要點)을紹介하면다음과같다。

莫斯科三相會議協定全文(要點)

一、極東諮問委員會를廢止하고極

東委員會를設置하야, 四個國日本管理理事會를設置한다。

二、美英蘇三國은美英軍隊가 그任務와責任이完了하는대로 可及的速히中國으로부터撤退할것

三、三國外相은中國이統一된民主主義國家로되며, 國內抗爭을停止한다는 必要性에關하야同意되었다。

四、原子「에너지ー」는平和的目的以外에利用되지않을것을保障하는目的으로 原子力管理委員會를設置할것이다。美英兩國은羅馬尼亞「불가리아」兩國을承認하는 平和條約締結條件이發表되었고 原子管理委員會의設立에關하야는 一月에國際聯合總會에서、安全保障理事會의各成員國家와이理事會에參加한 管理委員會創設할決議가提議되었다。

五、極東委員會는美、英、蘇、中、佛、和、加、濠、뉴지랜드、印度、比律賓의十一個國으로構成된다。同委員會成員國家의要求가있는境遇에는「맥아ー더」大將이發하는指令을檢討한다。또委員會의決定事項을「맥아ー더」大將에게傳達하는것은 美國政府의責任으로되었다。三緊急을要할時는美國은暫定的指令을發할수있다。

朝鮮에關한事項(省略)

七、美英蘇三國은伊太利、羅馬尼亞、勃牙利、洪牙利、芬蘭으로더부러, 一九四六年五月一日까지平和條約을締結하기를準備한다。

四相會議

一參加國代表

蘇聯　모로토프外相　비슨시키外相代理

美國　번스國務長官

英國　베빈外相

佛國　비ー드外相

時日　第一期　一九四六年四月二十五日ー五月十五日

　　　第二期　一九四六年六月十五日ー七月十三日

場所巴里룩센부르그宮

四相會議의經過

一九四五年十二月十五日二十八日莫斯科에서決定되었든 決定文中第七項即羅馬尼亞、勃牙利、洪牙利芬蘭伊太利에關하야, 一九四六年五月一日까지平和條約을締切한, 準備를할義務가있는것이다。이會議에서主로論議된問題는

一、伊太利植民地問題

一、伊太利賠償問題

一、토리에스트問題

一、「불가리아」「루ー마니아」「항가리ー」與伊太利芬蘭問題、

一、다뉴부航行問題

第一會期中의進捗된것은別로없만한것이었다。

一、伊太利海外領土問題　四個國十年間信託管理

伊太利賠償問題

內 容

1. 蘇聯에一億萬弗을賠償할것
2. 外國에있는伊太利財産
3. 戰爭用軍需工業品問題
4. 伊太利의商船
5. 伊太利海軍艦艇

第二會期의成果

一、植民地問題를四相會議에서論議할것 (上程可決)

一、첫討議는植民地問題 伊、勃、羅、洪、芬과ㅣ고問題를討議키로決定。

一、對伊講和問題四項目合意成立

1. U、英、O諸國은 伊太利國內에서받은戰時損害의賠償을伊太利로하여금支拂케할것
2. U、英、O諸國領土에있는伊太利資産은各國의要求를滿足케하기爲하야 當該國이各々押收할것。
3. 伊太利는우上諸國에對한모든經濟的要求를抛棄할것。
4. 伊는聯合國에對하야 通商에關한最惠國의待遇를 條件으로提供한다는條件을包含한 講和條約을協定할것。

一、伊植民地問題一年間延期合議 一年間에四個國이이問題의合議成立이안되면이問題는國際聯合理事會에附議함。

一、伊太利의講和條約履行을監視키爲하야 各國代表로委員會를構成하고 講和條約實施된一個月以內로美英軍撤退決定。

一、도데카네ー스諸島를 希臘領으로하자는合議成立 (非武裝을條件으로)

(現在進行中이므로아즉全文은없다)

第五章 國內事情

(五) 解放과 聯合軍의 進駐

朝鮮의 解放이 카이로 포스담 宣言에 依하야 實現되었고 이 諸條約의 具體的 進展과 變化가 三相會議의 決定이 있으며 여기에서 朝鮮의 政治的 變動이 있었으므로 우리는 三相會議 決定까지를 一期로 하야 本述을 始作할가 한다。

이때 美蘇兩軍이 三八度線을 境界로 하야 進駐하여가지고 各自國의 나아갈 方向과 朝鮮民族으로 하여금 各自國의 方向에 如何한 調和性으로서 結付시키겠느냐 하고 計劃하며 그 計劃을 如何히 實踐에 옮기겠느냐는 問題을 기겁하든 때이다。

이것은 實際 兩軍의 性格을 決定하는 基礎였으나 兩軍이 共通되는 妥協點에서 出發하지 못하였다。 그럼으로 兩軍政下의 朝鮮人民은 兩軍政의 方向에 依하야 本質的으로 相異한 方向을 닫니고 있었으니 北朝鮮에 있어서는 宏大하게도 人民의 政治的 勢力을 集中하야 붉은 軍隊의 好意的 援助下에서 人民의 代表는 政治의 權力者로서 進出하였고 同時에 親日派, 民族叛逆者에 斷乎한 肅淸을 내리게 되여 人民政權의 樹立의 素地를 播發하였다 그러나 南朝鮮은 이와 正反對이다。 民主共和國의 基礎인 人民共和國을 創設하야 中央과 地方에는 人民의 絕叫에서 人民委員會가 廣汎히 組織되여 人民政權의 讓受態勢를 取하였으나 美軍政은 이를 默殺하였다。 他方으로는 親日派 民族叛逆者들은 決滿의 勢로 出現되여가는 大衆의 勢力에 壓倒되여 政治舞臺에 敢히 登場치 못하다가 그들의 反動陣營이 整頓되면서 令言巧色으로서 愛國者로 豹變하야, 軍政의 要職으로 潛入하는 同時에 모든 政權을 詐取하기에 全力을 다하야 이것이 成功을 하게되자 民主勢力에 對한 攻擊을 加하기 始作하든 때이였다。

、南北朝鮮은 이와같이 軍政의 性格이 各々달르게되고 人民이 나아가는 方向도 根本的으로 相異하야 北에서는 革命的이며 建設的으로 나가게되고 南에서는 保守的이며 [illegible]民主義的으로 나아가기 始作하였다。

그럼으로 民主陣營에서는 如何한 政綱으로서 鬪爭하여왔든가

共產黨과 人民黨을 中心으로 한 諸政黨及大衆團體에서는 우리의 歷史的 基本課業은 民主主義革命인것을 明示하는 同時에 그 課業實踐으로서 完全自主獨立, 土地問題의 平民的 解決, 言論, 出版, 結社, 集合等의 自由, 八時間勞働制實施, 成年男女의 同一한 選擧制等을 내세웠고 이 課業의 全體的 遂行은 오즉 民族統一에 있

음을指揮하야이運動에一路邁進하였다。그리고民族統一은이를妨害하는親日派, 民族叛逆者, 팟쇼分子의除外에서만可能할것이므로 우리는一切反動分子를除外할것을絶叫하였으며 또이러한民族統一만이 우리民族의復興을促進함가커으며 最短期間內三政黨으로브터 完全한自由政府을樹立하야 完全自主獨立을強調하였든것이다。

이것은우리民族間問題를解決함에있어서 가장올은멈이었으며또가장옳은政策이었다。그리하야이러한옳은路線과方向은 北朝鮮에있어서는붉은軍隊의 好意的인指導와援助下에實力的으로實踐되여왔다。그러나南朝鮮에있어서는 民主主義陣營의果敢한鬪爭이있었음에도不拘하고 美軍政은民主主義路線에 依然態度로彈壓을내리었든것이다。南朝鮮에는美軍政만이있을수있다하야 第一次로朝鮮人民의偉大한建國熱情의集中表現體인 人民共和國과人民委員會로消滅을彈壓하기始作하였다。

그렇면美軍이카이로포스담宣言에準據하야南朝鮮에進駐하였고 이리한國際條約밑에서 軍政을施行한다고하면 當然히朝鮮의民主獨立을目的하고援助의路線으로 나가야할것일에도不拘하고 彈壓의길을밟는것은그理由가어데있는가 三尺童子의常識이라도 人民이要求하는完全獨立과 民主主義的行動에지이러나는 獨立運動을積極的으로援助하야모든 政權을人民에게넘겨주어야 마당하다고할것이다。그럼에도不拘하고人民運動을彈壓하는政策에 우리의獨立過程과 民主發展이얼마나한打擊을받었는지 말할수없이컷었다이와같이美軍政의彈壓이과히高潮化하여갈데 李承晩博士와金九一派가入國하였다。그들은누구의强밥를얻어먹은것인지 歸國第一聲에一한대뭉처라ㅡ나를달어라ㅡ는口號下에팟쇼政權의陰謀로서 親日派, 民族叛逆者의反徒들을結合하야 反動陣營의形成에心血을다하였고 그들의結成組織은 計劃된行動으로써머리를들기始作한것이다。

이리하야 南朝鮮의政治的混亂과經濟的破綻은 美軍政의亂暴한彈壓과反動分子의美軍政機關의要席占領과李承晩의팟쇼路線을中心하야 結集에成功으로因하야 그무리를확기始作하였든것이다。

그러나民主陣營의鬪爭은實로勇敢하였으나 이러한苛烈한條件은敗然히몰니지고 中央人民委員會의 代表者大會를비롯하야 全評, 全農, 全靑總, 婦總의結成은보았으며 이全國團體의組織의結果는 數百萬大衆的인 組織大衆을얻기에成功한것이다。다시말하면 이組織群衆의民主勢力發展의歷史的인任務은 李承晩金九一派의反民族的路線과 思想的對立에끝이지않고 그組織的對立에까지發展한 政治條件과 또는앞으로朝鮮建國의 進步的勢力으로써 形成되었든것이다。

三相決定과共委

莫府三相會議決定은 美蘇兩軍政이各々政策을決定하야 그決定한方向으로前進하는同時에 三相會議決定에依하야 朝鮮問題에對한共通的計劃이成立되었으며 이計劃의實踐을試驗하랴고努力하든데이다。이에따라民族的으로는南北朝鮮이 完全히같은方向으로그길을取하게되여北朝鮮에있어서는民族統一을基礎로하여 眞正한援助밑에서 完全한民主主義的政權인 北朝鮮臨時人民委員會가成立되고 數千年동안처음으로보는 大歷史的壯擧인 土地改革을完遂하야封建的遺制를一掃하고農民大衆을解放하야 우리民族의民主發展의基本條件을맨들었다。그렇나南朝鮮에있어서는 一方으로는美軍政이朝鮮民族獨立의方向과어그러지고 民主發展을妨害하는三·三諸策을 法律的으로完成시키려고 所謂新韓公司令·七十二號法令 八十八號法令日帝에서沒收된土地處分法施行法等各種反民主主發法令을發表하야 一般的으로는우리民族을 特殊的으로는全民主陣營을抑壓하였고他方으로는 李承晩이갓은民族抑壓路線에根據한 親日派民族叛逆者들이反動陣營에、三相決定을反對하야總反動이亂舞를演出하였다。테로는橫行하고破壞는猖獗하였다。數千의民主主義者는檢擧投獄되었고、數萬의勤勞人民은 失業과飢餓에서呻吟하게되었다。이時期에美兵事件의殘忍한措置와建靑武器事件의「寬大」한放任은美軍政과反動陣營이테로에對한 本質을드러내인實例이하나일것이다。그러나民主陣營側에서는이러한狂亂中에도 三相會議決定의絶對支持의口號를높이들고 果敢勇猛하게싸웠다。朝鮮人民으로하여금三相會議決定의 民主主義的進步的意義를把握하도록 說解宣傳하였으며 나아가서 이決定이朝鮮의完全民主獨立을保障하는 唯一한것임을指示하였다。

이時期에反動攻勢에對한鬪爭은實로어려운鬪爭이었다。그러나一步도讓步함이없이 人民大衆은路線으로이를[illegible]하야[illegible]한것이다 이리하야三相會議決定支持의原則下에서 民主勢力을總集結 民主主義民族戰線을樹立하야偉業을成功하였다。이에따라서民主勢力은 더욱群衆속에浸透되고 反動陣營의攻勢는 美蘇共委의進行에따라漸次弱하게되었든것이다。

朝鮮民族의熱望의目的은 美蘇共委의成功에依한 民主主義臨時政府의樹立이었다。이제民主陣營이아니었드면朝鮮民族의萬年大計는바로서지못하였을것이다。이러한點에있어서 後世에길이남이있을歷史的事實은 곰곰에두없이남어있을것이다。

民主陣營의이러한成功的防禦와의防禦가積極的攻勢로 轉化함을두려워한反動陣營은 美軍政에潛入한勢力과및其他麾下의組織을總動員하야美蘇共委分裂의策動을 積極化하였다。大衆的으로公然한鬪爭으로만은到底히勝算이없어진反動派는 陰險한謀略과策動을 公然하게테로와宣傳戰으로또並進시켰든것이다。이것이美蘇共委를前後하야이러난 여러가지特徵이라고할것이다。 三相會議決定을支持한다。그러나信託은反對한다 信託을反對하기爲하야 臨時政府에參加한다—이것이 그들의謀略的中心口號였다。

朝鮮의自主獨立을爲하야 聯合國이共同援助한다는것이 民主主義的臨時政府樹立이오 또이決定의基本精神인데도不拘하고 이援助를反對하면서 어떠케三相會議決定을支持한다고하겠는가 그러나이들은狡猾한口號와함께 謀略的虛僞組織을만드리 共委商間에多數構成을꿈꾸고 政府자리에多數占據를計劃하였다。이에蘇聯代表도英雄的으로奮鬪하였으나 反動陣營의陰險한謀略은 美代表에迎合되여奇怪하게成功하였다。이리하야共委는休會되고 우리政府樹立은失敗되였든것이다。

이것이莫府三相會議決定이發表된以後 今年五月美蘇共委의休會까지의일이다。이때의特徵을든다면・反動陣營의反動的攻勢와 이에對한民主陣營의防禦로써進行된 政治的階段일것이며、國際的으로는朝鮮에對한各自의政策과方向을決定한때라고할것이다。

共委休會以後

共委가休會되였다는것은 朝鮮民族에게있어서만不幸일뿐아니라 美蘇兩國이共委의再開를爲하야 一次失敗의經驗을參酌하면서 모든折衝을進行하는同時各自의施策에對하야서는 國際協調的方向으로進行시키며있는것이다。

北朝鮮의붉은軍隊는 北朝鮮의民主發展을爲하야 더한기름 그援助를아기지아니하야 勞働法令의實行으로 가장進步的民主改革의偉業을達行하였다。이法令의實行으로因하야三十六年間 日帝의奴隷的搾取方法下에있든勞働者及事務員은 그權利와生活을保障向上하는同時 重要産業의國有化와함께 産業復興과勞働建國의偉大한理念이 그實踐에옮기게되였다。그러나南朝鮮에서는 졌저美軍政이더욱우리民族의抑壓政策을露骨的으로表現하야 過去의民主陣營全面을否認하는政策을變하야統締히朝鮮民主獨立의指導機關・朝鮮共産黨과 民主獨立鬪爭의指導者들에게와勤勞大衆에게 무서운彈壓을내리기始作하였으니 共委가休會된直後僞幣事件을捏造하야 一共産黨의威信을陷落시키려는例라거나該黨本部의大搜索、機關紙發刊停止黨幹部逮捕及黨員檢擧等에 共産

統制下에있는 大衆團體指導者와學者들은 露骨的으로惡罵攻擊을쓰자는것이오, 仁川東紡罷業者에對한暴行, 鐵道從業員에게公公然한테로加害等은 勞働階級을專心으로·抑壓하자는것을意味하는것이다。

다음으로政治機構에潛入한 李承晩一派가 그地盤을더욱强固히하야 經濟, 文化, 教育機關에이르기까지 民主主義와色彩만있는者면 모조리追放하는一方, 이政治背景의威信을强化하기爲하야 左右合作의美名下에 立法機關의創設을計劃하였다。

謀略과歷史的兩面戰術로써 美蘇共委를決裂시킴에成功한反動派는 그戰術을一層前進시켜 共產黨의破壞弱化에그攻勢를集中하고 이에따라 民主主義民族戰線을破壞分裂하려는陰謀를露骨하고있다。

最近에이르러一連의謀略, 殺害, 投獄, 拉致等은 反動派의本質을暴露하는것이다。 우리들은이러한不利한客觀的情勢下에서 敢然히이러나서民主獨立을爲하야 또는民族의幸福과自由를爲하야서는 美蘇共委續開에依한 民主主義臨時政府樹立만이 모든問題解決의總先決條件인것을群衆에게 꾸준히說明하야 六十運動을契機하야 美蘇共委續開促進大會에絕大의成功을얻은것은 ·이時期에가장特記할事實일것이다。 이때에달은한가지特徵은 反動派가全盛을자랑함에도不拘하고, 달은큰危機에逢着한것이다。 이것이곧그自體를埋葬시킬經濟的混亂과破綻그것이다。 이反動派는南朝鮮에서 다만그들의政治的行動에만責任질수있는것이다。 그政治的權力으로因하야이러한經濟的破綻에對한責任을아니질수없는것이다。 이破綻은이時期에이르러 一年동안싸였든危機가一擧에爆發하는時期에닥쳤다。 첫재食糧問題를보라 南朝鮮에는數百萬石의餘裕가있을것임에도不拘하고 勤勞人民뿐아니라一般市民까지도 飢餓와餓死의危機에直面되지않을수없게되였다。 둘재產業을보자 休業은增加하고若干操業하든工場조차 在庫의原料를다려먹고 大商도門을닫어飢民에서呻吟하는失業者가 每日과같이늘어가게되고그대로남어있는 勞働者事務員도 俸給의貸金에서呻吟하고있지않은가 農民을보자 貧農民이飢餓에헤매이고 있어 [illegible]수있는가 草根木皮도다캐여먹고나서 부황든農民들이 문간에서무는일을첨차할것이가 小市民은어너한가 莫大한高價商品이入手한다하여 購買力이없어진一般市民이 이지그비싼物品을 살수있겠는가。 인푸레는百倍에가가워오고 物價는數十倍르을나가고있어貨幣는많다하나 勤勞人民은점점錢荒의소리가높아가고 한줌도못되는幾個人의親日派貪官汚吏 本家地主奸商輩과 新興財閥을擁成하는反動政治頭目에게 이돈이全部集中되고 南朝鮮의生活은極度로低下되야經濟全部가破綻에直面하고있다。 이에따라極少數의財閥形成과 絕大多數의生活苦難이今日의現象이다。 이責任은누구에게있는것인가 現在軍政을背後로支持하는反

動巨頭들에게있는것이다。그리하야南朝鮮人民全體는、이反動巨頭들의反動的正體를 政治運動에서보다더그들의生活環境에서 明白하고深刻하게알게되었다。더욱南朝鮮人民들은 北朝鮮의現在狀態、土地改革、農業現物稅、勞動法令、產業의國有化、女性法令等의進步的改革이政治的權力을가진北朝鮮臨時人民委員會의眞正한民主主義의손으로되여있음때 南朝鮮의 破滅과窮乏와混亂의責任이 反動分子들에게있음을 누구보다더잘알게되였다。이것은南朝鮮反動分子의큰危機다。이에反動頭目李承晩의南朝鮮單獨政府樹立計畫은[illegible]分五裂의悲運이[illegible]되고그陣營은一本部의[illegible]에도不拘하고가며民族統一人士들이우리陣營에서내세장原則下에人民民主主義民族戰線을向하야거의오고있다。이제야말로李承晩閣下의進步的性格을가진分子는李承晩閣下로부터總退却을決行하지않으면아니될時期이며 그들에게는略되여無條件追從하는群衆은 自己들의갈길을바로차질때가되였다。

그뿐나이것은決코 反動分子의攻勢가弱化됨을意味함은아니다。그들은最後의墓穴이가까히올수록이反動派는그殘餘의力量을集中하야그攻勢를强化하는것이다。참으로反動勢力은最後一擧의大攻勢를進行하고있다。集團的테로를分散的、個人的暗殺로그戰術을變하야 呂運亨氏暗殺未遂를敢行하였고 捏造僞幣事件을大膽하게드發表하야 그謀略의最後成功을企圖하고있다。 現[illegible]과論爭은암으로는테로를排擊한다함이오늘에와서는얼마나空虛한欺瞞인것이들어나지안는가。

이러한狂暴攻勢에는 不拘하고、民主陣營은더욱强化하여 反動攻勢가强化하면할수록、反動陣營自體의崩壞된다。웨그러느냐하면反動陣營의本質이、大衆앞에暴露되고그攻擊의謀略的性格이大衆에도明瞭히드러나고 우리陣營의當面主張인民主統一과民主政府樹立에對한基本路線과北韓에서實施된民主改革이 民衆에그妥當性이더욱證明되는까닭이다。

結 論

以上에서過去一年을回顧할때우리는무엇을알었든가、

첫재 一年동안에民主勢力이急速度로發展하야北朝鮮에는이勢力의確固不拔한經濟的、政治的土臺를建設하였고 南朝鮮에있어서도우리陣營은옳은路線우에서 非常한進展을가져왔다고結論할수가있을것이다。民主主義는우리民族에게한개의理念이아니오 完全한物質的힘으로서우리生活의基本原則으로서登場하였다。나아가우리는 南北朝鮮을比較할때오즉眞正한民主主義가政權을掌握하는때라야民族的自主獨立으로부터日常民生問題에이르기까지 民主主義的으로解決할수있다는것을 完全히認識하여야할것이다。

둘째、反動陣營의巨頭들은이民主勢力을攻擊하기爲하야手段을가리지않고狂暴한攻勢를取하고있다는것이다。그러나그攻勢는民主勢力의正當한防禦와 反動派그自體의矛盾에

依하야 極惡質的인民族抑壓과獨裁實現을꿈꾸는李承晩一派를내바리고 多數의進步的分子가 民主陣營에接近하고있다는것이다。 이끝에서우리는進步的分子를包攝하기에게을리아니하는同時에 經濟的、政治的、社會的、破壞混亂의責任者와그麾下의親日派、民族叛逆者는絕對排除하되 南朝鮮에도이反動派로부터政治權力을 民主主義者에게넘어오게하는鬪爭을 具體的으로展開하여야될것이다。그러므로 最近民戰五原則中에는政權을軍政으로부터 人民委員會로넘겨주라는正々當々한主張을내세우게된것이다。 그러면어떠케南朝鮮의民主建設問題는解決될수있는가。오직民主大衆의勇敢한鬪爭으로北朝鮮에서와같이 民主改革을斷行케하고南朝鮮에서도 人民속에서自然發生的으로생겨난人民委員會에政權이넘어가야 비로소政權問題의基礎가完全히될것이오 이어서民主主義臨時政府가樹立되는때에中央政府로부터 下級政權까지一致하여 民主主義的內容과形式을具備하게된것이다。그러므로모든權力은人民委員會에넘기라하는口號의實踐밑에서만 民主主義臨時政府樹立問題는 迅速히解決될것이다。

넷째 民主主義臨時政府樹立은一方으로全民族이三相會議決定을總[illegible]發的으로支持하[illegible]美蘇共委[illegible]開[illegible]爭을統一的으로[illegible]하도록速히共委를[illegible]하며 他方으로民主主義陣營이[illegible]으로土地改革과 大產業의國有化 勞働法令과 男女同等權法令等民主建設을戰取할수있는民主政權인人民委員會에 政權이넘어오는데있다。그러므로南朝鮮의모든問題의解決은이兩點에集約되는것이다。우리民族의完全한自主獨立은[illegible]우리의偉大한鬪爭의힘으로戰取함에있다。

다섯째 美蘇共委再開鬪爭과 모든民主的革新運動을 南朝鮮에서全民族的으로 展開함에는 우리는먼저 우리民族의歷史的基本原則下에依하야 組織한 民主統一戰線인民戰을더욱大衆的基盤우에서 모든進步的要求를集合하여 一層그團結을廣汎히또는鞏固히하여 民戰으로하여금偉大한統一的鬪爭戰線이되도록하여야할것이다。

여섯째 民戰傘下에있는모든政黨及大衆團體는 그過去一年間을正確히總決算하여 그組織的課業에게 現在우리民族이當面한歷史的課[illegible] 곧人民委員會에政權을넘기라는[illegible]土地改革을實施하라、大產業國有化[illegible]하라、勞働者의進步的法令을[illegible]實行하라、男女同等權法令을實施하라는等民主改革을鬪爭으로戰取하[illegible]것이다。

일곱째 우리民主陣營은 그力量을發揮하야反動派들의[illegible]더욱正確히群衆에게暴露하야反動巨頭들을群衆으로부터徹底히孤立化시키는同時그群衆을우리의領導下에넘기기에成功하여야할것이다。

第六章 政治

朝鮮建國準備委員會小史

포스담宣言 原子彈爆擊 蘇聯對日宣戰布告은 四十年間日帝壓制에서 金融資本으로빨니우고 軍國主義로 짓밟히고 徵用、徵兵의 鐵鞭으로 매맛든 朝鮮民族을 獨立革命의 戰野로부터 일으키였다。 國際民主主義聯合軍은 東方팟쇼의 侵略에 [illegible] 迫하게되였다。 半世紀동안 征服과 虐殺의 鐵鎖는 우리民族에게서 끈어지기 시작하였다。 東亞大陸의 [illegible]다。 關門안에 나타난 大陸侵略의 兵站地로 [illegible] 日帝는 最後發惡의 陣地로써 [illegible] 있는것이다。 [illegible] 民族에게 [illegible] 彈은 [illegible] 하게 되었다。 [illegible] 의 [illegible] 사룸이 民族의 [illegible] 的 [illegible] 한 八民大衆은 [illegible] 的 非協力態度와 革命前夜의 大[illegible]抗

으로써 暗黑을물리치고 八·一五解放의 太陽을向하야 거러나갓든것이다 八月에 드러오자 北邊에사는 軍隊의 進軍소리 나는 朝鮮에는 敵의 敗亡의 發표와 우리의 解放의 希望은 三千里山河에 交流하였다。 宋端軍聲이、共產主義者大虐殺을 [illegible]하準備하고잇는 그上層에서는 無條件降伏이 決定的으로 進行하고 있었다。 民族的革命運動에 不安焦燥하는 總督府首腦者은 마츰내 革命指導者의 陣門앞에 四十年略奪의 朝鮮을바치며 [illegible] 退去할때까지 그들 生命의 保安을 懇願하였든것이다。 敵의 追窮와 保安우만서 民族獨立의 機運은 [illegible] 呂運亨氏를 中心한 一部 革命勢力은 呂運亨를 前面으로 [illegible] 退의 敵을 追擊하야 「內鮮一體」의 政策을 「民族自主」의 旗幟로 對抗하다가 民族[illegible]一을 結成하였으니 그 中心勢力으로 呂運亨、安在鴻、鄭

한거름더나가서는 右翼으로서 宋鎭禹派를 連結하기로 協議하였든것이다。 大宋側에 向하야 日帝敗退에따러서 [illegible] 民의 保安과 民生問題와 建國準備를 爲하야 協力하기를 提議하였든것이다。 呂側으로 [illegible]、宋側으로 金俊淵 兩氏가 八月十一日十三日兩日에 互하야 民族[illegible]組織準備에 對하야 密議交涉이 進行되였었으나 兩方은 다음과같은 主張對立으로 決裂되었다。

一、呂氏側主張

(一) 日帝는 이미 포스담宣言에 依하야 無條件降伏이 決定되었은즉 韓鮮民族이 自主自衛的으로 當面의 保安民生問題를 爲하야 自主獨立에 邁進할것

(二) 國內에서 革命과 抗爭하든 人民大衆의 革命[illegible]을 中心하고 內外革命同志를 [illegible]하야 獨立政府를 樹立할것

一、安氏側主張

(一) [illegible]政이 完全히 撤退될때까지 그대로 참고있을것이다。 [illegible]

柏、趙東祜等을 列擧할수있다。 그들은

가聯合軍에게 朝鮮政權을引渡다기前까지는 獨立政權을許하지않으므로 敵과鬪爭할수없는것

(二) 在重慶金九政府를 正統으로承認推戴할것

宋鎭禹派는 民族改良主義의代表勢力으로서 大地主、民族資本家、士豪劣紳에그基礎를두었으므로 國內無產大衆을中心한革命政權은그의階級存立에 重大威脅이되지않을수없는것이다。抗日鬪爭力을喪失한그들은當時에있어서 米國과蔣介石의支援을받으며 받을수있는 在重慶金九政府의還國을促進하야 日帝潰退以後 新政權에對抗하는것이 唯一의活路이었든것이다。感激의八・一五解放은따침내왔다。四十年동안이民族을 묶었든鐵鎖는끈어졌다。八月十五日倭帝裕仁의 떨니는목소리는마라지오放送으로 無條件降伏을告하였다。朝鮮의坊々谷々은 自由解放의아우성소리가일어낫다。京鄕各地에서 數十年동안싸이고뭉키되든 人民의反日革命力量은 燎原의洪水가터붙어부닷다。이날午前에總督阿部는呂運亨氏를招請하야 國內秩序의維持와治安을擔當키어려우니 蘇聯軍이드러와서 日本人이撤退하기까지 日本人의保護를要請한바있었다。

이리하야呂運亨氏는 다음五個條를提示하였다。

一、全國的으로政治犯과經濟犯을卽時釋放할것

二、三個月間의食糧을保障할것(八、九、十月)

三、治安維持와建國運動을爲한모든政治運動에對하야 絶對로干涉못할것

四、學生과靑年을 訓練組織하는일에 絶對로干涉못할것

五、勞働者와農民을 우리建國事業에 動員組織하는데에 干涉못할것

總督은이것을承認하고 警察의警戒를걷으며 武裝解除를기다리면서 모든書類의燒却、消耗品의燒滅、官衙의機關와 記錄文書의燒却等々으로 敗亡의길을準備하고있었다。朝鮮建國準備委員會는 于先以上다섯가지條件을遂行키爲하야 八月十七日에結成되었다。建準部署와委員은 左와같이決定하였다。

委員長 呂運亨

副委員長 安在鴻

總務部 崔謹愚、

組織部 鄭栢、

宣傳部 趙東祜、崔容達

武警部 權泰錫

財政部 李圭甲

京城을비롯하야 各地의獄門은열리고、刑務所과留置場에서 呻吟하든革命鬪士는 京城으로集結하였다。各道各部에 潛伏하였든 無産運動의鬪士들은 人民大衆을일으키고組織하야、敵의一切機關을占領하였다。또로는頑固한敵의抵抗과 熾烈한鬪爭으로、日人의勢力을驅逐하였다。武裝蜂起로써 各自地方의自衛와自主

를確保하게되었다。八・一五가되자 不過旬日에郡마다保安隊가編成된 것은．偶然한所產이안이었다。三一運動以來로 共產黨의影響으로 無數한反帝鬪爭이 人民속에 뿌리 깊이박히여 日帝의恐怖政治가 殺人的이었음에도不拘하고 全國의村々面々에서．從來로敵에게虐待받은 共產主義者를先頭로하야 革命的自衛機關이蹶起한것이다。 여태까지敵勢를憑藉하고 가진行惡을부리든親日走狗輩들은 뒤구멍을찾었다。貪官汚吏들은 자최를감추었다。京鄕에있어서．共產黨組織과活動이 決河의勢로膨大함에따러서 建準의地方組織은．놀날만한速度로發展하였다。아직三八線의境界가 發生되지않은때임으로 北은會寧鏡城으로부터．南은濟州에이르기까지．各道重要府郡에建準地方支部가設置되였다 建準의指揮아래로．民主主義獨立政權樹立準備를爲한 地方的革命力量은 集結되였다。八月三十一日까지建準支部는一百四十五個所에達하였다。歷史上未曾有의激烈性을갖이고이러난．巨大한革命的民衆의力量과關志를 어떠게組織하며 어떠한方向으로引導할것인가하는 緊急問題는 오로지이階段의革命的指導部隊의力量과果敢鬪爭性에달려있는것은勿論이다。革命當初의戰略戰術과．統一戰線編成의善能과拙劣은．廣地域과長久期에 影響을주는것이다。이것은곳建準의發足과 그以後全發展方向에 體系的制約性을끼처주는것이다。建準은무었보다도．먼저世界民主主義戰線의一翼的任務를갖었음에不拘하고 建準組織自體가直接鬪爭에서鍊成되지못하고臨機應急의所產임으로 全般鬪爭의全期間中에政治的으로軍事的으로微弱하게展開되고 一貫하게計劃된 人民戰線運動의 國際的經驗을攝取할機會가缺如되었었다。 그러므로國際民主主義聯合軍의 外的推進力에對比하야國內民族的自力은 自主的形成이缺弱하므로 外力으로解放된 國內大衆의革命鬪爭을推進시키는 指導經驗도未熟하여幼弱하였었다。이不利한主觀條件은 말하자면全國的人民大衆우에 建準을樹立하는것이 必須課業이되는것이었다。 그러나當時指導者들의意識性은 革命的人民大衆을動員지못하고 最高指導部와大衆이 서로遊離하는缺陷을內包하였었다。 셋재로建準은 日帝投降前工作을 過少評價하였다。人民政權樹立의根本規定이．技術學안이라．國際的關係性을輕視하며 政權樹立을主觀에但原하였다。民主主義政權樹立에는四十年日帝侵略의殘滓가．너무도盤根錯節하게頑强하였었다。」

「幾多의犧牲이있는鬪爭의足跡과 關歷史上에燦然한政治的意義를갖인建準의活動은 卓越한革命理論의提示에依하야充分히 이評價하여야하는同時에如上한自己批判的規定이있지안으면建準을紀念함에서 發足한民主戰線의 以後의活動과發展을正當하게

理解하고 把握할수없는것이다。建準은呂運亨氏의 撥動性있는政治的影響이 中心的形態가되였으며 大地主와民族부르조아를除外한 進步的民主主義者와 共産主義者의 聯合戰線이였든것이事實이였다。

建準의旗幟이 建準陣頭에날리자 宋鎭禹派를先頭로한 右翼投合主義者는 歷史的飛躍의途程에서 人民과逆行하는自己階級을發見하게되였다。그들은左翼革命進行의陣營에한다리를드려노려하였다。卽八月十九日에宋鎭禹派는 金炳魯、白寬洙로하여금合作을提議하였다。建準은「京城有志者大會」를여러서 改造할것을主張하였다。當時倭敵의警察力은陰으로陽으로 獨立運動에對한干涉이 强化되고있는中이였음으로 敵에게對한合色阿諛를 如前히걸르지않은그들의머리에는 敵에게對한態度가「有志者」로써表現하고싶헛든것이다。그「有志者」의規定은敵에게屈하였든지않고 敵의彈壓한번따리지못하든 倭政治下의有志紳士를이였다。그들로써建準의中心勢力을삼오려하였었다。뿐만않이라 建國準備의目的은 在重慶金九政府還國準備에두자는것이였다。

建準側은 日帝와鬪爭하든革命鬪士로서 建準의中心指導力을삼을것과 金九一行은政府로서가않이고個人革命家로歡迎할것을主張하였다。双方의意見은 原則的으로根本的으로對立되였다。 洪水같이進展하는革命課業은 建準으로하여금 眞實한實踐的民主主義者와 假面非民主主義者의 明확한分離와區別을必須條件으로賦與하였다。現今에도結合의原則的標準이되고있는 無條件網羅論과 不純分子除外論은 이때부터論難의焦點이되였었다。그때서勤勞大衆의民主的權利伸張과 民主利益增進을主張하는 建準의革命的勢力은 宋一派의「有志者大會」를一蹴하고 進步的民主勢力으로 各層을網羅하야 建準의擴大强化에勇進하게되였다。

이리하야八月二十二日 建準中央委員會의擴充을斷行하고十一部一局制를採用하야 强力한組織陣容을展開하였다。

委員長呂運亨 副委員長安在鴻 總務部 崔謹愚
組織部 鄭栢 尹亨植
宣傳部 權泰錫 洪起文
財政部 李奎甲 鄭珦容
食糧部 金敎英 李珖
文化部 李如星 咸尙勳
治安部 崔容達 劉錫賢 李丙學
張權 鄭宜植
交通部 李昇稷 權泰彛
建設部 李康國 梁在廈
企劃部 金俊淵 朴文奎
厚生部 李容卨 李義植
調査部 崔益翰 金若水
書記局 高景欽 李東華 李相祜
崔星煥 鄭和濬

人民蜂起에依한 各地의地域的行政機關은 建準을指導으로集中整理

됨을따라서 京鄕의治安狀態로自衛的體制로서自治能力을發揮하였다 八·一五以後倭敵의警察機關이 完全히崩壞되였고으서人民의自衛力만있었으나 秩序整然하고 民生이安堵되였었으니 이것으로만보아도倭敵의警察은 人民抑壓이存在였으며 우리民族의民智와公共心의發達은 可히자랑할수있다。 宣言綱領을다음과같이發表하였다。

宣言

人類는平和를渴望하고 歷史는發展을指向한다。 人類史上의空前的慘事인 第二次世界大戰의終結과함께우리朝鮮에도解放이날이왔다。 지난半世紀동안우리朝鮮은 帝國主義日本의植民地로서 帝國主義的封建的搾取와 抑壓下에모든方面에있어서自由의길이막혀있었다。 그렇나우리는過去三十六年間 우리의解放을爲하야 鬪爭을繼續하야왔다。 이自由發展의길을열리는 모-든運動과鬪爭은帝國主義와 및그와結托한反動的反民主主義的勢力에依하야 頑强히拒否하여왔었다。 戰後同盟國際的解決에따라 朝鮮은帝國主義日本의羈絆으로부터벗어나게되였다。 그렇나朝鮮民族의解放은多難한運動史上에있서 처음새로운一步를내어드린었음에不過하나니 完全한獨立을爲하야 許多한鬪爭은아직남아있으며 새國家의建設을爲하야 重大한課業은우리의前途에놓여있다。 그렇면此際에우리의當面任務는 完全한獨立과 眞正한民主主義의確立을爲하야 努力하는데있다。 一時的으로國際勢力이우리를支配할것이다。 그것은 그러니이民主主義的要求를도와줄지언정 妨害는않을것이다。 封建的殘滓를一掃하고 自由發展의길을열기爲한 모든進步的鬪爭은 全面的으로展開되어있고 國內의進步的民主主義的여타勢力은 統一戰線의結成을渴望하고있나니 이러한社會的要求에依하야 우리의建國準備委員會는結成된것이다。 그러므로本準備委員會는 우리民族을眞正한民主主義的政權에로 再組織하기爲한 새國家建設의準備機關인同時에 모든進步的民主主義的諸勢力을集結하기爲하야 各階各界에完全히 開放된統一機關이요 決코混雜된協同機關은아니다。 왜그런고하면 여기에는모든反民主主義的反動勢力에對한大衆的鬪爭이要請되는까닭이다。 過去에있어서 그들은 日本帝國主義와結託하야 民族的罪惡을犯하였고 今後에도 그들은解放朝鮮을 그建設途中에서 妨害할可能性이있나니 이러한反動勢力即反民主主義的勢力과싸와 이것을克服排除하고 眞正한民主主義的實現을爲하야 强力한民主主義政權을樹立하여야할것이다。 이政權은全國的人民代表會議에서選出된人民委員으로서 構成될것이며그동안海外에서 朝鮮解放運動에獻身하여온革命鬪士들과 特히그指導的인集結體에對하야는 適當한方法

에依하야 全心的으로마지하여야할것은勿論이다。그리하야朝鮮全民族의總意를代表하야 利益을保謢할만한 完全한새政權이나와야하며 이리한새政權의確立되기까지의 一時的過渡期에잇어서 本委員會는 朝鮮의治安을自主的으로維持하며一한걸음더나가 朝鮮의完全한獨立國家組織을 實現하기爲하야서 새政權을樹立하는 한개의過渡的使命을하려는建國에서 아래와같은綱領을내세운다。

綱 領

一、우리는完全한獨立國家의建設을期함

一、우리는全民族의政治的經濟的社會的基本을實現할수있는民主主義政權의樹立을期함

一、우리는一時的過渡期에있어서國內秩序를自主的으로維持하며大衆生活의確保를期함

一九四五年八月二十八日

朝鮮建國準備委員會는 建準의活動이 날로活潑하야지고 民主的綱領과政策의發表는 勤勞大衆의支持를어더 健實하게發展함에따라서 이땅의地主及[illegible]的資本家政治輩로親日派들은 이것을阻害하고저 分裂을策動하기시작하였다。다른한便으로 聯合軍의進駐가豫想外로늦게되자 臨政府의好惡한陰謀는 우리갈게進行하였었다。國內의民族叛逆者 親日派의徒黨과結托한敵은 物資의隱匿、隱藏、或은燒却破壞、經濟機關을混亂、偽造紙幣를濫發하였고 謀略文書를散布하야民心을煽動하고 스파이網을組織하야 民族分裂과民主陣營破壞를恣行하고 武器를分與하야 테로를助長하는一方으로 建準에對하야公公然한壓迫을敢行하였다。右翼民族改良主義者들은 親日派와倭敵과聯結하야建準解體와 名稱變更을陰謀하였음은물론이라 敵의軍警은建準本部를威脅하고 朝鮮을聯合軍에引渡하기前까지는 朝鮮建國活動은日本의大權侵害다」고恐喝하였다。八月二十五日까지建準看板을撤回하고 平和한治安維持의機能을行使못할것을强迫하였다。八月二十三日夜幹部의悲壯한決心은 敵과斷乎抗爭할것과 地下로潛伏할것과建準의今後進路를人民에게表明할것을決議하고 聲明書를作成하였다。

敵은建準의積極態度에 後退치안을수없었다。右翼機會主義者와親日派의策動은더욱더그效를奏치못하매所謂「臨政還國歡迎」看板을들고韓國民主黨樹立과함께 米軍의入城을기다려그勢力의依托處를준비하였든것이다。

建準의指導的主體의柔弱과 團結的前進性의未及은 政見表示와行動展開에不統一이具現하였다。所謂中央委員會擴大인 百卅八名의發表는(九月三日) 呂委員長과 共産主義者系幹部들의同意가없이 安副委員長의獨斷으로進行되여機會主義的小

뿔조아層이多數를차지한、危機가發動하였었다。呂氏와安氏와의對立이表現되였었다。安氏는呂氏의組織과함께、左翼有聯하면서、建準을떠나서自己決定의길을、오날에이르기까지그대로걷고있는것이다。安氏가退去하고、新發會의指導者의正體이든許憲氏가副委員長으로登場하며建準等이나오면서 朝鮮人民共和國樹建의 第一次人民代表大會가建準中央고서 開催되였었다。改選된新中央委員會는다음과같다。副委員長으로安氏를選任하였으나 安氏는辭退하였다。

委員長、呂運亨　副委員長　許憲
委　員
總務部　崔謹愚　金重弘
組織部　李康國　李相聃
宣傳部　李如星　梁在廈
治安部　崔容達　劉錫鉉　鄭宜植
　　　　張權　李丙學
文化部　咸秉業　李鍾洙
建設部　尹亨植　朴容七
調査部　崔益翰　高景欽
糧政部　李　珖　李貞九
厚生部　鄭求忠　李庚鳳
財政部　金世鎔　吳敏一
交通部　金炯善　權泰錫
企劃部　朴文圭　李舜根
書記局　崔星煥　鄭柏煥　鄭和濬

人民에게主權을두는 人民政府를樹立하기爲한非常方法으로써 臨時人民代表大會를、建準의指導的招請으로召集하야 中央人民委員會를選擧하였다。內外의革命鬪士를網羅하안建準의宣言、綱領에基準하야 中央機關을構成하였다。이中央委員會는本質上、建準의繼承者임으로 建準의歷史的使命은그終焉을告한것이다。

다만第一次人民代表會議의그召集方法과 그人員構成과 會議內容이時間上關係와情勢의不利로、完全이缺乏된點을補足키爲하야、適當한時日內로 第二次人民代表大會의召集必要論이擡頭하야 그에對하야 [illegible]이對立되야 [illegible]派가建準의第一次人民代表大會以後、重要한論議點이되였었으나 九月二十六日 人共과建準과의連席會議는、建準을發展的解消하기로決定하였다。

一五以後五十日間의英雄的鬪爭을繼續한、朝鮮建國準備委員會는많은革命鬪爭史實에두고 歷史우에서그자취를감추었다。

朝鮮人民共和國의 創建과 全國人民委員會

八、一五直後 建準이 治安의維持와、物資建設의確保에 크게貢獻한것은 事實이다 그러나 全國各地에서는 우리의自主政府가 하로바삐樹立되기를 要望하였든 것이다。、더구나 三八以北에서는 蘇聯軍이 進駐하자 各地에서 人民委員會를 組織하고 自主的으로 行政權을 運營하게되었다 따라서統

一된中央政府의樹立이 加一層 要望되었든것이다。

어러하야 選擧에서는 九月六日京畿高女講堂에서 全國人民代表者大會를開催하였다。大會에는海內海外의各界各層을網羅한 革命鬪士一千數百餘名이參集하얐고 臨時議長呂運亨氏로부터 大略다음과같은要旨의人事가있었다。

「非常한때에는 非常한人物들이 非常한方法으로 非常한일을하지않으면안되겠다。戰後處理의國際的解決에따라 우리朝鮮에도解放의날이왔다。그러나우리民族이完全한解放을爲한 許多한鬪爭은아직남어있다。우리가새國家는 勞動者農民 一切勤勞人民大衆을爲한 國家가아니면안된다。우리의새政權은 全人民의政治的經濟的社會的基本要求를完全히實現할수있는 眞正한民主主義政權이아니면안된다。그러므로우리는 다만日本帝國主義의殘滓勢力을一掃할뿐만아니라 모든封建的殘存勢力과 反動的反民主主義的勢力과도 果敢한鬪爭을展開하지않으면안된다。오날이곧에모이여분은 過去日本帝國主義의野獸的暴壓아래에서도 百折不屈하고싸와온鬪士들이다。우리가서로손을잡고나어갈때에 우리는우리의앞길에가로놓여있는 如何한困難도能히克服할수있을것이다」

議場拍手裡에이러한人事가끝나자 民主主義的人民의政府를即時樹立하기로決議되였다。그때에朝鮮人民共和國으로國號가決定되고朝鮮人民共和國臨時組織法案이上程通過되었으며 許憲氏로부터 主權은人民에게있다는것을宣明하였다。다음에中央人民委員과 顧問의選擧에들어가 銓衡委員으로부터 報告한 銓衡結果、다음과같이人民委員五十五名과 候補委員二十名、顧問十二名을選出하였다。

그리고이大會에서選出된 中央人民委員會에서 中央人民委員會部署와 宣言綱領을決定發布하였다。

人民委員

李承晩 呂運亨 許憲 金奎植
李觀述 金九 金性洙 金元鳳
李容卨 洪南杓 金炳魯 申翼熙
安在鴻 李胄相 曺晩植 金起田
崔容達 李康國 金龍岐 姜進
李舟河 河弼源 金桂林 朴洛鍾
金台俊 李萬珪 李如星 金日成
鄭栢 金炯善 李廷允 金点權
韓明燦 柳丑運 李承燁 康基德
趙斗元 李基錫 金穀洙 金相赫
鄭泰植 鄭鍾根 趙東祜 徐重錫
朴文圭 朴光熙 金世鎔 姜炳度
李年基 武丁 崔益翰 鄭鎭泰
李順今 李胄勳

候補委員

崔昌益 黃泰成 洪德裕 李淸源
崔謹愚 金俊淵 韓[illegible] 梁明
崔元澤 安基成 鄭在達 金午星
權五稷 金斗洙 張順明 李[illegible]瑞
崔星煥 李林洙 文俊鵠 金德泳

顧問

吳世昌 權東鎭 金昌淑 鄭雲永
李始榮 洪命熹 金恒奎 金相殷
張道斌 金容起 金觀植 李 英

上記한呂運亨氏의 人事要旨의內容에있는바와같이 朝鮮人民共和國은非常한時期에非常한人物들이 非常한方法으로樹立한것이다. 卽革命情勢에處한 革命政府의性格을自負한것이事實이였다。

이번우리의解放은 勿論帝國主義日本에對한 聯合國의 勝利로말미아마結果된것이 事實이라하드라도 世界에類例를볼수없는發展밑에서不屈의鬪爭을繼續해온 海內外의革命鬪士들의 數많은犧牲과 連綿한活動이있었든것은 또한看過할수없는일이다。

그러므로解放된朝鮮에있어서 民主主義的國家를建設하고人民의政府를樹立하는데는 日本帝國主義的殘滓를 完全히肅淸하는同時에 따라서親日派, 民族叛逆者, 팟쇼分子를除外하게되는것은 當然한일이다。

朝鮮人民共和國은 朝鮮人民의絕對多數를占領하고있는勞働者, 農民, 小市民層의 廣汎한勤勞大衆의 利益을잘代表할수있는것이며 過去에朝鮮民族의解放을爲하야 果敢히抗爭하여왔고 現在에도眞正한民主々義朝鮮의建設을爲하야 싸우고있는가장進步的이며革命的인勢力이 그것을領導하여야할것은勿論이다。

宣 言

一九四五年九月六日은 八月十五日과함께 우리朝鮮民族解放運動史上에있었어 劃期的인날이다。이날朝鮮民族解放을爲하야 日本帝國主義와 鬪爭을繼續하여온 海內海外의各界各層을網羅한 革命鬪士千餘名의會合下에 全國人民代表會議가開催되였다。이大會에서朝鮮人民共和國은비로소誕生되였으며 政府를組織하고 이를運營할人民委員은選出되였다。이리하야朝鮮民族은 그獨立의巨大한第一步를내여드듸게되였다。

지난半世紀동안우리朝鮮은 帝國主義日本의植民地로서 帝國主義的封建的 搾取와抑壓下에 모든方面에있었어 自由發展의길이막히여있었다。그러나우리는 恒常우리의解放을爲하야 革命的鬪爭을繼續하여왔다。이끈임없는革命的鬪爭과 民後間國의民主々義的, 國際的情勢에따라 朝鮮은帝國主義日本의羈絆으로부터 벗어나게되었다。그러나이것은朝鮮民族의 多難한解放運動史上에있었어 새로운 第一步를 내여드되였음에不過하다。

完全한獨立을爲한許多한鬪爭은아직남어있다。우리는우리앞에가로놓여있는모든難關을突破하고, 우리를選出한革命的同志와, 人民大衆의基本的要求에臨하야 日本帝國主義의殘存勢力을 完全히 驅逐하는同時에, 우리의自主獨立을妨害하는 外來勢力과反民主々義的, 反動的, 모든勢力에對한徹底한 鬪爭을通하야

完全한獨立國家를建設하여 眞正한民主々義社會의實現을期한다。그리고우리는。안으로는朝鮮人民大衆生活의 急進的向上과 政治的自由를確保하고 밖으로는蘇聯、美國、中國、英國을비롯하여 平和를사랑하는 모든民主々義的諸國家와 提携하여、世界平和의確立에努力하려한다。우리는右와같은意圖에서 아래와같은政綱과 施政方針을 發表한다。

政 綱

一、우리는 政治的經濟的으로 完全한自主的獨立國家의 建設을期함。

一、우리는 日本帝國主義와 封建的殘滓勢力을一掃하고 全民族의 政治的經濟的社會的基本要求를實現할수있는 眞正한、民主々義에 忠實하기를期함

一、우리는 勞働者、農民及其他一切大衆生活의 急進的向上을期함

一、우리는 世界民主々義諸國의一員으로서 相互提携하야 世界平和의 確保를期함。

一九四五年九月十四日

施政方針

一、日本帝國主義의 法律制度即時廢棄

二、日本帝國主義와 民族叛逆者들의 土地를沒收하야 國有化하고 이를農民에게無償分配함 但非沒收土地의小作料는、三七制로實施함

三、日本帝國主義와 民族叛逆者들의鑛山・工場・鐵道・港灣・船舶・通信機關・金融機關及其他一切施設을 沒收하야 國有로함

四、民族的商工業은 國家의指導下에서 自由經營을許함

五、工業의急速한發達을爲한 諸政策의實施

六、言論・出版・集會・結社及信仰의自由

七、十八歲以上男女人民(民族叛逆者는除外함)의 選擧權・被選擧權의享有

八、모든特權을抹殺하고 全人民의絶對平等

九、婦人의完全한解放과男女同權

一〇、八時間勞働制實施、滿十四歲以下의 少年勞働禁止、滿十八歲以下의 靑年勞働은 六時間制로

一一、最低賃金制確立

一二、標準生活에依한 最低生活의確保

一三、勞働者・農民・都市小市民의生活의急進的向上

一四、失業防止와 그救濟對策의確立

一五、平和産業의 迅速한復活과生活必需品의確保

一六、生活必需品의公正平等한配給制度確立

一七、米穀其他一切 强制供出의撤廢

一八、徵用・强制賦役・强制貯金의撤廢

一九、通貨政策及物價安定對策의確

立

二〇 一切苛斂雜稅의撤廢、單一累進稅實施、

二一 高利貸金業制度撤廢、高利貸金的貸借關係의破棄

二二 扶養・保健・衛生・娛樂・文化施設의 大擴充과 社會保險制度의實施

二三 一般大衆의文盲退治

二四 國家負擔에依한 義務敎育制實施

二五 民族文化의自由發展을爲한新文化政策의樹立

二六 國家公安隊와 國防軍의卽時編成

二七 民主主義的 陣營인 美國・蘇聯・中國・英國과의 緊密한提携를爲하야努力하며 一切外來勢力의 內政干涉에絶對反對함

朝鮮人民共和國

中央人民委員會

主 席 李承晩

副主席 呂運亨
國務總理 許 憲
內政部長 金 九(臨時代理許憲)
代 理 趙東祜
同 金桂林
外交部長 金奎植
代 理 崔謹愚
同 姜 進
財政部長 曺晩植
代 理 朴文圭
同 姜炳度
軍事部長 金元鳳
臨時代理 金世鎔
代 理 金世鎔
同 張基郁
經濟部長 河弼源
代 理 金智鎔
同 鄭泰植
農林部長 康基德
代 理 柳丑運
同 李 珖
保健部長 李萬珪
代 理 李庭允
同 金山?
交通部長 洪南杓
代 理 李舜根
同 鄭鍾根
保安部長 崔容達
代 理 武 丁
同 李基錫
司法部長 金炳魯(臨時代理許憲)
代 理 李承燁
同 鄭鎭泰
文敎部長 金性洙
代 理 金台俊
同 金起田
宣傳部長 李觀述
代 理 李如星
同 徐重錫
遞信部長 申翼熙(臨時代理李康國)
代 理 金綴洙
同 趙斗元
勞働部長 李胄相
代 理 金相赫
同 李順今

書記長 李康國
代理 崔昌煥
法制局長 崔益翰
代理 金龍巖
企劃部長 鄭栢
代理 安基成

× × ×

朝鮮人民共和國中央人民委員會의 成立을前後하야南朝鮮各地方에서드 郡에는郡人民委員會, 面에는面人民委員會, 道에는道人民委員會가 主權을차즈려는人民의熱意로써, 急速한期間內에民主々義的方法에依해서 人民의意思로選擧組織되었으니 十月까지에南朝鮮一帶에있어서 從來의行政體系를따라서 七道、十二市、一三一郡에걸쳐서 낙짐없이골고루 整備되었든것이다。

人民委員會는 朝鮮人民의손으로 朝鮮人民의利益을爲한 朝鮮人民自身의主權을 세우려는革命的政府機關이었다. 그리고이것은美軍이 進駐하기前에組織된것이었다。그때 서各地人民委員會는治安을維持하고 物資를確保하였으며 交通의復舊로 日帝殘滓의驅逐에努力하는等 不眠不休의活動이있었든것이다。

그리고大部分의地方에서는 人民委員會가行政機關을接受하고 그것을完全히運營하였든것이다。그런데 解放後美軍이 차츰全面的으로進駐하야 軍政을實施하자 親日派와日帝官吏들이 潛入登用되는反面에建國을爲해서 第一線에서活動해오든 多數鬪士들을檢擧하고彈壓하기始作하였다. 따라서人民委員會本來의使命인 行政的機能이停止되지아니치못하게되었든것이다。

同時에十月十日아ー놀드軍政長官의 人民共和國에對한聲明이있었고 이어서 十月二十七日軍政의 朝鮮人民共和國의 國字削除要求가있었든것이다. 이와並行하야 中央人民委員會를비롯하야 各地方人民委員會에걸친彈壓과干涉은 李承晩氏의 入國以來 重慶臨時政府要人의還國을앞에두고 더욱甚하였든것이다。

이것은勿論 軍政의朝鮮의實情을 如實히理解하지못하는것도原因이지만 그보다도日帝殘滓의 親日派와 民族叛逆者들의策動이 있었든것은 말할것드없는일이다。

× × ×

그러나人民委員會는 解放聯合軍 軍政에對한 協議를거바리거나 軍政에 對立하고妨害하려고한것이아니었다 그래서中央人民委員會로서는軍政으로하여금 人民委員會의正當性을 認識시키고 人民委員會의意思를反映시키며 軍政當局자고도는 民族叛逆者들의正體와陰謀를 暴露認識시킴으로써 다라서國際協調을成就시키려는 惡質의反動을排除하고 世界平和의維持와 朝鮮의民主建國을 促成하기에 努力하였든것이다.

各地方人民委員會에서는 中央人民委員會의 指導밑에 小作料에있어서 三七制를 全國的으로强調하고 實施하였든것은特記할일이다. 이것이비록封建的土地所有關係에서 搾取받든農民을 根本的으로解放시킨것은아니라하드라도 當面南朝鮮에있어서 最善可能한施策으로서는 時宜에適切하였든것이다。

그런데親日派民族叛逆者들의 跋扈과恣行이날로甚하고 따라서軍政自體의沒理解로부터惹起되는 搾取이없지아니하며 其他 民生의困窮한諸問題를協議하고저 十一月二十日부터三日間 全國人民委員會代表者大會를열었다 이大會에서는南北을通한 人民委員會의代表六百餘名이參與하야 眞摯하고도熱々한討議를經하고 朝鮮人民共和國은 朝鮮人民의總意에依하야成立되었고 支持되어있음을분명히하더라 그것은朝鮮人民의愉悅하는國號이며渴望하는國體이므로 朝鮮人民共和國은朝鮮人民과함께 存在할正當性이있으며如何한變更도想像할수없다는것을 主張하였다 그리고大會에서는特히完全自主獨立을促成하는 諸條件을決議하였든것이다。 이와前後하서 美軍最高司令官하지中將으로부터 朝鮮人民共和國의政府行使를拒否하고 三八以南에있어서의 軍政의管轄權을承認하라는聲明와 交涉이있었든것이다。

× × ×

그러나그後 全評 全農 靑總 婦總等의大衆的愛國的組織이完成되는데따라서々 人民共和國絕對死守의決議는 質로强烈한것이었으며 下部로부터의大衆的支持는 날이갈수록深固해졌든것이다。

그런데十二月二十八日 美英蘇三相會議決定이發表되자 이를反對하는反動的政黨과 反民主々義的政黨과團體들은 테로와各種의陰謀的方法으로 破壞하기始作하였으나 이로말미아마各地方人民委員會關係者로서 殺害·破壞 逮捕等을當하고 그리고被檢投獄等으로過去日帝時代에도보지못하든狂亂中에서苦鬪를繼續해왔다。

이렇게 會자못하고無秩序한混亂中에서도 中央人民委員會는 民族的統一을爲해서 그리고自主獨立國家의促成을爲해서 臨時과의交涉을斡旋하고 誠實하게繼續해왔든것이며 各政黨의統一을爲하든것이다 그러나政權의獨占에만設々한그들과反動的反民主々義的政黨으로말미아마 所期의成果를얻지못하였든것이다。

十月十日부터三日間에亘하야 各道人民委員會代表者大會를열고 民主々義民族統一戰線에關한것과 地方人民委員會의强化整備에關한것을討議하고 人民의日常利益에關한高級의措置를講究하였든것이다。

道間各地方人民委員會에서는 地方大會를열고 高級의施策에 遺漏가없기를期하였든것이다。

二月十五日結成된 民主々義民族戰線은 그後各地方에까지結成되었는데 이는民主々義的各政黨과 大衆團體를總網羅한것으로서 人民委

員會의 非常이되는것이며、그것을推進하는强力한國家機關인것은勿論이다。

그리고 同月二十四日、同二十五日 兩日間에亘하야 第二次全國人民委員會代表者大會를열고 美蘇共委의 事業에協力하는한편 朝鮮에있어서의民主政府는 어데까지던지 人民을主體로하고 民主々義的方法에依해서、直接으로民主々義的路線을堅持하는 人民委員會의形態를 取하지않으면안된다는것을强調決議하였다。

民主主義民族戰線結成經路

建國과統一運動

解放後朝鮮人民의要求와課業은民族統一運動이었다。그것은民族統一이있으므로써만 自主獨立이可能하기때문이다。그러나解放前에朝鮮人民이 共通的으로豫想하였고 主張[illegible]한問題라고强調하였든 鞏固一致의民族統一運動은 오히려分裂만더하였으니 우리는民族統一의綜合的表面機關인 民戰의結成耳目을明白히하기爲하야 以下몇갖이의社會的根據를아니들수없다。

朝鮮民族의構成은單一的이라는統一條件의恩澤은豐富하나 그構成要素를分類하면 勞働者、農民、地主、資本家、財閥等으로써數할수있다。이러한各階級은政治的、經濟的、社會的要求가、個異함과同時에各自階級이確保하려는 利害對象이달느므로 그의統一에있어서는、兩方의統一條件이原則的인데서만可能한것이다。그럼에드不拘하고、封建的인獨立性、分派性、封建性과팟쇼的인經原則的이며 命令的이며、또는服從을强要하는 統一論이恒常左右合作과統一運動의癌이되였든것이다。

元來朝鮮의社會組織은、半封建的으로制度되여있으며、資本家라는것드 日帝의隷屬的地位를確保하고 寄生的인搾取方法으로써만 그存在가可能하였으므로、獨自性과自主性과能動性의發展이不足하였다。

이것은經濟的理念上으로써만그런것이아니라 政治的으로도그러하였다。더욱히日帝가 强要하고扶植한팟쇼主義는 政治的理念이鞏固하자못한 朝鮮의資本家로하여금唯一의智識이되였든것이니 生活環境에있어서는資本家이지만 그들의國家觀과社會觀에있어서는 怜悧한資本家는大개팟쇼的傾向을가젔고 共他는封建的觀念을固執하면서 保守를마자하였든것이다。

解放後言論自由의口號는 이러한封建的과 資本家의팟쇼的意識을 並發展케하였으니 昨年十月末日現在로 獨立的이며、割據的이며分裂的인 政黨及團體가 無慮四十餘個나된다는 亂立狀態가 進軍으로證明하는것이다。

이러한政治的雰圍氣속에서、팟쇼勢力을 團結化組織化시키고、封建的

政權을糾合하야 一大新勢力의統率者를要求한것이 李承晩博士의出現인것이다. 反面에進步的陣營에서世界民主主義的인觀點에서 民族統一論을 基으젓고, 左右合作과原則的統一論을 提示할것은 不變의原理原則이엿으나 그것은統一論에있어서親日派, 民族叛逆者除外, 日帝殘滓要素肅淸, 反民主主義排撃, 親팟쇼勢力의粉碎等이다.

以上原則的條件은 反對陣營에對한 挑戰的 復讐的意味에서가아니라 朝鮮獨立의歷史的階段에있어서 資本性的民主主義發展의길을 열어주기爲한建國大綱이기도한것이다.

建國과民族分裂傾向

그러면民族統一運動과分裂運動이 如何한方向으로發展하여갔는가를말하기로한다.

封建的팟쇼的形態를가진 數十餘個의政黨團體는 李承晩博士를統帥로自處하기에 絶對의好條件이있다 卽그는封建性과팟쇼分子의 偶像性崇拜性을利用하야 昨年十二月二月 天道敎講堂에서열린 中協結成會席上에서 獅子吼를吐한것이 「뭉어놓고봉쳐라」「合쳐놓고보자」하는 大同團結의呪術論으로써마처決定式에서王冠을奪取하든 나폴레온一世와같이中協總裁의地位를 自爲獲得하기에成功하였다.

이無原則하고暴君的인統一策과行動이, 民族分裂의新規制를나타내기始作한것이나 이것은, 自己傘下에大衆의力量을糾合하기爲한 妙策에不過하였든것이며 이와同格의部隊가入國하였으나 이 이바로臨政一派라는것이다.

이들은李承晩博士의 失敗의前轍을밟지않기爲하야 沈着自重의態度를보였으나 彼은民族統一이라거나 左右合作을爲한것이아니라 李承晩博士以上의陰謀를 劃策하고있었든것이나 卽大衆의甚盛을確保하므로써 政界에그頭角을나타내이러는것이다 이것이거有名한十二月末日頃에始作된反託運動의展開였다. 先頭切尾格의臨政의號令으로써 罷業과撤市를使嗾하며 盲從的으로反託運動을일으키였으니 李承晩의팟쇼的殷淡과 反託運動은後世에永遠히남겨질 民族分裂運動이었다.

民族統一運動이이와같이 그實踐의길은迂餘曲折하여졌고 다만分裂을얻삼는親팟쇼分子들의專擅的行動과自主獨立을妨害하는 親日派民族叛逆者의徒黨와 一般殺戮을일삼는테러의橫行은 政界에一大暗黑面을일우게하였다. 이리하야 分裂을心臟하고最後까지統一運動에適進하는中央人民委員會와臨政과의合作을拒絶하였으며 一月七日에는 異國法調의四黨콤뮤니케까지도보게된것이다. 그들나左翼側의意識할만하는 統一運動의誠意도그들에게있어서는 다못一種의休紙에不過하고말었다.

여기에서左右合作運動과 異國的

이며 確認됐는 政權과 民族統一運動은 到底히 實現될수 없고 親日派와 그의 推進集團인 一切反動政黨團體를 除外하지 않을수 없게된것이다. 다시말하면 進步的民主主義의 一切勢力과 民主的愛國心과 民主的力量을 總集結하므로써 民族統一을 企하는 必然的歷史的階段에 임은것이다.

政府樹立의 對措

階級이 없는 社會에 對立이 있음은 다시 말할것도 없거니와 朝鮮人民의 絕對多數인 勞働者, 農民, 小市民의 利益을 擁護하고 確保하려는 進步的民主主義陣營에서는 地主資本家의 利益을 代辯하고 民族分裂運動을 일삼는 反動陣營에게 鬪爭하기 爲하야 共同戰線을 取하야하고 一方으로는 三相會議決定의 路線에 依한 民主的政府樹立에 完全獨立을 爲한 準備的組織體와 一切社會的問題를 根本的으로 革新貫徹하려는 民主陣營의 鬪爭的集結體를 必要하게 되었다. 政府의 樹立前이나 一定의 議會組織은 아니라 하더라도 民主的輿論과 要求를 總括的으로 代表하고 民主主義의 共同的鬪爭本部와 政府樹立前에 있어서 臨時로 議會的役割을 하는 同時에 一步으로도 議會組織에로 發展할수있고 一階段的任務를 遂行할수있는 一鬪爭機關을 要하게 되었으니 民主主義民族戰線은 民主的力量의 總集結과 朝鮮國家의 前哨的議會의 性格을 갖인 建國途程에 있어서의 歷史的必然的所産인것이다.

그럼으로 民戰의 原則的路線과 그의 鬪爭目標는

一、一部少數階級의 利益을 爲한 專橫物이 아니오 民族全體의 利益을 爲하려는 民主陣營의 共同戰線組織이며

二、同時에 一切의 反民主的勢力의 根絕을 爲한 民主陣營의 共同的鬪爭本部이며

三、日帝殘在勢力과 民族叛逆者를 糾合한 親日派陣營과의 共同的鬪爭機關이며

四、政府樹立의 共同的準備機關이여야하며

五、全人民의 輿論과 要求를 反映하고 그를 實踐하려는 役割을 하며

六、民主主義的民族統一을 拒否하는 一切勢力의 粉碎等을 할수가 있는것이다.

이러한 理由와 條件下에 一月十九日 三十九團體가 會合하야 民主主義民族戰線을 結成하기로 하고 一月三十一日에는 二十四名의 準備委員을 選定發表하였으며 二月 日에는 宣言까지 發表하였다.

宣 言

朝鮮民族은 이제 偉大한 發展을 成就할수있는 歷史的段階에 到達하였다. 世界는 파시슴을 根滅하야 人類를 다시 戰禍속에 모라넣지 않고 民主主義的世界를 建設하야 諸國家와 各民族의 自由發展을 保障하려는 國際民主主義運動이 이번 모스크바 三相會議

의決定으로。더욱確固해지게되였다 이決定은朝鮮의國際的地位를正當하게規定하야 朝鮮民族이完全獨立을成就시키는具體的인進步的路線을決定지여준것이다。

이路線은아직 日本的인殘滓더분에 民族的인派閥이繼續되여있고 經濟的으로破綻의危機에直面해있고 文化的으로 荒廢해진우리民族이 거自主發展을援助協力하야 短時日內에完全獨立을遂行할수있는것을밝혀준것이니、이처럼 長期的인日帝의强壓밑에서、世界史에서 拔救되었는 우리民族은世界民主主義建設의歷史的隊列에登場하야 半萬年의光輝있는民族史的傳統을復興할수있는、民族的基本條件을獲得하기에 이른것이다 그러나 이러한有利한條件은오직 우리民族의主體的力量如何에依해서그結果가생겨질것이니、우리는이러한歷史的重大時機에있어 民族統一戰線을完遂해야할것이다。

우리民族의 統一이없어서는 으직民主主義에立脚한强大한民族統一에있는것이다。民主主義路線을떠나서民族統一은無意味한것이다。그러나이統一工作은 共産黨、人民黨、人共側의最大의誠意있는努力에도不拘하고 强實한臨政中心의反民主主義的行動에依하야失敗되고말었다。이러한反民主主義的勢力은안으로는財閥建設에 있어 民主主義的路線은拒否하고 밖으로는世界民主主義路線을反對하야 三相決定을誹謗하며蘇美共同委員會의決議에 不合作態度를表明하고 있는것이다。 이것은民族將來를誤謬하는行爲라고 斷定하지않을수없는것이다。우리는無原則한結合을拒否하는者다 原則없는結合은統一이아니라野合이다。우리民族이要求하는것은原則的인統一이요民主主義的統一인것이다。

지금우리의統一運動은民主主義路線과 反民主主義路線의原則的인對立이明確해지고있다。그러나反民主主義路線이란 民族을誤謬하는한낫反動的現象으로 우리는이러한部分을除外한民主主義의各政黨、諸大衆團體、宗敎、文化、科學、技術、藝術、軍事、言論等의進步的要素와一切無黨無派의進步的分子를組織하야 民主主義的民族統一體인 民主主義民族戰線을 樹立키로하였다。이러한原則的結合만이 우리民族에게賦與된 歷史的課業을遂行할수있기때문이다。

一、民主主義民族戰線은 反民主主義的部分이全部或은一部가眞實하게그反動性을止揚하고여기에、參加할意思를表明하는때는언제나欣然히그들을包容할準備를가지고있음을宣言한다。

一、民主主義民族戰線은 朝鮮人民의總投票로써選擧된 人民代表大會가構成되며까지過渡的臨時政府의 役割을代行할것이며臨時的民主主義政府樹立의責任을負擔할것을宣言한다。

一、民主主義民族戰線은三相會議

決定의原則에共한, 美蘇共同委員會와朝鮮臨時民主主義政府組織에있어, 朝鮮民族의唯一한正式代表로서, 發言權을確保하며民主主義的聯合國의經濟的援與에對한, 援助協力에積極的으로協議할것을宣言한다。

一、民主主義民族戰線은世界平和와民主主義建設에있어, 三大民主主義國家(蘇英美)의國際的協力에積極參加하야, 國際的시슴과, 帝國主義戰爭로因하야, 다시戰爭과反動이再起치못하는모든鬪爭에積極協力할것을宣言한다。

一、民主主義民族戰線은 親日派民族叛逆者, 파시스트民族分裂者等의反民主主義的파쇼的傾向을排除한, 民主主義民族總統一組織임을宣言한다。

一、民主主義民族戰線은經濟, 政治, 文化의모든部門을通하야眞正한, 民主主義的繁榮은, 그의行動綱領으로하는同時에, 이것을積極的實踐하기를宣言한다。

一、民主主義民族戰線은, 現下朝鮮人民大衆의 極度로切迫한狀態에있는것을 正確히把握하야, 食糧및生活必需品의生產分配, 土地問題, 交通, 物價, 通貨等々의問題에對한, 應急또는根本對策을至急樹立하야, 그解決에最善의努力을다할것을宣言한다。

一、民主主義民族戰線은, 그組織關係에있어서, 廣汎한人民의意思와要求를 가장正確히가장迅速히集中把握할수있는, 組織原則을그의規約으로하기를宣言한다

以上의宣言에依하야, 이民主主義民族戰線은, 하로라도速히우리民族의앞에가로노인, 모든問題를解決하는同時에, 우리民族에게 賦與된歷史的使命을完遂하려한다。

一九四六年二月　　日

綱　領

一、序　論

半世紀가까운日本帝國主義의朝鮮統治는, 우리民族의自由發展을全的으로阻止하였다。政治, 經濟, 文化各方面에있어서, 民族의傳統을破壞하고, 또는商品市場, 原料와食糧의供給地, 大陸侵略의兵站基地等, 諸多役割을賦與하며, 우리朝鮮으로하여금世界無類의典型的인植民地로만들었었다。朝鮮民族의政權, 人權, 財權, 地權은모주日本의軍閥과, 獨占資本家의利益을爲하여, 極度로蹂躙되고剝奪되었었다。

日本帝國主義는, 그侵略의손을朝鮮에키우는으로드리밀며, 所謂開化, 保護等甘言과恐嚇外交等威嚇으로서一方國內의賣國的同盟者를封建諸侯에求하였으며, 他方으로巨大한抗日民衆運動을彈壓하며, 李氏王朝를中心한封建貴族과, 및, 그徒黨으로하여금, 自己들의奴隷的使命을一時保障

하는條件밑에서 朝鮮의歷史와國土와民族을 日本帝國主義者에게 아주低廉한代價로서賣渡케하였었다。 이리하여日本帝國主義者는 朝鮮을統治함에있어서 憲兵警察의武斷政治로서 그의支持를封建貴族과地主階級에서얻기에成功하였으며 다음그의植民政策의發展을따라 寄形的新生兒인所謂土着부르조아의一群을產出하여 이土着부르조아의一部로하여금植民的搾取制度를 合理的으로代辯케하였다。

日本帝國主義者들의發展은 이에끝이지아니하고그의侵略方法도 思想的體系우에뿌리박어 所謂「日鮮融和」「內鮮一體」等의標語밑에서朝鮮民族의不平과憤怒감을 恒常抗爭生活의態勢를 取함에不拘하고 一部의特殊層의無理分子를操縱하여 그들의支持와和應을얻기에成功하였었다。 日本帝國主義者는 그들에게보잘것없는程度의恩惠로서 若干의高級官位를制限하여 多數의親日分子를造成하고 따라서一部知識層에게「融和」의 幻想을넣어주게되었다。

滿洲侵略以來十餘年을걸쳐 中日戰時及戰時體制에들어서자 日本帝國主義者는不可避의過程으로 朝鮮에서軍需產業을建設하고 이軍需產業의協力者를前線에起立하여「파시스트」的軍國主義鼓日本精神을合理的으로宣傳煽動케하며 特히靑年及學生層에精神的總動員을强要하였었다。 그것은一般親日分子의「팟쇼」化를 促進하였음은아니라 民主主義世界와全然隔離되여있는 靑年界文化界에「팟쇼」的理念이 意識的無意識的으로廣汎히浸透되여 그것이어느方面에있어서는 비록親日的이아니라해도 그內容을仔細히檢討하여보면 民主主義가아닌「파시즘」의世界觀이混入되여있는것을 넉넉히看取할수있게되었었다。

八·一五後日本의統治는 그形式이崩壞되었지마는 長久한統治의惡辣한遺漆는 解放朝鮮에있어서 아주相當히强大한反動的作用을 演行하고있다。 이것이어느程度까지反動勢力을形成하는 歷史的外的條件이라하면 이와併行하여朝鮮內各階級의社會的性質과 朝鮮發展의現階段에있어그들에게保障되는階級的利害關係等 內在的諸要因으로부터생가는 國內反動勢力構成의主體的條件과 必然的으로一致되지아니할수없다。 이것은 朝鮮內의大地主及大資本家의 階級的本質에融合的根據를둔 反民主主義的反動勢力으로서朝鮮의具體的條件에서 歷史的必然的產物이다。 이反動勢力은半封建的搾取方法과 商業資本主義的土地所有關係와 一般商高利貸金業과 戰時的投機方法에依하여서만 自階級의利益이擁護되며 또存續되므로이것은根本的으로否定하는 民主主義勢力과는 必然的으로對立이되지않을수없는것이다。 이것은 即現在民族解放의重要內容인 反民族運動에對하여 對抗形態로나타나지아니할수없는것이다。日本帝國主義의 殖民地的進出에 對한 奇形的으로 派出된 朝鮮의 資本家層(一部를 除하고)는 勞働者農民 乃至 勤勞大衆과 進步的 立場에서 結合하여 「부르조아」民主主義改革인 歷史的 任務를 遂行하려 하지 않니하고 國內半封建的勢力과 日本帝國主義殘滓勢力과의 最後的 結合을 遂行하여 日本帝國主義者가 享有하든 特權을 그대로 自己手中에 넣어 民族利益을 마음대로 橫取하려는 意圖를 漸次表明하고 있다。이는 現在 南朝鮮에 있어 具體的 動向이 보여지고 있는 것이다。이러하므로 壓迫과 搾取의 歷史的 되풀이를 絶對로 싫어하는 人民大衆은 自己의 實際生活에서 規定되는 自己의 社會的 歷史的 任務인 「人民主權의 樹立을 爲하여 그들의 反動的 策謀를 또한 必然的으로 積極的으로 拒否하는 것이다。

以上의 모든 基本的 情勢에 依하여 朝鮮의 民主主義及反民主主義의 分水嶺은 明白하、露呈되는 것이다。이 民主及反民主의 區分을 社會的 歷史的 本質에서 糾明하려 하지 않고 어떤 政黨及一部人士의 宣言과 聲明의 文句우에서만 그 目標를 求하려 하던 그것은 큰 誤謬를 犯할 수 있는 것이다。

現下 朝鮮이 當面하여 있는 歷史的 社會的 現情勢와 國際的으로 影響되는 强大한 現環境은 朝鮮의 「부르조아」民主主義的 發展을 絶對的으로 要請하는 同時에 一切의 岐路의 動搖를 斷然히 許諾치 아니한다。抗民的 半封建的 殘骸는 이미 문허졌다。民主主義的 奔流의 앞에는 이것을 阻止할 아무런 힘도 없는 것이다。全朝鮮의 民主主義的인 各黨各派와 無所屬의 進步的 人士는 다만 民主主義的 改革으로서만 自己의 精神的 物質的 利益이 保障되는 同時에 自由發展의 길이 열리어지며 따라서 朝鮮民族의 全體的 福利가 齎來될 수 있다는 것을 深刻히 認識하기 始作하였다。이것은 朝鮮民族意識의 表은 形態이며、이 意識의 指導와 發展이 政治的 經濟的 社會的인 具體的 內容과 結附됨을 따라 朝鮮의 새 歷史가 참으로 創造될 것이다。民主主義民族統一은 이 具體的 條件 밑에서 成立되며 發展되는 것이다。眞實하기 짝이 없는 反民主主義者들은 아모리 老獪한 手段을 갖었다 하더라도 그들이 國土에 발을 부치고 사는 以上에는 이 厳肅한 法則과 絶對的 趨勢에 對하여는 決局 回避할 수도 없고 抗爭할 수도 없는 것이다。民主主義民族戰線은 全民族의 利益을 代表하여 當面한 民主主義 諸課業을 厳肅히 또는 忠實히 遂行할 것을 내外에 宣言한다。

二、民族問題와 解決

民族問題의 解決은 國際的 條件에 依하여 完全히 規定되어 있고 또 進步的으로 解決될 것이 約束되어 있다。民族問題는 勿論 國家的 獨立으로서 完全히 解決되는 것이다。그러나 그 國家的 獨立이 人民의 自由平等을 制限하며 半封建的 桎梏을 除去치 못하며 多數人民이 特權階級 곧 아 階級을 土臺한 黨派의

專制에 놓여있다면眞正한意味의 民族問題解決은되지못하는것이다。

　民族問題解決에있어서 朝鮮內의反民主主義分子들은그것을反動的으로그解決을阻害하려한다。卽日本의殘存勢力은徹底히淸掃하지않고 半封建的社會構造를그대로두고 反民主主義的으로人民을내려눌으려는 特權階級및그黨派의獨裁를樹立하는國家를建設하므로서 民族問題의解決을阻害하려한다。이런國家는民族의自主平等을保障하는 進步的民主主義國家群과는 必然的으로對立되고世界獨占的金融資本의 帝國主義的侵略政策과 直接間接으로協力하게되여그의自立性을喪失하는것이니 이民族問題解決에있어 이러한反動的方法은 우리民主主義民族戰線은絕對로排撃하는바이다 民主主義民族戰線은 朝鮮民族에게 現代的國民이享有할수있는모든權利를保障하는國家를建設하야 民族問題의進步的究極的解決을主唱하고그를爲하야싸운다。

三、民主主義政權의樹立

　朝鮮에있어서民主主義政權樹立은決코特權階級과및그것을土台한黨派만의 意思로서는遂行되지못한다。그것은오즉國內各進步的階級과要素의廣汎한聯盟으로서 全人民의이에直接參加하는時에 그들의總一된自由意思에依하야비로소構成되는것이다。滿十八年以上男女에게政하는性別階級身分、財産、等의區別이없이 모다選擧被選擧權이있고 國家의最高部로붙어 地方行政及司法의下級官吏까지民選에依하야任命되여人民은官吏의罷免權及國會代表召還權이있다。言論、出版、集會、結社信仰、思想研究의自由는 法的으로保障되고 居住의自由人格의自由를如何한法律로도拘束치못하며 恒常制의묵은觀念으로서大衆을保護聘待하는것은法的으로禁制하고 一部의利益이偏重되는法律을拒否하며全人民의自由發展을保障하는憲法으로서國政이運營되여야한다。

　이政權에는반다시 反民主主義者의反動的妨害가있고 또있을것을覺悟하고 全人民의關心을이點에集中하야 各各階級의進步的同盟으로서 이反動的勢力을克服乃至制壓하여야한다。賣國王族、民族反逆者惡質的親日分子의公民權을剝奪하야그들과政權을난우지아니할것이나 이것은곧民主主義政權의 健全한發展을保障하는重要한方法이다。

　男女平等의原則下에서 民族의半數인婦人의經濟的、政治的地位를向上시키고 敎育은國家的으로 (當分間學校八年制) 實施하되、國家負擔으로하고 人民에게權利를享有할수있는 物質的社會的條件을 具備키하고勞働立法社會保險法을 實施할民主國家의原則우에서制定할것이다。

四、經濟建設及其復興

日本帝國主義者民族反逆者 惡質

의分子의所有인產業、交通、銀行產業와一切를國有로하는同時에이民族產業經濟의重要部門과絕大的인重工業을、民主主義的施設이合理的으로運營하야、人民全體의物質的幸福을增進케하고、民族經濟發展에그것이主動性을갖이게할것이다。大資本家의獨占的傾向을克服하고、個人資本의活動을制限하여서는아니될것이다。國家에有利한產業建設은、國營或은個人經營을勿論하고獎勵補助하며中小商工業을育成하야、國民의生活必需品供給을圓滑케할것이다。產業의全部門을再編成하야、殖民地的隸屬性을除去하고、新興產業을現代的技術的基礎우에發展시키고、技術의專門研究所、技術者養成所等을大規模的으로設置하야、技術者를大量養育發達케하여야할것이다。重工業의發達은外、國家經濟의自主를確立하고國家產業은一定한計劃으로調整하야健全한均衡的發展을圖謀하고、特히朝鮮이갖이고있는地下資源을開發하야、그急速한發展의有利한客觀的條件은十分利用하여야한다。

協同組合은民族經濟發展의主要部門으로되어야하고、國家는그의發展을獎勵하야、國家補助及低利資金等으로援助할것이다。

企業家와勞働者는一定한生產規律을직히여、企業家와勞働者사이의紛爭을、民主主義的原則에서適當히解決하고、生產力增進과生產原價의低減을圖하야生產의合理化에努力하고、經濟復興期間의急速한解決을圖하야、全民族의動員을必要로하되資力智力技術努力等自己가갖이고있는一切力量을、民族의全體利益에向하여야할것이다。

貨幣及銀行制度의樹立乃至改革을時急히斷行하고、投機的取引을嚴禁하고、國民生活에對한必需品을合理的으로分配하여야할것이다。沒收된一部의產業은必要에따라一定한條件으로서個人에게貸付하며、援助的意圖에서나오外國人의投資도、國家의管理밑에서歡迎할것이다。

經濟發展의基本方向은國有의增進과人民의物質的要求를圓滿히滿足함에있다。特히內外資本의合同인獨占的乃至侵略的企業은、어느것을勿論하고그첫出發붙어容許하지안니한다。

外國貿易은現下朝鮮經濟事情에있서、急速開始하지아니하면아니된다。그러나이것은반다시國家直接經營을原則으로하야、輸出輸入의均衡을統制管理하지아니하면아니된것이다。

五、土地問題解決과八時間勞働制

朝鮮民族의絕對多數인八十%가半封建的壓制下에살고있다。이民族의基本部分의基本要求를解決함이없이는、民主主義的改革이라는것은한개言論에지나지못할것이다。또民主主義的改革이라는말은、그것이經濟的內容에있어、資本의自由發展의길을열어주는것이다。即半封建的朝鮮

으로부터 平和로운民主主義朝鮮으로前進하는 歷史的걸음을걷는것이다。土地問題解決은 土地의農民을農民의土地로轉換케하는것이니 卽半封建的半農奴的關係로부터 農民을解放하야그들의切願하는土地를保障하여준다。이것은民主主義的新建設의巨大한勢力이되는것이니 이勢力의總動員은土地問題의解決卽土地를農民에게分配하야 農奴化한農村을支配하고있는 封建的殘滓를除去하므로만 可能한것이다。

그實際的解決에있어서는 一方的割與에依하지아니하고 全人民의意思를代表하는機會 또는그와同等되는機關의統一的自由意思로決定할것이다。위선農民의生活을改善할手段으로當分間 三七制를實施하고敵國及大地主의 土地一切를國有로하야 土地에주리든農民에게나누어주어耕作케하며 農民搾取의근원인高利貸金에對하야는 五分利息以下의減息運動을展開하며 將來에있어서는 一切高利貸金制는公私를勿論하고禁止할것이다。

封建的殘滓는都市生産關係에있어서도相當히남어있다。卽勞働者를前資本主義的으로搾取하는方法이 아직도적지않다。朝鮮勞働者는植民地的또는 非現代的인生産條件下에서 더욱過酷히搾取되고있으므로 生産能率이向上되지아니하고 企業主는技術에依한生産力向上을決行함보다 無制限의時間延長과 最低의貸金制로써勞働者를搾取하고있다。八時間勞働制를基礎로 生産條件과勞働條件을近代化할것이니 勞働者의生活을改善하며 企業家와勞働者에게 그것은勞働者에게만有利한것이아니라 企業家에게도또한有利한것이다。더욱이國營機關은勞働者의生活改善에 一諸機關及文化施設의模範이되여야한다。土地問題解決과 八時間勞働制實施는 民主主義의具體的基本이될으로 이것을實踐한기를우리民主主義民族戰線은約束한다。

六은 文化建設問題

朝鮮은長久한歷史를갖인文化民族이다。우리는傳統文化의前進的面과「合理的繼承」을살리며 現代環境에서消化發展을圖謀해야될것이다。李氏王朝가構成하여專制的文化와 日本帝國主義가表徵하여노흔侵略主義的文化는 反民主主義의文化傳統을무되어代하고있다。이反動的半封建文化는 朝鮮地主及資本家들이우리들은同時에 文化程度가낮은 一般大衆特히農民大衆의結婚에서 一般의容積을吸收하고살어있는것이다。朝鮮의政治的經濟的으로民主主義化함을따라서 그것은반드시文化建設에反映되여民主文化建設이必然的으로要請될것이오 또이民主主義文化는朝鮮의一般的民主化에至大한影響을주게될것이다。民主文化라는것은朝鮮人民이享有한民族文化를意味함이니 卽民主主義民族文化이다。現代文化建設에있어서科學的合理的으로發達하고 藝術部門에 對한 民族의 創意性을 發揮하며 文盲退治啓蒙宣傳的인 民衆敎化에 對하야 勤勞大衆의 利益을 主眼하는 經濟的 政治的 建設과 步調를 마추어 獻身的으로 努力하되 人民을 爲한 民族的 建國運動에 參加하는 建設的 일군인 知識層의 大量的으로 全體的으로 蹶起할 것을 要求하고 있다 또 國家的 負擔과 公共機關의 負擔으로 一人民의 文化生活을 向上할 만한 諸施設을 全面的으로 建設할 것이니 醫療機關 産兒院 保養院、孤兒院、養老院、圖書館 體育及娛樂機關의 施設을 全國的 範圍로 展開하야 都市集中인 不均衡的 狀態를 取치 말 것이다。그 때서 가장 가까운 將來에 우리 文化를 世界的 水準에 올니기 爲하야 努力하여야 한다。

七、國際的 協助

以上 모든 政治經濟文化上의 建設은 우리가 本質的으로 當面하고 있는 國際的 協助的 精神을 떠나 생각할 수 없다 朝鮮의 新建設도 이 聯合國의 援助下에 民族的 獨立을 保障하는 民主主義的 基本原則에서 遂行될 것이다。그 內容이 우리 民主主義綱領에 全部合致되며 또 國際的 諸決定의 方向이 우리의 自主獨立과 經濟復興과 팟쇼殘滓淸算을 決定的으로 保障함으로 우리 民主主義民族戰線은 모스크바 三相會議決議에 協贊하여 最短期間內에 完全獨立을 獲得할 것을 主唱한다。同時에 우리는 蘇、英、美、中國 四大聯合國의 協同下에 世界「팟쇼」勢力을 撲滅하여 世界平和가 維持되며 戰後世界의 民主主義的 再建이 完成될 것을 確信한다。

八、民生問題와 食糧政策

우리는 當面한 民生問題에 積極的으로 關心을 集中하여 그 對策의 至急한 樹立과 이에 依한 그 解決을 急速히 하지 아니하면 아니 될 것이다。이 民生問題 中 特히 緊急하고 重要한 것은 食糧問題이다。朝鮮人民은 現下 都市 或은 生產이 絶對的 不足되는 地方에 있어서는 飢餓의 狀態로 들어가고 있다。이 問題의 解決이 없이는 가까운 將來에 治安、秩序、維持에 이르기까지 자못 커다란 危機가 없지 아니하다 그럼으로 우리는 이 食糧問題解決을 爲하여 現在 地主의 在庫米 商人의 保有米、農民의 剩餘米를 時急講究하여 이것을 適當한 價格으로 買入하여 이것을 特別한 運輸計劃으로써 都市及不足地方에 運送을 決行하고 그 都市 그 地方의 協同組合乃至其他適當한 配給機構를 通하여 그 住民의 食糧을 確保케 하여야 할 것이다。現在所謂生活必需品營團의 食糧專賣特權을 即時解散시키고 이에 代替할 協同組合을 各地에 組織하여 이 機關이 食糧買入及分配를 專任케 하여야 할 것이다。그리고 一方으로 食糧所有者의 投機的 退藏을 制限하고 他方으로 日本等地로 輸出되는 穀物을 嚴禁하여 特히 日本輸出은 公私關係를 勿論하고 이것을 禁止하며 嚴罰을 더하여야 할 것이다。그리고

不自然不合理한販賣價格을廢止하여 市場出廻量의增加를圖謀하여야할것이다。이食糧不足은民生問題에가장큰한例이다。其他生活必需品에있어서도餘他한討究를實行하여 그應急乃至根本對策을樹立하려한다。

× ×

以上의모든問題解決은 全人民의주준한努力과鬪爭이要請되는것이다 그完全實行을爲하여우리는아래와같은行動會로간을提起한다。또우리民主主義民族戰線에 參加한各黨各派無所屬은 이것의忠實한實行을爲하여 組織的團結과行動의統一을期할것을誓約한다。

九、行動會로간

1 朝鮮의完全自主獨立
2 民主主義共和制實施
3 統一的民主主義過渡政權樹立에積極的努力
4 파쇼吾根絕
5 日本殘存勢力親日派民族反逆者의徹底掃淸
6 民主主義諸友邦과의親善 世界平和建設及其機構에의參加
7 言論、出版、結社、集會、罷業、示威、信仰의自由
8 男女十八歲以上 選擧權의享有
9 婦人解放과男女平等
10 土地農業問題의平民的解決
11 八時間勞働制와 最低賃金制의實施
12 重要産業의國營
13 外國貿易의國家管理
13 通貨安定과物價統制
15 中小商工業의自由發展과國家保護指導
16 一般勤勞大衆의生活改善及失業防止에關한積極的對策
17 戰災及歸國同胞에對한積極的對策實施
18 住宅問題에解決策確立 特히沒收敵産住宅에戰災民 貧民에게의優先權附與
19 食糧及生活必需品의適當配給
20 國民生活安定策의講究實施
21 日本帝國主義的敎育制度의撤廢와 民主主義的新敎育制度의實施
22 國家負擔에依한義務敎育制實施
23 國家負擔에依한各種技術 職業學校의廣汎한施設
24 迷信打破及文盲退治運動의全國的展開
25 民主主義民族文化의建設
26 産業復興策急速樹立生活必需品生産機關의擴張
27 庶民金融機關의設置 一切高利貸金業의禁止
28 帝國主義惡稅撤廢 合理的單一累進稅實施
29 協同組合制實施 水利組合은國營으로하되農民에게無償公開
30 靑少年의地位向上과社會敎育施設의擴充
31 勞働立法 社會保險法 老幼

32 年休暇法의實施
32 一切封建的因襲 人身賣買及公娼制의廢止
33 科學, 技術, 藝術, 財力及勞力의民族的貢獻에對한優遇政策
34 保健機關其他施設 防疫設備의擴充
35 勞働婦人의姙產期保護 託兒所設置
36 國家建設犧牲者 遺族優遇策實施
37 國家的保險制의實施 人民教育의普及
38 國立文化機關의創設

朝鮮自主獨立萬歲!
民主主義的民族統一萬歲!

一九四六年二月十五日

民主主義民族戰線規約

第一條 本組織은民主主義民族戰線이라稱함

第二條 本民主主義民族戰線은朝鮮民族의完全獨立達成과 民主主義政權樹立을爲始하야 緊急한民生問題解決에이르기까지 朝鮮民族의現段階에賦與된歷史的任務를完遂하기를目的함

第三條 本民主主義民族戰線은朝鮮同胞로서 그居住의海內海外를區別치않고 民主主義的諸政黨과勞働, 農民, 婦女靑年, 宗教, 科學, 文化, 技術, 軍事, 言論, 其他民主主義的大衆團體와地域에서選出된代議員으로서組織됨
但이規定에該當치않은無所屬者로서 資格審查委員會의推薦을받은眞正한愛國者는代議員으로서參加함

第四條 本民主主義民族戰線의代議員은 現行政區인十四道(江原南北道)와서울市의十五個地區에서 그地區의人口에依하야選出된代表若干人. 海外代表若干人各政黨及大衆團體代表諸干人과 第三條附項에依하야選出된代表로함
但地方海外政黨大衆團體의代表數의比例는中央委員會에서決定함

第五條 本民主主義民族戰線의機關은 大會中央委員會常任委員會事務局으로함

第六條 本民主主義民族戰線은各種專門委員會를設定하야 民主主義朝鮮建設의政治, 經濟, 社會, 文化, 保健等全般에互한研究와提議로서國家의增進과 人民의福利向上에必要한諸政策을硏究實行함

第七條 本民主主義民族戰線의代議員, 中央委員, 各專門委員會委員의任期는一年으로함

第八條 大會는本民主主義民族戰線의最高機關으로서 年一回中央委員會가此를召集함
臨時大會는常任委員會에서必要로認定할때 또는代議員三分之一以上의要求가있을때此를召集할수있음

第九條 大會는選出된代議員의二分之一以上과 中央委員으로써此

를構成함

第十條 大會는中央委員을選出하며 本民主民族戰線의基本及當面問題에對하야討議決定함

第十一條 中央委員은中央委員會를組織하고 議長若干人副議長若干人常任委員若干人을選出함 常任委員은常任委員會를組織하며 事務局을組織하고 各種專門委員을選出함 事務局에는各部署와그責任者를둠

第十二條 中央委員會常任委員會는議長團이 事務局會議는事務局長이各種專門委員會는그專門委員會責任委員이 各各此를召集함

第十三條 議長副議長은議長團을組織하되 議長團은本民主主義民族戰線의代表하며 中央委員會及常任委員會를召集하며 本戰線의諸般事務를統轄監督함

第十四條 各種專門委員會及事務局은 大會中央委員會及常任委員會에必要한資料와材料를提供할義務가있음

第十五條 本民主主義民族戰線은各道서울市, 府, 郡, 島, 面及海外에同胞가居住하는 重要地域에그地方委員部를設置함

第十六條 各地方委員會는 地方事情을本部에 臨時報告할義務가있는同時 各各그地方의 모든問題를解決實踐할수있음

第十七條 本民主主義民族戰線의代議員又는 加入한政黨及團體로서本組織의宣言 綱領規約及決議에違反하는時는이를 停權又는除名할수있음

第十八條 本民主主義民族戰線의財政은 參加團體의義務金과 其他有志의義捐金으로써充當하되 中央委員會에서委囑한財政檢査要員若干人이年二回財政檢査를實行함

第十九條 本規約의變更又는修正은本大會決議에依하야서만 此를行할수있음

第二十條 本規約의未備한點은 通常民主主義原則의慣例에依하야執行할수있음

第二十一條 本規約은一九四六年二月十五日로부터此를施行함

反動陣營의動態

朝鮮에있어世稱右翼陣營을 우리는反動勢力이라고 規定한다。그것은 그들이 非民主主義的일뿐아니라反民族的이기도 한까닭이다。正當한意味에있어 右翼이라면, 그는民族資本家層을中心으로한勢力을일을것이다。朝鮮의現段階가부르조아民主革命過程이라면 그들이設使自己階級의利益만을追求하고擁護한다할지라도 어쨌든民族的見地에서는 朝鮮의資本主義的 生産樣式의 建設및發展을志向하는 民族資本家層이主導的인 役割을하는데서만 右翼은形成될수있는것이다。그러나不幸(?)히도朝鮮에는 그러한右翼을形成할만한 民族資本家層의勢力이

成民되여있지못하다 오령日本帝國主義의植民地的統治는 朝鮮의民族資本의獨自的인階級的形成을 許諾치않은까닭이다。그러므로오늘朝鮮의民主主義的建設은 그主導權이勤勞大衆을中心으로한 人民의革命的集結力에있다는것을 우리는忘却해서는안될것이다. 그리하야오늘의世稱右翼은 民主主義革命의悲盤이되는 資本主義的生産의建設및 發展을志向하고 그實現을爲해서努力할수있는 民族資本家層으로서形成되지못하고 오히려그것을阻害하는 要素로서形成되여있는것이다。資本主義的生産의建設및 發展을阻害하는것은 民主主義를阻害하는것이며 따라서民族再建을妨害하는 所以가되는것이나、그러므로서우리는이것을反動的이라고規定하는것이다。

·이제朝鮮의反動陣營의構成要素를分析하면서 그들의動態를살펴가기로한다。

朝鮮의世稱右翼의構成要素는 첫째地主階級이다。民主主義的建設에있어 土地의平民的解決이第一義的임은 벌서常識化되여있다 (人口의絕對多數를 찻이하고있는農民이 封建的收奪關係밑에서 그勞力의結晶인收穫物의大部分을 小作料란名目으로 地主에게뗴앗기는동안 그들의生活은貧困에서 永久히벗어날수없으며 따라서農村의文化的向上은바랄수없는것이다。뿐만아니라 少數地主層은 小作料의搾取로서無爲의寄生生活을繼續하고 또農業生産이언제나 原始的樣式을벗어나지못하야 農民들이적은面積에 많은勞力을消費해야하는限 다른産業의發展은바랄수없는것이다。그러므로土地는 耕作하는農民에게分配해주고地主는土地의寄生生活로부터떠나서商工業等 國家의産業振興에參加케하여야할것이며 農業의生産樣式을改革하야 農民들이많은面積을적은勞力으로서耕作하면서도 多收穫을보게하고 餘剩되는農村의人口를都市의産業建設에 參加케하여야하는것이다 말하자면土地改革이없이 民主主義的發展(即資本主義的生産의發展)은 바랄수없는것이다。그러므로近代的民主主義國家에있어서는모다그産業革命의初期에있어 무엇보담도第一着으로 土地改革을斷行한것이다。

그런데北部朝鮮에서는 人民政權의運行에依하야이미土地改革이斷行되여있거니와 南部朝鮮의地主들은이러한土地改革이 南部에맞일것을두려워할뿐아니라 北部에서土地沒收에 不滿을잡고逃亡해온者들과結托하야 土地改革을妨害하려들고있다 그리하야土地改革을拒否하는民主主義的統一政府의樹立을 妨害하는데서만可能할것이니 오늘地主階級이政治的全面에서 反動的行動을取하고있음은 이러한自階級의旣得權益을 固守하려는데서인것이다。

둘째、親日派、民族叛逆者이다。日帝時代에있어그走狗로의 온갖忠誠을다ㅣ하가僞하야 自民族을塗炭의苦痛속에 처ㅣ모라넣는데 아무

퇴路가없는者들이 오늘解放朝鮮의政治的混亂期를타서 右翼이란看板을뒤집어쓰고나타난것이다。

그들은官職或은公職에눈이팔녀서 또或은利權에비위가당겨서 民族的良心을弊履처럼버리고 나선者들이다。이들은自民族의 온갖優秀한傳統을버리고 日本化즉皇民化를人民에게强勸하였으며 日本의侵略戰爭에는供出徵用徵兵志願等을督勵하야 自民族의財貨와靑年들의生命을 侵略者日本을爲해서 戰爭의慘禍속에 모라넣기를幇助하였으며 朝鮮民族解放의鬪士들을 日本官憲에게잡어받이기를 아무良心的苛責도없이敢行하여온者들이다。

이제이들은무엇보담, 人民主權의統一政府가樹立되는것을 두려워한다。그것은그들의頭上에 반듯이人民의審判이내릴것을스스로잘알고있는까닭이다。이들은이러한人民의審判을, 막을뿐아니라 日帝時代에서享有하든모든權益을 그대로維持키爲해서 解放朝鮮을自己들의反動的勢力으로서 專控하려드는것이다。그들은機會있을때마다 自己들의正體를掩蔽하고 愛國者的탈을쓰고나타나서 온갖惡辣한手段으로政治的現狀을 混亂의길로引導하고있는것이다。

셋째、政治브로카ー一群이다。이것은朝鮮特有의現象으로서 이들의譜系는所謂一部韓末志士層에서淵流된다。絶對君主制의封建甘夢에잠겨있든朝鮮에 西歐의資本文明이거센波濤처럼드리칠때 民族的內部에서 그것을받아드려 近代的革命을斷行할만한 商工階級이生長하자못하였든關係로 그대신멫멫先驅志士를내고말었을뿐이었다。甲申改革을中心으로한開化黨一派의 新黨等이그것이다。그렇나그自身이 한낫 封建階級의出身인 멫멫先驅者의絶緣로서 頑冥한封建制度를打倒하고 近代的改革을斷行할수는없었든것이다。그리하야이들先驅者는 亡國之嘆을품은韓末志士라는 傳說的存在가되고말은것이다。

이러한韓末志士의徒弟들은 그뒤一部는海外의亡命客으로 一部는國內의隱士로서退嬰的節介를보혀주다가 第一次大戰後民族自決의旋風에刺戟되여 國內에서는三一運動海外에서는假政府運動에 直接間接으로參加할수있었다。 그러나그뒤國內의志士層은, 日帝의壓力과誘惑으로民族的節介도維持할수없어 大部分墮落의길을밟게되었으며 海外에서는一部進步派의社會運動으로서의隱近을除하고는아무積極性이없는 消極的인浪漫生活을繼續해온것이다。

日本이敗戰에의徵候를보혀주게되자그래도海外란環境의有利한條件으로서 民族的節介만은지켜오든志士層은 다시無原則한政權獲得을目的으로한集團을 만드러갖이고있다가解放朝鮮에入國하였다。그렇나그들은國內의人民層과는 何等의連絡도없었으므로 人民의支持를받을길이

値있는것이다。여기서그들은온갖特殊의길을걸어왔으나마 그때는自己들과血族及情誼關係가있는國內의有志(?)들과 그러고自己들에게同情하는 온갖反日勢力과結托하지않을수없게된것이다。이러한態度에不滿을품은이들이 附和하던그들과絶緣한것은當然한일인것이다. 이제이들에게는民族의將來보담 自己들의政權慾의達成이더緊急하게되었다。그러나人民的基盤은갖고있지못한 그들은 한낱政治的商人의身勢로서 彷徨할수밖에없게된것이다。그들은政權을獲得키爲해서는 親日派도民族叛逆者도 모다自己네盟友가될수있다고본다。그러하야消極的이나마지켜오든 民族觀念도스스로抛棄하는結果를짓고있는것이다。

네째로買辦階級이다。이러한階級은中國과같은 半植民地에서볼수있는現象으로서, 自國內에資本主義的生産機構가 發達되지못한關係로外國資本과結托하야 自國內의온갖天然資源과 利權을그들에게斡旋提供하므로서 거기서떨러지는中間利得을얻으려는 일은바仲介的役割을하는者들을일음이다。朝鮮에도이러한買辦階級이形成되고있다。李承晩博士가韓美商事會社와結托하야 朝鮮의地下資源및 온갖利權을거기에提供하려는一種의賣國的인行爲는 單純히李博士一個人의意圖에끝이지않고그것이한낱階級的 形成할可能性을보혀주고있는것이다. 過去日帝時代에있어 利權運動을猛烈히하든무로카ー들 그리고日帝의軍需品生産의下請負를하든者들이 앞으로이러한買辦階級이되기에足하며 또지금도外國商人들과不斷히接觸하야 온갖謀略을다ー하면서있다。李博士는이러한買辦階級의先驅者이며先驅者라할것이다。

그런대買辦階級은政權의慾望이없이 自己네의目的을達成할수가없다。政權을掌握하고서만朝鮮의地下資源및 온갖利權을마음대로 外國資本에提供할수있는所以이다。그렇므로아직胎動中에있는 買辦階級은벌서政權의奪取에全力을傾注하고있는것이나, 이들이反民族的임은두말할것도없는것이다。

二

八一五、[illegible] 하기比類가없는日帝가退敗하자 朝鮮人民은監獄門으로부터쏟아져나오는革命家 愛國鬪士들을맞이하야 建國工作에着手하였다。온갖迫害와惡刑、投獄、虐殺로서의威脅에不屈하고싸워온革命鬪士들이 人民의앞에나타났을때에 朝鮮人民은感激과歡呼로서그들을맞이하였으며 그들의指導에다투어가며服從하였다。그리하야各地에發生한自治團體의基礎우에建國準備委員會가結成되자 人民은거기에呼應하야半個月以內에 全國各郡에支部가設置되였다。建準이人民委員會로發展함에人民의政治的結集力은더욱强固하게되였다。이리하야各地方에서는 社革이最先進陣한뒤아무런障碍없이

人民自衛가온갖親日派民族叛逆者를急速히清掃하면서人民委員會로서立法行政司法等의온갖政治的機能을運行하게된것이다。

그러나南朝鮮만은事情이달랐다。美軍政은日本의總督政治를그대로繼承하면서 軍政을實施하였다。뿐아니라從前의總督時代의官吏이나 親日派民族叛逆者를排除하지않고오히려重用하였으며 人民委員會와같은政黨的存在로서밖에 認定치않었든것이다。

이러는동안에反動勢力은차츰擡頭하게되었다。反動勢力으로서 가장먼저旗幟를들고나타난것은 反動地主層中核勢力으로선「韓國」主黨이다。이黨에는온갖反動要素가섞여있으나 그主體的勢力은무엇보다도 大地主層及買辦協助的階層인것이다。

이黨은建國하여오며 人共의指導者打倒를 한目標로하고出發하였다。그리하야人共에參加한民族解放의革命鬪士들을 온갖無根한事實을捏造해가면서 謀陷中傷하기에狂奔하였다。

그러나그들의힘만으로는人民의絶對多數가支持하는 人共의勢力을抗拒할수는없었다。여기서그들은재빠르게 軍政內의地位를獲得하기에努力하였으며 그리하야軍政과人共과의離間策을꾸며서 初期의朝鮮實情에精通치못한 軍政當局에는이것이奏効하였든것이다。

이러한韓民黨에게힘을도와준것은 安在鴻氏中心의 國民黨의出現이었다。安在鴻氏는우에서指摘한바와같이 所謂民族志士의後號로自處하는사람으로 解放直後人民의喉舌이던氏는 呂運亨氏에協助를表明하며 斷然히建準에參加하였었다。그러나 그뒤人共이誕生되고 또人共이뭇대로政權으로서認定되지못할것을깨닫자 氏는態度를豹變하야 軍政支持를表明하면서 脫落된分子와一部中產層知識分子들이띠며드러 國民黨에結集하게된것이다。이리하야國民黨이그뒤온갖政治的態度에있어서 스스로韓民黨의亞流노릇을必然的으로하였든것이다。

하ㅡ지中將의「政黨은오라ㅡ」는聲明은一時에五十餘政黨의亂立을誘出시켰다。그리하야人民이들으는看板만의四五十政黨들은混亂을、政綱政策은내놓고온갖混亂을일으키게하였다。이동안에 人民의情緒에威壓되어머리를들지못하든 親日派、民族叛逆者들이 차츰온갖假面을쓰고 政治的背後에숨어들기始作하였다。特히北部朝鮮에서는 蘇聯軍의協力下에서親日派、民族叛逆者를徹底히肅清하게되었으나、이肅清을避해서逃亡해온者들이 南部에와서는 親日派民族叛逆者들과 合勢하여갖이고 政治的攻勢를取하려드렀든것이다。그들은反蘇反共을表語로、北朝鮮의劃期的新建設을誹謗中傷하며 眞正한愛國者 民族鬪士들을謀略打倒하기始作하였다。그러나이때까지는그들은

오직假面속에숨어서, 消極的인謀略을얻삽었을뿐 積極的으로政治的正面에나타나지는못하였든것이다。

그러자李承晩博士가入國하였다。朝鮮人民은그를그의實踐의內容과政治的性格에너머나生疏햇든것만큼限없이信賴하였다。一部에서그를民族最高의指導者로推擧하려들때, 朝鮮人民은거기에, 異議를提出하지않었다。그는참으로民族的인歡迎裡에入國한것이다。

그러나李博士는入國하자말자, 朝鮮人民의企待를背反하였다。그는朝鮮人民이全面으로推戴하는 最高指導者로서의地位를, 스스로마다하고少數「韓國人」의「國父」되기를自願한것이다。그는入國하자말자 朝鮮人民의眞實한소리를듣기를두려워서있는지, 韓民黨의包圍속에안에서朝鮮人民에게說令하였다「나를믿으라! 나에게맡기라!」 그리고博士는다시『덮어놓고뭉치라。』고 웨첬다。이것은무엇보담도親日派, 民族叛逆者에게, 偉大한天來의福音이였다。그리하야「韓國人」의「國父」로서의李博士는 다시親日派, 民族叛逆者의救護主가된것이다。

李博士는入國後, 곧民族統一工作을開始하였다。여기에는누구나敬意로서對하였다。그러나博士는決코公平한民族指導者가아니였다。그의눈에는國內의은갓不利한條件밑에서도不屈의鬪爭을繼續해와서巨大한革命的勢力을形成하고있는, 革命集團이一朝一夕에野合團體처럼 構成員도없이나타난 反動集團보담도낮우評價되였다。所謂獨立促成中央協議會를爲해서모인會合은, 어데서習得한民主主義의原則인지는몰으나, 看板만있으면一人一黨인留聲團體나, 數萬의人民을擁有한大政黨이나 모다同一한票決權을갖게되였다。더욱驚怪한事實은數百萬의勞働大衆의集團인全評은, 알부러自進出席하려한즉 招待하자않었다는理由로(그것이自己들의過失임에不拘하고) 出席을拒否한것이다。이리하야開頭數에依한强壓手段으로서, 李博士는國際的信義를傷할念慮가있는, 메세ㅣ지를聯合國側에보내기를決議하였든것이다。그리고執行部의選擧에있어는 그래도李博士의人格을信賴하야그詮衡委員의選出을, 一任하였드니그뒤李博士는韓民黨五人에 國民黨人民黨의各一人이라는比로 偏派的이라기보담 차라리韓民黨의守護者로서의役割을다하려다가 그만그여히中協의成立을보지도못한채失敗하고말은것이다。

그뒤李博士는自己의失敗가 朝鮮의共産主義者들의反對로因한것이라하야實로老人답지드릇하게 憤프리를始作하였다。그는朝鮮의共産主義者들을 所謂極熱分子라하야 猛烈히攻擊하였든것이다。그러나이러한老妄症이甚해갈수록 李博士의威信은날로墜地되여갔든것이다。

이러는지음에 金九氏一行이民族의巨大한企待를받으면서 入國하다。民族의期待는 李博士에게서金九氏에게로移遷되었다。따라서民族統一工作도金九氏一行을中心으로論議되었다。氏等은上海에서朝鮮에도라가서 過渡政府가생기게되면 自己들臨政은거기에讓步하겠다는宣言을發表한까닭에 一般人民의企待는더욱컸든것이다. 그리고氏等은李博士처럼덤비지않고 愼重考慮하는빛이보히였다。그들은入國後月餘가되드록아무런發表도없었다。一般은그들의態度에信賴까지가졌든것이다。그렇나이愼重考慮는그實民族統一을爲한考慮가아니라 어쩌하면自己들이政權을奪取할수있는가?를 硏究하며判斷하는期間에있든것이다。

그들이統一案으로내놓은것은 結局所謂臨政이각인 全部閣僚와그人物의位置를그대로承認하고 二三의部署를增設하야 國內의政治家들을參加시키겠다는것이다。이것은民族보담 자기들의政權慾을더重視한行動이며 國內革命家들의奮鬪으로서의日帝와의鬪爭을全的으로 無視하는傲慢無禮한態度이었든것이다。

이리하야第一節에서列擧한四個의反動要素는 우리의政治的現實에完全하登場된것이다。그들은한편으로는左翼과의統一을내세우면서 裏面으로는自己들의反動勢力을 集中시키기에努力하여왔다。그리하야이反動勢力으로서 日帝時代에있어朝鮮의民族解放을爲해서血鬪해왔고 解放朝鮮에있어眞正한民主主義를建設하려는 民主主義陣營(世稱左翼)을 一擧에撲滅할謀策을進行해온것이다。

三

이러한反動勢力이完全히合勢해서民主主義陣營에對抗해오기始作한것은 所謂反託騷動을 契機로한것이다。이反託騷動는오랫동안權謀術數를 政治的技術로삼어오는中國의反動政治를學習해온 政治뿌로카ー들에依해서劃策되었다。國內에아무런한人民的基礎을갖지못한그들은어떤策略으로든지機會를利用하야 民主主義陣營에集結되고 또그를支持하는人民大衆을竊取奪取하러드렀다。그런데機會는왔다。그것은昨年十一月末頃 美國極東長官빈센트氏가 朝鮮을信託統治할意向이있다고發表했을때 朝鮮人民이이것을反對하고與論하든것을본그들은 모스크바三相會議에서朝鮮에關한決定이發表되자손빠르게國際的인通信과結托하여장이고 그것이新聞記者의말이고虛僞宣傳하면서 反託騷動을일으킨것이다。이反託騷動은그들의口號와같은 自主獨立爭取를爲한것이아니라 實際로는反蘇反共의惡宣傳이었다。그러므로그들은무엇보담 蘇聯에向하야「赤色帝國主義的侵略」이라고攻擊하는同時에 三相決定의進步性을認定支持하는民主主義陣營을賣國奴라고打倒하기에前後를分別치못하였든것이다。그들은三相決定決死反對를絕叫하고 一時는美軍政과의不合作을聲明하야 革政團首班의組閣을

勵하는同時에 臨政이스스로政府行勢를하야「國字」布告를내려 罷業撤市等破壞行動을國民에게强要하였다。이反託騷動은親日派民族叛逆者를暫時間에愛國的인 愛國者로登場시켰다。 그들은오히려數十年間日帝와正面으로對抗하여온 革命鬪士를賣國奴라고打倒하면서 自己를한이愛國者라고結託하게도 舞의앞에나선機會를찾게된것이다。 오히려親日派、民族叛逆者類가 政治무대가ㅣ買辦階級의 앞잡이로서 가진忠誠(마치日帝에게忠犬의役을하든그性質)을다ㅣ함은 그들이自己를에게愛國者(?)될機會를열어준데對한報恩的行動이라할것이다。 그들은反託國民大會를열고、反蘇反共의破壞的爲行을敢行煽動하였으며 이것을全國的으로國民運動化하려드렸다。 그뒤所謂信託派이賣國派이아니라美國派이라는것의 明白하게드러난뒤에있어도 그들의反蘇反共의態度는조금도變함이없었든것이나 그것은그들의反託騷動이 單純히國際的常識의無知에서만由來된것이아니라 이것으로反蘇反共의機會를삼어眞正한民主主義陣營을撲滅하려는計劃에서出發한까닭이였든것이다。이라하야그들은 테로團을驅使하야民族指導者의暗殺民主團體의破壞를敢行하게된것이다。

이들反動勢力의이러한煽動과狂奔에도不拘하고、今年一月三日서울運動場에서 開催된三相決定支持市民大會는 그들의夢中에도想像치못했든大盛況과人民의熱意를보혀주어、民主主義陣營에對한人民大衆의支持와 眞正한指導者에對한人民大衆의信賴가 얼마나强固한것인가를例證하기에足하였다。 여기서民主陣營의强固性을認識한그들은 兩面作戰을쓰게되였다。 한便으로는우리의合作工作에參加하는同時에 달은한便으로는自己들의陣營을統一强化하는것이였다。

저들反動陣營은反託騷動을일으켜民主主義陣營을賣國奴라고打倒하면서三、 그들은自然獨裁的行爲로서民主主義陣營에게合作交涉을해왔다。 그것은아마도그들이우리에게 外壓的인氣勢를보혀어 威脅을加하면서內面的으로有利한條件을지으려는行爲이었든것이다。反託騷動을始作한十二月三十日에도 그들(臨政)의 一代表者를人共에보내여 前日과同一한條件을提示하였다。 여기에對한人共側의「人共과臨政과의同時解體」의提案을 그들은所謂「形式上接受할수없다」는 傲慢無禮한態度로서拒否하였든것이다。

所謂臨政側과의交涉에서合作不可能을看破한民主陣營은 各政黨間의合作을劃하기로하였다。그리하야一月八日人民黨、共産黨、韓民黨、國民黨의四黨會合이열이며 앞으로歷史的인聲明으로서남을 四黨共同콤뮤니케ㅣ를發表하기에일은것이다。 그런나이共同콤뮤니케ㅣ는韓民黨國民黨等의背信으로因하야서 發表即時로

그들의拒否하는바되였으며 그뒤다시五黨會合을開催하려하였으나 臨政의所謂非常政治會議準備會를만들려는策動에依하야破壞되고만것이다。

이러한合作使命의行爲는또다 民主陣營을不利하게하며도되였으며 反動陣營의策略이있는것이다。그들은反動陣營의出發에있어 벌서自己들反動陣營만의 統一을計劃하고있었든것이다。그러하야設定대로저들은所謂非常政治會議를 非常國民會議란것으로고처가지고 自己들의總本營을삼으려하였든것이다。

、非常國民會議는統一을假裝키爲해서우리民主陣營의團體도 形式上으로는若干招待한일이있다。그리고若干民主陣營의參加하는境遇의自己들의優勢를確保키爲해서 또는反動勢力의盛勢를誇示키爲해서그들은無數한幽靈團體를造出하야參加團體를삼었다。이러한僞裝統一集團에眞正한民主主義陣營이參加할수없음은勿論이다。따라서非國會議는 그야말로非民主主義的專擅밑에서進行되였다。擾成員의嚴格한審査가없음은勿論이요民主主義를標榜하면서 나치스黨의본을떠서 領袖(李承晩金九)를推戴하고 또臨時政府의閣僚級人의合議體形의政擅機關은그들과步調를같이取해오든 一部良心的인勢力의離脫까지보혀주게되였다。이리하야非國會는國民이란것을僭稱하면서도 反動勢力의一部를그나마完全히 不健實하게集合시킨데지나지못한것이다。

이와같이反動陣營의獨善的態度가露骨化함에 民主陣營에서는不得已그들과의合作을斷念하고 自己强化擴大를爲하야 民族戰線을結成하게되였다。그리하야民戰의氣勢는反動陣營의온갖妨害와破壞工作이있음에不拘하고 加日의勢力를잡고發展하게되였다。여기서저들反動陣營은民戰의破壞工作을劃策하게되었다。그第一着으로所謂「南朝鮮國民代表民主議院」이出現된것이다。

民主議院은그무렵歸國한李承晩氏의縱橫無盡(?)한外交折衝과 李承晩氏의瀟洒로써생겨진것으로 開會前刻까지或人에게는軍政諮問機關이라하고 ; 或人에게는民族側某氏가非國會議長도參加하였다고하야 그야말로多角的인策略으로[illegible]고서 그開會宣言에서비로소民主議院이란것이發表되었으며 그結成民主議院은[illegible]獨裁的方法으로 아무런選擧도없이自稱議長副議長□□가登場하는등 참으로우리나라建國途上에있어 有條千萬의現象을보혀주었다。이러한民主議院의根本意圖는두말할것도없이 民戰側의一部勢力을離脫시켜 그自然瓦解를招來케하려는것이었다。그러나이러한策略에依하야瓦解되기에는 民戰의政治的信念이너무나强固하였으며저들의策略은너무나幼稚하였든것이다。이리하야民主議院은한낫不具者로서誕生되고말은것이다。

이무렵한편에는三相決定에依한美蘇共同委員會가서울서開催되었다。그리하야開會劈頭에蘇聯代表스틔코프將軍은 從來로三相決定을反對해온團體는 새로樹立될臨時政府에參加할수없다는것을 宣言하였다。이것은反託騷動을일으킨反動陣營에對해서는靑天霹靂이였다。그러나事實은當然한結果였든것이다。여기서反動陣營은 온갖謀略으로서共委를破壞하려드렀다。그리고共委는失敗하고야만다고人民大衆에게宣傳하였다。同時에그들은南朝鮮單獨政府의樹立을劃策하였든것이다。

이들의執拗한謀略에不拘하고、共委는順調로進行하여 第七號의콤뮤니케ㅣ까지發表되였다。여기서反動陣營은그야말로血眼을이르키여갖이고덤비게되였다。反動巨頭들에依해서驅使되여오는…反託學生建靑發虎團等々의테로團들은 所謂獨立促成國民會서 獨立促成靑年聯盟이라는名目下에糾結되여갖이고 民主主義陣營의破壞의任務에當하게되였다。그러나그것은共委가繼續하는限에는大膽히대들지못했다。

그래서그들은다시한策略을썼다。蘇聯의三相決定反對團體의臨政參加拒否에對해서 美國의折衝으로三相決定支持宣言을條件으로參加시키게됨에 저들은前日의三相決定不合作宣言이란 政治的信義는 잠간잊은듯一夜間에八十餘란幽靈團體를造出하야 宣言文을各々共委에提出하였다。그리하야民主主義團體의審査에있어 兩國代表는드되여衝突되고말었다。南部朝鮮에있어反動陣營의十七 民戰陣營의三이란참으로政治常識을벗어난比率로서 朝鮮勤勞大衆의眞正한民主主義集結體인 全評、全農、民靑、婦總、文化聯盟等은、全허無視되고、大衆없는看板만의團體 또는벌서解消된지오랜團體 또는民主團體로는到底히認定할수없는 封建的인集團이參加하려는것이다。이러한策略은드되여奏效하야 三千萬同胞가熱과誠으로서企待하는共委는臨時政府를誕生시킬直前에서 그만休會되고말은것이다。

四

美蘇共同委員會를破壞하기에成功한저들反動陣營은、저들스스로가興奮되여날뛰기始作하였다。三相決定에依해서成立된美蘇共同委員會가三相決定을反對하는者들때문에休會되였다면、그責任은當然히自己들이저야할것임에不拘하고 反動分子들은그것을우리의解放者의一員인 蘇聯및國內民主主義陣營에轉嫁하려드렀다。그리하야그들은꼰스타ㅣ로、데라로 라우드·스피카ㅣ로街頭에서蘇聯打倒와 共産黨人民黨民戰打倒를絶叫하고 眞正한愛國者요、革命鬪士요民主主義的인 民族指導者들을그姓名까지指摘하야撲殺하라고煽動하였다。그리하야 五月十二日에는獨促主催로所謂「獨立戰取國民大會」를서울運動場에열고 亦是反蘇反共反民戰과、指導者撲殺을敎唆煽動하고 許可도없는示威行列끝에 民戰人民黨、民靑、婦總、그리고人民報

自由新聞、中央新聞等을破壞하고物品까지掠奪하였다。그뒤에獨促中心의테러團은地方으로游說隊을開始하야、테러를하고移動하면서 民主陣營의破壞指導者의傷害等蠻行을數없이反覆하여왔든것이다。

그러는한便그들은오래前부터劃策하여오든 南朝鮮單獨政府說을퍼트리기始作하였다。李承晩은이것을游說키爲해서 地方巡廻를하였으며、進한者들은南朝鮮單獨政府를세워左翼을彈壓하는同時에 北伐를斷行하여야한다고까지 幼稚한壯言을하였든것이다。그러는一方그들은政府의部署까지꿈여내였든것이다。

그렇나 이南朝鮮單獨政府의꿈은그만朝鮮人民의民族的인憤怒를맞났고 또美軍政當局의正當한見解에依한拒否로서 實現할수없게되였다 여기서第二段으로나온것이일은바僞裝統一政府다。 南朝鮮單獨政府가될것이아니라 北朝鮮에서逃亡해온民族叛逆者들을北朝鮮各地方의代表者로하야 統一政府를僞裝하고나서려든것이다。그러나이러한幼稚한策略을거듭하면할수록 차츰그들의反動性은스스로暴露할따름이였든것이다。

反動陣營의이러한策略은날이갈수록 그正體가人民大衆의앞에暴露되여 차츰人民으로부터 離反되고있다。그實例로서는美蘇共同委員會再開促進市民大會가 前例없는大盛況을일운것 그리고同一한各地方의大會가 反動테로團의破壞的妨害가있음에不拘하고 亦是前例없는大盛況을보혀준것으로보아 알수있는것이다。이제人民大衆은共委의續開에依해서만 南北統一의人民政府가樹立될것을確信하게되였다。그리하야共委續開를妨害하는 反動頭目들을除去해야한다는소리가높아가고있다。오는까지反蘇反共의先頭에서國際信義를損傷하였고 國內反日鬪爭을獨占해온左翼指導者들은 極熱分子니賣國奴니하야打罵하면서 民族分裂을招致하였고그리고무슨누구에게받은權能인지 벌서부터朝鮮의地下政源및利權을 外國資本에팔어먹으려하고 또온갖機會에謀利行爲를公々然히敢行하고있는 李承晩金九兩氏에對한非難과 政治的排除의소리가自然發生的으로높아가게되였다。이것은非單民主主義陣營및그支持層만이아니라 右翼陣營內部에서도擡頭되는事實인것이다。이리하야右翼은지금分裂에의契機를보혀주고인는것이다。

우리는지금까지世稱右翼을反動陣營으로規定해왔거니와 그것은그들의指導層의構成을指摘한말이요 그들을追從하는大衆層을 全的으로指摘함은아닌것이다。反動陣營의影響밑에있는大衆에게는아무런잘못이없다。잘못이있다면그들이反動巨頭들의 그릇된指導를깨닫지못하는것이다。그렇나그것은오히려우리들에게責任이있다。그들을올바른路線으로啓蒙치못한우리陣營에責任이있는것이다。그런데反動陣營內部에서는 차츰自己批判에의傾向이자라고있는듯하다。 人民大衆을그릇된方向에로引誘하는頑固派, 또는民族叛逆者와는見解를달니하야 只今까지의自己비의態度를 反省하려는傾向이보히지고있는것이다。 그것은이즘左右合作을爲해서努力타는것이고, 또그것을支持하는者들에 依해서나타나고있는것이다。

지금出現하려는所謂第三黨은어떠한形態로서 또는어떠한勢力을갖이고나올는지 아직推側할수없다。그러나그들이지금李承晩金九等頑固한反動巨頭와는見解를달니하야 民族統一에貢獻하랴는意圖만은갖고있음을우리에게보혀준다면이것은좋은일이다。 이제이들을中心으로右翼陣營은 正當한方向으로轉向하면서 整頓되기를우리는希望하는바이다。

그리고金奎植氏等의 左右合作이어느成果를보혀줄지드아직確定키어렵다。 지금이合作運動에서除外되는反動巨頭들은 死力을다ㅣ해서이것을妨害하려들고있다。 或은그것이李承晩金九等과의諒解밑에서라고一般에게宣傳하야 自己들이除外되는것을掩蔽하려들며, 或은合作의原則인三相決定의支持와共委續開의促進을依然히拒否하야 合作을不可能케하려드는것이다。 이러한온갖障害를너머면서과연金奎植氏等이左右合作을成就히實現할수있을것인가? 여기에서今後反動陣營에包攝되였든良心的右翼의政治的更生의與否가決定할것이다。 그리고李承晩氏는여기에對抗키爲해서 所謂「民族統一總本部」란것을내노았는데 이것은左右統一을云謂하는右翼指導者들을내개排除한것으로보아, 아마도李博士一派는最後的反動을決心한데서出發한듯하다。 金奎植等이이러한壓力을꺾이고 과연左右合作에邁進할수있을것인가? 大端히注目되는바이다。

歷史에逆行하려는者는 지나가는歷史와함께轉落되고야말것이다。 지금朝鮮人民은反動勢力에게무서운試鍊을當하고있다。 그러나이試鍊은기여코反動勢力을屈服하고야말 朝鮮人民의힘을기루어줄것이다。反動勢力의踏襲은自己墓穴을파고있는것이니 우리는그들의陰慘한作業을바라보면서 우리들人民의나라를建設하기에邁進하지않으면안될것이다。

司法

序言

現代世界史의主流는帝國主義世界로부터 民主主義世界로發展하는過程에있다할것이다。今次大戰이民主主義勢力의勝利로因하야 方今世界는팟쇼國家와그支配下에있든 植民地被壓迫人民大衆은모다民主主義聯合國領導下에 政治經濟를革新하려는途程에올라있다。 그리하야우리朝鮮에도 팟쇼日本의降服으로因하야八·一五後朝鮮의統治權은팟쇼日本으로부터 民主主義聯合國에移管되야北朝鮮엔蘇聯軍이 南朝鮮엔美國軍이各各進駐하야 行政及司法을指導運營하고있다。 聯合軍進駐의主要

目的은 朝鮮에殘存한日本軍官에對하야 降服條項을履行시키며 朝鮮으로부터完全且永久히日本軍을放逐하고 朝鮮으로부터日本帝國主義及[illegible]思想을一掃하고, 民主主義獨立新朝鮮을建設함에있으므로 南北朝鮮에施行하고있는蘇美兩國軍政은軍務擔當의適宜로選駐軍人에게 軍務와政治를監督케함에不過하는것이고 決코그各自에軍政이기때문에武斷的政治인것은아니다。그럼으로南北朝鮮兩軍政의行政方針은 그各自國家政體의相違로因하야多少差異가있다할지라도 그主目的이民主主義新朝鮮建設을爲한 準備的訓練施政임을우리는諒認하여야하며 그中에도軍政下에있어司法에든者는먼저日本的殘滓思想을清算하고 軍政의基本方針을諒認하야 民刑事모든司法問題를民主主義的으로解決하려는 用意를가져야할것이다。그러나元來司法이란것은法令을具體的事實에 適用執行함에不過하는것이므로 아직

民主主義的實體法令이完全準備되지못한朝鮮에있어서 司法을民主主義的으로運營함에는 許多한困難이있다。그뿐아니라八 一五日帝降服當時엔朝鮮에施行하고있는法令은 勿論純全日帝의法令뿐이고 다른아무런具體的法令도있을수없었든것은當然한일이다。그러나日帝降服과同時에 朝鮮은벌서日帝의植民地로부터解放되야 國際法上戰勝聯合國管理下에歸屬된것은 포쓰담宣言精神에鑑하야明白하다。그럼으로그當時朝鮮의法令은日帝의法令으로서가아니라 民主主義聯合國이朝鮮을臨時管理하기爲한 軍政法令의內容으로轉化하야 民主主義的으로解釋可能한範圍內에서만그效力을存續하는것이라고우리는解釋한다。故로八・一五當時從來朝鮮에施行하고있든法令中人格的、政治的、思想的으로朝鮮人民을差別又는抑壓하든法令과 一般民主主義에背馳되는法令은當然全部消滅되고、다만民主主義的으로朝鮮人民의安寧秩序를維持하며 生活安定上必要한權利를保障할수있는限度內에서만 南北各軍政法令의內容으로轉化하야 그效力을存續할것이다。

그러나司法의動向을研究함에있어서 다만從來의法令을民主主義的으로解釋할수있는限度內에서만 適用할것이라는見解만으로는 너무나漠然하고抽象的이여서 司法의明確한指標를發見키는자못困難하다。南北朝鮮의司法運營이 果然如何한方向으로發展하고있느냐는問題를闡明하려면 먼저南北各軍政의基本方針과 各軍政이朝鮮人의實生活에適用하기爲하야 制定한具體的實體法令을究明하여야할것이며 다음으로南北各軍政司法機構에配置된 人物의性格을檢討할必要가있다고생각한다。모든問題는人間이解決하는것이고人間이法定한意識만으로는解決할수없으므로 아무리具體的法令이民主主義的으로制定되였다하더라도 그것을運用하는人物이純全的反民主主義的人物인

境遇에는 有效適切한司法運用을期待할수없을뿐아니라 드로혀逆效果를내는일도있을것이다。 南北兩軍政의共同目標는朝鮮에民主主義新朝鮮을建設하려는데一致하고있으나 그具體的實行方法에있어서 一은革命的이며現狀打破的이고 他는改良的이며現狀維持的이므로그結果는많은差異가있다。 司法을運用하는人物相違로因하야 一般民衆에미치는影響이적지않다。 以下各軍政의基本方針과數個具體的法令內容과 司法機構組織에登用한 人物標準을略說하야써軍政下現朝鮮司法의動向을槪觀하려한다。

北朝鮮軍政

北朝鮮蘇聯軍政은그나라革命的精神에依據하야朝鮮을民主主義的으로建設함에는 무엇보다도먼저日本軍國主義勢力을徹底히驅逐하고 日本的經濟思想과그經濟的人物은 各政治機構에서徹底히排除하고日帝時代에 日帝에反抗하야犧牲的으로血鬪하여온革命勢力과 日帝의强盜的搾取政策의對象이되였든 勞働者農民으로써政治機構第一線에세우는것이가장上策이라고생각하고 이러한方針下에進駐하는各地域에서 第一着으로日本軍에게降服條項을履行시켜곧武裝을解除시키고 日帝時代의官吏는全面的으로罷免시키고 進駐當時北朝鮮各地에自然發生的으로蜂起하야 非日本的要素로組織된 各道人民委員會로하여금行政을代行케하였으며 當時中央人民委員會에서發表한政策中 一項目인小作料三七制를實施하였든것이다。 要컨대日帝時代에指導者나 社會上相當한地位를가지고있든有力者나 日帝의官吏는하나도相對로하지않고 被壓迫人民中에서도 特히强壓의焦點이되였든反帝鬪爭의革命分子와强盜日本의搾取對象이되였든 勞働者와農民等一般勤勞大衆만相對로하였든것이다。 이勤勞大衆을먼저被搾取桎梏에서救出하는것이 民主主義新朝鮮建設에第一捷徑이라고觀測한까닭이다。

以上과같은基本方針下에 北朝鮮駐屯蘇聯軍司令部政治指導員그로차르氏는 昨年九月十四日獨立朝鮮의 新政府樹立方面에對하야 人民政府樹立要綱이란題下에서 一、非日本的各層人民을包含한完全한自主獨立에로結成되여야할것이다。 쏘베트聯邦은골골내勞働者農民政權의樹立을支持、英、米、中四國間에提案할것이다。 二、土地問題는最重點이되는問題이므로人口數에比例하야土地를再分配하여야하며 土着地主에對하여는自己耕作土地以外는 이를沒收한다。 日本人所有土地를沒收하야政府가農民에게再分配함은勿論이나 이의成就는오로지우리의힘如何에달려있다。 三、日本人所屬工場에對하야는日本的要素를一掃하고工場勞働者와技術者로서管理케함 技術部門에있어서日本人이必要할境遇엔이를過渡的으로使役하나 朝鮮人技術者의急한養成이必要하다。(後略)四、

前略——親日的分子는徹底的으로掃蕩할것이며 가진不純分子는陣營內外를通하야嚴正한肅淸이必要하다。五、個人營業의技術機關은許與하나特別한監視를要한다。 모든文化施設과衛生設備及教育機關은國家經營으로接管하야 勞働者農民에게開放을要한다。 六、(略)等六項目을發表하였다。 이러한要綱밑에서軍政을實施하게되었으므로 中央地方을勿論하고各人民委員會에는親日派、民族反逆者는勿論이고 日帝時代의官公吏는全部除外되었다。 그러므로日帝時代의親日判檢事는勿論이고、辯護士로있는여도大部分親日派、民族反逆者였는建國에反動한다는理由로 排除하고非日本的要素로만司法部를組織하게되었다。 即强盜日本의彈壓과搾取의對象이든 革命者勞働者農民의利益을基本으로하기爲하야 當該階級人物이政治에多分參與하게되었으므로、人民裁判所等司法部要員은法律技術的素質로는 日帝時代의司法官보다質이低下하다고볼수있으나愛國革命的思想이나反日本的精神이나、人民的民主主義實踐精熱等에있어서는 到底히比較할수없는 불타는熱意를發見할수있다。 如何間日帝時代와는正反對의現狀을나타내고있다。 既成人士의地位名望等社會的評價는 모다從來의그것과는正反對로換算하게되였다。 昔日엔反日鬪爭의嫌疑로親日司法官에게體刑言渡를받든이가 今日엔非日本的要素인司法官으로서 昔日親日司法官에게建國反動嫌疑로體刑을言渡하게된것이다그런데人民裁判所等司法官의判決이間或日帝時代法律家의眼目으로볼때法律的技術方面에있어非健數的이라고볼境遇는있을지몰으나 良心있는人間의正義感에비추어誤謬된判決은별로없다。 即從來에治維法에걸렸든革命者의刑期가남었다하야그를다시逮捕하다거나 革命者勞働運動者及는農民運動者를 反社會的行爲者로認定하야 勞働改善所로보내는것같은일은絕對로없다。 北朝鮮에서는地主나資本家又는同一思想을가진者로從來의資本이나不正行爲에依하야늘고더으려는者와反革命的反動分子들第一은反社會的行爲者即犯罪者로認定하야 勞働改善所即刑務所로보내고있는것이다。 그러므로人民委員會機關에參與할수없게된 日帝時代의官公吏、公職者、地主資本家、親日士、牧師、醫師、高利貸金業者、부르카等으로서 勞働者農民을基本으로하는民主主義政策에反對하는反動分子들은 勞働改善所로送致될危險을避하야모다亡命南下한것이다。 그리고北的軍政法令에있어서는 全朝鮮人民의八割以上으로强盜日帝搾取政策의重要對象이되었든 被搾取農民大衆의利益을擁護하기爲하야去一九四六年三月五日北朝鮮人民委員會는 全文六十七條의歷史的土地改革法令을發表하야 即日效力을發生케하였다。 그重要內容은小作制度를撤廢하고農地利用權은自作農民에게만주기로하고 日本人所有土地, 民族反逆者의土地, 逃走者의土地, 不耕地主의土地, 一農戶五町步以上所有土地及寺院其他宗敎團體의五町步以上所有土地를無償으로沒收하야 自作農民(土地없거나적은)에게無償으로分與하는것이다。이法令實施로因하야아모리勤勞力作하여도恒常生活의不安을느끼든細窮農民은비로소生活安定을얻게되었고 從來良心있는司法官으로서 資本主義搾取法制의不合理때문에 恒常煩悶하든小作爭議訴訟은法廷에서그자최를一掃하게되야 人民과官吏로하여금無用의勞力을 浪費치않게되었으니國家大業을爲하야크게慶賀할바이며社會의寄生蟲으로無爲徒食하든地主는職場에轉出케되야 國家의勞働力이增加하였으니 또한可當한일이다그다음第二次로日帝搾取政策의第二位的對象이든 勞働者事務員의利益을擁護하기爲하야 去一九四六年六月二十四日北朝鮮人民委員會는 全文二十六條의歷史的勞働法令을發表하야 即日效力을發生케하였다。그重要內容은八時間勞働制確立、有害條件勞働七時間制、少年勞働六時間制、十四歲未滿少年勞働禁止、姙婦産母等勞働者特別休暇規定及同休暇中報酬支拂規定、勞働能力喪失者保險規定、職業場危險防止規定、爭議解決規定、失業年老勞働者事務員對策規定等이다。그根本精神이國民의保健厚生々活安定及勤勞精神昂揚擁護、搾取防止等에있다。이法令의實施로因하야勤勞階級人民의生活威脅은解消될것이며 人民의思想은漸次일만하면살수있다는精神이굳어질것이니 些小한生活物資로이러나는是非紛爭은漸次減少할것이고 勞働爭議는爭議解決의公的機關이있으므로適單히解決될것이고 勞資間關係로因하야司法裁判所에累를끼치는것같은일은絶對로없을것이다。그러므로이法令의徹底한實施로因하야 司法裁判所에至大한效果를反映할것이니 官公의無用한勞力을節減하야 國家有用한事業에轉用할수있을것이다。이로서北朝鮮의司法動向은 勤勞人民을主體로하는民主主義基本原則에따라서 發展하고있음을알수있다。即人民의眞正한解放은日帝의退去만으로되는것이아니고 日帝의殘滓를淸掃하고그植民政策의遺制인 日帝의資本主義搾取制度를打破하고 그桎梏에서勤勞大衆을救出함으로서만眞正한解放은비로소이루어진다는 指導理念下에서北朝鮮司法은發展하고있는것이다。

南朝鮮의政治

南朝鮮의美國軍政도또한그主要目的이 朝鮮에民主主義的國家를建設함에있다는것은틀림없는事實이다。그民主主義精神이 또한亦是日本의搾取政策밑에서呻吟하든勤勞人民大衆을救出하려는點도一致하다。그러나美國人은所謂實際主義라하야 現存한實際事業을極히重要視하며 現實을極히尊重한다。그럼으로그들의

社會改進의實行方針은 非革命的이며 現狀維持的이며 保守的이며旣成勢力依頂主義이며 漸進改良主義이다。一定한原理原則을主張하는理論에는종처럼귀를기우리지않고 于先實踐經驗하여보아서適當하면取하고 不適하면다시새方法으로實驗하는것이다。그럼으로美軍政의意圖는朝鮮에民主主義新國家를建設함에있으면서도 旣成勢力依頂主義이기때문에日本的殘滓를淸掃한다거나 非日本的要素를選出한다거나하는等 判斷을나리지못할뿐아니라 도로혀反對로有能한紳士兩班學者技術者等이日本殘滓階級에많다하야그들을迎合登用하며 非日本的要素中에는 大部分非紳士非兩班無地位者라하야 그들을相對로하지않기때문에 軍政의根本精神인民主主義政策이行政이나司法末端에잘滲透되지못하는傾向이있다。一九四五年九月九日서울에入城한美軍司令官죤·알·핫-지中將은 同日午後四時於調宮白堊館에서日本軍官에對한降服文書調印式을마친後 朝鮮人民에對한聲明을發表하야 現實存在主義의施政方針의一端을表示하였으니 即「余는始初에있어서는 現行政機構를使用할必要가있노라——諸君이참어온數十年에亙한虐政을，數日사이에全部矯正코저하는것은 不可能한일이라는것을알지이다。將次올數個月에亙한諸君의言語行動으로서 諸君은全世界民主主義國民及 그들의代表者인余에게全世界라는一家族의構成分子로서의名譽있는地位를받을一民族의資格能力을 表示하개될줄로아노라」한것이곳그것이다。또이어서同九月七日附로된맥아더美軍總司令官佈告一、二、三號를宣佈하였으니 그佈告一號前文에는 永年에亙하야朝鮮人이奴隷되였든事實과 朝鮮은適當한時期에解放獨立시키리라는決定을銘心하면 朝鮮人은占領의目的이降服文書條項履行과 朝鮮人의人權及宗敎上權利를保護함에있음을 깊이認識할줄로余는確信하노라하야 카이로宣言을履行하야適當한時期에朝鮮은民主主義獨立國家로建設할것을表明하는同時에 軍政의目的도또한民主主義實踐에있음을明言하였다。다시하-지將軍은九月十一日各界代表者와 新聞記者會見席上에서나의使命은朝鮮人의人權과宗敎上權利를保障하야安寧秩序를維持하는政府가樹立되면 그政府로하여금朝鮮을맡도록하는데있다。……朝鮮政府가樹立되다면根本的으로民主主義에立脚한政府로서 朝鮮人民으로되는政府때야할것이다……라고發表하야民主主義的建國精神을明瞭히하였다。그리고다시하-지將軍은同月十二日總督阿部信行과 그以下警務局長憲兵隊長等을 罷免하고南朝鮮軍政長官으로아-놀드少將을任命하고 同月十五日日本人各局長을罷免하는同時에 美軍人佐官級으로各局長을任命하였으니 그때法務局長으로任命된이는陸軍少佐우두업

氏였다。그리하야우두얼氏는就任即時서울辯護士幹部를招請하야、서울三法院司法官은서울辯護士會提案대로構成할터이니、二十四時間內로機構組織案을提出하라하며또從來法令中에서廢止할法令을調査하야、目錄을提出하라고發表하였다。他方하ー지司令官과아ー놀드軍政長官及各局長等은、朝鮮事情을調査하기爲하야、新聞記者及美國에留學한人士를通하야、朝鮮問題를相議할만한社會上地位와、名望있는有力者及또이러한有力者들로 組織된政黨을物色하였든것이다。그런데그有力者人物標準은美國의現狀態重主義로서 日帝時代에日帝의保護에依하야、社會上地位와名聲과權勢를保持하여온 階層에基礎를둘수밖에없었다。그리하야當時美軍政當局은、朝鮮人中에서軍政에參與할社會上地位와名望있는、美國式紳士的人物을物色하며同時에軍政機構組織에着手하야、九月十五日부터中央行政機關을、軍政廳이라改稱하였다。그때朝鮮人中에서는四方에서簇出하는政黨中가장有力者의集團、即民主財閥實業家及其代辯者로九月六日에發起會를擧行한韓國民主黨에서는、時勢에機敏하게도、九月九日을卜하야、結黨式을擧行하고재빨르게好機를不逸하고、軍政의建設工作에呼吸을마초아、猛烈한活動을開始한것이다。그리하야軍政當局은、地主、財閥、實業家及其代辯者로組織된韓民黨을發見하자곧有力한紳士政黨으로認定하고모든行政問題를이政黨에諮問하게되야、十月五日에는同黨要人金性洙、宋鎭禹、金用茂、全用淳、姜柄順及同黨指定人金東元、李容卨、具永秀、尹基益等으로軍政長官政治顧問에任命하고其後連續하야同黨出身으로、軍政各局長及其他要職에大量으로登用하였다。還間서울辯護士會에서는우두얼法務局長의委嘱에依하야、即時서울三法院機構組織案을提出하였으나軍政當局이이미韓民黨같은有力政黨을發見하고、또그輔佐로서軍政長官顧問機關이設置된以上、서울辯護士會와같은微々한團體의法院組織提案이採擇될수는없었다。그리하야辯護士會提案은法務局長우두얼氏手中에서默殺되고、十月十一日에至하야、韓民黨文敎部長金用茂로、大法院長에同黨黨々務部長李仁氏를大法官에、同黨員梁元容、尹元上、姜柄順、尹明龍等으로、各々地方法院院長에、推薦하는 法院組織案이通過되야、同日韓民黨勢力을樞軸으로하는、서울三法院判檢事는任命되였다。이리하야南朝鮮美軍政은 民主主義的法令을運用할軍政裁判所를建設하며、同時에許多한民主主義的法令을發表하야、十月九日法令第十一號로서朝鮮人民統治에適用하는法律로부터、朝鮮人民에게差別과壓迫을加하는諸般政策과主義를抹殺하고、朝鮮人民에게正義의政治와法律上平等을回復하기爲하야、左記法律과法律效力을가진勅令及命令을廢止한다하야、政治

에關한犯罪處罰의件、豫備檢束法、治安維持法、出版法、朝鮮思想犯保護觀察令神社法及警察의司法權에關한法令等을廢止하였고、其他法律及法律의效力을가진、勅令及命令으로서、그司法的又는行政的適用에依하야、種族國籍信條又는政治的思想을理由로하야 差別을生하는것은 並에此를全部廢止한다고宣言하며 十一月二日法令第二十一號로써 從來의法令으로써 一九四五年八月九日施行中의것은、其間이미廢止된것을除하고朝鮮軍政廳이特殊命令으로써廢止하기까지、全效力을存續한다고規定하야서 從來法令中民主主義的으로解釋可能한者는그限度內에서軍政法令의內容으로轉化하야 效力存續한것을宣言하였고 十月三十日法令第十九號第一條國家的非常時期의布告란題下에서 四年의長久한戰爭에勝利를獲得한後에美國軍隊는朝鮮民衆의 親友及保護者로此地에上陸하였다。 朝鮮으로부터日本軍을完全且永久히逐出하고、日本의모든軍國主義國民主義的觀念을一掃하기로公言한目的을爲하야온것이다。此目的에準하야軍政廳은方針을定하고 朝鮮을日本의社會的經濟的財政的支配로부터 政治的行政的分離를完成하고朝鮮의健全한經濟的發達을促進하고朝鮮의自由獨立責任의回復을圖하라는訓令을받았다……라고宣言하야서 軍政의眞意가朝鮮에民主主義的自由獨立國家建設을 倂圖함에있다는것을 懇曲하說明하였다。以上數個條의基本規定에依하야、軍政法令의 基本精神이朝鮮人民으로하여금民主主義新國家建設에適應하드록保護育成하려함에있음을窺知할수있다그러나그後軍政諮問機關의强化로因하야 立法手續에一部有志紳士的法學者들의關與로因함인지알수없으나法令第五十二號新韓公社令同第五十五號、登錄法同第七十二號 軍政違反에對한犯罪同第八十八號、新聞及其他定期刊行物許可에關한件等 諸干非民主主義的條項이發表되였다하야、發表될때마다社會各層에서反對與論이擡頭하야、結局軍政當局의諒解로修正廢止停止、或은考慮等形式으로一時流產을지였으나、우리는極히遺憾으로역이지않을수없다。그러나이러한非民主主義的法令의出現은朝鮮民情이잘못傳達된錯誤에因한인것을、前述한民主主義的基本法令과比較해보아、容易히推察할수있다。美軍政當局의觀測은그國民性인實際主義에依하야、社會의指導能力은그社會의有力者와、名聲있는紳士階級만이享有할수있다는見地에서 日帝時代에朝鮮社會의指導階級이든、有志紳士들은 多數히軍政顧問又는高級官吏에登用하였고、過去地下에서鬪爭하든非日本的人士들의 指導者로서의現實的實績을몰으므로、軍政顧問이나高級官吏에、登用할수는없었다。그러나그在志紳士들은、大槪舊韓國時代에敎養것는傳承된封建國粹的 忠君愛國思想의素質우에 다

시何辜非君이며何辜非民이리오하는非大思想을添加하야 三十六年間日帝의封建國粹的忠君愛國思想敎育에는 思想的으로共鳴된바있어多少의不平은숨기고 日帝의國粹主義를迎合하야 그政策에順應하였거나 或은不平反感은가지고排日鬪爭은하면서도 그國粹的愛國思想만은堅持한이가많다。어떤者들은自己의抱懷한思想이꼭팟쇼的思想이어서 國際民主主義思想과는 氷炭不相容思想인줄覺醒지못하는者가많다。그러므로그런者는封建的國粹的愛國思想이骨髓에배처있으므로팟쇼的政策遂行者로는可謂一家見을가졌다할지몰으겠으나 民主主義的政策遂行者로는適格者가아니다。그러므로美國을가장富强케한 그偉大한實際主義乃至完成努力實踐主義도 現在朝鮮과같이多年팟쇼政策에蹂躪된 民族思想을百八十度로轉換하야 民主主義的으로發展昂揚시키려는 過渡期에있어서는 반드시明案이아님을發見할때우리는軍政當局의再考三思를要請하는바이다。 美軍政首腦部는熱烈한世界民主主義建設의 誠意를가지고 우리民族을民主主義的으로向上發展시키려고 苦心努力하고있음에도不拘하고 우리同胞의思想이日帝의팟쇼政策에蹂躪되야 軍政의根本精神인民主主義를解得지못하므로南朝鮮各地에는가끔白晝에테로가橫行하고 또는明文으로禁止를宣言한治維法違反者의殘刑을執行하려는檢察官이있으며 軍政長官이施行停止를宣言한 七十二號法令을妙味있는法令이라하야 그法令違反으로事件을公判에回付하였다는事實도있으며去一月二十九日하ㅣ지將軍은 朝鮮의無知한指導者를爲하야 反託運動을撤廢하야말하기를 이러한指導者들은外國事情과國際情勢에知識이적은듯하다고하였으며 三相決定은이것을朝鮮에잘기여올라가면 꼭대기에서獨立을얻을수있는 든든하고安全한구름다리이니 어서올라가시라고勸告하였고 去五月二十一日러취長官은記者團에對하야 三相決定實踐에對한美國側態度는確固不變이라言明하였고 同五月二十八日美蘇共同委員會美國側首席代表아ㅣ놀드少將은 全北道知事室에서朝鮮臨時政府는美蘇共同委員에서만들것인데三相決定은朝鮮臨時政府樹立의法則이다라고言明하였다。이와같이美軍政最高首腦部에서는 屢々히 三相決定의眞意를反覆說明하야 우리의頭腦를깨우쳐주었음에도 不拘하고最高法官金用茂는三相決定支持者는建國妨害者나 證據不充分하더라도嚴罰하라고光州에서訓示한것은言語道斷이다。 美軍政의最高理念인民主主義政策이 同胞指導者의認識理解한誤謬로因하야 司法의末端行政에浸透치못하는現狀이나 우리民族을爲하야苦心努力하는 美軍政當局에對하야는 未安의感을禁치못하며 괴로와屈辱으로因하야日帝의再現인듯戰々兢々하는人民大衆에對하여는同

惜을禁치못하는바이며 民主主義先進諸民族에對하여는 慚愧를禁치못하는바이다. 그럼으로民主主義政策을實踐함에는 千百의法令을設定하는것보다도 한分眞正한民主主義的指導者를 政治要路에두어야할것이다. 히틀러에게民主主義政策擁護을法文하는것은 독수리에게병아리를잘發育해달라고付託하는것과 같은일이니 賢明한우리民族은이런明白한眞理를犯할者는없을것이다. 一九四五年十月十一日建設에着手한南朝鮮軍政의司法部와 軍政裁判所의陣容은其間數次有機無機의整理를거듭하야 北朝鮮에서南下한法律家들과 從來의司法官及辯護士又는裁判所書記等으로整備되었다. 筆者는七月十日現在로官報及新聞으로 그氏名을調査하였으나 六月一日以後官報는보지못했고 그前官報에도間或脫落이있어 誤植과 缺漏되는點이있을는지도모르나 또는不明한點도있어甚히不完全하나마 讀者諸位에게多少라도參考가될가하야 筆者의아는대로 南朝鮮司法陣容의一部를下와如히紹介하는바이다.

一、司法部
司法部長 金炳魯 法務次長 韓根祖
行政次長 金甲弘 法制次長 權承烈
司制次長 缺 刑務局長 崔景錫
法院局長 姜柄順 辯護士局長 姜柄順
檢察局長 徐基弘 民事局長 缺
總務局長 金用鎔 監察局長 李泰熙

二、大法院
大法院長 金用茂 大法官 李相基
大法官 金瓚泳 大法官 梁大卿
大法官 盧鎭卨

三、大法院檢事局
檢事總長 李仁 檢事 鄭文模

四、서울控訴院
院長 李明燮 判事 柳琰
判事 金又烈 判事 劉永允
判事 金潤根 判事 劉潤燮

五、서울控訴院檢事局
檢事長 缺 檢事 金永烈
檢事 李炳瑢 檢事 朴宗根

六、서울地方法院
院長 張璟根 判事 閔復基
判事 高殷煥 〃 史光郁
〃 金泰瑛 〃 閔瑞植
〃 裵泳鎬 〃 金正烈
〃 李根昌 〃 朴容善
〃 姜鴻求 〃 吳健一
〃 安潤出 〃 金達俊
〃 奇世勳 〃 梁源一
〃 韓格鉉 〃 朴元三
〃 李天祥 〃 沈向求
〃 李容喆 〃 李鍾琨
〃 崔榮煥 〃 高允厚
〃 李英燮 仁川判事 李弼斌
水原判事 金璡鉉 原州判事 金斗源
原州 〃 金潤泳 開城 〃 洪戟和
驪州 〃 宋文鉉

七、서울地方法院檢事局
檢事長 金容燦 檢事 嚴相燮
檢事 朴曉在 〃 金永千
〃 金洪燮 〃 申彥均
〃 李兆臣 〃 金仕龍
〃 鄭地和 〃 朴俊榮

〃　黃時瑢　〃　姜協模
〃　元澤淵　〃　尹蔣居
〃　金倉鳳　〃　金炳玩
〃　姜錫疇　開城檢事　崔潤模
開城〃　鄭存秀　〃　金德文
仁川〃　李元熙　水原檢事　黃周旭
仁川〃　趙慶昇　水原〃　金容善
原州〃　趙容大　原州〃　劉徵熙
驪州〃　郭時允

八、春川地方法院
院　長　金一龍　判　事　朴承萬
判　事　李普宰　〃　吳秉錫
江陵判事　金泓桂

九、春川地方法院檢事局
檢事長　崔在璜　檢　事　張天壽
檢　事　尹斗植　〃　金在洪
江陵〃　金　瀅　江陵〃　洪淳逸

一〇、大田地方法院
院　長　趙龍淳
判　事　南廷淑　〃　姜東振
〃　金齊燮　公州〃　尹在元

江景〃　吳學根　江景〃　徐光澤
洪城〃　鄭鳳模　瑞山〃　李雲根

一一、大田地方法院檢事局
檢事長　白滿成　檢　事　李鍾源
檢　事　金振植　〃　鄭允模
檢　事　金夏坤　公州〃　金晃鎭
江景〃　尹駿榮　江景〃　崔福烈
洪城〃　裵日宰　洪城〃　金泰東
瑞山〃　成世鎬

一二、淸州地方法院
院　長　徐廷國　判　事　金允植
判　事　金周卿　〃　李殷植
〃　金鍾烈

一三、淸州地方法院檢事局
檢事長　閔丙晟　檢　事　朱雲化
檢　事　安門殷　〃　金寬泳
〃　洪在卿　〃　黃千壽
忠州判事　李鎬容

一四、大邱控訴院
院　長　李浩皐　判　事　楊哲淳
判　事　徐淳泳

一五、大邱控訴院檢事局
檢事長　韓奎復　檢　事　金東鎭

一六、大邱地方法院
院　長　咸升鎬　判　事　羅恒潤
判　事　金遷洙　〃　金弘駿
判　事　尹學老　慶州〃　金容燮
金泉〃　許　瑨　盈德〃　李鍾洛

一七、大邱地方法院檢事局
檢事長　吳完洙　檢　事　尹萬石
檢　事　朴宗琥　〃　金德桂
金泉檢事　尹錫永　尙州檢事　楊奎鳳
安東〃　李鍾浩　慶州〃　李敎儀
盈德〃　朴八千　盈德〃　鄭永祚
尙州〃　李恒宰

一八、釜山地方法院
院　長　金東鉉　判　事　金章鎬
判　事　朴秀成　〃　强甲潤
〃　許萬顯　〃　李元培
〃　金昌郁　〃　曹洪錫
晉州〃　咸啓昱　晉州〃　朴鎭九
〃　黃洙旭　〃　金基奭

晋州〃 姜德鎭 馬山〃 李聖圭
馬山〃 金鴻彥 〃 〃 李斗弘
密陽〃 尹徹均 居昌〃 金智鎬

一九、釜山地方法院檢事局

檢事長 朴成大 檢 事 鄭在煥
檢 事 鄭守福 檢事〃 金敬洙
〃 姜五柄 〃 徐丙均
〃 白翊起 〃 吳日燮
晋州〃 李顧九 晋州〃 李泰炯
〃 崔斗煥 馬山〃 李方迥
馬山〃 徐京煥 密陽〃 趙圭赫
居昌〃 鄭宋伊 馬山〃 李泰鎭
統營檢事 鄭燦奭

二〇、光州地方法院

院 長 吳弼善 判 事 李圭正
判 事 李明基 〃 姜善懋
〃 金道峰 〃 劉炳九
木浦判事 方順源 木浦判事 全六容
〃 姜仲完 順天〃 金龍式
長興〃 金鍾奎 長興〃 李宗喆

二一、光州地方法院檢事局

檢事長 呂藏鉉 檢 事 金秉俊
檢 事 安喜慶 〃 〃 姜相燮
〃 金喜鳳 〃 金達起
木浦〃 金性福 木浦〃 趙源角
〃 李相逵 順天〃 鄭鳴雲
順天〃 李弘圭 長興〃 李 鎬
長興〃 曹德煥 〃 吳昌燮

二二、全州地方法院

院 長 李鍾軾 判 事 金在沃
檢 事 朴孝定 群山判事 車均卿
群山〃 申東植 〃 趙丙濟
〃 文昌仁 井邑〃 洪在棋
井邑〃 吳漢哲 南原〃 金濟錫
南原〃 盧坰來

二三、全州地方法院檢事局

檢事長 崔大教 檢 事 吳秉郁
檢 事 李晶雨 〃 鄭泰浩
群山檢事 金炳植 群山檢事 金完奎
井邑〃 金德俊 井邑〃 李在熙
南原〃 朴岩洪 南原〃 史重三

二四、濟州島地方法院

院 長 崔元淳 判 事 金榮鎬

二五、濟州島地方法院檢事局

檢事長 朴 檢事代理 李才節
檢事代理 梁 乙 〃 金榮吉
〃 金邦國 〃 金泰俊

重要政黨團體

解放後朝鮮에는數十個의政黨及團體가簇出하였다。政黨이라한다면各自階級의利益을戰取하려는社會的集中核體이며同時에國爭하는集團體이다。그렇므로政黨과政治團體란 各階級을代表할수있는데서만 그存在가可能한것이므로 여기에는大衆的基礎가必要한것이다。

그런데美軍이進駐한後하지將軍의手下에는七十餘團體의名簿가羅列

되었다。即七十餘團體는嚴正한意味에있어서 十餘個의大衆團體와政黨外에는 全部가資本家의社長室에나또는寄著집合席에서急造한閥黨團體가만차였든것이다。이現象은封建的殘滓를反映시킨分散性、孤立性、門閥性、地域性을表現시킨結果라고도할수있다 그뿐나한거름더나가 民主陣營에서燎原의불꽃같이일어나는大衆의勢力에對立對抗하기爲하야 美軍政에阿諛와歪曲으로써 發言權을廢施圖하게 갔자는陰計에不過하였든것이다。

그들은李承晩博士가入國後로 統一合作의機運을보였으나親팟쇼的인獨促을構成하기에成功하였을뿐이고何等의好結果는없다가 新韓民族아韓獨立黨파國民黨파의統一되었었으나 이것도有利할때에는統一의看板을내세우고 不利할때에는「前國民黨某氏」式으로나오는無機的또는聯合的인統一體로서 一朝有事時에는個々의團體가全部發動할수있다는戰線的인것이라할수있다。이것은美蘇共委第五號聲明書가나온後、數十個團體가難辯으로證明하는것이다。

、또그들은過去一年間朝鮮建國運動의業績을具體的으로따지면아무것도없다。있다고한다면反民主主義運動테로行使또는反獨立的인行動밖에없다。이것을一一히例를들수없으나그들이軍政廳의重要한 席次만을占領함에血眼으로活動하야 司法、警察文敎方面에完全히勢力을浸透시켰고自己生命을保存하기爲하야서는 軍政의撤廢보다도延長을企圖하고있는點이나 이「動은韓民黨을中心으로하야 猛烈히展開되고있다。이에우리는嚴正한意味에서、朝鮮의民主主義團體와自主獨立을爲하야奮鬪하는政黨及社會團體만을列擧한다。(原稿未着分은省略함)

民主主義民族戰線

結成과團體

民戰은二月十五、六兩日에亘하야基督敎靑年會館에서結成하였다。第二次世界大戰을契機로하야 世界的으로澎湃히展開되는 世界民主主義運動의一環으로서의 朝鮮民主主義와陣營을 總網羅總集結한 民主團體의最高形態로서出現한것이 民主主義民族戰線이므로 世界의戰線이總集하데에서結成된것이다。

南朝鮮에있어서의 民主主義運動의發展은 日帝의合法運動時代와彷彿하였다。그럼므로解放前에있어서想像하였다가나豫期하지도못한 困苦와欣鬪을突破하는데서만 民戰의鬪爭史的意義와把握가있게되였으므로 二月十五日結成以後 本文을擱筆할때까지의 苦戰奮鬪記는 朝鮮最高政治團體로서는 일측히例를보지못한 滿身瘡痍의記錄이였다。

民戰의歷史的課業은、三相會議決定을全面的으로支持하고、目睫間에는政府樹立前에있어서 一切의反建國의努力을粉碎하여야하고、一切의反民主主義的要素를掃蕩하야 건實한人民의政府樹立에 寄與하여야하며 他方으로는 政府樹立後에있어서는、諸般實踐的政策을企劃하는데있으므로 一面鬪爭一面建設의 民主的總本營인것이다。

그럼으로써民戰結成의意義重在에있어서는 民主主義的正式政權을樹立하고 人民을領導하야 完全한獨立自由스러운民主主義의 統一的富强한國家를建設하는데 그目標를두고가장嚴肅하고鎭重한態度를다하야 다음과같은原則下에서各政黨團體個人을網羅하였다。

原 則

一、名實相副한民主主義的政黨團體를網羅하야 그代表數는比率制로할것

二、親日派、民族叛逆者및팟쇼殘滓를除外할것

三、旣成政黨의法統固執에拘泥치아니할것、

四、政黨、團體外無所屬된個人으로서 民衆의代表될만한人士

五、各地方의代表

各道代表二四〇人 人民黨、共產黨、勞働者團體、農民團體各三〇人 青年團體二七人 婦女團體二〇人 宗教團體一五人 文化團體四一人 言論界五人 法曹界二人・在外同胞一〇人 協同組合五人 教授會五人 失業者側二人 서울市人委一〇人 中央人委三〇人 體育界二人 應徵士同盟五人 無所屬三人

그리고다시民戰의中央委員을 各團體의比率로써 選擧하니그氏名은 다음과같다。

議長團(十五名)

呂運亨 許 憲

朴憲永 金元鳳

白南雲

(副議長)

白[illegible]熙

洪南杓 李如星

金星淑 張建相

尹琦燮 成周寔

鄭魯湜

劉英俊

常任委員(七三名)

中央委員(三九一名) ○常任委員

張溶競 金鍊林 李鍾原○李康國

金兆道 張非郁 趙斗元 鄭宜植

○金光洙 姜舜度○安非成 吳虎允

溫樂中 崔益龍○許 憲 李光鎭

羅東旭○崔若鎔○洪應植 安亨俊

朴容政○洪南杓 崔元澤 李萬珪

魚鍋瑢○李其錫 鄭顯泰 李鍾吉

邊貴賢 趙東祜 鄭鍾根○許成澤

○趙重洽 鄭 植○朴文圭 玄 勳

李文弘 鄭溶楨 李 琉 朴世榮

○崔益翰○金龍岩 尹 亨 文殷鍾

河弼源 朴昌鍾 李相燮○韓 哲

許 均 金容經 宋錫夏○鄭鎭石

文斗馥 張俊錫○李泰俊○朴致湳
池漢鍾 朴碧愚 金顯男 李相昊
田孟奎 鄭甝麟 秋 民 徐晪百
李炳宮 金炳天 羅 雄 鄭和溶
金海孝 崔 煥○鄭相祿○羅相信
白日成 蔡東鮮 朴克采 李錫保
金洪培○金台俊 金宅源 宋重坤
吳利煥 李源朝 朴俊洙○韓 斌
李泳燮 韓 熙 崔鎰極 朴東喆
金東山 金周經 鄭 中○白南雲
金浩永○林 和 李中燮 金龍澤
元在穗○金起林○洪增植○尹行重
商贊楣○成周注○金星淑 李戴騮
○鄭登湜○金元鳳 李貞浩 金炳煥
○權泰燮○尹珩燮○朴建雄 明正國
金昌生 鄭世鎬 金在鎬 柳勇浩
沈 雲○尹瑢字 吳 炎 李赫喆
李一清 金閔岩○張建相 尹亨植
朴八蕃 李慶督 金派均 康潤祖
成大慶 金尙德 尹德炳 鄭榮倫
○成雲泰○周世敏 金德元 金恒主
○金時榮 李炳召 安浩郁 李在榮
○許允九 玄 皓 李永錫 趙誠織

李戴甫 閔珥鎬○鄭雲永 邦宥浩
李正煥○韓志成 鄭淳甲 李 纓
○趙平載 韓仁錫○李承燁 金 植
洪淳暐 金在乙○金鎰洙○張的字
鄭寅謨 李觀述○李 英○柳 赫
○李泰鎭 柳五稷 李鉉相 呂運徹
金溶植 金昌植 崔占得 金相赫
○崔成世 文甲松 李敏用 趙醞禮
○李升基 金三龍 金炳毅○姜 進
○金鳳集 朴容晉 朴昌洙○李炳南
尹東直 崔晉圭○李廷允 柳錫均
趙福成 李順今 柳丑遐 李泰秀
姜聖宰 金君晉○朴憲永○金達哲
申南徹 金泰用○李舟河 朴景洙
呂駟九 金一洙 徐重錫 吳智泳
○崔應錫 韓興誹 朴青洛 金命時
○車相喆 禹鍾軌 韓東正 金靜貞
徐丙寅 李愚談○李曼汚 許河伯
金騏鎔 趙龍楠 金容日 朴鎭洪
趙重滾 陳炳鎬 李戴陽 朴文星
吳濟重 魚允鳳 李錫台○劉英俊
○白鼎熙 申李休 王益楠 趙元淑
魯振漢○鄭洪錫 金泰子 金蘇貫

金一植 朴天平 柳寅徹 任富得
李鳴燮 文一民 金大中 柳有鎭
趙福愛 金閔王 金中琮 洪顯南
崔孝根 朴일遠 金尙勳 金烈極
張河昌 金陽俊○丁七星 金祚伊
安小周 卓在弼 韓 읍 朴永煥
千貫禮 朴祥俊 辛義鄕 玄又玄
○徐石田○呂運亨 李天鎭 咸鳳石
李桂馥○趙漢用 李貞求 黃 雲
李春培 金振宇 金振國 李永吉
劉金鳳 李林洙○金世鎔 崔秉喆
金 湜○李如星 李相喆 金鍾宇
黃庚任 金鉉國 張準燮 鄭 潤
鄭圭琮 康廷植 尹 赫 洪淑滎
孟鍾鎬○金午星 張 檀 尹道淳
金榮殷 李歸吉 金炫晉 姜文錫
金昇模 宋乙秀 尹敬喆 黃殷周
金 剛 金志學 李錫玖 金天洙
○金正洪 崔克才 田三甲 張 坡
金斗鉉 林 豹 尹希近 金尚珠
○李秉哲 咸益鍊 宋鍾根○李鍾燮
宋柱祥 金衡重 盧語鎬 宋性徹
李相珏 申鶴均 金台洙 李命八

李鴻栄 崔文植 柳成宰 白俟男
李仁建 洪承萬 金東日 韓宇濟
鄭岱和 李哲洛 鞠淳弘 姜鎬哲
姜昌秉 明昇煥 朴準圭 夫允信
李思榮 李萬煥 宣太燮 ○明哲
金麒殷 白悲萬 金完根 吉相穆
林容子 柳五健 金範洙 金昌漢
閔灼辰 金炳済 吳大進 金基洙
朴衡秉 柳致教 盧南媛 梁在鳳
趙容宣 吳載一 李炳闊 朴準三
尹一 俞元植 崔昌淳 李弼根
李世錫 李宇宰 姜大浩 金好善
朴在灼 姜煥植 盧百容 崔鴻烈
許、建 金鳳基 愼允範 崔漢奎
河奎丞 朴泰鎬
朴南七 田榮俊 朴勝極 鄭齊燦

事務局

事務局長 李康國 金桂林
組織部長 洪益裕 丁七星
次長 金世鎔 (兼)朴文圭
宣傳部長 金午星
次長 李源朝 金巳林
文化部長 李泰俊

次長 金台俊
財政部長 安基成
次長 李基錫
企劃部長 崔益翰
次長 朴文圭 林和
調査部長 吳英
次長 張基郁 金龍岩

以上은 中央組織과 內容과 部署이어니와 地方은 地方的으로 民戰이 結成되었는데 여기에는 道民戰의 幹部氏名만 摘記한다。

京畿道民戰 一九四六年二月二十六日結成（二八名）

議長 洪甄玉　組織部長 洪承裕
副議長 朴衡秉　部員 朴發鳳
鄭寅珊　崔鳳南
愼允範　秋相善
李寶云　黃일洙
事務局長 張奎燦　宣傳部長 朴承極
次長 朴勝極　部員 金○鎔
書記部長 魚秀甲　朴一
部員 金鐘洙　李玟姬
白樂錄　金明洙
企劃部長 朴衡秉（兼）
部員 朴일燦　朴鍾大
李星昊　金炳燮
韓彦秀　朴昌哲
財政部長 朴南七

서울市民戰 一九四六年四月十三日結成（三七名）

議長 張建相　調査部長 尹澄善
金恒範　尹杜
金光洙　金甫
玄又玄　배哲
金命時　丁南嚴
金龍岩　金鐵珠
李鎬　宣傳部長 金濟榮
書記長 金基道　趙珍昌
次長 中川明　李在琇
張元俊　魚允熙
總務部長 權泰燮　高明子
李與在　財政部長 徐丙寅
金泰植　成有燮
李明善　張鴻翊
張英俊　李應三
孫武一　金德元

連絡部長 林瑞鳳　張基榮
田榮俊　金哲鎬
文仲賢

忠淸北道民戰一九四六年三月十二日結成(十七名)

委員長 盧緖鎬　盧載亨
副委員長 宋貞燮　金東春
金尙珠　柳智圭
總務部 李相璉　宣傳部 申亨植
金永植　安喆洙
洪聖福　曺昌淑
禹鍾軌　張漢福
申亨錫　金學俊
組織部長 金台洙

忠淸南道民戰一九四六年三月五日結成(三十六名)

委員長 鄭甕永　李淵宰
副委員長 白南侊　企劃部長 愼杓晟
申容銓　李丙老
事務局長 洪昌北　李在寅
任允宰　文吉煥
朴台乙　申昌鎬
徐龍鎭　組織部長 李昌周

朴千平　宋鎭文
權寧琨　咸益錄
朴世錄　財政部長 李軫吉
呂運徹　朱亨植
宣傳部長 宋韓爲　李炳文
姜昌詢　鄭永熙

全羅北道民戰(三六名)

委員長 吉相珍　姜萬石
副委員長 朴泰鉉　宣傳部長 崔澤泰
申宰休　柳寅徹
趙容寬　殷成亮
愼鎔越
總務部長 宋柱祥　申東吉
組織連絡部長 趙棋玹
柳泰圭　印桂鳳
朴燦文　金武相
金觀浩　朴俊用
趙海英　財政部長 金載文
調査部長 金鳳燮　金宗基
崔萬秀　文璣根
李春奉　金尙霞

全羅南道民戰一九四六年三月九日結成(三六名)

委員長 金完根　副委員長 柳赫

鄭琦烈　梁會仁
事務局長 鄭琦烈(兼)財政部長　崔漢泳
池龍洙　金彦洙
金珍圭　池永九
姜文永　盧鍾甲
金永燦　高在君
金文一　韓益洙
組織部長 梁長杜　崔常植
尤德根　崔相培
金鍾鎬　梁會仁
崔英子無任所委員　宣東吉
李得允　車[illegible]仁
宣傳部長 張泳奎　李南來
金鎬洙　金洪恩
尹錫泰　尹河賢
丁任淑　吳平基
李康鎭　趙龍楠

慶尙南道民戰(一九名)

委員長 金東山　組織部長 金爾一
副委員長 金良璣　韓時楨
朴容琓　權寧云
李相昊　金時泰
金在韓　方東旭

金한徹 宣傳部長 金一粒
朴致和 李英植
事務局長 姜영潗 尹炳旭
崔錫澤 財政部長 金正奎
金璥植 이

慶尙北道民戰 一九四六年一月二十日結成(三十名)

議　長 出林煥 朴賢緖
李浩珍 李東珠
韓興洙 李命龍
副議長 孫基祿 財政部長 徐丙麒
申錫均 姜致雲
明國仁 秋秉殷
金鎔台 具滋業
李相師 尹重植
事務局長 李　英 文化部長 崔　橘
高厭煥 朴爾雨
金開東 連絡部長 明國仁
組織部長 朴李淑 李光悲
吳農鎬 金俞汝
金武冊 企劃部長 鄭夏澤
宣傳部長 李吉榮 權鏡洛

江原道民戰 一九四六年四月十日結成(十五名)

委員長 鄭健和 朴禹弘
副委員長 姜煥揩 宣傳部長 李相惠
具然復 白昌錫
書記局 崔善珪 林孫子
金櫓榮 財政部長 朴順澤
趙永煥 申宗秀
組織部長 崔돈植 曺秉秀
池泰洙

民戰은 結成卽時三月十日頃南朝鮮一帶에 巡廻講演隊를派遣한바 全州에서金成淑氏와安基成兩氏의被檢事件이 있다。 兩氏의被檢이單純한軍政違反이라한다면 問題視한것이아니나兩氏가朝鮮解放運動에巨大한功勞者인裏面에 意識的인反動者의誣告에依한 結果라는데에重大한政治的問題가 가로노혀있는것이다。 兩氏는三月二十九日懲刑六個月로 全州刑務所에服役하게되었으나 우리建國史上一大汚點이아닐수없을것이다。

三月二十日부터開催된 美蘇共委는 朝鮮의民主的臨時政府가樹立된 唯一의國際的機關이므로 全民族의耳目과全世界人의注視가 이곳에集中되었고 同時에建國運動者로서當然히 美蘇共委에協力하므로써 참다운愛國者的良心이있는者라할것이다。 그럼에도不拘하고 反動陣營에서는 美蘇共委를全的으로破壞하려는것이니 그中李承晩博士의南朝鮮講演行脚이 根本的인行動이라할것이다。

李承晩博士는民族々良을辭하야外面으로政界에서물러선듯한 감투라지만에서 南朝鮮一帶를巡廻하야無智한大衆을自己傘下에糾合하려하고共委後에는南朝鮮單獨政府를陰謀宣傳하므로써 美蘇共委와 朝鮮統一的인建國을妨害하였든것이다。 于先美蘇共委를中心하야 前後的으로이러한 日記를本면可히짐작할수가있다。

三月二十二日中央人民에서美蘇共

委에對한緊急委員會開催

三月二十七日在美朝鮮人諸團體連名으로李博士、金九氏를新政府에서追放하라고 트루만大統領에게書翰手交

三月二十八日 在美韓僑協會에서人民共和國에合流를聲明

四月一日 民戰에서앞으로七日間을臨時政府樹立促進宣傳週間을定하고國內宣傳機構를總動員하야活動開始

四月四日 各政黨社會(團體民主陣營)代表로써組織된 社會實情調査團 湖南、京釜兩線方面으로出發

四月六日 南朝鮮單獨政府說 桑港發通信AP傳來

四月七日 하-지中將맥어드元帥와行政問題協議次로東京行

四月十九日 朝共黨及北朝鮮에서共委第五號聲明支持宣言를共委에提出

四月二十日 第二次民戰中委會開催

四月二十二日 하-지中將共委五號聲明에對한單獨說發表

四月二十三日 第二次全國人委代表大會開催

五月六日 러-취軍政長官當面問題協議次東京行

五月十二日 右翼側에서「獨立戰取國民大會」開催

以上의日記를中心하야 研究하여본다면 政治에多少의常識과判斷力이있는者 能히反動陣營이如謀何한略으로써 美蘇共委의失敗를計劃한것인가를 推知할수있는것이다。

다시말하면그들은朝鮮民主的臨時政府를 三國誌場面같은陰計로써 美蘇共委를失敗에도라가게하고 五月「二日에는獨立戰取國民大會를開催하야 僞裝으로써 大衆을欺瞞한後 共委休會責任을 民主陣營에轉嫁하면서 테로行爲를하였다는것과 所謂僞幣事件이 이때에이더났다는것도 決코偶然한行動이아닌것이다。

이러한一聯反動分子들과 熾烈한鬪爭이있었음에도不拘하고 共委는畢竟休會되고 民心은또다시困惑하게된것이다。그러나南朝鮮一部에 廣汎하게일어나는 테로事件(該當參照)에對應하되 反動陣營에對한同族殺傷의復讐政策으로나가지않에하고傘下團體를團束하야 民主主義的正當한倫理的行動과 宣傳으로써對하였다는것은 歷史上一大錯誤이될것이다。다시말하면弱者의蠻行을强者의雅量있는結果로써同族間의殺傷을避하고 오히려傘下團體의役割的行動을 嚴戒한데에 人民大衆의感激은자어내게한것이다。

그러고李承晩博士의 南朝鮮單獨政府樹立의陰謀策에는拍手하고無慈悲한鬪爭을한것이다。李承晩博士는自身은勿論 그의洋妻까지도國母라는一部狂者의呼稱下에南朝鮮一部를巡廻하며南朝鮮單獨政府樹立에餘念이없든것을人民의正當한소리와物論을代表하야그의陰謀를粉碎한것은民戰의巨大한功蹟이라아니할수없을것이다• 야와같이反人民的인一切政治的勢力만을粉碎한것이아니라 또一方으로人民에게三相會議決定의正當性을把握시키고美蘇共委의開催促進運動과右合作運動等도建國途程에있어서크나큰功績이다, 七月十八日民戰議長團과一人인 呂運亨氏의被襲事件은 惡質分子들의反獨立反合作의테로行爲로서 有名하였거니와 獨立促成의破壞性과 斷乎不敢한建國理念은 오즉民戰의 뚜렷한性格을나타내면서 一路邁進한것이다。
(테로襲擊事件은各章參照)

建設運動

民戰은政府樹立前後에 있어서의諸般政策와研究에建設的인意義가있다그部署와人員은別記와같거니와二百五十餘人의 斯界의專門家를網羅하야 不撤晝夜하고智囊을짜낸것이니 이때政府樹立에對한腹案은準備된것이다。어느時代든지 革新期와革命期는 人民大衆의理念을敎化시키는데에도 크나큰理由가있으나親金組織을根本的으로 變改시키는데에는 오즉社會制度와 施政方法如何만에 달린것이다。

過去의[illegible]은 半封建的制度와 日帝의殘惡한搾取範圍에서만物質生活과精神生活이可能하였으므로 解放後에있어서의 革命的인一切의社會制度는 오즉참다운民主主義的인改革이있으므로서만 人民大衆의活路가있게되는것이다。

어러한重大한使命을띄우고나온것이 民戰專門委員會機構의 由來와目的인것이다。 各部門의研究發表는 이곳에서發表할수없으나 政府樹立에있어서 萬全의策은準備되고있다。

專門委員

臨時約法起草委員十人

許 憲　金龍巖　金若山　成周寔
趙平載　鄭鎭泰　金應燮　李康國
韓吉彦　鄭魯湜

土地農業問題研究委員　四分科三十二人

朴文圭　李錫煥　金駿鎔　朴昱洙
崔茂哲　姜鎭湖　李辰永　趙斗元
李淸源　張炳鎭　李貞求　金在弘
宋 燮　安炳烈　李 珖　金 瑩
朴 哲　鄭鎭燮　李鍾甲　金秉錫
韓澤元　柳升運　韓형洪　金相鎰
閔泳昌　權 昌　朱宗璿　朴ㅎ桓
李種鎭　安然祚　安忠洙　宋在元

經濟對策委員　三分科　四十一人

白南雲　李弘基　尹行重　朴克采
金漢周　李聖宰　李基洙　金彩英
高俊石　金世鎔　金鍾選　黃道淵
崔成世　朴正奎　呂명九　金鍾恒
河弼源　玄 勳　韓 哲　韓명琦
宋乙秀　李康文　李時鉉　朴李昌
金德鎬　朴景洙　崔弘基　許 東
崔英澈　金遠哲　安吉永　沈雄澤
李鍾萬　姜昌伸　姜炳吉　夫丙準
宋志英　安求炳　文錫泰　韓度澤
劉亨植

行政機構研究委員　三分科　十五人

金桂林 尹東直 朱李欽 李泰鎭
李應奎 金命求 崔益翰 金星淑
尹亨植 金世鎔 李健鎬 李瑢鎬
尹學起 金用誌 金炳樹

社會政策研究委員 七分科二十五名

高永濟 韓圭徹 高景欽 李想白
崔應錫 崔益極 李炳南 柳錫均
車相詰 許 均 劉英俊 吳 英
金志閑 朴鎭洪 李丙學 金振國
金其鎔 姜朝模 玄又玄 李天鎭
鄭振漢 明 哲 崔潤廷 朴尙圭
李學錄

外交問題研究委員 三分科十七名

張錫祖 呂運亨 姜 進 崔允龍
洪增植 金光洙 趙漢用 黃鎭南
金永鍵 朴希聖 金海均 鄭宥浩
李世鎬 文中松 金貞錫 林相俊
李鍾世

勞働問題研究委員 二分科十四名

許成澤 鄭 栢 姜文錫 朴世榮
文殷鍾 卓在弼 劉亨祐 黃濟哲
洪淳暉 姜德善 楊圭鳳 朱德淳

食糧對策研究委員 二分科二十四人

孫東旭 權泰彦 金兆道 張一民
金鉉哲 金昇校 張熙殷 金 陽
金 喆 李乃鉉 崔潤廷 李與在
韓淳五 薛炳鎬 魯熙漢 尹行重
鄭相錄 朴克采 李辰永 安秉烈
朴文圭 李貞求 李 琉 金在弘

教育文化對策研究委員 八分科五十五人

金良瑕 嚴廷樞 趙鏞成 任昌淳
崔發樞 鄭相鎬 朴克采 尹秉藩
鄭晉基 朴俊泳 趙容郁 尹炳荷
李定根 尹聖容 申南澈 李升基
愼翼範 鄭逢涉 金在乙 崔成世
崔應錫 朴爾坪 韓仁錫 金志政
李源朝 金台俊 金南天 李泰俊
金起林 羅 雄 金順南 宋錫夏
朴致祐 鄭鎭石 李相昊 李甲基
徐康百 金周經 安鍾和 金한淑
林 和 金永鍵 權 煥 韓 曉
咸鳳石 崔瑨淳 李如星 李萬珪
文斗載 申鎭均 李想白 李種樹
崔宗煥 金宅源 金漢周

親日派民族叛逆者審査委員(省略)

朝鮮人民黨

八月十五日! 野蠻的惡魔日本이 敗亡하고 朝鮮의 親日派民族叛逆者는 갈길을잃고 戰々兢々하였다。이날우리建國同志들은 地下에서地上으로, 비로소大地를밟게되고소사올랐고 國內各層各界의 모든民主主義革命勢力은 偉大한 指導者 呂運亨先生을 中心으로 蒐集되었다。同十六日에 建國同盟의 擴張發展으로 建國準備委員會가 結成되었고 九月六日에는 三日後의 美軍入城을 앞두고 行政權接受라는 新情勢에 對應키爲하야 非常措置에 依한 全國人民代表大會에서 朝鮮人民共和國이 誕生하고 中央人民委員五十五氏가 選出되었다。이는 北朝鮮에 進駐한 蘇聯軍이 이미 全行政權을 人民委員會에 委讓하였고 南朝鮮에 있어서도 當然이 政權이 委讓되여야할것이며 또그러케되리라 期待하고 이에 順應키爲한 革命政府이였다。그러나 同九日에 入城한美軍은우리의期待와背馳되었고. 그態度와施策은漸次이를壓迫하는데이르렀으며드디어解散을要請하기에까지이르렀다。이때까지蟄伏하였든 親日派、民族叛逆者들은 朝鮮事情에어두운美軍政을奇貨로 政治的混亂을틈타서 가진反動政治團體樹立과 利權獲得과謀利行爲에蹶起하였다。 그들은八·一五以前의數倍의活氣를띄며策動하기始作하였고 大衆的基盤을갖이못한似而非反動政客들은自派勢力을强化해보려는意圖에서 이들親日派民族叛逆者、謀利輩들을合流하게되었으며 이리하야民主主義發展을爲한自由는 餘地없이抑壓되여가고 反民主主義跳梁의自由는無制限으로默認乃至助長되여가는 데모그라시가이땅에施行되었다。이러한趨勢는다시十月十五日의 李承晩氏入國으로因하야 더욱拍車를加하게되였으며 이러한客觀的모ー든情勢는우리에게自黨의遊說、再整備大衆組織强化의必要를 痛感케하였다。이에우리는高麗國民同盟 人民同志會 一五會等諸團體를吸收하야 十一月十二日朝鮮人民黨으로 新發足할것을內外에宣布하는同時에 第一回全國大會를열고 從來의地下黨的規模에서 全人民의政黨으로서의內容을完備하게되었든것이다。

朝鮮人民黨은 그宣言綱領이가르키는바와같이 朝鮮人民의總力量을集結하고 眞正한民主主義國家建設을期하는大衆政黨인만큼 民族統一戰線展開와臨時政府樹立에 있어서主導的、前衛的役割을自負하고나선것은決코偶然한일이아니다。

同黨은右翼과合作하야 過渡臨時政府를樹立하랴는努力과親美親蘇的態度로서 되도록美軍政과도無用한摩擦을避하랴는것도 變치않은同黨의態度이였다。

一九四五年十月六日 美軍政長官의要請에應하야、呂黨首는朝鮮政治顧問團에參加하므로서 危殆한民生問題를고치고저하였다。 그렇나所謂「顧問團」은 無資格者가많고 또投票制를採用함에이르러 十對一이라는形勢로서는 到底히아모建設的提議를할수없음을알게되자同十四日에辭表를提出하고決然히이에서脫退하였다。 이로말미아마이政治顧問團의性格이 엇더한것이라는것은、大衆은알게되었고 이脫退로因하야 同顧問團은無力化해졌으며事實上의存在意義도喪失하게되었다。이것이同黨의最初의對軍政關係이었고 其後十二月十三日에亦是軍政當局要請에依하야「物價安定緊急對策」「米穀密輸出防止對策」「闇市場取締에關한件」等의 建議를한바있었으나 採擇에이르지못하고 何等의效果를나타내지못하였다。

이같은軍政協力이있은一方、우리는또한還國한李博士및臨政側의態度에도不拘하고 左右合作南北統一에對한誠意와努力은當然이었다。그렇나李博士의너무도偏狹的이며無原則한行動은 十一月二十九日韓民

黨與人 人民黨一人이란奇怪千萬한比率로모한 所謂獨立促成中央協議會執行委員陰協委員會를最後로 十二月二十四日에는 드듸어同黨으로하야금 事實上의絶緣狀을내던지게하였다。

이윽고十二月二十八日 英府三相會議의朝鮮에關한決定이報道되자그眞意를最初一片의端信으로서는 疑惑되지않을수없었으나 뒤잇어그眞意를알게되여同黨은 그決定의意圖를支持한다는聲明을하였다, 그러나反動派는「트러스티쉽」이 信託管理로翻譯되는것을奇貨로하야 이國際的聲援에依한決定을反對하고「信託統治絶對反對」라는것으로서 愚昧한大衆을煽動하야 同黨及共産黨을賣國奴라부르게되였다。

翌三十日未明에 韓民黨首席總務宋鎭禹氏가兇漢에게狙擊被殺됨에右翼은이것이左翼分子의所致라고宣傳하야 左黨指導者는身邊의危險을느끼지않을수없었다。이날我黨代表李如星氏는故宋鎭禹氏靈前에痛哭하야悲哀과恐怖에차인中에서도오히려政治道德을忘却함이없었으나 一部右翼分裂主義者들은 이態度를左翼의一種의「캄푸라지」라고까지歪曲하였다。

何如間이러한混沌한狀態는 우리로하여금眞正한行動統一의念을더욱느끼게하였다。人民共和國이國內의政治勢力을代表하였다고보면 臨時政府는海外의政治勢力을代表할것이라고 볼수있는것이니 그러므로이두個의集團體가統一한다는것은곧民族統一을意味하는것이요 政治力量의歸一을말하는것으로되는것이다 十二月三十一日人民共和國이 모ー든體面과感情을一擲하고 가장謙虛한態度로 臨政에對하야 同時解體를提案하였을때同黨은臨政에對하야懇切한勸告文을보내고 人共에는또한感謝文을보냈다。그러나臨政의態度는너머도意外였다。人共에對하야는 人民共和國政府라고햇다해서 그提案을當面그대로返送하얐고 同黨에對하야는派遣서代表를 傲慢不遜한言辭로 叱咤해서돌려보내는獨善으로나왔다。 무엇을믿고서의排他的態度였던가? 이에同黨은 臨政에對한善意的인統合期待를一擲하고 各政黨統一을通한 左右統一을企圖하게되였다。 그리하야同黨의斡旋으로數次의準備會合이있은다음 一月七日에는四黨代表가一堂에 뫃이여 여기서저有名한四黨共同「콤뮤니케」가作成發表된것이다。이共同「콤뮤니케」를作成朗讀하였을때 各代表들은感激에넘처拍手로歡迎하였고 各代表는밤새도록懇談同宿하는珍風景을보여주었다。이날의各黨代表는

人民黨 李如星 金世鎔 金午星
共産黨 朴憲永 李舟河 洪南杓
韓民黨 元世勳 金炳魯
國民黨 安在鴻 白泓均 李昇馥

「옵써ー버」로

人共側 李康國
臨政側 金元鳳 張健相 金星淑

四黨共同「콤뮤니켄」內容은

一、莫府三相會談의朝鮮에關한決定에對하야 朝鮮의自主獨立을保障하고民主主義的發展을援助하다는精神과意圖는 全面的으로支持한다「信託」(國際憲章에依하야規定되는信託制度는)不遠獨立되는臨時政府가 自主獨立의精神에抵하야이를解決함。

二、政治의手段으로 暗殺과테로行動을敢行함은 民族團結을破壞케하며 國家獨立을妨害하는自滅行動이다。建國의統一을爲하야싸우는 愛國志士는모든이러한反民族的테로行爲를 絶對反對하는同時에、모든秘密的테로團體와結社의反省을바라며 그들은自發的으로解散하고各自眞正한愛國運動에誠心으로參加하기바란다。

라는것이었다。

翌八日에이共同「콤뮤니켄」가發表되자 常識으로서는到底히理解할수없는 한가자奇怪한現象이또한번世人을驚動케하였으니、自黨의正式代表로써決定케한、共同「콤뮤니켄」을拒否하는 韓民黨의聲明이였다。이어서이에追隨하는 國民黨의歪曲聲明이있었고 이리하야이四黨共同「콤뮤니켄」는하로밤사이에、卓上案文으로되여버렸다。그러나同黨은決코失望치않었다。그때서다시新韓民族黨이參加하야 一月八日다시五黨會談가열리였다。이席上에「옵써—버」로參加한 臨政側趙素昂、趙琬九等은이會談을所謂非常國民政治會議籌備會로끌고들어가그「이니지아티—브」를臨政이가지라하였지만 同黨代表는이같은行動은統一工作에對한破壞行動임을力說하고 臨政人共은어데까지나革命家的態度로臨하여달라고 要請하였다。그러나마츰내臨政은退場하고 이어서韓民黨도退場하야 이會合은無爲로되고말았다。그러나우리의努力은다시繼續되여 一月十一日臨政을除外한 五黨會談가再開되였으나 四黨共同「콤뮤니켄」中信託條項에對하야、韓民、共產의意見不一致로또無爲散會。그後同黨은 다음과같은折衷案을提示하야 最後까자그行動統一을갖고저하였다。

一、「信託制」「後見制」「顧問制」後援制」에對하야 我五黨代表는다시그內容을詳細히調査研究키爲하야五黨共同專門委員會를 構成하고緊急그任務를遂行케함

二、共同專門委員會의報告가 完了되기前에는 이問題에關한一切의反對行爲를停止할것을約束할것、

三、五黨은共同專門委員會의報告에따라共同行動을取하기로約束할것

四、今次共同專門委員會는 이問題에關한四黨共同「콤뮤니켄」의精神을體得하야 構成하는것임을確認할것

一月十四日 數次의會合席上에서提出된 同黨의前記折衷案에對하야民黨代表는「아案은다만反託運動을停止시키라는뜻以外에아무것도아

니다」라는한마디를남기고退場：同十六日도다시 모인會合은韓民黨不參으로流會 이리하야同黨의이른後의努力도 아모效果없이各黨合作을通해서의統一工作은 一時斷念하지않을수없게되였다。 그러나全民族의至上要請은、우리에게寸刻의猶豫를주지않았다。 우리는이더한 모든統一工作의經驗으로느아 民族統一은反民主主義的要素를 排除함에서만얻을수있다는것을깨닷고 同十九日에二十九個의進步的團體의參加를얻어 民主主義民族戰線發起準備會를開催코同黨과共產黨이 그準備工作의一切을擔當하게되였다。

我黨은民主主義民族戰線結成에있어서 이戰線이決코 左翼系列만의集團體가아니요 全民族의民主主義勢力의總選集體임을 規定하는同時에現實的인統一原則으로서다음과같은條項을提示하였다。

一、親日派、民族叛逆者를除外할것
二、三相會議決定의原則우에 自主獨立國家建設에努力할것
三、臨時政府의法統을固執말것
四、名實相符한團體의 比例代表制를承認할것

이것이決코 一黨一派의利益을爲한것이아니요 어데까지나比較的態全한右翼과의統一을企圖하는 가장良心的이요가장民主主義이며 가장公正妥當한 統一原則임을알수있다 友黨獨立同盟과共產黨이 이에同意하야四原則을 우리民主主義民族戰線의統一原則으로採擇케된것이다。 ·이러는한便우리는 所謂右翼에對하야 個別擊破를爲한分斷作戰으로나갓다。四黨、五黨會議에있어서든그러했거니와特히 이分斷作戰은李如星氏가擔當키로되여있었고 一月二十三日에는 臨政側의金元鳳、金星淑、張建相、成周寔諸氏가 臨政으로부터脫退하야 民主主義民族戰線에隨參하게되였고 이로말미암아 右翼陣營內部의動搖는 想像外로컸든것이다。

이리하야金元鳳、李克魯、兪氏와宗敎團體代表等、中間派의斡旋으로二月三日에太古寺에서 다시各黨代表가會合하였는데 同黨은이會合에서 上記四原則條項을提示하야 同意를求하였다。 이에對하야 韓民黨代表는「個人으로는贊成하나 黨으로서는同意할수없다」하며 國民黨代表安在鴻氏는「前日에比하야 一進境이로구-뇨 며칠뒤이조토록議論해보시지오」하고 退場해버렸으며 新韓民族黨代表金顯樹氏는「臨政의法統을無視할수없다」하야 各々態度를曖昧或은否認하야 同黨의提案은抹殺하라하였다。 이리하야이太古寺모임이最後의會合으로 左右會談은끝막게되였고 民主主義民族戰線結成은 急速度로進展되고있었다。

그런데 이보다몬저同黨은 一月六日과其後數次에互하야「하」지」中將政治顧問「쫄람로」氏로부터「하ㅣ지中將「個人諮問委員會를新設하겠으니 이여參加하야달라는要請을받었다。同黨은愼重考慮한남어지呂運弘、黃鎭南兩氏로하여금「굳펠로」氏를訪問케하고「同諮問委員會의性格과任務에對하야, 質問한結果 다음과같은 三條項이確認되였다。

一、우리는하-지中將個人의 諮問委員會가當面한 民生問題에關한諮問機關인것을認定함

二、本諮問委員會가 決議機關이아님을認定함

三、本諮問委員會가 臨時政府樹立及其他政治問題에 言及하지않을것을認定함

그리하야同黨은 以上三條項에違反되지않은限 軍政에의協力을原則으로한다는 同黨精神에비추어代表派遣을承諾하고 萬若이에違反되는境遇에는 언제든지 이를脫退할것을條件附로 二月十日에다구四氏를派遣하였다。

黃鎭南 李貞求 呂運弘 白象圭

그런데其後「굳펠로」氏는屢次에亘하야, 呂黨首를 訪問코 黨首自身과및, 總務局長李如星氏의出馬를勸誘하였으나, 그必要를느끼지않음으로 黨에서는 이를拒絶하였다二月十二日에「굳펠로」氏는 또다시呂黨首를自宅으로訪問하고 先生의出馬를懇請하므로, 個人資格으로前記條件에對하야呂黨首만 이에參加할것을應諾하였든바 그翌日에는嚴直燮氏談話로 呂黨首가 非常國民會議에參加하였다는 터문이없는發表를하고 또그翌日即二月十五日의民主主義民族戰線結成大會를하로앞둔二月十四日午前十時에 軍政廳會議室에서 諮問委員會任命式이있다고하야, 代表派遣을要請해왔다。我黨에서는이마 그것이하政治的謀略手段임을알고 呂黨首는參席치않고黃鎭南, 白象圭兩代表만을派遣하야이를正式으로拒否케하였다。또어諮問委員會任命式이라는것이突變하야南朝鮮大韓國民代表民主議院이라는奇怪千萬한名稱으로된것은 너머드有名한「류라크」의하토막이었든것이다。이리하야同黨은곧, 前記二代表를召還하는同時에 四代表의諮問委員會脫退를「하-지中將」에通告하였다。同黨은同胞의生活問題에對하야는 언제나軍政에協力할것을躊躇치않었고 또이對軍政協力의精神에背馳되는境遇에는가장 公明正大한態度로이를世上에暴露하고 脫退하는데또한躊躇치않었다。一部에서는 同黨의이態度를가르켜 謀略에걸속는다고非難한다。그러나그네들에게는謀略이라는것은 언제나相對方이謀略임을깨닫지못하였음며 그動力을發生할수있다는것을 알려들必要가있다。

二月十五日豫定에依하야 民主主義民族戰線이結成되고 以後로는主로 이民族戰線의擴大强化에注力하게되었다。同黨이이때努力하여오든左右合作의不成就는勿論, 民族內部의不統一에起因하는것이겠지만또한一面에는, 國際的諸條件의制約에依한原因도 看過해서는안될것이

다。 그러므로우리는民族的으로 三相會議決定을받아드려 하루바삐美蘇共同委員會가 構成되기를希望하였다。 드디어三月二十日부터 美蘇共同委員會가열니여 遲々하게나마第五號聲明까지는活潑한움즈김이있었으나 第七號聲明이發表되고서는다시一步의進展이없이 五月九日에無期休會로停頓狀態에빠지게되었다

解放된지드 一年過去를돌려볼때兩政治勢力合一에猶으로서 드가지를指摘할수있다。 하나는 所謂臨時政府의法統이니 이것으로 一九四五年을보내였고 하나는反託問題이니이것으로 一九四六年을맞이하게된것이다。 一九四五年十二月二十八日莫府三相會議의 朝鮮에關한決定이傳해지자 이一片短信만으로國內는沸騰하였다。 그러나其後三相會議決定原文을보게된結果 朝鮮의自主獨立과 民主主義發展을爲하야 이三相會議決定이 가장公正妥當한國際路線임을깨닷게되였든것이다。 그러므로 同黨은今年一月三日市民大會에三相會議決定支援의標語를내세운것이다。

이三相會議決定의朝鮮에對한援助(Trusteeship) 라는것은決코 國際憲章에依한信託이아니요 病席에서막이러난 衰弱한朝鮮을 最高五年間援助해준다는것이다。 이것은하ㅣ지將軍의 數次의釋明으로서도 理解할수있는것이나 이러한政治的經濟的모ㅣ든援助에對하야 우리는感謝해야될것이며 그意圖를支持해야할것이다。 다만信託이라는用語만에不愉快한것이다。 그런데所謂反託派의見解라는것은 이信託이라는것이國際憲章에依한 疑惧되는信託이라는것이다。 이것은國際憲章信託條案과 三相會議決定文을詳細히翻譯檢討해보면 明若觀火한일이다。 그럼에드不拘하고 이國際的善意를故意로歪曲宣傳하야 反託運動을煽動하고 民族分裂을하라하였으며 다시美蘇共同委員會까지도 休會치않으면 안되며直接原因을만든것이다。

美蘇共同委員會第五號聲明이發表되자 反託陣營은反託을前提條件으로三相會議決定을支持한다는 自家矛盾을演出하였다。 이것은聯合國에對한 一大侮辱이었든것이니 美蘇共委가無期休會로드러간것드 또한不得已한일이었든것이다。

그러나우리는失望는않었다。 朝鮮의左右統一民主主義臨時政府樹立은莫府三相會議決定에서 保障되여있고 이保障은美蘇共同委員會에서반드시實踐되리라는것을 確信하였든까닭이다。 그러하야 우리의모ㅣ든努力은美蘇共同委員會續開促進運動으로 運用되지않으면안되였다。 이에對하야 呂黨首는六月十一日新聞記者團會見席上에서 簡單한意思表示가있었거니와 드디어去五月三十五日先生은個人資格으로 金奎植博士와 元世勳兩氏와會見케되였다。 이初會見에있는兩方意見의相違로 具體的理論에 到達되지못하였고六月

十四日、呂運亨、許憲、金奎植元世勳四巨頭의 第二次會談이열니었는데 이會談에서原則問題에關하야 雙方의意見에 相當한 接近을보게되었든것이다。이리하야 그後로는이러한會合이無時로繼續되었으며 呂金兩巨頭의意見은 完全一致의境地에到達되였고 六月三十日에는呂、金兩氏에依하야 進行되는統一工作을 全面的으로支持한다는 各界의支持聲明이繼續되었다。

우리는 지금죽는냐 사는냐의關頭에直面하고있다。어떠한일이있더라도 이難局을打開克服하고 一刻을다투아서 우리의民主主義臨時政府를樹立하지않으면안된다。우리의民主主義臨時政府는 美蘇共同委員會에서만 이解決의門鍵을갖이고있는것이다。美蘇共委를하로바삐續開시켜야하겠고 이美蘇共同委員會를續開시키라면 우리가먼저民主主義的原則下에左右가合作하여서만 그것을불러올수있는것이나 三千萬大衆은呂、金兩氏의合作工作이 반드시成功될것을期待한다。그럼에드不拘하고 우리의偉大한指導者呂運亨先生을暗殺하라는 兇徒가있었다。七月十七日九時夜頃先生이 新堂町某處에서左右合作要人들과 會談을맟치고나든途中 武器를所持한兇漢三四名이出現하야 脅威으로써附近山中으로끌고가서 白紙에署名을받은後발을묶고 목을졸라絞殺하라는危機一髮의臨時에先生은몸을날려崖로굴러 겨우九死一生을얻게되였다。

過去數次에亘하야 機會있을적마다 러ー취長官은當局者에게 [illegible]의辭職을慫慂하는일이있었다。그러나先生은늘「테로」團의籠圍中에있으면서 끝끝내이를辭退하고 過般의兇惡한「테로」를當한것이다。이를機會로하야 同黨에서는 先生兩黨 離黨을許諾하도록懇請하였다。이에對하야 先生은무었이라하시였든고。「大衆과나를團結시키는 黨籍은絶對로 屈치안노라」오! 偉大한指導者의一言이여!

組織狀況 (三八度以南)

一九四六、七、二三日現在

區域別	組織支部數
京畿道	七
忠淸北道	二
忠淸南道	三
全羅北道	二
全羅南道	一八
慶尚北道	一六
慶尚南道	九
江原道	三
合計	六〇
其外不明內結成確定	四四

宣言

이제야 建國同盟은 그內部의發展과 外部情勢의變化에따라 多年地下時代의秘密的規模를버리고 內外同志를糾合하야 開放的인大衆的政黨으로서의 新出發을보게되었으니 이것이곧우리朝鮮人民黨이다

朝鮮人民黨은 勤勞大衆을中心으로한 全民族의完全한解放을 그基本理念으로하며 民族의完全獨立과民主主義國家의實現을 그現實的인課題로한다。 基本理念을 等閑視하고 現實的要請에만 억매여있는것이歷史의進展을遲延시키는行爲라면 基本理念에만汲々하야 그現實的課題를 無視하는것도 歷史의發展을遲延시키는同一한結果를가져오는것이다。 그러므로 우리는朝鮮의 現實的課題인 完全獨立 民主主義國家와의 急進한實現을 그當面任務로自任하는同時에 우리의基本理念인全勤勞大衆의完全한解放에까지 革命的推進을 決意하는者이다。 朝鮮의完全獨立과 民主主義國家의實現은 現段階의朝鮮이通過하지아니할수없는嚴肅한要請이니 우리의이當面任務를遂行함에는 各層各界의人民大衆을包攝組織하야 完全한統一戰線을展開하고 觀念的或은反動的인 傾向을 克服打破하므로서만完遂될것이다。

朝鮮의現下情勢는 生産의破滅秩序의不安으로 勤勞大衆은 失業, 疾病, 飢餓에直面하야 早速한民主國家成立과 生産의 復興을 渴望하고있으나 一部의偏狹한固執은民族內統一戰線의 意義를 忘却하고 內紛을是非하며 外壓을自招하야獨立國家의實現을遲延시키고 民生의 困苦를 等閑視하고있으니 이얼마나 慨歎할바이랴。

이에 우리朝鮮人民黨은 먼저現段階의 歷史的使命인 民主主義革命에 渾號를 다하고저하며 이것이達成됨으로서 一步前進하야全民族의完全解放을實現코저 勇躍邁進하랴하노니 滿天下同志는 이歷史的使命을自覺하고 이政治的任務에忠實한戰友가되자。

綱 領

一、朝鮮民族의總力量을集結하야 眞正한民主主義國家의建設을期함

二、計劃經濟制度를確立하야 全民族의完全解放을期함

三、進步的民族文化를建設하야 人類文化向上에貢獻함을期함

政 策

一 人民代表大會召集과憲法制定을促進

二、滿二十歲以上男女의選擧權及被選擧權의確立 (但民族叛逆者를除함)

三、婦女解放과男女平等權의確立

四、言論、出版、集會、結社、信仰의自由

五、自主的外交政策과互惠通商政策의確立

六、朝鮮內의日本財産及民族叛逆者의財産을沒收하야國有로함

七、沒收한土地는國營或은農民에게適宜分配

八、農民을本位로한農地의再編成及耕作制度의樹立

九、高度累進稅의賦課와勤勞層을爲한稅制의樹立

一〇、通貨及物價의安定과庶民金融

對策의 樹立

一一、主要企業은 國營又는 公營으로 하고 中小企業은 國家指導下에 自由經營

一二、平和產業의 急速回復과 國民生活必需品의 確保

一三、五個年 經濟建設을 爲한 諸政策 實施

一四、農業生產의 科學化와 農村의 協同組合結成促進

一五、鑛、林、水產業의 計劃的開發

一六、食糧及生活必需品의 適正配給制度樹立

一七、新時代에 適應한 都市、港灣、鐵道、道路、河川、耕地、林野等의 國土計劃促進

一八、八時間勞働制及最低賃金制의 確立과 國民皆勞制度의 實施

一九、婦女及少年勞働者의 夜間、坑內、危險作業及幼年勞働의 禁止

二〇、失業者及罹災者救濟對策의 樹立

二一、各種社會保險의 實施

二二、醫療機關、托兒所、養老院、姙產婦保養所等의 國營及公營施設擴充

二三、健民運動의 積極的推進

二四、衣食住의 改善等 新生活運動의 展開

二五、國家負擔에 依한 義務敎育及職業敎育의 實施

二六、文盲退治及社會敎育의 促進

二七、學術及敎育機關의 擴充과 敎育家、研究家、技術家의 優遇

二八、우리 固有文化를 啓發하야 民族的 矜持를 昻揚

二九、健實한 大衆娛樂機關의 設立擴充

三〇、國民皆兵制度에 依한 國軍編成

部 署

委員長 呂運亨
副委員長 張建相
書記長 李萬珪
次長 趙漢用
事務局長 李林洙
文書部 尹 赫 成港元 [illegible]
總務部 李永善 李宇宰 李濟晟
財政部 李林洙 崔秉喆 金鶴培
政治局長 李如星
政務部 李貞求 [illegible]
外交部 [illegible]
情報部 [illegible] 金[illegible]
組織局長 金世鎔
中央部 韓 일 吳[illegible]允 金[illegible]
地方部 尹[illegible]喆 金相喆 朴祥雨
勞農部 金振國 [illegible] [illegible]
靑年部 鄭 [illegible] 金[illegible]國 [illegible]
婦女部 金 溫 [illegible] 李[illegible]
宣傳局長 金午星
宣傳部 金起林 金明[illegible]
啓蒙部 李天[illegible] 李起萬
出版部 成有慶 申應植
企劃部 宋乙秀 洪[illegible]
法制部 金龍岩
經濟部 姜[illegible] 金花弘 孫桔湘
文化部 咸鳳石 金一出
社會部 [illegible] 李泳朝
中央政治委員
呂運亨 張建相 李萬珪

李如星　趙源用　李林洙
黃學南　金世鎔　李想白
宋乙秀　中 鉉　李錫玖
李基錫　玄又玄　金良瑕

朝鮮新民黨（前同立同盟）

（머리人말）

新民黨·前獨立同盟은 原來中國華北、華南等地에서 朝鮮의獨立과解放을爲해 自己를바친革命家愛國志士들이 솔아여 結成한廣汎한群衆的革命團體다。

獨立同盟의特徵은 海外의많은革命團體中 反日民族統一戰線을爲하야 直接武裝戰鬪部隊 朝鮮義勇인軍이武器를들고 싸웠으며 血戰하는가운데자랐다는것이다。

朝鮮義勇軍은 獨立同盟의行動部隊다 獨立同盟은 一九四一年一月十日華北山西省晋東南에서結成된「華北朝鮮靑年聯合會」를母體로 誕生이「朝聯」第二次代表大會에서「朝聯」을「獨立同盟」으로 發展的解消를했든것이다。

× ×

一九四五年八月九日 蘇聯의對日宣戰에際하야 獨立同盟은友軍과並肩破敵하고 急速入國할準備로 義勇軍을一箇所屬의軍隊라는 口實을없애기爲하여 平行的으로司令部를두고 盟員以外사람들도 廣汎이義勇軍에吸收키로하였다。（事實로參軍하고 入盟을願치않은사람은거이없다）이렇게準備하는中 八·一五를當하야 敵은聯合國에投降을한다하였다。獨立同盟은歸國路程을豫定코太原까지는陸路로行軍 太原부터는鐵路로 正太線、平漢線、平遼線、安奉線을經由하야 鴨綠江을直渡키로하였다。八路軍에配合된義勇軍은友軍과같이就地受降할原則과與實力의밀음을갖이고 路程을豫定하였든것이다。그러나非出料外重慶蔣主席은八路軍에對한就地受降을不許故將岡村은中國의諸反動軍과八路軍義勇軍을對抗 또는反攻하는까닭에不得已決定路線은變更되고 따라서우리는如前히 戰鬪環境속에서 一週間時日이 엄청나게遲延되었다。敵이抵抗을抛棄하기前에蘇軍과並肩入國하려든計劃이 實現되지못하야 겨우先遣部隊 千五百名이追後하여 新義州에到着 그러나政府없는民族에 軍隊가있을수없다는理由로 不得已出國하게되였다。

七、八年來로 決死의努力을다하야 堂々히聯合國에參戰한 朝鮮義勇軍 獨立同盟이 意外의障碍로因하야 急速還國을못하고 祖國의獨立問題解決에 貢獻있는貢獻을못하게됨을 더갖아는것다。

十一月末北朝鮮에入國 二個月이넘도록 謹愼潛伏하다。그것은國內事勢를바로아뒤에 進出與否를決定하려함이다。獨立同盟의進出이 일에別協助됨이없다면 團體이름하나라도더내놓을必要가없다고 生覺하였든것이다。그러나 時局이 同盟의進出을要하게되고 또同盟이 時局에나아가協助하는것이必要라생라하는까닭에 今年一月十五日이에 斷然나서再建하다。

× ×

一月十五日「朝鮮同胞에게告한」 이라는人民政權의인사말을發表 中央本部를平壤에두고 于先北朝鮮서부터組織을發動 一月二十七日鄭栢 副主席外 幹部若干名上京京城特別 委員會組織을準備中 臨政及右翼反動政黨團體를主體로한 非常國民會議의招請에對하야 그의非民主性을 指摘이를拒否 當時朝鮮政界는 三相會議決定을主題로 是否兩立 支持와反對로國內는 左右兩翼으로對立은크어져버렸었다。三十日드되어는三相會議決定에 北朝鮮 民主的民族統一戰線을 主張하는態度를 闡明하는當然朝鮮外의외여기으로 聲明을發表同時그具體的實踐으로 民主主義的人民政權인「民戰」結成에 積極參加하므로 그리雄大强化키로決定 二月三日京城特別委員會結成 南朝鮮에組織及鬪爭指導

二月八日 北部朝鮮의各政黨社會團體가發起하여 北部朝鮮의政治、經濟、其他의問題를討議決定하고저 代表擴大委員會를平壤서開催 時次세워질民主主義朝鮮臨時政府樹立을 促進키爲하야「北朝鮮臨時人民委員會」를樹立함에 獨立同盟은從極率先參加 同時 金科奉主席이副委員長이就任其他委員에多數參加하다(이「人民委員會」의 民主主義的實踐은 北朝鮮人民의全的支持로 歷史的인「土地改革」(三月五日)과勞働者及事務員에對한勞働法」(六月二十日實施二十四日實施)「現物二五%單一稅」(六月二十七日)는朝鮮人民의 劃期的事業임은 疑言을不要한다。)

二月十六日獨立同盟은八國後、新朝鮮民主主義政權樹立을目的하여 奮鬪하여오는過程에서 急轉直下로變化되여가는 國內外情勢에照應하야 現階段의鬪爭任務에서 組織上의發展的强化를强要하였다。 그러므로獨立同盟은 보다强力한組織體로 進展 大衆의任務를完遂하기爲하여 獨立同盟을「朝鮮新民黨」으로改稱하고 從前의綱領을踏襲하다。이에新民黨은그의前身獨立同盟의鬪爭傳統을繼承發揚하고 目前情勢에當面하야 다음과같은主張을宣言하다。

첫재 資産階級性民主主義의 發展段階에있어서 우리에게賦課된任務는 民主政權樹立에있다。그任務를完遂키爲하야는 民族的大同團結을要求한다。그러나우리가要求하는民族團結은 親日派、反民主分子等一切反動勢力을除外한 各層各派의一切民主力量의集結을말하는것이니 이는곧우리의主張하는民族統一戰線이며 그것은民主政權를떠나서는實現되는것이아니고 民主政治의實施過程에서具現됨으로 一切民主勢力과同心協力하야 全國的民主政府樹立을爲하야 積極的으로努力한다。

둘재 民主政權은 民主經濟를要求한다。그러므로民族經濟의 再認

成이 當面的任務다。朝鮮民族經濟의內部를構成하고있는 農業經濟와工業經濟와의 均等的發展을企圖하면서, 農業經濟의改革으로서 民族經濟의新體制를準備하여야하며 農業經濟의改革은 土地所有의再編成으로부터 出發해야하며 土地問題는民族經濟의再編成에 가장重要한地位를占하고있는까닭에 어떤一個政黨의主張과力量으로 實現될것이아니고 各黨各派의共同한要求와 綜合的力量으로써進行될問題일것이다 朝鮮新民黨은耕作하는農民에게 適當한方法으로 土地를分給하는것이民族經濟再編成에關鍵이될뿐만아니라 民主政權樹立에物質的基礎를準備하는것으로認定한다。

셋째 新文化를建設하기爲하야民族文化의優秀한遺産을繼續發展시키며 科學知識의徹底的普及으로써 全國民의文化水準을向上시키며 科學者, 藝術家敎育家의社會的地位를法的으로保障하는同時에 新朝鮮民主主義文化의建設에 先驅的擔當者로서 그任務를當하도록 積極協力할것。

以上에말한民主政權의樹立과 民主經濟의實現과 民主文化의建設을爲하야 新民黨은建國에有力한 一翼으로써邁進할것을宣言함。(略抄)

北朝鮮新民黨의 政治活動과組織發展은 南朝鮮의그것에比하여 그成果는豫想以外로잘進展되면서있다 六月初旬에벌서 西北朝鮮에各道市郡面黨部結成이끝나고, 同月三十日에는 第一次代表大會를열다。이代表大會에서「京城特別委員會」를南朝鮮新民黨中央委員會」로改稱키로決議「南朝鮮에있어서의 黨擴大强化에힘쓰기로하고 七月十四日京城特別委員會는「南朝鮮新民黨中央委員會」로改稱決定하다。

× ×

綱領 (略抄)

一, 朝鮮民主共和國建立의完成을爲하야奮鬪함。

가, 親日分子와 [illegible]分子及戰爭犯罪者等 一切反動勢力을徹底히消滅할것。

나, 全國民의意思를代表한 普通的平等的選擧制에依한 새로운 民主政權을樹立할것。

다, 國民의 言論出版集會結社信仰思想의自由를 確保할것。

二, 民族經濟의再編成으로 富强한新朝鮮經濟體制의確立을爲하야奮鬪함。

가, 日本帝國主義者及親日分子에게서 沒收한大企業은 國營으로하야 國民經濟의發展을圖謀할것。

나, 日帝及親日分子에게서 沒收한土地는耕作하는農民에게 줄것을原則으로 勤勞農民大衆에게土地를分與하고 小作制를廢止할것。

다, 工業經濟와農業經濟 或은其他經濟部門에있어서의 均衡的發展을圖謀하야, 國民의經濟生

活上安全과向上을保障할것。
라、一切苛斂雜稅를撤廢하고 合理的累進稅를確立할것。
三、新朝鮮文化의創建을爲하야奮鬪할
가、親日的、팟쇼的、封建的인一切反民主的反動思想과積極鬪爭하야 民族文化의遺産을復興하며 民主主義的進步文化運動을展開할것。
나、一切科學者와 藝術家의智能을總動員하야 現代科學知識의普及으로서 新朝鮮文化의創建을促進하며、科學者와藝術家의社會的地位를確立하야 그들의經濟生活上安全을保障하며 特別한發明及發見 或은優秀한著述이有할時는 그를表彰할것。
다、義務敎育制를確立하며 國民의文化水準을提高하기爲하야 大衆啓蒙運動을積極推進하야 文盲을退治할것。
四、本黨은今日現段階의 朝鮮大衆이要請하며 民主主義共和國을朝鮮에建立할 自由平等富强한 全朝鮮民主共和國促成을爲하야奮鬪함。
五、本黨은서로國家의獨立과 平等地位를尊重하며 서로國家人民의利益과友誼를增進하는 眞正民主的基礎우에서 다른民族間에 友好關係를맺으며 또 그로서世界의永遠한平和를찾어오기爲하야 奮鬪함。
(以上綱領은今般北鮮新民黨一次代表大會에서 改正한바있으나原稿期日切迫으로因하야 新綱領을採錄못함을諒하여줌)

× ×

幹 部

主席金科奉 副主席崔昌益、韓斌
組織部長李維民 宣傳部長金民山
文書部長邊東潤 總務部長張徹
(以上本部) 委員長白南雲 副委員長 [illegible] 組織部長 [illegible] 宣傳部長高贊輔 秘書處長尹在琪 (以上南朝鮮) (七月十二日)

朝鮮民族革命黨

一九三一年九月日軍이滿洲를占領하고上海에進駐하자 滿洲、北平、上海等의 一部獨立運動者들은南京으로集中하였다。그들은四分五裂되었던海外運動의團結統一과 反日力量의結合을圖하기爲하야 韓國獨立黨外八團體가모이여 一九三二年十月二十三日에 反日戰線統一同盟을組織하고 統一的으로對日工作을하여오다가 一九三五年六月二十日南京에서朝鮮義烈團、朝鮮革命黨、韓國獨立黨、新韓獨立黨、大韓獨立黨等九團體代表三十六人이모이여第一組織統一의意見이一致되었다。右代表中에는美洲國民會、布哇國民會等에서는個人資格으로參加하였으나 在中革命團體로서는當時最大政黨인韓國獨立黨을除外하고一九三五年七月五日에朝鮮民族革命黨이結成되였다。同黨은 1. 除日本의侵略勢力을撲滅하고 民族의自主獨立을完成할것

2 封建制度及一切反革命勢力을肅清하고 眞正한民主共和國을建立할것。3 少數人이多數人을剝奪하는經濟制度를廢止하고 民族各個의生活의平等인經濟制度를樹立할것。等三大原則下에 一層더發展된形態의內容을가지고 새로운活動을開始하였다。

民族革命黨의發展經過

五個團體가統一은되였으나 各黨의派閥的關係를 完全히淸算하지못하고 一九三六年二月南京에서열닌第一回全黨大會에서 趙素昻은脫黨하야韓國獨立黨再建同盟을組織하고 一九三七年에는 崔東旿、洪震、李靑天等이또脫黨하야 朝鮮革命黨을復活하였다。一九三八年湖北江陵第二回全黨大會에서는 黨性質問題에關한意見分岐로崔昌益等은脫黨하야 朝鮮靑年前衛同盟을組織하였다。一九四三年二月第七回全黨大會(改組大會)에이르러 民革黨은朝鮮民族解放鬪爭同盟(靑年前衛同盟과解放同盟과合한團體) 韓國獨立黨統一同志會와 朝鮮革命黨海外全權委員會三黨派를 民族革命黨의改組形式下에 合併하며 工農小資産階級을黨에 主要基礎로하고 民族自由、政治自由、經濟自由、思想自由의四大自由의新民主共和國의建立을主張하며、中國에서의第一大黨으로出現하였다。一九四五年八・一五敵이投降한後 黨은十月十日重慶에서第九回全黨代表大會를擧行하고 黨而綱領과政策을制定하였다。同年十二月金奎植、金元鳳、成周寔、金尙德은中央代表團의名義로還國하는同時에黨中央部도重慶서서울로옴기게되였다 一九四六年三月까지黨은靜觀의態度를取하다가 四月에이르러活動에着手하기로決定하였다。六月末現在에서울市外數十個所의支部組織、或은結成準備中에있으며 上海에民革總支部가있고 美國로샌젤스・하와이에도各々總支部가設置되여있다。

民族革命黨의活動

1 朝鮮革命幹部學校의設立、國內工作員派遣(略)
2 江陵特別訓練班의設立(略)
3 朝鮮義勇隊의組織及其北上(略)
4 在外臨時政府에參加

臨時政府에參加

第三十三次議會不辭事件 民族革命黨은海外運動의統一을爲하야、臨時政府를改組하는約束아래臨時政府參加를決定하고 一九四一年十月第三十三次議會參加를準備하다。그것은缺員된各道議員을 補選하므로서議會에參加하는것이다。議會開會를앞두고臨政當局은 補選에關한通知를發하지않음으로써 民革黨의議會參加를阻止하려하였다。이에議政院議長金朋濬(韓國獨立黨)은議長職權에依하야各道選民에게議員補選을通知하였다。이通知에依하야各道選民은議員을補選하야 議會開會에

出席케하였다。이에臨政當局은中國憲兵을請하야 武力으로補選된議員을追出하였다。이것이所謂議會不祥事件이다。

第三十四次議會에參加、三十四次議會不祥事件의結果는 臨時政府에不利하였다。그러므로一九四二年臨時政府當局은 反對派의議會參加를拒絕할수없게되며 民革은三十四次議會를通하야 金奎植、張建相을國務委員兼宣傳部長、學務部長으로選出하다。그리고一九四四年第三十八次議會에서東厓各黨派의參政을主張하야그의實現으로民革에서 金奎植은副主席으로、金元鳳은 軍部々長成周湜、張建相、金明濬은 國務委員으로(張金、、元은後에脫黨함)被任되다。他黨에서도金星淑、柳林等이國務員으로選任되며 八對七(即獨立黨側國務委員八에對하야他黨七)의局面을作成하였다。

臨政의改組에對한主張

(1) 臨政을國內外各黨派와[illegible]群衆團體及革命大衆우에基礎를確立하야改組擴大할것。

(2) 臨政은그의現實的性質에依하야 統治를意味하는行政機構로看做할수없음으로單只獨立運動을領導하는革命的機構로認定할것。

(3) 上述한原則에依하야 臨時議政院選擧法修正을主張하다。議政院法規에依하면 現재 臨政所在地(即重慶)에獨立運動者가各道獨立運動者의選擧를代行할것 등재 議政院議員의任期는無期

(此條는一九四四年에修正)

이두規定은臨時政府을 官僚的專制機構로만드는主要原因이다。臨政主席과國務委員數人이 있는곳이 臨政所在地가되는것이고 臨政國務員全數가議員을兼하고 또 그議員의任期는終身이다。이러한規定은議會史上에도民主思想史上에도例가없는規定이다。그러므로이두規定을修正하야 各地革命者들이民主的으로臨政에參加하야 臨政을改組擴大하고우리運動의總反日力量을 臨政으로集中할것을主張하며議員의任期를規定하야 人民의自由意思에依하야議員을選出할것을提議하였다。不幸히도이提議는通過되지않었다。

(4) 各地革命者代表大會召集을主張

世界大戰은最後의反攻段階로드리가고 日本本土上陸도時間問題로迫하고있을때 海外各地政治及武裝運動의統一과有機的配合行動이必要되었다。그러나 局限된臨時政府로서는理想하는任務를達成하기에不能하므로 各地革命者代表大會를召集하기로主張함애 韓國獨立黨도終乃諾意를表하게되며 一九四四年第三十八次議會에서 大會擧行을決議하고此를臨政에서召集하기로하다。그럼에도不拘하고臨政當局은敵이投降한때까지 會議를召集하지않었다。

(5) 그러고 八·一五 敵이投降한後民革은臨政의總辭職과職權停止를要求하며入國하야 國內各獨立運動黨派와協議하야 臨政의完

來를決定할것을主張하였다。此에對하야韓獨은反對하다그리하야臨政國務會議는分裂되며再開하지못하고 結局國際的壓力下에臨時政府要人은 個人的、平民的資格으로歸國하게되였다。

義勇隊殘留部와光復軍과合併

一九四〇年九月臨政은 中國政治의潮流에따라 光復軍總司令部만을重慶에다設置하다。그後義勇隊의中心勢力이北支로進出하게되자 光復軍은中國當局의公認을얻게되며 一九四二年五月義勇隊의殘留部隊는光復軍第一支隊로合併되였다。

印度連絡隊派遣

金元鳳은 英國在印度軍總司令의請에依하야 崔省吾周世敏을一九四二年印度에派遣하야 朝英合作을討議하다。그結果朝鮮民族革命黨과英國在印度軍總司令部와 一九四三年五月軍事協定을締結하였다。그協定은英軍은朝鮮民族革命黨을援助하야朝鮮의獨立을完成하고 朝鮮民族革命黨은 英國의對日作戰을援助할것을總則으로한 十一條로되였다。이目的을達成하기爲하야 民革은黨代表一人과 若干人員의戰地工作隊를印度에派遣하기도하다。그러다그協定은國際間隔擱과 其他黨派의妨害로因하야 協定그대로實施되지못하고 中國과臨政當局은光復名義가아니면 出國旅行證을發하지않이하겠다하므로서 할수없이光復軍名義로印度에派遣하였다。民革黨代表兼連絡隊長韓志成은若干部隊를 다리고一九四三年八月末에印度에가서 인팔、간더리、란군、奪回戰에參加하야 錚錚한戰績을내며 朝鮮民族의旗幟를印度비르마戰地에서날리였다。連絡隊는英國皇帝의賞狀과勳章을받게되며 印度工作은圓滿히마치고 敵이投降한後九月에重慶으로歸還하다。

入國後活動

入國한後 金元鳳、成周湜은臨政國務委員會에累次參加하며 左右의統一合作과眞正한民主政府樹立을爲하야努力하다가最後로 臨政當局이統一을拒否할때에 民革代表는非常國民會에서脫退하야 民主主義民族戰線에參加하다。

朝鮮民族革命黨第九回

全黨代表大會

宣 言

(一九四五年十月十日重慶에서發表)

日本帝國主義의 無條件投降으로因하야 同盟國反파시즘戰爭은 이미最後의 光榮한歷史的勝利를完成하였다。全世界和平、幸福、繁榮의新時期는 이미到來하였으며 民主的自主獨立의光明은 우리의祖國江山에照耀하고있다。이러한光芒萬丈의大時代에處하야 十餘年來海外風霜에서 祖國의解放을爲하야 艱苦히奮鬪하여온 우리朝鮮民族革命黨은 緊急히 全黨代表大會를열고 가장熱烈한情緖와 堅決한信念으로써우리同志同胞들에向하야鄭重히宣言하다。

親愛하는同志同胞들! 半世紀以來로 우리民族을壓迫蹂躪하고 甚至於東亞大陸에서橫行無道하며 無惡不作하던우리의不共戴天之讐 東方파시즘强盜日本帝國主義는 이미完全히敗亡되었다。이로부터 우리民族의血海深仇는비로소蕩滌되었으며 우리의三千里錦繡江山에는自由의꽃이亂發하게되었다。半萬年歷史의光輝는 다시發揮하게되었으며 우리의獨立自主의民族正氣는다시伸張하게되었으며 全世界人類의大義는다시昭彰하게되었다。이것은勿論無數한우리先祖先烈의犧牲流血한結果이며 우리三千萬人民大衆의艱苦奮鬪한結果인것이다。그러나더욱重要한것은 이것은우리의偉大한中、美、蘇、英等四大盟國의强大無比한海陸空軍이共同協力하야英勇作戰한結果인것이다。그러므로 우리는이偉大한盟國을讚揚하며 우리先祖先烈의不朽한功績을欽仰하며 우리三千萬父老兄弟姊妹들에向하야 가장熱烈한 慶祝의뜻을表示하는同時에 特히偉大한盟國領袖와英勇한盟國將士에向하야 가장崇高한敬意를表한다

親愛하는同志同胞들! 數十年來로 우리朝鮮民族이百折不屈의勇氣로써 우리의敵——日本帝國主義와英勇苦鬪하여온것은 우리盟國人士가共同히尊重視할것이다。그러나今次東方反파시즘戰爭과乃至全世界反파시즘戰爭가운데에 우리朝鮮民族은殘酷한敵의統治下에서 容想環境의不利와主觀努力의不足으로因하야우리의應當하貢獻할바를다하지못한것이事實이다。甚至於우리의同盟軍이우리의國土를解放할때에 우리朝鮮人民이自己의힘으로 敵의武裝을解除하고國權을恢復하지못한것은무었보다큰遺憾인것이다。이點에關하야우리朝鮮民族革命黨은 우리朝鮮人民과同盟國에向하야自己의責任을完全히履行하자못한錯誤를接受할것이다。特히目前에있어서日本帝國主義의軍警이아직朝鮮에서完全하다造出하지아니하였고 朝鮮境內의日本帝國主義殘餘勢力과親日派反動分子가互相勾結하야政治、經濟、文化各方面으로朝鮮人民의革命勢力을壓制하고있는때에 우리朝鮮民族革命黨은 반드시國內外所有反日勢力及民主黨派와共同히協力하야 全民族의團結을完成하며 同盟軍과合作하야우리朝鮮國內에潛在하여있는 日本파시즘의 細菌을徹底히掃除하고 우리民族의自由解放을完成할것을聲明하는바이다。

親愛하는同志同胞들! 우리朝鮮民族革命黨은一九三五年에中國首都南京에서 海外五大革命政黨(大韓獨立黨、新韓獨立黨、朝鮮義烈團、韓國獨立黨、朝鮮革命黨)을合併하야成立한朝鮮民族의海外統一政黨인것이다。朝鮮民族革命黨은創立當時부터、日本帝國主義의統治를顚覆하고 朝鮮民族의獨立自主의民主共和國을建立하는것을最高의目標로定하

였으며 이最高目標를實現하는基本政策은 全民族統一陣營을結成하고나아가中韓兩民族의聯合抗日陣營과世界反피시즘統一陣營을結成하는데있다고規定하였다。十餘年來本黨全體同志들은金奎植金若山두同志의領導下에서 이偉大한歷史的任務를完成하기爲하야 堅決히奮鬪하였으며滿洲、國內等地의秘密運動과華北敵後工作中에서는本黨黨員의光榮壯烈한犧牲과 그들의樹立한巨大한革命功績이있는것이다。特히中日戰爭이爆發된後에 本黨은各黨派와合作하야 朝鮮民族戰線聯盟을組織하야全民族의團結을號召한同時에 또朝鮮義勇隊를組織하야中國抗戰에直接參加하여 中國南北各戰場에서表現한勇猛한戰績은 中國及朝鮮抗戰史上에서大書特書할만한것이事實인것이다。朝鮮義勇隊가北上한後에本黨은軍事統一을完成하기爲하야黃河以南各戰區에남어있는 朝鮮義勇隊一部를 光復軍第一支隊로改編하고 數年來各戰區에서招募訓練工作에積極努力하였으며 特히一部份靑年同志를印緬前線에派遣하야 우리盟軍의抗戰工作을極力協助하였던것이다。

太平洋戰爭以後로本黨은全民族의統一戰線을完成하기爲하야 各黨派와共同히民族戰線聯盟을解消하고臨時政府에參加하야、이臨時政府로하여금안으로全民族을團結하며 박그로國際援助를爭取할수있는名實相符한 全民族最高統一領導機構가되게하기爲하야努力하였던것이다。그러나政府는種々原因으로因하야 事實上全國各革命團體及人民大衆의全般的擁載와乃至全體盟國의有力한 援助와支持를우리의企待대로엇지못하였던것이다。카이로會議때에中、美英、三國領袖가共同히朝鮮을「相當時期」에獨立케한다고宣佈하였으나(蘇聯은追後하야同意하였음)그後산프란시쓰코聯合國會議때에 美國々務院이朝鮮에對한聲明과最近盟軍이朝鮮을占領한後에 美國트루멘總統의聲明에依하면朝鮮獨立은美蘇中英四國이共同히承認한바이나 臨時政府는承認할수없다고하였다。그러므로우리는크리미아會議의歐洲解放宣言原則에根據하야 緊急히國內外民主黨派와民主領袖를網羅한代表大會를召集하야 이會議에서全國統一的臨時聯合政府를建立하기를主張하는바이요 現韓國臨時政府問題는다만全國民의意思를代表하는이大會의決定如何에依하야 解決된것이라고밋는바이다。

親愛하는同志同胞들! 우리朝鮮의獨立은 偉大한中美蘇英等盟國이共同히保障한바이며、所謂「相當時期」는다만우리의自身力量에依하야決定될것이다。다시말하면우리民族이團結되여、우리의自身力量으로써日本帝國主義의殘餘勢力과親日派反動分子를徹底히肅淸하고 國家의獨立을保證할수없을때에는 盟軍은迅速히朝鮮境內로부터退出할것이다。그러므로우리는東方 파시쓰戰爭의

主要한勝利國家──中、美、蘇、英等四大盟國에對하야 朝鮮獨立을援助하는好意를堅決히信任하는것을表示하는바이며 또今後에우리는이四大盟國과더욱親密히合作하며 遠東各民族과聯合하야 日本파시즘侵略主義의死灰復燃을嚴密히防止하여東亞의安全과乃至全世界의持久和平을爲하야 共同히努力할것을聲明하는바이다。

親愛하는同志同胞들! 우리朝鮮民族革命黨은「第七次代表大會──改組代表大會의宣言에發表한바와갈이 우리黨은우리民族의某一階級을代表하는政黨이아니요 우리黨은우리朝鮮革命의 主要한力量을代表한全勤勞階級의政治聯盟인同時에우리의基本主張은 民族自由、政治自由經濟自由、思想自由四大自由인것이다。 우리의主張하는이四大自由는다만朝鮮民族의革命精神을代表할뿐만아니다 今次反파시즘戰爭中及戰爭後의全世界新民主精神을代表하는바이다。 우리는오직이新民主精神에依하야만 우리民族을團結하야朝鮮獨立을完成하며 乃至全世界의和平과自由와幸福과繁榮을圖할수있다고堅決히믿는바이다。 그러므로本黨은今次代表大會에서 過去日本帝國主義가朝鮮을統治할때에 使用하던綱領을修正하야 四大自由의主張을더욱具體的으로明白히 黨綱第一條에表明하는同時에 또政治、經濟、文化各方面에關한建國方針을樹立하였고 또우리의當面政策을制定하야 우리全國人民앞에提出하는바이다。 勿論우리의綱領과政策은 다만原則的이고永久的이아닌것이다。 다시말하면 우리의綱領과政策은事實上完成品이아니요 다만初步的草案에지나지않는것이다。 그러므로本黨이國內에돌아갈때에 國內의實際情勢의變化와 또全國民의要求와批判如何에依하야 다시詳密히修正할것이다。 그러나우리는 우리의綱領과政策이基本上으로全國民의共同努力할方向을 指示할것이라고確信하는바이며 또우리黨은 本黨主席金奎植總書記金若山同志의領導下에 迅速히歸國하여 數十年來우리黨日本帝國主義에 堅決히奮鬪하여온革命精神으로서 다시四大自由의新朝鮮의建設을爲하야 全國人民과共同히奮鬪努力할것을聲明하는바이다。

· 當面綱領

(入國한後全黨大會를열고 國內情勢에비추워修正할것을 前提로한當面政策과綱領)

一、民族自由、政治自由、經濟自由思想自由、四大自由의新民主共和國을建立할것。

二、朝鮮境內의 日本帝國主義殘餘勢力과 親日派反動分子를徹底히肅淸할것。

三、人民의言論、出版、集會、結社信仰及身體의自由를保障할것。

四、朝鮮境內의 日本帝國主義者、賣國賊과親日叛徒의 一切公私財産을沒收하야 大企業은國營으로

하고 土地는 農民에게 分配할것。

五、工業、農業에 關한 各種生產消費의 合作運動을 提倡하고 人民의 企業經營을 保護할것。

六、徵兵制를 實施하고 國防軍을 建立하여 國家의 獨立과 人民의 安寧을 保障할것。

七、勞働時間을 縮短하며 勞働에 關한 各種社會保險事業을 實施할것

八、婦女의 政治、經濟、社會上、權利와 地位는 男子와 一律平等히 할것。

九、兒童의 保育事業을 實施하고 童工制를 禁止할것。

十、人民의 義務教育 職業教育과 社會保險事業은 國家의 經費로 實施할것。

十一、朝鮮民族文化를 普及發揚하고 科學과 技術을 積極發展시킬것。

十二、中、美、蘇、英、法及其他各民主友邦과 遠東各民族을 聯合하야 日本侵略主義의 再起를 嚴密히 防止하고 遠東의 鞏固持久한 和平을 爲하야 努力할것。

當面政策

一、國內外 各民主黨派와 民主領袖를 團合하야 全國統一的 臨時聯合政府를 建立할것。

二、全國統一的 臨時聯合政府가 成立된後 最速한 期間內에 普選制를 實施하여 國民代表大會를 열고 憲法을 制定하며 正式政府를 成立할것。

三、全國勤勞階級基礎우에 本黨의 組織을 擴大發展시키며 全國各民主黨派와 政治聯盟을 廣汎히 結成하야 全民族의 團結을 鞏固히 할것。

四、全國各地의 工人、農民、青少年及婦女運動을 積極展開할것。

五、各地人民의 政治組織을 迅速히 建立할것。

六、民主思想의 國民新教育을 積極普及시킬것。

七、災難과 貧困에 따진 同胞들을 積極救濟할것。

八、苛捐雜稅를 없이하고 累進稅制를 實施할것。

九、自主原則下에서 同盟國의 物資援助와 技術合作을 取得하야 迅速히 全國經濟의 繁榮을 圖謀할것。

十、戰爭罪犯、賣國賊、敵僞及其他一切親日叛徒를 公開裁判으로서 徹底히 懲辦할것。

十一、同盟軍에 被捕된 朝鮮籍軍人을 迅速히 解放케할것。

十二、海外僑胞를 保護하며 敵의 强制下에서 日本、中國及其他各地에 被迫勞役하거나 或은 移住하고 있는 僑胞들은 그들의 自願에 依하야 早速한 期間內에 歸國케할것。

十三、敵에 拘禁을 當하였던 愛國政治犯을 優待할것。

十四、革命先烈의 史蹟을 表彰하며 그들의 遺族을 優待할것。

十五、朝鮮境內에 있는 敵官公吏及敵僑들은 迅速히 自國으로 歸還케할것。

十六、朝鮮을 解放하는 同盟軍을 積極協助할것。

十七、聯合國世界 憲章을 擁護하며 最速한 期間內에 朝鮮이 聯合國에 參加하도록 努力할것

現任中央執監委員會及各部署責任者

中央執行委員

金元鳳、尹琦燮、成周寔、尹澄宇、韓志成、李貞浩、周世敏、孫斗煥、李海鳴、崔錫淳、宋符、王逸曙（中國）蔡元凱（上海）宋相東（重慶）崔有吾（上海）金鈺（上海）王通（滿洲）李履羣（滿洲）玄晳（하와이）

同 常務委員

金元鳳、尹琦燮、成周寔、尹澄宇、王逸曙

中央各部責任者

總書記 金元鳳 組織部長 韓志成
宣傳部長 尹澄宇 財務部長 成周寔

黨機關紙 앞길

社長 尹琦燮

中央監察委員

崔錫淳、金弘叙、李進榮、馬一新（靑島）朴英根、趙錫源（重慶）

監察委員長 崔錫淳 常務監察 金弘叙、李進榮、韓錫源

朝鮮勞働組合全國評議會

朝鮮의勞働階級은 日本의陰謀한 帝國主義的植民政政策下에 血汗의 最後하방울까지 搾取當하였던것이 며 特히中日戰爭을爆發하야太平洋 戰爭終末까지 받어온 政治的抑壓과 經濟的搾取는 極度에達하였든것이다 이러한暴政下에 朝鮮의勞働運動은 山戰水戰을겪어왔다。

一九一九年 三月暴動을契機로한 社會主義思想運動의一環으로서 朝鮮勞働共濟會의創設이되음이어 全國各地에雨後竹筍格으로勞働組合이 組織되여 一九二四年四月十八日서 울에서 全國에散在하든勞働組合九十 二個團體와 農民組合八十二團體가 合作하야朝鮮勞農總同盟을結成하고 八時間勞働制와 最低賃金制確立等綱領으로發足하였고 一九二七年에 合[illegible]으로分立되고 朝鮮勞働總同 는[illegible] 盟으로改組되고 그뒤組織强化에힘썼으나 그隊列內의分派行動과 그組織의操縱이 職業別的이며地域的組織으로서 眞正한大衆運動이되지못하고 一種의思想運動의領域을버서나지못할뿐아니라 兇惡無道한日本帝國主義의彈壓으로 一方으로는 戰鬪的指導分子의多量的犧牲과 他方一部指導分子의落伍로 偉大運動은受難期에드러가게된것이다。 그러나勞働者는 日本警察에勇敢히抵抗하면서 自己의生活條件의改善을爲하야 싸와온것이다。

一九二九年全國勞働者의階級的歷役下에 元山埠頭勞働者의三個月間에걸친總罷業의뒤를이어 仁川精米勞働者의罷業 平壤양말工場勞働者의總罷業 釜山纖維勞働者의總罷業 新興炭鑛罷業等 勞働者의大衆的鬪爭이展開되였으며 特히 一九三一年一月의 淸津運輸勞働者의罷業은 直接日本帝國主義의中國侵略戰爭을反對하야 軍需品輸送을拒絕하는政治的罷業이었던것이다。

이와같이 勞働者의革命的昂揚을본 日帝는 誑惡法을發動하야 合法的 勞働運動을全面的으로彈壓하므로서 一九三一年初부터 完全히非合法的 勞働運動으로드러가게되였던것이며 一九三〇年모스크바에서開催된 프로핀테른第五次大會에서 朝鮮問題가討議되여 朝鮮勞働運動戰略戰術 問題를採擇한「九月테ー제」가發表 되고 뒤이어 一九三一年十月 汎太 平洋勞働組合秘書部에서「朝鮮에있어 汎太平洋勞働組合秘書部支持者 에게」라는 世稱「太勞十月書信」 으로 朝鮮勞働運動의指導路線이確 立됨으로서 朝鮮勞働組合運動左翼 은 繼續的으로이러나는犧牲을뒤아 어가며 各地에서活氣있게 野蠻的 搾取에對한抗爭과 反日帝鬪爭을꾸 준히展開하는過程에 昨年八月十五 日 解放을마지한것이다。

그러면八月十五日前 勞働組合運 動의地下組織은 얼마나潛在해있었 든가 京城을中心으로 纖維勞組、 出版勞組、金屬勞組、仁川에金屬勞 組、港灣勞組、興南에化學勞組、釜 山에埠頭勞組、元山에運輸勞組等을 들수있으며 그外에도各地에 小規 模의革命的勞働者의組織이散在했던 것이다。

解放後 破竹의勢로發展하는勞働 組合運動은 이地下組織과 解放後 出獄한 職業的勞働運動者가 基本 部隊가되여 工場、企業所、鑛山、 事業場으로總進發하야 各地에散在 한 自然發生的으로形成된、分散的 이며 宗派的이며 畸形的이며 職 業別的인勞働組合運動은 產別的原 則에立脚하야 目的意識的指導下에 서 組織을整備하며、未組織地帶의 組織事業에心血을기우려、一九四五 年十一月五・六日서울에서 五十萬 勞働組合員을代表한 代議員六百十 五名이모여 民主主義的方法으로朝 鮮勞働組合全國評議會를組織한것이 다。

(別表一)

各産別組合의組織成員一覧表

(一九四六・二・一五現在)

産別	支部數	分會數	組合員數
金屬	三〇	三五	五一、五六四
化學	一八	一六七	四九、〇一五
纖維	一六	一七	三〇、三六八
出版	一六	六五	四、三六八
交通	二八	一四〇	五八、〇四一
食料	二五	一〇八	三三、五三五
土建	一七	一二七	五九、一一八
電氣	一四	五四	一五、七四三
木材	二	一二五	四〇、七三二
漁業	九	五〇	五五、六四四
鑛山	九	一三四	六四、五六三
通信	九	四〇	一〇、二六
鐵道	一四	一二七	六三、四三九
一般	一四	一〇七	一七、〇六五
海員	七	九	四、七三〇
造船	一〇	三八	五、六五七
合同		七四	五三、一〇一
合計	三二五	一、六七六	五七四、四七五

備考 一、組合員男女別%男子七五%女子二五%

二、男子年別%靑少年六〇%壯年

四〇%

三、女子年別의%青少年八〇%壯年二〇%

全評은解放後有利한客觀的條件下에 그名稱과 世上에처음出現되였으나 그實은日帝惡政下에法的組織을보지못할뿐이고 全評의母體는嚴然히存在한것이다。解放後二個月이라는短時間에 이렇게五十萬勞働者가 民主主義的中央集權의原則밑에結集했다는것은 世界勞働組合運動史의 新記錄이될것이며 이는또한 日帝의言語道斷의軍事的警察彈壓과 植民地奴隸的搾取로부터解放을爲한 勞働者의團結의意慾이 얼마나絶對的인要望이였다는것을 端的으로表示하는것이다。그렇면全評은 어떠한性格의集團이며 當面한課業은무엇인가를說明하기爲하야 여기에全評結成大會에서採擇한宣言과一致行動綱領을紹介한다。

宣 言

全國勞働者동무들!!

第二次世界戰爭의勝利가 民主主義國家群 蘇米英中等聯合軍의便에드러왔다는것이 곧世界人類를爲하야커다란幸福을 가저왔을뿐안이라 同時에 우리勞働階級을爲하야自由와解放의길을 열어준것이다。

그렇므로 反파시슴戰爭에있어서 世界勞働階級은 民主主義陣營을絶對支持하였든것이며 特히 蘇米英諸國의勞働階級은 이戰爭의最先頭에서 勇敢히 血戰을맛기지아니했든것이다。다시말하면 全世界勞働階級은 民主主義國家의便에서 獨伊日의國際파시슴을敵對하고 싸우는마당에있어서 큰歷史的貢獻을하였다고 指摘하여둔다。

이러한國際情勢에있어서 朝鮮의勞働階級은 日本帝國主義의殺人强盜的侵略戰을 繼續하는동안(一九三一—一九四五) 軍事的白色테로國에도不拘하고 戰時下의極度로惡化된生活條件을反對하야 싸와온것이다。

日本帝國主義가降伏後 朝鮮의勞働階級의形便은 政治的으로보면 自由와民族的解放의길을 것기始作하였으나 戰後經濟的混亂과工場閉鎖로因한全般的失業化와 인푸레슌惡化에依한物價暴騰과物資缺乏等의現象은 勞働階級으로하야금 物質的生活條件의一層惡化를가저오고말었다 따라失業者는 全産業勞働者의過半數나되는 朝鮮푸로레타리아트의投幹部隊인工場勞働者이다。

이러한情勢下에있어서 勞働者의生活條件의改善을爲한鬪爭을 展開하는任務를가진組織——그것은 곧勞働組合이다。

여기에있어서 우리는勞働組合運動을全國的으로 各重要都市를中心으로發展시켜야하다、그것은非合法戰時白色테로ㅣ時代부터 繼續되여나오던 勞働組合運動의發展이며 이土臺우에서 合法的大衆的勞組運動은 活潑히展開시켜야된다 八月十五日後當이 全國을通하야 京城

仁川·咸興·元山·釜山·大邱·平壤여러産業都市에서 活潑히 勞働組合이組織되여 大衆化한鬪爭으로 展開되고있나니 이러한事態는 全國的指導機關으로서의 全國評議會의創設을要請하고있는것이다。

우리는 이렇게活潑히展開되고있는朝鮮勞働組合運動을全國的規模와統一밑에 어떠한進路로組織指導할것인가? 이것은곧 朝鮮勞働組合全國評議會의任務가될것이다。八月十五日後 全國各重要産業都市를中心으로展開된勞組運動은 自然發生的地域的手工業的混合型的組織體를버서나지못하였나니 이것을目的意識的指導에依하야 全國的으로蔚然한産業別的組織으로 體系化强力化시켜야될것이다。例컨대 金屬·化學·纖維·交通等의産業部門의勞働者를 全國的으로까지縱的組織體로組成시켜 이여러全國的産業別單一勞働組合이總集結하야全國評議會를結成하는것이다。 그러나現下國內外의情勢에맞이여 이와같은完全한上向的組織을爲한鬪爭에힘쓰는同時에于先重要産業部門의單一勞組를中心으로全評을結成하야그民主主義的中央集權의힘으로 다시下向的으로 自體의組織力量을强化시켜 참으로大衆우에土臺를둔 굳센全國評議會가되도록그든힘을集中해야될것이다。

이와같은組織活動은 各工場內의勞働者의當面한經濟的利益을爲하야不絶한鬪爭을展開시켜 그鬪爭過程을通하야 더높은政治鬪爭에까지昂揚시키므로서만可能할것이다。萬一勞働組合運動은 勞働者의當面한經濟的利益을爲한鬪爭만으로서滿足시켜 政治鬪爭을無視抑制한다면 이는곧組合主義의誤謬를犯하는것이며 그와反對로勞働者의日常利益을爲한鬪爭을輕視하고 政治的鬪爭으로만指導하려는 大衆과流離된左翼小兒病的傾向과도 싸워야될것이다。特히現段階에있어서 억트的「極左的」傾向의危險性이 크다는점을强調하야마지안는다。

그렇므로우리는 勞働者라면 能히 주저치않고參加할수있는 廣汎한意味에있어서大衆的勞働組合運動을展開시켜야될것이다。卽勞働者의當面日常利益을爲한鬪爭을指導組織하며 이鬪爭을 朝鮮의自主獨立問題와結付시켜 朝鮮建國初의經濟建設의推進力이되여야하며 勞働組合의生産管理라는 重大한責任과役割을높지않으면안되며 따라서그管理權의參與를確保하야 朝鮮産業의健全한發展에貢獻하여야된다。

全國勞働者동무들!!

우리는一般的意味에있어서 全評의行動綱領을내걸고 朝鮮勞働組合運動은 民主主義的進步的코-스로거러나가게맨드는同時에 우리朝鮮勞働組合全國評議會를 앞으로國際勞働組合聯盟에加盟하야 勞働者의國際的聯帶性을强化하므로서 世界平和確立을爲하야 世界勞働者와어깨를겯우어 前進할것을宣言한다。

一九四五、一一、六
朝鮮勞働組合全國評議會結成大會

一般行動綱領

우리는 現下內外情勢에 卽應하야 明年度定期大會까지 左와 如히 一般的行動綱領을 決定한다。

一、勞働者의 一般的生活을 保障할 最低賃金制를 確立하라
一、八時間勞働制를 實施하라
一、性、年齡、民族의 別을 不問하고 同一勞働에 同一賃金을 支拂하라
一、七日一休制와 年一個月間의 有給休暇制를 實施하라
一、婦人勞働者의 産前産後二個月間 有給休暇制를 實施하라
一、有害危險作業은 七時間制를 確立하라
一、十四歲未滿幼年勞働을 禁止하라
一、勞働者를 爲하야 住宅、托兒所、娛樂室、圖書館、醫療機關을 設置하라
一、婦人勞働者를 爲한 工場設備(托兒所、授乳所、換着所等)를 雇主負擔으로 卽時實施하라
一、勞働者의 利益을 爲한 團體契約權을 確立하자
一、工場閉鎖、解雇와 失業은 絶對反對한다
一、日本帝國主義者와 民族反逆者及親日派의 一切企業은 工場委員會(管理委員會)에서 保管하고 勞働者는 그 管理權에 參與하자
一、失業、傷病、廢疾勞働者와 死亡한 勞働者의 遺族生活을 保障하는 社會保險制를 實施하라
一、搾取를 本位로 한 一切請負制를 反對하자
一、言論出版集會結社罷業示威의 絶對自由
一、十八歲以上男女選擧權을 賦與하라
一、農民運動을 絶對支持하자
一、朝鮮人民共和國을 支持하자
一、朝鮮의 自主獨立萬歲
一、世界勞働階級團結萬歲

以上과 같은 宣言과 一般行動綱領을 遂行하기 爲하야 如何한 組織體系로서 運行해나가는가 다음의 圖解로서 說明코저 한다。(別表二)

全評은 産業別的組織原則에 立脚하야 그 基本部隊를 形成하였으나 朝鮮의 産業發達의 特殊性을 考慮하야 合法的 또는 職業別的 또한 地域的組織(合同勞組)을 部分的으로 是認하고 있으며 地方的勞働運動을 過渡性이 있게 指導하기 爲하야 各重要産業地帶에 地方評議會를 두고 地方評議會所在地에 近接한 特殊地帶에는 그 밑에 産別連絡委員會를 두고 있다。

現在全評에 加入된 全國的産別單一勞働組合은 다음과 같다。

1 朝鮮金屬勞働組合
2 朝鮮纖維勞働組合
3 朝鮮土建勞働組合
4 朝鮮通信勞働組合
5 朝鮮鐵道勞働組合
6 朝鮮化學勞働組合
7 朝鮮海員勞働組合

(別表二)

朝鮮勞働組合全國評議會組織體系圖

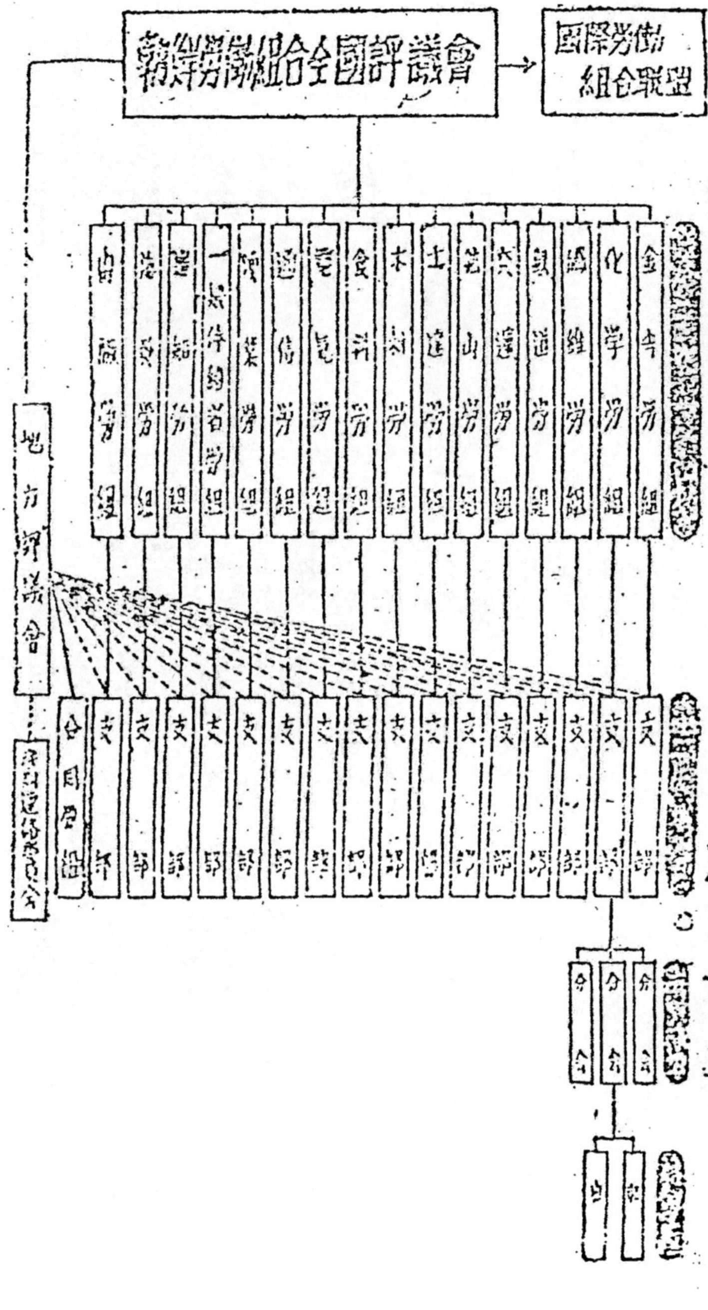

8 朝鮮出版勞働組合
9 朝鮮交通運輸勞働組合
10 朝鮮食料勞働組合
11 朝鮮鑛山勞働組合
12 朝鮮木材勞働組合
13 朝鮮造船勞働組合
14 朝鮮漁業勞働組合
15 朝鮮一般俸給者組合
16 朝鮮海員同盟

以上十六個産業勞組가있으며 그傘下에 下部組織인支部를 各産業都市에두고 支部는 다시各職場에分會—班을두고있다。(例컨대는 全評朝鮮金屬勞働組合京城支部××分會이다)

그리고 우에말한바 各地方評議會는 다음과같다。

朝鮮勞働組合全國評議會
〃 京城地方評議會
〃 仁川地方評議會
〃 三陟地方評議會
〃 釜山地方評議會
〃 馬山地方評議會
〃 木浦地方評議會
〃 群山地方評議會
〃 大邱地方評議會
〃 大田地方評議會
〃 光州地方評議會
〃 全州地方評議會

以上十一個所의地方評議會는 該地方에있는各産業別支部를總轄하고 그地方의特殊性을考慮하야 全評의指示方針을具體化하고있으며 小地方都市에는 合同勞組를組織하고있으나 例컨대는「水原合同勞働組合」等이다。

우에言及한바는 南朝鮮에있어서 全評의組織體系의大體이어니와 北朝鮮에있어서는 諸般特殊性을考慮하야 北朝鮮勞働運動에對하야廣汎한自治權을賦與하고 全評北朝鮮總局을 昨年十一月三十日創設했으나 北朝鮮의民主主義發展에步調를맞추기爲하야 全評으로부터獨立되여 一九四六年五月二十五日 總局擴大執行委員會에서 北朝鮮職業總聯盟으로서再出發하야現在五十萬盟員을先頭로 勞働者及事務員을總動員하야 祖國經濟復興과國民生活의向上을爲한 産業建設運動을 北朝鮮勞働運動의當面課業으로세우고 心血을기우리려그成果는 朝鮮全體와生産機關의約九〇%의運轉으로나타나고있으며 勞働者의權利의保障과生活條件의急進的向上을爲한 民主主義的勞働法令의發布까지보게된것이다。

如斯한組織과 上述한宣言及一般行動綱領밑에서 各民主主義友誼團體와協力아래 全評은朝鮮民族의當面한歷史的課業인 民主朝鮮建設에이바지하기爲하야 莫府三相會議의朝鮮問題에對한決定이 眞實로 朝鮮의自由獨立과民主的發展을先進할수있는路線임을認識하고 그를支持하는同時에 勞働者는가장民主愛國者이며 愛國的運動者이라는理念은갖이고 勞働者의生活向上及 自主獨立의길을妨害하는反動的企業家의

謀利的行爲에對하야 또는 日帝의殘滓와 親파쇼的傾向에對하야 徹底히싸우며 自主經濟建設과 勞働條件改善勞働者의基本權利獲得을爲한事業을 展開하야왔다。

經驗이아즉弱하고 成長期에處해있으나全評은 自然發生的인 大衆鬪爭을 바르게指導하야 옳지못한「左右의傾向」을克服하면서 大衆의質的向上을爲하야 勞働組合의正當한建設과活動에 必要한教養事業을展開하며 組織의擴大强化를爲한 大衆의組織生活에徹底的訓練을圖謀하며 運動의正常的發展을爲하야 優秀한勞働者를選拔하야 幹部로養成하는等々을展開하고있다。이事業은滿足할程度는못되나 大體로좋은成果를보고있다고할것이며 組合員도結成當時에比하야 五個月등안에約十萬의加盟者의增加를보게되였다。

解放後政治的混亂과 生産機關의破壞로因하야 不足恐慌과 惡性인푸레ー숀은 民衆의生活 特히勤勞大衆의生活을 極度로貧窮한處地에몰아넣고있다。勞働者의生活保障과 産業建設을爲하야 日帝殘滓인惡質企業家들의 生産破壞的謀利手段及勞働者에對한 奴隸的取扱을反對하야「八時間勞働制」生活保障의最低賃金制 勞働組合運動의自由」等을爲始한 行動綱領의獲得을爲한鬪爭을 積極展開하고있다。

朝鮮이 完全한自主獨立國家로서世界民主主義國家群의一員으로登場하자면 第一의先務로 經濟的獨立에있는것이니 健全한産業建設이 없이는 決코完全한朝鮮民族의解放이없다는것을自覺한 全評系下組合員은 第一線에서서 모든勞働者들이굳고 日帝가最後의瞬間까지殘虐性을發揮한 工場施設及物資의破壞燒却과 生産品의放賣에對하야 決死的으로鬪爭하며 解放된翌날부터産業復興問題를 愛國的熱意에서實踐함으로서 또는反民族的産業破壞分子와英雄的抗爭을展開하고있다。特히最近頻繁한 惡質謀利輩의工場管理權私取로부터 日帝的搾取方法을襲用하려는 反民主主義이며反民族的反逆行爲에對하야 全評은斷乎한鬪爭을展開하며 他方愛國的이며民主的勞働條件을實施하는 企業家와는積極協力함으로써 不足恐慌을打開하야 人民의生活을確保하고 富强한民主主義 새朝鮮建設의基本工事인 産業建設에 一路邁進하고있는바이다。現在南朝鮮 一帶特히京仁地區에서이러나고있는 모든勞働爭議은産業建設을爲하야 生産機關內에潛在해있는非建設的이며 反民主的인企業家部類를除外反省시키는참으로愛國運動의一端으로서建設을爲한싸홈인것이다。

全評은 結成大會에서 世界各民主主義國家의勞働組合으로써 昨年九月에 巴里에서結成된 全世界勞働組合聯盟에加入할것을 決定하고그後그手續을밟아 六月下旬 英府에서開催된 全世界勞働組合聯盟執

行委員會에서 正式承認을얻게된것이나 이는全評이 民主主義綱領을좇고 그것을實踐에옴기기에奔忙하였든結果로서 朝鮮勞働階級은勿論全民族的으로 感謝할바라고하겠다。따라서全評이 自任한 그課業을果敢히實踐할것을期待하는바이다。

끝으로 全評의部署와 그常任委員을紹介한다。

常任委員部署

委員長 許成澤
副委員長 朴世榮 池漢鍾
書記局 韓哲 朴鍾顯 劉亨植
組織部 玄勳 白日成 梁再植 朱炳鋪
産業建設部 文殷鍾 文錫 金泰淡 徐昌燮 李成百
宣傳部 鄭載翰 文斗政 曹喜經
失業對策部 朴瑞昷 崔學 金東宗
婦人部 許均
靑年部 吳燦模
新聞社 金浩永 申貞均

全國農民組合總聯盟

三十六年間 가장惡辣한方法과手段으로 搾取과侮辱을當하든 日本帝國主義가 敗亡하는最後의날, 八月十五日은 우리民族뿐만아니라 人類史에커다란 衝擊을주었다。오頭한누구보다도 가장비참한 植民地에서二重三重으로시달니고 짓밟히든農民도蹶起하였다。그러나이歷史的蹶起는 三一運動과같은 漠然하고單純한 民族的感情에서만이안이고 한거름나아가서 進步的民主主義路線에立脚한것이며 同時에階級的立場에서였다고하겠다。그것은우리民族의 眞正한解放과自由는 全人口의七割五分以上을차지하고있는 農民의完全한解放과自由가 없이는偉大한 歷史的課業을 完遂할수없는때문이다。그러므로解放直後의農民運動은 自然發生的인것같으면서도 그實은멀니一八九三年東學亂에서出發하야 一九二六年의六十萬歲와 一九二五年 朝鮮共産黨組織이있은後 主로一九三〇年을中心으로한 革命的鬪爭의 커다란潛在勢力의 再現이라고볼수있기때문이다。더욱하南朝鮮各地에서 일어난小作爭議事件 平北龍川不二農場爭議事件 義州、定州地方의 赤色農組事件 咸北救援、吉州、明川地方의第一次로부터第六次까지 일어난農組事件(投獄一、五九〇餘名銃殺拷問致死者 三〇〇餘名) 咸南赤興定平、文川、洪原、北靑、端川等地의農組事件(投獄一六〇〇餘名、銃殺拷問致死者 二五〇餘名) 그리고 비록中國共産黨領導下에서行하여졌으나 우리民族解放運動史에 永遠히빛날 間島五·三〇暴動事件 等々一々히枚擧하기어려울만는 壯々한鬪爭은日本帝國主義의野蠻的 彈壓과搾取 그리고그와 結托한朝鮮土着地主와

資本家를相對로 하야經濟的鬪爭에서 政治的反帝鬪爭에까지 들은되의鬪爭史라는것은 否定치못할嚴然한事實이다。그러나解放直後의農民運動은 日帝의野獸的彈壓으로말미아마 오랫동안全國的인 統一組織을못갖어고 있었든탓으로 組織體의名稱에있어서 農民委員會、農民組合、農民同盟等々으로 區々하였으며 戰略戰術에 있어서도 過不及의過誤가만히있었다。그리다가外來의힘은 南北鮮의政治的事情을달니하였고 內的으로는 勞働階級의領導的力量이强化됨을따라 農民自體가갖어고있는 小뿌르的根性과反動化할要素의 克服淸算及 民主々義民族統一戰線에의 加擔으로서積極하고積極的인 運動을展開할수있게되였다。

全農結成準備

十一月七日 全評會合을 機會로 全國各地에서 派在勸外四十餘名이 會同하야 全國農民組合總聯盟을結成하고다음과같은 主要한決議事項이있었다。

첫재 土地問題의解決로서 農民大衆의特殊한 經濟的 政治的 社會的利益의獲取를爲하야

둘재 農民大衆의强力한 組織的訓練을爲하야

셋재 當面하고있는 民族統一戰線에 農民大衆이積極的으로參加하며 나아가서그의强力한 推進力이되기爲하야

넷재 反動分子들의 全國的農民團體結成의企圖를封殺하며 그工作에壓力的으로抗爭키爲하야

그리고全國的統一의 組織的任務는 다음과같어야하다。

一、全國各地에있는 農民組合으로 하여금 全農에參加케할것

二、全農中央은 全農擴大强化를爲하며 未組織地方에 直接又는道聯을通하야「올그」를派遣해서組織活動에着手할것

三、略

全農結成

다음全國農民組合總聯盟、結成大會는 一九四五年十二月八日 서울市天道敎記念講堂에서 午前十一時

全國에十一月三十一日現在로 旣成組織의組合數는 十三道二十二府二一九郡에걸처 二三九이며 各道代表가三人式 各府郡代表가三人式 合하야七六二名에게 代議員招請狀을 發行햇으나 出席代議員은五四五名이엿다

第二日은 本町三丁目서울小劇場 第三日은다시금 天道敎記念講堂等々으로 移動하는一方 白色테로團와妨害로電氣線斷絕까지 있었으나 警備隊員(國軍準備隊 政治學校生徒와共他各靑年團體員) 鐵은같은防禦下에잘進行되엿다。

一 各道代議員

全南 柳赫 趙龍楠 太衡玉

外 三府二三郡 五六名

全北 張在燮 河駿銑、崔洞烈、外 二府一四郡 三五名
慶南 元在喜 趙在爵、權東祿 外 三府一九郡 六四名
慶北 李尙甲 金東旋 崔何鶴 外 一府二三郡 六四名
忠南 趙炳浩 趙正濱 朴性發 外 一府一四郡 三八名
忠北 張俊 柳翼瑞、金台洙 外 一府八郡 二四名
江原 韓貞錫 李相萬 李鳳周 外 一三郡 五七名
黃海 安字根 呂檣鉉 李鍾陽 外 一府一七郡 三一名
平南 金鍋鉉 李寬燁 外 二府十四郡 一九名
平北 金昌俊外一府一九郡 一八名
咸南 柳炳俊 陳炳錄 外 三府一五郡 一六名
咸北 李永龍 全治殷 外 三府一一郡 二四名
京畿 金宜俊 金裕銑 沈鉉錫 外 三府二〇郡 六四名

中央準備委員 三五名 合計二二一府二一九郡 五四五名

全國組合員數

이제 全農指導下의 組織區와 組合員數를 들면 다음과 같다(一九四五年十二月末現在인데, 그後運動의 發展及府郡單位와 個人單位의 關係로 差가있음)

道聯盟		府郡島支部	面支部	里部落班	組合員數
全南	一	一四	一一〇	三、〇一九	三六九、四一四
全北	一	一二	一〇三	二、〇七五	三〇六、六四五
慶南	一	一五	一八二	一、八七七	四五九、七五九
慶北	一	一七	一二七	二、五九八	二七五、九一三
忠南	一	一二	九七	一、八九〇	一二二、五六三
忠北	一	六	五七	一、七五〇	一一六、九七八
京畿	一	一五	一三四	三、二三九	一九三、五四九
江原	一	二一	一七九	一、八五七	一七五、八五二
黃海	一	一七	一三七	九八一	二〇四、二七七
平南	一	一四	一四〇	一、六四〇	一七三、五四五
平北	一	一七	一七八	一、六〇〇	二七九、四二四
咸南	一	一五	一三五	一、九七九	一四〇、七四六
咸北	一	一一	七六	七八三	一九九、五三二
合計	一三	一八八	一、七四五	二五、二八八	三、三二二、九三七

行動綱領

一、日本帝國主義者及民族反逆者의 土地를沒收하야 [illegible]에게 分配하자
二、親日派와 民族反逆者가 아닌 朝鮮人地主의 小作料는 三七制로하되

則的으로는金納으로할것

三 二毛作以上의裏作, 間作의收穫物과집(藁)(茎)一切其他副産物은生産者인農民이갖자

四 地稅及水稅 一切公課는 地主가負擔하고 種子代 肥料代는折半負擔으로하자

五. 減作. 不作地는 小作料를減免하고, 農民의最低生活을 國家가補償하자

六 舍音, 管理人等 中間搾取制를撤廢하라

七 肥料 農具 農民生活必需品의配給을急速實施하라

八 日本帝國主義者와民族反逆者의山林 河川 沼澤等은 이를沒收하야 國有로하고農民에게 使用을公開하라

九 水利組合은 國家經營으로하고 그管理는農民이하자

十 農産物의 價格制定은 農民의利益을尊重히하자

十一 日本帝國主義者와民族反逆者에對한 一切 債務는 廢棄하고 其外의高利貸金은 그利子를 年五步以內로 減下하고, 單利로計算할것

十二, 金融機關을設立하야 低利資金을融通할것

十三 金融組合 農會産業組合等을 卽時 協同組合으로 轉換시키고 參加農民이管理하자

十四, 一切苛斂雜稅를撤廢하고, 單一累進稅를實施하되 貧農에게免稅하라

十五 强制供出 强制賦役 强制附金을撤廢하라

十六 半農奴制的「머슴」의待遇를改善하라

十七 農業勞働者의 最低賃金制를確立하고, 勞働時間을短縮하라

十八 國家負擔으로 農民敎育文化施設을擴充하고 義務敎育을實施하라

十九 國家負擔으로託兒所 授乳所 産院等을設置하라

二〇 鄕場路橋設備를擴充하고, 農民娛樂機關을普及하라

二一 階級身分及性에依한, 差別을撤廢하고, 一切封建的惡習을一掃하자

二二 團體交涉權과 團體契約權을獲得하자

二三 男女十八歲以上은 同等한選擧權 被選擧權을갖이자

二四 農民의言論 集合 出版 結社 信仰의 自由를獲得하자

二五 農民은勞働者와 굳게同盟하자

二六 農民은全農의 旗빨아래로!

二七 朝鮮完全獨立萬歲!

二八 朝鮮人民共和國萬歲!

全國農民組合總聯盟

大會決定書

全國農民組合總聯盟

一 進步的民主主義國家 쏘베-트同盟을爲始하야 平和愛護國 米英中 聯合國은 西에서 파시즘

獨逸을 打倒하고 東에서軍閥과 시스트日本을粉碎하야 世界平和와人類解放을可能하게한 偉大한 役割을하였다。

二 獨逸과日本은打倒되었다. 그러나國際파시즘의殘存勢力은 아직 뿌리깊게남어있다。平和와自由를사랑하는 民主主義國家와 그人民이 國際파시즘의 殘存勢力을 徹底히掃蕩하야 다시 새戰爭이 이러날危險性을除去하기에不絕한努力을繼續하고있다。

三. 東歐羅巴諸國에있어서는 民主主義國家들이建設되였고. 그것을 爲하야 벌서부터 勞働者農民勤勞大衆은 協力하며民族統一戰線에 積極參加하였다. 또極東에있어서도戰爭中 平和[illegible]은 世界平和를 保障하는데有力한條件이되었다 [illegible]은 그[illegible]을爲하여 奮鬪하였고 莫大한犧牲을 하여왔다 그러나 우리民族의主體的力量에依해서보다도 世界民主主義諸國家의戰勝에依하야 우리解放은約束된것이다. 다시말하면 國際問題가解決되는마당에우리朝鮮民族解放이約束된것이다。

五 그러나우리나라에도 國際파시즘의一環인日本帝國主義의殘存勢力은 아직뿌리깊게남어있다 大地主及反動的民族부르조아지ㅣ들은 親日派民族反逆者와 結托하야 民族統一戰線을 攪亂하고民主主義政權樹立을 妨害하고있다 그들은 입으로만은 民主主義라는看板아래 그들一部의利益만을 保護하기爲하야反人民的反動的政權을樹立하려고努力하고있다。

六 우리朝鮮은 人口의七割以上을 農民이占하고있는 典型的農業國家이다 그들은半封建的搾取方法과 [illegible]과 日帝資本主義的 [illegible]下에 [illegible]인 壓迫과 迫害와 苦痛을받어왔다 日本帝國主義는 우리朝鮮에 半封建的土地所有關係와 半農奴的 搾取方法을 維持存續시키므로서 中世紀的 코ㅣ든 野蠻性과모ㅣ든苦痛과屈辱을與하는 生活을 우리農民에게 强要하고있다。

七. 그러므로本大會는 農民土地問題의解決이없이는 眞正한民主主義的民族解放이있을수없으며, 또하 우리民族의眞正한民主主義的解放은 土地農民問題의解決에依하여서만비로서可能하다는것을認定한다 다시말하면 土地農民問題의解決에依하여서만 우리나라에서는 封建的殘滓勢力을 一掃하고 새로운社會發展을爲하야 自由로운길이열리어질수 있다는것이다。

二 [illegible]大會에서는 土地農民問題는 解決하야줄수있는政權은 우리나라에있어서는 民主主義政權이라야한다고規定한다. 眞正한

民主主義政權은 人民을主宰로한 人民을爲한 人民으로서組織된政權이라야한다 勞働者農民等勤勞大衆의 政治的經濟的社會的基本要求를 實踐的으로達成하야줄수있는政權이라야한다 더욱히 國民의絕大多數를 占하고있는勤勞農民利益을 代表하야 줄수있는政權이라야한다는것을本大會는强調한다。

九 大會는 日本帝國主義의 殘存勢力과 親日派·民族反逆者에對한 反人民的反動政權樹立에對한 모ㅣ든策略을封鎖하기를 決議한다。

우리農民은 日本帝國主義의 白色테로밑에서도 英雄的鬪爭을繼續하여왔다 端川森林組合事件·定平農民組合事件·龍川不二農場小作爭議·沃溝進永農場小作爭議等 더욱이 一九三七年以來의許多한反戰鬪爭은다만勤勞者의日常經濟的利益을爲한鬪爭이었을뿐만아니라 主觀的으로나客觀的으로나 日本帝國主義의 壓迫과搾取에 反抗한것이었으며 民族解放을爲한鬪爭이었다, 우리는 이와같은 귀중한 鬪爭經驗을갖이고 앞으로 더욱히 日本帝國主義의 殘存勢力과 親日派 民族反逆者의策略을 壓殺하기를盟誓한다。

一〇 大會는民主主義國家建設을爲하야 民族統一戰線結成에積極的으로參加할것을主張한다 朝鮮人民共和國은 南北朝鮮을網羅한全國的組織이며 海內外의革命勢力을集結한 組織이다 그것은우리民族의 國內의 모ㅣ든 進步的要素를 包容하고있으며 또앞으로도 더욱廣汎하게 包容할수있고 우리勤勞大衆의 基本的要求를實踐的으로達成하야 줄수있으리라고믿는다 따라서 우리는 朝鮮人民共和國을絕對로支持擁護하며 民族統一戰線을結成하야 모ㅣ든民主主義勢力을結集하고 우리朝鮮人民共和國을 더욱더 確固한基盤우에세우기를 決議한다。

十一 大會는當面한土地農民問題의解決過程에있어서 日本帝國主義者와 親日派·民族反逆者의 土地는 이를沒收하야農民의勞力과家族數에比例하야 分配하기를主張한다 그리고其他 朝鮮人地主에대한 小作料는三·七制를實施하기를決議한다。

日本帝國主義가敗退한오늘날 그들의壓迫과 搾取下에 가장큰苦痛과 悲慘한生活을하여온 朝鮮農民의 貧窮化를防止하며 親日派에屬하지않는地主들도 그들의生活의安全性이保障되여야 할것이다。

十二 大會는日本帝國主義와 親日派民族反逆者의 所有인 山林河川等은 이를 沒收하야 國有로하고 그利川을 農民에게 公開하기를 主張한다。

水利組合은 이것을國營으로하고

農民의自主的管理下에무기를主張한다。

그리고 日本帝國主義下의 農村搾取制度이었든 共同販賣制供出制等은 그것을 一切廢止하고農會와金融組合같은搾取機關은 農民共同利益을 爲한 協同組合或은 農民銀行으로轉換하기를 主張한다。

十三 大會는 現下農村事情에 비추어 協同組合을 急速히組織하고 組合運動을全國的으로展開하야 農民生活의實質的向上을 드음기를決定하고 農村啓蒙運動을活潑히展開하야農民의政治的意識을昂揚시키는同時에 農民의文化的地位向上을爲하야積極的으로할것을 決議한다。

農民의封建的遺習 排他的利己心과保守性 迷信的觀念 男尊女卑의 낡은思想에對한鬪爭과 새로운文化及政治意識의注入이 宣傳啓蒙運動의 主要한內容이다。

十四 大會는 現下農村에있어서食糧問題 肥料問題 物資交流問題等이가장 緊要한狀態에놓여있는것을 指摘하는同時에 人民委員會와 軍政廳當局과 協力하야이問題解決에 積極的으로努力하기를決議한다 더욱히 三十八度以北에있어서의 食糧問題와 三十八度以南에있어서의 肥料問題는우리나라 農業經理와 民族生活安定에 至大한關係를 갖고있는것이다 그리고惡德商人과 謀利輩에依한米穀의 日本密輸出은民族을 反逆하고 獨立을妨害하는者라고規定하며 大會는 이런者를 徹底的으로 撲滅掃蕩하기를決議한다。

十五 大會는 全國大會가 가장適宜한 時期에開催될것을 指摘한다。

八、一五以後 農民運動은 全國各地에서 活潑하게 展開하여왔다 그러나 農民運動의組織과體系와 運動方針은 반다시正當한길만을밟어왔다고는볼수없다。이大會를通하야 農民運動은 비로소 統一되고 朝鮮農民은 自己利益을爲하야 全國的組織과一定한方針下에 自己가遂行하여야할當面諸任務를 明確히 規定하였다。

十六 大會는 南北朝鮮의 現勢에鑑하야 懸隔한 差異가있음을 指摘하고北部朝鮮에는 全國農民組合總聯盟北部分盟을 特設할것을 決議한다 이北部分盟은 總聯盟의直屬下에 그特殊事情에따라 北部農民運動을 指導케하기로決定한다 北部朝鮮에는 行政權이 事實上우리朝鮮人에게賦與되여있고現實에 있어서 모든 施策이民主々義原則下에 實行에옮겨지고있으며 勞働問題 土地農業問題를비롯하야 여러가지問題가原則的解決을 보면서 있기때문이다。

十七. 農業勞働者는 原則的으로는 產別勞組의하나로서 獨自的農業勞働組合으로 組織할것이다 그러나 朝鮮에있어서는 農業勞働者가 半封建的農奴性質이 아직 濃厚하고 또그數가매우적고, 그運動이未發展한까닭에 農組內에 獨自的組織으로 同盟加入을行하야 그特殊한利益을 擁護하기를 決議한다。

十八. 本大會에서 成立된 全國農民組合總聯盟은 朝鮮勞働組合全國評議會와 굳게 提携하야 民族完全獨立과, 勞働者 農民勤勞大衆을爲한 民主主義國家建設을 爲하야 勇敢히鬪爭하기를 決議한다。

一 農民은勞働者와굳게團結하자

一 農民은 全農의 旗…밑아래로!

一 全國農民組合總聯盟…萬歲!

一 勞働組合全國評議會…萬歲!

一 朝鮮完全獨立……萬歲!

一 朝鮮民主主義政府…萬歲!

全農北朝鮮農民同盟

全農結成大會에서 北朝鮮五道에는 全農北朝鮮農民聯盟을두기로決定하였다 그리하야 一九三六年十一月三十一日 平安南道人民委員會々議室에서 北鮮五道代議員 八四名의參集下에 林忠錫氏의開會辭「이北朝鮮聯盟은 全農과分離되는것이안이요 北朝鮮의 特殊事情에依해서 結成하는것이며 따라現下緊急한여러가지 重要問題를 解決하려그하는것이다」라는말로서 그性格을 說明한것이므로 重々한說明은略한다。

一 討議事項(內容略)

1日貨問題 2農具問題 3協同組合問題 4生活必需品問題 5農民組織問題 6專賣局取扱問題 7指導者養成問題 8水利組合問題 9農產計劃問題 10民族反逆者規定問題 11土地問題 12穀物買收問題 13食糧配給問題 14交通問題 15肥料問題 16農牛問題 17農夜問題等

一 執行委員

執行委員氏名 咸北 崔鳳熙, 李毅宇 李泰和, 金生鐵 許東旭 咸南 金紀鉉, 平北 趙一永, 田錫鎬 平南 玄七鍾, 李宜燁 尹昌益 張祿 金雲淵 李和泰 林忠錫 沈成鳳 金斗鉉, 金爾형 黃澤德 黃海 李泰鉉 金容浩, 計二十一名 委員長 副委員長 各部責任者는 執行委員會에 一任하기로決定하다。

全農北朝鮮聯盟綱領

北朝鮮農民聯盟은農民의群衆的政治團體이바그는政治的, 經濟的, 文化的 隷屬과農民들에경제生活과 物質상태를향상하기위하여 農民들을 단결시킴을目的으로삼는다。

농민聯盟은아래와같은目的과課業을세운다。

一 모든農民을단결시키며 그운동

民主主義的自主國家를建設하기위하여 自由的政治生活에열성적으로의입각할것이다。

二 土地使用權을선하며 또는공당하게해결하기의하여 또는농촌에의봉건적 착취관계를숙청하기위하야 농민들을원조하고 [illegible] 시켜야할것이다。

三 그ー든가중요한사회政治經濟問題에관하여 [illegible] 할것이다。

四 [illegible] 향상에 [illegible] 개선시킴이 [illegible] 있어서 [illegible] 이에 [illegible] 어야 [illegible] 으므로 [illegible] 作業。관계방책。[illegible] 문이다。

五 [illegible] 생활과 [illegible] 성기관들 [illegible] 농촌에 [illegible] 있다。 [illegible] 원료 [illegible] 것이 [illegible] 구성한 [illegible] 것이다。

六 농업노동자와 고용청년임금과를 질상조건을개선함에 적극적방조를하여야할것이다。

七 농촌의고리대금업의잔재와 노동력되고이착취적조건들과 절대투쟁하여야할것이다。

八 日本帝國主義잔재를철저적으로根絶하기위하여 또는친일파와民族反逆者들과구비한 투쟁을전개할것이다。

九 自由的民主主義的自主獨立國家를 급속한시일에建設하기위하야 [illegible] 농민의동맹을 [illegible] 으로 [illegible] 할것이다。

農民代表府郡別統計表

道別	道代表	市郡代表	計	備考
	人	人	人	
[illegible]	一	[illegible]	一七	
[illegible]	三	一八	二一	
[illegible]	三	二八	三一	
[illegible]	[illegible]	一二	一五	
咸南	四	六	二〇	
咸北	二	五	一七	
江原	一	一四	二五	
計	二九	一〇	一五〇	

北朝鮮農民代表大會

一 日時 一九四六年三月二十八日 十五時二十五分

一 場所 平安南道人民委員會大會議室

一 代表者數名 總數一五〇名 出席者數一三七名 來賓二三名 傍聽一九名

一 北朝鮮人民委員會成立經過報告

一 北朝鮮人民委員會成立經過와課業에對한報告

一 分科會

(1) 土地問題分科會

日時 一九四六年三月二十四日

場所 平南道人民委員會小會議室

出席代表 北朝鮮農民聯盟委員五名

朝共北鮮分局一名 咸南十一名 咸北十一名 平南十一名 平北九名 黃海七名 江原九名 指導者三名 合六十名外傍聽者數名

二 農業生産分科會

日時 同

場所 平壤市共産黨中區委員會會議室

參席者 指導權昌容, 北朝鮮聯盟四名, 平南四名, 平北三名, 黃海三名, 咸南五名, 咸北四名, 江原四名, 合計二十八名外傍聽者數名

三 食糧問題分科會

日時 同

場所 朝共北鮮分局農民部會議室

參席者 咸南四名, 咸北三名, 黃海二名, 江原三名, 平南三名, 平北三名, 指導者玄七鍾, 朴昌植, 合計二十名外傍聽者數名

北朝鮮農民聯盟代表大會決定書

(이決定書는土地改革法令發表와 重大한關連性이있으므로 쓴다)

北朝鮮六道農民聯盟代表들인 우리는, 平壤에서開催된大會에모여서 土地改革에對하여問題를討議하고北朝鮮全農民들의名義로써, 緊急한土地改革實施의必要에對하여北朝鮮人民委員會의聲明을是認하며歡迎한다。朝鮮人民들은三十六年間日本帝國主義統治의苛酷한强壓下에있었다。日本帝國主義의長久한統治는北朝鮮農村經理에對하여重大한遺産을남기어놓았다。全土地半分以上을地主들은自己의手中에掌握하였다。全農民의四分之三은無價値한耕地를所有하였거나, 그렇지않으면 全然土地없이남어있다。朝鮮에있어서는, 勞力農民들에게로부터피와기름을吸取하는不公平한小作制, 半分小作制가支配的形態를占有하고있다。北朝鮮의民族自由發展은國家經理生活의根本的改造를强要하고있다。地主의土地所有權은撤廢함이없이는農村經理가成果있게發展되지못할것이다。日本强壓者들의各方으로支持하던落後된半封建的土地使用制는우리國家의農村經理發展事業에巨大한停止物로되었다。本制度는無窮의土地없는勤勞大衆을酷毒하게搾取하여束縛함을許容하였다。土地半分小作制는반드시永遠히終結하여야할것이다。土地는그것을耕作하는者들에게반드시所屬되여야할것이다。地主의壓迫으로부터解放되여 自己土地의眞實한主人으로되려는 朝鮮農民들의世紀的宿望이實現될때는只今迫到하였다。우리는北朝鮮臨時人民委員會가 土地改革에對한法令을制定할時에 아래와같은우리要望을考慮할것을要請한다。

要 求 條 件

一 우리는以前日本人들에게所屬되

었든土地와朝鮮人民의利益에損害되드록·日本統治機關과熱誠的으로協力하던 우리의人民의變節者인朝鮮人들에게까지 全土地를沒收하는것이必要하다고認定한다。

二 小作制度를撤廢하고朝鮮地主들의壓迫으로부터 農民들을解放시키기爲하여 自己의全農土地를小作으로주었거나 그렇지않으면그것을雇傭勞力으로써耕作하는 朝鮮地主들에게屬한土地를沒收하는同時에, 寺院과其他宗敎團體에屬한土地도沒收하는것이必要하다。

三 우리는雇傭勞働者들과土地없는農民들과土地적은農民들에게永遠한所有로넘겨줄것을北朝鮮臨時人民委員會에要請한다。

四 負債의束縛에서農民들을解放시키기爲하야沒收한土地의所有者地主들에게關한農民과雇傭者들의諸負債는取消할것으로布告함을要求한다。

五 全漁業施設을人民化.(國有化)하며農民에게屬한小々한山林을除한外의全山林은반드시無償으로人民化.(國有化)할것을要請한다。

六 北朝鮮臨時委員會의要望에應하여 土地改革에對한法案을作成하기爲한 十三名의成員으로써委員會를選定할것이다。 北朝鮮의數百萬의農村經理勞力者들은 土地改革의時急한實施를熱望的으로期待하는것이며 그것은自由스러운民主主義的獨立國家의 새經理의創設에始初가되며農村經理의改善과朝鮮人民의福利에急進的向上의廣汎한可能을열어놓은것이다。

一九四六年三月三日

北朝鮮農民聯盟

北朝鮮農民聯盟이結成된後 歷史的深原인 土地問題解決. 農民銀行創設. 土地所有權證明書交付 農業現物稅에關한法令實施等々 長久한期間의 被壓迫搾取의 쓰라린前史를·뒤집어엎고 眞正한民主々義國家建設에 힘찬行進을하는 北朝鮮人民은 同盟員인勞働者들과발마추어서 建設的이면서 또한農民運動의 進步的發展을爲하야 一九四六年七月十一日 第三次北朝鮮農民代表者大會에서 北朝鮮農民聯盟을北朝鮮農民同盟으로 改稱하게되었다 (農民運動의發展如何에따라南朝鮮은農民組合 北朝鮮은農民委員會로되었음) 이大會에서決定한農業現物稅에關한것은 意義가큰것임으로 그大略을紹介하면 다음과같다。

一 農業現物稅는 農民들의農業에對한 一般의租稅와 供出을철폐하고 當年收穫의 二五%를現物로納稅하므로서 勞働者事務員의食糧을確保하게하는것。

二 힘을다하여도, 秋收때에全部빼트려간다는 惡質的逆宣傳을귀부시고現物稅의남겨지는 自由處分에맡긴다는것。

三 食糧問題의正當한 解決이 勞働者農民의同盟을굳게하며 民

主ㅅ義朝鮮建設의 根本努力이될
다는것。

四 小作料는收穫高의三割을當하야 萬若의損害를當할경이서 早稻穀物은八月十五日以內로하고 晩稻穀物은十二月十五日以內로 바치도록할事한것 等々

解放以後의主要政黨綱領

이것들을特히 붙기도하였으나 우리는日本帝國主義의 羈絆에서 벗어나서解放되었을뿐으로 아직主權이 完全히우리民族에게있지 않고將來的主權的 獨立의複雜微妙한經濟에關해있는이만큼 數字的으로仔細히 들어야할것임에도 不拘하고 記載의自由를갖이 못하는點이 있는우에 지난七月九日도되여 全農中央機關의數名의 檢束까지있게되자 參考資料一部도없어지게 된關係로 유감千萬이나 그동안의 大略事情 몇가지를드는同時에 第一回 擴大執行委員會에서 決定發表한行動綱領으로서 全農中央의 一部紹介에 그치고저한다。

一 日本帝國主義者 및民族反逆者의 土地를沒收하야 雇傭者 土地없는農民 土地적은農民에게 無償分配하자
二 五町步以上의 自作치않은地主及 寺堂僧院 其他宗教團體의所有土地와 面積을不顧하고 總數的으로 小作주는全土地는沒收하여雇傭者土地없는農民 土地적은農民에게 無償分配하자
三 農民이所有한 小山林을除外한全山林과河川 沼澤等을沒收하여國有로하고 利用權은農民에게公開하자
四 水利組合及一切灌漑施設은國有로하고 그管理는農民이하자
五 農產品과그產品의價格을 適正히調整하자
六 金融組合農會產業組合은 即時協同組合으로轉換시키고 參加農民이管理하자
七 地主及高利貸金業者에게서借用한 農民債務者의一切負債는取消하자
八 農民銀行을設立하야 農民에게生產資金을融通하자
九 農民의不足食糧을即時配給하라
一〇 肥料農具 農民生活必需品을即時配給하라
一一 國家負擔으로託兒所 授乳所產院等을設立하라
一二 國家負擔으로農民教育文化施設을擴充하고義務教育制를實施할것
一三 農村衛生醫療機關을擴充하고農民娛樂機關을普及하라
一四 階級身分及男女에對한差別을撤廢하고 一切封建的慣習을一掃하자
一五 農民이參加하는民主主義政府를세우자
一六 政權形態는人民委員會로하자
一七 男女十八歲以上은同等한選擧

擧及被選擧權을獲得하자
一八、言論與合結社出版信仰의自由를獲得하자
一九、農民은 勞働者와 [illegible] 하자
二〇、反民主主義者 [illegible] 反動派를 掃蕩하자
二一、[illegible] 하야 패트!
二二、[illegible]!
二三、[illegible]!
二四、朝鮮 [illegible] 建設!
一九四六年五月一日 [illegible]
[illegible]
다 나아가자 [illegible]
편 [illegible] 解放後
各地에서 [illegible] 나는 [illegible] 中
央에 [illegible] 二五〇 [illegible] 이고
[illegible]
[illegible] 이 [illegible]
추고 [illegible]
고 [illegible]
[illegible] 의 [illegible] 은 [illegible] 었
이 [illegible] 에서 [illegible] 는 우에 [illegible]

上加霜으로 水害와 傳染病 自然的
條件까지 나쁨에도 不拘하고 中央
과 地方이 鐵石같은 團結밑에서 각
[illegible] 果敢한 鬪爭을 하였으며 또
하고있다.
解放後 海外에서 들어온 似而非
愛國者들의 集團의 正體를 赤裸々
하게 大衆에 暴露시키는 同時에
正當한 政治的 見解를 갖이도록 한
것.
二 小作料의 三七制 金納 鬪爭으로서
큰 成果
三 [illegible] 相當 [illegible] 朝鮮 [illegible]
[illegible] 하므로써 [illegible]
[illegible] 한 [illegible]
한 것
四 [illegible] 에 對하야 누구보
단도 가장 先頭에서 [illegible]
[illegible] 의 利益을 [illegible] 한 것
朝鮮土地改革을 [illegible]
大衆에게 알니기 爲하야 [illegible]
[illegible] 出版物 [illegible] 하고 또
하면 있는 것

五 南朝鮮各地에서 일어나는 小作
權移動反對鬪爭에서 建國途上의
[illegible] 에 對한 [illegible] 的 [illegible]
하고 있다는 것
六 [illegible] 小作制度의 缺陷을
指摘하는 同時에 二毛作 小作料 施
行을 [illegible] 함으로써 中小貧農民
의 [illegible] 해준 것
七 [illegible] 에 [illegible] 하야 反動鬪爭은
의 [illegible] 中央
[illegible] 까지 있게 되었으나 [illegible]
[illegible] 에서 [illegible] 글 쓰
더니 [illegible] 우리
[illegible] 이 어되
[illegible] 것
八 [illegible] 地方에서 드른
[illegible] 에 [illegible] 成果가 많다
는 것은 [illegible] 에 있
어서 [illegible] 을 [illegible] 고 있는
것
九 [illegible] 하야 그때 그때
의 文化 [illegible] ([illegible]) 을 [illegible]
하지 [illegible] 되고 三一 月 [illegible] 로 · 全

國民新聞을 發刊하기 始作하야 並行해서組織을準備하고있는겨 寥々一々하收拾키가 困難하나 仔細한것은 後日機會로돌니면서끝임

朝鮮婦女總同盟

一九四六年八月十七日一千五百萬婦女의組織에의 參與와支援을爲하야 建國婦女同盟은 서울市鍾路基督敎靑年會館에서結成하였다。

이를母體로하야昨年十二月二十二日로부터 三日間全朝鮮婦人團體代表者大會를召集開催하야 歷史的인朝鮮婦女總同盟을結成하였다。大會에出席한代議員數四五八名參加團體一四八團體로 各職場、農村、街頭等모―든婦女團體를總網羅한一千五百萬의總集結團體이며「民戰」傘下에屬―하民主々義婦女團體이다。

大會에서選出된中央委員은百五十六名이며 常務執行委員은五十九名이다。

婦總의組織은中央集權制로 中央의下部道에는道總支部、府、郡、島에는支部를、面、村、里에는分會、町部落에는班을둔다。서울市는中央에直屬한다。中央幹部와各道責任者는아래와같다。

中央執行委員長 劉英俊
同 副委員長 丁七星 許河伯
總務部 李桂顯 高明子 李揆英 金炳淑 趙文來 文快承 白桂眞 金水準
組織部 趙元淑 李順今 李現卿 崔玉礎 尹承敬 許東春 李度文 李貞淑
宣傳部 金蘇姬 金命時 李叔愼 李金玉 明楚三 閔鳳娘 陳惠子 具茂善 崔玉星 朴來賢 朱家杆
文敎部 朴敬淑 金志蘭 金源珠 元幸順 呂蕊九 金光浩 金貞媛 朴裴子 池英愛 李現郁 文芬蘭 金愛理 李應淑
調査連絡部 丁甫淑 李玉子 丁貞嬉 金思任
財政部 徐石田 元明順 南宮照 洪鍾淑 文玉琴
援護部 金 溫 劉金鳳 楊一波 姜惠淑 金玉培 梁鳳閔 吳貞烈

各道責任者

서울支部
委員長 許河伯
副委員長 高明子
總務部 高明子(兼)
組織部 李現卿
宣傳部 李金玉
文敎部 洪鍾淑
調査連絡部 朴鳳娘
援護部 劉金鳳
財政部 南宮照
京畿道總支部 中 平
忠南總支部 崔有愛
忠北總支部 金東日
慶北總支部 金春鈴

慶南總支部　洪順南
全南道總支部　金洪恩
全北總支部　林平國
江原道總支部　林容子
支部總數　一五〇
盟員總數　約八〇〇、〇〇〇

婦總의運動은小市民婦人層以外에는貧汎한勞働者、農民一般勤勞階級의婦人의絶對支持와參加에있나니婦總은그들의利益을爲하므ㅣ로要求와鬪爭을게을리하지않으며있다。

活動經過

一九四五年十二月二十八日三相會議決定이發表되자　婦總은그의全幅的支持를聲明하고　宣傳解說事業으로서宣傳삐라　號外、講演會、反動테로가橫行하는街頭에서　勇敢히街頭宣說等을行하였다、

二月十五日民主主義民族戰線結成大會에는李承晩博士의南朝鮮單獨政府樹立陰謀　民族統一總本部發表等에對하여反駁聲明　獨立促成愛國婦人會大會에서婦總에提示한三條目의合同條件에對한、根本的原則이달으므로合同은不可能하다는　聲明書發表　北朝鮮土地改革과、婦女、勞働法案과婦女의關係를解明　宣傳、左右合作과立法機關에關한正當한　認識을爲한解說事業을全國的으로展開하였다。

우리에게賦與된時急한對內的課題는　婦女大衆의文盲退治와意識啓蒙이다。組織이整備됨을따라이事業展開와啓蒙를게을리하지않는다。許河伯金命時兩委員의全南地方巡回와丁七星氏의慶南北金道氏의全北巡回等은地方組織과啓蒙에많은寄與가있을줄믿는다。特히婦總寸劇隊（洪鍾姬文玉善、南宮婉、學部委員）의京畿地方巡回는民主主義宣傳에　큰効果를發揮하였다。

三月一日로부터三月八日國際婦人데ㅣ까지를「婦女解放鬪爭記念週間」으로하야全國支部에指令하야　多彩한記念行事를하였고　左의같은決議를하였다。「三月六日에는「婦女歷史의날」로하야　特히犧牲된革命鬪士의遺家族을爲한多彩한演藝로慰安하였다。

(1) 食糧問題　在庫米를即時配給하고　米穀買集을人民에게一任하라

(2) 政府發表法反對　世界에類例가없는　非民主主義的인이惡法을即時撤廢하라。

(3) 公私娼制廢止要求　非人道的女性모독의이制度를撤廢하야　國民保健과女性解放에寄與하라。

(4) 學園의反動暗躍을防止하라。民主主義的傾向의女學生을　停學退學處罰虐待하는　反動敎員을處分하야學園의民主化와　明朗을期하라。

反動政黨의保護아래謀利輩의跳梁은國內의商品의食糧窮乏을招來하야政府인朝鮮은饑餓와餓死가到來하있다。

三月二十七日婦總서는主婦座談會를開催하야　食糧對策協議會를各町을代表한主婦들로서構成하고「쌀을달라」는實踐運動을始作하였다。

우리의援護事業은아직全國的이것으로 統一한事業의展開는하지못하였으나 地域的으로는많은活動을하고있다。反動테로로因한犧牲同志의원호그遺族의慰問구조등全力을다하며 特히今番全鮮을휩쓴大水害에는全婦總員이必死的으로參加 救護에救援活動하였으며 地方各支部에指令하야水害同胞救濟에全力을다하라救護를보내었다。

서울市의水害救濟臨時委員會에參加하야많은成績을내었다。

五月二十八日軍政法令第七十號로人身賣買禁止令이나리자 하ㅣ지將軍에게謝意와敬意를表하였고 娼妓를救出하기에努力實踐하였다。그러나人身賣買禁止보다 根本的으로그公娼制度를廢止하지않고서는 도저히人身賣買도禁止되지않음으로婦總은 그根本的解決을爲하야 社會與論과協力을要請하기爲하야 六月二十四日政黨,社會團體有志名士三十여명을招待하야 市內白合園에서「公私娼廢止對策座談會」를開催하였다。그結果軍政長官러ㅣ취將軍에게 公私娼制撤廢要求의建議文을各階各層人士와各團體의署名捺印을받어全民族的要求로서提出하였다。

우리의機關紙「婦女朝鮮」은文敎部編修員特히金源珠氏의犧牲的活動으로 第二號까지發行되였다。

特히全鮮支部에指令하야農村으로農閑期에農村婦女援助의事業이다「農村援助班」의出動을激勵하야 모내기를모읍고(簡易託兒所의開設)나무그늘같은데 아이를모아서보아주는등生活指導를할것이다。

八月十五日까지의盟員倍加運動을展開하고있으며 八月十七日建國婦女同盟 創立記念을準備中이다。地方에派遣할遊說隊發成과地方選出의指導者를모아 中央에서幹部養成出版事業等을計劃中이다。

강령 (綱 領)

一、조선여성의정치적(政治的)·경제적(經濟的)·사회적(社會的)완전해방을기함。

一、진보적민주주의국가(民主々義國家) 건설과발전에 적극적으로활동하기를기함。

一、조선여성이국제적제휴(國際的提携)를도모하고 세계평화와문화향상(文化向上)에노력함。

행동강령(行動綱領)

一、남녀평등의선거권(選擧權)피선거권(被選擧權)을획득(獲得)하자。

一、친일파(親日派)민족반역자(民族叛逆者)국수주의자(國粹主義者)를제외(除外)한민족통일전선결성(民族統一戰線結成)에적극참가하자。

一、언론(言論)출판(出版)집회(集會)결사(結社)신교(信敎)의자유를요구하자。

一、여성의경제적평등권(經濟的平等權)과 자주성(自主性)을확립하자。

一、남녀임금차별제(男女賃金差別制)를폐지하자。

一、팔시간노동제를확립하라。

一、근로부인의산전산후(産前産後)각일개월간의 유급휴양제(有給休養制) 확립。

一、사회시설(탁아소、산원、공동식당、공동세탁소、이동공원)의완비를요구한다。

一、공사창제(公私娼制)와 인신매매(人身賣買)를철폐하라。

一、일부일부제(一夫一婦制)를철저실시하라。

一、교육에대한남녀차별제를 철폐하라。

一、국가부담(國家負擔)에 의한부녀문맹퇴치기관(文盲退治機關)을즉시설립하라。

一、생활개신(生活改善)을 적극적으로연구실행하자。

一、모자보호법(母子保護法)을제정(制定)하라。

一、봉건적결혼제를철폐하자(매매혼、빈한사위 조혼 및며누리)。

一、농촌에국가부담의의료기관(醫療機關)을설치하라。

선언(宣 言)

일직이우리여성에게도 자유와평등과자주(自主)를 향유(享有)할인도적인 의무(義務)와권리(權利)가부과(賦課)되어있었다。

그러나과거역사는 우리여성들에게 인권상(人權上)、도덕상(道德上)정치상(政治上)경제상(經濟上)문화상(文化上)인간으로서의 맛당히참여할아무런지위와 권리를허락하지안으며 고려(考慮)조약속도없었다。

원시사회이후여성은 전인류가즐겨야할、축제(祝祭)에는언제나초청(招請)안받은 문밖의손님이었다。

지금우리는조선민족의한사람으로써 三十六년간일본제국주의의 발굽아래유린당한조국(祖國)의역력(歷歷)한상흔(傷痕)과、아울러끝없이짓밟힌우리들만의 설움을돌보아보자。

어머나는! 안해는? 딸된사람은! 안방에서! 부엌에서! 농촌에서! 공장에서! 거리에서! 우리들의받어온모!든 부면에서의 차별은세계어느나라를 찾어보아도류례(類例)없는비분한것이였다。

일본제국주의는강도적인 식민정책을우리민족전체에게강행하기위하야 일각이라도놓치는야만적이발악을되하였고 그결과이성세기에있어서도 조선에는중세기적(中世紀的) 반봉건적(半封建的)유습을그대로읽매여유지하여왔었다。이러한 강압밑에가장압호제철유유다더왔는것은 조선의로동자、농민이였으며 또한 커―다란 피압박부대(被壓迫部隊)권조선인구의반수이상은차지한 一千五백만우리여성들이었다。

그러나八월十五일이후이제우타는 해방된조선의여성 주인공들이다。우리들은 드자리조국을우리들손으로 해방시키지못하고 소、영、미、중(蘇、英、美、中)의련합국(聯合

困) 에의하야 거대(巨大)한선물을 을바덧다고는하지만 이제부터의조선의건설과 발전은우리들자신의힘과 열성여하에달린것이다。 드루차존우리의국토우에: 세계에서가장진보적이고민주주의적인 락토(樂土)와세을의무(義務)와권리(權利)와자부(自負)를우리는가지고있는것이다。

전인류(全人類)를반역(叛逆)의구렁이속에 끌어넘을려는팟시슴과 三十六년간조선민족의 피와땀으로온갓 부(富)와락(樂)을마욱색하든 일본제국주의세력과 그의주구(走狗)한몇우리민족이게 의식적으로무지(無智)의퇴보(退步)와암흑(暗黑)을강행(强行)하든봉건제도(封建制度)의잔재에대한완전소탕(完全掃蕩)없이는 전민족(全民族)이갈망(渴望)하는진보적민주주의국가건설은 드커히불가능한일이며 따라우리여성들자신의 완전해방드어볼수없는것이다。

우리一千五百만여성은 조선민족의완전자주독립을의하야 여기에면주중된전선결성에 진정(眞正)하관단과인식을가지고 적극적으로참여할것을선언하는바이다。

따라우리는오랫동안 대외적(對外的) 대내적(對內的)으로양청(釀成)된사회적편견(社會的偏見)과자신들의 과소평가(過少評價)사상을타파(打破)하지에 권력(全力)을구해야할것이며 녈리국제녀청(國際女性)들의 진보적인부녀운동과제휴(提携)를드모하는한편조직적훈련(組織的訓練)과의식적계몽(意識的啓蒙)을비롯하야 조선여성각자로하여금 평등한인간으로써의 삶의가치를형유할수있고평등한인간으로써의 국가와사회사업에 균등한역할을할수있을것을 요구하는바이다。

전조선一千五百만여성들이여 수리들의올은뜻과힘으로하려뭉치자 우리들의힘은크다。

과거조선에건설적인 우수한조선여성의전통을존중하며 앞날의조선에창조적이적극적여성이되자。

一、조선완전독립만세

一、민주주의조선건국만세

一、조선부녀총동맹결성만세

朝鮮民主靑年同盟

八・一五以後의靑年運動槪觀

八・一五日帝의鐵鎖에서 解放되자 日帝彈壓밑에서反日鬪爭을果敢히하여오든가장革命的인 靑年을核心으로하야三千里坊々曲々에 自然發生的으로各次靑年團體를組織하였다。

그後情勢는朝鮮靑年에게 靑年運動의强力한行動統一을要請하였다。이에呼應하야十月二十三日에는 서울에있든靑年運動의中軸이였든二十六個靑年團體가 行動統一協議機關

안靑年團體代表者會를構成하였다。特히이때靑年運動의急速團結實現에拍車를加하게한것은 十月十日아ー놀드長官의 所謂「命令의性格을가진要求」라는 談話의發表이였다는點이다。

美軍이上陸하고美軍政이實施된以來 한참동안숨을죽이고있든 親日派民族叛逆者밑 모든反動分子들은이生疎한時期를타서가진策動으로써一部純眞한靑年을煽動하고 그들로하여금反動的役割을놀게하였으므로이에進步的靑年의奮起와强力한靑年運動나아가서全國的統一的組織을가진靑年運動은無條件的으로되었다。

그리하야十一月十五日靑年團體代表者會를母體로하야 朝鮮靑年總同盟結成準備委員會가構成되었으며 서울市及各道聯盟은接續하야結成되고十二月十一日朝鮮靑年總同盟은 드디어結成되었다。이날이야말로解放後 朝鮮靑年運動의劃期的인날이며그後朝鮮靑年總同盟은進步的靑年各層의統一戰線으로써 親日派를土臺로한反民主々義勢力과勇敢히鬪爭하여왔든것이다。

朝鮮靑年總同盟의綱領은如左하다。

一、우리靑年은大同團結하야 進步的民主々義國家建設에 協力하는推進力이되기를期함。

一、우리靑年은日本帝國主義殘滓封建的要素밑 모든反動勢力의徹底肅淸을期함。

一、우리靑年은靑年의 政治的、經濟的、文化的地位의向上을期함。

一、우리靑年은心身을鍛鍊하고眞理를探究하야 人格의向上을期함。

一、우리靑年은民主々義諸國家靑年과 相互提携하야世界平和建設에貢獻함。

朝鮮民主靑年同盟 組織經過

八・一五以後朝鮮靑年은 民族의基礎要求인民族統一에 强力한推進部隊로서貢獻한바 컸었다。全國의進步的靑年은 朝鮮靑年總同盟旗빨아래뭉치여 建國의礎石이되였고、靑總은靑年運動의옳은 方向을明示하고또남음이있었다。

그러나國內反動分子들은 國際獨占資本을背景으로하고 親日派와提携하야、最後發惡的인國際民主々義對抗陣線을慌忙히펴고 親日派的인地主及資本家를土臺로한反人民的陣營을形成하야 國內的으로는民族의分裂을策動하고 國際的으로는民主々義國際協調를破壞하고있다。

이리하야反託及三八線撤廢의空虛한口號를갖고 三相會議決定을拒否하며 民主々義民族戰線에原則的對立을 明確히나타내였다。이리하야一部靑年은愛國者의假面을쓴 反動指導者에게率直히操縱當하야 進步性을保有하여야할靑年運動에있어서드 亦是反動의現象이이러나게되었다。

여기서가장統一을漸次하는進步的靑年은自然發生的으로 靑年單一戰線을더욱强烈히부르짖고 「모든靑年은 民主々義旗幟아래로」라는스로간밑에서 參지못하길을밟는各界靑年層까지도積極的으로包攝하야 民主靑年同盟을組織하였고 民主々義를愛好하는靑年全部는民靑旗발밑으로들이게되었다。

이와같이各地方에서 自然發生的으로일어나는 民靑運動을統一하는同時에 全國的統一組織을形成키爲하야 一九四六年三月三十日 全評、全農、婦總、新民黨、民族革命黨、各文化團體、宗敎團體、在日本朝鮮人聯盟、敎育者協會의各靑年部幹員拒否者聯盟等都合三十九個團體靑年代表와 無所屬의靑年三十五名이民靑組織準備委員會를 서울서組織하고各道에準備委員을派遣하야 民靑組織을推進하였다。

그리하야四月二十五日 靑年單一戰線을目標로 朝鮮民主靑年同盟은 民族의커다란[illegible]行아래歷史的發展을 하였다。即朝鮮民主靑年同盟은 朝鮮의民主主義民族戰線의 有力한一翼으로서의役割을完遂하기爲하야、靑年單一戰線을形成하는同時에 强力한中央集權的組織으로서 過去朝鮮靑年運動의빛나는 傳統과歷史를繼承하고 現段階에있어서朝鮮靑年에게 賦課된歷史的使命을 果敢히遂行하려한다。

綱 領

一、本同盟은民主々義的理念과傾向을갖인靑年들이大同團結하야强固한獨立國家建設에總力量을集中함

一、本同盟은政治經濟文化에있어日本帝國主義의殘滓와封建的要素를根本的으로肅淸함。

一、本同盟은絶對的인男女平等을主張하며 特히靑年의政治的自由와 經濟的利益을爲하야鬪爭함。

一、本同盟은中蘇美英其他民主々義諸國家靑年들과 友誼的親善에努力하야 世界平和와安全保障에寄與함。

一、眞理를探究하고心身을鍛鍊하야 靑年男女及兒童에對한科學的智識의普及과文盲退治事業에努力함。

一、本同盟은經濟的建設을爲한産業、交通、運輸機關의復興에積極參加하며 農村經濟의 急速한發展을期함。

常務委員

委員長	趙[illegible]英		
副委員長	具然[illegible]	李性[illegible]	
總務部	吳貞浩	金在奎	
組織部	李載陽	權五俊	柳貞喆
	洪俊杓	趙誠軾	
宣傳部	任東旭	李[illegible]信	金石山
	文尸[illegible]		
文化部	文一民	金[illegible]煥	黃龍岩
體育部	池鳳九	趙[illegible]夏	
調査敎宣部	呂運[illegible]		

女子部 呂壁九 朴昌淳 金京俊
事業部 朴洪緖 崔甫洙
經理部 金榮昌
少年部 李東鼎

活動狀況、

五月九日 美蘇共委가 無期休會되매 이를機會하야 沒落의過程에서 숨어 놓은反動陣營은 千載一遇格으로 勇氣倍加하야 民主々義陣營에對한 테로、强壓、暗殺을 組織的計劃的으로 敢行하기始作하였다。

이러한民主々義陣營의試鍊期에 있어 民靑은民主々義의씩씩한前衛隊로서 反動陣營과勇敢히싸우는同時에 테로의邪道로 誤導되는一部靑年을 組織과啓發의힘으로서挽留保障하여 왔었다。

民靑은民主々義學校이다。 都市에서 農村에서 職場에서 工場에서 講習會、討論會、夜學、音樂會、雄辯大會等을開催하야 항상靑年의啓發에힘썼다。 그리하야 젊은靑年의正義感을鼓舞시켰으며 民主々義兵士로서 理論의武裝을强化시켰다。

六月十日「六十萬盟員一記念」을機會로하야 「靑年의體位向上」과 「靑年의鬪爭心昂揚」을爲하야 道對抗蹴球大會를開催하여 처음으로스포ー쓰界의革新的機運을만드렀다。 只今까지는有閑階級의享樂을爲하고 競技와勝負를爲한스포ー쓰이었든것을 一般人民의大衆的스포ー쓰의 새길을開拓한것이며、各分會에서는 蹴球、籠球、機械體操等을勵行하야 굳세인건찬靑年의體位向上에努力하고있다。 또아침마다早起會도勵行하고있다。

六月中의大豪雨로말미아마 南朝鮮一帶에 數萬의同胞들이 길을잃고 헐벗고굶주리게되였다。 이러한時期에있어 民靑盟員들은 各地에서水災同胞救濟事業에 積極的이고獻身的인活動을하였다。 水害現場에出動하야 浸水에헤매이는同胞를救하고 街頭에서、各地域에서、救濟金品을募集하야 쌀、藥、옷과돈을 現地에보내여水災同胞를救濟하였다。 그와同時에水害地域의復舊事業에 많은盟員을組織的으로動員하야 建設事業을促進하며 그日給은또한救濟事業에獻納하는等 眞正으로同胞들의感頌을 사게하였는것이다。

民靑은언제나 人民의속에서人民을爲하야 獻身努力한다。 民靑員은 勞力이不足한地帶에는 移秧除草며 가리等에對하야 組織的으로動員하였고 또將來에도計劃하고있다。

水災와故障으로못쓰게된 道路를復舊하는것은 緊急한要望이니 民靑員은大衆으로出動하야 到處에서 道路修理에從事하고있다。

都市와邑等人口가密集한場所에 美觀과衛生을爲하야 同盟員은淸掃作業 淸潔事業을 到處에서率先實行하며 町民과村民의絶讚을받고있다。 害虫驅除作業은 現在松虫驅除에限해있으나 앞으로果物의害虫、穀物의害虫等을 驅除하기爲하야動員할 計劃이다。

朝鮮文化團體總聯盟

八・一五의民族解放과함께 日本帝國主義의 朝鮮文化抹殺政策아래 呻吟하던 朝鮮의文學도應分의建設的活動을開始하였다。朝鮮의社會的世界史的革命過程이 부르죠아民主主義段階임을 自覺한文學人들은文學의解放이 곧民族文學建設의 統一組織에서可能한것을認識하고 民族統一戰線과 民主主義政權樹立을目標로하는 政治路線에步調를가치하여 各分野에걸처 獨自的인文學諸團體를組織하였으며 朝鮮文學의發展向上과 藝術의새로운創造的可能性에關한 自由를獲得하려는努力과，鬪爭이活潑히展開되었다。

八月十六日에組織된朝鮮文學建設中央協議會와 九月三十日에組織된朝鮮푸로레타리아藝術聯盟은 大同小異한文學路線임에不拘하고 人的構成에있어多少偏頗的傾向의・過誤를갖고있었으므로 두團體는愼重한自己批判을거처 統合한妥協이成立되어 科學技術、言論、敎育、體育等各分野의 部門別組織體도 文學運動의全體的統一機關을 形成해야한다는要望에 意見一致를보았으므로 드듸어一九四六年二月二十四日 朝鮮文化團體總聯盟의 結成大會가京城大學法文學部講堂에서開催된것이다。

本聯盟에加盟한團體는다음과같다

【藝術部門】 朝鮮文學家同盟、朝鮮演劇同盟、朝鮮映畫同盟、朝鮮美術家同盟、朝鮮造型藝術同盟、朝鮮音樂同盟、國樂院、朝鮮舞踊藝術協會、朝鮮[illegible]同盟

【科學部門】 朝鮮科學者同盟、朝鮮學術院、朝鮮社會科學研究所、朝鮮科學技術聯盟、朝鮮産業勞働調査所、朝鮮工業技術聯盟、朝鮮産業醫學研究會、朝鮮法學者同盟、朝鮮生物學會、朝鮮言語學會、朝鮮國語文學普及會、朝鮮科學女性會、[illegible]學會

【言論部門】 朝鮮新聞記者會

【敎育部門】 朝鮮敎育者協會

【體育部門】 朝鮮體育會

以上二十五個團體는다음과같은立言綱領을내걸고，同一步調를取하기시작하였다。

宣 言

親愛하는三千萬同胞여！

오랜屈辱의날 壓迫과搾取의 긴날은끝나고，自由와解放의날은왔다。우리의거룩한祖國 아름다운山川과 당스러운民族의머리우에 新鮮한自由의光芒은비최었다。이모든것이解放과더부터 三十有餘年의長久한동안 帝國主義日本의奴隷的支配下에있던 우리朝鮮의文學도 오늘날그무거운鐵鎖를끊었다。悠久한歷史아름다운言語、典雅한藝術의傳統과더부터 血汗의鬪爭속에자라던 新文化三十年의努力도 이제야이解放의

大平原에서一路前進할날은왔다。
親愛하는獨立朝鮮同胞諸君!
親愛하는自由朝鮮同胞諸君!

文化의解放이란곧文化의建設이다 新朝鮮文化의建設! 그것은自由와 獨立의基礎우에서 世界文化와一環으로서 새朝鮮文化를建設함이다。

이것이우리朝鮮의모—든解放된 文化從事者의雙肩우에賦課된唯一하고 神聖한任務이다。이任務는全朝鮮文化人의 一致團結의土臺우에서만비로서遂行될수있다。朝鮮文化團體總聯盟은 現段階의文化領域의統一과 各部門活動의、秩序化를機하여形成된協議機關으로서 現下모—든文化의總力을合하야 民主主義朝鮮建設에 이바지하고저한다。

民族文化의建設!

反民主、反封建、反帝國主義文化戰線의統一!

이것이우리文化의 聯合戰線이前進하는口號다。

우리는목을어소리높이부르라

朝鮮完全自主獨立萬歲!
朝鮮民主主義民族文化樹立萬歲!
國際民主主義의進步와國際文化協助萬歲!
民主主義民族戰線萬歲!

綱 領

1、民主主義民族文化의建設을爲하야 固有文化의正當한繼承及世界文化의批判的攝取。
2 進步된科學의輸入研究及그理論의確立。
3 人民의民主主義的敎育及科學的啓蒙
4 非科學的、反民主的文化傾向의排除。

委 員

一、中央委員

委員長

副委員長 金良瑕 朴克采 林 和
李丙學 鄭相謙 李升基
尹日善
委員 金起林外八十八名

二、常任委員
金台俊外三十名

三、書記局
書記長 裵聖宰
總務部長 朴榮鎭
宣傳部長 趙虛林
組織部長 裵聖宰
對外部長 金永鍵
事業部長 鄭和溶
出版部長 李北滿

四、各部委員會
藝術委員會 李泰俊外五十四名
科學委員會 宋錫夏外五十六名
敎育委員會 金宅源外五十八名
言論委員會 李相昊外三十二名
體育委員會 趙瑛河外二十名

組 織 體 系

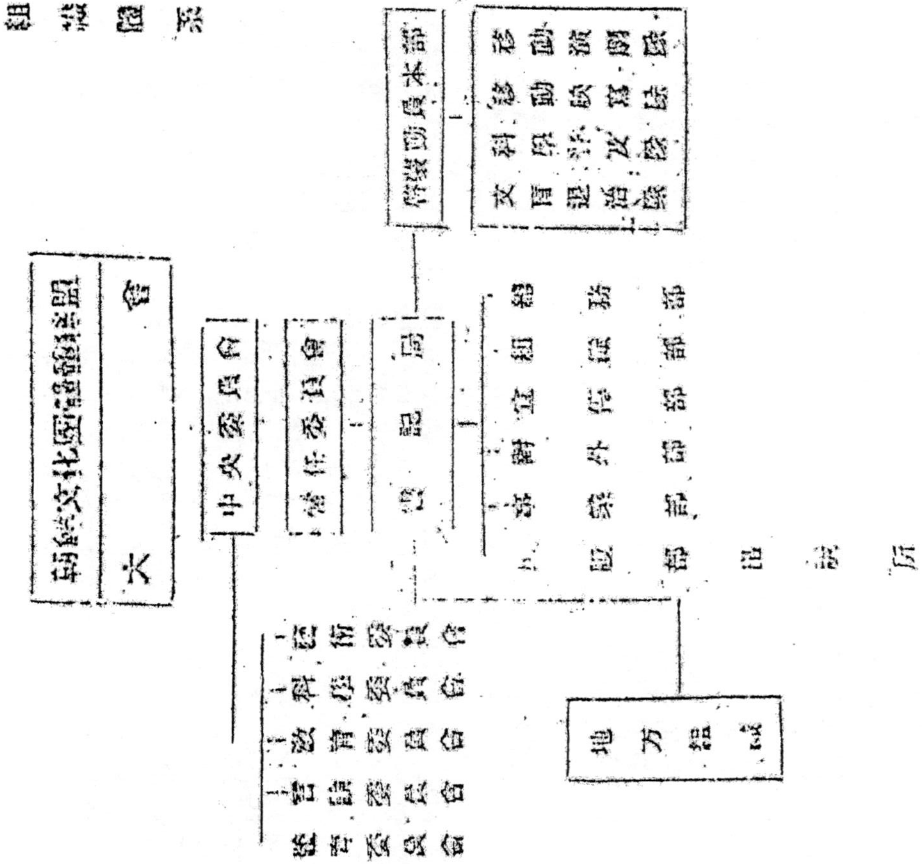

反日反共共同鬪爭委員會

宣 言

우리는이에 「民主主義的諸團體의結成으로써 反日·反共共同鬪爭을 展開하宣言한다。

八·一五世界民主主義勝利의앞에 日帝의無條件降服이公布되자 國內에潛在하였든모든 革命的愛國戰士들은 一齊히蹶起하야 自主獨立의基礎的工作을提唱하니 民衆은이에卽應하야自治、自衛等革命的組織을即時結成하야 治安維持保持、施政機受官政府編成、行政、司法、警備等諸部門의活動이 統然히人民政府의形成過程을表示하였다。共産主義者團體의指導된에서 機關形成된建國準備委員會、人民委員會가即그것이었다。所謂建國民族反逆者들은 이人民的大勢에屈服되어 각기

巢穴을찾어숨소리조차죽이고있었으며 日帝植民地的諸殺政治機構는 갑작이假死狀態에빠저서다지活動할수없게보이였다。

北朝鮮에서는 팟쇼打倒의主力인붉은軍隊가進駐하자 日帝殘滓의肅淸은 疾風迅雷的으로進行되고 政治、産業、文化等建設은 人民의손에서實行되어왔다。이는「데마」로서 否定할수없는現實的事實이다。

그러나 南朝鮮에있어서는美軍上陸以來 人民共和國에對한 拒否的態度가表明되고 韓國民主黨을中心한 地主及資本閥의軍政請托이露骨化되자 一時假死했든植民地的機構는 看板을갈었을뿐이오 精神系統에있어서 日帝의延長이다 움지기고있으며 親日派民族反逆者들은대강이를추켜들고 다시出世의거름더듬고있었당。

때마츰老親팟쇼李承晩路線即「뭉처노코한데뭉치자」라는無原則的統一論이 라듸오또는新聞에 發表되며一切反動分子들은暗夜에서 一終光明을發見한드시모다 이合法的標幟를들고民衆의앞에 公然히나서려하며 同時에民主主義陣營을向하야挑戰的態度를取하기始作하였다。

그리하야昨年十一月二十一日第一回全國人民委員會代表者大會가서울에開催되매人民政權의形態에크게威脅을느낀 反動指導者들은이大會를破壞하려하였다。때마침歸國한海外流氓政客一群은亦是必然的으로 李承晩路線을支持하고 在重慶大韓臨時政府라는썩은法統을固執하야 人民共和國人民委員會에對立하고있었다。그들은서울本町某호텔에서 密議를거듭하고 愛國心에불타는一部靑年學生들을買受하고 訓練시켜서커人民委員會代表者大會를破壞케하였고 그다음날 中央劇場에서열린各地代表者慰安會會場을襲擊하야約二時間동안이나 亂打劇을演出하였으니, 일로부터親日派、民族反逆者와老親팟쇼 流氓政客및反動的地主資本家들은 特權的이요反人民的인利害關係에서 모다「一致點을發見하고 民主主義陣營을破壞키爲하야테러至上主義로나가게되었다。

李承晩、金九路線인反蘇反共民主主義的테로主義는 民主主義的發展을妨害하고 民族分裂의危機를招來하였으며 南朝鮮에있어서의軍政延長을 謀圖하는結果를맺었다。그들은國內的으로 人民과全然遊離되고革命的愛國主義者들을謀陷殺害하가에 汲々하였으며國際的으로、朝鮮을孤立化시켜서獨占資本에서 經濟的隸屬을圖謀할뿐아니라 他國에對한侵略의基地를만들어 장차朝鮮을戰爭의渦中에몰아넣으려하고있다。

이렇케複雜化한情勢에對應하야衷心으로「平和를사랑하고民主獨立을爲하야 鬪爭해온民主主義各社會團體에서는 同年十二月七日反戰、反팟쇼、平和擁護을爲한大講演會를開催하야宣傳에努力하였다。

그後莫府三相會議決定이 朝鮮을

信託統治케하있나는 國際的謀略이放送되자 親팟쇼一黨은親日派民族反逆分子들을 總動員하야好機勿失로反託의旗幟를높이하야 民衆의愛國心을利用하야 國際民主主義的決定을歪曲化시키고 民族分裂과反蘇反共의前哨戰을 强行하기시작하였다。

여기에對應하야 民主主義各政黨及社會團體에서는 全民族的인民主主義統一戰線의育成을絶對必要로하였으나 이것이即 反팟쇼共同鬪爭委員會를結成케한것이다。本鬪爭委員會는國際的으로는 今番大戰에서聯係作用戰及팟쇼諸의破滅와 또는獨占資本에對한帝國主義國家의再侵略傾向에對하야 眞實한民主主義諸國民과 廣汎한共同戰線을힘있게結成하며同時에國內에있어서는 日帝統治의一切殘滓와封建及半封建의一切遺制와 外來獨占資本의微妙한作用에對하야 人民大衆의組織的鬪爭을展開하야 經濟、政治、文化各部面에民主主義的發展을育成하고自主統一的인人民政府를 樹立하야世界平和建設에參與協助하여야할것이다。이것이本會의正當한認識이며偉大한使命이다。

以上과같은趣旨下에 中央人民委員會를爲始하야 民主主義各政黨及社會團體五十餘團體代表가 一九四五年十二月二十九日서울市人民委員會會館內에集合하야 民主主義民族統一戰線의母體로서 反팟쇼共同鬪爭委員會를結成하고 곧實踐鬪爭에躍進하나섰다。偉大한民主主義建設은 오즉徹底한팟쇼掃蕩에서만 볼수있는것을우리는다시高調하는바이다。

一九四六年一月 日

行動綱領

對外的

1 民主主義國際路線인莫府三相會議決定을支持함。

2 世界平和體制確立과 國際親善的協助를積極主張함。

2 蘇英을離間하고第三次大戰을挑發하려는 反民主主義的一切言動을絶對排擊함。

4 戰爭犯罪者의國際的處分特히西班牙프랑코政權과 日本裕仁天皇制의打倒를積極主張함。

5 世界一切植民地及半植民地政策의撤廢와 世界一切被壓迫人民及民族의自由解放을 絶對主張함。

對內的

1 民主主義的民族統一과 南北統一人民政權樹立을積極促成할것。

2 經濟、政治、文化의自由發展을阻害하고 一黨一派의特權的專政을 主唱하는一切企圖를排擊할것。

3 一切팟쇼殘滓의物質的基礎인 半封建的土地制度 高利貸의跋扈및 買辦階級의擡頭를徹底粉碎함。

4 地主、反動資本家及民族反逆者의 팟쇼思想潮流에의集結을 그萌芽부터暴露排擊함。

5 封建主義、軍國主義、帝國主義、事大主義、依他主義、獨善主義、似而非愛國主義、政商的機會主義、民族分裂主義等一切反民主主義를徹底排擊함。

6 反民主主義的데로行動은 그動機如何를不問하고 民族叛逆的行動으로規定하야 一切排擊함

活動經路

一九四五年十二月三十日、本會는 莫府三相會議決定이 朝鮮民主獨立의最大捷徑인것을認識하고 이것을 解說宣傳하며右翼反動一派의 反蘇反共的데마宣傳을粉碎하야버리려고 傘下民主主義各團體代表一百餘名을召集하야市民大會準備委員會를 만들었고翌年卽一九四六年一月三日、서울運動場에서 市民大會를盛大히擧行한바動員人數約二十萬이었다。

一月九日데마에全朝鮮人民을 憤激忿怒케할學兵慘死事件이서울에서發生하였으므로、傘下各團體代表集合席上에서 學兵慘死對策委員會를만들어總務部、調査部、組織部를設置하고猛烈히活動하였으며 後日葬儀行列參加人員이約二萬名이었다

一月二十三日美蘇代表團歡迎市民大會를서울運動場에서 盛大히擧行하였는데參加人員約十五萬名이었다

二月五日全體委員會를開催하야三一運動紀念行事準備에對한 討議가있은다음 三一運動紀念行事準備委員會를結成하고 右翼을提携하야合同行事하기努力하였는데 그後右翼諸團體는따로 已未運動紀念準備會란것을만들어갖고、當日行事名譽總裁를 李承晩、金九로定한데對하야 우리側에서는 三一運動主要關係人物로서名節을그냥保全하여온 吳世昌、權東鎭兩氏를名譽總裁로하고左右가同場、同時間에共同紀念하자고提議하였으나、결국右翼反動一派의 偏執으로破裂되고말았다。

二月二十四日本會主催로天安테로事件에、調査團을派遣하였는데、中央人民委員會、反日運動者救援會、共產黨、獨立同盟、全評、全農、婦總、法學者同盟、解放通信、共立通信、自由新聞社、서울新聞社、中央新聞社、人民報、代表十八名이一團으로派遣되었다。

二月二十八日全體委員會를召集하야 獨立同盟歡迎準備會와、美蘇代表團歡迎委員會를結成하였다。

三月一日右翼이共同行事를拒絶하고 서울運動場에서少數群衆을强制抑入하야 獨自的으로紀念擧行하므로本會는不得已 南山公園에서 市民大會를開催한바參加群衆이十萬以上에達하였는데 市街行進까지도 兩側에서한다면民族的으로 一大羞恥를招來할念慮가있으므로 大[illegible]과 雜亂으로서 中止하였다。

三月五日 時局講演會를開催하고 天安에서도事件報告會를擧行하였다。

四月一日 八·一五以後治安關係資料를蒐集하야 美蘇共同委員會에 提出하였다。

四月十二日 故美國大統領루ー스벨트氏一週年追悼會를 國際劇場에서民戰과共同主催로 盛大히擧行하였다。

四月二十七日 美蘇共同委員會第五號聲明에依하야 本會宣言書를提出하였다。

四月二十九日 民戰과共同主催로 南朝鮮社會事情調査團을構成하고 各地에서發生하는테로、檢擧、産業行政、民生等諸般事情을調査키爲하야本調査團을二隊로난우어 第一隊는慶南北道及忠北道로 第二隊는全羅南北道及忠南道로 各自出發하였다。

五月八日 獨逸파쇼降服日을우리도戰勝日로規定하고 서울訓練院運動場에서 戰勝一週年紀念大會를盛大히擧行하였는데 行事中우리警護隊員은民主主義陣營指導者를暗殺하려고 手榴彈을갖고待機하든 犯人一名을現場에서發見逮捕하야 警察에넘겨주었다。

五月十四日 常務委員會를開催하고 外來獨占資本勢力이庇護下에서 또는地主、財閥、奸商謀利輩와親日派、民族叛逆者의土台우에서 親팟쇼、流氓政客一群이南朝鮮單獨政府를樹立하려는陰謀暗躍에對하야 討論한結果 南朝鮮單獨政府樹立陰謀打倒專門部를增設하야 鬪爭을積極繼續하였다。

五月二十日 一九三〇年間島五州運動을「間島五卅血戰」이라規定하고 紀念行事準備會를組織하고 血戰略史를作成하기로하였다。

五月三十日 間島五卅血戰第十六週年紀念大會를 反日運動者救援會와共同主催하야 堅志洞侍天敎堂에서盛大히擧行하고、血戰指導者金槿文甲松諸氏에對한慰安會를 民戰本部會堂에서開催하였다。

六月十日 六十萬歲紀念 美蘇共同委員會開催促進市民大會를民戰과協力하야、서울運動場에서擧行하였는데 約十五萬名入場하였다。

七月七日 中日事變開始日을本會는亞細亞「反戰데이」라고規定하고 聲明書를發表하였다。

七月二十三日 間島五卅血戰二十一死刑先烈紀念大會를 反日運動者救援會와共同主催하고 堅志洞侍天敎堂에서盛大히擧行하였는데 日皇裕仁을[illegible]投彈한 民主主義愛國者即時釋放等을決議하였다。

七月二十八日 精版社僞幣事件公判에對하야 愛國鬪士朴洛鐘、宋彦弼以下諸氏即時釋放、人民裁判에부칠것等스로간으로서 聲明發表하였다。

七月二十九日 反프랑코國際的運動에呼應하야 프랑코政權打倒大講演會를 堅志洞侍天敎堂에서擧行

하였는바 日皇裕仁極刑、日帝體制吉田政權打倒 南朝鮮單獨政府樹立陰謀粉碎、大量被檢擧民主主義愛國者卽時釋放히로國卽時檢束等決議가 있었다。

八月一日 反動테러에對한聲明書를發表하다。

八月三日 前日精版社僞造紙幣事件公判時에 餓死한 全海鍊君의社會團體葬을 反日運動救援會와共同協力하였는데 參加人約二萬名이었다

此外販米、僞幣事件鬪爭、水災救濟事業、一般啓蒙宣傳、罰金事業이 적지않았으나 一一히 記入치못한다。

一部署

委員長 鄭雲永
副委員長 權泰翰 吳 英 金昇拔
書計局 李炫相 金德漢
總務部 金 剛 呂鍾鎬 蘇茂一
財政部 金德元 金正國 鄭碩和
宣傳部 溫樂中 卓在弱 金東緯
調査部 崔 忠 金時行 趙昌煥
趙 賢 丁南設 金成烈

朝鮮協同組合中央聯盟

張 赫

—成立經緯와現況—

解放後特히南部朝鮮의 經濟界는 極度로混亂되여通貨膨脹、生産停止 物價의殺人的暴騰、謀利奸商輩의跳梁으로因하야 人民大衆의生活은破綻에直面하고있다。應急的인生活對策으로서 京鄕各地에서自然發生的인 協同組合(主로消費組合) 運動이進行되고있다。

協組運動이南北各地에서具體化되고있으므로 有志數十人이協同組合運動研究會를構成하고 月餘間地方協同組合運動에對하야 調査研究하야오든中 昨年十一月下旬 有力한社會團體代表參集下에 物價問題、勤勞大衆의生活保障、都市工業品과農村米穀과의交流問題、在來의農村諸團體의改革整備問題等을討議한結果、이러한問題의根本的解決은民主主義政府가 樹立되지않고는 勿論不可能한것이나 우선應急對策으로서、協組運動을 全國的으로展開하여 이르키는同時에 方今各地에서簇生하고있는協組組織運動을 옳은길로指導하기爲하야 協組中央聯盟結成準備委員會를構成케되었다。

이準備會의 努力이進行됨을따라 協組中央聯合會의期成委員會의結成이必要를認定하고 全國十三道에서選出된協組團體代表委員各二人과 在京各政黨、社會團體代表委員十餘名의出席下에 名實相符한全國代表委員會가 一九四五年十二月九日에結成되였다。이會議의決議로서協組全國聯合會가結成될때까지指導組織、宣傳、連絡및經營業을全國的으로遂行하기爲하야 「協同組合全國聯合會期成委員會中央常務委員會」를構成시킨것이다。

中央期成委員會常務委員會는 여러가지難關을克服하면서 商況、生産、企業農村諸團體動向의 調査研究와 組織宣傳活動을꾸준히 實施하

야으다가 今年三月十五日三八以南各組合代表二一〇名이會合하야 全國的인統一的體系下에各個組合의機能과任務를 充分히發揮시기기爲하야中央機關으로서의朝鮮協同組合中央聯盟이結成된것이다。

綱 領

一、協同組合은自主的配給機構의確立으로日常經濟生活의便益을期함

一、協同組合은農業經濟機構의改革에依하야農業의劃期的發展을期함

一、協同組合은産業經濟建設에努力하며生産과消費經濟의健全한發達을期함

事業槪況

協組의本來使命은 生産、利用、購買、金融、保險等廣範圍에걸친것으로 人民의日常經濟生活을保證하며 生産의劃期的發展을圖謀하야 産業經濟建設에努力하며 生産과消費經濟의健全한發達을期함에있는것이나 南朝鮮에있어서의 一般的情勢는此等協組事業의全面的遂行을至極困難케하고있는現狀이다。

그러므로本聯盟에서는 當面事業으로 組織擴大와購買活動의啓蒙事業에置重하고 生産、利用金融等의部門에對하여서는 專門的研究와具體的成果의作成에全力을傾注하고있다。

購買事業에있어서는 生産의停止運輸機關의不圓滑、資金의缺乏等、許多한難關이있었음에도不拘하고春耕期에있어서의農具의共同購入及配給과、其他一般日用品의購買斡旋에있어서도 所期以上의成果를올니고있다。

組織現況表

(一九四六年六月現在)

地區別	組合數	組合員數
慶南	一三二	一四六、八四四
慶北	一五	七、〇[illegible]七
全南	一四三	一二四、八一二
全北	六[illegible]	八六、〇〇六
忠南	五	一八、五一四
忠北	七	一四、〇〇〇
江原	三	一三、〇〇〇
京畿	六	一三、五〇九
서울市	五三	三一、七[illegible]
合計	一二三	五七三、五二七

常任理事

理事長朴奎源▽副理事長宋乙秀同張洵晟▽總務部長金澄哲▽企劃部長安喜承▽利用部長宋乙秀(兼)▽生産部長沈雄澤▽組織宣傳部長夫炳選▽購買部長安喜承(兼)▽販賣部長李道萬▽金融部長姜昌燮

理 事

全北文淳根、金鐸、慶南河璟、姜漢蓉 全南趙龍濟、金敬中、忠北張埈、金鍾宇、忠南權榮琪、姜景修・[illegible]崔光鉉、朴容采、慶北楊在昭、[illegible]鄭時鳴、江原咸鍾明、李元宰・黃海李鍾陽、宋尙玉、平南朴化夏、金[illegible]

治、平北申允弘、宋光濬、咸南金紀煥、韓廷植、咸北石會甲、張鳳出、서울市崔道賢、李泰秀、中央劉享植洪熙錫、崔學、李正煥、李英鎬、羅東旭

監 察

申時湛、金福鎬、李彩鉉、李成哲、李邦坤、宋道鍾、安鍾九、李桐臨、金光洙

在日本朝鮮人聯盟

八·一五直後 日本에散在한우리 數百萬同胞는自由와權利를伸長하고 生命財産을自主擁護하려는一定한組織이 關東은東京을關西는大阪을中心으로해서各各組織이簇生하였다。그名稱은各各달랐으나그趣旨와目的은大同小異한것이다。이들各團體가大同團結하야 中央集權的인强力한大衆組織을가져야된다는것이 大衆의熱望이며同胞의要請이었다。許多한波瀾曲折도지나 關東에서는九月四日에朝鮮人聯盟準備委員會가成立되어(關西에서도또한거의同時頃에統合되었다) 常任十七名을選出하고 臨時事務所를東京新橋前朝鮮奬學會館에두고 九月十日부터實際事務에着手하였다。그後各地方組織의促進과整理에注力하야 北海道九州四國을除外한 本州一圓의組織을完了하고 十月十五、六、七三日間日比谷公會堂에서各地方代表及其觀衆合計二萬의會合으로서 在日本朝鮮人聯盟의史的結成은正式으로 內外에宣布하였다。

活動과組織

現實的諸問題인 歸國輸送計劃食糧衣料燃料等生活必需品의獲得保障反動的日本官憲과의鬪爭等에있어聯盟은最善의努力과指導를다하야 大衆을恒常組織에結付시키며本國에對하야는 人民共和國의政治綱領方針의印刷配付宣傳、그뒤를이어民主主義民族戰線의意義宣傳及參加決議、三相會議決定의支持表明及多角的宣傳、日本의民主人民戰線에의加入協力等々이며 三·一메ー데이、六·一〇諸記念及殉國解放戰士追悼會等은適時의儀禮的形式을當時하고當面緊要한諸問題와結付하야 그의解決과및政治訓練의高揚에注重하였다。二次의特派團을本國에보내며 日本情의紹介本國情報의蒐集及各政黨社會團體와의連絡을進行하였으며 서울에는委員會를두어諸般活動을하고있다。

組 織

聯盟은그發足當初로今日까지 一貫한主旨가在留同胞의生命財産及權利의擁護伸長과民主的文化、教養의向上으로서 祖國의民主建設에貢獻하자는 民主主義民族統一戰線만한수있는大衆組織인만큼그構成에있어任意加入制가아니고日本에在留하는朝鮮人으로서는 性、年令、信仰、主義思想의區別이없이 反民主的非真

國外를除外한殘餘의同胞는 모다盟員으로認定하게된바이다。그럼으로現在는北海道로부터 九州의末端까지의坊々谷々에 同盟의旗발이아니날니는곳이없이 全的連結되야있다

이에特記할것은結成直後 從來의日帝에忠實한協力者와 親日分子들은共産主義者가本同盟을領導한다는口實下에 一部盲昧한青年을策動操縱하야 所謂建國促進青年同盟이란것을따로組織하야 反共反蘇反託을看板으로써同盟에對峙하야聯盟의事業을阻害하고 大東新聞複寫宣傳을最大의任務로하야 今日까지東京神戶의一隅에서蠢動하고있으며 朴烈李康勳을指導者로恭戴하는 新朝鮮建設同盟은亦是少數人集合으로서東京에서反共反蘇金九李承晩支持를標榜하고있으나 그들의空手形的宣傳은大衆의게馬耳東風이되고있는바이다

宣　言

人類의歷史는힘과힘의鬪爭의歷史임을 누가否定하랴! 묘쓰담宣言으로終幕을告한 世界的大規模의鬪爭인 第二次世界大戰의成果는 팟시쯤의絶命的敗北과 民主主義의決定的勝利를 世界에宣布하였다。

、地球上의모ㅣ든變革中의하나로日本帝國主義의鐵鎖에 緊縛되였든우리朝鮮은이에解放되얐으며三千萬民族은剝奪되였든 民族의自由와權利를回復하야 自己의意思에立脚해서行使하게된것이다。三千萬의一員인在日우리同胞의 組織的任務는이에있。世界情勢의急激한進展路上에서 우리가遂行할歷史的使命은 今日本帝國主義及封建勢力의殘滓를徹底히掃蕩하고 全民族의政治的「經濟的「社會的」모ㅣ든基本要求를實現할수있는 眞正한民主主義를土臺로한完全獨立國家의建設이緊急의要務이다。이에民族反逆者親日派를除外한民族統一戰線의結束要請은그의必然的結論이다。

우리는먼저冷靜하게 現實의諸事象을正確히把握하야 全同胞의總精力을結集한 鋼鐵같은組織下에서 自己에게課與된民族의義務遂成에努力하려한다。同時에우리는世界民主主義諸勢力과의 緊密한協力下에서만可能有效하게 當面의現實的問題도解決할수있다는信念을갖고 萬全의努力을다할것을이에宣言한다。

綱　領

一、우리는在留同胞의生活向上과權益의擁護伸長을期함。

二、우리는民族反逆者를除外한民族戰線의確立을期함。

三、우리는世界各國의民主主義人民戰線과提携協力함。

四、우리는民主主義新朝鮮建設에努力함。

組　織

本部所在地　東京都芝區田村町(前總督出張所)

構成盟員數　組織當時二百四十萬
現在約八十萬

地方本部四七、支部五一九、分會八八八

役員

委員長尹極、副委員長、金正洪、金琨華、總務部河宗煥、外務部申鴻湜、情報部南榮、文化部李相亮、地方部李乘哲、勞働部李鐘華、財務部鄭文玉、青年部韓德銖、經濟管理部孫大山、社會部朴成發、下關出張所長李心喆、外會委員會責任者殷哲、朝聯學院學監姜昌浩、顧問金天海外三人
代議員四六七名、中央委員一〇六名

反日運動者救援會

一、組織由来

朝鮮의自主獨立은民主主義聯合國의勝利로굳게約束되었으나 그原動力은過去三十六年間海內海外의革命先驅와同志들의 피투성이의鬪爭의結果인것을이저서는아니된다。

日本帝國主義의朝鮮統治三十六年은 곧反日鬪爭三十六年의歷史인것이다。 三十六年間反日鬪爭은 여러가지方法과手段으로싸워왔으며共中救援運動은 우리가아는組織으로는一九二七年間島에서 革命後援會가組織되었었고 一九三〇年日本에서 活動하든進步的學生中夏期休暇를利用하야歸國組織準備中被檢된事件과 國內에서는一九二六、七年頃에몹풀이組織되였고그를前後하야、許憲氏의民族解放運動者救出運動은너무드有名한事實이다。 이러한活動이있은外에는아직顯在하지못하였으나 各地에서分散的으로反日戰士의救援에間接的으로 反日解放運動에助力하야왔든 것이다。

그러하야歷史的八・一五를마지하자 祖國의自主獨立과우리民族의民主主義的自由發展을爲하야 海內海外에서장인苦難을克服하고 鬪爭하는革命先驅와同志들은 監獄에서出獄하고地下에서나와 民主主義朝鮮建設에一路邁進하게되였다。 그러나近半世紀동안野獸와같은倭政이남긴害毒으로 民主主義朝鮮建國에는許多한難關이있을것을覺悟하고 救援運動의緊急性을늣긴同志들中 八月十六日趙平載氏外數人의發起로政治運動犧牲者救援會를組織하고(九月八日人民援護會라改稱하야 [illegible]外諸氏가活動) 八月十七日에는趙信元外十人의發起로赤色救援會를八月末頃에는李主漢外諸氏의發起로革命救援會를組織하야 各々救援活動을하든中 同一한目的으로各々分立할必要가없어 同年十月五日右三團體合同으로朝鮮革命者救援會라는名稱밑에 親日派、民族叛逆者、親[illegible]分子를除外한大衆的組織으로 全國的活動에飛躍發展하였다。

八・一五以後부터 朝鮮民族解放運動者와그家族에對한救援은 黨派的으로나政治的으로나 民族의共同任務임을闡明하며 救援運動은大衆의손으로라는口號를同胞에게强調하야地方組織과細胞組織에着手하면서同

向여러분의精神的인支持밑에出獄同志들비롯하야 民主主義朝鮮建國에邁鬪하는先輩와同志들의救援에微力을다하야 앞으로의計劃도着々進行하든中十一月十六日李承晩氏의入國으로부터 國內政局의混亂과十一月末의金九氏一派의入國으로부터서는國內政局은더욱더욱複雜多端하게되자眞正한建國運動은如意하게進展되지못하게되엿고、救援運動도그影響을免치못하게되였다。

그러나갖인困難을克服하고 全國的組織과宜傳救援活動을徹底하면서 民主々義友誼團體와協力하야하로밧비民族統一의完成과우리의政府樹立을爲하야微力을앗기지않었다。産業建設을爲한鬪爭에는救援班데로에는醫療班을隨時組織하고 救活한救護活動을하는等 逆境과싸우면서自己任務遂行에全力을다하여왔으나親日派、民族叛逆者와反動頭目들의政治的經濟的背族的陰謀々略으로事業이如意하게進展되지못한것과 또다음몇가지理由로如意한活動을보지、못하였다。

一、救援運動에對한一般의認識이不足한것

一、救援運動을認識하면서드 誠意가없는것

一、直接鬪爭이아니고間接鬪爭임으로微溫的인鬪爭的性質이있는것

一、物質的으로貧困이있는것

그러나本會에서는이러한客觀的理由가或本會의錯誤에있지않은가하며自己批判을하는同時에對內對外의客觀的事情으로本年一月十六日臨時措置로中央執行委員會를開催하야綱領規約의一部를修正하고會名을反日運動者救援會로改稱하야 次期全國大會에承認을받기로 決定하였으나參考로綱領을紹介하야 會名과綱領에對한簡單한說明을加하여두고자한다。

綱　領

一、우리는朝鮮의自主獨立의完成을爲하야經濟的政治的救援活動의完成을期함

一、우리는反日運動者、反日犧牲者及그家族의對한救援을期함

從來의赤色革命救援會等의名稱은一般의誤解를사기쉬운同時에現實이要求치않으며 反日運動者救援會라하면朝鮮의解放을爲하야 反日帝鬪爭을한先輩와同志及八·一五後에있어서드日帝殘滓肅淸과眞正한民主々義的建設을爲하야 朝鮮人民의利益을爲하야 奮鬪하는廣汎한民族解放運動者를對象으로하게되는것이다。從來의名稱은「몹풀」（國際革命運動犧牲者救援會、或은國際赤色救援會오래전에解散한機關）을意味한듯한內容임으로根本的으로그錯誤를指摘하야 께곳이淸算하였고、다음名稱은現實이要求하고、우리民族이要求하는政治路線에依하야活動할것을約束하는가장適當的인名稱이다。여기에서反日運動者救援會는大衆의救援會며全民族의救援會로 앞으로의重且

大韓民族的任務를約束하고再出發한 것이다。

特히附記할것은最初發足할때는南北統一의組織을目的하였으나事情에依하야 北朝鮮에는反日鬪士後援會라는名稱밑에反日運動者에對한 救援은勿論이요 民主主義友誼團體와더부러 積極的으로建設事業에參加하야民主主義朝鮮建設에큰推進力이되고있다。

現在平壤에六道를統轄하는中央委員會를두고道府郡邑面里의細胞組織을完成하야只今은會勢擴大强化에着手하였는대 現在會員數는約百萬名이며八·一五解放記念까지는百五十萬을突破할豫定이라하니 이一例로보아도北朝鮮의飛躍的인發展에놀나지아니할수없는同時에 南朝鮮의親日派民族叛逆者와野合한反動頭目들의얼마나 民主主義朝鮮建國을妨害하며우리民族의發展을阻害하는지事實이證明하고있지않은가。

二、細胞分布狀況

ㄱ、京畿道支部準備委員會
水原、富平、素砂、開城、仁川支會

ㄴ、서울市支部準備委員會
東區、中區、西區、龍山 永登浦支會

忠南支部準備委員會
鳥致院、論山、扶餘支會
其他地方은組織準備中

ㄹ、忠北支部準備委員會
忠州支會
其他地方은組織準備中

ㅁ、慶南支部
晋州、統營、馬山支會
其他地方은組織準備中

ㅂ、慶北支部
金泉、迎日、榮州支會
其他地方은組織準備中

ㅅ、全南支部準備委員會
麗水、順天、木浦支會
其他地方組織準備中

ㅇ、全北支部

二府十六郡支會完成
全會員數約十萬名

一、組織系統圖
本部—道支部—府郡島支會—邑面
大職場分會—洞里、小職場班

三、活動狀況

지난一年間의活動狀況은組織由來에서어느程度說明되었으나 簡單히要點만들어 報告兼今後의活動에參考로하고자한다。

救援事業은一部特權階級의慈善事業과는根本的으로달러 目的意識的으로救援事業을하는大衆運動임으로그政治的經濟的任務는重且大하다。그러므로八·一五後會은運動과같이救援運動도合法的으로展開하게되자먼저救援運動에對한 一般의認識을높이기爲하야 또政治路線을會員개認識시키기爲하야 ·本會直屬劇場으로解放劇場을組織하고 俳優家中不出氏와提携하야 反動分子들의작인妨害에도不拘하고 南朝鮮一帶를巡廻

하면서 宣傳啓蒙事業을하는한便週刊으로 獨立紙救援新聞을發行하야 救援運動에緊急性을强調하며 組織의擴大强化를꾀하였으나, 財政難으로救援新聞은四號밧게發行치못하얏고, 解放劇場亦解散치아니할수없었다。

또前述한바와같이, 民主主義友誼團體와協力하야, 民主主義朝鮮建設을爲한모-든行事에는, 積極參加하야微力을다하였고, 數千名의反日鬪士와그家族, 遺家族에對한救援과「테로」와刑獄로因한建國鬪士를入院治療케하는等, 困難한財政을차야내여 極力救援活動을하여왔다。 救援活動에있어서는, 첫재條件은財政인데財政의困難은再言할必要도없으며, 本會의財政方針은會員의會費와義捐金, 會員의事業利益金에依한收入으로充當케하고있으나, 會員의會費와義捐金은僅少한것이며會員의事業利益金에依한收入에重點을두어야하겠는데 昨今의經濟狀態로는會員의事業利益金에依한收入이란理想에不過하며, 奸商謀利輩가獨占한오늘의經濟에서는, 良心있는사람의事業이란極히困難한까닭에救援運動에있어서 가장重要한財政活動이敏活치못하게된것과, 前述한바의같은客觀的條件으로救援運動은, 如意하게進展치못하였다。

、元來救援運動은이러한難局을前提로하고出發한것이니, 새삼스러이指摘할必要도없으나, 或今後運動에있어서參考가될가하야, 發言을指摘하여두는同時에、親日派民族叛逆者와反動頭目들의 가진陰謀와兇計는더지않어 正義의旗앞아래屈服할것이며, 世界民主々義發展과같이, 朝鮮의民主々義도發展하면서있으니 그發展過程에있어서앞으로 여러가지課業이 우리民族에게賦與되고있다 그러므로우리는民主々義의發展을促進시키며, 朝鮮民族의眞正한解放과世界平和에 이바지하기爲하야 우리는道德的意味로나政治的意味로나救援運動은, 全民族的으로活潑히展開하여야할것을또다시强調하여둔다。

(各支部支會의活動은省略함)

끝으로本會現在의部署와委員을紹介하여둔다。

顧　問　許憲, 鄭雲永
委員長　李英
書記長　鄭洪錫
秘　書　孟斗恩
企　劃　金炯甲
情報及調査　林栢
組織部　崔鉉達　李性默　李潤玉
宣傳部　李興德　鄭和澄　安炳泰
財政部　魚允鳳　吳世英　洪琅憲
魚允浩　孟斗恩(兼)　[illegible]
徵洙　李福雨　[illegible]
救援部　朴寅洙　朴榮緖　李[illegible]
朴成萊

서울學生統一促成會

沿革의槪略

八·一五解放을마지한서울學生들

은、自然發生的으로八月十七日建國學徒隊를組織하였은나、無原則的思想鬪爭會議等에끝이고、八月二十五日、專門、大學生들이모여서、朝鮮學徒隊를結成함대에發展的解消를하였다。

單純하나「政治色彩를떠나서」라는標語밑에모였든四、五千名의朝鮮學徒隊員들은 狹義의治安維持에努力하였다。以上이朝鮮學徒隊前期다그러나世界史의發展과朝鮮의現實을直視하고眞理에는、生命까지바티겠다는學生들은「政治色彩를떠난「治安」이라는것은、있을수없는것이며一種의欺瞞的修飾辭에不過함을깨닷고、드듸여九月二十五日新綱領의選擇組織이擴大强化女學生、中學生의加入等을斷行하였다。이때十數名이脫退하여所謂「朝國學生同盟」이라는看板만을내걸어反動化하였다。治安은幾千人이發生함으로學校授業도停止되여 隊員들은學園內를兵舍化하므로서、建國에이바지하게되였다。以上이朝鮮學徒隊의後期다。그러든中昨年末에모스코바三相會議決定이歪曲되여、朝鮮에傳해지다三八線以南에는所謂「反託」運動이荒唐갈이이러났다그러나。우리學生들은三相會議의進步性을깨닷고、所謂」託治가朝鮮을「國際奴隷化或」은植民化「하는것이라는反動指導者들의宜傳과같은것이아님에도不拘하고反託云々으로서、우리學生을政爭의道具로利用하려는、似而非指導者와數國奴들의欺瞞과謀略입을看破하였다學生들은反動分子들이欺瞞과脅迫과「테로」를무릅쓰고、祖國의完全獨立과民族의完全解放을爲하여「三相會議絶對支持라」는標語를걸이들고그깃발아래에 當時冬期休暇中이라于先在京學生만이모여서、在京學生統一促成會를組織하여、가장愛國者라야만할學生들로하여금、옳은方向을指示하였다。

그러나옳지못한指導者에依賴되여民族을指導하는「反託」이三相會議를完分하알고있음에도不拘하고「反託」을하다가、至今에와서는學生과同胞앞에率直히自己過誤를認定못한三〇四十名의學生들이、所謂「全國反託學生總聯盟」이라는看板을必要하면내걸고있다。이것도內部軋轢으로一幹部椅子다툼에餘念이없어重要한指盜(世專、普專)等을消失한後는有名無實稱이다。

冬期休暇가끝나고歸省하였든學生들이上京하자、在京學生行動統一促成會와朝鮮學徒隊는發展的解消를하고、組織、部署、綱領等은變更하여、서울의學生을封鎖으로서울學生統一促成會를結成하고、學生의統一民主學園建設 民主國家建設을爲하여至今까지邁進하고있다。

以上을簡單히要略하면

一、朝鮮學徒隊(八・一五 一九四六年一月下旬)

全國學徒隊(八・一五 八・二五)

朝鮮學徒隊前期(八・二五

九・二五）

3 朝鮮學徒隊後期（九・二五
一月・上旬）

二、서울學生統一促成會（一月上旬）

1 在京學生行動統一促成會（一月九日—二月中旬）

2 서울學生統一促成會（二月中旬）

以下各期의綱領、部署、重要行事加入學校或은散及反動分子組織에關해서省記하면다음과같다。

一、建國學徒隊

隊長 金鳳琢
場所 徽文中學
綱領 別紙
部署 別紙

二、朝鮮學徒隊前期

隊長 第一代 金度集
第二代、徐任鎬、

參加學校
京城大學、同預科、普專、延專、法政、藥專、齒專、世專、高工、鑛專、東洋醫專、京師、惠化專。京醫專、無線

結成式 八月二十五日
本部 徽文中學、後에和信二層、
綱領 學生은政治色彩를떠나 大同團結하여自立的立場에서治安維持에努力함。

1. 重要施設保管
八・一五直後 日本敗殘兵의最後發惡的破壞行爲로부터 各學校、官廳、工場等을確保하였다

2 各警察署接受
九月八日美軍이上陸하였음에도不拘하고 日本警官이如前治安權을잡이고 同胞의生命에重大危險이있으므로 九月十日午後十時부터市內各警察署를接受하였다。여기에城北署接受時延專두동무의貴重한犧牲을내었다。

3 治安維持
市內를六區로나누어全學生들은晝夜를不問하고 同胞들의生命財產等을保護하였다。

三、朝鮮學徒隊後期

隊長 張錫斗
部署 總務、宣傳、啓蒙動員、會計

加入學校
1 市內大學、各專門學校(男女)但普、延、齒、無電은希望者
2 男女中等學校

本部 和信二層、後에三國아파—트、京城大學

綱領
學生은總意에依하야自主的立場에서新國家建設事業에邁進함。

重要事業
1 大示威行列（九月）
會로칸
學問과研究의自由！
學生自治權確立！
朝鮮人民共和國萬歲！
親日派、民族叛逆者를抗議하라！
學園에서 反民主主義教職員을逐放하자!!

2 光州學生事件記念行事(十一月二日—五日)

A 各學校記念講演(十一月二日)

當時事件關係者를中心으로三十名의鬪士가十一月二日午前午後市內各專門、中等學校에出動하여 光州學生事件의眞相歷史的意義、及敎訓을講義하여 莫大한感銘을주었다。

B 記念式(十一月三日午前十時)「學生의날」創設各社會團體代表와各學校代表千餘名이明治座에參加하여 事件의歷史的意義와敎訓을살녀 民族完全解放을爲하여 最後까지鬪爭할을盟誓하였다。

C 運動競技大會

庭球、籠球、蹴球

3 各校休暇地方啓蒙

四、六十萬學生統一促成會

今年 月九日結成大會를開催하였는데部署는如左하다。

會長 初期金鍾鈞、後期金錫璧

部署

1 總務部

2 宣傳部

3 文化部

綱領

A 自然科學班

B 社會科學班

C 美術

1 우리는朝鮮의完全獨立과 民主主義發展을爲하야、三相會議決定을絶對支持함。

2 우리는東西思想과民族統一戰線結成을促進함。

3 우리는啓蒙運動을展開하야學生戰線을統一함

一、重要行事

三一記念行事(演劇及競技)及統一案提出(反託學聯에)

二、進學座談會開催

專門大學入學試驗에對하야五月二十六日師範大學에서開催。

三、카메라展覽會

昌平田屋에서六月七日붙어六月十七日까지。

四、六十萬學徒記念美蘇共委開催促進市民大會에參加。

五、水害救濟活動

六月下旬頃大洪水로因하야。

、宣言(別紙)

綱 領

一、우리는民主主義旗幟下에서 完全한學生統一에努力함。

一、우리는民主主義學園建設에邁進함。

一、우리는民主主義獨立國家建設에貢獻함

組織構成

市內男女中等以上專門大學民主主義學生을網羅한組織體이다。各學校에는分會가設置되였다。

部 署

責任者 趙乙千

副責任者 吳相稙

總務部責任者 朴永燮

經理 金相哲 朴貞淑

組織 朴永騏 吳相宜
文化部 崔在昇
科學班 權興植
自然科學 吳熙瑀 崔在昇
權興植 殷恭淑
社會科學 金亨生 李銘子
洪淳和 金琳敎
藝術班 徐孝源
文學 徐孝源
美術 崔淳德
音樂 金仁淑 文英子 金蔣熙
演劇 洪淳和
舞踊 崔貞淑
寫眞 徐孝源
宣傳部 朴奇元
宣傳啓蒙班 金昌經 金洙歐
情報班 徐庭浩 鄭智馬 外
出版班 金興烈·林鍾官·朴在善 李丁世 朴元子
外交部 金鍊琇
交涉 金完基 李澤龍 金元重 黃在潤
體育部 姜祿求
陸上班 禹甚用
球技班 金龍德

宣 言

過去半世紀동안日帝의野蠻的植民地政策아래우리學園도余地없이蹂躪되고말었다。

日帝의忠僕習을強要하고皇民敎育 日帝의無條件服從을強要하는軍國主義奴隷敎育으로因하야青年學徒만이갖이고있는創造的發展의「싹」은慘酷하게도문질어지고말었다。그래도一九二九年光州學生事件當時까지의青年學生들은恒常民族의先頭에서서가장勇敢하게民族의解放을爲하야싸웠다。

然而一九三一年滿洲事變發生以後日帝의可遠度膨脹과亡國을促進하였든詐瞞的皇民化敎育의李富子弟들의安逸化無氣力化와더부러 우리朝鮮의學生들은局部的反抗以外는으즉日帝의侵略戰爭에忠實히協力하였을뿐이었다。

一九四五年八月十五日朝鮮의解放과더부러學園에드解放의鐘소리가울리는듯하드니「自由의學園」「前進의學園」이建設되는代身에느듯社會的팟쇼勢力과結付되어팟쇼의巢窟로反動의巢窟로化하여버렸다。이얼마나朝鮮의悲運이며痛嘆할일이아니냐?

생각컨대科學을사랑하고正義感에불타며未來의建設者가되여야할우리青年學生들은가장世界史的動向에關어야하고, 으즉人民의幸福을爲하야活躍하는民族의등불이되여야하고따라서全人民을爲하民主々義課業遂行의一翼이되지않으면안될것이다。

그러나가슴아픈것은서울五萬學生들中에는아즉民主々義國家建設에對한理念과情熱에熱은學徒들이많이있고甚至於는一時的說諭으로말미암아先進國家앞에朝鮮學徒의無知를暴露하는學徒들도있다。그얼마나우리朝鮮을위하야不幸한일이아니냐?

서울의五萬學徒들이여!! 純粹한

고正義에살려하는우리學徒들이人民을爲한旗幟한아래로統一못한다면部夬盟누가統一을할것인가?우리學徒統一은民族分裂로말미아마民族의一大悲運은招來하려는이段階에있어서는한民族의至上命令이다。現段階의學生으로써이課業보다더重要한使命이어되있겠는가!!

五萬學徒들이여!! 우리民族을幸福케하는길은무었이며우리學生이해야할일이무엇인가를冷靜히嚴肅히判斷하고學生이가지기쉬운高踏的이며孤立的인障壁을깨처버리고民主々義旗幟한아래로結束하며民族的課業인民族統一을促進시켜完全自主獨立을完遂하자 서울學生統一促成會가發足한意圖는實로여기있다。

우리促成會는서울市內五萬全學徒를民主主義旗幟한아래로統一시킬活動과學園에있어서이모-든맛쇼的傾向과鬪爭와더나아가서全人民을爲한民主々義獨立國家建設에邁進할것을全人民앞에聲明宣言하는바이다。

一九四六年七月十日

朝鮮科學者同盟

一、趣旨書

住所 京城府鍾路區鍾路二丁目五番地

委員長 朴克采

過去數十年間暴惡한日本帝國主義의壓制밑에서、進步的인科學理論의研究와科學者로서의良心的인社會的活動의自由를잃고있었든우리朝鮮의科學者들은日本帝國主義의鐵鎖를벗어난오늘날뒤떠러진우리들의理論水準의向上과、大衆에對한良心있는科學的教養의普及化時急한要請임을切實히느끼는바이다。

그와同時에八月十五日의解放을契機로、朝鮮에있어서進步的民主主義國家의建設이、全民族的課題로되여있는이때에、이課題의達成에이바지됨을爲하여、科學者로서의最善의努力을다하여야할것은、朝鮮의進步的科學의當然한社會的任務일것으로生覺한다。

朝鮮科學者同盟은朝鮮科學者로서의當面한以上의諸任務를遂行하기爲하야、다음과같은綱領으로써諸般活動을企圖하는바이다。

一、綱領

一、本同盟은進步的科學理論의確立과그普及化를期함

一、本同盟은眞正한民主主義國家建設을爲하야、人民大衆에對한政治的文化的啓蒙活動을展開함

一、本同盟은社會科學自然科學及技術科學에있어서、調査研究活動을通하야眞正한民主主義國家建設에積極的으로寄與함

一、本同盟은進步的科學者의養成을期함

一、組織由來

良心的인科學者로서進步的民主主義國家建設에이바지하고저、解放直後「朝鮮經濟研究會」를組織하고諸般活動을開始하였으나、組織이微弱

할은自覺하고 一九四五年十月二十一日「新興科學同盟結成準備會」와 合同하야 擴大强化하는同時에名稱을朝鮮科學者同盟으로改稱함

一、組織機構는左와如함

總會 — 中央執行委員會 — 社會科學部 / 自然科學部 / 技術科學部 — 書記局 — 總務部 / 宣傳啓蒙部 / 編輯出版部 / 組織部 / 國際聯絡部

一、會員數

總計 二九〇名

內譯 社會科學部 一二五名
自然科學部 一三五名
技術科學部 三〇名

一、當面政策

進步的科學理論의確立과그普及化 人民에對한政治的, 文化的啓蒙活動 科學一般의調査研究及進步科學者의 養成。

一、定期出版物

1 機關紙月刊「科學戰線」
2 週報「民主主義」

解放後의本同盟出版物

1 「科學戰線」一、二、三號
2 週報「民主主義」一、二、三號
3 朝鮮解放과三一運動 單行本
4 近代世界謀略事件 單行本
5 農民文化讀本 單行本

在美韓族의獨立運動

移 民

美國의本洲와「하와이」를通한朝鮮民族의移住史는 一九〇二年十二月로부터 一九〇五年五月까지의四個年間에亘한 移民의記錄으로起源하니 七千名의同胞가「하와이」各島에移住되었고 그뒤얼마되지아니하여 그中에서二千餘名이美洲大陸으로移住되고「멕시코」로는一千名의同胞가本國으로부터直接移住되었으며, 그中에서三百餘名이「큐바」로移動되어있다。

一九一二年으로부터 一九二四年까지의寫眞結婚으로因하여「하와이」各島에九百餘名 美大陸에百餘名 또는留學生等이移住되니, 留學生과宣敎師等을合하야 現在人口로는「하와이」二千餘名 美洲의一千餘名을計하고, 第二世의靑年男女를合하면 하와이七千에美洲의三千을加하여一萬名以上의人口를갖이고있다。

僑民과政治運動

一九〇三年으로부터 一九〇七年까지의五個年間에 하와이居留同胞는 各島와農場을通하여 親睦과互

助와愛國等의 意圖와目的으로外部後組織된團體가三十二個에達하더니 自己保護와慰安을意味하는移住民으로의 必然的慾求가되는集團的運動과 指導級의啓發的工作이一致되더서 群小團體를統一하야 大韓人合成協會를組織하고 全하와이僑民의代表的機關으로 政治、經濟、敎育宗敎等의各部門을通한工作이 매우効果的으로進就되었으며 美大陸에는共立協會가 同一한目的으로 組織活動되었으므로 一九〇八年에至하야 美布韓族의統一機關을組織하자는 輿論이相當히高調되었고 一九〇九年의二月一日에大韓人國民會를結成하고 中央總部를桑港에 地方總部를「하와이」、俄領等에設하고 海外韓族의運動을 統一促進하고져하였으나 오즉美布兩總部만이 相當數의地方會를거나리고 北美大韓人國民總會 하와이大韓人國民總會로 同等의資格으로發展하되 有機的活動으로緊密한聯絡이서로確保되였다

光復運動과世界大戰

一九一〇年에倭敵이大韓의主權을略奪하여所謂合倂條約이라는 僞造文을發表함에 在美韓族은一時大起하여 그를否認하고獨立國民으로의正當한宣言을世界列國에通告하며倭敵을論罪하는等 衝天의義憤은 種々의方法과形式으로 光復運動을展開케하였으며 第一次世界大戰을前後하여 한층더猛烈한記錄을남기었고 第二次의世界大戰이爆發됨에 祖國의解放과自由와獨立은 이번에야말로 必然的으로獲得하고 完成한다는것을科學的批判에서 明確한信念을把持하고 一九四〇年에는하와이同胞는 國防聯合委員會를組織하고 獨立戰爭이라는熱意와義勇으로써 美國의國防에必要한各々의奉仕를다하더니 一九四一年四月에美洲와큐바、메시코、하와이、各團體를總網羅한在美韓族大會를「하와이」에서開催하고 二十九日에在美韓族聯合委員會를結成하고 政治、經濟軍事、外交四大陣營으로써 猛烈한活動과戰鬪를開始하나、委員의氏名은如左하다。

議事部「하와이」委員(無順)

趙炳堯 孫昌羲 安元奎 安玄卿
李元淳 金元容 金玄九 鄭錫鉉
林成雨 車信鎬 閔咸鎬 沈永信
韓尙鎬

執行部(로스엔젤리쓰)委員(無順)

金 乎 宋鍾翊 韓始大 宋憲澍
金號成 金龍中 金秉琰 任 一
宋 哲 林炳稷 朴敬信 李成鎬
申斗湜 李慶善 金惠淑

在美韓族의四十年史를通하야 獨立運動史上에있어서 朝鮮과朝鮮民族의代辯者로代行者로의 가장重要한記錄만을逐年摘記하자면 다음과같거니와 朝鮮外交史編纂에 가장重要한史料가되는 國際往復의文書等은此를後日에別로發表할機會를보고저하노라。

年 事 片 記

一九一〇 大會를열고 倭敵의韓國

合併을 拒否하는 回報를 各國政府와 使臣에게 送遞。

一九〇七 張仁煥、田明雲、兩義士는 美國桑港의 埠頭에서 스치븐스를 銃殺。

一九 李在明義士를 本國에 送하여 李完用을 討殺하도록 大同報國會는 活動。

一九〇七 尹炳求를 海牙에 送하여 李儁烈士와 協助工作을 圖하다。

一九一八 朴容萬氏를 紐育에 送하여 弱少國同盟大會에 參加하다

一九一九 李承晩、鄭翰景、閔贊鎬三氏를 送하여 巴里講和會議參加를 圖하더니 渡航의 不到로 因하여 中途에서 歸還되다。

一九一九 歐美外交委員部를 組織하니 本部를 美國華府와 紐育에 두고 巴里에 支部를 設하고 黃玘煥、金奎植兩氏는 巴里에서 李大爲、徐載弼 宋憲澍三氏는 華府에서 許氏는 倫敦에서 活動

一九一九 安昌浩、盧伯麟、朴容萬三氏를 上海에 送하여 大韓臨時政府와 協作하다。

一九二三 李承晩氏를 上海에 送하여 大韓臨時政府와 協作하다。

一九三二 金九氏에게 送金하여 爆彈을 製作하고 李奉昌義士의 倭皇爆殺을 協助

一九三二 金九氏에게 送金하여 爆彈을 製作하고 尹奉吉義士의 虹口公園의 投彈으로 倭敵의 首魁白川等의 爆殺을 協助

一九三七 中日戰爭의 爆發에 際하야 海外韓族의 大會召集을 準備

一九四〇 國防聯合委員會를 組織하고 聯合國의 勝利에 對한 義勇的 奉仕를 다하다。

一九四三 金乎田耕武兩氏를 重慶에 特派하여 臨時政府와 戰爭의 勝利를 計劃코저 하였으나 未果

一九四二 加洲韓人은 百七十名의 自願으로 加洲國防軍의 一部隊를 編成하고 異彩많은 義勇的 奉仕를 하다。

一九四二 加洲政府는 朝鮮의 獨立과 勝利를 約束하는 意로서 市廳에 揭揚되어 있는 星條國旗를 내리고 朝鮮國旗를 揭揚하는 盛典을 擧行하니 實로 感慨無量한 歷史的 大典이오 八月二十九日은 倭敵이 朝鮮을 併呑하던 國恥日을 獨立再生日로 轉換한 것이다。

一九四三 在美韓族聯合委員會의 華府事務所를 設하니 金元容、田耕武兩氏가 委員으로 派遣되다。

一九四四 九月十五日 金體中、林炳稷兩氏를 送하여 「캐나다」에서 열이었던 復興建設救濟會에 參加하다

一九四四 十一月二日에 聯邦郵政院은 朝鮮民族의 戰爭에 對한 勝利와 努力을 表彰하기 爲하여 「解放記念郵票」로 朝鮮郵票 「五錢짜리」를 發行함에 對한 協助가 있었다。

一九四五 一月六日 田耕武、鄭翰景柳一韓三氏를 送하여 버지니아 溫泉에서 열인 第九次太平洋大會에 參加하다。

一九四五 四月二十五日金乎、韓始大、田耕武、金龍成、金秉琪、俞鎭錫、李正根、朴尙燁、李永晩、宋憲柱、黃思容、劉慶祥、鄭翰景、尹炳求、李鍾聲諸氏를派送하여桑港에서열인 世界安全保障大會에參加하다。

一九四五 十一月四日在美韓族聯合委員會는代表團을派遣하여 解放朝鮮의建設工作을協助하기爲하여 美洲一行은韓始大、金乎、宋鍾翊、田耕武、金聖樂、金秉琪六氏가歸國하다。

一九四六 二月十一日在美韓族聯合委員會代表團하와이一行은 金元容、鄭斗玉、崔斗旭、趙濟彥、安貞松、安昌鎬、朴錦宇、鄭鎭鎬八氏가入國하다。

在美韓族聯合會

韓始大 캘리포니아 農場經營主
興士團
金 乎 캘리포니아 農場經營主
國民會
金炳淵 新韓民報社支配人
興士團
宋鍾翊 果物都賣商 로산젤스
興士團
田耕武 文學士 在美韓族聯合會外交員
國民會
金聖樂 牧師 國民會
金元容 果物商會社員 聯合會總務
鄭斗玉 技師 호노루루
崔斗旭 同 同
鄭鎭鎬 旅館業
安貞松 家庭婦人 婦人救濟會
朴今宇 同 同
趙濟彥 印刷業 大學出

新韓民族黨

政 綱

一、우리는 民族民主主義的自主獨立國家建設을期함
二、우리는 民族意識을昂揚集結하야全民族의 團結을鞏固히한
三、우리는 富强한民族國家의建設을爲한 科學的計劃經濟樹立을期한
四、우리는 反民族的인 一切思想을排擊함
五、우리는 國際憲章에 準한 世界平和에協力함

（二）現段階鬪爭要綱

一、우리民族은 民主主義革命의世界的發展段階에서 兩大帝國主義戰爭의 全面的沒落으로 因하야帝國主義日本의 羈絆에서 解放되여民族의 完全解放을獲得하여야할 重大한歷史的순間契機에處하였나니 우리는民族의明日이運命을 決定할巨大한 民族的使命을如何히完全遂行克服하며 • 如何히富强한 民族國家를建設하며 우리民族을世界舞臺에 昂揚하야 다시는過去의 悲慘한生活이 民族史上에서 再現됨이 없게할것인가의

鬪爭條件이 提示되는唯一한民族革命段階임을全民族에게明確히究明함

二、民族戰線의分裂과 分派鬪爭은米英蘇中諸國에게民族獨立遷延論의 口實을 주며國內에外國支配勢力伸長과 强化의機會를주는逆效果를發生케하나니 이에우리民族은總力을모-든反民族的一切思想과 分裂的割據主義의政治的意圖와果敢히鬪爭하며民族的全力을民主主義革命의 世界史的任務에順應하면서民族解放一點에集中하야 全民族의統一的輿論과鬪爭을外交戰으로總集結하여야한다。

三、우리民族은 産業革命期를 享有치못한 民族으로써 半世紀間이나 日本帝國의 强盜的搾取와掠奪로因하야 民族全體의窮은極乏에達하였고 그凶惡한陰謀에依하야 全然現代的資本主義的企業에參加할 期會조차었지못하였다如斯한 情勢下에新民族國家를建設할 契機에當面한 우리民族은三千六百萬總勞力을動員하야 民族全體의 富를獲得할經濟機構를確立할方向으로 總進軍하여야한다。

基本政策

一、우리民族의 活動義務는 民族國家의 全面的利益과 要求에集結함을原則으로함

二、國民皆勞의 生活을 原則으로함

三、重要生産機關의 國營化를原則으로함

四、土地는民族的要求에 適合한土地制度確立을原則으로 하되農民大衆의 基本要求에順應함

五、民族國家意識의 涵養을基礎로한敎育制度의確立과 國民敎育費의 國家負擔及科學敎育獎勵

六、國際貿易의 國營制確立

七、重要交通通信機關은 國營으로함

八、中小商工層의 量的發展과 利得에對한 國家的保護

九、八時間勞働制實施와 最低賃銀制確立

十、單一累進稅確立

十一、母性及兒童保護制實施와 養老制及不具者保護制確立

十二、特殊機關의公營

十三、公利社(協同組合)制度를確立하야勤勞層의生活向上을期함

十四、言論、出版、集會、結社、信仰의自由

十五、滿二十歲以上男女의 公民權制確立

十六、國軍建設과國民皆兵制確立

十七、外國이內政干涉은絕對反對

十八、都市와港灣에 公道施設을圖함

當面主張

一、우리는富强한 民族國家를建設하자

二、우리民族을 世界水準에올니자

三、全民族的勢力을 大韓民國臨時政府에 集結하자

四、日本殘存要素를剿滅하자
五、一切의 反民族的思想을 排擊하자
六、事大思想을、徹底히撲滅하자
七、宗派的民族分裂主義을 撲滅하자
八、國政의、階級的、專橫을反對하자
九、우리民族의 固有한文化를 昂揚發展하자
十、日本人과 民族反逆者의 土地를沒收하야 耕作者의 家族數에比例하야分配하자
十一、低物價政策을確立하자
十二、通貨를縮少하자
十三、三十八度線을即時撤廢하자
十四、國內의 日本人公私有財產을沒收하자
十五、國軍을單一組織化시히자
十六、全民族絕對平等
十七、外國의 國內施設搬出防止及撤去物回收
十八、海外戰災同胞의 救護를迅速히하자

宣言

全朝鮮의戰鬪的愛國者의組織인新韓民族黨은自己의 政治的信條의見解를國民의面前에 披瀝하야、民族的自由와自主를 指向하는、奮鬪하며있는 三千萬兄弟姉에게불너외치노라。

昧天은運循環하야 無往不復이라 過去日本帝國主義支配下의 三十六年間그斷末魔的惡辣한支配過程은全民族의完全解消政策으로 一貫되었는것이며그抑壓輕侮虐待는個人도는特定한階級에만限한것이안이었스며朝鮮民族的인모—든것을 最後一片까지 破壞하고殲滅하려고한것이었다。

이陰險한民族運命의 試鍊속에서苦難을거듭해오든 우리는今次의世界戰爭이國際팟쇼帝國主義陣營의敗北으로終局됨에이르러비로소 抑壓者日本의羈絆에서解放됨을얻었다。그러나우리에게도自己의運命은스사로決定할수있는民族自主의모—든權能이掌中에 獲得되여있지는안타。 다만그것의可能性이우리의앞、眼前에展開되여있는歷史的瞬間契機에臨하여있다。

보라、米英的인民主主義勢力과蘇聯的인民主主義勢力의相互對立矛盾摩擦의國際性은、宿命인三十八度線을中心으로 우리의疆土를兩斷하야單一國家單一民族인朝鮮으로한여금完然異國을形成하였스며 政治的으로는서로對蹠的인、性格가진두强國에依하야 分轄되여 兩大勢力의世界的新關係를 現顯하여、朝鮮民族社會의分裂을招來하고있다。그리고米英的인影響과蘇聯的인影響의相克摩擦로서 顯現되는對立矛盾은、朝鮮民族社會의不統一과混亂을誘發하야다시금 重大한民族的不幸이우리의 眼前에展開되라하고있다。

如斯한모—든國際的錯雜한影響下에處한 朝鮮民族은如何이이重大한 民族的危機와運命을 自主的으

로解決하며開拓하야 우리民族國家의將來運命을 決定일것인가하는決定的인歷史的重大한 契機에直面하고있나니 우리는全主族의總力量을英雄的인 諸革命要素와굿게 結付식혀서우리民族의完全自主獨立獲得運動을 效果的으로昂揚擴展하는것이우리의 唯一한全民族的要求이며重大課題가안이면안된다。

대저民族은모ー든 階級을包攝한生體라는 統一的全體이다。階級은民族의一部이며階級의利害는全民族의利益에隷屬되여야한다。民族이亡하고서階級만이 獨自的으로生存發展할수없는것이다。民族이가장强烈하게自己를 認識하며 具體的으로結合함은 他와對立한때이다。우리는他와對立하있다。우리의自主와獨立은 對立者에對한克服過程을通하야서만 可能한것이다。

朝鮮民族解放過程의現段階가 如斯한情勢에 處하여있스니 우리는朝鮮을圍繞한客觀的 主觀的모ー든情勢와條件의 具體的分析把握에서具體的인運動의 基本方針이決定되여야한다。

그러나 朝鮮解放戰線의全分野는思想運動的領域은 비서나지못한狀態에서 觀念的理論과戰術로서 單一民族인 우리民族의力量과革命要素를分裂分散식히며 過去宗派的인小分派主義에陷落하고있어서 民族의總力을民族解放戰線으로 當然히總進軍하여야할情勢에逆行하고있나니實로우리民族解放戰線의 自體陣營結成段階에있어서 一大陣痛期를現出하고있다。엇지對岸火視할수있스랴이에我等은 朝鮮의現段階는民族解放이우리의 唯一한歷史的使命이며 至上命令인것을 高唱하며우리運動의基本方針과 基本政策을全民族의面前에明確히 提示究明함과同時에對外依存的이며 反民族的인一切思想과 政治的意圖及民族分裂主義的諸傾向을暴露指摘하고 朝鮮民族完全自主獨立一點에全民의 意識을昂揚集結하며 鬪爭力量을集中하야 眞正한民族解放와 坦々大道를開拓하며 朝鮮의運命을決定하련다。

部 署

總 理	李 勳	李奎甲 金麗植
	金錫璜	宋根賢 金浩璜
	鄭在夏	
庶務部長	孫公暻	李禹倬
財政部長	姜元邦	李啟雨
組織部長	金 崑	許 爽
宣傳部長	金喜燮	姜炳文
情報部長	安雲帆	姜仁鳳
外交部長	張起瑀	鄭東浚
勤務部長	金景振	安貞洙
調査部長	李相殷	韓琫愚
農民部長	金明九	
文教部長	李鐘英	崔瑞伶
厚生部長	李鶴松	
産業部長	朱道燮	金淵浩
靑年部長	李相峰	羅 均
訓練部長	片德烈	趙 龍

中央執行委員 李容堅外 一二八名

監察委員　高德淳外　二名
參議　吳夏英外　一名
特別政治委員　鄭仁東外　二名

韓國民主黨

宣言

日本帝國主義의 鐵鎖는 끊어졌다。血汗의 鬪爭! 참으로 三十六年 世界史의 大轉換과 함께 우리는 드디어 光復의 大業을 完成하게 되었다。그리하야 우리는 半萬年의 빛나는 歷史를 도로 찾어 完全無缺한 自主獨立의 國家로서 人道의 衡平的 約束하게 되였다。

三千萬가슴에 뛰놀어 용소슴치는 오늘의 기쁨이여! 이 기쁨은 革命同志들에게 바치는 感謝로 옮겨지고 더욱히 抱恨終天하신 殉國諸賢에게 생각되시며 도리혀 벅차옴을 뿐이다。참으로 이 크나큰 光復의 功勞은 海內海外의 들어나고 감추인 無數한 革命同志들의 血汗의 結晶이 아니고 무엇이랴。

우리는 더지 않어 海外의 飄蕩同志를 우다지하랴 한다。더욱 隣邦重慶에서 苦鬪力鬪하는 大韓臨時政府를 中心으로 結集한 革命同志들을 생각컨대 그들은 두번 거듭하는 世界의 大風雲을 타서 안으로 國內의 革命을 鼓勵하며 밖으로 民族의 生賦를 國際間에 闡揚하면서 나종엔 軍國主義 侵略의 一翼으로 堂堂한 名分아래 盟邦中米蘇英等聯合軍에 끼어 빛나는 武勳까지 세웠다。오늘의 기꺼운 光復成就가 이 어찌 偶然하다 하랴。

「우리는 盟誓한다。在重慶의 大韓臨時政府는 光復劈頭의 우리政府로서 마지 하랴 한다。그리고 또 우리는 約束한다。軍國主義의 戰壘를 爆破하고 世界平和를 確立시키는 世紀的 建設期를 當하야 自主獨立을 恢復한 우리는 盟邦諸國에 最高의 謝意를 表하는 한便으로 國際平和의 大憲章을 끝까지 遵守擴充하랴 한다。

「나아가、우리民族이 將來할 世界의 新文化建設에 뚜렷한 貢獻이 있기를 되할진데 무엇보다도 完璧無缺한 自主獨立國家로서 힘차게 發展해야 될것이다 이는 오직 專制와 拘束없는 大衆本位의 福利를 增進시켜 將來의 諸制도 再歷드 없기를 期한다。그리하야 우리는 全國民의 自由로운 發展을 保障하며 全民族의 團結된 總力을 기우려서 國家의 基礎를 鞏固우에 두고 世界新文化建設에 邁進하랴 한다。

同志여 모히라! 韓國民主黨의 旗ㅅ 아래로!

綱領

一、朝鮮民族의 自主獨立國家完成을 期함
二、民主主義의 政體樹立을 期함
三、勤勞大衆의 福利增進을 期함
四、民族文化를 昂揚하야 世界文化에 貢獻함
五、國際憲章을 遵守하야 世界平和의 確立을 期함

政策

一、國民基本生活의 確保
二、互惠平等의 外交政策樹立
三、言論、出版、集會結社及信仰의 自由
四、敎育及保健의 機會均等

五、勞工主體의經濟政策樹立
六、主要產業은國營又는統制管理
七、土地制度의合理的再編成
八、國防軍의創設

政治細目

一、政治外交의部

一、選擧法의制定과國會招集의促進
二、憲法制定의促進
三、普通選擧의實施
四、言論、出版、集會結社信仰의自由確保
五、男女同等과靑少年의社會的地位向上
六、司法機構의改革과司法上機會均等
七、自主的互惠平等의外交政策確立

二、財政經濟의部

一、貨幣制度의確立과通貨의整理
二、統制의整理와累進率의强化
三、專賣制度의擴充
四、低物價政策의急速樹立

三、勞農의部

一、八時間勞働制의原則確立
二、最低賃金制確立
三、勞働者의團體交涉權確認
四、勞働者의自主的勞働組合法의制定
五、工場의經營及管理에勞働者代表의參與
六、職業仲介機關의公營
七、少年婦人의夜間勞働及危險作業禁止
八、健康과德性을損傷할婦人勞働禁止
九、幼少年의勞働禁止
十、工場內의保健、衛生敎育及娛樂施設의完備
十一、俸給生活者、商店從業員及漁民의保護立法
十二、失業保險、廢疾保險、其他社會保險制度의急速實施
十三、土地私有의極度制限과農民本位의耕作權均等確立
十四、灌漑事業의國營乃至國家管理
十五、農業經營의自主的協同組合化
　農業生產의合理化、重要農產物의統制

四、產業의部

一、鑛工業의育成擴充을爲한計劃經濟의確立
二、大規模의主要工場及鑛山의國營乃至國家管理
三、生活必需의主要物品의生產、分配及貿易의統制管理
四、鐵道其他主要交通機關、通信機關及動力의國營乃至國家管理
五、主要鑛山其他、金融機關의國營乃至統制管理
六、造林의國營乃至國家管理
七、生命、損害保險等의國營又는委任經營
八、勞工의融合과都市及農村의均衡化政策樹立

五、文化社會施設의部

一、主要한文化機關及娛樂機關의國營
二、助産院、托兒所、養老院、幼稚園의公營
三、公私醫療機關의適正分布

四、體育施設의適正分布와公營

六、教育의部

一、國民教育制의急速實施와現教育者의再教育

二、國民學校授業料의撤廢

三、職業教育의擴充及公營

四、有著特別教育費의國家負擔

五、理工教育의大擴充과鑛工技術者의積極養成

六、教育機關의適正分布와都市集中의制限

七、教員及技術員의優待

七、國民精神及國防의部

一、國民勤勞精神의涵養과兵役義務觀念의徹底徵揚하는諸般施設의完備

二、國防軍의急速創設

中央部署

領袖 李承晚 金九 吳世昌
權東鎭 李始榮 徐載弼
文昌範

首席總務 金性洙

總務 元世勳 白寬洙 徐相日
金度演 許政 白南薰
金東元

事務局長 羅容均
黨務部長 申允局
外務部長 張德秀
組織部長 金若水
財務部長
宣傳部長 咸尙勳
情報部長 朴瓚熙
勞働部長 洪性夏
文教部長 梁源模
厚生部長 李雲
調查部長 白銑熙
連絡部長 崔允東
地方部長 趙憲泳
青年部長 朴明煥
訓練部長 徐相天

韓國獨立黨

執行委員長 金九
副委員長 趙素昂
監察委員長 黃學秀
副委員長 李象高

中央部署

秘書部長 趙琬九 趙擎韓
組織部長 趙擎韓 李昇敎
宣傳部長 嚴恒燮 嚴雨龍
訓練部長 安在鴻 鄭學龍
調查部長 缺
勞働部長 劉起兌 柳東說
書記長 缺
婦女部長 缺
青年部長 缺 玄琡
法制委員長 申翼熙
國防委員長 李青天
工業政策委員長 金朋濬
土地政策委員長 崔益煥
財政々策委員長 林錫潤
外交政策委員長 趙素昂
交通政策委員長 南相喆
厚生政策委員長 李義植
糧穀對策委員長 金益東
先烈史蹟委員長 延秉昊
文化政策委員長 白南信
經濟政策委員長 蔡奎淵
農村政策委員長 李昇敎

中央執行委員長 金 九
僑務委員長 缺
外一三三名

韓國獨立黨第五次臨時代表大會宣言

本黨은先賢先烈의莊嚴한傳統的民族正氣를繼承하며 民主獨立의偉大한時代的精神에基因하야、茲에國內外同志同胞에게鄭重히宣言을發한다

本黨은悠久한歷史的系統을가진反日鬪爭을繼續하야 强烈히展開하여왔다。그렇나우리의鬪爭對象이消滅된이때에있어서는 過去를다시檢討하면서新階段의任務를規定하지못히게되었다。日本帝國主義가韓國에侵入한以後 七十年來로우리는우리民族의自主獨立을爲하야奮戰하였다。이것은「倭敵을撲滅하고祖國의完全한主權을爭取」하려는民族精神의表現이였다。回顧하건대甲申革命甲午更張義兵의游擊戰、獨立協會、大韓自强會、新民會、大韓協會、反日救國、除奸、三一大革命等은그代表的運動이였다。그發展過程에있어서비록客觀的情勢로因하야、그環節의大小가不一하고 形態가不同하였지만今日까지꾸준히生長하고發展하여왔다。그最後의環節이곧韓國獨立黨이다。따아서革命歷史가韓國獨立黨에게賦與한任務는「寃讐日本의侵略勢力을撲滅하고 祖國을完全光復하는것」이다。本黨은如斯히悠久한淵源을가진 光榮스러운歷史的任務를完成하기爲하야 우리의民族運動을復國、建國、治國의階段으로分期進行할必要를確認하였다。그리고特別히建國과治國의全過程을通하야、本黨의一貫한目標는政治、經濟、敎育의均等을基礎로한新民主國을建立하는同時에族與族、國與國의平等을實現하고나아가世界一家의進路로向함에있는것이다。따아서本黨은이目標에早速히到達하고저心血을傾注하야積極努力하고있다。이것이우리同胞가本黨을擁護하는理由가되는것이며또國內外의廣大한同志들이確固한自信을가지고 堅忍不拔하는精神으로쐈血戰을展開한源泉이되는것이다。이제우리는千百倍의勇氣를가지고祖國의獨立自主와同胞의民主團結과全人類의共榮을爲하야 最後까지奮鬪할것을더한번決心한다。

現下倭敵은消滅되였다。우리의祖國은同盟國의友誼的協助下에解放되고왔다。이로부터正義의鐘은다시빛나며 따시스트强盜群은陽光下의黴菌과같이消滅되였다。國家와國家間과民族間의安全은 그保障의길이平坦하며 全世界人類는自由平等의幸福을누리게되였다。그렇나天은自助하는者를助하는것이다。어찌自家의奮鬪가없이自國의獨立과自族의幸福이있기를希望할수있으랴! 本黨은그립든祖國을向하야前進하려는前夕에있어서 臨時代表大會를열고國家民族의大計를討決하였다。本黨의過去工作을回顧하면毁譽와功過가併存한것이다。그렇나우리는그長點을取하며그短點을버리어將來에殷鑑을

삼기로하고 그것을 여기에 再提할 必要를 느끼지 아니한다。爲政이 急迫한 이때에 있어서는 過去보다 現在에 議論보다 實行에 重點을 置하는것이 마땅한 까닭이다。本黨은 同志同胞의 要望하는 熱情과 萬分의 一이라도 早一日報答하며 進步하는 時代潮流에 順應하기 爲하야 今次大會에서 黨綱黨策을 修正하였다。

우리는 本黨의 黨義와 修正한 黨綱과 黨策을 親愛하는 同志同胞앞에 提供하며서 公正한 批判을 請한다。이에 共鳴하는 姉妹兄弟여 韓國獨立黨의 旗幟下로 모히자! 祖國의 完全한 獨立을 成就하며 政治經濟敎育의 均等을 基礎로한 新民主國을 完成하기 爲하야 共同奮鬪하자!

黨 義

우리는 五千年 獨立自主하여 오던 國家를 異族日本에게 빼앗기고 只今 政治의 蹂躪과 經濟의 破滅과 文化의 抹殺 속에서 死滅에 直面하야 民族的으로 自存을 保持하기 不能하고 世界的으로 共榮을 圖하기 未由한지라。

이에 本黨은 革命的 手段으로써 寇讎日本의 모든 侵奪勢力을 撲滅하야 國土와 主權을 完全光復하고 政治、經濟、敎育의 均等을 基礎로한 新民主國을 建設하여서 內로는 國民各個의 均等生活을 確保하며 外로는 族與族 國與國의 平等을 實現하고 나아가 世界一家의 進路로 向함。

黨 綱 (基本綱領)

一、國家의 獨立을 保衛하며 民族의 文化를 發揚할것

二、計劃經濟制度를 確立하야서 均等社會의 幸福生活을 保障할것

三、全民政治機構를 建立하야서 民主共和의 國家體制를 完成할것

四、國費敎育施設을 完備하야서 基本知識과 必需技能을 普及할것

五、平等互助를 原則으로한 世界一家를 實現하도록 努力할것

黨 策 (行動綱領)

一、悠久한 獨立國家의 光輝를 闡明하고 獨特한 文化民族의 實績을 發揮할것

二、國際民族의 健全한 生存發展과 平和로운 世界大家庭을 建立하기 爲하야 一般國民에게 民主團結의 精神을 積極培養할것

三、階級、性別、黨派等의 差別이 없는 普選制를 實施하야 國民의 政治權利를 平等히 할것

四、勞働、敎育、選擧、罷免、立法、保險、救濟等 各種基本權利를 保有할것

五、身體、居住、集合、結社、言論、出版、信仰、通信等의 自由를 確保할것

六、地方自治制를 實施하야 國民의 政治能率을 提高하며 中央及地方의 均權制를 實行할것

七、土地는 國有를 原則으로 하되 土地法、土地使用法、地價稅等의 法律을 規定하야 限期實行할것

八、土地는 人民에게 分給하야 耕作케 하고 極貧한 農民에게 優先權이 있게 할것

九、交通、鑛山、森林、水利、運輸、電氣、漁業、農業等、全國性의大規模生產機關은 國家經營으로할것
十、國民의現有한私有土地와 小中規模의私營企業은法律로써保障할것
十一、國民의各種敎育의經費는 一律로國家에서負擔할것
十二、敎育宗旨의內容을獨立、民主團結로確定하고 新敎科書를編纂할것
十三、聯合國家와의友好關係를保持하며 弱小民族과그國家에同情하는各政治團體와聯絡을取할것
十四、國際的集體安全과 世界의永久한平和를實現하기爲하야努力할것
十五、國防軍을編成하기爲하야 義務兵役을實施할것
十六、婦女의地位를提高하야 男子와의均等發展을圖謀할것
十七、國民保健施設을普及할것
十八、養老制度를確立하야實施할것
十九、農村組織을健全히하야 農民生活을改善할것
二十、工場法과勞工保險法을製定하야勞工生活의改善을保障할것
二十一、全國靑年을敎養團結하야國家建設과 民族復興의礎石이되게할것
二十二、戰時災難에따진同胞의救濟工作에積極努力할것
二十三、國外各地에居住하는 同胞의安全과發展을圖謀할것
二十四、一切의苛斂과雜稅를廢除하고 高利貸金을嚴禁할것
二十五、敵產은그官公私有를勿論하고 一律로沒收하야國有로할것
二十六、賣國賊과獨立運動을妨害한者를懲治하며 그財產을沒收하야國營事業에充用하고 土地는國有로할것
二十七、封建파시스트等의一切反民主의傾向을肅淸할것

當面口號

一、全民的民主團結을實現하자
二、獨立運動에犧牲된 先烈의遺族을救恤하자
三、刑務所、留置場、觀察所를開放하자
四、敵의倉庫에儲藏한米穀을 飢餓大衆에게分給하자
五、投降한敵軍內의우리官兵은 國防軍으로收編하자
六、臨時政府의政權을全民族의意思에依하야 組織되는正式政府에交還케하자
七、國內에進入한盟軍을盡力援助하자
八、各戰區에居留하는同胞의 安全保障에積極努力하자

大韓民國二十七年八月二十八日
韓國獨立黨第五次臨時代表大會

各地테로及檢擧事件

八、一五解放은 全人民의 勢力이 한테 뭉치며 進步的民主主義의 旗발아래에 總集中하게 되였다。韓國民主黨을 中心으로 한 數三十의 右翼政黨及團體가 雨後竹筍格으로 組織되였다 하나 그 傘下에는 어느 層의 人民大衆이 糾合되여 있는지 우리로서는 到底히 알기 어려울만큼 그 數가 적었다。

그들은 傘下에 人民大衆의 獲得보다도 上部에가서 美軍政의 庇護를 求함이 一得策이였다。그때서[illegible] 이에 成功한 그들은 殿下無人格으로 自己陣營의 脆弱한 勢力의 比重을 充當하기 爲한 最後政策으로 테로 行勵를 實行하였다。테로行爲은 以[illegible]에보는바와같다 進步的民主主義의 勢力을 一掃排斥시킨과 同時에 恐怖的으로 人民을 糾合하려는 [illegible]者의 愚計이므로 일즉히 三族을 滅한다는 形々色々의 封建時代의 惡質性보다도 더 野蠻的인 不法逮捕、監禁、拷問、殺人殺傷이 演出되는 것이다。

우리는 解放以後 只今까지 重要한 事件만을 들어서 記錄하기로 한다。

× × ×

十一、二一 天道教講堂에서 全國委員會代表者會議를 破壞하고저 트럭二臺에 分乘한 八十餘名이 武器를 携帶하고 突然襲來하야 投石으로써 場內設備를 破壞、守衛二名拉致

十一、二二 永樂町中央劇場에서 全國人民委員會代表者를 招待하야 慰安會가 開催된바 五百餘名의 建靑會員及光復軍이 來襲、警備員과 接戰二時間餘 MP에의 出動으로 밤十一時半頃 退却、吳虎允外數名重傷

十二、一七 人民黨에 [illegible]午에 拳銃携帶코 五十餘名이 來襲、印刷工場施設 電話線 其他備品破壞損[illegible]奪去、國軍準備隊의 社員、從工六名亂行拉致、國軍準備隊高級參謀 林天圭凶彈에 重傷生命危篤

一二、二九 通行中의 國軍準備隊員 軍一名을 正服한 警官이 拳銃을 떼고 拉致、建國靑年會地下室에 拘禁코 毆打取調

一、二 午後六時頃 猛虎團員二十餘名이 트럭으로 來襲、柳泰秀、李錫鳳、許鍾河、金福石 四名을 拉去、勸農町一七八 猛虎團本部에 拘禁코 銃殺圖謀、三日後 銃殺執行寸前에 MP에게 救出

一、三 鍾路二丁目을 通行中인 國軍準備隊員을 突然十餘名이 달려들어 亂刺重傷

一、八 서울運動場에서 英蘇三相會議支持 市民大會를 마치고 午後二時頃 便所附近에 手榴彈을 投擲爆發

一、八 永樂町自由新聞社에 午後七時半頃 手榴彈投擲

一、一一 國軍準備隊高級參謀 王弘

趣은午後九時頃建靑員에誘致되여花園校에拘禁되었다가 翌日龍山建靑支部로拘禁

龍山鐵道病院附近에서申彦天、柳志天外二名이莫府三相會議支持삐라를뿌리다가、建靑員에게拉致되여龍山支部에拘禁、오-바와所持品을强奪當하고惡刑받음

一、一二 全評員이龍山方面에서삐라뿌리다가建靑員에게拉致됨

一、一五 元町曹基哲이少年軍臨浦支部에拉致

一、一六 韓國民主黨本部에서午後三時頃新聞記者團에게 重大發表가있으니오라는通知받고 新聞記者七、八人이韓國民主黨에들이자數十名의暴力團이包圍하고 쏜스토記事에對한決議文이라하여新聞記載를强要

一、一八 午後五時四十分頃男女三百餘名이多數擧銃을들고 人民報社로襲擊 記者職工을威脅하며重傷者四名、輕傷者二名을내고 備品全破 被害額五萬圓程度、다시人民黨本部로가서靑總宣傳部事務室을破壞、六時四十分頃서울市人委로가로가서、一、二、三層窓門全部와備品大部分破壞、書類、冊床을街頭에버려놓고갔다。

一、一九 (學兵同盟事件參照)

一、二一 靑葉町土建勞組宿所를밤九時半頃武裝警察隊가長銃으로發砲한다음 勞組員을引致하여가든途中에놓아보내다。

午後九時半頃武裝警察隊二百餘名이明倫町解放社를襲擊搜索하다。

一、二三 龍山鐵道局工場庶務課長張德琮은 午前九時頃各職場擴聲器를通하며、鐵道局長의命令이나今日美蘇共委代表團歡迎市民大會에는參加치말나고厳命하고 또各職場長等을緊急召集하야 同大會에參加시키지말나고決議하였다 全工員三千五百名은이에不應하고大會에參加코저出發을하자 突然貴誅가引率한테로團이나타나 行列을막고暴力을敢行하고 MP가出動하야 鐵勞幹部五名을龍山署에監禁하다 同日午後一時頃同大會場警備員은 怪漢이射擊重傷하다、大會式을마치고 示威行進에에鍾路네거리兩便에서 反託學生留學生同盟建靑員等六百餘名이出現하야 暴行으로相當한重輕傷者를내었다。鍾路三丁目에서示威行列을마치고가는農組員(女子)을襲擊刺殺하다、仁寺町樂園食堂에서國一館主人長男馬玆昌君(二十一歲)이 食事中에時局問題를言及하는데 이를본巡警李鎭夏가突然長銃으로射殺하다。明倫町町會長은市民大會에町民을引率參加시켰다고 밤중에光復軍三名이拳銃으로威脅하다。

一、二四 서울新聞社에서는 二十三日市民大會에參加하였다는理由로 社內幹部級과記者職工과、意見衝突이있었고 早朝테로團數十

名이 新聞配達을 妨害하라고 配達夫에 脅迫하고 新聞을 制裂하다。

一、二七 光復軍六名이 拳銃을 所持하고 人民黨青年部長家族脅迫

一、二八 延青員二名拳銃을 所持하고 中央新聞某記者家宅을 襲擊

一、三〇 三淸町學兵永訣式場에서 巡警이 靈柩車에 감은 輓詞를 銃부리로 찌저버림에 이를본 某記者가 張澤相警察部長에게 抗議한바 即席에서 巡警에게 命令逮捕하다

二、四 三淸町에서 午前六時頃 共產黨員趙斗元、李承燁、婦總員趙元涉、崔玉姬外四人을 武裝警察隊가 拉致

二、一二 밤三時頃 解放青年同盟幹部李用煥과、그의 家族全部 委員長全大錫을 引致 武裝警官隊約三十名이 家宅搜索하야 名簿及書類押收

二、一五 西大門署에 收監된 朴與植은 美軍憲兵와 張澤相(警察部長)이가서 某長官의 命令이라 하야 釋放

二、一六 鍾路基督青年會館에서 民戰結成大會를 妨害하고 不法한 武器所持레로 國五名을 檢束

二、一七 嘉會町獨立同盟臨時事務所에、午前二時頃二十歲前後의 青年三名侵入하야 韓彬一行의 行方、探門退去時 盟員手鞄와 時計一個盜取

三、一 永登浦勞働者들이 南山公園에 三一紀念에 參加次로 數百의 트럭을 타고오는 途中武裝警官二十餘名이 漢江鐵橋에서 下車시킨後通行禁止。

光化門에서 一青年이「大韓獨立萬歲가 무어냐? 朝鮮獨立萬歲지」하고 나가는 青年을 돌로 頭部를 亂打即死。昌信町白楽承宅에서 朴承煥外十七名이 武裝한 警官隊二十餘에게 午後六時頃被襲、

三、二 同德高女에서는 己未鬪主催의 서울運動場과 대드에 不參한 生徒들을 摘發、非愛國者라고 叱責終日訓示를 한後、便所掃除를 시키며 男教員金元悲는 이에 反對하는 生徒들을 無數亂打登校禁止

三、五 午前十一時서울運動場에서 三八線撤廢國民大會가 끝난後 데모때에 言論機關을 襲擊。孫聯領導館에 侵入騷動、指揮者는 城南中學校長인 金錫源大佐

三、一三 亞細亞探偵社長李元因外多數를 檢擧한바 最新式拳銃一 彈丸二〇餘發(李元因은 日帝時代高等官四等)

三、一四 밤九時頃演劇을 마친後、沈影氏는 婦人과 作伴하야 鍾路廣橋를 지날자 靑年一名이 拳銃으로 發射

三、一八 午前부터 建國青年會本部와 支部를 襲擊하야 拳銃六挺、長銃一三三、日本軍刀一八九를 押收

一九四五、一〇、二七 全北群山勞働組合員張公佑 農組合蔡岩錫兩氏를 美軍逮捕

二、七 全北裡里人委林宗煜、李源淳、林均衡氏等이警察이拘禁하는 한便MP는人委의書類物品等을押收

二、八 江原道原州테로團(正義團)二〇〇餘名이 勞組農組等을襲擊 幹部數名을打傷、書類金品等掠奪

二、一〇、江原道原州郡貴來面테로(原州靑年會)五〇名餘이 農組襲擊破壞、幹部多數子打加害 人委結成式場을 襲擊破壞、書類、備品掠奪

二、一五、全北警察部長金應祚는武裝警官二〇名과美軍數名을帶同하고 南原에出動하야 南原警察署員과合流하야 人委、建國軍、靑盟을襲擊하고 文書全部를押收、人委金昌漢、梁判擲、姜興周、朴鍾岩、吳載龍等을 警察部로押送이로因하야翌十七日午後一時數千郡民이蜂起하야 不法彈壓反對被檢指導者卽時釋放等의要求데모를決行한바 美軍과警察隊에衝突하야、朴炳甲、韓成培、金哲雄君等의射殺者를내고 十餘名의負傷者를내이다。

二、二四、全北沃溝警察署員司法主任은MP三〇名을帶同하고 大野面人委幹部全員檢擧 翌二五日에는盤山面人委長全國營氏를拘禁

三、七、忠南唐津警察署에서는、人委農組靑盟幹部十餘名을不法監禁取調

三、一一、全南光州警察署副署長은警官三十餘名을帶同하고 松汀里保安署派出所를襲擊하고署員三名接居書類一切를奪去 그后다시大醉한副署長은警察一八〇餘名을引率出動群衆에게 發銃、日本刀、棍棒으로 亂射、亂刺、亂打하야 四名의重傷者多數를演出

一、一二、京畿道坡州郡 臨津面農組靑盟幹部들테로에被害

一、一三、忠北鎭川農組幹部테로에被襲 六名重傷者를내다

一、一三、忠北淸州테로團（戰災同胞相助會、反託委員會、留學生同盟少年軍、武徒協會）數百名이動員하야 人委、農組、靑盟、婦總等을襲擊하야 事務所破壞、文書、金品多數奪去幹部多數毆打拉致

一、一五、全南莞島郡特警隊四〇名이動員하야 人委農組協組等幹部不法檢擧

一、一六、忠北堤川테로團（靑年保育會）이動員하야 人委、農組等事務所를襲擊、破壞、幹部毆打加害

一、一八、全南道特警隊는 美軍數名을帶同하고 莞島人委、農組、靑盟、保安署、幹部를檢擧하야殺人的毆打監禁

一、一九 慶南釜山武器所持한테로團(民主勞働黨) 數十餘名이 道人委를襲擊重傷者多數

一、一一、全南南海에는 道特警隊三六名이出動하야 保安署를占領 五〇餘名職員無條件罷免

一、一二、京畿道楽砂獨促靑會長李承錫外十餘名은 人委長趙雲鎬氏

宅을毀壞하고 家族에게暴行家屋破壞

一、一三、忠南溫陽 警察署에서는 人委、農組、靑盟、婦總、幹部들과 그家族들을引致拘禁

一、一四 全南道特警隊는 木浦人委幹部俞致五、林永春、保安署、林琮吳外七名消組林彩鉉外十名을 一齊檢擧、翌十五日에도 以上團體幹部四氏名을再檢

一、一六 高陽郡元堂面中央人委宣傳部員李鍾元氏를 테로團이拉去

一、一八 慶南泗川郡警察署는美軍을帶同하고 農組幹部一般市民三十餘名毆打檢擧

一、二〇 全南順天에서는光復軍二十名이 深夜人委、靑盟、事務所를襲擊破壞하고 靑盟宣傳部長金日澤君을狙擊卽殺

一、二三 全北群山市에서는獨促主催로反託市民大會를開催하였는바 參加한五千餘名이突然三相會議決定支持를主張 테모로變함에MP數十名이出動하야 人委、勞組、婦總幹部三十餘名檢擧

一、二五 全北裡里郡益山面靑盟結成大會에 테로數十名이襲擊하야 幹部朴熙燦以下數名毆打被害

二、一 全南道警察部特警隊員六十餘名과MP十餘名이羅州保安署、人民委員會、勞働組合農組、靑盟等에 美警察部長「싸이틀」과民與軍政官의引率下에襲來하야 靑書繪道具國旗等을押收하고 保安署長朴炳瑞 人民委員長金昌容農組責任者吳正根等을檢擧無數毆打後下後二時頃 MP車로光州警察署로押送拘禁、殘留幹部三職探中

二、三 全北永元面에 武裝警官數名이와서 農民組合三十餘名을無條件逮捕井邑署에拘禁

全北井邑笠岩里에警官 數名이와서 農組員二十餘名을無條件逮捕井邑署로拘禁

二、五 南由郡彦陽面農組幹部를午前五時蔚山民主勞働黨員이來襲하야 吳吉洙、金相恩을花面旅館에引致後 木銃、갈경이(消防隊에서使用든것)等으로亂打後同九時頃人事不省時에 드럭에실고蔚山으로가는途中警察에被檢

二、七 全南和順、警察隊十六名과美軍人五名이來襲保安署를占領하고 宋貴進을罷免하고 警察部勤務하는白圭廣을代任하고 宋을取調한後八日光州署로拘禁 또人民委員會事務室은 演武場으로使用한다고 卽時撤退를命令

二、九 忠南天安 武裝警官隊가消防隊建國靑年會光復靑年會등테로團과合作하야 夜半에消防「사이렌」을울리며 大擧來襲하야 民主主義民族戰線의幹部와 部員의家宅을個個로襲擊하야 消防펌푸로물을함부로射擊하고 棍棒식갈구리、投石、銃器으로 亂打多數重傷者를내였다。

二、一〇 暴徒는蜂起하야 白晝에消防사이렌을울리며 各社會團體

事務所와 幹部工場과從業員等私宅에까지 消防용무大量으로注水、當類什器工作機械、製品家具等을破壞 各國從組幹部從業員住民等을 亂打拉致監禁拷問으로 生命危殆한者數名、十二日亦是同一한方法으로 無煙炭工場外數個處를襲來하다음 午後八時頃八〇餘名이 拳銃十餘挺을 携帶코 郡廳트럭으로成獄向發 十二日밤警察隊와合力하야、撤夜繼行하야 、重輕傷者數十名을내고幹部十餘名拉去拘禁拷問

二、一二 富川郡梧柳洞、夜十一時頃、民友會石致慶以下三十餘名이 襲擊 李鍾泰를나오라기에拒絕하자 그들은房에侵入하야 李鍾泰祖南守를毆打、其外四名은逃亡타가發見되야 被打되야모다重傷當하였다。

二、一二 井邑禾湖里、警察部長金陷詐外警官數名이 人民委員會看板을떼고 農組委員을檢擧하야井邑署에拘禁(二十餘名)

二、一三 廣州道馬里、武裝警官이 雨日에걸쳐、아무豫告도없이農家를襲擊하야 米穀收集令이라하여 벼七十餘石을押收해갔다。

二、一四 前十二時三十分頃 龍仁郡龍仁面金良學校에서 郡主催로啓蒙運動講演會를開催하야 講師學務局囑託曺元默은農民運動을無意味라고陳述함에 李鍾麟은그것은講師의反動的獨斷이라고反駁함에이르러、聽衆은이에呼應하야場內는騷亂하야 이때警官은李鍾麟을檢擧하고이어서金學東、李源根을檢擧하였다。

二、二〇、一二五 慶南陝川郡安中里貴井里部落所有樂與(장자?)六介를 盧哲源가處在点으로부터빌려다서 部落民을慰安巡同中、一九日安中面中面警部盧反容(日帝時副面長)은 無際借用이라하야農樂隊員十餘名과詰難끝에、盧反容失言謝過로一段落하였는데 翌日突然武裝警官隊가來到하야(事件)調査을하며林仁宅을逮捕盧哲源을呼出하야本署에拘禁拷問完治三週日의致傷을입이고二五日에는農組幹部張鳳京은面會갔다가、拘禁當하여完治五週日間의傷處를받고 더욱火警로손등을지저 火傷은目不忍見이라하여또尹小男外四名을呼出하야 刑事主任과署員七八名이亂打하야 完治三—四週日을要한傷處를입어 孫五龍卞龍守二名은鼓膜이破裂되었다。

二、三〇 水原、尹署長申司法主任이引率한 武裝警官五十餘名이出動하야 靑年등과그父兄을逮捕拘禁

二、一二 高陽郡美川面月岩里、農組에서農樂隊를引率하야、洞民을慰安하後歸家途中 林永燮이나타나、酒店으로誘引、林의兄弟尹昌燮李鍾黃龍燮、李在裕、文乙萬等과同席消杯交換하다가 是非를걸어突然作黨毆打始作하자、家屋에서

待機中이든 一味四十餘名이 加勢亂打하야 重傷을 當하였다。

一、二四 光陽郡美川面月光里 光州檢事指揮下에 李司法主任以下、武裝警官十二名이 出動하야 面民七四名을 拘禁코 亂打하야 重傷을 입었다。

三、一 全南光州 서울反託學生聯盟에서 二月二十八日派遣된 自稱金性洙子二名 白寬洙子一名 計三名은 少數의 學生을 煽動反託데모 暴動함으로 敎諭劉昌鍾以下數人이 生徒들을 歸家토록 勸告하였으나 反抗함으로 敎師室에서 說諭中 突然靑年團幹部鄭丙鉉、獨促張洛鎭、金光鎭、李哲、金興玉、尹泳善、韓民黨、金炳玉、金容俊、國民黨文鍾外 約三百餘名이 襲來하야 〃共產主義先生은 때려죽여라。〃愛校民朴敎頭를죽여라〃 高喊치며 朴瑞玉敎頭、鄭泳範敎諭를 殴打敎師室로侵入하야 警察署長以下十餘名의 武裝警官이 〃生徒를 殴打하는 先生은죽여라〃 하며 反託學生을 煽動함으로 暴徒들은 이에 加勢되여 校長以下二十餘敎員을 亂打하고 椅子、窓門、什器를 破壞後 數敎員을 引致拘禁하였다。

慶北安東郡豐川面九潭洞 午前十一時頃 川面事務所앞에서 三一記念式을 마치고 祝賀記念行進中 愛國同志會事務所앞에 이르자 二十餘名의 農業隊와 四十餘名의 住民이 行進을 妨害하고 金世顯外一人이 突現하야 佳谷靑年同盟團旗를 斷切하고 暴行함으로 權景譜(農組支部長)는 衝突을 避하며 通過하였다。午後四時頃 다시 行列이 도라오는 途中 牛車十餘臺가 길을 막고 있음으로 이것을 치우고 酒場앞에 이르자 突然棍棒낫장대 갈구리、갈等兇器가진 暴漢數十名이 左右에서 狹擊、亂打、亂刺、約一時間半繼續하여 暴行하였다。이리하야 百十餘名의 被害者를 내이고 重傷者도 數三名을 내였다

三、二 全北咸悅 六〇八列車가 咸悅에 來着하였을 때 消防隊員이 機關車에 乘車를 要求함으로 이를 拒絶한다고 巡査와 協力殴打。 馬山署管內 崔文道外三名을 窃盜犯容疑者로 被檢하야 取調中 三名은 自白 崔는 否認함으로 午後十一時까지 取調를 마쳐 留置場에 投禁하였다 三日午前十時頃 差入物을 줄려고 하즉 이미 絶命

三、三 永同郡黃澗面、百四十餘名이 트럭三臺에 分乘하야 永同을 떠나 下午後六時頃 黃澗駐在所앞에서 全員下車하야 惡質삐라를 撒布하면서 示威行進하며 洞里마다 단니면서 家屋破壞或은 殴打拉致等暴力을 敢行하야 重傷者四名 輕傷者三名을 내였다。

三、四 陜川郡三嘉面、俞風濬外四名의 武裝警官隊가 襲來하야 農民組合에 朴初男을 搜索하고 午後四時頃 出頭命令을 내리고 記帳宿

悛을橫領이라하여拘禁하고書類等을押收하였다。

五、一九 仁川에서 獨立戰取國民大會가開催되였든바 留學生同盟을爲始한反動青年들은 京城에서仁川까지大擧出動하여會가끝난後 仁川勞組全部를襲擊하였으며 勞組員들과衝突後 雙方에負傷者를내는不祥事가이러낫다。

그리하여월부터京城에서暴行하려간暴行團은 被檢되치않고勞組員만十四名이被檢되였다가二十六日에六名은釋放되고 八名은軍政裁判에廻付되였다。

五月一日부터十九日까지에 當地韓民黨支部長李熙鎬의指導下에 所謂獨促青年團員이十餘名式作黨하야棍棒을갓이고 正服巡査二三人式앞세우고各部落을다니면서 民主陣營에脅迫毆打하드니 五月二十三日七十餘名의暴力團은 트럭三臺에便乘하여示威한後玉泉國民學校長文民、玉泉警察支署長金南極氏를中立이라여毆打重傷을앞이고 農組幹部推德成以下二十餘名에重輕傷을내였다。

四日에鳥山民戰幹部와 金下團體幹部十五人을檢擧하야 二十三日만에야檢事가取調하되 政黨關係를맺마되몬고나서 一人은六千圓罰金一人은萬圓、一人은千圓罰金에處하고 其他는無罪釋放하였는데理由로는政黨登錄法財政報告違反이라하였다。

安城地方은解放後 左右翼의何等摩擦과衝突이없이進行되여오든中五月七日安城署에서突然檢擧가始作되여 人委農組等民主陣營의幹部二十餘名과 郡下一竹、三竹、微陽面에波及되여 都合四十餘名을留置하고其中十數名을送局하었다。

檢擧理由로는 解放後保安署의諒解下에 家畜市場을管理하였었는데數個月後에그가不法管理라하며 農組가組合員에서組合費를一三〇圓바덧다는것 地方篤志의義捐金一千餘圓을바덧는데 그가寄附强要라는것들이다。

燕岐郡金東面에서는 五月十二日과十九日二次에亘하야 當地獨促幹部들은 約二百名의青年을買受하야트럭三臺에便乘하며 棍棒鐵鉤等을갓이고 郡下金東面、東面、西面、南面、金義面、鳥致院邑等地를巡廻暴行하였다。

洪城郡下廣川에서는 五月十九日趙素昂、安在鴻、嚴恒燮氏의巡廻講演時 그들의來臨함에 左翼團體君衣이있으은 그地方의羞恥라는어리석은行動으로 光復青年會員이看板을破壞하는等暴行이있었다。

瑞山、保寧等地에서도 規模의大少는있으나 瑞山에서는五月十日十餘人의民主陣營幹部의 私宅侵犯毆打等의暴行이있었다。

五月九日 天安의暴行은郡下成歡面까지波及되여 成歡民青員農組員들로多數負傷을當하였다。

解放의歡喜와아울너牙山青年同盟에서는 愛國青年들의壯擧로 、陸政

의警察署를銃劍을물니처接受하였고 人委에引繼後後軍政의任命下에 保安署는治安을擔當하여왔었다。 其後反動分子의誣告로말미아마 保安署長은更迭되고 漸次各面에暴行檢擧事件이頻發케되었다。

即一九四五年十月八日民主陣營의幹部李聖雨以下十餘名의大量檢擧와排芳面테로事件四五次에걸처靑總의被襲이있었으나 모다獨促靑年의暴行이었다。

그런데數箇月後인五月九日 民主各團體가民戰을結成하려는그날밤또다시突然警察에大量檢擧되여許均李鵙雨等은 送局되였고十餘名은起訴中止에處하고말었다。

檢擧理由는解放直後에一、旦解決되었든 保安署、面事務所接受問題가再燃된것이다。

그리고郡下仙掌、靈仁面에드 溫陽邑에서獨促靑年의暴徒가 트럭으로來襲하야多數의負傷者를내인일도있었다。

五月十七日부터十七日까지一週日間에걸처 扶州郡獨立促成國民會支部長盧圭昌과(日帝時代警防團長)金村分會長金錫漢이主動되여 暴力團을組織 人民委員會를爲始하야 各民主主義團體의事務室을襲擊하고看板을破毀하며文書强奪、毆打、脅迫家宅侵入及破壞等一時金村一帶는不安한狀態이었다。

그리하여農組幹部 鄭行大、鄭行道兩氏를亂打하야 瀕死의重傷을입히고 數多輕傷者를내였으며 가진辱說과脅迫을하나머지 五月二十五日에는 衛洞面人民委員長金道星氏에對하여는無斷引致하야全身에똥칠을하고입에똥을먹이는等 참아人間으로서는敢히하지못할暴行을加하였다。

淸平에서는昨年十二月莫府三相會議가終了되자 中央에呼應하여 土着地主洪弼杓、謀利輩南宮一等은 反託決死隊를組織하야 暴力行爲를하기始作하였다。

五月六日民戰、民靑結成大會에京城에서張甫均氏를招請하야 盛大히結成되여民主陣營의活潑한氣勢를보자、其後九、十、十一日에걸처暴徒五十餘名을湧動하여 民靑會館을襲擊破壞하고、李尙泰、鄭東七、李仁錫氏를毆打人事不省에이르게하였다。

五月二十五日平澤人委副委長、安忠洙以下四名은 平澤署에檢擧되었는데그理由는 그날所謂獨立戰取國民大會가있어 京鄕各地에서의例를따러 當地에서도暴行의氣運이濃厚하여이를未然防止하기爲하야 會館防備에民靑員들이集合하였든것 그리고民靑主催의蹴球大會에參加次練習을한것等을 不許可集合이라하여檢擧되었다한다。

淸州暴行事件

五月十二日부터二十五日까지 連續한暴行은二十八件이나되고 그惡質的인것은筆舌로말하기어렵다 他地方의暴行과달너이地方은數人或은十餘人이作黨하여 個人의家宅을夜深或은早朝에來襲하고、近二週日간을繼續하였다 洪正欽을隊長으로하는白骨隊、太極靑年會가中心되여民主陣營幹部、甚至於新聞支社까지毁損하고、民戰幹部申亨撤氏는 前後四次나來襲當하엿으나 그暴行의惡質性을如實히露呈시키엿다。

忠州테로事件

五月六日當地民靑太平町分會結成時에 大韓獨促大韓靑年聯盟等二百餘名의暴徒들이來襲하여 會館을破損 幹部數人을毆打한事件이있엇다 此後繼續하며 五月十六日、二十三日、二十四日에三次에걸처 트럭을便乘 郡內洗味面、蘇台面嚴政面에도來襲한일이있엇다。

五月二十日堤川에서는 獨促幹部들을中心으로한暴力團三十餘名은當地民戰事務室을襲擊한其翌日도來襲하엿으나防備强化로 別無事故이있다。

五月二十七日郡內新北面龍山里公會堂에서 民靑主催의講演會가進行中 大韓獨促靑年同盟員들의暴擧가있어 恭川서은講師二名과農組數名의負傷를내엿다。

五月十七日午後三時頃江原道警察部로부터 約六十餘名의武裝警官이三陟에와서 民戰勞組、農組事務室에來襲하야 武器가잇다는理由로幹部搜索하고다만 民戰委員長金燉勞組委員長盧光天以外四十餘名의幹部部員을檢擧하엿다。

五月十八日에는 長省炭礦三和製鐵工場、東洋化學公司外二工場의各勞組會員二十餘名을檢擧하엿다。檢擧理由는武器는없으나僞幣事件에關聯이있다는등메ー데ー記念行事에無許可集合等이라한다。

原州事件

僞幣事件關係라하며檢事가現地出張하야 民戰陣營各幹部를 多數檢擧하는同時에 家宅搜索을하엿다。

이外에도慶南一帶에數百名에達하는 檢擧投獄事件이있고 全南에서는또한前古未曾有의暴行及檢擧事件이있엇다。全北地方에서는 人委의解散을命하는等民主主義戰線與에서는 到底히볼수없는事實이라거나其他全南朝鮮各地에서 一一히枚擧할수없는數百件의 테로檢擧事件이있으나 原稿의未着關係와 紙幅의時日關係 또는經濟關係等々으로이로써끝인다。

學兵同盟事件

一九四四年一月二十日 歷史上類例없는日帝의暴政밑에 學兵制度가施行되여朝鮮의五千學徒(專門以上)는學園을떠나 或은戰線으로或은徵用으로 或은亡命으로 悲慘한生活을繼續할수밖에없엇다。日帝의走狗親日派들은 이때에도恒例와같이팟쇼徒의虐殺工作에忠實히協力할것을殘忍無道한脅迫手段으로 强要하든事實은 아즉도世人의記憶에새로운바어니와學兵이란 이러한歷史的悲劇의犧牲物로써 暴壓과拘束에도不拘하고 그들은戰場에서나工場에서나 亡命의荊路에서도或은怠業으로或은破壞로反日鬪爭을더하야民族的靑年意識을秋毫도잃지않고 祖國解

故의날을苦待하였는것이다。八·一五解放과同時에…大部分은祖國으로도라와…政界에登臨이되리지기도前에 民主々義國家建設이란偉大한課業에各其能力대로不斷의努力을하여왔었다。

學兵同盟은一九四五年八月二十三日서울輔仁商業學校에서創立되였는데 組織當時에는十餘名이있었을뿐이였다。그後平壤陸軍刑務所로부터釋放된學兵들과結合하야 樂園會館에本部를두었다가 加盟員數가激增됨에따러 三淸會館으로移動하였다 現在學兵同盟本部에加入한盟員數는約二千名이고釜山大邱를비롯한 全國各支部를合하면約三千五百名에達한다。이것은全國學兵關係者의約七割이다。學兵同盟은그綱領에說한바와가치「日帝精神及封建殘滓를完全掃蕩하고 親日派民族反逆者를除外한「民主々義政府樹立에積極的으로協力하는」團體이며 啓蒙宣傳方面에盡力하고있었다。

지난一月二十日은歷史的인朝鮮學兵同盟全國大會날이였다。그런데十八日밤十二時頃準備總會가끝난卽後十九日午前三時半頃에 突然京畿道警察部長張澤相氏直接指揮下에 武裝警察隊約四百餘名이 同盟本部가있는三淸町의一帶를 鐵桶같이二重三重으로 包圍하고 (警察의말에依하면行人當十五發의彈丸을分配하고 決死隊까지組織하였다한다) 機關銃, 小銃, 手榴彈, 拳銃等으로一齊射擊을加하고 그後부터는間歇的으로 五發或은十發式繼續射擊을加한다음에 마츰내正門과 炊事室門을破壞하고 屋內에侵入하였다。이때까지警察隊의侵攻인줄은 꿈에도생각지않고 籠城中에있는同盟員은決死를覺悟하고 防衛的인對策으로서장작或은몽둥이를들고 마루바닥과木片等을지며 模擬銃聲을내기도하고 消火器를던지며 因敵에對抗하였으나 뜻하지않은警察隊攻擊에 억울한慘變을當하고말었다。彈丸의亂射는悽慘한戰場보다더甚하야朴晋東氏는前後六發의貫通銃創을받고腹部에짚은銃創을받어現場에서卽死하고 金命植氏([illegible])는頭部에拳銃直擊彈을받어卽死하고 金星[illegible]氏는下腹部에數個處의銃創을받더쓰러졌음에도不拘하고 警察隊는銃자루로 亂打하야致命傷을입었으므로京城帝大附屬病院에入院시켰으나加療도시키지않고處方을주지않어 結局二十日午前六時半頃에死亡하였으며治療一個月以上의重傷者二名과 輕傷者數人을내었고 그밖에도會館에있는盟員들은流彈과 銃劍打撲傷等으로全員피투성이가되었은에도不拘하고그들은銃대로두들기며 발길로차면서하나式 들석들어내어 拘束하야찬는우에끌어안치며「共産主義者는죽여야마땅하다」고가진惡談을다하는한便 一隊는避身한同盟員을남김없이搜索하야盟員三十二名과解散當한後居處가없어別室에서同宿中이든兩軍準備隊員八十九名을同十九日道警察

部로부터가고말었다。 [redacted] 었다。 警察當局에서는事件當時그犯罪의理由는

一、西大門衝突事件에學兵이參加했다는點(一月十八日午後六時二十分反託學生聯盟이反託示威를敢行한後、人民黨、青總、人民報、서울市人民委員會、婦總等會館을襲擊破壞한後 西大門臨政前에서人民義勇隊員과衝突한事件)

二、仁寺町에서逮捕된青年이學兵이라는點

三、學兵同盟에는多數의武器가있다는點

이었다。그後警察에留置하였든三十二人中二十三名은一個月以上拘留하다가釋放되고、申發徵外九名은起訴되여公判에廻附되었는데起訴內容은、前記事實과는全혀聯關性이없는「建國青年會員을不法逮捕하였다는것이며、李昌雨、朴泰潤의起訴內容은學兵同盟事件과는別個審理로終始한結果를나타내며、再次一般社會人을啞然케하고、特히同事件에自進辯護를擔當한十八名의辯護士團으로부터事件의眞相調査、被虐殺三學兵에對한責任糾明、張警察部長、盧德述刑事課長、相珍及當時市內六警察署長을證人으로召喚審問하여달라는等二十餘項의證人及證據申請이있었으나 結局却下되여判事忌避申請個閔까지이르키여 辯護人辭任까지보게되었다。公判은四月六日、四月二十日、四月二五日三回에亘하야열었는바、四月二五日에는全員을保釋으로出獄하였다。五月八日言渡에는結局申發徵을懲役一年、金丙煥以下七名에各々十個月全員에三年間執行猶豫로되어이事件의法的解決은이러한形式으로끝맡었다。

이事件은莫府三相會議決定이發表되자、國內에大衆的地盤을갖지못한右翼反動勢力이同決定의眞意를歪曲시켜 所謂「反託」運動을展開하는中眞正한民主主義勢力을抑壓하려고陰謀하야軍政內部에들어있는反動警察과合作한곳에 그眞因이있는것이다。그後全國的으로일어나고있는테로事件은公然隱然히이와같은反動勢力과反動警官과의合作에서行해지고있는것은周知하는事實이다。

國軍準備隊事件

一、沿革及現況

日本帝國主義의最後의發惡으로強制學兵制度徵兵及徵用制度가實施되었다。

그러나朝鮮民族의當然한鬪爭도武器彈藥敵前에는對抗할길조차없어이를忍耐한同志들은오늘의解放을爲하여 隱蔽潛伏으로江原道山中으로차졌다。 그러나우리는表面에나타날수없는運命이라 은근히숨어가며우리의實質向上에努力하는한편 祖國解放의날은반드시우리에게찾어올것을굳게盟誓하였다。果然八·一五라는偉大한歷史的轉換期!

우리는勝敗한게山中에서 돌트즘은韓[illegible]으로부터넓은世界로뛰어나왔다。

그러나[illegible]祖國에바친몸을보呈하고자[illegible] 八月十七日市內校洞國民學校에서歸還將兵隊라는名稱으로[illegible]千餘名이모였다。元來國軍을目[illegible]하야[illegible]하기를目標로하였지만八,八五〇名[illegible]는日本軍隊復務力과의微妙한交錯을避하기爲하여徵逻하나마歸還將兵隊라는名稱을붙치지안을수없었다。

그러나어느程度그勢力이抹殺된다음에는 우리의意圖를明白히하는우리의希望하는名稱을붙치는것이當然한일이어서 九月七日米軍의上陸을앞두고名稱을朝鮮國軍準備隊라고가렸다。共問여러同志의熱烈한活躍은말할것도없고 幹部들의經歷의犧牲的自宗伶山等 當事者의獻身的努力으로써만의 國軍準備隊는자라난것이다。

、隊員全數는三十八度線以南만으로도豫備軍十萬名統을둔고每日訓練은하고常備軍이一萬五千名에達하였다

以下現狀을詳細記錄하면다음과같다。

2 總司令部機構及部署圖表

	常備軍	豫備軍
總司令部	二、〇〇〇	六、〇〇〇
京畿道司令部	一、五〇〇	七、〇〇〇
忠北道司令部	一、〇〇〇	一四、〇〇〇
忠南道司令部	一、五〇〇	一四、〇〇〇
全北道司令部	二、〇〇〇	一三、〇〇〇
全南道司令部	二、〇〇〇	二三、〇〇〇
慶北道司令部	二、〇〇〇	三〇、〇〇〇
慶南道司令部	二、〇〇〇	二二、〇〇〇
江原道司令部	二、〇〇〇	六、〇〇〇

高級副官	李永錫
同	[illegible]藏根
高級參謀	李 榮
同	王[illegible]燮
軍務部長 大[illegible]長	李英安

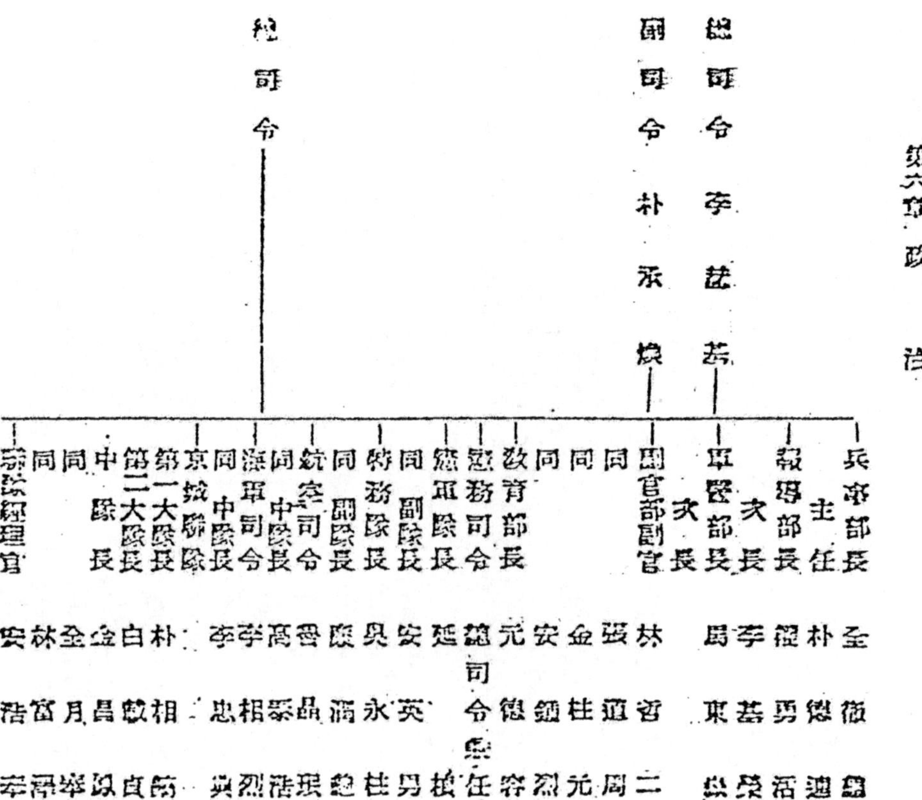

總司令 李甚若
副司令 朴承煥

總司令

兵事部長	全德鎭
主任	朴德通
報導部長	崔勇浩
次長	李若榮
軍醫部長	周東燮
次長	
副官部副官	林哲二
同	張道周
同	金柱元
同	安鍾烈
敎育部長	元德容
總務司令	總司令兼任
總軍隊長	延拔
同 副隊長	安英男
特務隊長	吳永柱
同 團隊長	陳福鎭
統率司令	晉晶瑛
同 中隊長	高泰浩
海軍司令	李相烈
同 中隊長	李忠興
京城隊隊	
第一大隊長	朴相防
第二大隊長	白載良
中隊長	金昌琪
同	全月華
同	林富尋
參謀經理官	安浩孝

1 指導方針

1 日本軍國主義思想의殘滓를拂拭하고民主主義原則에立脚한明朗한軍隊敎育을實施함

2 他力依存性根絶自活力養成及創造性啓發에努力하여 自主國防力充實을促成함

3 智德體의合理的敎育에依하여軍人으로서의人格完成을期함

4 最優秀한外國軍側의近代戰法을修習케하여軍人의資質向上을期함

5 現有軍隊의機能을啓發하며 總括指揮한靑年의愛國心을助長케함

6 精神敎育의徹底와아울러科學敎育의適切을期하며軍制의科學化를圖함

2 當面編成方針

將來編成될國軍의基礎를準備키爲하여 于先左記와如히運營編成하고當面組織이完了되는時에는 이를正規軍制에依한國軍編成計劃에準據하여그에改編할것

二、運營

1 京城의總司令部를各道에道司令部를各部郡에支隊를둠

2 諸司令部에서 道司令部를 道司令部에서 各府郡支隊를 直轄함

3 總司令部에는 總司令 副司令 道司令部에는 司令을 支隊에는 支隊長 各一名式 둠

4 士官養成을 爲하여 國軍官校를 두고 在役間選拔을 함

一、編 成

1 陸海空을 莫論하고 軍事的 訓練을 받은 者와 特別志願者 靑年으로 隊를 編成함

2 陸軍은 陸軍部 海軍은 海軍部 空軍은 航空部로 編入함

3 編隊上의 階級은 過去의 經歷을 參酌하여 訓練에 便宜한 程度로 臨時責任을 擔當케 함

4 隊編成은 一個聯隊는 三個大隊 一個大隊는 三個中隊 一個中隊는 三個小隊 一個小隊는 四個分隊로 함

全國的으로 這個團體를 組織編成

一九四五年九月上旬 自稱中國獨立第一師副司令陸軍少將 朴永善氏는 副官 白昌鳳을 帶同하고 入國하여 第一着으로 在京政治團體를 歷訪하여 統一을 主張하는 한편 政黨도 統一되었으니 軍事團體도 統一하자!라는 삐라·포스타 等을 街頭에 撒布 或은 貼付하여 統一을 熱烈히 主張하였고 한편 海外에서 새로 入國한 軍人先發들과 結托하여 가지고 當時 在京十二個軍事團體를 網羅하여 市內府立圖書館에서 代表者大會를 열고 大韓軍準備委員會及大韓軍總司令部를 結成그랬나 大韓이란 名稱이 政治的關係가 微妙하며 偏黨이라는 것과 人的構成이 不徹底하다는 理由로 同月二十七日 前中樞院에서 臨時代表大會를 열고 國軍準備隊及學兵同盟國軍學校以下 七個團體의 勳議로 同準備委員會及總司令部役員總辭職後 再組織에 있어서 名稱問題로 그만 決裂되고야 말었다。

I 大韓을 主張하는 光復軍側의 理由

在京臨時政府는 國際承認이 있고 光復軍은 正統軍隊인즉 臨政이 入國하면 光復의 新政府正統國防軍이 된다는 것。

2 朝鮮을 主張하는 國內派建國團體의 理由

臨政이 國際承認은 아직 믿을 수 없고 政黨이 對立하여 政治的混亂이 甚할 때 嚴正中立을 標榜하는 軍事團體로서 大韓은 不當하다 海外에서 入國하는 軍事團體는 光復軍만이 아니라 延安義勇軍이라든가 其他地方에서 오는 軍隊를 마지하는 立場에서라도 南北을 統一하는 全民的인 問題를 取扱할 때 大韓이라는 것보다 四千餘年前부터 있는 朝鮮이란 名稱이 過渡期軍事團體로는 가장 適切하다는 것이었다。 萬一 이 朝鮮이란 名稱 때문에 統合이 되지 않는다면 大韓도 朝鮮도 모다 取消하자고까지 讓步하였다。

以上과 같이 [illegible]가 協合이 되지

못하고大韓은固執하는光復軍만은單獨으로分立되고 其外國內旣成十一個軍事團體는連日統一을熟議한後十月七日드디어全國軍準備委員會를結成하니 其參加團體와役員은다음과갓다。

參加團體

朝鮮國軍準備隊總司令部▽朝鮮國軍學校▽學兵同盟▽大韓國民軍準備委員會▽朝鮮臨時軍事委員會▽臨時軍事委員會▽朝鮮軍事後援會▽大韓國民軍後援會▽國軍後援會▽自治隊總本部▽楊州地方隊

全國軍事準備委員會役員

顧問 呂運亨、柳東悅、李青天、金元鳳、安在鴻、金東洙

委員長(臨時) 曾晶珉

副委員長(臨時) 李赫基

同 (臨時) 田德元

總務部長 權男浩

經理部長 任喆宰

以下省略

全國大會

全國大會準備와各道司令部訓練組織其他狀況調査次一九四五年九月十九日國軍總司令部高級副官李永錫氏를中心으로 十月十二日大會準備會(各道代表二名式)를開催

十一月二十六七兩日間桂洞中央中學大講堂에서全國大會는드되여開幕되였다。

五百餘名에達하는各道司令部代表의參集下에第一日에는軍事機密上新聞記者도물리치고國軍建設의當面諸問題를深甚討究決定하고緊張한場裡에서大會는無事히끝맛치였다。

光復軍과의統合經緯

一九四五年十二月二十七日午後一時頃市內人民報社를「테로」團이襲擊했을때 이急報를接한國軍總司令部에서 特務隊長吳永桂氏는憲軍隊員十一名을引率하고現場에急行하자「테로」團은拳銃을亂射하여參謀林天圭는重傷當하고憲軍二名은팔에輕傷을입었다。 그러나憲軍은果敢하게同테로團을協力下에追跡하였든바意外에도太古寺를本據로한 建國靑年會였다。 同會를急與地下室에拉致亂打中인 二十六名人民報社員을救出하는一方 同會幹部十名을逮捕하였다。

이것이建靑과衝突의導火線이되였다。 建靑員의自白에依하면 그들은光復軍과結托하여行動한다고하였음으로 不得已國軍正面으로는默過할수없는일이라 二十九日새벽에國軍千二百名大部隊가大擧하여 一部는建靑本部를襲擊하고 一部는光復軍第二支隊를占據하고 建靑員의有無를調査하였고 다시아部隊는東大門外光復軍司令部를占據케되였다。이때어느隊員으로부터외치는소리는「光復軍과國軍이兩立되여있음오로[illegible]테로團은그사이를利用하여 純粹한軍事團體를離間毁傷한다。 幹部들이意見相違로統一되지안는데兩便隊員은勇敢하게團合하자!」 그리하야아래로부터統一하고反對하는幹部는逐

出하자！ 타는大獅子吼에 満場은그만熱狂的으로贊同하였다。 元體軍事行動이라即刻으로實行에옮기여 國軍、光復軍看板을떼고兩便기반드는지인로市街를行進하면서 各政黨은물처라高喊지고看板은모조리드리불질렀다。 그리하야兩軍은서울장안을一周하고 午後四時清溪國民學校校庭에서 兩軍은굳은握手로統一을中外에宣布하였다。그러나陰凶한政治家의謀略의손은뻐치여 翌日機構再組合에서또다시決裂되고 世人의耳目을놀내인意義있는 兩軍統合은一日天下로그만水泡에드러가고말었다。

二、國軍解散을當한經緯

1 解散命令의不當性

一月三日밤이였다。 이날도從前과다름없이 一千五百名의京城區隊々員은새벽五時부터 그날日課事業에忠實하고있었다。 맨밤에소금국을먹고버선조차어더신지못하고있지만全隊員은熱々한祖國愛와 革命意識에불타고있었다。

그렇나그날午後二時부터는 豫想치못한事態에全隊員은 하소연할곳조차없는안타가움을늣겻든것이다。몇안간米軍自動車가五、六臺오더니責任者를차저調査할일이있으니MP司令部까지가자고하여 自動車에올느게하고한便訓練所內外를搜索하고 매마침있든重要備品(白米二十五叺石炭一토락 被服二千餘着)을隊員을시켜自動車에실케하여가지고가버렸다。데리고간幹部는 朴相鎬大隊長 經理部二名이였다。隊員들은무슨영문인지理由도물으고 어마마한 그權威에먹을食糧과幹部를다앗겼으나 곳調査가끗나면나올것으로만生覺하고 이彈壓이가장運命的인彈壓에始初라는것은 全然想像못하였다。

電話線도遮斷하여總司令에報告하여야할터인데道理가없어 徒步로連絡員을브냈다 저녁八時半晉하여이命令을받은總司令部幹部는뛰오나旣荒하였으나 道理가없고저녁떠을쌀과翌日아침먹을쌀을周旋하고 翌日一齊히訓練所까지가서(訓練所는서울市에서約二十里떠러저있는泰陵驛前陸志願兵訓練所跡)一切를調査하여가지고MP에連絡을取할豫定이였었다。翌日訓練所로調査하려들어가니CIC에서幹部를차저왔기에 또總司令兵事部長二名은함께CIC까지갔다。問題는이렇게豫想치못한檢束으로深刻해갔으나 理由도없고罪狀히調査할것이있다는口實이나 調査만끗나면그亦나올줄만알었다。

一月五日問題는이날부터完全히歸貴化하고말었다。그前날의檢束은結局이날의前奏曲밖게안된다。[illegible]美軍十餘名은正門에서부터[illegible]示威하고들어오더니 即刻解散命令을口頭로傳達하며 그理由一切는自己네들은모른다고하며 조隊員의即時分散을强迫하였다。一方隊員을强要하여남은備品(裝具、침

상、等을실어갔다。

그렇나남은幹部들은、 이卽時解散命令이라는것은到底히理致로보아서도應할수없을뿐더러 事實上全鮮各地에道司令部及支隊를갖이고十萬隊員이訓練하고있는組織體를 卽時로解散할수는없었든것이다。萬若의命令이上部로부터서의指示라면그趣旨와目的에關하여서는 더順序있고事務的으로나올것이沒理히되기때문에이런個人의謀略的인解散命令은全然應할수없었다。그렇나餘裕를주지않고強迫하는脅迫에는견디지못하여全員은 드되여個々分散되여그場所를나가버렸다。

米軍은이렇게全員이다分散되는것을보고가버렸(그때가저녁六時쯤)으나米軍이가는것을보고隊員들은十時頃까지한사람도남기지않고 全員再集合하였다。隊員들은爲先나가면당장에갈곳이없을뿐더러目的을爲하여모였고 意識的으로團結한組織이니만큼初期의目的을達成못하고 複雜多端한政局에 해야할靑年의使命을남자고는到底히갔더질수가없었든것이다。

그렇나弱者의설음은채식기도前에그翌日인一月六日에는 또다시米軍은 三十名이正門으로부터亂射하며들어오더니 解散하라는데解散치않은분푸린지避해서가는隊員을向하여銃射하여 一名은重傷約一時間後絕命하였다。(開城出身李相根二三才)

그러다우리는對抗할길이없었다。다만이러한主張만은終始一貫하였다

一、解散시키고싶으면너이들의國防局軍事部를通하여우리의總司令을거처堂々하게發令할것。

一、그理由를明白히할것、萬若理由없다면 或은그理由가不當하다면解散할수없다。

一、全鮮各道司令部及支隊와의連絡事務整理等으로時間의餘裕를줄것。

그렇나그비들은우리의이正當한主張을無視하 不法的인彈壓을繼續하고 또理由를들으려간幹部를CIC에서不法拘禁하였다。(白戰貞第二大隊長)繼續하여六日날밤에는國軍總司令部及憲軍部와幹部의合宿所인 第一호텔을밤一時에襲來하고軍部副隊長安英男을拘束하여갔다는이러한經路로 不法拘束을繼續하니남은幹部는 秘密裡에連絡을取하지않을수없고 더욱이不法性은大衆의公平한意思에反映시키고싶하 新聞誌上에聲明文을發表하였는데 그幹部마저逮捕令이내리며 우리의正當한活動은全然挫折되고말았다。

그렇다우리가가장不法하다고생각하는바는、共後國防局軍事部長이말하기를、國軍準備隊에對하여解散命令을發한것은 一月十二日비롯소라고하였다。그렇다면이時間的矛盾은누구의責任일것인가？一月五日부터上部에命令이라고 卽時解散을强迫한한便發令을비로소十二日하였다니였다는上官의命令이落後의責任은軍事部長아닌上官이져야할것인지 그

뭉지않으면背後에서가진謀略을다하는 所謂政治指導者들의所以인지알관이없다。더욱아직까지도正式解散命令에關한消息은一切바른事實이없다。

三、國軍에對한所謂政略의謀略

八・一五革命以後國軍準備隊가朝準建軍課程에나타난 自然生長的인軍事的活動의 諸兄漢을率先捕捉하여 人民主權을爲한人民의武裝을準備하는運動으로서 風雨됨은누구나다아는事實이며 가장正當한路線우에서그運動은 着々完成하여감으로그存在는人民을欺瞞하고謀略策과暴力으로 政權을잡으려고하는所謂野黨政客들에게는 가장脅威的인存在이었든것도事實이다。

이러한가온데 一九四五年末頃의京城의情勢는大端錯雜하고 더욱險惡하여갔든것이다。果然豫想하든바와같이十二月二十八日에는人民報社를白晝에襲擊하여 機械破損과더부러從業員二十九名과現金多數를拉致하여그것을防止하고追擊하여그組織와內容을暴露시키고 從業員二十九名과現金을救出한것이 國軍準備隊當軍部員九名의所行이였다。더욱이襲擊을防止하려다 國軍의高級參謀一名은狙擊바더重傷으로말미암어 그即席入院하였든것이다。이것이結局導火線이되었으나、元來이暴力테로團은 누구나다아는建國青年會라는것인데 그背後의操縱者는李承晚氏와韓國民主黨이여서李承晚氏의秘書尹致暎의直接指導로서 建青은이테로行爲를計劃하였고實行하였든것이다。이러한偉大한指導者와操縱者를가지고計劃한 그遠大한테로計劃이國軍의勇敢한隊員數名의防止로失敗로돌아가고 그것이天下에暴露하게되니 가장焦燥했든것은建青테로團員보다背後指導者였던것이다그리하야李承晚自身建青隊員들을앞에서 내가핫지中將과말을하여國軍準備隊를解散시킬터이니 安心하라고까지公々然宣言하고가진謀略을다하였든것이다。

더욱이테로團에는李承晚及臨時政府金九等의警備隊員인特別警察隊員이參加하여共同行動을取하고있었든것이다。

四、幹部에處刑

以上과같은謀略으로國軍은解散을當하였지만其後檢束되였든幹部는總計八名

總司令	李赫基	三年
兵站部長	金溶璡	二年
第一大隊長	朴椿鎬	二年
同、	白敬貞	二年
特務隊長	吳永柱	二年
憲兵副隊長	安英男	二年
同、小隊長	二名	一年半

下記와같은罪刑을바든것이다。더욱놀랍게도그罪名은

1 不法으로軍事團體를組織한것

2 警察行動을한것。

3 人民代表大會及全國農民組合

몸을健康케하자
—면먼저라이온齒
磨粉으로어렸을
대부터이닥는습
을가집시다
라이온齒磨粉本舖
京城府中區大和町三丁目
라이온齒磨朝鮮有限會社
電話本局510・6866
京城府永登浦區永登浦町402
라이온齒磨朝鮮工場
電話永登浦 668
代表者 金錫奎

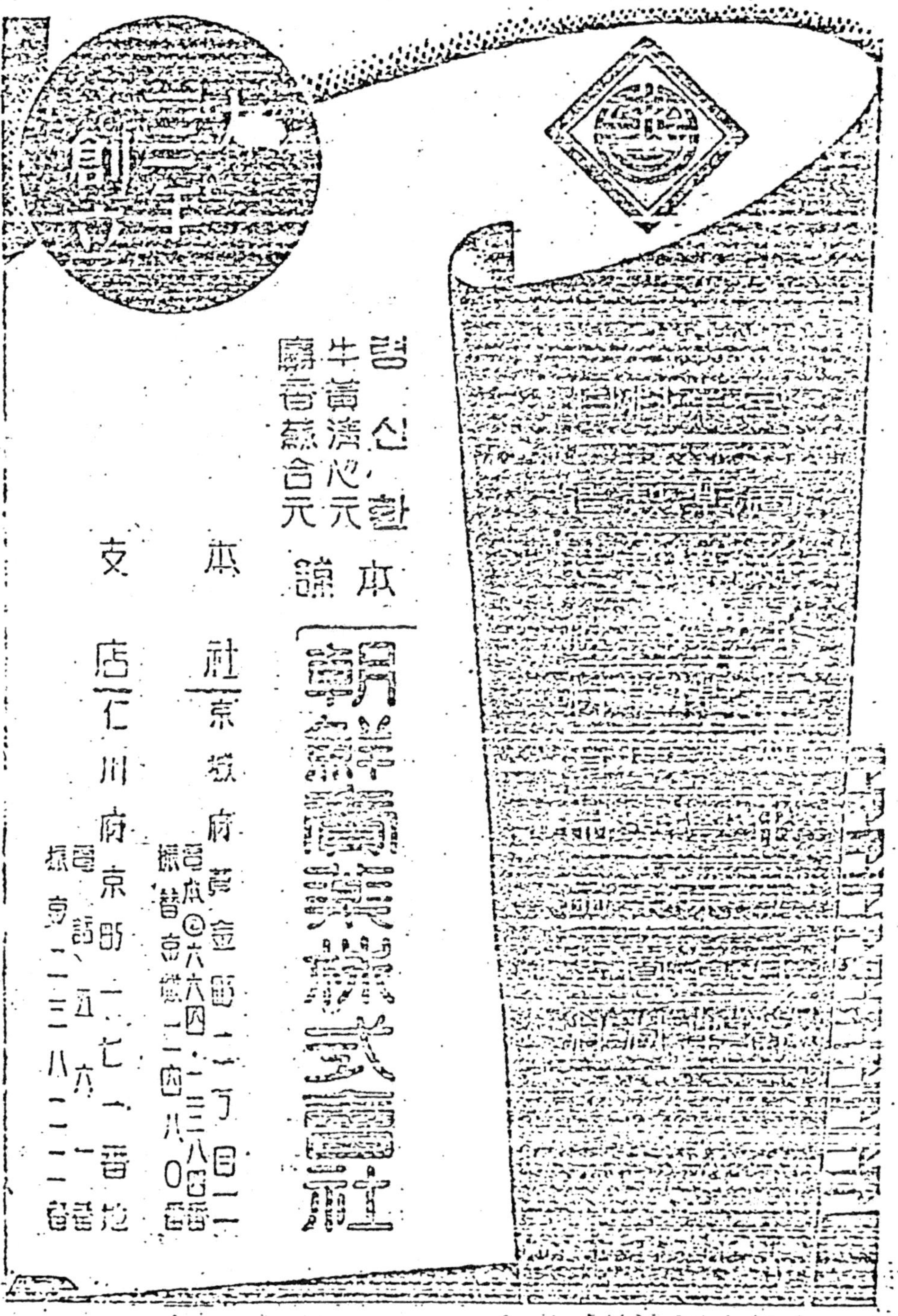
합신 한本
牛黃淸心元
麝香蘇合元 諸
朝鮮賣藥株式會社
本 社 京城府黃金町二丁目一一
電本局六六四·二三八四番
振替京城一一四八〇番
支 店 仁川府京町一七一番地
電話一五六一番
振京一一三八一一一番

命에無關心한職業化한軍團의尨大한武裝勢力을 社會에寄生시키는것을特徵으로한다。그리하야人民의膏血로서維持되는이傭兵의一團은 恒常人民의利益과權利를爲한 正當한鬪爭을鎭壓하기爲하야殘虐한 屠殺者의役割을遂行하고·隣邦의民族을侵略하기爲한反動戰爭의要求가된다。

새朝鮮의革命的民主主義의軍隊는 이러한反動的·强盜的帝國主義軍隊의모든傳統과 惡習의完全한絶滅우에새로誕生하는 全然다른性格의勢力인것을意識에서나實踐에서나、明確하게알여야할것이다。그렇기爲하여서그것은 軍事的인裝備와軍事的인 技術을人民에게서分離하야 그것을獨占하려는一切의企圖에斷乎하게反對하여 이것을廣汎한人民大衆에게 開放하야人民의隊伍속에 大膽하게끄러드리기를要求하는것이다

그렇므로民主主義朝鮮의 새로운國軍은從來의反動軍閥과 파쇼武力의特色인 職業的軍人의集團이되여서는안된다。그것은民衆에게서遊離되고 民衆우에君臨하는權力的武裝機關이아니고、도로혀反動武力의危險에서 人民의進步를擁護하고推進시키는人民自體의武裝으로서 成立되여야할것이다。그리하야物質的으로나 精神的으로나 人民을爲한人民自體의武裝은新朝鮮國軍의 根本標語가되지않으면아될것이다。

五

朝鮮國軍準備隊는民主主義朝鮮의建國精神에照應하는 如上의建國精神을「自己의使命으로서負荷하는者이다。

일즉이八月革命以前屠殺者日本帝國主義의 强制的인兵의徵募를斷切하고 脫走와逃避에依하야 江原道山中에集結된少數同志는 革命兵團「山岳隊」를組織하야 우리運動의先驅的搖籃을形成하였다。其後八月革命과함께 帝國主義屠殺戰線에서解放된同胞軍人들의參加集結은 全國的인國軍準備運動에로우리의鬪爭을擴大하였으며 活動의條件은훨신有利하여졌으나 祕密結社時代의革命的인意志는우리運動의永遠한精神的糧食이되고있는것이다。解放以來五箇月의 우리들의活動의經驗과敎訓은이제우리의信念을더욱堅固하게하였으며 우리의進路를한層明確하게한것이니 新朝鮮의國軍建設을爲한 우리의當面活動을決定하는다음과같은 綱領을내세우는것이다。

一、朝鮮國軍萬歲!

一、聯合國同盟軍萬歲!

一、民主主義統一政權樹立萬歲!

綱 領

一、우리는人民武裝에依한 民主主義的朝鮮國軍의建設을期함

一、우리는一切의 팟쇼的軍閥的形態의軍事活動을排擊함

一、우리는軍事的訓練과 政治的訓練의統一에立脚한革命軍人의育成을期함

一九四五年十二月二十六日

朝鮮國軍準備隊

까지내였다。卽事件의擴波自體도朝鮮人民의 나아가서世界人의疑訝를 總集中시켰으며 公判날도、世界歷史上에일즉이없든阿鼻叫喚과 人類의 悲劇舍에서 始作되였든것이다。

事件의內容은 五月四日本町署에서 纛島의僞造紙幣團을檢擧하야、그本據에서石版機七臺와 其他物的證據를押收하였으니 被疑者로는大韓獨立促成國民總動員纛島委員會組織部長李元在、裵在龍、浪承九、浪承憲三名이였다。그런데共産主義를蛇蝎視하는그네들이 使用한印刷現場에는 赤旗가걸니고 레ー닌、스타린의肖像畵를걸어놓고있었다。

이것은古代神話에서듣든 神의作戱도아니요또는奇蹟도아니다。人間과人間이陰謀와術數와 近代的思考方法으로써 構成하여낸인 一大演劇인것이다。

이事件의連累者가운대에는 金昌善이라는 精版社社員이있고 金昌善은過去日帝時代에 紙幣發行의職工으로있였다 精版社는朝鮮共産黨의機關紙解放日報의印刷所이며 精版社々長은 朴洛鍾氏였다。그런데事件은어떠케進展되는經緯인지、精版社員十四名이檢擧되였고十餘日을지난 五月十五日에는軍政廳公報部에서 突然다음과같은特別發表가있었다。

公報部特別發表

警察報告에依하면 이紙幣僞造團에는 二十六名의人物이關係되였는데朝鮮共産黨幹部二名과朝鮮精版社에勤務하는 朝鮮共産黨員十四名이라고한다。

이紙幣僞造團은 解放日報를印刷하는 朝鮮精版社所在地近澤삘딩에서紙幣를僞造하였는데 이近澤삘딩은 朝鮮共産黨本部이다。上記共産黨幹部二名은 아직逮捕되지안었스나 이미逮捕狀이發布되어있는中이며그들은朝鮮共産黨中央執行委員朝鮮共産黨總務部長兼財務部長인李觀述(四六)과 朝鮮共産黨中央執行委員兼解放日報社長 權五稷(四五)이다。그리고이미逮捕된朝鮮精版社員十四名은다음과같다。

社長 朴洛鍾(四七)工場長 安舜奎(五〇)庶務課長宋弼彦(四六)會計主任朴相根(四九)技術課長金昌善(三六)印刷課長辛光範(四一)財務課長李鼎相(四六) 平版技術工鄭明煥(三〇)同金遇鎔(二六)同李漢寧(一八) 金永觀(二五)洪啓壎(三一)金商宣(三一)鑄工[illegible](三九)

警察當局의말에依하면이僞造團은竊取한朝鮮銀行發券平版을使用하야僞造紙幣를印刷한것이라고한다。이紙幣를印刷한用紙는 日本것으로 朝鮮에서生産되지안는것이다。警察의報告에依하면 이와同一한用紙가僞造紙幣가最初로出版하기前에仁川埠頭에서도盜難을입었다고한다。이平版은昨年九月에 百圓紙幣를印刷하기爲하야、朝鮮銀行으로부터朝鮮精

社의業務를獨占하려는 惡質謀利輩의裡面의策動으로 本事態를發生케하였으나 끝까지싸운다는것이京城支店從業員들의態度였다。

騷擾의眞相

七月二日午後三時頃 管理官두바야시外本社員三名이同支店에와서「去六月二十五日貨物車三十臺를京城에配送하라하였으나 아직까지命令에服從치않음은不當하다」하기에從業員들은配送하는理由를質問한즉여기에는何等答辯이없고 運轉手와從業員을二列로세운後 運轉手一人을먼저불러세운다음「너는只今부터트럭을갖이고京城에가겠느냐 或은解雇를當하겠느냐」하며 次例로묻기始作하였다。從業員은이質問에全部拒絕하자 技術課長李範幸에게六十五名만氏名을적어달나한니가 李範幸은「당신이우리從業員을 解雇시킬려면나에게命令하야할것이다。從業員을解雇시키려면 나부터하고全部解雇시키라」하고 從業員名簿를갖다주었다。

問題가이렇게까지展開되자 支店長을나리고專務室로들어가(警官立會) 協議하였으나 支店長도卒地에處決할수없으므로 明日正午까지善處의餘裕를要求하였다。두바야시는事態는임의惡化되고늦었으니 時間餘裕를줄수없다하고 警官에命令하가를 全員解雇이니내쫓으라하고 나가버렸다。그後警官百餘名이武裝하고와서逐出하려하였으나그들도從業員들의眞相을알고는敢히武力行使도없었는데 七月三日午前八時頃두바야시와運輸部長코넬손이와서 對策委員會에서 그간顚末을壁報로써부친것을 찢어버린後本社에가서軍政廳命令違反이라하야 運輸部長名義로 專務張熙淳을罷免시키였다。午前十一時頃美軍三十餘名과警官百餘名이出現하야 트럭三十餘臺를發火시키여 卽時移送의態勢를보이는一方 從業員을解雇시키려는場面을일우있다 午後三時頃武裝警官을滿員하야 范炳玉警務部長이오드니 馬上에서채죽으로 無慘히도從業員을내갈기는것을信號로하야 뭇警官은棍棒으로亂打하고 騎馬隊는地上에앉어있는사람을 無知하게밟어서손가락이곤어진者 或은허리가불어진者도있다는 形言할수없는大悲劇이벌어진것이다。아무런抵抗없든從業員은七十三名의重輕傷者가나고二百七十一名을 檢擧當하였든것이다。(七月五日現在)

所謂僞幣事件

世界的陰謀의하나요 朝鮮最大의黨을謀害하랴는 凶者의凶計라고朝鮮共產黨에서 反駁聲明한所謂僞幣事件은 事實의虛僞捏造와 惡質의拷問下에서 構成되였다고하였다。七月二十九日公判날에는 五六千名의傍聽人들의 公判公開를絕叫하는것을꼬투리로하야 警官隊의發砲로 一名死亡、二名負傷、四十七名의檢擧

까지나왔다。卽事件의構成自體도朝鮮人民의 나아가서世界人의疑訝를總集中시켰으며 公判날드、 世界歷史上에일즉이없든阿鼻叫喚과 人類의 悲劇속에서 始作되였든것이다。

事件의內容은 五月四日本町署에서 懸案인僞造紙幣團을檢擧하야、그本據에서石版機七臺와 其他物的證據를押收하였으니 被疑者로는大韓獨立促成國民總動員委員會組織部長李元在 宋在鶴、 宋承九、宋承憲三名이었다。그런데共產主義를蛇蝎視하는그네들이 使用한印刷現場에는 赤旗가걸니고 레ー닌、스타린의肖像畵를걸어놓고있었다。

이것은古代神話에서듯든 神의作戲도아니요또는奇蹟도아니다。人間과人間이陰謀와術數와 近代的思考方法으로써 構成하여낸 一大演劇인것이다。

이事件의連累者가운데에는 金昌善이라는 精版社員이있고 金昌善은過去日帝時代에 紙幣發行의職工으로있었다。精版社는朝鮮共產黨의機關紙解放日報의印刷所이며 精版社々長은 朴洛鍾氏였다。그런데事件은어데케進展되는細背인지、精版社員十四名이檢擧되였고十餘日을지난 五月十五日에는軍政廳公報部에서 突然다음과같은特別發表가있었다。

公報部特別發表

警察報告에依하면 이紙幣僞造團에는 二十六名의人物이關係되었는데朝鮮共產黨幹部二名과朝鮮精版社에勤務하는 朝鮮共產黨員十四名이라고한다。

이紙幣僞造團은 解放日報를印刷하는 朝鮮精版社所在地近澤빌딩에서紙幣를僞造하였는데 이近澤빌딩은 朝鮮共產黨本部이다。上記共產黨幹部二名은 아직逮捕되지안었스나 이미逮捕狀이發布되어있는中이며그들은朝鮮共產黨中央執行委員朝鮮共產黨總務部長兼財務部長의 李觀述(四六)과 朝鮮共產黨中央執行委員解放日報社長 權五稷(四五)이다。그리고이미逮捕된朝鮮精版社員十四名은다음과갓다。

社長 朴洛鍾(四七)工場長 安舜奎(五〇)庶務課長宋弼彦(四六)倉庫係主任朴相根(四九)技術課長金昌善(三六)印刷課長辛光範(四一)財務課長李鼎相 (四六) 平版技術工鄭明煥(三〇)同金遇鏞(二六、同李貞煥 (一八) 金永觀(二五 洪啓壎(三一)金商宣(三二)鉛工李[illegible](三九)

警察當局의담에依하면이僞造團은窃取한朝鮮銀行券平版을使用하야僞造紙幣를印刷한것이다고한다。이紙幣를印刷한用紙는 日本것으로 朝鮮에서生産되지안는 것이다 警察의報告에依하면、이와同一한用紙가僞造紙幣가最初로出版하기前에仁川埠頭에서도盜難을입었다고한다 이平版은昨年九月에 百圓紙幣를印刷하기爲하야 朝鮮銀行으로부터朝鮮精

版社에移轉되였는데 北後銀行에서는 그平版을朝鮮圖書株式會社에移管하도록命令하였다。

그리하야. 이平版을移轉하는中에行方不明이된것이다. 警察에서는紛失되었든平版九個를發見하였다 警察의報告에依하면 該僞造紙幣三百萬圓의大部分은 近澤삘딩地下室에서僞造한것이라고한다。警察은平版의殘骸인듯한 鐵滓와紙幣印刷에使用되는平版名ㅣ크染料 잉크其他諸材料를發見하였다고한다。

× × ×

이에對하여 朝鮮共產黨에서 다음과같은聲明書를發表하는同時에朴憲永氏는軍政廳을訪問하여 十五日公報部發表內容은 事實과틀린다는點을들어質問하고 李觀述權五稷兩氏도 共同聲明書를發表하야當局의發表가全面的으로虛構인同時에兩氏는全然關係없음을確言하였다。

朝鮮共產黨聲明

五月十五日軍政廳公報局特別發表라는題目下에 朝鮮警察第一管區警察廳長張澤相氏의僞造紙幣事件에對한 發表에對하야朝鮮共產黨中央委員會는 左와如히聲明함

一、이紙幣僞造事件에朝鮮共產黨中央委員 李觀述、權五稷兩人이關聯되었다고 發表하였는데 以上兩人은 이事件에全然關係없음을 斷乎聲明함

二、이事件에關聯되여被逮되였다는十四人을 모다「朝鮮精版社에勤務하는朝鮮共產黨員」이라고하였으나 發表가事實과相違가있음을指摘함

三、同發表에「該僞造紙幣三百萬圓의大部分은近澤삘딩地下室에서僞造한것이다」라하였으나近澤삘딩地下室에서는印刷機를設置한일이一次도없음으로 이發表는全然不當한것을指摘함

四、同發表에이事件의犯人이라는名稱下에黨幹部민黨員이라는稱呼를씌워 朝鮮共產黨이이事件과무슨關聯이나있는듯이發表한것은더욱奇怪千萬이라안이할수없다。黨은斷乎히이事件과 毫末만한關聯이없을뿐아니라 이러한經濟混亂의行爲에對하야는 가장勇敢히鬪爭하였고鬪爭할것을다시한번天下에公布함

五、이事件과朝鮮共產黨幹部를關聯시킨것은어느謀略輩의故意的捏造와中傷으로、米蘇共委의休會의틈을타서 朝鮮共產黨의威信을 國內國外에亘하야隕落시키려는 計謀的行動임을指摘하는同時 우리黨은이事件과絕對로關係없는이만치 멀지아니하야 이事件眞相이暴露되고 우리黨의威信은 이러한虛僞的中傷이있음에도不拘하고조금도動搖迷惑이없을것을確言함

× × ×

이때는美蘇共委가 一時休會가된때이라 反動陣營에서는休會의責任을、民主陣營으로轉嫁하는가진惡質的宣傳과테로를敢行하든판이니 이事件을契機로하여 反蘇反共宣傳은

南韓에一當에버티지고 大東、東亞日報等新聞에는 惡質的意識的記事가連日揭載되며 · 精版社의建物을撮影記載한中 故意로朝鮮共產黨中央委員會看板까지넣었으며 드되어解放日報記者의共產黨出入을禁止케하였다。

이事件의一般社會에미치는바 큰波紋을이르키고事件의重大性에 빛이어 正確公正하게眞相을 徹底히究明하고저 十七日上午十時文學家同盟本部에서는 科學者同盟을비롯한民主々義各社會文化及十餘大衆團體가集合하여 慎重討議한結果 調查委員會를構成하고 法曹團도蹶起하야調查에着手하고그眞相을究明키르되였다그리고이事件에 一時疑惑을품게되는事件이있었으니 卽五月四日의事件發端인精版事件에關하여 本町署에서는 五月六日臨政要人李始榮氏와金九氏秘書安敬生氏가나타나出入記者團의入室을禁止하는가운데同署長室에서, 該僞幣團의押收證據品을 展示시킨事實이있었다。

其後事件은漸次進展되며 五月十八日MP를爲始한武裝警官隊가近澤빌딩에와서 理由를알搜査를하였고 執務中인職員을屋外로逐出하고 精版社를閉鎖시키고 同時에共產黨中央委員會機關紙解放日報를 停刊處分하였다。

그리하여共同組織에 빛이여共產黨中央委員會書記局에서는 同事件에對하여二次聲明書를다음과같이發表하였다。

× × ×

一、李警長과 張部長의言明과公報局發表와의差異點

卽 同事件의 取調擔任者本町署長 李九範氏와 發表責任者警察部長張澤相氏는五月十六日新聞記者團에게 精版社地下室에서紙幣僞造의事實이없다는것을 言明하였다。그런데도不拘하고公報部發表에는 어떻게해서「僞造의場所」가精版社地下室이라고 發表하였는가

二、李觀述 · 權五稷兩人은이事件에關係이되였는지안되였는지 아즉未詳이라고한 李警長의言明 · 事件의直接取調擔當責任者는 아즉調査를完了치도않었을뿐더러 李觀述權五稷兩人이關係되였다는것은 아즉未詳이라고하는데 이들이關係되였다고發表한것은무슨理由인가

三、李警長과張部長의同發表에對한意見差異 李警長은輕率히發表했다고하였고 張部長은自己名義로하였으나 自己가直接發表한것은아니라고하야 두責任者의意見에差異가있음은무슨理由인가

四、精版紙幣僞造事件과의關係에關하야 李警長은「이事件은 뚝심事件과關聯이있음에도不拘하고이번發表에서따진것은이번發表가事件의全貌가아닌것을 말하는」고하였는데 이뚝섬事件은 大韓獨立促成國民會支部長要人物들이巨額의紙幣를 僞造한事件인데

첫재로 그事件에精版社職工金昌

들이가 關聯되었다는 것으로서 그 嚴密調査한 結果 共産黨員임이 알려졌다. 그러나 金昌善이가 共産黨員이 된 것은 今年二月二十日이요 그가 犯行한 것은 入黨前 昨年九月인 것이 判明되였다.

둘재 뚝섬에서 多數證據品을 押收하였을때 本町署에서는 金九氏를 招請하였었는데 李始榮·安在生兩氏가 나타나 秘密裡에 證據品을 觀覽하[illegible]였는 것은 무슨 理由며 同事件과 무슨 關聯을 가진 것인가

셋재로 뚝섬押收證據에 赤旗와 레ー닌 寫眞等을 貼付한 것은 무슨 理由인가. 이는 어떠한 政治的 謀略을 意味하는 것인가. 明白하지 않은가

以上의 理由로 우리는 同事件의 裏面에는 一部惡質反動政客巨頭들의 謀略이 있지나 않은가를 指摘하며 朝鮮共産黨은 全然關係없음을 斷乎히 聲明하는 同時에 正義는 勝利할 것이요 謀略은 敗退할 것이며 眞實은 곧 證明되[illegible]야며 虛僞는 白日下에 暴露될 것으로 大衆앞에 言明하는 바이다.

× × ×

二次에 걸쳐 共産黨의 聲明과 嚴正한 當局의 發表이지만 共産黨과는 全然 關係도 없고 事實無根함에도 不拘하고 反動陣營의 宣傳과 惡質的인 反動新聞은 五月二十四日 東亞紙, 二十五日 漢城紙上에 虛構捏造한 記事를 揭載하야 大衆을 煽動하며 斷末魔的 謀略을 正當化하려 하였다.

其後로 繼續하여 五月三十日 金光洙氏의 僞幣試刷立會의 無根報道 現代日報經理部에서 일어난 僞幣事件의 虛僞記事等으로 일삼다가 마침내 六月二十六日 漢城日報 編輯局長 咸大勳은 搜査局에 呼出當하여 取調를 當하였고 當局에서도 이를 惡質報道機關에 對하여 事實無根한 虛僞報道에 嚴重處斷할 方針을 言明하였다.

그러든中 朝共本部는 五月二十七日 軍政廳敵産管理課로부터 明渡要求가 있어 移轉케 되고 前般該事件과 아무 關聯도 없다고 證明한 李觀述氏가 該事局에 被檢되여 事件은 더욱 擴大되든中 七月十九日에 드듸여 檢事局으로부터 公判에 廻附되여 不過十日 단 안 七月二十九日에 第一回 公判日을 發表하였다.

事態이에 이르자 朝鮮共産黨中央委員會에서는 聲明書를 發表하는 同時에 하ー지 中將에 다음과 같은 長文의 請願書를 提出하였다.

請 願 書

(前略)

親愛하는 將軍

이러한 民族의 반도들이 오날의 그들이 가장 마워하고 가장 고리는 者는 朝鮮共産黨입니다. 이것은 朝鮮共産黨이 그 過去의 鬪爭史로나 現在民族의 信任으로나 必然的으로 이러한 반도들의 毒矢의 的이 될 것만은 必然의 事實이 아니겠읍니까. 이에 우리 黨에 對한 破壞工作은 必死的으로 進行하고 있읍니다. 이 破壞工作中 가장 陰險하고 惡質的인 것이 將軍이 드

리아시는所謂精版社僞造紙幣事件입니다. 이事件은七月十八日檢事局으로부터正式發表가있었는데, 우리黨[illegible]을僞造하야, 一千二百萬圓을[illegible]하야黨財政部長 李觀述氏에게[illegible]使用하야 經濟界를攪亂케하였다는것입니다。

우리黨은 이러한惡質的謀略에對하여 조금도놀내지아니합니다. 우리黨으로 이러한醜惡한犯罪가 하날이무너저도이나트것는일이며 우리黨이이러한 犯罪를行할일이있을수없으며 뿐만아니라黨의重要幹部인 李觀述이 이러한罪過를犯할일이없는것을 明白히하는까닭에 조금도 놀납게生覺지않습니다. 다만問題는 이러한犯罪事件이絶對로없으며 있을수없는것을 國內的으로國際的으로 證明할責任만을決定的으로 느끼고있읍니다. 왜그러냐고하나 우리黨은 우리民族이가장사랑하는黨이 우리民族을代表하는 黨이므로 民族의信望하는 黨이이러한犯罪에

關聯없음을 明白히함은 우리黨이 民族에對한 任務를다하는것이며 이것을明白히하여서만 民族의사랑을 저버리지아니하는까닭입니다. 將軍도반다시 將軍의治下에있는 南朝鮮의한큰政黨이 그政黨의自衛的手段을取하려는데는 반드시 贊意를表하시리라믿읍니다. 이곳에서우리黨은이問題에關하여 아래와같은 諸願을將軍에게提出하며 將軍에鄭重한回答을바라나이다。

一、現擔任檢事인 曹在千 金弘燮兩人을罷免하고 가장公明正大한 人格者로써 檢事를新任하고이新任檢事는 左右兩黨의代表者三人式과 法曹人六人으로써 組織한委員會에서 被疑者들의再取調를進行하며 그起訴與否를決定시킬것. 이것은精版社에는 僞幣를印刷하였다는 物的證據가하나가지도없이 이러한犯罪事件을 처음부터 認定할수없음에도不拘하고 七十餘日을警察에서가진拷問의方法으로 被疑者들을 取調한것과 檢事曹在千 金弘燮兩人이拷問當하던 앞에있는警察署에出張하여 二十餘日을두고 威嚇的手段으로써 取調하였던것이 公明치못할뿐아니라現代法治國家에는있을수없는일임으로 이擔當檢事는 반드시責任을지고물러서지아니할수없다는것입니다. 또한現檢事局은 意識的으로 韓民黨等의系統의人物로構成된까닭에 누가就任檢事가되드라도 그에게罪罰을벗길수없으므로 우리黨뿐아니라 全民族이 다그리케生覺하는것입니다. 그러므로公平하게 左右兩黨과法曹人이參加하여 監視下에서 取調를進行시켜달라는것입니다。

二、裁判은반드시 公開的으로하고 그裁判長은 官選을是認하나이 裁判長도 適當한人物이 左右兩政黨代表의 監視下에서進行토록할것.

三、辯護人은 貴國의知名의辯護士를 招請하며 朝鮮의辯護士와同席하여 裁判을進行토록할것. 이貴國辯護士는 平和擁護合議를通하요

待請코저하오니 許可하여줄것
四、貴國의在數한 與論機關代表者를招請하여 裁判의正確한記事를貴國民에 報道하기를許可하여줄것
五、美蘇共委는 現在休會中이나兩代表가朝鮮問題에 非常한關係를갖이고있으니 美蘇共委의代表를招請하여裁判에臨席하도록 許可하여줄것
六、이事件에對하여는法官人言論機關길 우리黨은 言論發表等에對한 一切制限을廢止토록하여줄것
七、이事件은 우리黨의至大한關係가있는만큼 被疑者와우리黨代表와의 定期的面會를許可하여줄것
八、우리黨代表로 三人以上의特別辯護人을派送할權利를 許容할것
以上의것을반드시 實現하도록許可하기바랍니다。將軍은이나라와가장큰 가장忠實한民主主義政黨이反動派로부터 아모러한根據도없이아터한謀略에걸린것을明察하여 반드시以上의請願을 許可하리라믿습니다 다라分速한回答을주실줄로믿습니다。

親愛하는將軍、내내健康하소서

一九四六、七、

朝鮮共産黨 中央委員會

그리고뒤이어 다음과같은 聲明의를發表하였다。

聲 明 書

同胞들！ 朝鮮共産黨이果然그의黨費를爲하여 그의黨員으로하여금紙幣僞造할政黨인가？ 共産黨은이러한醜惡한犯罪를行한 政黨이아니다 하날이두쪽이나도 이러한經濟攪亂의罪惡을 할수없으며 眞理가없는政黨이다 다다아政黨의指導者와 多數黨들이 아러한事件에 關聯할수없을것이구 黨에效用이없으면우리들의 옷은바쉬파터쉬라도 우리들아사는집을파터쉬라三 正義와眞理를爲하여 끝까지싸우는 政黨이어나어쩌이러한 犯罪를할수있느냐 同胞들！우리黨은 檢察當局의發表를보고 再々當局 民衆앞엔아래와같은質問을提議한다。

一、警察과檢察이드ㅣ는犯罪事件을追求함에는 第一次的으로 物的證據物에依하여 行하여야한은오날의法治國家의唯一無二한 根本原理가아닌가? 그러면이번所謂僞幣事件에있어 첬재現代日報三十萬圓事件은 十九萬圓의僞幣를 現物로外發見되지아니하였는가의事件이야말로 朝鮮解放後最高問의僞幣事件中 가장大規模의事件이다 檢察當局은 맛당히모！든警察力을動員하여大規模의物的證據가 드러난이事件을追求하여야할것이다 그림에도不拘하고이事件은 現代日報經理部長金生蓄氏를 檢擧하여金氏에게 이僞幣를注文한 某者을檢擧하고 이某者에게 이僞幣를준金鳳鎭을檢擧하고는 뒤金鳳鎭의뒤를추구않고 드르혀金鳳鎭을不過五週日에釋放하여버리었는가 이것이무슨理由인가 우리黨은첬재 이理由를똑똑히正確히

民族에게發表하기를要求한다. 둘재 羅島事件은 警察의손에押收된것만으로도. 僞幣製造에쓴平版九臺. 原版僞幣資物用紙其他附屬品等證據品이 山積이아니하가. 그럼에도不拘하고 이러한現行犯에 對하여 그本人格인李光在는釋放하고만理由는어데있는가 이理由를 明確히公開하기를要求한다。

셋재, 精版社事件에對하여 警察이押收한證據品을 確實히公開하라. 僞幣를박은證據物이라고는아모것도없지아니하가 萬若精版社印刷所自身이 그證據物이라면 金東換印刷所는 다僞幣印刷場이무것이아닌가. 아모런的證據드없는 精版社의善良한社員을大量檢擧하여 七十餘日이라는 長時間을拘禁한根據와理由가어데있는가이理由를明白히發表하라.

一、무슨犯罪에對한取調는 公明正大하여야한다 毫末만한私心이라드 오늘날法治國家의檢察에게는 容許되지않는것이다. 그러면이번事件에公明正大하였는가

넷재, 本町署長이 事件取調途中에 무슨理由로 臨政系安美生李始榮에게 그證據物品을提示하였는가. 僞幣證據品供覽次로. 金九氏가招請되었으나 병으로못가고安美生李始榮을代身보냈다함이 民議院公報局長의辯明이다 萬若이것이事實이라면 金九氏는 警察에무슨關係가있어 取調途中에있는 犯罪證據品을 供覽시킬理由가무엇인가?

다섯재, 무슨理由로 檢事가警察에나가앉어 被疑者를 取調하였는가 檢事는檢事局이라는場所로 變更하여 被疑者의良心的供述을 期必케하는곳이다. 이곳에서公明正大한것을 可期하는것이다 어찌하여이런事件에 있어檢事가二十餘日을두고 警察署에出張取調하였는가 그理由를說明하라。

三、무슨犯罪라함은가장重要한것이 그犯罪의場所와時間과 數量과 人物들이다. 萬若이것들이그어느한가지든지不備되면 그犯罪는成立될수없으며. 虛構임이틀림없을것이아닌가. 그러면이번精版社事件에對하여첫재 場所에있어僞幣印刷所가 警察部長發表에. 精版社地下室이라 한데대하여 그翌日警務部長官과 本町署長이 다否認한데對한理由를說明하라。

둘재 時間과人物을똑똑히發表하라 어느데누구누구가. 이僞幣를製造하였다고 이것이없이함부로共産黨의 大政黨과關聯시키고 政黨모은이하였다함은 너무도輕率한發表이다。 이것을明確하게發表하라。

셋재 數量이一回發表에六百萬圓 다음九百萬圓. 또다음一千二百萬圓이니 이러한發表의 理由를發表하라。

四、五月三日에檢擧하야 五月十五日公報局에서 第一回發表한것으로보아 그當時에 벌서事件이다落着된것을 意味함이아니었든가 그런

데그後六十日을 다시끈理由는어데있는가. 다섯째證人李弼商外五人에對하여는 무슨理由로서七十日갓가히拘禁하였든가이것도알지아니하면아니될理由의하나이다 同胞들ㅣ우리當은 以上과같은 質問을檢察陣에提起하면서다시다음과같은 要求를警察當局에보낸다 이事件에眞相을究明키爲하여·公明正大한判定을나리기爲하여上部質問과같은 不徹底한性格을가진現擔當檢事에變更을要求하여就任되는檢事는 左右兩政黨代表와 左右兩法曹人의立會下에公正한 再取調를 實行하기를要求한다。

× × ×

公判의當日인二九十日은當到하였다 새벽부터 蝟集한 數千의 群衆들은法廷의門前에서 傍聽을要求하는 一方「人民의裁判을열라」「被告는無罪다」하는 高喊을질으며 四號法廷앞으로殺到하였다 이에對하여長銃과棒을 携帶한 正私服警官과 念選隊動한道警察部長張澤相의直接指揮로裁判所外로逐出하려함에 一時混雜한狀態를이루었는데 不意의警官의發砲에依하야 大衆의憤激은最高潮에達하여 一大修羅場을이루었다이때數多한發砲에依하야 京東中學三年生金海鍊君의重傷(當日 死亡)李新生外三人의輕傷을내는 慘事가이러나고 現場에서四十七名이檢擧되였다。

이리하여開廷은豫定보다 三時間半이나 늦게始作되였으나開廷劈頭辯護人의裁判長忌避로말미아마 公判은無期延期로되였다。

辯護士의 裁判長忌避 그理由는다음과같다。

오늘우리精版社關係辯護士一同이裁判長을忌避한理由는 이러하다。

× × ×

一、오늘 三千萬同胞의注視와列國의國際監視下에開始된所謂 精版社僞幣事件의審判은 어느角度로보든지 매우重大한것으로서 一部에서는政治的謀略과 關聯시켜서생각하고있구 그러나우리辯護人一同으로서는 이事件을政治的意圖下에서取扱할라고하는것이아니고 裁判의公正을期하여 萬全의努力을하고있는것이다 現在刑務所에在監中인精版社關係被告人全部가一異口同聲으로事實無根이라하며 警察署에서는無數한拷問을반고 虛僞自白을하였으니 公判廷에서事件의眞相을 闡天下에暴露해달라고哀願하고있다。

一、이러한點으로본다면 裁判所는모름적이이事件이 公判에廻附된後적어도 二、三個月以上 裁判所自身이 充分한硏究를하는同時에被告人으로하여금 十分의防衛準備期間을 또辯護士에게十二分의 辯護準備期間을許容하여야할것이며 우리辯護人으로서도當然히 이點을要求할權利가있는것이다。

一、그럼에드不拘하고 裁判長은이事件이 지난七月十九日에檢事局으로부터公判에廻附되자 十日만인

오늘은第一回公判期日로指定한것은 裁判長의本意에서 나온것인지或은 內部로부터 或은外部로부터 或種의干涉이나 指示가있었는지는몰르나, 如何間, 被告人에게對하여는 一九四一年十二月八日새벽 日本이取한眞珠灣을攻擊한以上의夜襲이다。그때서우리辯護士一同은 公判開廷前累次裁判長에對하여 이러한諸點을指摘한後 相當한期間公判期日을延期하도록 交涉해왔으나 그는끝끝내이를拒否하고 開廷을敢行하고만것이다.

一, 그리고 開廷後法廷의 空氣를본다면 現行刑事訴訟法에는被告人이 公判廷에서身體의拘束을받지않은다는, 規定이있음에도不拘하고 被告人들은手匣을채인채, 開廷이宣言되었고 被告人하사람사이에 한사람式의 看守를끼여앉치고其後列에는 武裝看守十餘名이配置되였을뿐아니라 法廷內周圍及判官席左右에는 武裝警官約二三十名이包圍하고있어 中世紀的恐怖時代의法廷을聯想할狀態이였으니 이러한雰圍氣에서는 被告人의自由스러운 陳述을到底히期待할수없는것이다。그럼에도不拘하고 裁判長은法廷의構成에對한 辯護人의正當한要求까지一蹴하고만것이다。

一, 이러한 모-든事實에다 裁判長이三八以北, 新義州에서왔다는事實을綜合할때이裁判長에對하여우리는이事件에關한 公平無私한裁判을期待할수없다. 도로혀偏頗한裁判을내릴念慮가深厚하다고生覺됨으로 被告人들의利益을爲하여 今般忌避申請을하였다 그러므로裁判長은自己의過誤를率直히認定하고이事件審理로부터自進回避한것이當然하다고生覺한다。

尹學起 金龍岩 趙平載 韓永煜 姜蔣善 白錫滉 吳承根 李경용 姜仲仁

第七章 經濟

概觀

南北朝鮮의明暗相

八·一五의解放으로日本帝國主義의支配를벗어나게되자 朝鮮經濟는日本經濟의一部分이었든立場을脫却하여 獨立國家經濟로서洋々한發展의可能性을 갖게되었다。 그러나日本帝國主義의長久한支配와 그의酷毒한植民地政策으로말미아마 朝鮮經濟는獨立國家의經濟로서새出發함에있어서 여러가지의深刻한困難에逢着하지않을수없었다。農業의半封建的後進性, 工業의植民地的低位와畸型性, 貨幣金融體系의日本經濟와의連結等이著모든點은 獨立國家의經濟的土台를樹築할려는出發期에있어서 朝鮮經濟가當面하는가장큰難問題이였다。이러한모든問題는그解決에적지않은努力이要請되었으나만치그努力을아끼지않고우리는모든힘을다하여 建設의기름을가랴고하였든것이다。

그러나北緯三十八度線을境界로美蘇兩軍이進駐하여 南北朝鮮間에政治的經濟的障壁이생기게되여 全朝鮮의統一的經濟建設이延期되게되였을뿐않이라 特히美軍政下에있는南部朝鮮에있어서는 局部的建設이나마거진忘却되다싶이되여있을뿐만않이라 오히려經濟的混亂이日加尤甚하여가는事態에對하여서는 大端한失望을느끼지않을수없는것이다。 南部朝鮮에있어서는美軍政을에워싸고있는 親日派,民族叛逆者,親팟쇼分子들이政治面에있어서 反民主主義的施策을助長하는同時에 經濟面에있어서數多한大小謀利輩를길러내고生産의停滯와物價의暴騰과大衆的失業을招來하여 말할수없는經濟的混亂과民生의困難을이르키고있으며 한거름더나아가서는解放朝鮮을다시금帝國主義國家의半植民地化할려는策動까지하고있다。

南部朝鮮의이와같은事態에反하여 北部朝鮮에있어서는참다운建設이구준이進行되고있다。 蘇聯軍의進駐下에었는北部朝鮮에서는모든行政及司法權力이 北朝鮮臨時人民委員會로移讓되었으며 蘇軍의援助下에民主主義的課業이着々實行되고있는同時에 經濟復興事業도活潑이展開되고있다。 土地改革과單一農業現物稅制의實施, 日人所有重要工場의國營, 中小商工業者의保護, 進步的勞働法令, 男女同等權法令의實施等으로因하여 人民大衆의熱意와愛國的建設熱은非常이發展되여있다。이러한熱意와熱誠을主台로하여各部門에있어

서 生産責任制가 實施되고있으며 모든 難條件을 克服하여가면서 經濟復興과 民生安定은 꾸준이 繼續되고 있다

南北兩地域의 이와같은 相異한 情勢는 解放後一年동안에 政治的으로나 經濟的으로나 全朝鮮에 對한 北部朝鮮의 役割와 그 主導的地位를 確立하였다 北部朝鮮에 있어서의 民主主義的改革과 發展은 앞으로 南部朝鮮의 民主主義的改革과 發展에 對한 指針이 될것이며 北部朝鮮에 있어서의 經濟的復興과 建設은 앞으로 南部朝鮮에 있어서의 經濟的復興과 建設에 對한 土台로 될것이다。 이러한 展望을 가지고서 南北朝鮮이 거러온 解放後一年間의 발자최를 좀더 仔細히 살펴보면 다음과같다。

三八線南北地域의 經濟的連絡

八・一五解放을 當하자 朝鮮에 있든 日本人들은 [illegible] 그들의 [illegible] 채우기 [illegible] 다 三八線南北朝鮮의 經濟的混亂을 이르키기 爲하여 通貨를 濫發하며 生産施設을 破壞損耗하며 生産資材를 盜賣散逸하였다。그結果 八・一五當時 四十九億七千五百萬圓이었든 朝鮮銀行券發行高는 八月末日에는 七十九億八千七百萬圓으로 急增하며 그當時物價騰貴의 가장 큰 要因으로 되고 生産施設資材의 損耗盜賣등은 其後의 生産復興에 莫大한 支障을 주었든것이다。그러나 이와같은 弊害가 있었다 하드라도 그後에 있어서 經濟安定과 産業復興을 爲한 充實한 行政的措置와 또 産業再建을 爲한 民族資本家들의 良心的活動만 活潑하였드라면 이러한 失敗를 能히 克服하고 建設的인 成果를 얻을수있었을것이다。그러나 美軍政은 親日派, 民族反逆者, 親日分子들은 政治的으로 反民主主義的 反人民的傾向을 助長하기에 바뻐 있을뿐 아니라 經濟的으로는 가지가지의 謀利輩를 發生하고 産業의 復興과 經濟生活의 安定을 破壞的, 無計劃的으로 處理하여왔다。 그들은 私利私慾을 爲해서 日人에게서 接收한 物資를 謀利的投機業者에게 넘겨주는것을 公公然하게 繼續하여왔으며 이러한 反人民的 謀取引으로 因하여 本地에 巨富로 된 者가 非一非再이었다。이와같은 濫流는 [illegible] 勤勞者들의 生活必需品買占行爲까지 誘發하여 物價高騰을 促進하였을뿐 아니라 産業資本의 健全한 發展까지 妨害하고 있는 것이다。若干의 交際로 日人工場의 管理者이나 拂下를 받은 資本家들은 一攫千金을 꿈꾸어 工場에 保有된 資材原料를 濫用亂賣하고 企業經營에 對한 真實한 態度를 가지지 않었다。行政當局은 이러한 事態에 面하여 何等의 政策樹立도 되어주지않고 産業再建에 對한 何等의 根本對策도 施行한 일이 없었다。오이려 그들은 資材를 濫費하고 眞實한 經營을 考慮하지 않는 非良心的 謀利輩的 工場經營者에 對하여 勞動者들의 生産復興을 爲한 鬪爭과 協力을 [illegible] 生産에 對한 妨害라고 歪曲非難하였다。이와같은 情勢의 進展이 解放後一年間에 있어서의 南部朝鮮經

許界의밝어온길이다。 그結果는어떻게나타나고있는가? 즈음三減縮되지않는通貨膨脹과 生活必需品을年頭로하는 一般物價의 連續的暴騰과 大部分의工場이 아즉드休眠하고있는것과 勞働者의悲況한失業及半失業狀態와 一般大衆의深刻한生活難이그것이다。 이러한點을좀더的確하게表示하기爲하여若干의數字를드러說明하면다음과같다。

첫째 通貨量보면八·一五以後좀곰도減縮의氣勢가없다。 即朝鮮銀行券發行高는一九四五年六月平均六,〇二〇百萬圓 九月八,四八八百萬圓 一〇月八,七七三百萬圓 一一月八,七〇〇百萬圓 一二月八,六二一百萬圓 一九四六年一月八,八〇五百萬圓 二月八,八六七百萬圓이다。 그後는發表가없어서알수없으나 軍政長官의談話에依하면一九四六年七月三十一日現在一〇,三三三百萬圓으로되여있으니 그增勢는如前이繼續되고있다는것을斟酌할수있다。 이와같은通貨의膨脹은生產活動이거의麻痺된狀態와 또北朝鮮의朝鮮銀行券이大部分南朝鮮으로流入되여있는事實을考慮할때 그것이얼마나商品投機의盛況을발하고있는가를理解할수있을것이다。 이와같은通貨膨脹에는 軍政財政의赤字狀態도적지않은役割을하고있을것이다。 軍政長官의發表에依하면 一九四六年第一四半期의軍政財政은二六六百萬圓의收入에 對하여 一,〇一八百萬圓의支出로되여있다。 發表가없으니이以上더仔細히는알수없으나 이數字만으로보아도 昨年以來軍政의財政支出超過로因하여 膨脹된通貨量은相當한數字에達하리라고推測되는바이다。

다음으로物價의動向을보자。 朝鮮銀行調査에依하면 서울市內生活必需品 (穀物,食料品,纖物,燃料,雜品五十二種目) 小賣物價指數는다음과같이暴騰하고있다。

一九三六年平均을一〇〇으로하면 一九四五年八月三,〇五六, 同年十二月九,七八〇 四六年三月一六,〇一五 六月一九,四九一

一九四五年八月下旬을一〇〇으로하면 九月一一九·五 一〇月一七八·二 一一月二一五·五 一二月三二〇·七 四六年一月三六七·九 二月三九九·一 三月五二四·七 四月五一二·一 五月五〇一·九 六月五四八·一

右記數字를보면一九三六年에比하여 今年六月에는生必品物價가 거의二百倍로騰貴하였다는것을알수있으며 八·一五直後에比하여본다면五倍半으로急騰하여있는것을알수있다 八·一五直後부터九月까지는 物價의騰勢가前記의指數에보는바와같이그다지大端하지않었다。 그러나十月에이르러서부터는 美軍政의展開下에謀利投機業者들의自由스러운活躍이橫行하며物價騰貴가急速度로開始되였다는것을 右記數字에서觀測할수있을것이다.

다음으로亦是朝鮮銀行調査에依하여 서울市內勞働賃金의指移를보면 各業種의勞賃總平均은(一九三七年六月平均을 一〇〇) 一九四六年一月 三二三四·七 二月 三二七二·三 三月三五八六·〇 四月四四四五·一 五月六一〇〇·五 六月六二四三·一로되여있다。 이數字와前記生必品小賣物價指數와를比較하여보면·勞働者階級은解放以後漸々못살게되여가고있다는것이明白하다。即生必品小賣物價는一九三七年六月에比하여 一九四六年一月에는百十二倍 三月에는百六十倍 六月에는百九十五倍로되었는대 勞賃은各々三十二倍 三十六倍六十二倍밖에오르지않었다。이것은다시말하면日帝때의그苛酷한搾取밑에서生活하든때에比하여 生活이一九四六年一月에는그때의四分之一로 三月에는五分之一로 六月에는三分之一로줄어드려갔다는것이다。그러나여기서이저서는않될것은 이勞賃指數는解放以後多幸이勞賃을받을榮光을가진 一部勞働者들의賃金平均이고 勞賃의받을機會를全然얻지못한失業者와 각금가다가받을機會를갖은半失業者가就業勞働者의몇倍나있다는點이다。이點을考慮하여勞働者階級全體의生活狀態를推測한다면 우리는그것이日帝下의一九三六年六月보담 몇倍몇十倍나低下되고있는가를斟酌할수있[illegible]다。

勞働階級의이와같은狀態의悲慘으로 大謀利輩들의卒富者層이誕生하게된것이다。南朝鮮에있어서 인프레ㅣ숀의進展은 바야흐로反動的大資本家大謀利輩들의强力한大衆收奪의過程이며 이인프레ㅣ숀의防止에對한無爲放任的態度는 이와같은大衆搾取와資本蓄積을助長하고있는것을意味한다。

民主主義的臨時政府樹立이遷延되고있는틈을타서 工場을파러먹고生産復興을怠業하며大衆을窮乏化하므로서 一部謀利輩들이卒富의꿈을꾸고있는동안에 帝國主義的獨占資本은朝鮮에그들商品과資本의「市場」開拓工作을着々進展시키고있으며 南朝鮮의對外「貿易」은이미具體的計劃에오르고있다。品質좋고廉價한外國商品이南朝鮮의坊々曲々에登場하게되면 그것은곳朝鮮의自主的産業建設이困難해지는것을意味하게되는것이고 朝鮮의半植民地化가始作되는것을意味한다。謀利輩들의兄弟分인親日派, 民族叛逆者, 親팟쇼分子들은그들의專制政權樹立과榮華를爲하여서 지금이半植民地化工作을露骨的으로幇助하고있는것이다。

三八以北經濟建設의
一年間實績

解放後一年間의三八以北經濟建設의根幹的인基礎는 勿論今年三月의土地改革法令實施와및 그에對한決算이었다。北朝鮮土地改革의意義等에對하여는別項「土地問題」에서詳論될것이므로여기에는重複을避하거나와 日本帝國主義者、親日派及五町步以上所有의地主로부터沒收하야農民에게無償分與한土地面積은實로九十六萬三千六百五十七町步이니 그것은三八以北耕地全面積의五分之二에該當하는것이며 分配를받은農家戶數는六十八萬戶에達하였다。 이와같은歷史的大事業이成功裡에實施된것은 첫재로붉은軍隊의絶對的인理解와 둘재로北朝鮮各政黨 社會團體及人民大衆의總力量이集結된것과 그리고셋재로는勞働者와農民의굳은團結이있었든까닭이었다。

그렇나한편으로는實施上의弱點이 또한없지않었으니 今年四月十三日에平壤에서열린北朝鮮臨時人民委員會第一回擴大委員會에서 金日成委員長은다음과같이自己批判의發言을하였다。(가)土地改革法令이朝鮮의歷史的經濟的必要性에依하야 資本主義段階의正當한法令임을잘못認識하고 部分的이나마거의各道가反動地主及代理者 또는妥協的分子와의鬪爭이弱하였다는 右傾的誤謬를犯한것。(나)耕作하는農民의土地所有權을確立코저하는 法令精神을바르理解치못하고 應當沒收아니할部分의土地와其他物品을沒收한左傾的誤謬를犯한것。(다)土地改革中에 反民主々義分子의 反動性이더욱露骨化하였고 各級人民委員會가 宣傳方面에徹底치못하였든것等々 그리하야同擴大委員會는土地改革의勝利를鞏固히하기爲하야 反動分子와代理者의活動을完全히封鎖하고 妥協的分子와의鬪爭을無慈悲하게展開하므로써 地主들의土地復舊思想을掃蕩하며 同時에人民委員會自體안에浸透한貪官汚吏分子와 官僚主義分子들을肅淸할것을宣言하였다。

다시同擴大委員會에서는 土地改革實施第一年의增産을達成코저 今秋收穫期까지의對策을決定發表하였는데 그中에重要한項目은春期播種의計劃案이었다。 三八以北農業經濟는土地改革으로安定의 基礎를받었으나 그러나戰禍의餘波이 아직도生々할뿐아니라 金融經濟其他의經濟的地盤이貧弱한까닭에 復興建設을爲하여서는무엇보다 勞働力의集揚과그管制가必要하게되었다。人民委員會의指導下에農民들의緊急한問題인種子農具、畜力、肥料等을共同的으로合理的으로解決하야農民들로하여금 서로서로幇助케하므로써農産物增産의目標를 達成하자는것이春期播種決定書의要旨이다。建國勞働奉仕隊의組織、農民銀行의設置、食糧의統制와鬪爭等々、三八以北의農業經濟建設은文字그대로의 피투성이의鬪爭段階로突入한것이다。

農民銀行은五月부터業務를開始하였으며 土地의整備改良과水利事業의進行에는 各級人民의勞働力이거의滿足할 程度로動員되고있다。六月二十四日에는劃期的인勞働法令이實施되었는데 同法令은八時間勞働制、賃金制、團體契約權、社會保險、公休其他의休暇制定과 및少

年、妊婦、産母의勞働에對한特別保護等이規定되여있다。다시同月二十七日에는食糧確保에關한法令이發布되여 一切의土地租稅를免除하는同時에 收穫量의二十五%만을農業現物稅로納入케하고 其外의供出制度는廢止하였다。

한편工業部門에있어서도 日本帝國主義者를驅逐하고난直後의破壞된狀態下에서 오직朝鮮人民의英雄的努力에依하야 各工場의操業이着々實現을보게되여 現在兼二浦製鐵所、興南窒素工場을비롯하야、製鐵、化學等의各工場이 困難을무릅쓰고運轉되고있다。鴨綠江水電도滿洲等地에의한配電部門을除外하고서는 從前대로事業을繼續하고있어서 北朝鮮經濟建設은着々進行되고있다。

經濟再建設의當面課題

部門別工業技術者數

(一九四三年)

	(三八以北) 朝鮮人	日本人	朝鮮人數의比率	(三八以南) 朝鮮人	日本人	朝鮮人數의比率
機械工業	九六	四七九	一六%	二五九	六九六	二七%
金屬工業	八八	一、〇七〇	八%	五四	一六九	一七%
化學工業	一二一	一、七九五	六%	一二九	三六二	二六%
鑛山工業	一、〇二四	一、八四〇	三六%	一七八	四四六	二九%

三八以北의工業技術者의比率은鑛山部門外에는三八以南보다顯著히不足하다。그리고이表에나타난 朝鮮人技術者란 大體가高等技術敎育은받았으나 實際經驗이貧弱한것이며 그것은日本帝國主義가 朝鮮의技術과經濟의獨立性을獲得하지못하도록朝鮮人에對한技術敎育을徹底히阻止하고 高級技術을要하는 作業에는日本人을配置하므로써 朝鮮人勞働者를單純勞働者로서搾取한까닭이었다。朝鮮工業의技術的後進性을생각할때 工業品의最後生産을 朝鮮內에서可能케하기爲하여는 今後絶對的인民族的努力이要請되는것이다。

三八以北工業建設을爲하야 三八以南과海外에서도라온 技術者를積極的으로誘致하는것이 勿論當面한對策의하나가될것이지만 그러나그것은어디까지나 姑息的인手段이고 또外來技術의領導下에現地發展을考慮할수있는데 이亦是朝鮮人이自手로朝鮮經濟를建設하는段階에있어서만 充分한成果를期待하게될것이다 朝鮮이南北으로分裂되여있는限 民族經濟의全體的建設은決코期約할수없다。그러므로하로바삐經濟建設의全權限은 朝鮮人에게讓與하는그것만이 民族의그리고唯一한解決方途인것이다。南北經濟合作의基本條件은土地改革이다 이제土地의進步的解決을完成하야 朝鮮經濟의主動的地位를確保한三八以北은 當時政府

樹立과統一經濟建設에自進하야三八以南을領導할責務가있다고보아진다

工 業

一、有機的關聯에있어서工業立地要因에서따라난朝鮮工業地帶及工業分布狀態의分析은대우어렵다。다만現在工業分布狀態에서立地要因의地方的特性을分析하면 卽北鮮과南鮮으로兩分할수있다。前者에는地下資源及交通（日本帝國主義時代日滿通路）을立地要因으로하는資源地工業卽重工業이發生하였고 後者에는消費地及地上資源及交通을立地要因으로하는消費地工業卽輕工業이發生된것이다。다시말하면前者의立地條件은先天的인것에對하야 後者의그것은後天的인것이다。大體로브면以上과같은根本的把握이可能하야지만南鮮、北鮮을通하야各地方別로그工業立地條件을보면 그는官力에依하야大端히左右된點이많다。이歪曲된立地條件上에서各工業은企業觀念上에서出發한것이므로 各工業間에는無組織性과無關聯性을暴露하고、前日々人으로하야금 各工業間의統一性賦與를强調식혔든것이다。

前資本主義社會에停滯한朝鮮이外國의植民地로轉落하자 모든生産關係가植民地性을띄은것은必然的이다。卽外國資本主義發達의犧牲이되고 征服國工業의原料供給地 商品販賣地로서 그工業構成은極히跛行性을가지게된다。卽征服國의工業과對立하는工業이抑壓되고 또로혀征服國工業을促進할原料工業만이發生奬勵된다。그렁므로統一性、關聯性을갖은一國工業으로서의發達이없고所謂跛行性을갖게된다。南朝鮮工業의跛行性은帝國主義日本의植民地로서의全鮮的跛行性을그대로內包하거니와또朝鮮工業立地的觀點에있어서三八線境界로比較的統一된（겨우八一五直前에 統一性을가지게되였다）全鮮的工業의一部를分斷케한데또다시그跛行性이深刻化되였다卽再生産手段의缺如 勞働對象의局限等으로말미아마 南鮮工業의跛行性은 空中의樓閣과같이 根柢없는構成의殘骸를나타내고있다

二、八・一五의劃期的轉時를境界로하야 朝鮮의工業은그全生産過程을中止하였다。 爾來日人의最後發惡 軍政의失施 統一政府의出現遲延과이에다른社會不要로因하야 工業生産復興은다른技術的困難과함께[illegible]로困難한處地에있다。卽勞働對象의不備 資本의逃避技術의不足等으로 操業工場은겨우四十%生産能率約二十%、따라서生産率은僅々八%에不過할것이다一九四四年末의南朝鮮工場生産高六億二千三百十一萬圓 家內工業生産高約二億五千六百萬圓、計八億七千九百十一萬圓이였는데、家

內工業은八一五以後에도變更이없다고하면 工場工業의生產高는約五千萬圓程度로推測된다。그럼므로南朝鮮工業生產不足額五億七千六百萬圓이回復이南鮮工業當面의目標일것이다。現在의物價水準으로換算하면 約六百億圓의生產回復이必要하다 (現在物價水準은當時의百十二倍)

가、資材對策 一般으로말하는所謂工業原料인데 南朝鮮에있어서는極히不足하다 第一地下資源의枯渴·地上資源의偏在 退藏不足特殊資源의補給不能等을指摘할수있다。地下資源即鑛產物은北鮮에集中되고 南鮮은絕對量이不足할뿐아니라 政治不安交通隘路의未解決로因하야現在行詰狀態이며 特殊資源即輸入原料品도같은理由로補充不能이며 地上資源即農產物에있어서는 그絕對量에있어서는不足하다할수없으나 이것도亦是여러가지政治的經濟的惡條件으로因하야生產力의低下와함께 謀利輩의退藏 蒐集不能으로不足을告하고있다。

나、勞働手段。工場裝置、機械等生產設備는工場操業率四十%에서볼때 그絕對量은不足이라할수없다。南朝鮮重要都市及附近工場數三千四百十六 (其中前日系八十% 前日軍需工場五、前日軍監督工場七十九) 中操業工場은그約四十%千三百六十六工場으로推測된다。또八·一五以後新設된工場約四十一箇 (登記濟) 도操業하고있다。操業工場의操業率은約六十% 生產率約二十%이고 未操業理由는資金原料技術의不足 工場破壞惡性管理人勞資問題等에있다。

다、勞働力 勞働手段을通하야勞働對象에作用하는人的要素 即勞働者와技術家를보면 技術家의絕對的不足 勞働者의熟練度의低級、物價高로因한勞働者의生活難으로 勞働力에있어서도極劣弱하고있다고볼수있다。

다、經營問題 前日人系工場은全部管理工場으로하고 各々管理人을配屬하야 工場經營을一任하고있다。特히大工場에는監督官을配置한데도있고 朝鮮人工場은自由經營으로放置하고있다 管理工場의資金 原料는美軍政廳에서斡旋하고 그生產能率의增加를期하는模樣이고 그生產物도軍政廳에서管理統制하고있다。

마、工業政策 無計劃、無原則、因循的이다。

1 管理制度 政治의根本的解決이없는結果朝鮮의人民經濟의確立을指向하는自主的恒久的政策이아니라 經濟者로하여금謀利追求에끝이게하고工業에無組織性과無計劃性을招來하게된다。現行管理制度는良質한民間經濟推進力을抑壓하야 全面的生產沈滯의弊害

와政治鬪爭에利用當하는缺點을갖었다。吾人은自治管理委員會의組織的인生産管理制度를認定하고 이것이곧生産能率의向上과一切障害의拔本塞源策일것이라고主張한다。

2 管理人問題 管理人은工場生産을運營하는重要한責任을가진者다。그럼에도不拘하고今日工場操業率或은生産率의低下乃至停滯의한理由가管理人에있다는것은遺憾이다。卽情實로生産事業에對한誠意없는者가任命됨으로 勞資間의不和를招來하고 管理人自體의技術熱誠의不足으로生産過程의運營을紊亂케할뿐아니라謀利的不正事件 惡性資本家에의屈服 政黨色彩로管理制度에破壞的影響을주고生産活動에對한叛逆的役割을하고있다。

3 低物價政策 生活必需品價格의低下政策은結局生産物價의抑壓임으로 原料價格의抑壓에있는工場側으로서는 高價購入 低價販賣로收支不合하며 또 經營費의高騰은工場閉鎖를必然케하야 生産의抑壓뿐아니라 失業者의氾濫을招來하야 朝鮮經濟에一大波瀾을이르킬可能性이있다。低物價政策은往々商品의退藏流避를惹起하며結局工業再生産過程의物的基礎를薄弱케한다。綜合的低物價政策도中央政治機關의强力한計劃的組織밑에서만可能한것이다。

(4) 인푸레抑壓政策 現行政策은人件費의制限 貯蓄奬勵貸付制限等을들수있고 根本的政策은보이지않는다。勿論根本的政策은臨時政府樹立後에나타날性質이다. 工業生産에決定的影響을주는貸付制限의措置을보면 그金額에있어서

低下되는同時에 大規模工業에集中되며 그用途는經營費其他官國納品代金 原料購入費等의運轉資金이다。그럼으로一般中小企業家에對한貸付는極度로縮少되며 資金難으로工場閉鎖가續出하며 失業者群의數字를增加하고있다。인푸레抑壓政策은失業群의增加로因한購買力의低下 工場企業利潤率의墜落을招來하야産業資本의健全한活動을抑壓하고있다。이것은特히中小企業에있어서甚하다。

(5) 前日人所有生産手段의拂下問題

一九四六年七月十日러ー취軍政長官의發表에依하면 前日人經營의中小企業의原料 機械類를拂下할意思가있다고하는데 京畿道만은곳百萬圓(八·一五當時評價)以上工場의機械原料는이를拂下하되 土地建物은賃貸한다고한다。그工場數約一千

五百餘揚受人은現在審査中이라하다 이 것은軍政廳의歲入增加와朝鮮의產業經濟制度의安定을期하는것이나 反面謀利輩의跋扈를甚하게할뿐아니라 朝鮮人搾取의結果인財物을朝鮮人民의利益을本位로하지않코資本家의私利私益의手段으로處分되는데民族的感情問題를이르킬可能性이있다。또이處置가朝鮮經濟의後進性을考慮할때國家의有機的計劃밑에서運營되는것보다生產能率向上에얼마나도움이될까 疑問이다

地方事情

一、仁川地方

工場破損、資金、原料、修理難、勞資問題等으로該地方工業은萎縮狀態에빠지고있다。而後市商工當局의周旋으로地域別工業聯合會가誕生하야傘下工場의原料、用度品、生活必需品等의斡旋과能率을目的으로하고있다。

一九四六年一月末現在

協會名	操業工場數	未操業工場數	計
北部地區工業協會	三一	一六	四七
西部地區工業協會	五七	一四	七一
南部地區工業協會	三八	六	四四
富平地區工業協會	五	一一	一六
計	一三一 (七〇%)	五五 (三〇%)	一八六 (100%)

前日人工場에는全部朝鮮人管理人을두고 軍政廳管理下에運轉되며、美軍政管理工場은一三二個다。一九四六年五月末現在仁川工場總數二四二個、操業工場二一四(八八%)未操業二八(一二%)이다。以上工場은近代的工場이며 各工場의運轉能率은約四十%에不過하다。

百名以上從業員工場은二四個이며類別工場數는鐵工業(三四)食料品工業(一八個)機械工業(一五)製材工業(一五)精米工業(一五)金屬工業(一〇)化學工業(九)車輛工業(六)印刷工業(五)燃料工業(五)電氣工業(四)製粉工業(三)紡績工業(三)其他計(六七)이다

二、釜山地方

慶尙南道內五萬圓以上工場數四五〇餘個 一九四六年四月末管理人正式任命工場數三八二個이며 操業率은約八十%、運轉率約四十%다。運轉率最好는고무工業이며 不良은鐵鋼工業이다。釜山市內類別工場數는製材工業(一三)造船工業(九)機械工業(二九)印刷工業(四)煉炭石炭業(一〇)化學工業(一〇)硝子工業(二)食料品工業(五三)、纖維工業(三七)이다。

三、大邱地方

前日系工場은工場總數의約八十%이되 從來의鐵工業은軍需品製造부터農具製造로轉換하고 纖維工業、化學工業과같이慶北道內自給의生產을하고있다하다。類別工業工場數를보면(生產率約二十%)

類別	軍政管理工場數	朝鮮人工場數	前日系工場數
製絲紡績工業	二一	一五	三〇
纖維加工工業	三	一	五

紡織工業	三	卜	五
食料品工業	二七	八	三三
機械工業	一二		二〇
化學工業	九	三	一四
製材工業	一	一	二
其他工業	—		一〇
計	七六 (六三%)	一七	一一九

四、大田地方

特産、陶器、竹細工、莞草製品類別工業操業率、鐵工業(六二%)化學工業(三八%)紡織工業(六七%)窯業(六六%)印刷工業(五〇%)食料品工業(零%)

五、群山地方

工業工場操業率(一九四六年二月末日)

類別	總數	操業工場	未操業工場
機械工業	三一	二五	六
纖維工業	三	二	一
製紙工業	四	二	二
燃料工業	三	三	〇
化學工業	五	五	〇
製材工業	五	五	〇
食糧工業	一三	七	六
醸造工業	八	八	〇
其他工業	四	四	〇
合計	七六	(八〇%) 六一	(二〇%) 一五

六、光州地方

大小工場總數一六四箇 操業率六十%頃落하工業은紡績工業、農藥品工業이다。舊日系工場은軍政廳管理로하되 朝鮮營業公司(舊鐘紡)全南工場、同公司光州工場、若林工場三工場은軍政廳直營으로되었다。

以上管理直營工場의製品은一切市販을禁止하고있다。朝鮮人工場으로는湖南紡績工場이唯一하다。農藥品工業에있어서는三八以南唯一한松汀里朝鮮農産化學工場이指定管理人管理下市價月産一三〇〇萬圓의生産을하고있다。

七、木浦地方

日系工場十九箇이되全部軍政管理로되고 朝鮮人所有工場은六箇있다그中完全運營六半完全運營十五休業四이다。

日本金融資本의要求下에設立發展한朝鮮工業이그依存物인日本金融資本主義의退却과同時에그跛行性을暴露하고 破綻에빠진것은當然하였다。이跛行性은過去에있어서는 日本金融資本의誘導와强力한日本帝國主義政策으로겨우그破綻을하고있었다。그렇므로工業뿐만아니라모든産業經濟에있어서는 民間의經濟推進力은去勢當하고完全히無力化하였다。또朝鮮工業自體에있어서는孤立하여그間아무런有機的關係即橫的聯關이없고 日本工業과의縱的聯關을맺었다。그렇므로그跛行性의矯正을前提로하工業再建은各工業間의橫의有機的聯關性을附與하는데있다。그러나民間經濟推進力이絶無의狀態에있는故로、官府에서組織的計劃的工業政策을樹立하야强力히그를實踐에具現시킬必要가있다。여기에工業國營의必要도나타나는것이다。日本帝國主義의覆鎖로붙어解放될때、朝鮮은그

生産關係를當然히自主的立場에서再編成再組織하여야된다。即一國民經濟로서모든産業經濟의體系로自立시켜야된다。여기에서工業特히基幹工業이重大한役割을擔當하여야될것이다。指導的인基幹工業이國家의손으로人民大衆의利益本位의見地에서强力히推行될때、工業生産要因인勞働力勞働對象勞働手段은모조리이에隨伴하야發展할것이므로、朝鮮의모든經濟機構에있어서均衡的發展 따라서統一的國民經濟로써의完全한經濟構造를갖게될것이다。

解放以後의農業

概觀

概 說

朝鮮은人口의七割以上이農業人口인同時에 農業은朝鮮産業中가장重要한 一環을構成하고있다。따라서朝鮮의民主政治樹立과 民主經濟建設에있어서 農業이占領하는地位는가장重要하다는것은 再言을不要하거니와 그러나만치解放을맞이하게된날에는 무엇보다도急히日帝治下의朝鮮農業이가진 矛盾과桎梏을摘發芟除하야 그것을民主主義的으로再編成하는同時에 農業에近代的인技術을導入하여 朝鮮農業을世界的인水準에끄러올니지않이하면안될것이다。

八·一五以前의朝鮮農業의特徵을要約한다면 朝鮮農業은日帝의奸惡하고 强盜的인植民地政策의所致로李朝末葉의封建的인生産諸關係를止揚하지못하고、드리어그것을그自體가多分히、封建的인要素를內包하고있는 日本的으로潤色하고擴大再生産하야 農業生産力은自由로운發展을보지못하고 前資本主義的段階에停滯되여있었다는것이다。即日帝의植民地로서의朝鮮의經濟的使命은低廉한食糧原料勞働力을供給하고 日本의工業生産品을高價로消化하는데있었다。따라서朝鮮의農業政策은以上의使命을完遂하는데그目標가있었으며、이政策을完遂하는데는農業部面의半封建的인生産諸關係야말로가장便利한地盤을提供하여주는것이었다。여기서는封建的인地主層이 日帝의朝鮮統治의支持者가된다는것도아울너考慮하여야할것이다。그리하야日帝는封建的인 諸關係를淸算하기는姑捨하고 도리어그것을保存하고擴發하기에、恒常細心히注意하여왔으며 그結果農業은近代化하지못하고 矛盾은더욱激化되였을뿐이였다。

朝鮮農業의根本的인矛盾은、半封建的인土地所有關係와、世界的인高率小作料에있는것이바、一九四二年現在로보면 總耕地面積의五八%二百六十一萬町步라는것이 全農家戶數의三%에不過하는、非農業地主에게所屬되고農民의壓倒的인部分은自己의土地를가지지못한小作農이며그中에도六〇%以上은一町步未滿의零

細經으로서 이들小作農은五割乃至七八割에達하는高率小作料로 一生을貧窮과隷屬에結縛되며 農業生産의增强을企圖하는代身에 그들의大部分은生計를維持하기爲하여 草根木皮를求하기에汲々한形便이었다。이現狀이 그대로持續되는限 民主主義는어떠케實現되며 農業의近代化는어지期待할수있을까 多數農民의貧窮이高率小作料에만있다는것은확이다。小作料以上으로엄청난高利貸金과利子、數많은各種公課金、生活財、消費財購入하야 農産物의比하야相對的으로高價인工場生産品에對한交換等々 複雜、原因을들수있으나、高率小作料와거게서派生한諸關係야말로가장根本的이며 또한國力을더욱貧醋한것으로만들어내는것이다。이리하야高率小作料는農家의資本主義的近代經營을不能케함은안니라 朝鮮農業의擔任者인農民의大部分을 絶望的인貧窮에따지게하므로써 農事改良技術導入等農業의發展을爲한모든企圖를阻止하는것이않이면안될것이다。

日帝의統計는韓日合倂以後의農産物의單位面積當 生産增加를誇示하며그것이近年에와서 旣往에比하야若干增加한것도否認하지는못할것이다。그러나그것은農業生産力의發展을 說明하는것이아니라 無慈悲한政治的經濟的社會的인모든强制와依한 勞働의强化를說明하는同時에 時間과勞力의浪費를說明하는것이라고보는것이妥當할것이다。이것은朝鮮農業의主要한生産要具와耕作方式에表示되여있으나 朝鮮農民이使用하는農機具의大部分은 依然히原始的이고非能率的인在來의農機具이며 一部에있어서簡單한機械와改良農具라는것이普及되여있으나 이것은耕耘精麥製粉等 農業과分離된商品關係部面에主로使用되고 農業生産그自體에는極히狹窄한範圍에局限되여있다。農業改良에있어서도亦是同一한것이다。

以上에서본바에依하여보면 解放後의朝鮮農業의貳課業은「土地를農民에게 주는것이안니면 안된것이며 여기서民主主義建設의基本課業인 封建遺制의淸掃도達成될것이다이것은貳課業인同時에또한基本的課業이다。이것이없으면如何한農業政策도、그成果를거두지못할것입은論去도든事實이證明하고있다。이問題를解決하는同時에 耕地의整理와交換分合農業經營의共同化方向으로의指導、資力及動力에依한機械의導入(土耕種法改良、土地의合理的利用(干拓地開墾事業의完成이、있어야할것이다) 肥料와農機具의生産擴充普及開墾事業의積極的施行、農業技術者의大量的養成、農民本位의農村協同組合의組織等의政策과施設이 急速히講究되여야할것이다。

解放의八・一五以後朝鮮農業은어떠케되였나。具體的인數字의發表가없는이만치 詳細한것은알수없으나主要한몇個의事實을들어서그方向을보고저한다。

　北朝鮮에있어서는 붉은軍隊의支援下에政權이人民의손으로넘어오게된結果 今年三月五日北朝鮮臨時人民委員會에依하야 北朝鮮土地改革法案이發布實施되는同時에 農業의自由로운發展의길이열리게되었으나三八以南의朝鮮에있어서는 土地問題의根本的解決이라는것은問題도되지않고 所謂三一制라는最高小作料에對한規定과 日本人의土地處分方法으로서의自作農創定案이라는것이發表되었다。그러면이것이朝鮮農業의民主主義的建設에 如何한意義를가지는것일가。

　三一制라는것은昨年十月五日在朝鮮美國陸軍司令部軍政廳法令第九號로發布된것이나 그內容의主要한點은從來의朝鮮小作料가 小作人의窮乏化를結果하는苛酷한것임을認定하는同時에 小作料는그土地生產物의三分之一以上을超過치못한다는것을規定하고 그後十一月十日發布된小作料附帶細則으로 小作料을三分之一로하는外에는모든것을 現行契約대로할것을規定하고 小作人은灌漑費의半額을負擔할것과 農藥肥料, 種子, 農具, 農用設備, 土地改良, 包裝材料, 運搬其他關係의費用項目으로 小作人이負擔하든것은從前대도小作人이負擔할것 稅金, 徵發副產物도現行대로할것이規定되었구이法令은國家非常事態까자布告하또서發布한것이지만 發表된時期로보아서別進步的인意義를認定키어렵다. 八·一五以前이라고하면모르지만 土地問題의根本的解決이없어서는않될八·一五以後의朝鮮의實情은 小作料三分之一로서問題를解決하는것이라고는할수없다。더구나이것이이法令發布보다앞서서 發表되었든中央人民委員會의三七制(註)에比하야 그率이높은點에있어서 農民들의生產意慾을刺戟할만한魅力을잃아있을뿐 三七制에依하야廢止되었든部分에 또는從來에없든二毛作에對한小作料請求에 새로운紛糾를招來하야 一時는混亂까지惹起하야 三七制에依하여嬴得하였든農民들의生產意慾을다시沈滯케하였다는것을否認할수없다。要컨대이法令의意義는解放에依하야 地主들에게까지成熟되었든 土地問題解決의氣運을드리어退潮시키므로서 農民의生活을向上시키고, 朝鮮農業의發展에이바지하기보다는 드리어地主의地位에安定을保護함으로써 封建的인諸要素를그대로維持하야 朝鮮의民主主義的諸要求의遂行을 拒否하는것이라고보는것이妥當할것이다。

註 中央人民委員會에서는施政方針第二項에 應急措置로「日本帝國主義와民族反逆者들의土地는沒收하야國有化하고 이를農民에게無償分配」하되「但沒收土地(民族反逆者아닌朝鮮人地主의小作料는「 七制로함」이라고規定하였다。

自作農創定案

三八以南의美軍政廳이내세우는農業部面의重要한計策의하나는 自作農創立或은中堅自作農育成이라는것이다。 여기對한軍政廳關係者의發表로는 昨年十一月十六日記者團의農土問題에對한質問에對하야 答辯한李農商局長談과 하ー지中將의農業經濟顧問번즈博士一行中의 貿易公勤顧問인캐나氏의談話가있는바 要는從來日本人의所有이든가八十七萬五千「에ー카」의土地를 小作農及半小作農에게放賣하야 小作農으로하여금 自作農이되도록한다는것으로 本質에있어서는 日帝時代의自作農創定案과다를것이없다。

立案의意圖가土地問題解決에있다는것은말할것도없지만 이것으로現在의朝鮮의土地問題가解決되지못할것은勿論 도리어逆効果를낼것도豫測할수있는바이다。 뒤재이것이成功的으로遂行된境遇를假定한대라도三十五萬戶의自作農이創設된다고하는바 이것은一九四二年現在江原道를除外한三八以南의 七道의半小作及佃者를除外한純小作農만하여도百十二萬五千五百九十戶에達한다는것地積에있어서七道의小作地總面積百三十六萬一千九百六十四町步에對하야自作農이創定되는面積이二六%弱에不過하는것等을考慮하면土地問題解決을爲하야， 이案이가지는能力이라고하는것은 可히推測할수있는것일뿐아니라 三十五萬戶에對해선問題를解決하는것이라고드할수없다。 단지그들이主人을밖구어農奴에서佃奴로化할것뿐이다。 그렇나이것은假定에서나온餘說에지내지못한다。事實에있어서 「自作農創定案은 日帝時代에이미試驗하야失敗한것으로서이것으로三十五萬戶의自作農이 創設된다는것부터바랄수없는일이다。 그렇다고하면이것은結果에있어서土地問題의正當한解決에混亂과遲延을齎來할뿐이다。 말하자면이案은無償으로沒收하야 無償으로農民에게가야할日本人의土地를 有償으로處分하며日人의土地를地主에게分割하는役割外에는아무것도아닌것이다。그리고日帝의自作農創定案自體가 元來自作農을創定하자는것이아니라 그들의搾取를合理化하고 支配體制를强化하기爲하여作成한것임을알어야할것이다。

上述한바는主로南朝鮮農業의將來課題인土地問題에對한것이지만 이것을떠난一般問題에있어서도 아직解決의端緒를잡지못하고 混沌과放任狀態에놓여있다는것을 率直하게認定하지아니하면안될뿐아니라 一面에있어서이와같은關係로八·一五直後一時昂揚되었든 農民들의建設的인氣運까지沈滯하여졌다는것도認定하지않을수없다。

勿論土地問題가解決되지못한것이큰原因이겠지만 當場過去의條件에서營農을하라고하여도， 于先한것이肥料、農藥、農具需力等이問題다

肥料는從來自給肥料外에販賣肥料는 大部分外地가아니면 三八以北으로서 生産供給된것인데이것이目下完全히 杜絶되어있고 또其보다輸入되어있든改良農具의杜絶과國內工場의機能停止로因한生産減少로大不足이며畜力도八·一五前後를通하야 供出과密屠에依하야大減少를보히게되며 正常한耕作이不可能한狀態에있다。 그리고生産物資의缺乏과通貨膨脹에서오는農村狀態는 農民生活을더욱窮境하야農業의前途는暗담이있을뿐이다 穀物의時價殺勢를 말할는지도모르지만 이不得의惠澤은農民의것이아니고 惡德謀利輩의것임은天下周知의事實로 되었으나 더言할것이없을것이다 一言而蔽之하면農業은破탄에直面하여있다。 그러함에도不拘하고以上의 모든問題의解決方針은 五里霧中에 있으니누가어떠케이것을收拾할것인가。

決局에는政治問題의會은解決이있어야만할것이다。 而農民本位의民主主義臨時政府많이이것을完全히解決할수있겠지만, 于先時急히政治經濟部面에混亂을이르키고 混亂을틈타서謀利를꾀하는反逆者의무리를政治經濟部面에서肅淸하여야할것이다。

水産業

一

元來우리朝鮮은그地勢, 氣候, 潮流關係等의 天然條件이水産業에가장適當하야 海岸到處에優良한漁港이存在하고 水族의棲息狀況도그種類의量에있어서 大端히豐富하다。 이러한自然條件은在來로 國民生活의主要한構造要因이되여서 過去의自然經濟時代에도그러하였거니와今日에있어서도水産業의意義는더욱더 높아갈뿐이다。 特히朝鮮의水産業은今後에야말로飛躍할餘地를 充分히가지고있는故로 一般的으로貧弱의嘆을免하지못하는朝鮮經濟界에있어서 水産業에期待되는바는자못크다고하겠다。 水産業은一方으로는食糧과諸種工業原料를供給하며 他方으로는外貨獲得의主要한源泉이됨으로서 解放朝鮮의眞正한自主獨立과發展의槓桿의 하나가될것이라고 斷定하여도 決코過大評價는아닐것이다 그럼으로朝鮮의水産業을 過去現在에亘하야再檢討하고 새로운發展의路程을準備하며 明日에의設計를完成함은當面의緊急之事라고하겠으나 寡聞한筆者로서는아직整頓된最近의資料를갖어보지못하였으므로本文에서는陳腐한 日帝時代의統計數字를基礎로하면서 朝鮮水産業의輪廓이나마 엿보고푼이러는바이다。

二

斯業의發展狀況을總括하여보건대 一九三〇年頃을契機로하야 朝鮮은日帝의大陸侵略兵站基地化하고 이때부터餘他의各種産業과함께 朝鮮의水産業도또한 本格的開發에着手되었든것이다。 그러나朝鮮經濟全般의植民地的特殊性은 水産業에있어서도例外가될수는없는것으로 漁撈發展, 製造業等모든部門에있어서技術上으로나經濟的機構上으로나 完全히收奪的制約을받고있었든것은勿論이다。即日本本土에對한食糧供給, 各種의戰爭物資와工業原料의提供, 日本本土經由에依한 外貨獲得等 要컨대植民地의水産業에그치는것이였다。그러나이와같은條件이라할지라도

三 日本의帝國主義的侵略戰爭이漸次擴大强化하야 드디여破滅의決定的段階로突入하기까지에는 그래도아직 한개의生産力으로서 朝鮮水産業을前進시킬수는있었으니 一九四〇年頃까지의約十年間은, 이와같이하야 朝鮮水産業이一路向上線上에있었든것이다。簡單한數字로서그趨勢를表示하여본다면다음과같다。

(表一) 漁獲高의趨勢 (單位, 瓲, 千圓)

	數量	價格
一九三三年	一,〇〇七,三六八	五一,三七八
一九三四年	一,三九三,四四九	五七,七七八
一九三五年	一,四〇三,二三九	六五,九六六
一九三六年	一,六六八,三三八	七九,八七六
一九三七年	二,一一五,七八五	八九,九三〇
一九三八年	一,七五九,一〇〇	八七,〇八三
一九三九年	二,〇六六,三四四	一五一,〇九八
一九四〇年	一,七三六,四九一	一七五,四九九
一九四一年	一,三一八,〇四一	一六六,七五一
一九四二年	八四五,七八二	一六二,〇六七

(表二) 養殖及水産製造生産高趨勢 (單位, 千圓)

	養殖高	水産製造高
一九三五年	三,七〇三	六三,〇一五
一九三八年	四,九三四	九六,八一七
一九四一年	八,四七三	一七三,九三一
一九四二年	三三,二九〇	一四八,三四八

三

一九三九年를契機로하야 朝鮮의水産業은各部門에걸처서, 急激한衰勢를보이고있는데 이에關한主要한原因만을 들어본다면다음의몇個條일것이다。

一、東海岸에있어서急速히發展하여오는鰮漁業이, 一九三八年度부터는衰勢를보이게된것。

即鰮漁業의地位는一九三七年度에있어서 全漁獲高의六〇% 總金額의四二%를차지하였고, 이와같은事態는또한水産製造部門에서도, 革命的發展을惹起하야, 全製造額의六三%라는 壓倒的地位를鰮製品이占하였든것이다。其製品으로는鰮油, 鰮搾粕, 魚粉等의 非食料品을主로하야, 其外에통조림(罐詰)煮干, 鹽藏物等의食料品까지生産하였다。非食料品의生産은全鰮製品의九〇%以上이였었는데 其中特히 魚粉은輸出品으로서重要한것이였었다。

그런데一九三八年度부터는 海流의異變으로因하야, 鰮漁業이不振하게되고 따라서朝鮮의全水産業에一大打擊을주었든것은周知의事實이다

二、戰爭의進行과함께, 諸種必需物資가窮乏하여진것。

水産用資材로서의鐵鋼, 燃油, 漁

網材料及同染料、空罐材料、鐵材、鉛等은直接軍需品資材로서不可缺한것임으로 消費制限을 받게되며 따라서漁船及北鐵關聯製造의資材不足燃油不足等은激甚하여가서 때로漁群의來襲을目睹하면서도 束手無策의境遇까지 이루게되었다。如此한狀態는製造部門에있어서도同一하야 空罐의不足等은生産에在大한支障을주게되었다。

三、重要한外來資材의輸入杜絶等々以上의諸事情과其他金融統制의不利한條件으로因하야 朝鮮의水産業은急激히下向하게되였는데 特히今次太平洋戰爭을契機로하여서는 該多한船舶及其他資材等의軍納徵發과 海上의危險等으로말미아마 水産業이거이停止狀態에 까지게되였든것은多言할必要도없는일이다。

四

如此한事態에서朝鮮水産業은八一五를맞이하였다。戰爭期間의甚한破壞와損失은充分히豫想하면서도아직明確한數字를求得하지못하였으므로 陳腐한感은있으나마八·一五以前의狀況을總括하야 다음의 몇가지統計만은 參考로揭示하고過去를더나려다。

(表三) 水産業者戶數 (一九四二年末現在)

總戶數 二〇〇、〇四八 (朝鮮總戶數의四·二%)

朝鮮人戶數	一九八、四四四	九八·四%
日本人戶數	三、六〇二	一·六%
外國人戶數	二	

(表四) 水産業者戶數의道別分布狀態 (同年)

道別	全鮮水産業者戶數에對한%	道別總戶數에對한%
慶南	二八·九	一〇·九
全南	一二·七	五·四
黃海	二二·二	六·七
江原	七·八	四·六
咸北	七·四	六·三
咸南	七·四	四·〇
忠南	六·八	四·六
慶北	五·一	二·一
平南	—	一·六
平北	—	二·五
京畿	—	一·五
全北	—	一·一
忠北	—	一

(表五) 水産業從業者數 (同年、十五歲以上)

總人數	[illegible]	(男 [illegible]% 女 [illegible]%)
漁撈業	[illegible]	[illegible]%
製造業	[illegible]	[illegible]%
養殖業	[illegible]	[illegible]%

(表六) 水産用船舶 (同年)

總數(隻)	[illegible]	(漁撈用 [illegible]% 運搬用 [illegible]%)
無動力船	[illegible]	[illegible]%
動力漁船	[illegible]	[illegible]%

五

、朝鮮水産業의將來는어떠한가 解放一年間의斯界의動向과아울러 簡單히考察하고本文을끝마으련다。

上揭의諸表에서보는바와같이 朝鮮의水産業은過去十數年間에 躍進的發展을遂行한것만은事實 이라고하겠으나 그러나아직도 그自然的條件으로보아서는 絶對的으로弱勢한것이며 또한今後로는强力한競爭者로되어질日本國의水産業에比하여보아도後進性은歷然한것이있다。漁場面積一平方里(日本里)內의漁船數 人口數漁獲高等을 日本의 그것과比較하여본다면 一九四○年度統計에如左히나타나고있다。

	朝鮮	日本
漁船數(隻)	一·○	三·七
漁業人口(人)	七·九	一五·六
漁獲高(圓)	一、七九八	三、二二四

이와같은後進性은至今에있어서야말로急速히克服하고 밖으로는沿海州、支那海와太平洋漁業에까지도進出하며 안으로는沿岸漁場의 保護增殖、干潟地及河川湖沼等의 水産的利用에힘을쓰며 他方으로는水産物의國內消費와 國外輸出을擴大强化하는等 全般的努力을기우릴絶好의 機會라고生覺하는바이다。

二、水産物은外貨獲得의 가장有望한 商品의하나이다。 그럼으로至今까지의 모―든한디캡을 克服排除하고서 이方面의輸出을擴大强化함은 特히重大한事業이라고하겠다。漁撈、製造、養殖等各部門에있어서의 技術의向上强化、輸出業의國家管理 外國航路의開發等緊要하고도有効한措置은얼마든지있는것이다

三、好事多魔라고한다 水産業은 가장有望하고도 重要한事業이라는事實은 한便으로奸商謀利輩의노리는바이며 그巢窟로化할危險性이가장크다는事實과도 一致하는것이다。南朝鮮에있어서는過去一年間에벌서 各種機關과組織體에 不美한事件들이 頻發하고있으나 (水事事件、水産業會問題等은世人의周知하는바이다) 이事實은道間의事情을 端的으로表明하는例가되리라이와같은事態는恒常、同胞를背叛하고軍政을利用하야 온갖手段으로서그謀利의目的을이루려는 破廉恥한무리들의奸計에서만惹起되는것은 周知하는바이거니와 이混亂을틈타서 所謂漁夫의利를獲得하는者는 決코朝鮮人自體가않아님生産해본며 우리의危惧와公憤은 참을수없는바가있는것이다。 오직至誠全下에므며들고있는 水産勞働者들의組織力과良心的인 事務從企業主들의團結力많을믿고朝鮮水産業의時途를祝福하는바이다.

林業

現在朝鮮의林野總面積은 約一千六百二十七萬町步로서 國土의七三%强을占하고있다。 이中에國有林野는五百三十二萬町步며 民有林野

는公有百五十萬町步、寺刹有十九萬町步 私有九百六十萬町步였다。北朝鮮에있어서는土地改革과함께 一戶當所有十町步以上林野는國有化되게되였으므로、現在國有林野面積은 훨신增大되었을것으로보인다。

朝鮮은古來로林政이不備하야 封山과같은特殊保護林을除한外에는公山이라고하야、一般의自由採伐을許한結果濫伐盛行 火田開墾等으로因하야四山荒損의境地에이르러 겨우陵園墓附屬地及鴨綠江、豆滿江流域等에林相을保全함에不過하야 産業發達과國土保安에被害가많었다。

日帝時代에는森林令을施行하야 水源涵養의政策도없지는않었으나 別般効果를거우지못하였다。오히려林野稅、森林組合費等의新設、府徵으로말미아마農民生活에對한打擊에甚하였다。이리하야一九四〇年以來年林產額은三億―四億四程度로서그大部分은 國內에서消費되였으나需要에不足하야 年々多量의用材、竹材、竹製品이輸入되는反面 少量의用材、木炭、栗實等이輸出되었음에不過하다。林產物의主要한것은用材薪材、枝葉其他林產燃料、竹材、木炭、肥料、原料及家畜飼料等이다。

朝鮮의林野中가장重要한곳은 鴨綠江과豆滿江의上流地帶이다。平安北道江界慈城、厚昌、咸鏡南道、長津豐山、三水、甲山、惠山及咸鏡北道茂山의九郡은所謂山岳地帶로서 管內面積의七〇%인二百十六町步는無盡藏의林力을保存하고있다。 그렇나그開發은從來極히小規模하야、材木의伐出利用하은거우水運의便있는이地域에局限되어 多數의林木은그대로枯死腐朽하고마는狀態였다。이때문에朝鮮의製紙工業과人造纖維工業은 極히幼稚한形便이있다。

이제最近數年間에있어서 朝鮮林業의地位를數字的으로一覽하면다음과같다。

	一九四一年	一九四二年	一九四三年(計畫)	一九四四年(計畫)
軍需用材	千石 五五五	千石 六〇〇	千石 一八八	千石 一八八
土建用材	五、七三三	四、八五五	四、三五五	三、七五八
一般木材	五、一七七	三、六三八	五、六五六	六、六六四
計	一一、四四四	一〇、五六六	一〇、三九九	九、九〇〇
人絹用펄프	噸 三六、五四一	噸 三四、六九九	噸 三一、〇〇〇	噸 三三、〇〇〇
製紙用펄프	一〇、一三五	一七、九九一	一五、六八五	一六、〇六四
計				

이와같이朝鮮의林業은過去日帝의戰爭時下에있어서도 이미一九四一年을頂點으로下向一路를밟었다。無制限的濫伐과所謂責任生產制에依해서도 荒廢한林相을主因으로한[illegible]及努力의隘路는조곰도克服되지못하

었다。

또製炭과松炭油採取의强行은 濶葉樹와針葉樹의全林相을 完全히壞滅하고말었다。特히解放後에있어서는數個月間그야말로 無政府的인濫伐과盜伐이盛行되여 到處에禿山을만들어버리였다。現在南朝鮮의蓄積木材을보면，林木一億九千三百七十萬石，原木一億四千九百萬石인데이中에用材가三千八百萬石，薪材가一億一千萬石이다。製材設備의能力은年三百萬石以上이나 林源涸渴，伐採禁止，北朝鮮原木輸送杜絶等으로因하야利用할수있는것은 江原道南部山岳地帶를中心으로 過去에伐採積置또는放棄된것뿐이다。이리하야現在各道에支社를設置하며 朝鮮林業界의生産과販賣를一手管掌할朝鮮木材會社의生産豫定數量은 原木七○萬石，製材八○萬石計一五○萬石에不過하다。이것은過去數年間産額의十分之一에도達하지못하니 解放後土建事業擴張及一般用外에水災復舊事業等急激히增大된 需要에應하기에는너무나不足한것이다。人絹用及製紙用팔프에있어서는더말할것도없다。

아무런이와같은事態에直面하야南朝鮮의製材施設整備는不可避의事實이다。現在年三○○萬石以上의能力을가진設備中三分之一을整理하야二○○萬石以下의施設能力만을存續케하려는方針인듯하다。이게南朝鮮의製材設備와整理目標를보면 다음과같다

	營業數	設備馬力	整理目標馬力
京畿	[illegible]	三、六六八	一、二〇七
忠北	[illegible]	四五五	三六七
忠南	[illegible]	[illegible]	一四八
全北	[illegible]	一、〇四四	四五〇
全南	[illegible]	一、五六五	一、一三三
慶北	[illegible]	一、六五八	一、〇五五
慶南	[illegible]	三、五五五	一、〇四〇
江原	[illegible]	一、三一〇	六六五
計	[illegible]	[illegible]	六、八八三

朝木社에依한全般的木材統制規則實施에對해서 京畿各地의木材生産業者와 販賣業者로組織된木材統制對策委員會에서는 去七月中旬反對의陳情書를軍政當局에提出하였다。木材生産及配給에對한一元的統制는生産의委縮과消費者의 不便을招致할뿐아니라 二千餘業者의死活問題다고하야 朝木社의一元的買受와一元的供給의難點價格規定과二元化의不合理性을指摘하고 그廢止를要求한것이다。다라서一般業者對朝木社의對立은 今後如何한進展을보일는지注目되고있다。

一般工業에對한原料的部門으로서의 林業의地位는말할것도없거니와農業에對한影響도 또한至極히크다水源涵養에依한旱魃과水災의防止가即이것이다。이때문에綜合的國土計劃의立場에서 大規模의造林業과國有林及私有林의保護規程은 徹底히施行遵守되지않으면안된다。種苗，植樹，育成等造林事業은 一朝一夕에그成果를期待할수없는것만큼 國

營에依한恒久對策樹立이要請된다。이事業에成功하려면砂防工事까지遂行하는一方朝鮮의林業에一大癌이되고있는 火田民의整理救護와아울러家庭溫突에對한積極的改良改造가없어서는아니될것이다。 以下一九四二年末林野統計若干을轉載하야參考에供하다。

一、所有別林野面積 (單位町)

	國有	公有	寺刹有	私有	計
京畿	二,八六五	九六,五五五	九,五四九	六九六,五五七	七九〇,一八〇
忠北	五〇,六四一	八六,八八六	五,一九七	五〇二,九六〇	四九七,五九五
忠南	九,六〇一	九五,九九一	五,〇六五	五二九,〇八四	五七七,七五〇
全北	九六,九七一	四九,八六四	八,三八一	五五五,六九七	九五九,九〇四
全南	四九,八六九	七〇,六四四	一五,一〇五	七四八,九八一	八七九,一六九
慶北	九九,二〇一	一六四,九〇一	三二,一九五	一,〇九四,七七四	一,四七九,〇三一
慶南	九四,一六七	七五,一六七	一九,七一四	七一七,八九八	八五四,五八七
黃海	一〇九,四五一	五九,一五五	四,五四四	八一八,二九七	九九二,一七四
平南	九〇四,九〇四	五二,四八四	四,五一五	九四〇,一四九	九九四,八六四
平北	一,三九二,〇八四	六六,一四四	五七,四七四	一,一四二,七六一	二,四〇八,四七四
江原	九九七,九〇四	一七七,六九六	四二,九〇四	一,〇一四,七四二	二,一七四,九四六
咸南	一,四八九,〇一八	二五,七四二	九,四一八	九五九,〇九九	二,九六六,九二一
咸北	一,〇四六,六四一	七二,七〇四	一,〇七二	五八九,九一〇	一,六九九,〇一六
計	四,二四九,六五六	一,〇九六,〇三一	一八九,九九七	九,九九〇,七四六	一六,二七五,四八〇

二、林野別面積表 (一)

	針葉樹林	闊葉樹林	混淆林	竹林	計
京畿	一六七,〇一一	一三五,〇一九	一四五,四五一	一	四四六,四九〇
忠北	三一一,四六四	六七,八一四	一三,〇三〇	一	五〇〇,四一一
忠南	一二五,五四八	一五九,四九一	七八,八一六	一六〇	四九六,八一四
全北	四五四,六六八	四一,九五九	四六,四九〇	一六四	五五六,一五〇
全南	四一七,五一四	九四,〇〇七	七五,八九五	二,四〇一	九五七,七九九
慶北	八九七,一五〇	九七,〇九一	一九七,一五八	九〇五	一,一五一,七六四
慶南	五一七,〇〇〇	六八,五一四	一四四,一九六	一,八四	六一〇,四六四
黃海	四四五,八一四	一九四,九四九	一五八,九九八	一	九五九,五四八
平南	四九八,六八一	四八八,七五八	一七八,一九八		八〇九,九六七
平北	四五一,一四四	七八七,四九六	四七四,八〇九	一	一,四一一,九五七
江原	五九四,七九〇	五九九,〇四四	九六六,七六一	一六八	一,九四〇,九七九
咸南	九五二,九六一	九一四,八八〇	五八一,一四九	一	一,七五八,〇〇〇
咸北	五一九,〇四六	四〇,六七七	五二三,五〇四	一	一,〇九二,一〇六
計	二,五七〇,六四四	四,一八二,五五四	二,七七一,五四一	四,一九一	一一,五二九,八六八

二、林野別面積表 (二)

道	散生地	未立木地	火田	開墾跡地	放牧跡地	除草跡地	除地
京畿	一三七、一〇一	四七、〇四〇	一、一三一	九、四五三	一四、一六八	一八、一六三	一八、四〇四
忠北	五四、一四九	三一、三一八	一、五四四	一二、九五七	四、六四三	一〇、七四三	一〇、六四一
忠南	九九、一〇九	五七、〇二〇	五七	五、九一九	四、五四三	四、七一三	一〇、四四四
全北	四四、〇五一	一四、五六一	五一	七、七〇九	二八、七一三	八、四四四	一〇、一三四
全南	一〇六、六二〇	四七、六六九	三六六	二一、六四四	五〇、一六五	一五、一四一	一〇、二三三
慶北	九六、〇六一	六六、〇六八	五、六四四	六、八〇六	八六七	四六、八六九	四五、二六八
慶南	一二三、八六八	五七、三四一	一	九、六九一	七、八六四	四三、二〇八	三一、六八一
黃海	一四〇、九六六	四四、四六八	四〇、六七七	六、六二一	四、七一九	四、六三一	一〇、六四四
平南	二三四、九一四	四六、六〇一	四一、一四一	二五、三二八	一、一〇五	一、四五五	四四、四四三
平北	六四〇、一〇四	一四一、二〇四	一四五、二四〇	一八、四五九	四九、八九四	四八、八九五	四四、〇五三
江原	四四三、一三四	一六九、二四一	九九、一四二	八、七六八	三〇、二〇一	六六、九六〇	一九、二三〇
咸南	三四四、六九〇	六五二、一〇四	一〇六、六三五	一四、二五二	一四、九六九	一三一、一九九	六一、一九六
咸北	三一三、一四一	九七、四一六	一六、二〇四	一〇、一二一	一〇、一五四	一四、六五四	四〇、九〇六
計	二、四三四、四九〇	一、一五四、三二八	四六八、二四〇	一五四、三五四	一五四、一六六	二六一、八一四	三四三、〇三一

三、林野蓄積 (單位千尺締)

道	針葉樹	闊葉樹	竹(單位千束)
京畿	一三、四四九	七、八八九	二
忠北	一〇、九四六	七、一二八	一
忠南	一三、七一七	二、四〇一	四
全北	四〇、一五四	四〇、三四九	三五
全南	四九、二五四	四四、四一〇	一、三六九
慶北	四四、六二〇	六、三四六	七一
慶南	一八、八五四	四、二三一	四六四
黃海	一〇、二四〇	四、八〇四	一
平南	三六、九五四	三、六四六	一
平北	六八、〇一三	一四、三四一	—
江原	三九、七九九	四三、〇二一	—
咸南	九五、四〇九	三六、四三一	—
咸北	一七二、三六八	三九、七〇九	—
計	四三三、六〇四	二三六、四五九	二、〇五〇

鑛業

一

淸日戰爭直後、日本帝國主義는、朝鮮政府農商工部鑛山局에日本人顧問을派遣하고、慶南昌原郡馬山鑛山의旣得權利를土臺로 朝鮮의金鑛을노리엿다。이것을契機로하야各國人이朝鮮鑛業에對한特權을獲得하고뒤外交的工作으로써、雲山鑛山外數個鑛山을米、英、佛、露、獨、伊等各國人이各々占有하게되엿다。韓日合倂後朝鮮에倭政이實施케되자、그들은朝鮮의鑛山調査機關을設置하는、一方 日本으로부터 鑛業家、財閥等을誘致하야 朝鮮鑛業의日本人獨占策을展開하나 古河鑛業의侵入日

卜鑛業의鐵南浦製鍊所建設等과아울너多數의會社가一時에進出하였다。朝鮮의鑛業은그들에게完全히占領當하였으며 그結果는 產額으로보와金額의九九%를日本人이차지하게되었다。

日本人은위와같게金鑛에着眼하고、資材와外貨取得을目的으로、相當한開發을促進하였으나、그結果年產金二五噸以高를生產하고、所謂朝鮮의「골드랏슈」時代를謳歌한時期도있었든것이다。

石炭에對하야는、日本에石炭이많다는것과、朝鮮의石炭은炭質上一般利用이나 其他工業用燃料로使用되지못하였든關係로、特別한注意를보이못하다가、煉炭「마섹크」等의製造法發見으로因하야、無煙炭의利用이增加되었으며、褐炭의低溫乾溜工場設置、汽車炭、工場用炭에의咸北有煙炭의利用等으로、近年(約十五年前)에와서는朝鮮의炭礦도活氣를띄우게되었다。最近에와서는、合成化學工業에있어無煙炭의利用範圍가廣汎해지자、江原道三陟炭礦은日本輸出을目標로强力히開發되고있었다。第二次世界大戰이開始되자、朝鮮이亞細亞大陸의侵略基地化하고보니、朝鮮에도若干의重工業工場이設置되게되고、따라서朝鮮內의、石炭消費量이急激히增加하게되야、石炭은急速한增產計畫下에作業이遂行되었었다。

다음鐵鑛에對한日帝의政策은어떠하였든가、日本에는鐵鑛石이貧弱한反面에、朝鮮에는、黃海、平南兩道에良質의鐵鑛이多量으로分布되었으며、一方南中國에良質의製鐵用炭이豊富함을奇貨로、兼二浦에製鐵所를建設하고、製鐵을始作하였다。其後茂山鐵鑛이發見되자、同山의開發과아울너淸津에製鐵所를두게되었다。近者에와서는日本軍國主義者의主唱으로數個所에若干의製鋼設備도設置되었으며、鼓津高周波工場에서特殊鋼의製造도하게되었다。그러나日本帝國主義의植民地政策과密接한搾取를本位로하는原則下에서、朝鮮의製鐵政策이計劃되었다는것은、多言을不要하는바어니와、移出能力이容許하는範圍內에서日本으로移出하였고、그다음에는銑鐵로서輸出하고、鋼의製造는年產十數萬噸(原鑛石의若干)에不過하며、鋼材及鋼材品에있어서는、施設과生產能力不足으로製品의質의低下는말할수없다。그러나鐵鑛石의生產만은畸形的으로發展하였음을말하여둔다。

다음特殊鋼原鑛石、輕金屬原料鑛物等도亦是鐵鑛石과同一한條件下에對日本輸出을目標로活潑한發展을보게되었다。其他[illegible]、原料와鑛物까지도市場은日本에두고開發되었다。다만肥料原料만이興南에巨大한工場과密接한關係로、國內로은發展을하였다。

다음輕金屬工業을보면、朝鮮에電力과鑛石、黑鉛等副原料가豊富한關係로電解設備만이建設되고、그前과

後의工程이不備한奇型的發展을하였다。

朝鮮鑛業의發達狀況을要約하면、原料를生産하는鑛山은活潑히採掘되었으나、이를處理하는冶金部門은大端히貧弱하다는特殊現狀을나타내었다。

二

八月一五日以後日帝가물너가자、그뒤를이어、過渡的混亂의틈을타서一攫千金을꾀하는者들이、何等의計劃도없음은勿論이오、甚한者는朝鮮鑛業의建國的使命까지沒却한者들이鑛業界의指導者然하고跋扈하야、鑛山과、工場을接收한後에는、破廉恥하게도貯藏品을放賣하고、或者는公金도詐取하는等갖인惡質行爲를敢行하야私利私慾에만汲々함뿐이니現場은崩落浸水、破壞되여도吾不關焉의態度일수밖에없었다。

다음八、一五以後鑛業界의作業狀況은어떠한가、朝鮮鑛業은從來日本工業에從屬된關係에서、畸形的으로發展한지라、工業力에比하야、生産이過剩하는狀態인데다가、三八線을境界로南朝鮮은北朝鮮의工場地帶와遮斷되야、南朝鮮의鑛産物은市場을잃게되았고、全鑛山이거이停止狀態에이르고마랐다。鐵道、家庭、一部工場에서要求되는石炭鑛만이採掘作業을繼續하고있는터인데、現在作業하고있는炭山은三陟、和順、恩城、寧越、聞慶、慶州等이며 生産量은每月數萬噸에不過하다。이와같이生産能率이甚히低下된原因은、八、一五直後混亂期에約二個月間休鑛한關係로坑內의崩落、坑內運搬系統의埋沒、食糧의缺乏、輸送의不圓滑等이다。石炭鑛經營形體는軍政廳으로부터任命된支配人이、軍政廳의指示下에現地의責務를執行하고있으며、事業預算의審査、監察、生産品의處分等은軍政廳이直接行하고있는데、使用되는運轉資金은每月數千萬圓이며、生産된石炭價格은京城에서噸當九四七圓이다。忠南長項에있는長項製錬所에서、銅鑛을製錬하야、純銅과銅鑛中에包含된金銀等을採取할수있는關係로、同製錬所의運轉을中心으로、數個의銅山再開가되고있다하며、生産되는銅은當分間貯藏될것이며、金銀은朝鮮銀行에保管될것이라한다。經營形體는石炭山의것과同一하다。其外鑛物에關하야는現今何等의方策이없고、鑛山、工場은全部休鑛中이며、數萬의從業員은失職彷徨하고있다。一方一部의金鑛은盜掘이盛行하고있는狀態이다。

三

前述한바와같이朝鮮의鑛業은日帝下에서는日本에從屬된關係로그發達이畸形的이었고、八、一五以後에는、過渡的現象이겠으나根本的인採掘政策이樹立되지못한채今日에까지일으렀다。그러면앞으로의朝鮮鑛業界의前途는如何히展開될것인가 그것은오즉工業發達에隨伴함에서만發展의길이열닐것이다。

다만한가지留意할것은朝鮮의鑛業은外國에比하야鑛物의質的低下量的不足、鑛種의不足、採掘施設의未備等々의惡條件이많으므로、以下에列擧하는諸條件을參酌하므로써、그對策을講求하여야할것이다。

(가) 資源의貧弱

數種의鑛物을除外하고는外國에比하야資源이貧弱하다。

(나) 所要物資의國內生産으로補充키困難한點

(다) 技術陣의貧弱

技術陣이質的量的으로大端히貧弱하다。

(라) 生産費의高價

上記와같은惡條件으로因하야、生産費가 外國에比하야高價함은不可避한일이나이것은朝鮮의經濟的獨立에있어癌의하나일것이다。

(마) 國內製造工業의貧弱

國內의製造工業이貧弱하므로、鑛業政策의立案에있어。特殊한考慮를要할것이다。

以上의特殊條件을克服하고、朝鮮鑛業의健全한發展을圖謀함으로써、政策의目標를삼어야할자니그對策은如何할가。

(나)의所要物資에關하야는。根本的解決策으로製造能力을擴充또는新設할것이나이는短時日內에解決하기는困難한問題이니、應急之策으로、强力한物資統制를實施하야物資의適正配置와、物資節約의强化를促進하며、아울러謀利輩의跳梁을排除하야할것이다。

(다)의技術問題에關하야는、技術者의養成、研究機關의整備擴充强化、技術者의適正配置等이必要하다。이를成就함에는技術者의社會的地位確保와社會的處遇改善이絶對必要하다特히熟練工에對한處遇改善이必要하다。

(라)의生産費問題는(나)(다)의克服、作業能率의增進、進步的勞働制度에依하야勞働能率의增進經營面의合理化에依한間接費의節約等으로可能한程度에까지低下에努力하여야하겠으나이點國家의産業에對한保護政策이要望된다。

(마)의國內工業의貧弱으로因하야發生되는難問題에對하야는、綜合的産業計劃에依하야高度로精鍊所等을갖이고、計劃的으로處理함을要한다。

以上朝鮮鑛業의特殊性과그克服을爲한몇々의對策을列擧하였는데이것을實施함에는、鑛業의民主經營이必要하다。

財政、金融

一

總督府時代의財政膨脹을 中日戰爭勃發, 太平洋戰爭勃發, 解放의三時點에標準을두고보면如左하다。(單位百萬圓)

年度	一九三七年度		一九四一年度		一九四三年度		一九四四年度		一九四六年度(南朝鮮)		一九四六年度(北朝鮮)	
區分	決算額	指數	決算額	指數	豫算額	指數	決算額	指數	豫算額	指數	豫算額	指數
歲入	[illegible]	100	[illegible]	一四六	[illegible]	三一八	[illegible]	四二〇	[illegible]	一、八七六	[illegible]	一五六
							(朝鮮內徵收額)	100		四四〇		〇、三四二
歲出	[illegible]	100	[illegible]	二三九	[illegible]	三八〇	[illegible]	五二九	[illegible]	二、七七六	[illegible]	一四七
								100		五二四		〇、二七七

行政에依하야 財政의量的膨脹을招來하였으며, 中日戰爭이勃發한一九三七年度의決算額을標準하면 太平洋戰爭이勃發한一九四一年度는 歲入에있어서一、四六倍, 歲出에있어서二、三九倍, 解放前々年인一九四三年度는 歲入三、一八倍, 歲出三、八〇倍, 解放前年인一九四四年에는歲入四、二〇倍(이것은朝鮮總督府歲入中朝鮮以外의地에서徵收된것을包含치않으므로實地金額은더많을것이다) 歲出五、二九倍이며、一九三七年부터一九四四年에이르는七年間 歲入歲出平均하야約四、七五倍增加한셈이며, 每年의平均增加率은 歲入歲出平均하야一、四七倍이다.

日本帝國主義의羈絆으로부터解放된以後, 特히南朝鮮財政은驚異的인膨脹을보이고있다。一九四六年度의南朝鮮의豫算이 一九四四年全朝鮮決算에比하야 歲入이〇、三四二倍歲出이〇、二七七倍로激減한데對比하야南朝鮮은 歲入四、四倍 歲出五、二四倍 一九三七年度에比하면歲入一八、七六倍 歲出二七、七六倍의驚異的增加를보이고있다。

이러한解放後의南朝鮮財政의急激한量的膨脹은 그것이다만量的膨脹에그치지않고 收支適合의財政原則을無視한 歲出入의不均衡을隨伴한點에있어서 國民經濟的社會的諸問題를包含하고있다。卽一九四六年度의豫算面을보면 約三十八億의歲入

不足이고 財政의量的認識率을若干삼아 大體的推測을한다면 一九四五年度는約九億圓의歲入不足이었을것이다。 軍政이라는現下南朝鮮의政治的環境과 非過渡的으로進行하는 利的調整의經濟的條件을 아울러考察할때 一九四六年度決算面에나타난三十八億의歲入不足은 그의相當한大한것으로豫想된다。

이러한莫大한量의歲入不足은 公表된것과같이 朝鮮銀行의軍政廳貸上金으로서充當하게되여있다。 過渡期通貨의濫發流行 財務行政能率低下 國民의經濟的貧困等諸懸條件으로因하야 歲入의圓滑한徵收를期待할수없는故로이 朝鮮銀行의軍政廳貸上金은(이미莫大한金額에達하리라고推測된다。 이軍政廳貸上金은結局에있어서 朝鮮銀行券의發行에依着된다。 따라서 南朝鮮財政의量的膨脹과그歲入出의不均衡은그대로惡性인國民經濟破壞 作用을주고있다。

二

解放後、財政에關한統計資料의公表가없어서數字的分析은困難하다。

가、財政制度。近代民主主義의成立과發展은國家財政과密接히關聯된다。即 近代民主主義의中心機構인議會의活動은 主로豫算의審議決定、決算의審査承認에있다。

民主主義의主要한內容은 財政公開와民意表現을中心한 豫算制度이다 그러므로豫算의決定 決算의承認에人民의意志가表現되지않고 何等의合計會在制度를具有치않는 現行의南朝鮮財政制度가 爲先그制度形式에있어서 非民主主義的이라고規定할수있다。 南朝鮮의財政下에있다는것과 南朝鮮의財政制度가非民主主義的이라함은 스스로밝른[illegible]에局限한다。

가、歲入(單位百萬圓)

區別	一九四三年度		一九四六年度(南朝鮮)		一九四六年度(北朝鮮)	
	金額	比率	金額	比率	金額	比率
租稅	三四八	二一%	七二三	八%	四七一	七六%
專賣收入	二七四	一六%	六、〇三〇	七五%	三三	五%
官業及官有財産收入	三七〇	二三%	八一〇	一〇%	五六	九%
其他	六二三	三八%	四五〇	五%	六三	一〇%
合計	一、六一五		八、〇〇二		六二四	

右表에依하면 南朝鮮歲入中에占하는 官業官有財産收入의相對的優勢와 租稅收入의二十四%에不過한을指摘할수있다。 이러한傾向은 一九四七年度歲入豫算에는더一層 强化하게表現되어있다。 特히 專賣收入의急激한增加를指摘할수있다。 이는公債、借入金、公營企業의等賃制度에依한大衆收奪이다。

[illegible]租稅資料의[illegible]가없음으로 租稅

의內容을分析할수없으나 消費稅의一部에變更이있는以外 現行租稅制度가 殆半日帝時代의그것을繼承하고있으므로 다음과같은特色을指摘할수있을것이다。即 消費大衆의負擔能力을顧慮치않는 間接的인消費稅가 租稅中壓倒的인것 所得稅의體系가不完全한것 收益稅特히地稅가非累進的인것과 收益財源의多寡를區別치않는點等이다。特히最後의特性은 日本帝國主義와相互補完的關係에있는 朝鮮土地制度의封建殘滓를 如實히具現한것이다。

다、歲出。

南朝鮮의歲出에關하야서는 軍政當局의發表가 官廳別의割當을發表하였이고 北朝鮮과같이 實際用途科目別의發表가없는關係로 內容을窺知할수없다。南北朝鮮의歲出의性格을 集中的으로表現할左의一表를揭出하야判斷의資料로한다。

	南朝鮮 金額	南朝鮮 比率	北朝鮮 金額	北朝鮮 比率
敎育費	六六	三%	二八	一九%
金歲出	二、六〇〇	100%	六四〇	100%

(單位百萬圓)

南朝鮮의敎育費는文敎部歲出를流用하였으나 純全한敎育費는이以下임을附記함。

이미 日本帝國主義의奸惡한支配網이 이땅으로부터驅逐된오늘날 南朝鮮의經費가 朝鮮人民大衆의貧困과貧困化의 要因이않됨을希望한다。아니 더한거름나가서 朝鮮財政의經費가 朝鮮人民大衆의經濟的利益과福祉를 積極的으로招來할人民經濟와社會制度를建設하는 物的基礎가되여야한다。朝鮮現階段에있어서封建的植民地的生産關係를掃蕩하고그밑에서 抑壓되여있는朝鮮經濟의生産力을 發展식힘에適合한 生産關係의設定와 展開에이바지하여야비로소國家經費의生産性、有用性이容認될것이다。

三

	一九三七年六月	一九四四年十二月	一九四五年七月	一九四六年四月	一九四六年六月
朝鮮銀行券發行高	一四一	七四一	四、六九八	八、三〇〇(?)	九、四〇〇(?)
同右指數	100	五二〇	三、三三一	六、一〇〇(?)	六、三五〇(?)
物價指數 生必品小賣	100	(一九四四年十一月) 一九四	(一九四五年六月) 三四七	一八、五四一	一九、四九一
物價指數 一部	100	(一九四四年六月) 二二六	(一九四五年五月) 三七三	一七、八七九	一六、四六八
勞賃指數	100	一六六	二四七	四、四七四	六、二四四

(單位百萬圓)

備考 (1) 朝鮮銀行券發行高는每月末發行高 (2) 物價勞賃指數는京城市의每月平

均指數

(3) 今年四月末及六月末朝鮮銀行券發行高는公表가없음으로一九四六年九月末부터三月末까지의 每月平均增加高八千五百萬圓을基礎로하야 麥穀再期貸金放出을考慮하고推計한것。

우리는右表부터左와같은結論을斷定할수있다。

가、解放後通貨膨脹이惡性인푸레ー숀에轉化한것: 南朝鮮現行通貨의大宗인朝鮮銀行券의發行高는 從來日帝支配下에있어서上期의收縮과下期의膨脹을거듭하면서도 大體로順調롭게增加하여왔으나 一九四四年上期부터그季節的收縮性을喪失하고膨脹의一路를밟어왔다。 이것은 日本本土로부터財政資金産業資金의流入 大陸인푸레ー슌의波及 企業整備資金의撤布等의諸原因이綜合的으로作用한結果이다。 그러나解放前에있어서는 이러한通貨膨脹의速度가物價騰貴率을凌駕하지않음을觀取할수있다。 即一九三七年六月에比하야解放直前七月의發行高는 三一倍임에對하야 小賣物價는六月에二、三倍에不過하다。그러나解放後의物價騰貴는 實로加速度的高率을展開하야 今年四月에는一九三七年六月에比하야 發行高增加는六〇、九倍임에對하야 小賣物價는一八三、四倍部賣物價는一七八、七倍로騰貴되었다。即物價騰貴率은發行高增加率보다約三倍이다。이리하야解放을轉機로하야 發行高의增加率과物價騰貴率의關係가顚倒되여 後者가前者를凌駕함에 인푸레ー숀은惡性의徵候를發揚하게된것이다。

나、解放後物價騰貴는 勞貨騰貴를加速度的으로超過하고있는것 解放前에있어서는物價騰貴와勞貨騰貴는 大體로比等한率를보이고있으나解放後物價騰貴는勞貨을훨신凌駕하야 今年六月에는一九三七年六月에比하여서生活必需品小賣物價는一九四倍騰貴한데對하야勞貨은不過六二倍밖에騰貴하지않었다。惡性인푸레ー숀의勤勞大衆에게주는威脅과害惡을可히짐작할수있다。 한마듸附言하면 現下朝鮮에있어서 이러한惡性인푸레ー숀의加速度的展開에依하야利益을抽出하는것은 基本的으로産業資本家가아니고中間商人階級이다는것이다。朝鮮現下인푸레ー숀이生産工業을助長치않고 도리혀 生産業을破壞하고 圓滿한發展을阻害하는데그特殊性이있다。

가、信用의缺乏 (單位百萬圓)

		一九三七年末	一九四五年七月	一九四五年九月末	一九四六年一月
朝鮮銀行券發行高		二七九	四、六九八	八、六八〇	八、九〇四
預金	金額	四五五	六、八二九	三、五二九	四、四〇二
	發行高에對한比率	一六三%	一四五%	四〇、五%	四九、四%

預金額	九七七	四、七三七	七、四九九	六、四六五
貸出 (發行高에對한比率)	三五〇%	一〇〇、八%	八六、三%	七一、九%

備蓄 一九四五年九月末以後는南朝鮮만包含됨.

所謂低貨인푸레ー숀은 現象的으로는通貨와信用이豐富한 供給으로보이지만은 本質에있어서 貨幣價値의激縮減下에起因하는것이다。故로인푸레ー숀의進行에따라 一定額의貨幣의實質價値의減價는 信用에對한要求와 信用의缺乏를 一般的으로일어나는것이다。 더구나 現下朝鮮에있어서는 解放直後의混亂에依하야 大部分의 企業의運轉資本은勿論 固定資本까지도 喪失消耗된故로 企業의活動再開 或은繼續에는莫大한資金을必要로한다。 이러한信用需要에比하야 信用供給은相對的으로低下하며 또一方金融機關의受信業務인預金도相對的으로低下하고있다。即右表에依하면解放前에있어 預金高貸出高는 各々發行高를凌駕하였으나解放後에는그關係가顚倒되여 預金高貸出高는 漸々相對的으로低下하고있다。勿論解放後의發行高는 全朝鮮을包含하고 預金貸出은南朝鮮에만局限되나 大勢把握에는 支障이없은것이다。要컨대 南朝鮮에있어서는企業體의信用에對한要求에比하야 信用供給이缺乏되고있어서 經濟建設은現在莫大한危機에直面하고있다。

四

南朝鮮의財政金融은 그것이 解決하여야할喫急至難한 經濟的社會的問題를提起하고있다。 財政制度에남어있는모-든日帝의殘滓 非民主主義的要素는 하로밧비淸掃하여야할것이다。 發出入의不均衡은 結局南朝鮮銀行券의增發을惹起하야 인푸레ー숀의主因을形成하고있다。 이紙幣인푸레ー숀은 一面에있어物價騰貴를通하야 勤勞大衆의生活에 直接莫大한威脅을주어 階級分解의關鍵的作用을하는同時에 他面信用의缺乏을通하야 産業資本의 價値增殖過程을混亂시켜 그健全한就役活動을阻害하고있다。 南朝鮮의財政金融에內包된 矛盾과그矛盾의蓄積擴大는 時々刻々赤信號를發하고있다。

商 業

一

戰爭中物資缺乏과 日帝의强壓的配給制度의强行으로 大小商人은沒落하고 商業資本은거의그자최를감추었었고 主로朝鮮으로進出한 日本財閥의商業資本及朝鮮內의特權的日本人이對中、對日貿易及朝鮮內特産品의收買等을 排他的、特權的으로獨占하고 巨利를奪取하였었다。特히이러한特權的大商業資本이 行政權을背景으로하야 中小工業或은家內工業의生産品에對하야 勞働原

價를無視한, 所謂公定價格으로略奪的供出은 壓制해온事實은 우리의 記憶에새로운바이다.

이러한壓縮된商業活動이 解放으로말미암아 突然開放되고 日帝의 最後發惡的인 無制限貸金放出로ㄱ 一般購買力이一時에增大하고 退蔵物資가一時的으로 混亂한八·一五直後의商業市場이야말로 混沌그것이었다. 이러한無秩序한混沌으로부터出發한 過去一年間의三八線以南朝鮮의商業活動을 概觀하여보기로하자.

二

解放以後의南朝鮮商業의變情은 自由主義與軍政의商業政策의反映이라고도볼수가있을것이다.

戰時統制의自由市場의復活은 帝國主義的配給制度에束縛되었든 商業資本을解放하고 日帝商人과其他機關의退蔵物資가 一時에放出되여 商業資本의活動은 갑자기活潑化하였다 日帝의戰時經濟의潛在的인푸레可能性과 그들의戰後紙幣濫發은 自由市場復活과同時에 인푸레를現實化하여 物價는必然的으로急速히高騰하였다. 이高物價는商業資本을刺戟하고 不當한高率利潤의機會를要求하는謀利商人들의, 商品買占 退蔵等의跋扈는 物價高騰을加速度的으로促進하였다. 더구나 戰後一般的混亂과 人民權樹立遲延等惡條件으로因한國內産業의停止狀態로하여금 그들投資對象을商業과一點에發見케하여 모든資金의商業資本化急造商人「부로커ー」의激增의惡現象이나타났다. 그들은巨額의投機的去來를敢行하고 그去來는반드시現金으로되었다. 이러한商人들의暗躍은 貨幣의流通高의增加, 流通速度의增加, 貨幣의惡循環을促進하야社會는惡性인푸레의修羅場으로化하였다.

또그에拍車를加한것은商業金融이다. 解放以後 南鮮大部分銀行貸付의過半이 商業貸付이였다는事實은商業資本을援助하야 流通高의增加 惡性인푸레를促進시켰다는것을明示한다.

이러한商人的高物價, 惡性인푸레가直接民生을塗炭의苦海에떠트리고 또生産費를高게하여 生産資本活動에障碍가되었다.

南鮮銀行調査部發表에依하야 物價指數를보면 加速度的物價高騰을 알수있다. (附表一參照) 卸賣物價指數가 小賣物價指數를凌駕하는것은中間商人들의暗躍을意味하고, 消費財卸賣物價指數가 生産財指數를凌駕함은 生産停止狀態인 朝鮮인푸레의特殊性을表示한다. (物資種別指數省略)

이러한인푸레中에, 商人 特히中間商人의資本蓄積은 一般的으로急速히進行되였으나 商業資本의集中化도漸進되었다. 大資本의中間商人이생긴한便 小商業資本家의多數가沒落하게되었다. 이傾向은今年四月以後에顯著하여졌다. 産業의一般的生産停止狀態로因한 失業者群의發

生 一般的인解放當時의臨時所得의完全消費 物價와賃金의鋏狀은(附表二參照) 드되어民衆의購買力을枯渴시켜 商業去來는收縮되고 物價는低落하기始作하였다。物資의絕對的不足은 物資의相對的過剩으로轉換되었다。生産面에서가안이고 流通部面에서만 생긴 逆恐慌的現象이다。物價低落으로 損失을본 中小商人은必然的으로沒落하기始作하였다。이게야實施되려는 當局의生必品購買記錄도 商業資本에困難한問題가될것이다。現時의生産停止와 後進國의生産資本活動의困難의豫想으로生産資本에 轉化하드못하는大商業資本은國內市場을斷念하고對中貿易에着目하여 華商과結託을始作하거나 또는對美貿易을待機하고있는것은注目을要한다。解放以後設立된所謂貿易商社의資本金合計는解放後新設會社總資本의二分之一이나된다한다。解放後失業者、生活難者等인푸러레[illegible]들이 露店、行商이되여 그數가減少하지안함도注目할事情이다。

附表 1 (南朝鮮小賣都賣物價指數表)

	小 賣		都 賣
	A	B	C
1945, 8	100.00		100.00
9	119.54		115.85
10	178.17		157.39
11	215.54		223.58
12	320.74		307.63
1946, 1	367.91		354.78
2	393.06		411.01
3	524.74		
4	512.13	18,341.91	
5	501.86	17,393.66	

註 1. A 1945年8月基準
B 1936年平均値基準
C 1945年8月基準
2. 單純算術平均法

附表 2

京城市物價勞銀指數對照表

	物 價	賃 金
1946. 4月	18,341	4,445
1946. 5月	17,393	6,480

註 1937年6月基準
朝鮮銀行調査部發表

三

解放後商業機構의變遷과都市農村間의物資交流를봐여면 이를三段階로區別함이適當하다。

(1) 八·一五以後——年末

解放後公定價格의撤廢와自由市場의復活(一九四五年十月五日附一般告示第一號) 物價의高騰은끝일줄을몰랐다。工場製品과農産品은交互作用으로그價格을一路高騰시켰다。特

하工場製品價格의高騰이甚하혓다。當局에서는暴利取締法(同年十月三十日法令十九號第三條)을發布하였으나何等의效果가없었다。

(2) 一月──六月

民生의困難이激甚하야 各民主的政黨 公共團體에서는 米穀其他生活必需品의民主的管理 또는配給制度實施의建議가있었다。그러나當局은米穀公定價格을白米一斗三十八圓으로決定하야(一九四六年一月一日實施) 米穀의市場에서의逃避 闇市場價格의殺人的高騰 都市住民의豐年饑饉을招來하였다。當局은또다시同年一月二十五日「米穀收集令」을發布하야 農民地主商人에게生活必需品廉價販賣를條件으로公定價格米穀強制買上과米穀自由販賣禁止를實施하고 買上한米穀의配給을計劃하였다。그러나 米穀還買者에對한正確한判斷의缺如 一般生必品自由價格等의矛盾은 結局그를失敗식히고若干量의配給과制限量搬入許可로落着하였다。米穀以外一般生必品中에도統制品種目을決定(例京畿道四月十九日九種目統制──綿布、絹織、신양말、석냥、비누、紙物、農具、材木)하고敵産管理工場製品을 主로米穀販賣者에게廉價로販賣또는配給하기始作하였다。이期間에가장注目할것은 그間의協同組合의發展과그의組織化이다。昨年十一月以後 서울을爲始하야 協同組合運動이開始되었으며 十二月九日에協同組合全國聯合會期成委員會가組織되어 諸惡條件下(資金難、米穀自由販賣禁止로販賣事業不能)꾸준한努力을繼續하야漸次成果를보고있다。

(3) 六月以後

民衆의生活困難은더욱激化할뿐이어서 當局은生産流通面의統制를强化하려하였다(五月二十八日附法令九十號) 그리고그統制强化는具體的으로夏期穀物收集令에表現되었다。이收集令은夏麥二百萬石量을米穀收集令과同一한方法으로强制買上하려는것이다。그러나麥作販賣의條件인生必品配給은 從來의各道別의無組織的統制가않이고 一定한統制品에關하야서는南鮮全部를統一하고 計劃的配給統制를企圖하는데에特點이있다。

그러면 現在의流通組織은三種類로大別할수가있다。即自由市場 配給系統 協同組合인것이다。自由市場은既述한바이고 協同組合은別途로論述이있을터이므로省略하고 配給系統을檢討하여보겠다。配給系統에서專賣局外에가장重要한役割을하고있는機關은 生必營團、金融組合 朝鮮農會이다。金融組合은主로購買事業으로組合機構를圖謀하고있는데大體今年二月부터各道別로 적지않은數量의日軍需品拂下物과敵産管理工場生産生必品等을販賣또는配給을하여왔고 또以後聯合會統制下에夏穀收集令에依한生必品供出을 市郡全體에統括的으로配給 또는販賣하는軍政의代行機關이된것이다。그러나 金組의過去罪惡史 官僚的機構及其人的配置의依前機構과 아울러參酌量의條件이生必品配給은 朝鮮夏麥의性質上一般細農에對하惠澤期待가적지 않은疑問이며 또現時同組合의經營難으로利潤追求本位인商行爲에俗墜할危險性도勿論있고 消費者에게不必要한物品의一方的配給 組合員以外一般住民에對한義務等을考慮할때 우리는金組를本質的으로民主的인協同組合과 嚴格히區別하는同時에 軍政下의暫定的配給機關에不過함을認定하지않을수없다。 朝鮮夏命는麥作收集에關聯하야 農民、 旣料等農業用品의配給機關이며 生必物資은麥作 米穀其他의收集販賣의擔當者이다。 旣述한바와같이 麥作收集令에依하生必品、 農用品의配給의 一般農民에對한惠澤이될것는 누구라도確言할수없는것이며 管理工場의生産不振으로生必品配給의絶對數量이充分치않은限 그의機能에많은期待를가질수없는것이다。

四

獨占資本主義段階에있어서의後進國의性格과 建國途上에있는我國의事情으로보아 外國貿易은가장重要한問題이며 이는一貫한計劃性과 그機構의組織化를絶對要求한다。 政權未樹立인現時에있어서正常的인外國貿易은絶望的인狀態이다。 우리는外國貿易에關한諸多經濟的陰謀를徹底히粉碎하여야하다。 生産不能의我國現狀에빛우어 當局을通하는輸入도統制하民主的計劃下에必須生産을促進시키고 購買力을復活식히는것이안이면안된다。

當局에서는對外貿易의許可制를實施(一月三日附 法號三十九號及五月七日附法令八二號)하야事實上一般外國貿易은禁止되고있다。當局은日本에對하야 日本의石炭과朝鮮의食糧을「바―타」制로交換할일이數次있었다。 그러나 南鮮一帶에서는惡質謀利商人이莫大한米穀을 日本에密輸出하고 密柑、織物、洋品雜貨等을輸入하여서 巨利를獲得하고國內의食糧難、物價高騰을促進시켰다。 또仁川에서는 四五月以來 華商들의對中貿易이旺盛하여졌다。 아는華僑貿易商이 朝鮮物資를中支上海地點에서高價로販賣하고 北支山東地點에서廉價로物資를購入하여온다한다。 仁川의稅關當局은從來이를默認하여왔는데 輸出入額은數千萬圓에達하리라고推測되고 其外密貿易去來를計算하면 相當한金額에達할모양이다。 主要輸入品은鹽、胡코초、落花生、高粱酒等이고、 輸出品은 絹製品、牛皮、海産物、 中古타이야等이다。 아무튼 不足한生必品의輸出、 嗜好品의輸入이 物價高騰의一因이되는것은 默認할수없는事實이며貿易華商들이國內 國際商業을目的으로한强力的組織化 또朝鮮人中間商人들과의結託은極히注目할事實이다。

五

以上要컨대 解放以後 當局의諸

世紀的自由主義와 그의消極的態度는 商業資本의反動的暗躍을默認하여 商業資本은인푸레를促進시키고 民生을破壞하고 再生産의障碍가되었을뿐더러 도로혀自身의沒落을招來하고있는것이다。

當局의一部生必品統制配給은 購買力이消減된現時에있어서 時期를잃은感이있고 그方法과設備로서는成果가疑問視된다。

現政治經濟條件下 根本的解決策은없을것이나 民生의安定 生産의促進을爲하여流通面의對策은 가장民主的인協同組合을通하야서만 어느程度로成功할것이고 또世界史의進步的趨向에符合되는當然한길이다。對外貿易에있어서는 密貿易을嚴重히監視하고 其他貿易도嚴格한民主的計劃下에實施되여야할것을强調한다。그러나이民主的計劃은 根本的으로人民政權의急速樹立에서만具體的으로 展開될수있는것이다。

鐵道概況

日帝는일즉이朝鮮의政治的經濟的支配의根幹으로서 朝鮮鐵道의獨占的敷設權獲得을爲하야 暗躍하바있었는데 當時淸日戰爭後의日本은所謂「三國干涉」等의國際的壓迫과國內經濟界의不安으로因하야 成功치못하고 一八九七年韓國政府로부터美國人「몰ー스」에京仁鐵道敷設權이 許可되었다。「몰ー스」는곳歸國하야本國資本의誘入에努力하였으나 當時의美國은 朝鮮에對한經濟的關心이 稀薄하야失敗하고 一八九九年드되여日本人에賣渡하였던것이다 그後日本은露日戰爭의勝利에依하야獨占經營하게되었는데 以下運輸事業各部門을槪觀하여보면다음과같다

鐵道敷設狀態

一八九九年	京仁線
一九〇五年	京釜本線
一九〇六年	京義線
一九一四年	湖南線、京元線
一九二八年	咸鏡線
一九三三年	圖們線
一九三九年	滿浦線
一九四一年	平元線

日本資本主義는朝鮮에原料供給地及商品市場의役割을要求하였든만큼 또한大陸侵略의基地로서의必要性에依하야 鐵道運輸部門은달은産業部門에比하여 어느程度發展하여온것을볼수있다。그러나이것도朝鮮의羈

鐵道普及表

(一九四三年末現在)

	朝鮮
面積	二二〇、五五一
人口	二五、九一七
鐵道粁（國鐵）	四、五五七
鐵道粁（私鐵）	一、六八八
鐵道粁（計）	六、二四九
面積千平方粁當粁數	二八四
人口十萬人當粁數	二四

自的資本主義發展이 强壓的으로阻止되여있었기때문에 그것이制動作用을하여, 外國의것과比較하면훨신뒤떨어저있는것이다。

一九一〇年에比하여一九四三年에는 旅客에있어서五九倍 一億二千萬人 貨物에있어서 三四倍, 三千萬噸을取扱하였던것이다。

運輸成績

年度	一九一〇年	一九四三年
旅客人員	二,〇四四,四四〇	一二〇,八九七,八〇
人員指數	100	五,九〇〇
延人·粁	四八四,五七一,一四四	八,八三三,七三七,七六八
貨物噸數	九三一,九九九	三二,三六一,八三〇
噸數指數	100	三,三八〇
延噸粁	一三一,六六一,一〇八	八,五五〇,四七五,五三三

車輛工作方面

車輛은鐵道에있어서 가장重要한部分이며 그製造補修程度如何에鐵道가至大한影響을받으며 또車輛工業의發展如何는 現下朝鮮에있어서는 一般機械工業全體에 적지안은影響을준다。

車輛工業部門에있어서도다른모―든部門과같이 朝鮮의獨自的인發展은 容許되지안었고 日本工業의從屬的形態로 二,三의民營會社와四,五個의官營工場이 存在하였을뿐이다。

그內容을數字的으로보면다음과같다

鐵道工場（一九四三年末現在）

工場名	勞働人員 朝鮮人	勞働人員 日本人	勞働人員 計	機械臺數 工作機械	機械臺數 荷役機械	機械臺數 原動機	機械臺數 其他	機械臺數 計	車輛修繕實績(一年間) 機關車	車輛修繕實績(一年間) 客車	車輛修繕實績(一年間) 貨車	電力及使用量 電力KW(設備)	電力及使用量 使用量KWH(〇〇)
釜山	一,四〇四	四一七	一,八二〇	一八三	二三	七	一一四	三二七	一五〇	六三三	一,五六三	三六五	一,六六三,三〇〇
京城	五,〇二六	九〇五	五,九三一	四三一	三六	二	一六二	六三一	四五六	八二七	三,五六二	一,八五三	四,〇七九,〇五四
平壤	六四六	一六四	八一〇	七六	二	二	五五	一三五	〇	一六三	二,七七六	三一〇	四一〇,三四一
元山	七九二	一六八	九六〇	一二〇	二〇	四	七〇	二一四	一六八	一四	五〇九	四二二	九六八,九六〇
淸津	四五五	一七九	六三四	七九	五	二	三一	一一七	一五四	一六一	三四〇	一六五	三二一,八六五
計	六,一四二	一,九六二	八,一〇四	七六四	八六	二四	三五六	一,二三〇	一,〇一八	二,一四〇	七,七〇七	一〇	七,六三五,六五四

仁川日本車輛（一九四五年八月現在）

設立 一九三七年十月

公稱資本金 貳千萬圓

工作機械數 二七一

現在全鮮車輛總保有輛數

（一九四五年八月十五日現在）

機關車 一、一三〇輛

客車 二、〇二七輛

貨車 一五、二四七輛인데

萬一이數量의車輛이 全部使用可能이라면 三千五百萬噸의貨物과一億二千萬人의旅客을輸送할能力이있는것이다。

그런데現在에는 貨物旅客兩面에있어이와같은數字를期待할수는없으며當分間은車輛數도그半數以下로充分하게될것이며따라서新車計劃도當分間不必要하게될것이다。

다음修繕關係를보면如左하다。

三八以南現在車輛保有輛數及使用可能輛數

	保有輛數	使用可能輛數
（一九四六年六月一日現在）		
機關車	四七〇輛	二八三輛
客車	一、三五〇	四八〇
貨車	九、二七一	七、一〇〇

卽修繕을要하는車輛數는

機關車에있어서 一八七輛 保有輛數의 三九·八%

客車에있어서 八七〇輛 保有輛數의 六四·四%

貨車에있어서 二、一七一輛 保有輛數의 一三·四%이다。

三八以北에있어서는

1 鐵道局의機構는車輛修繕補修品은京城에서每月必要時地方工場에配給하여주게되여있었기때문에補修品在庫量이南鮮에比하여極少하였으리라는것。

2 修繕能力에있어 京城釜山各工場이 全鮮各工場總能力의七割以上을占有하고있었다는것。

等으로北鮮의車輛狀態亦是良好하지못하리라는것이想像되는만큼 現下의問題는 修繕及修繕部分品生産이急務인것을알수있다。

그런데이에對하야 各鐵道工場의修繕能力은如何한가를보면 다음과같다。

車輛修繕輛數

機關車

工場名	（一九四四年）
釜山	二三五
京城	六六五
元山	二八七
淸津	二三三
計	一、四二〇

客車

工場名	（一九四四年）
釜山	七九二
京城	九〇〇
平壤	一六七
元山	〇
淸津	一八〇
計	二、〇三九

貨車

工場名	（一九四四年）
釜山	一、五九〇
京城	二、八四〇

平線 二、九二五
元由 七四一
淸津 六三一
計 八、七二七

以上에서보는바와같이 一八·一五以前各工場修繕能力은尨大하였으며 特히 一九四四年度 京城工場 一個月平均機關車修繕輛數는 七五輛 釜山工場 一個月平均機關車修繕輛數는 六六輛 이것은 八·一五以後現在狀態에比較하여보면

京城工場 一九四五年八月以後 一九四六年六月間 一二個月修繕輛數 一四一輛
同釜山工場 七七輛
一個月平均
京城工場 一二·八輛
釜山工場 七輛

一九四四年度에比하여
京城工場 一七%
釜山工場 一〇·六%

客車에있어서는 一九四四年度
京城工場 一個月平均修繕輛數 七五輛
釜山工場 同輛數 六六輛
一九四五年八月 一九四六年六月修繕輛數
京城工場 二〇四輛
釜山工場 一九三輛
一個月平均
京城工場 一八·五輛
釜山工場 一七·五輛
一九四四年度에比하여
京城工場 二四·六%
釜山工場 二六·五%

貨車에있어서는 一九四四年度
京城工場 一個月平均修繕輛數 二六輛
釜山工場 同輛數 一三二輛
一九四五年八月 一九四六年六月修繕輛數
京城工場 一、一二四輛
釜山工場 五七二輛
一個月平均
京城工場 一〇二輛
釜山工場 五二輛
一九四四年度에比하여
京城工場 四三·二%
釜山工場 四〇%

八·一五 解放以後 이러한修繕能力의 低下는

1. 日本帝國主義植民地政策의하나로·技術的重要機關에있어서의日本人獨占의結果로·朝鮮人高級技術員及熟練工의量的不足과質的低位。

2. 三八度線分離로因한材料及修繕部分品의有機的運用의破滅及日本工業의從屬的關係를벗어난後에必要한自活態勢의缺如。

3. 一九四四年度에있어서는日本帝國主義의最後의發惡으로朝鮮人勞働者에對한十二時間以上勞働의强制。

4. 解放以後에있어서從業員에對한最少限度의生活이保障되지못함으로因한缺勤者續出等이그原因이되는것이다。

다음은鐵道燃料炭事情을보면

鐵道燃料炭入手狀況 (單位千噸)

	(一九四三年)
朝鮮有煙炭	六〇一
朝鮮無煙炭	六二〇
滿洲炭	四〇七
北支炭	三九
樺太炭	七八
日本炭	四三〇
煉炭	五三二
計	二、七〇七

여기에對하여 一九四四年年度所

有量은三百七十餘萬噸이다。

石炭問題는過去에있어서도三前諸表만으로는 到底히不充分하므로上記表에서같이 日本, 滿洲, 北京等에서大量으로輸入하지않으면아니되었든것이다。今日에있어서는 日本에서少量이輸入되는 이問題의恒久的인解決이야말로緊切히必要한것이다。

鐵道

鐵道은舊韓時代에있어서는日本人經營인京釜鐵道外幾山(?)鐵道等私設鐵道가 있었음에 不過하였는데 一九一〇年合倂以後 一九一四年 補助金交付制度를創定하야 日本資本의誘入을爲하야努力하였다。그러나當時의日本은 資本의蓄積이不足의關係으로 莫大한資本을必要로하는鐵道投資의餘裕가없었으므로發展이微弱하였다。歐洲大戰後日本經濟力의急速한向上으로因하여 日本資本의投資活潑이顯著하였는데 特히一九一九年은 가장旺盛하야, 同年中免許된路線延長二、〇二四粁 會社新設七社에達하였다。

一九四四年度現在의私設鐵道會社는 朝鮮鐵道 朝鮮京南鐵道, 京春鐵道(金剛山電鐵) 新興鐵道 朝鮮平安鐵道 西鮮中央鐵道 三陟鐵道의十二補助會社及南滿洲鐵道朝鮮人造石油, 京城電氣, 平山北港鐵道의四非補助會社及借用鐵道中이는川內里鐵道 釜山府營鐵道及鐘淵工業鐵道의四鐵道會社가있었다。

年度	各社總計補助金額 (單位千圓)
一九四四	七,二二八

解放以後 日本資本가 朝鮮에서물러간以後에있어서는 補助金制度는當然히停止되었고 따라서資本的으로나 技術的으로나民間經營은 到底히不可能하였으며 十個月間의混亂과停頓끝에 南朝鮮의大部分의私鐵은 六月一日現在로 드디어國鐵에編入되었든것이다。

結論

鐵道의過去及現在의大略의狀態는이와같다。여기에는 만흔根本的問題를包含하고있으며 그렇므로거기에對한根本的인解決이要請된다。그러며 이러한鐵道問題는 朝鮮의全般的인產業問題와有機的인關聯이있다。即新朝鮮의統一的인經濟建設의發展如何야말로, 鐵道의發展如何를左右하는것이다。

이러한產業建設의强力한推進이없으면 鐵道는發展할수가없고 또發展할必要도없다。

이러한經濟建設 이것은四十年이라는長時日間 日本帝國主義의桎梏밑에서搾取되어왔고 完全히그獨自的인發展을못하고 解放以後一年이經過한今日에있어서도 亦是混沌과, 無秩序와絕望이支配할뿐이다。그렇므로朝鮮鐵道의唯一한建設의길은綜合的產業建設에있으며 이것은民主的統一이實現되는때에서만 一切問題가解決될것이다。

第八章 社會

婦女運動의大觀

一年間回顧

解放後二日만인 八月十七日에는 어는듯밤새 婦女解放의旗발을높이 들고 婦女의集團活動이 民衆의面前에나타나게되었으니 이것이곧 建國婦女同盟이였다。 婦女運動이 解放後 이렇게도재빨니 大衆運動化하게된것은 그것은말할것도없이 무서운日帝治下에서도 隱然히婦女運動의同志的結合과 約束이脈々히繼承되여왔다는證左이며 더구나婦女運動이 今日과같이組織的으로 發展을 보게된것은 오랜동안잣인苦難과 死線을넘어가면서 或은地下에서 或은海外에서 惡戰苦鬪하던婦女解放鬪士들이 그組織的인訓練과戰鬪的인感情과 犧牲的인精神으로 이運動을推進시켰기때문이다。

建國婦女同盟은 建國同盟의한分團이라고도 말할수있는것으로 그理念과事業에있어서 比較한點이가장 많었을뿐아니라 또建國同盟關係者가 이婦盟에많었든것도事實이였다 그렇나이婦盟이婦盟으로서 陣容을 整齊하고 民衆의面前에 나타날때는 그中央部의構成에있어서 特히 注意를 끄은것은 婦女의各界各層을 網羅한것이였다。宗敎界 敎育界 民族主義者 社會主義者 이같이名實과같이 婦女朝鮮의唯一無二한 代表的集團組織이였다。그것은 今日朝鮮婦女의 社會、政治、經濟 文化의 各領域에있어서 利害와目標가同一하다는것이며 또그러기때문에 分裂과抗爭을封殺하고 全婦女의 統一을堅持하자는것이였다。

그렇나解放後우리朝鮮은 分裂과 抗爭의 渦中에投入되여 解放된자 數朔을나아가지못하여 三百에가까운 政黨社會團體가 對立抗爭하였다는것이다。그렇나그것이 決코自身의歷史的課業인現階段의 任務와 使命을 各々달니하였기때문에 그러한것이、아니요 오로지自身의 政治的欲望에서出發된것이 根本理由였다。

李承晩博士가入國하자말자 李承晩氏를圍繞한無數한團體 金九氏가 入國하기도前에 金九氏를迎合하려는 無數多한團體들은 既成政黨團體에 意識的으로 對立을爲한對立을 企圖한것이었다。

解放後그때情勢로는 民主主義民族政黨으로 建國同盟이存在하고階級政黨으로 朝鮮共產黨과 全婦女層을代表하는建國婦女同盟 文化人을 網羅한文化建設中央協議會 그리고 勞働組合 農民組合 青年同盟은結

成途程에있었던것이였다。이로서朝鮮의政黨、社會團體는實際에있어서이以上더많이만더터야할 必要는別로없었든것어다。그렇나 이民族分裂의弱勢는 建國婦女同盟에도延燒되지아니할수없었다。李博士金九氏만소리만듯고도 政治的인慾望이갑작이붙어 建國婦女同盟의中央幹部中에서는 朝鮮婦女의 現段階의歷史的課業으로서는 아모런根本的인思想的對立도 衝突드 있을수없음에不拘하고 따로나가서 韓國愛國婦人會와 大韓獨立促成婦人國을 저各々組織하여 朝鮮의婦女運動은이것으로서 完全히三分四裂을지은것이였다。그리고또한便으로는 李韓婦女子國民黨을組織하였으니 李博士의瑪澤夫人을 最高顧問으로推戴하였다。여기에特히注目되는것은婦女의政治的解放이 公約된今日에있어서 女子만의政黨을結成한것이다。世界에類例없는 朝鮮特有의唯一한女子政黨이다。그렇나이女子政黨도實際에있어서는 黨意의一社會團體에 不過한것이되여있다。이같이分裂에分裂을 促成한婦女團體들는 其後發展이란어떠한것이었는가李博士金九氏絕對支持란傳單과標語를 街頭에帖付함과「託治及絕對反對」와 反蘇感情의激化促成의 宣傳文撒布가 唯一한活動이며또그課業이였다。三月八日婦人데ー에도婦總의多彩한記念行使에反하야 其他婦女團體들은 塔동公園에서 記念式을舉行한다는「大東新聞」의 宣傳에만즐이고 아모런記念도갖이지를못하였다。人身賣買禁止令에對한公私娼廢止運動 左右合作의促成으로 臨政樹立의促進運動에 對岸觀하는冷靜한態度等은 그團體들의政治的素質가 窺知되는것이며 또其體的인婦女와日常鬪爭을 全然展開하지못하고있는것이 今日의現狀이다。그렇다 建國婦女同盟은 이에反하야 昨年十二月二十二、三四日에全國婦女團體代表者大會를召集하고婦人運動의 더욱强力한鬪爭을展開하기爲하야 建國婦女同盟을發始하야 全國婦女團體를發展的으로解消하고 한즐기에묵어 民主主義中央系統別의 朝鮮婦女總同盟에로改組하니 婦總盟員이三八以南에서만八十萬을突破하게된것이다。그리하야今春 食糧飢饉에直面하였을때 서울을中心으로 飯米鬪爭을展開하야婦總內에主婦食糧對策委員會를組織하고 每日數千의家庭婦人이 서울市廳을둘너싸니 米穀配給이實施되고 自由搬入이認許되며 市民의生活을飢饉에서救한것이다。今年六月大洪水에는 罹災民救護事業에는부신活躍을露呈할바있으며 또公私娼廢止運動을與論化하는데 主役을한것이다。그리하며 婦總은當面의鬪爭目標가 土地의平民的解決을主張하고 그組織的인活動은 批判注目되는바있다。

그리고 韓國愛國婦女會와獨立促成愛國婦人會는 今年四月에合同하

야 獨立促成愛國婦人會는統合하였으나 在來團體의有名無實은 問題외로하고 民主主義統一이 何如이要求되는이때 한團體만이라도 合流되었다는것은 좆기에고마운일이다

合同組의性格과任務

今日朝鮮의各政黨團體는 그構成員의要素에따라서 各其特異한性格을갖될것이로되 오로지共通되는點은 아니現段階의任務와使命은 朝鮮을民主主義化된政府를 樹立하여 完全自主獨立을 戰取하야할것이다。 그렇다면朝鮮의民主主義는 어떠한具體的인方法으로서 實現시킬수있을가 이것은다만 日本의帝國主義的生活遺制와 그低習의殘滓를 完全히肅淸하고 또모든封建遺制를 掃蕩하는데있는것이다。이러한意味에서 今日朝鮮婦女의 鬪爭의目標는 同一하다는것이다。그리하여 婦總은그實踐으로서土地改革을主張하야 모든 封建的遺制를 物質的社會

步進우에서 解決하자는것이다。 이러한合同의 綱領을紹介하면다음과같다。

綱領

一、朝鮮女性의、政治的、經濟的、社會的、完全解放을期함

一、進步的民主主義國家建設과、發展에積極的으로 參加活動하기를期함

一、朝鮮女性이 國際的提携를도모하고, 世界平和와文化向上에努力함

獨立促成愛國婦人會綱領

一、國家의自主獨立을促成함

一、女性의地位向上을圖謀함

一、世界平和의貢獻을企함

朝鮮女子國民黨綱領

一、우리는全國民의要求에依하야實現된政府를支持하다

一、우리는男女平等權利를主張하다

여기에서나타나는 特異點은婦總의 綱領에政治的解放은, 勿論이거니와 婦女의經濟的解決을主張하야婦女의經濟的自主權이없이는·婦女解放을·期할수없다는것에反하야 婦人大會는 地位向上을目標」하야 消極的改良을主張으로하며, 女子國民黨은平等權을主張하였으나 그不平等은 政治的不平等인것이다。

食糧問題

解放의消息이들니자·熱狂的인全民族激昂중에서 뜻있는사람들의要望하든것은 大衆의食糧問題이었고 그表現으로서·建國準備委員會가그組織上으로보아 當然히行政部다고부를部署를糧政部라고 命名한것도이러한現實的인事情을 參酌하려는意圖가있었든것이다。

日帝의戰時收奪은 大衆의食料을 거이枯渴케하데다가 數年의凶作으로因하야 食糧事情이最惡의狀態에 느혀있었든것이였다。解放後端境期까지는 滿三個月의時日이남어있고 農村의饑饉이全혀都市에 流入者을除

地가政을뿐아니라 地方別로食糧을 自給解決할수있는道는 全南, 北, 黃海道그리고忠南뿐이었다。

이와같은情勢에있어 糧國準備委員會는 서울百萬市民의 糧米供給의責務를双肩에지고서 食糧營團京畿道支部와 米穀倉庫와 食糧關係諸團體와連絡하야 配給에萬全을計劃하면서 一方食糧關係法令을結論하야 食糧對策委員會를 結成하였든 것이다。

想糧政部의李珉外諸氏를中心으로하야 食糧營團의元容奭外二人과 米倉과三井의里領諸氏 社會的으로이問題를研究하는團體로서食糧委員會의 農士團諸氏三協力하야 諸團○名이代表가參席하였다。八月二十五日頃이다。그리하야食糧營團이 갖인現在高와 米倉이갖인在庫量과 各道別의穀作豫定數와 早期米貸上數而밟가保有量, 極端에屬하는食糧商들이 食糧을保存햇든量을調査하야 需給計劃하자 각配給量을 [illegible]

였든것이다。이事實은容易한일이않이였다。食糧關係의專門家들이 모임으로서만 可能한것이않이오。適確한數字와 現地事情에精通치않고는 動할수없다。

食糧對策委員會는 食糧事情의正確한數字와基本的인諸問題 消費量과輸送力 또는操作에關하야서도各道의諸般을 檢討하야支障이없도록 [illegible]討議를거듭하며 委員들은所屬된職場에서 日人重役들의反動的行動을監視하는 自治的組織을갖도록指導하였든것이다。

그러나美軍隊가 南朝鮮에進駐하고 建準과人民共和國의行政的自治機能을制約하게되자 食糧營團과米倉및各酒造場과 食料品會社가 所持하였든食糧이 次々市場에流出되는現狀이出現하였다。食糧委員會로서는 當時美軍政廳農林局長尹보善에게 食糧對策案을建議하였다。

食糧對策委員會는 當時의事情을 非常히重大視하야 [illegible]

機構를變更하는가 配給方針의變更은 民心에不安을주는 惡傾向을助長케할憂慮가있다고보았다。그러므로食糧營團을强化하야 食糧物資을集中하는同時에 散在한米穀과 在庫品을調査하야 特別한方法으로輸送配給할것을 原則으로하였다。그것은當時에 當然的인對策일뿐아니라 어느程度의原則的對策이었다。

戰後에오는一般的傾向으로보아 食糧은여러가지事情에依하야 例를들면輸送力, 政府機能의低下, 司法權의無力化等으로하야 統制管理하기가어려우며 偏在할수있는事情에있다。그러므로食糧만은 如何한方法으로든지 統制管理를하지않으면않되며 그러한方法은 現實을直視하야分析하므로서 發見할수도있다。만일食糧問題를失敗한다면 大衆生活의基本的問題의失敗일뿐아니라 物價, 行政, 司法全般에 影響하는深刻한混亂을招來할것으로보아 食糧問題만은 責任있는態度로서 處理되여

약할것으로誤信하였다。

그러함에不拘하고 軍政廳農林局이 取한政策은米穀의自由販賣主義다。이것은一見하면 米穀의偏在를防止하고 米價를維持하는自然스러운措處같이보이나 二面은食糧政策의拙劣한 無爲無策의方法이나。謀利輩의活躍할素地는 醸成되었다。買占하면時價가몇十倍되는것은 商人들의常識이다。食糧問題가軍政廳當局에손에서부터 謀利輩의손으로 그操作이讓渡되었다。날이갈사록米價는騰高하야가고 一般物價는이에따라騰高되었다。

이러한情勢를본美軍政廳은 今年二月에들어가서 米穀蒐集令을 發布施行케하였다。그러나이法令의對象은 當然히米穀의所有者 또는買占者가되여야 할것인데그反對로一般農家에두었든것이다。그리하야發令한지 二十日사이에蒐集된石數가 僅八十萬石에不過하였든것이다。그러는동안에 蒐集하려는穀物이 輸送途中에貨車채行方不明이되고 三陟地方으로가는飯米가 日本山口縣海岸으로 流出되는等怪現象이續出할뿐아니라 謀利輩들의猛烈한活動은 米穀이次々그자최를감추어 死藏隱匿되기시작하였다。

게다가米穀의三十八圓公定價格의制定은 不過二、三個月前에發表해는 自由販賣主義의精神과는 正히反對되는無責任한價格이다。이와같은擧措는美軍政의無定見을現實的으로 大衆에게보여주었을뿐아니라 謀利輩의好餌가되었다。그것은結局美軍政을包圍한 責任部分이 日帝時代의殘滓로서 民族의生活問題를眞摯으로考慮치않을뿐아니라 地主와謀利輩의利益을 擁護하므로써 自己들의利得와結付되는까닭이다。그리하야生活必需品營團、新韓公司、農林當局은民衆에怨府가되었다。

蒐穀三個月만에쌀을市中에서쌀을볼수있는現象이나타났다。自由販賣主義의清算期는 意外에도빨니왔다 百萬市民들은 자루와양철통을들고 軍政廳앞에殺到하였다。거리거리골목골목에 쌀을다오 쌀을달라!는標語의壁報가붙었다。民衆生活과 人民의利益을代表하는 諸政黨은勿論 共産黨을爲始하야各社會團體는 食糧對策을要求하는 聯合會合과 決議文이發表되었나。筆者가이러한會合에參席한것만도無慮數十回가될것이다。(입이달고목이말으도록提議하였다。그러나一部의 政黨과그指導者들은 食糧難은大衆이 食糧을節約지않고浪費하며 農民이쌀을내노치않은데 原因이있다고聲明하였다。

民主々義民族戰線이 「食糧對策委員會를結成하야 「食糧問題의具體的인對策을 討議提案한것은三月八日이다。民戰二十四名의專門委員이召集되였든것이다。李珖氏外二十二人이食糧問題에對한決定함는 「要點을抄記하면다음과같다。

一 民戰의食糧對策委員會는 南朝

餘名決함하고있는 食糧事情을檢討分析하야 이問題의解決을 美軍政當局에 建議함으로서만끝이지않고 自身의任務로서, 그解決을遂行코저 한다。그러므로民戰은 現在美軍政當局이 經濟하고있는困難 莫甚, 配給行程에있어서도 徹底한協力할수없는것은 打開키爲하야 食糧管理委員會에構成을 提議하며그根據의科學的인數字를提供한다。

一、食糧의收穫量과消費量(統計表와數字는省略)

一、計劃管理의必要性을主張하야 强力한制裁力을形成하며 有能한官吏와 公正한配給을實施하며 價格과消費量을施行한다

一、計劃管理의具體策으로서 爲先米穀蒐集의主體가, 軍政廳의地方官吏와 生活必需品營團인데 이機關은日帝의惡辣한 食糧收奪의機關이였든만큼 農民의怨恨의對象이되여있어 國家的으로農民이協調를 증거하지 않는다。또한從業員들이 日帝時代에 賄物에買收되야 米穀의多量所有者를 오히려除外하고, 無力한農民만을收奪하였는데 現在에도그와類似한傾向이있음은 一般民心과遊離되여있다。

그러므로食糧問題에있어 民主々義的自治機關을結成할必要가있으며 그러케하므로서만大衆의 自發的인協力의길이 열여지는것이지 決코愛國心에呼訴하는것만으로서는 完全한效果를어들수없다。具體的으로食糧對策委員會의召集을軍政廳(農務課, 交通局, 警務局) 生活必需品營團, 米穀倉庫株式會社, 金融組合聯合會, 協同組合全國聯合會, 農民組合全國聯盟, 人民委員會, 運輸團體, 各政黨等의代表者를 構成員으로할것,

一、食糧管理委員會를 結成하면 그任務는

가. 米穀, 麥類, 粟, 大豆等主要穀類의收集配給

나. 消費規定

다. 用途制限

라. 密輸防止

마. 價格制定

바. 食糧管理行政

一、食糧管理委員會는 緊急한米穀問題에만 限定할것이아니라 앞으로麥收, 雜穀問題의管理統制를施行하기爲한것이며, 나아가서는 將來統一政府의 食糧管理統制의 準備工作으로서도 考慮해야된다.

이提議가있었음에不拘하고 軍政當局은食糧政策을 또다시다른길로 誘導하야 米穀의輸入許可가默認되고 市場에서穀物이自由로히賣買되며, 一合配給의說明이發表된것은事實이다。以來物價는天井不知로서騰貴되고 八, 九人의家族을갖은 一戶當의勞賃代만 七千圓을가저야될 現象에놓여있다。그럼에도不拘하고

市場에는쌀이없다? 그러니 쌀이있다고하는 무슨消息이있느냐? 小斗한말에 五百圓臺를突破하는오날에있어 이쌀을購入하야 生計를持續할市民이 그數爻가얼마나될것인가。各町民의現狀으로보아 絶食家庭이許多하다。昨今에傳聞한바에依하면每班에絶食世帶가있어 班常會에서扶助치않으면안될 悲慘한報告가와서올市內어느町會를不問하고 無數하다고한다。

食糧政策의失敗는 一切의失敗를意味한다。庶民은食으로爲天한다。日帝時代의殘忍無雙한 收奪을敢行하여 莫大한數字의日本輸出이있을때도 二合配給은 持續되었든것이다。昨年야 물었다는 오늘에있어民主々義를標榜하고 解放되였다는오늘에있어 民族이飢餓線上에서 허리띠를졸나매고、黎民菜色그야말로老弱이六路에溫在한것이무슨까닭이냐?

最近市政當局과警察은 謀利輩의隱匿米를 摘發하고져 發動되였다는報道를接하였다。그것은至極히當然한일이다。임이民主々義諸政黨과民戰이累次에亘하야 提議하였든點이다。그러나 一千名의 警官이 發動하느니보다。三千萬民族의 委員이監視하고 摘發할수있는길을 열어준다면 效果는千萬倍가될것이다。이것을우리는食糧의人民管理라고부른다。强力한蒐集、公正한配給、謀利行爲의監視 이러한行政만이 民主政治의基本的인理念이요 與民同樂의政治가된다。무엇이무서워서 누구를爲하야 食糧問題의人民管理를實施치못하는가。

東洋紡績倉庫에서 白米가四千石隱匿되여있다는報道와같이 東紡에職工들이 수수밥을먹고 단一合의配給을 바더본적도없다고한다。그럼에도不拘하고 會社側의重役陣은合法的이라고말한다。이와같은現象은 獨逸나치스 팟쇼政權에있어서도極刑에處斷되는 民族的犯罪이다。

그러므로 우리는이와같은現象이生起할수있는事態를豫測하야 適切한對策을樹立하야 未然에防止함으로서만 大衆生活의不安을 一掃할수없는것이다。

夏穀收集令에發表에依하면 麥類의單價가 米穀보다월신高價이며 販賣價格도 쌀보다월신高額로서 配給하게되여있다。이것은 米穀의公定價格을 軍政스사로 無言中否定한것이요 收集對상을 亦是農民大衆에게든것은 謀利輩의既得行爲를封鎖치못한政策이다。夏穀은農民들의主食糧이다。이것을供出할餘裕가있는것은 亦是富農地主、大會社、米穀商人、謀利輩들이다。이것을指摘한嫌疑로서 全國農民聯盟의幹部는 檢束되었다。正言이通過되지못하는 言論의自由에、眞正한民主々義的精神은 窒息될수밖에없다。食穀、住宅、物價問題等 直接大衆生活에關한問題만이라도 大衆과利害를같이하고 大衆自身인 民主々義

諸團體가直接團與하야 美軍政과協力할수있는 길이열니게되는날 우리의民主々義政權이 樹立되는날비로소問題는解決되고 大衆의生活上諸問題가確保되며 現在의모ー든苦痛과 不安이解消되는날이다。

戰災同胞援護狀況

日帝時代 三十六年間外地에移住한同胞數는日本에四百餘萬 滿洲及北支에二百餘萬을合하야 約六百餘萬을算한다。 그들은大部分가慘憺한生活을하여온데다가。 解放後로는財產을가지고올수없었다。 特히日本等地에서는 日本人의迫害와猜忌가만헛으므로 赤手空拳으로歸國하게되었다。 滿洲方面에서歸國하는사람이나日本에서온사람들은或은徒步로 或은密航으로歸國할때에는 俱勢甚色이라할수없을만큼悲慘하였다。 그당시救濟가確立되지못한 [illegible]의戰災의困難은 그들을다수습게援護할救關드없었으므로 이에敢然히奮起한것이人民援護會다。

人民援護會는建準援護部에서出發하야 成長한것인데 援護事業은建國運動의一翼的役割을하는것임에도不拘하고 一部人士들은日帝時代에서보든 무슨慈善事業으로나認識하였든지 九月中旬頃會但氏와李齊萬氏는別個로發起하야 在外戰災同胞救濟會를組織한바 이를中心하야 一方에서는무슨聯盟이니하는이有無象의團體가簇出하기始作하였으나 無慮十八個團體를헤아리게되였다。 여기에外援護事業도統一을보지못하고 人民大衆에게迷惑을주게하였으니 義捐善하는者나 救護를받는者가 右往左往하였다는奇現象을낳우었다。

人民援護會에서는統一工作을爲하야 戰災援護會와交涉을하였으나 드되여成功을하지못하고 以來分裂된거로내려왔으나 [illegible]는 戰災同胞救濟會와救濟同盟이다。

× ×

援護事業中諸多의困難한點이만하였으나 그中特記하여야할것은住宅과職業問題였다。 職業은產業不振으로不得已한일이라하더라도 全國의日人住宅은謀指가謀利輩들의手中으로들어갔으므로 어이할道理가없었고 若干占居한災民도있으나 謀利輩들의脅威와 當局의無誠意한方針으로 後에는오히려放逐되는傾向도있었다。 그야말로救護事業에있어서는無政府狀態임과同時에、 戰災民들은乞人과같이路傍生活을하지않으면아니될 社會的悲劇을出現시킬수밖에없었다。 六月末日現在로三八以南의戰災同胞數는 約二百五十萬인데 그中八割가량이緊急한援護對象이되고있다。

人民援護會에서는 日本에서[illegible]防遇同胞가密航으로오기때문에 破船等의遭難로犧牲이不少하므로 米軍政當局과交涉한結果 米軍政으로歸還하기로하야 現在에도問諸이實行中에있고 昨年十月十五日에는맥나

一團體의輸送事務協調의要請으로 日人을護送한일이있었다。이와같이從來當局과圓滿한協調下에서援護事業에熱中하고있음에도不拘하고 市廳에서는今年二月十三日突然히該會의所持金全部를市廳에移管할것, 各團體는市廳派遣員二名에依하야帳簿를볼것、各團體從事員에게市廳이必要한數字만을月給으로支給한다는草致命令을내리었다。그後三月二日에는市廳오커넬大尉는 市廳에서直接接收한다하고 民間團體는合同하라指示하였다。이로써民間事業을統一없이 無視하는結果가됨으로深夜抗議하였으나 終乃成功하지못하였는데 四月三日에는患者가依然히있음에도不拘하고 藥品과醫療機具類設備를何等豫告도없이 오커넬大尉와美兵一隊가搬出하여갔다。

救護가여기까지왔으기에는救濟키難하여여러갖이事情이있으나、民間事業을一律的으로迫害함에는 後日의歷史上그記錄이뚜렷이남을것이다。

이反面釜山、大邱等地에서는各團體가聯合하야當局의連絡과監督下에서좋은成果를내고있으며 特히人民援護會仁川支部의成績은큰바가있다。다만建國初期에있어서在外罹災同胞救濟會及救恤同盟두團體가 不正事實로幹部까지逮捕되었음은 우리援護事業史上크나큰汚點이될것이다。

現在의戰災民生活狀態는 大多數는結成하였으나 六十萬假量이各都市에散在하였는데、土塀或은日人의舍廊生活을하고있으며 就職或은自由勞働을하는者라도 그收入이零細하야國內失業者와아울러 一大社會的對策을要하고있다。朝鮮人民援護會에서 그간援護成績을列擧하면、左하다。

戰災同胞援護成績表

自一九四五、八、一七
至一九四六、五、末日

收容者數	給食者數	無賃乘車給與數	生活必需及旅費給與 人員數	生活必需及旅費給與 給與額	歸農斡旋	住宅斡旋
三六七、六〇九	八〇七、九三〇	三五五、〇九九	四三六	四六、五四一・七〇	六、五四八	一、一五〇

患者診療救療 人員數	患者診療救療 金額	死亡者葬送 人員數	死亡者葬送 金額	藥品類給與數	
二、一八五	二六、五〇・七五	一九八	四六、五四〇	八、一九五	

備考、本部外中、仁川、釜山、大邱等地의支部의成績을包含함

敵産住宅의處理問題

日帝의建物과日人의住宅數爻는알수없다。地方的으로그렇고、서울市內에있어서도正確한戶數는未詳하다。서울市住宅組合의調査한바에依하면推定數字四萬二千戶라고한다比較的正確한數字라면 家屋登記簿에依할

소유되었는데 ,解放直後에日人의不正住宅은八月十五日解放以前에賣買된것이 ,登記를偽造하는行爲가謀利輩와日帝官吏에依하야 盛行되였든까닭에그 不法行爲를防止치못한다。그럼으로空家된日人住宅을接收치못하고 다만그의管內의日帝建物과日人住宅의處分은 ,소극적인監察만을運營케하는것을밝힐수밖에없었다。

그러나八月美軍部隊가進駐하기以前의建國의方針은 ,日帝의建物 ,日人의住宅은 一切現狀維持를目標로하였다。그것은敵産建物의處理는 우리政府가樹立된後에必要한各機關의建物로서處分할것이요 ,日人住宅은各機關이나團體 ,또는革命功勞者의遺家族의特待宿舍로하야 國外로부터入國한革命鬪士와貧民 ,또는國家建設의 ,第一線에活躍하는住宅없는大衆에게 ,一定한規則에依하야處理될 性質의것이라하고보았든까닭이다。그것이美軍이進駐하야 또는日人住宅은 朝鮮에屬한다는聲明은더욱히朝鮮人民에게良心的인大衆에게 이러한見解와感情을確認하여주었다。

그렇나親日派 ,民族叛逆者들은日人住宅의管理形式으로 或은半威脅으로引受契約을强要하야厚顔無恥하게도占居하였다。

그러든중에十月十一日의美軍政廳佈告의 日人住宅과其他敵産賣買의許可가發表되자 朝鮮의民族的指導層과 ,一般良心大衆의落傷失色은深大하였다。그反面에 ,親日派와謀利輩가그活動의合法性을얻게되자 눈에불을키고日帝建物과日人住宅에殺到하였다。日人住宅이謀利輩에商品이된經過는 ,이러한經路로써親日派와民族反逆者의絶對의謀略으로進展되였든것이다。

朝鮮共産黨을先頭로하야 民主々義的諸社會團體는 ,이러한美軍政廳의措處를 反對하는聲明을發表하였다。그렇나朝鮮의民族全體의利害보다個人의利害를所重히하는 親日派들은 ,特히强壓的인手段으로서專門的으로日人住宅占居에活動하였든것이다。民族名義로或은親戚의名義를借用하야 ,一人이五六棟 ,甚한者는數十棟을占居하야 不少한賃金으로써 ,賃貸又는居住權을讓渡賣買하기始作하였든것이다。

一個月半을經過한十一月二十日에가서美軍政當局은 日人財産의賣買는認定치안는다는 反對의佈告가發表되었다。이것은親日派 ,謀利輩에새로운活路를提供하였다。그것은代金을支拂치않고서도 ,日人住宅을占居할수있는 새로운手가發生한것이다。그것은緣故를主張하는方法이다이리하야日人住宅이있는곳에는 ,반듯이紛爭이있고 暴力만이있게되였다。光復軍이直接出動하고 ,有名無名의 軍事團體 ,暴力團體들이作黨하야 無惡한罹災同胞를逐出하며서半强盜的占有를實行한것은이時期이었다。中區 ,龍山區는日人住宅을차고드는 爭奪戰의戰場으로化하였다。 어떤 한 節度에 있어 새로히 參加한 强力하고 惡質的인 加勢가 出現하였으니、그것이 곳 三十八度線을 넘어 逃亡해온 北朝鮮의 親日派와 民族叛逆者들이다。 그들은 罹災民의 名稱을 借用하야、北朝鮮에서 받은 自己들의 經驗을 南朝鮮에와서 復讐的으로 應用할 수 있는 現實을 發見하자、組織的인 陰謀를 힘있게 展開하였든 것이다。 日人의 住宅이라면 勿論、日人이 殘存한 住宅까지도 돈을 주고 侵入占居하며 反動團體와 連絡하야 占有한 집을 派守하야 居住權을 賣買하며、或者는 自身이 警察官도 되여 徹頭徹尾 私有財産 獲得을 爲하야 政治的 混亂期를 利用하였든 것이다。

그럼으로 日人住宅問題處理에 있어 現狀放任主義를 取하는 수밖에 方法이 없는 限、不得已 居住者에게 貸借契約이라도 締結하는 수밖에 없었다。「一不法行爲와 貸借契約에 對한 規定」은、上記한 情勢에서 發表되였고 그럼으로써 貸賃料나마 徵收할 수 있는 것이다。 이 契約을 代行할 機關으로 指定된 곳이 韓興銀行이요 그 다음 府當局 信託外諸機關이 管理의 事務를 取扱케 되였다。

二

借家人同盟이 解體된 以後 住宅問題와 日人住宅處理問題에 있어 民主々義的 短期間에 있어서 이 問題를 解決하고저 努力한 社會團體는 서울市住宅組合이다。 組合의 母體는 住宅問題研究會라。 李珖、李乃薰、外六氏를 中心으로 하야 住宅問題에 關한 理論的인 또한 實際에 있어 서울市가 首都로서의 이 問題의 解決을 얻고저 論攻되였든 것이다。 그後 借家人同盟全評서울市町聯의 代表가 參加하야、一九四六年 一月서부터 三月까지 六回의 會合을 갖게 되였다。 住宅問題의 全般的인 討議는 展開되였다。 日帝時代의 所謂 住宅營團과 같이 小私有를 對象으로 할 것이 않이요 住宅을 所有하기 전에 먼저 住宅에 살 수 있는 居住權을 目標로 하는 住宅의 建築例를 들면 産業部門에 屬한 俸給者勤務大衆、勞働者를 組合員으로 하야 國家的인 援助를 主體로 하든가 또는 過渡的으로 銀行團이 信用組合에 依하야 組合員은 一定한 住宅費 入金과 建築費를 積當한 後 起債利子에 該當한 家賃을 納入하면 居住를 確保할 수 있어서 一年에도 數次式 移舍를 하지 않으면 안되는 住宅없는 大衆에게 住宅을 供給할 수 있는 方法을 講究하였든 것이다。

一方 日人住宅의 處理問題에 있어서는 一切의 日人家屋에 使用을 許可制로 할 것、日帝의 會社、公共團體의 建物은 가장 切實한 國家、社會의 公器로서 轉用할 것은 勿論이요 住宅에 있어서도 嚴格한 許可制를 使用하야 革命에 功勞가 있는 獨立運動家、戰爭被害者、歸還民、戰災民、無住宅産業戰士等、적어도 新生國家의 民主々義的 主人公이 될 수 있는 大衆을 組合員으로 하든가 또는 優先的으로 貸借케 할 것을 主張하였다。 日人住宅은 親日派가 가장 緣故가 있으니 親日派에게 줄 수밖에 없다는

事情은、 嚴格히排除치않으면 안된다。그들은事實上新生國家에公民權이없는그들이다。日人住宅의借家組合을組織하야 借家人의資格과借家使用坪數를規定함에는 今日과같은混亂과不合理는없을것을 當時住宅問題研究會의日人들은 累々히主張하고提議하였다。

그러나日人住宅處理에있어 當局은어데까지든지受動的이며現象追逐主義이였다。날이갈사록 이問題는복잡해지고處理하기가困難하고 親日派와謀利輩의跳梁이深刻하였다。 서울市住宅組合이서울市民의住宅問題의解決을目標로하고 組合을結成한것은一九四六年三月十一日이다。

市內基督敎中央靑年會館에서 、서울市住宅組合의幹部와部署는다음과같다。

部署：總務部、 建築部、 借家部、 宣傳調査部

幹部(理事)崔南周、 李瑚、 李乃蘇、 崔成基、 金元錫、 朴俊圭、 李喜陽、 金喆、 韓相德、 權五庚、 朴晉圭、 李海霖、 任東旭、 李學諒、 朴承鍾、 金昇模、 林博、 安喆洙、 張基榮、 崔與外十二人

(監事)尹亨植、 宋 哲、 吳英外二人

(顧問)金龍岩、 朴家源、 李元植外八人

組合員이構成要素는 日帝時代의暴政에反抗하야 東西로日本警察의눈을避하야韓國하는동안 住宅과家族이流離된反日運動者와 日帝戰爭에徵用徵兵으로나갔든罹災民이大部分이였다。그들에게住宅을斡旋하는길은 組合이住宅을管理하는關係當局의適當한條件으로서 國體的인權限의賦與를받는길과 直接親日派謀利輩의現場鬪爭을展開하는 두가지길이노여있든것이다。

그러나이會談은完全히失敗하고 組合員의期待는決定的으로失望에돌아갔다。管理銀行團이단지賃貸借의契約事務 와家賃徵收外에는아모權限이없을뿐아니라 그들이서울市民의住宅難을解決해주지않으면 안될民族的義務를느낄 情熱을갖을理由도없고 그러한處地에있지도 않었다。모ー든것을軍政當局에서措處하는대로할수밖에없다는 結論으로서散會되였다。

이外에組合員自身의出資에依하야新住宅을建築한든가、 居住權의讓渡를맞든가 또는共同居住하는方法도있다。

이와같은組合의存廢을決定하는情勢에있으므로 罹災民과海外에서歸還한 反日革命家愛國大衆의要求와 問議는背反한다는社會的悲劇을나타내이고있을뿐이였다。그럼에도不拘하고 親日派、 謀利輩의惡質的인謀略에서組合員을攪亂하고 暴力團과甚至於警察을通하야無理하게組合員의住宅을奪還한件數을合하야百餘件에達하고있다。

이리하야解放後의日人住宅은親日派、 謀利輩에占居되여바리고 三十八度以北의北朝鮮에서 追放된民族

領導者의 與論化하고 政治的背景을 등진 政商人의 商品으로서, 所謂解放財産의 對象이 되고 말었다。 良心있는 大衆은 자최를 감추고, 親日派, 謀利輩가 跋扈하는 南朝鮮의 現象을 如實히 深刻한 表現으로서 日人住宅의 現狀은 그 好適한 標本이 될 것이다。

謀利輩의 蠢動狀況

一九四五年八月十五日 日本帝國主義의 朝鮮統治機構가 崩壞된 結果 朝鮮經濟界는 文字 그대로 無政府狀態에 빠졌다。 日帝는 戰爭遂行의 必要上 强制的政治力을 總集中하야 統制經濟體制의 確立을 期하얏고, 그것은 除去할수 없는 理論上으로나 實際上으로나 困難과 矛盾을 內包하고, 또 改定을 不斷하면서도, 戰時經濟의 全領域에 걸쳐 ―生産 分配 消費― 全面的으로 이 整備되였든 것이다。 그러므로 우리의 日常生活은 비록 閣市場에 依存하는 部分이 許多하였으나, 統制를 떠나서 생각할수는 없었다。 그러던 것이 全統制機構는 一朝에 解消되여 自由經濟로 放任되였으니 混沌은 到底히 形言할수 없었다。 自由經濟는 自由經濟의 法則이 自治하는 것이나 解放以後의 經濟狀態는 마치 堤防을 決潰하여 氾濫하는 洪水와 같이 無秩序와 混亂의 激流이었다。 그 狀態는 惡德商人等 謀利輩에게는 千載一遇의 活躍舞臺가 되지 않을수 없었다。 그들 惡德商人의 活動은 秩序없는 經濟를 더욱더 混亂케 하얏고 人民은 그들을 「謀利輩」라고 呼稱하얏다。

× ×

謀利輩의 反民族的謀利活動은 多方面이며 그 對象도 多種多色이었다。 이것을 分類表示하면 다음과 같다。

(一) 配給物資의 高價處分
(二) 日人所有物及建物의 不法取得
(三) 農作物買占과 買惜
(四) 米穀과 日本商品의 密輸入出
(五) 管理工場原材料의 不當處分
(六) 軍政聽所管物件의 不正取得
(七) 其他

以下實例를 들어 說明코자 한다。

分類表示(一)과 (二)에 該當한 것

東亞日報十二月二十三日附 「오자을 天井不知경충 뛰여오르는 高騰한 物價의 原因에는 여러가지가 있겠지만 그 中에는 物價가 高騰하여지면 放賣하야 一攫千金을 하여 보겠다는 心算으로 物貨를 山더미같이 買占하여두고 있는 謀利奸商의 所爲가 가장 큰 原因의 하나인데, 그들의 消盡心을 기다리다 못한 서울警察局에서는 突然 二十二日午前十時를 期하야 市內各處에 物件을 감추어둔 倉庫를 襲擊한 檢擧隊는, 糧穀을 비롯하야 綢緞, 布木, 食料品等을 續々摘發하였다。 二十二日 하루만에 押收物數千點에 達한다 하는데 이와 同時에 惡質商人魁首十餘名을 檢擧留置하고 方今 嚴重取調를 하고 있다」고 報, 하었다。이와같은謀利行爲로朝鮮의巨商과實業家中에는 檢察當局의取調를받은者許多한데 東亞日報二月八日附記事에는아래와같은것이있다。

「謀利行爲한實業家에鐵槌」라題하고「解放以後混亂한社會狀態를利用하야私利私慾을채우기에汲々하던 大實業家들을中心한謀利輩들은 續々서울檢事局에檢擧되여 斷罪를기다리고있다。市內阿峴町趙俊鎬는 鐘紡會社等으로부터 一千萬圓의綿織布太을買占하야 數百萬圓을暴利한事實이發覺되여 六日檢擧拘束되여嚴重取調를받고있다。또鐘路區通仁町朴承稷은 昨年九月二十五日長谷川町大和紡績會社에서 帆布一千二百四十九疋을 一米突二圓九十錢에購入하며 이를四圓五十錢乃至七圓式에팔어 二十五萬圓을暴利한犯罪事實이摘發되여 取調를받든中十日起訴公判에回附하엿고 大和紡績會社專務取締役許澁은昨年十一月에 帆布一米突生産價格二円九十錢을無視하고每米突十三圓式으로販賣하야 不當利得二百萬圓을하다가 이번에서울檢事局에檢擧되엿다」고報道하엿다。

謀利關係로問題된 有名한實業家中에는 趙俊鎬, 朴興植, 愼鏞頊等을들수있는데 이들은或은不起訴, 或은無罪判決을받엇으나, 一般民衆으로부터 적지않은疑惑을산것이事實이다。

朴興植事件: 朴興植은二月十二日暴利嫌疑로起訴되엿고 擔當檢事中乃承氏는 朴興植에對하야 懲役三年, 罰金二百萬圓을求刑하고, 朴炳敎에게는 懲役六個月, 罰金一萬圓을求刑하엿든事件이다。

이事件內容은被告朴興植은和信株式會社々長, 同朴炳敎는 同會社專務取締役인바, 兩名은共謀하야, 同會社가解放前부터保有하고잇든、黑四綾其他生活必需品을, 解放後인一九四五年十二月下旬부터 翌年一月中旬까지에 同和信賣場에서 一般大衆에게解放前인仕入原價에比하야 最高四十五倍, 最低一倍半의過度한價格으로販賣하야 總利益金三百二十六萬六千一百二十九圓七十三錢을同會社로하여금取得케하야暴利를取한것이엇다。

이事件은暴利에關한不當한法律的解釋으로因하야 五、三日李天祥判事로부터無罪言渡가잇엇으나, 擔當檢事는不服控訴하야 目下審議中에있다。

趙俊鎬事件; 趙俊鎬事件은前述한바와같이, 檢事의取調를 바더오든것이 四月十三日突然不起訴處分을밧게되엿다。이에關하야서울新聞은「一擴張하는司法界의不祥事」라하야關係當事者의意見을揭載하엿다。卽李宗聖檢事總長은, 趙俊鎬不起訴의理由로 (一) 一九四五年十月부터四六年二月까지에纖維品購買에 總買入金八、三三〇、二一六圓, 總賣却金一〇、二四〇、五九八圓 賣買利益金一、九一〇、三八二圓으로 그利潤

一割二分에 賣却費印口文, 運搬費, 人件費, 金利等을 控除하면 純利潤은 一割五分에 가깝고 이 程度는 暴利行爲로 볼수없다。(二)八・一五以前 梯越商品에 對하야는 過大한 利益이 있었으나 八・一五以後 經濟界의 變調로, 貨幣價値가 떠러지고 一般物價가 大暴騰된 時代인만큼 考慮할必要가 있으므로 暴利로 認定하지 않는다」 말하고 擔當檢事朴宗根氏는 「擔當檢事인나는 全然모르는일이다。 다만 檢事의 性質上 長官의 命令에는 服從할 義務가 있다는 것만은 一般은 아러주가바란다。 그러나 나는 起訴與否를 아직까지 決定하지 않었다」 하야 그의 立場을 明白히 하였다 刑事局長[illegible]宗錫氏는 「擔當檢事가 모르는 事件處分이 있을수 없다。 勿論 事件決定權은 上官에게도 있다。 그러나 擔當檢事가 不起訴認分狀에 捺印치않고서 었지 上官만이 捺印하고 決定하였다고 할수있는가。 나는 이 事件을 좀더 究明하여 處理하겠다」라고 그 態度를 表明하였다。 五月三日 [illegible]刑事局長은 司法部長의 命令에 依하야 判明된 事實이라하여 다음과 같은 見解를 發表하였다。 「檢事總長이 그러한 見解를 固執한다면 暴利取締令이 어떠한 目的아래 생긴것인가를 反問하고 싶다。 暴利取締令의 對象이 그때의 時價를 標準으로 하는것이 않이고 生産費와 投資額에 비추어 暴利를 規定하는것이니 때에 따라서는 時價보다 廉價로 販賣하였더라도 暴利가 되는수 있다。 例를 들면 京紡事件을 비롯하야 其他事件에 있어서도 二割七分程度의 利潤도 暴利로 起訴된 事實이 있으며 또 時價보다 廉價로 된것이 起訴된일도 있다。 趙俊鎬의 暴利는 投資額의 百割以上으로 取益되였으니 어찌 起訴不起訴의 疑問이 있을것인가。 그 뿐않이라 「趙俊鎬事件에 對하야서는 檢事總長이 무슨 理由로 그다지 特殊取扱을 하는지 理解할수 없다。 就任當初부터 이 事件을 控訴院朴檢事에게 擔當시키고서 애초에 地方法院資檢事가 擔當하고 있든것을 地方法院檢事長도 몰으게 朴檢事에게 移管시켰으며 不起訴의 決定은 元來 擔當檢事의 不起訴理由書도 없이 檢事總長이 그 決定을 發表하였다」하야 그 間에 不明瞭한 무엇이 있는것같은 意見을 發表하였으나 이 事件은 一般人民大衆에게 적지않은 疑惑을 주었다。 朴興植, 趙俊鎬事件以外에도 朴宗根檢事의 取調 [illegible]은 [illegible] 事件도 一般의 注目을 끄렸는데 結局不起訴가 되였다。 上記한바와 같이 謀利에 關聯한 大事件은 全部不起訴 或은 無罪로 되였고 그 間 司法部內에도 深刻한 意見對立이 있었다는 것을 明確히 認識할수 있었다。

分類表示(三)與(四)에 該當한 것

一九四五年 南朝鮮 米穀收穫高은 一千七百萬石乃至一千八百萬石으로 推定되는바 米穀政策의 過誤로 所謂 豐年飢饉의 奇現象을 招來하였다。 糧米缺乏現象原因으로 술, 떡 其他 副食物에 濫費와 一般農民의 浪費傾

向을말하는者많으나 그것으로만說明할수없을것이다。密酒其他에消費된數量은 一般이생각하는것과같은過大한數量은않이고 一般農民의貿惜傾向은없지않으나 이傾向은中農以上大地主에限定하여야妥當할것이다。米穀不足原因으로 中農以上大地主를包含한謀利輩의貿惜과買占을들어야하며 또日本에의密輸出을看過할수없는것이다。秋收後不過二三個月지난 十二月初부터 白米價格은日去月騰하야 都市生活者를不安케하였다。그리하야一般輿論은 謀利輩의活動을 嚴重監視할것을要望하였다。一九四五年十二月八日總永干檢事以下檢察隊가 麻浦에出動하야 江邊에있는米穀倉庫를搜索하야 京江物產株式會社(社長廣瀨善藏)倉庫에서 白米八千石을押收하였다。京江物產社長廣瀨善藏는 日本軍에納入할原鹽一叺(受配價格四圓)에一百五十圓에팔어 巨大한利得을取하고 다시白米를買占하던中에檢察當

하였다。白米買占資金으로 朝興銀行에서約百萬圓을貸付받었다는事實도 發覺되였다。麻浦警察은結局統計約三萬石을押收하였는데 十二月十一日附東亞日報는 아래와같이報道하였다。「漢江이結氷되면 쌀값이暴騰할것을心算으로 種穀을山덤이같이買占하여두었든 麻浦京江物產에서 임이八千石을摘發한 서울地方法院金次下檢事等이 지난八日새벽을期하야 麻浦警員의後援을얻어 麻浦江沿岸에 쌀을가득이싸두고 小斗하면 말에百圓이넘기를 기다리고있든 一和精米所外數個所의 쌀倉庫를襲擊摘發하야또다시 二萬二千石이나押收하였다。이번에쌀을買占해둔謀利輩의首魁는 二和精米所主人權宗浩과 京江物產李文龍人外數十名云々」米穀買占과賣惜은 南朝鮮各地方에普遍化된現象이였기때문에그摘發에對하야는 民主々義民族戰線傘下의各政黨과 全農、全評、青總、等各社會團體에서 强硬한要

求가있었으나 當局은微溫的態度를버서나지못하였다。

、다음日本으로얼마나되는數量의米穀이、密輸出되었는지 正確히알길은全然없다。다만間接的으로、京城市內를비롯하야 南朝鮮各地果實店에는、日本귤(蜜柑)이 洪水같이氾濫하고、其他奢侈品도적지않게輸入된事實과美軍政當局에서美國船動시켜 密航船을監視하게되고、때아더司令部에서도 日本政府에對하야 取締를命令하였다는事實로보아莫大한數量이密輸出된것을推測할수있다。一月二十一日釜山通信은、요지음釜山에는、歸還同胞를사이에게워日本人이潛入하는傾向이있는데、그大部分은親日分子와結托하야、謀利行爲를하려는것이그使命이되고보인다。卽日本안에米穀이不足하므로朝鮮에서쌀을사서보내며 朝鮮안의米價騰貴에 拍車를加하는것이라던지또는朝鮮內의思想統一을妨害하며그런事實을美國人에게傳達하는等行爲

를强行하고잇는것이다。 그런데이日本人이大國과큰關係가잇는것은同胞를실어온다는巽名아래 日本에건너가서 그곳日人과結托해가지고 密搬을비롯하야 적은鐵數 雜貨等을密輸入하야 高價로팔고있다。 이러한密貿은 釜山港이立地的條件에依하야 適當함으로 結局日本帝國主義의侵略勢力의 完全驅逐은 釜山에있어서 極히主要한事業의하나로되여있어 謀利輩와密航日人의謀略에는 今後一層의警戒를要한다—고傳하였다。 政相이朝鮮에건너오는經路를알어防止하고 [illegible]檢局에서는各方面과緊密한連絡아래 調査하엿는데 그結果에依하면 謀利輩들은日本商人과結托하고 朝鮮의쌀을실고 對馬島와 그近海의섬에서 日本에서온商人과 交換을바우는것이그한方法이고 또하나는直接夜間을利用하야 人家없는南朝鮮沿岸을미리指摘하고 準備하엿든米穀과交換하는것인데 그要求은 한번에數千貫乃至數萬貫에達하는것이判明되엿다。

다음에이러한事實이있다。株式會社西松組(本社東京) 關係事件인데同會社自治委員長金世榮과副委員長申元錫은 京城支店長日本人友原榮와結托하야 同會社員을난우어 現金一千萬圓과日人幹部級을 日本에密航船便으로보내고 一月中旬에白米一千가마니를日本門司에있는同會社系統인日本人井上榮吉에게보내고 同時에金額一千二百萬을실이와는것이發覺되여檢擧되엿고 또高敞郡雅山面盤岩里에居住하는地主金碩洙라는者는 一月下旬에쌀百餘石을日本으로密輸出하려고 近海江亭浦로내놓고 배에실으려다가 部落사람들게發見되여制止를當하엿다。

以上에記述한바와같은謀利輩의反民族的行爲는 一一히枚擧키어려웁다

分類表示(五)와(六)과(七)에該當하는것 •

日本人이經營하던會社 事業場·工場은 우리손에接受되엿는데 接受管理하는사람中에는 經驗이없을뿐만안이라 當初부터物品을生産할意慾과計劃말여 接受管理한것이안이고 그事業場과工場에있는 在庫品과原材料를 따러먹을計劃으로接受한者가많다。 그리하야作業이可能한狀態에있음에도不拘하고 作業을開始하지않는것이殆半이다。 一月末現까지의 軍政廳化學課의調査에依하면 化學工業關係事業으로 作業치않고있는工場과 接受工場의數의그比例는다음과갈다。

種別	作業工場	接受工場	比率
無機藥品肥料	三	二五	一二%
有機藥品	二二	二二	一〇〇%
燃料	四	六	六六%
窯業	一〇	二〇	五〇%
고무皮革	二三	二三	一〇〇%

接受管理工場의不正事實에關하야京畿日報三月二十日附記事는다음과같다。「八·一五以後 새朝鮮의產業復興이란美名밑에接受되 管理니

하야 日本人들이 經營하는 大會社大工場을 마터가지고 오직 私利私慾을 채우고 있는 傾向이 顯著하여지는 것을 看破한 軍政廳警察部에서는、昨年十一日부터 約四十名의 警察官을 [illegible]經에 動員시켜 三八以南의 [illegible]을 查察케 하였든 것이다。그런데 今年三月末까지 約三個月동안 京仁地方의 百十例의 大會社工場을 [illegible]拔하엿는데 大[illegible]로 不正事實이 [illegible]明되엿다。그中二十八%는 [illegible]程度이나 七十二%는 너무도 惡質이며 不正詐取金額이 實로 一巨大함에 놀나지 않을 수 없는 것으로 第一着으로 摘發된 七十餘惡質工場의 詐取金額은 總計一億四千萬圓에 達한다는 것이다。이들이 「詐取한 手段」을 보면 八·一五解放後 各種工場을 接受한 後 「알맹이」되는 現品을 處分하야、巨大한 金額을 詐取하였고 敵産을 軍政廳에 報告하여야 할 것을 거짓報告를 하야 物品을 감추어 두고 故賣하는 等 가진 惡質手段을 다하엿든 것으로 不正蓄財이 集團的으로 드러난 會社 工場과 金商은 다음과 같다。

會社名	不正金額
朝鮮皮革會社	三、〇〇〇、〇〇〇
渡邊皮革會社	七、三〇八、三三三
裕豐皮革會社	四、〇五四、九九九
大和紡績會社	三、九三五、五〇〇
大日本紡績會社	一四五、〇〇五
滿洲開拓京城支店	三四〇、〇〇〇
東洋棉花會社	四三、四三〇
群山上宗鑛造合社	一〇八、一〇〇
京畿洋紙商組合	一〇〇、〇〇〇
京城織物小賣商組合	七三〇、〇〇〇
再生고무合社	一、九四〇、九九九
朝鮮纖維統貨元卸	一、〇六八、四三三

上記한 會社以外에 大陸고무·朝鮮製鐵、豐國製粉·豐國製菓、[illegible]製肥、朝鮮特殊合金、南鮮合同電氣、日本石綿고무、中央木材工業、東京工業、[illegible]陶造、天興鐵物、西日本製紙、[illegible]造、朝鮮織物、同興織物、朝鮮燐炭、朝鮮단농工、村地비누、杉木商社、朝鮮紡織、朝日고무、[illegible]町고무、朝鮮洋紙配給、朝鮮코르크、東芝[illegible]、東洋紡織外數十社이다」謀利業者들은 그 私慾을 滿足시키기 爲하야는 手段과 方法을 가리지 아니하는 軍政廳官吏或은 軍政廳高官의 下에 있는 公共團體所屬員과 結托하는 事例이 없지 않다。그리하야 一月二十六日 하ー지 中將은 「南朝鮮駐屯美將兵들 및 美國人軍政官吏는 앞으로 公私宴을 勿論하고 朝鮮人의 招待宴에는 應하지 말라」고 命令하였다。그 理由의 實로 「朝鮮人은 利權을 얻기 爲하야 美軍人과 美官吏를 籠絡하는 傾向이 있다는 것을 指摘하였다。美國人에 對해서뿐만 아니라 러ー취長官은 軍政廳麾下官公吏全部에 對하야 [illegible]

年十二月에 生必品商人과 結托하야 [illegible]

月二十五日 軍政廳[illegible] 製紙係及許可[illegible] 配給合社와 結托하야 自由處分[illegible] 事件이 發覺되었다。

[illegible] 朝鮮通商을 獨占契約하였다는 報道에 對하야 [illegible] 民主々義民族戰線에서는 다음과 같은 談話를 發表하였다(七月十五日 中央新聞所載)

通商이라면 먼저 國家와 國家間의 明確한 條約이 없이 成立될 수 없음은 常識이며 通商問題는 우리의 새로

府가成立되기前에 締結할수없는 것으로 朝鮮의各種業者가 恣意的으로外國資本과契約을締結하는行爲는 반드시國內的인謀利行爲라規定하지않을수없다。李承晩博士의說出及生系件으로 우리는民族的反對를하야온것과 마찬가지로‥이背族的인謀利法에依해서 通商許諾이 遂行的으로進行되고있다는事實에 民族的憤怒를禁치못하겠다。單政當局은 當然히 이러한組合社의 謀利行爲를 禁止하여주어야할것이다。

× ×

以上에서든것은·일이世相에든어난數個의例에不過하다。謀利輩의活動은千態萬象으로날이갈수로더욱甚하야가고있다。

八·一五以後於焉間一個年이되는그사이에우리가政治的으로統一을成就못한것은最大의不幸이라할것이나 經濟的混亂도一大災禍라하지않을수없다。物價騰貴로 人民大衆의生活은深刻한面貌를나타내여 中産階級以下의一般大衆들은 經濟生活의破滅에呻吟하고있다。쌀한말에五百圓 大斗에千圓이라는말은 우리朝鮮人의大部分은 꿈에드생각지!못하였던數字이다。어찌그뿐이랴日常生活에不可缺한 석양한갑에十圓ㅣ이것도놀랄만한現象이다。一事萬事로이러한惡現象이出現되는重大原因의하나로우리는謀利輩의活動을指摘하지안을수없다。

謀利輩의活動分野와對象은 旣成在庫商品이나 米穀에만限定된것이안이라 土地와家屋도그들의謀利對象이되고 나가서는接受管理工場의原材料와 機械設備까지도多益資貨하야 그들은조곰도社會的經濟的消費의芬을取하지않는다。눈잇는者누구던지 永登浦工場地帶나 京城驛回送을一巡하여보라。到處에貿易銅原鉛'鐵鋼各種産業機器가 山뎀이처럼쌓여있는것을 손쉽게發見할수있을것이다。八·一五以前에朝鮮사람의손에 鐵銅類이있었을수없는것이요 電氣製品이있을수없었든것이다。그러한物品은어떠한經路를거처市場에氾濫하게되엿는가。그것이모다謀利輩의活動을通하야 쓰러커나온것이다。그들은이러한原材料를과라먹고機械와設備를 搬出販賣하므로 우리의工業生産에一大支障을주는것이니 이러한所行은 비록一般大衆의눈에直接드러오는것은안이나朝鮮의經濟建設은그들의惡德行爲로말미아마一大打擊을느기게되였다는것을明確히認識하여야할것이다。

水害救濟事業

六月二十四五日 京城以南各地에襲來한暴雨의災害는 그範圍의廣汎과被害의深度가巨大함에對하야 一般民衆事務局에서 傘下各團體에 應急救濟活動에關한 各民族的聯合을從慂하는同時에 二十八日에各團體代表를招集하야 緊急對策을討議한結果 一致席에서水害救濟時委員會를構成하署配役員選出及活動要綱等을決定하고 翌二十九日부터臨時事務所를寬勳洞서울人民委員會內에두고 活烈한運動을展開中이다。

部署及委員

委員長 呂運亨
副委員長 許憲 金元鳳
總務部長 鄭栢 金正洪 劉英俊
部員 二五名

救護部長 崔元澤 金昇模 一
部員 三三名
財務部長 成周寔 羅東旭
部員 一六名
調査部長 鄭晉湜 金桂林
部員 一四名
醫療部 具然幸 車相喆
部員 六名

活動槪略

救濟活動은根本方針에있어從來의慈善事業的慣例를떠나 救護金品은民族的으로 人民自身이擴興하야 人民의손에直接주는데 重點을두었으며 金品救濟보다 實際勞力奉仕로써 被害復舊作業에 積極的으로注力하고 各被害地에는 調査團을派遣하야 實狀을調査하며 救護隊工作隊를 間隊를派遣하야 猛活動은하여왔는바인데 調査狀況及救護其他의統計는左와如함。

應募義捐金品

應募義捐金物品總計 (七月二十五日現在)

種別	數量
金品	四二四、五二〇.二九錢
衣類	一一、〇〇九點
藥品	五、八一七點
糧穀	二、八一九點
其他	一六七點

各道被害狀況一覽 (七月二十日現在)

被害種別	京畿	忠南	忠北	全北	全南	慶南	慶北
浸水家屋數	六、三六六棟	五、八四〇棟	—棟	一、〇〇四棟	—棟	三、六八一棟	五、一六三棟
流失家屋數	一、〇〇六	一、三五五	—	三三	—	一七一	一九九
倒壞家屋數	一、一〇五	二、二一七	—	三一九	—	一、一〇七	一、六〇六
罹災民數	一九、九一五人	一〇、三六六人	—人	三、一〇〇人	—人	一九、八二六人	三六、一〇四人
死者及行方不明數	四一	四一	—	一七	—	八	一六
家畜及其他	七〇	一四	—	二	—	—	—
道路橋梁被害	一四三	九五	—	三三	—	一、一二八	一三一
	四〇	—	—	一、一四五	—	一五	三、一二〇

但本委員會調査에未詳한것은軍政廳公報局發表를參考함.

救護金品道別給與表 七月十二日 (現在)

道別	現金	衣類	藥品	糧穀	其他
京畿	一三五、〇〇〇圓	三、〇〇九點	三、八一七點	二、八一九袋	一三七點
忠北	四〇、〇〇〇	—	—	—	—
忠南	四〇、〇〇〇	—	—	—	—
全北	三〇、〇〇〇	—	—	—	—
慶南	四〇、〇〇〇			—	—
慶北				—	—
合計	三三五、〇〇〇	三、〇〇九	三、八一七	二、八一九	一三七

第九章 勞 働

「現下南朝鮮에있어서勞働者의生活、狀態와勞働爭議의動向」

머 리 말

南朝鮮의勞働者는自己의組織인全評의旗빨밑에 뭉치어싸우는것만이 오즉한가지의光榮이며 기쁜것인以外에굶주리고 헐벗고억울한不幸에 억매여있다。打倒日本帝國主義의喊聲이 朝鮮獨立萬歲르밧구어진以外에 自由代身不幸만이갈사록늘어가는 · 祖國의南朝鮮억울한形便을질더지고 勞働者大衆은朝鮮民族의先頭에서 解放一週年을압에놓고 새로운決意를가다듬고있다。

·反動테로暴壓니치면서 饑餓와가시덤풀속에서 鋼鐵같이團結되는것이勞働者의組織이다。 그러나勞働者의生活은 工場파일터와거리에서눈물과피와憤怒로써싸워지고있다。

一例를든다면去七月二十七日· 京城電氣의電路課우리組合員權五吉氏氏는 電柱에올나가作業中떠러저慘死하였다。그는高壓線에다치어떠러진것이아니고 아침을감자로때고 點心도못먹은채 電柱에올나가作業中 · 虛氣症이生기어서떠러저죽었든것이다。朝鮮人民이勞働者의生活狀態를밝히려 이글을읽는者나쓰는者가눈물이없이는 허리띠를조라매고 虛氣症을참어가며 送電作業에피땀을흘리는 電氣勞働者의生活苦를可히알수없으리라。四個月의이런싸홈을勝利로끝마친 和信鬪爭勝利祝賀席上에서 金東河氏는말하였다。「나는이싸홈속에서—國內國際情勢를잡어낼수있었다」고。그렇다困難한싸홈터에서 · 心血을傾注하며싸우는前衛에게는 한개의싸홈토마에서 情勢의進路을잡어내는同時에 · 內外情勢의具體的把握에서 · 숨은參謀와戰術이나오는것이다。南朝鮮勞働者의굶주림과 · 싸홈은끝고커하거는벼서붙기고 勞働大衆의싸홈터에서듯고보고배워야할것이다。

南朝鮮勞働者의 生活狀態

現在勞働者의賃金이비싸서 · 事業을할수없느냐 勞働者가適當한賃金引上을要求하느니 하는말을들을아니라。그러기때문에 資本家는企業에熱이아나나고 企業主는廢業復興을計劃하느니보담 않어서消毀만하는便이賢明하다는말——마치므ㅡ

은責任이勞働者에게잇는듯한 意識的又는無意識的勞働愚說을듯는일이만타 어느職場에어느工場에가서, 所謂綠會主義를만나드라도 或은僞政者를맛나드라도 同類의異口同聲의怨聲을나는흔히들으며 또그들은자밥勞働者의無理한要求를 非難하드니하야이들과는呼訴를듯는다。그럿타 果然그들은 無理한要求를提出하고 企業主로하여금 産業衰退에도닥가지지못하게하고 資本主에게苦痛을이나주지지안코잇는가。

이것을알기爲하야 雷正回世方法이나 以下에自然한는獨身勞働者의 一個月生計費는 果然얼마나될것인가를 計算하여보기로하자。

勿論其生計費는 假定할수잇는程度의數字이나——그날그날의勞働에依하야가지고잇는生計程度와 생각한數字이나 一個月의生計를 計算하야보기로한다。

獨身勞働者一個月標準生計費(推定)

一、勞働者

이勞働者는 今年十月末頃에房을 하나얻어가지고 自炊를하며手先입음옷과 貧弱하나마 寢具食器等々은가지고잇다고하자。

一、第一生活費——生活必需費

1. 飮食費 一、八○圓三○錢

1. 穀類費 一、一三八、八○

一日五合으로치면 一個月一斗五升은要한다 그리고一日一合의쌀配給이繼續한다고본다 그럿면市場購入米 一斗二升配給米 三升으로그價格은如左하다。

市場米 一斗二升 一、一一六圓

配給米 二二圓八○錢

2. 魚介類費 六○圓

例, 고등어四尾(五○錢)式 우젓(一○圓) 저우젓은 김치담그는데쓴다。

3. 肉類費 七○圓

例, 쇠고기半斤씩二回

4. 一豆及豆腐類費 二○圓

5. 野菜及乾物類費 一一八圓

例, 열무三단(三○圓) 콩나물一○○쇼씩二回(八圓) 호박十個(二○圓) 오이한거리五○個(五○圓) 파二단(一○圓)

6. 鹽物類費 七○圓

例, 北魚열마리(三五圓) 미역한줄기(一○圓) 며루치五○쇼(二五圓)

7. 調味料費 八七圓五○錢

例, 고추가루반사발(三五圓) 마늘三丸(七圓五○錢) 간장한되(二五圓) 소금五合(二五圓)

8. 間食費 四○圓

例, 한달우린洽酒이나장국밥한그릇식(二○圓)

9. 嗜好物費 二○○圓

例、막걸리한번(一〇〇圓)담배다섯匣(七五圓)참외한개(二五圓)

2. 住宅費 一〇〇圓

家貸 一〇〇圓

3. 燃料燈火費 三三四圓

1. 燃料費 三一四圓

例、장작一五束(三〇〇圓)성냥두匣(一四圓)

2. 燈火費

電燈料 二〇圓

4. 被服費 一〇〇圓

例、양말、샤쓰、비누 수건구두、帽子等々購入費

二、第二生活費——社會生活費 八七圓

1. 保健衛生費 二九圓

例、목간한번(六圓)이발한번(一四圓)세수비누、其他(一〇圓)

2. 交際費 二〇圓

例、찬구를映畫求景을한번시킨다。

3. 交通運搬費 三〇圓

例、通勤、買物、求景가는때의電車費六〇回以上

4. 負擔金 一〇圓

例、組合費町會費義捐金等

三、第三生活費——文化費四五圓

1. 修養費 二五圓

例、新聞一部

2. 享樂費 二〇圓

例、活動寫眞求景一回

四、第一、第二、第三、生活費에對한臨時費 二〇〇圓

合計 二、六九〇圓三〇錢

以上大端粗雜簡略한 推算을해본 것이나 그以上의短縮은結局人間以下의生活을意味하는것以外에는아무것도아니다。그렇면現在勞働者들은얼마程度의 賃金을받고있는가를보기로하자 全朝鮮各地의賃金또産業別的 或은職場別의賃金을比較提示하고싶으나 資料가未備하므로 爲先總業後 全評에聽講生으로나오는勞働者의七月中生活狀態를個別的으로調査하여보면 감자、죽、수수로끄니를이워나가면서 實際에드러가는費用과 그悲慘한生活도維持하자가에 너무도不足한但死賃金을對照키로한다。

産業別勞働者賃金及實生活費調査表

調査年月日一九四六年七月三十一日

産別	鐵道	百貨店	同	金屬	化學	交通	自由	電氣	通信
家族數	夫婦	獨身	五人	三人	七人	三人	三人	五人	六人
實際生活費	三、七〇〇	三、三〇〇	四、三〇〇	三、八〇〇	五、六〇〇	四、五〇〇	三、九〇〇	四、五〇〇	三、二〇〇
賃金	一、三〇〇	一、六〇〇	一、三五〇	一、六〇〇	一、七五〇	三、七〇〇	二、七〇〇	一、三五〇	一、三〇〇

備考 本調査에있어서는産別의工場分會에있는勞働者로서 그工場職場에서中堅的인地位에있는 勞働者들의賃金及實際生活費를調査한것이다。勿論不充分한調査라는것을自認하는바이나。大體의輪廓을알수있으며큰差異은없을것으로생각하나 그런程度로參考해주기를바란다。

以上으로보아 現在勞働者는 그 生活費의三分之一에 該當한賃金밖에 바지못한다는것이 明白히되였다。이關係를方向을고처 過去數年間의서울에있어서의 物價賃金指數 속에서찾어내보기로하자。 一九四六年六月 朝鮮銀行調査部 서울市生活必需品 小賣物價調査表 (調査에對한具體的例示說明等이없으므로 그正確性에對한吟味批判할 道理도없고 또時而的餘裕도없음을 遺憾으로生覺하나 大體의方向輪廓을·더듬어보자는目的이므로 그대로引用함을特히諒하여둔다) 에依하면

서울市物價賃金指數月別對照

年度	區別	一月	二月	三月	四月	五月	六月	七月	八月	九月	十月	十一月	十二月	年平均
一九四六	物價	—	—	—	一八、四四一	一七、三五四	一九、四九一	—	—	—	—	—	—	—
	賃金	—	—	—	四、四五五	六、一〇〇	六、二五四	—	—	—	—	—	—	—
一九四五	物價	一三八	一三八	一三三	一三八	一三五	一三七	—	—	—	—	—	—	一三六
	賃金	一〇七	一〇八	一二五	一二四	一二五	一三八	—	—	—	—	—	—	一三三
一九四四	物價	一四四	一六八	一〇〇	一〇一	一〇四	一〇七	一〇八	一〇九	一二五	一二四	一二六	一二七	一〇六
	賃金	一二七	一六〇	一八一	一六五	一六六	一六五	一六八	一七〇	一七五	一五九	一〇一	一〇四	一六九
一九四二	物價	一四六	一四六	一四七	一四六	一五〇	一五〇	一五〇	一六一	一五〇	一六一	一六一	一六四	一五〇
	賃金	一三六	一三六	一四七	一四九	一四九	一四一	一四四	一四五	一四四	一四五	一四五	一四四	一四一
一九三八	物價	一〇四	一〇六	一一〇	一一一	一一七	一一〇	一一五	一二一	一一六	一二〇	一二九	一二五	一一九
	賃金	九九	一〇一	一〇四	一〇七	一一〇	一一一	一一一	一一四	一一四	一一五	一一五	一一六	一〇九

備考: 本指數의基準은 一九三七年六月平均으로함 物價指數는一九四六年四月부터基準을一九四六年年平均으로改正함 (以上朝鮮銀行調査表에서引用)

上表에依하야 物價騰高에對한賃金의騰貴는比較가되지않음을알수있다。即一九四六年六月의物價는 一九三七年六月에比하야 一九四倍올랐는데 賃金은겨우六二倍올랐다。 그리고上表에依하야 實質賃金指數를算出하여보면아래와같다。

賃金指數月別對照

	一九四六年	一九四五年	一九四四年	一九四一年	一九三八年
一月	—	九四	九二	八八	九六
二月	—	九五	九五	八〇	九五
三月	—	九六	九一	八〇	九四
四月	一四四	一〇一	九一	八八	九六
五月	一五五	一〇一	九二	八〇	九四
六月	一五三	一〇〇	九九	八八	九五
七月	—	一〇〇	九〇	八九	九一
八月	—	—	九一	八九	八六
九月	—	—	九三	八一	九〇
十月	—	—	九五	九〇	八八
十一月	—	—	九五	九〇	九九
十二月	—	—	九四	八八	九四
年平均	—	九八	九三	八八	九二

本表에依하야 一九四六年의實賃金이他年에比하야 如何히低下하였으며 勞働者의生活이窮乏化하고있는가를알수있다。即그들의生活을從來의生活의三分之一內外의 程度로壓縮하지않으면 살수없는地獄에따졌다。

現在의各工場의賃金이야말로 飢餓賃金이며 人間以下의生活을強要하는 奴隷賃金又는促死賃金이라아니할수없다。前述한獨身勞働者의最少限度生計費推算額二、六九〇餘圓의 커ㅣ말에徘徊하는賃金 그리고勞働者의大多數는扶養할妻子가있고老父母가있는 家庭環境衛生施設도娛樂設備도없고 陰散한工場──이런여러가지要求속에서 勞働者는甘之德之하고말을하라는말인가 愛國者는누구나이現象을눈물없이는生覺할수없다。그렇나朝鮮의勞働者들은참을때까지참고、견디여오지안엇는가、産業建設에이를악물고달려들고있지않는가 보라!이惡條下에서『罷業은例外的으로밖에일어나지않는가 그럼에도不拘하고惡德資本家地主는 政治뿌로커ㅣ 팟쇼分子、테로리스트들은 勞働者는될아니하고 工場을破壞한다고하며 加一層壓迫하고 排斥할口實을잡기에餘念이없다。그렇나勞働者의참는데는限度가있다。그들은부처님도아니고예수도아니다。上記한一連의親日派、民族反逆者의무리들이제멋대로 할짓다ㅣ하도록내버려두지는않는다。最後에할수없이 團結의武器를들고나서는것이다。最近의例를들면 仁川東紡의罷業의例가곳이것이다。 簡單히罷業의 經緯를摘記해보면다음과같다。即罷業의原因은 勞働者들이메ㅣ데ㅣ에參加하였다하야 五月五日(日曜日)에作業을強要한데서부터出發하였다。이런無理한非民主主義的日帝時代以上의壓迫과 搾取를恣行하는會社側이나만세 勞働者들의待遇에있어서는 一入히紙維도記錄하지못할程度이였다。──寄宿舍에서는 六疊房에十六名을재우고賃金에있어서는 最低(日給平當을包

金二〇四五〇錢이라는 餓死賃金으로서勞働者의生活을 無視할뿐아니라 作業時間外의外出自由도주지않고 노래부른다고때리고 이야기한다고問責하고, 勞組幹部라고 추운房에가지도못하게하고 全評傘下에加入한勞組라하고 萬一加入하면解雇한다고威脅하고 나어가서는가지가지의不當한口實로解雇를敢行하였다 이것이야말로奴隸的取扱이아니고무엇이랴。 이러한悲慘한境地에서 참을래야참을수없어 最少限度의要求條件을提出하고 調停委員會의約束한解決을기다리면서 作業을繼續하는勞働者에對하야 無理한解雇를强要하고 要求條件을一方的으로拒否하는同時에命令을나리고 그래도不足하야 그措置에服從지않는 六百餘名勞働者를懲罰하는한便 六名을發令케하였다。 이는確實히從業員의生存權을박奪한것이며 民族産業發展을破壞하는것이라 아니할수없었다。 這故되더라도없는從業員들이 仁川治安廳에 哀願하려간것을 三十分동안이나 호ㅣ스로물을뿌려, 殘弱한女工들을氣絶케하고, 工場에도라오는職工들을 暴雨中에數十里되는곧에트럭으로실어다버렸다。 이러한非人道的行爲로써 從業員의生命을威脅侵害하였다。 少女少年들에게無理한命令을나리고 이어服從을强要하고이를拒否하면 毆打辱說하는等々으로 少年愛護精神에違反하고 自由意志를逼迫하고甚至於女工을誘引侮辱한惡質社員을그대로登用하며, 工場의風紀紊亂을默認하였다。 그리고우리勞組의産業建設運動을 破壞侵害하기爲하야 虛構의告發과誹謗을恣行하고 反動〝御用〟勞組加入을强要하고 反民主的陰謀로 外勢軍政과勞組와의離間을꾀하고 民族의分裂을策動하였다。

以上의만行과奴隸的驅使밑에서呻吟하든勞働者가團結하야 鬪爭에궐起하는것은至極히自然스러우며 또한當然하다아니할수없었다。

그런條件下에서人間으로서의 生存權을要求하지안는者누구이랴 그럼에도不拘하고 그들從業員들은五個月이나참고참어왔는것이아니었든가 그들이야말로朝鮮의産業建設을爲한眞正한愛國者가아니고무었이냐 그렇나아모리愛國者라하드래도 참는데는限度가있는것이고 加速度로增加하는迫害는 産業建設을참을수없는程度로妨害한때 東紡勞働者는當然産業建設을爲하야 그들의生存權을爲하야궐起하였든것이 八、一五以後가장特徵的爭議의하나이었든去六月中의東紡爭議事件이었다。今者로그때의東紡從業員들의 要求條件을列擧해보자。

要求條件

一、從業員外出自由와 寄宿舍內의活動自由

二、寄宿舍舍監은 勞働者들의選擧로任命할것

三、八時間勞働制實施

四、强制勞動、保險勞働者의無條件

從業
五、有給休暇制實施
六、基本賃金은 最低十五圓으로引上할것
七、物價手當은均一하게 三十圓으로引上할것
八、約束한製品配給의即時實施
九、勞働組合活動의自由
一〇、厚生施設을時急히할것
1. 洗滌場의擴張
2. 休憩室設置
3. 女工의特殊衛生施設
4. 病院施設擴充改善、低廉親切施療
5. 運動娛樂의施設
6. 食堂工員을增員하야 食事給米을專任케할것
7. 舍監을한房에合宿시키고 남은房은工員에게開放할것
8. 電氣다리미設備
9. 食事改善

以上의要求條件을보면어느하나當然하지않은것이없다。오히려그런要求까지해야되는가하는것을 異常히생각할程度로 當然以上의當然이며 그들이얼마나 奴隸的狀態에있으며 餓死에直面하고있었는가를可히窺知할수있다。끝으로 厚生施設整備擴充問題에對하야 八、一五以前以後를比較해서 어찌해서그런要求條件을提出하게되었는가에對하야 理解를갖게한다。

厚生施設整備擴充問題

— 第十要求條件各項解說 —

項	八、一五前	八、一五後
1. 洗滌場의擴充	元來洗滌用水口가二〇個있었는데 故障으로 八、一五前에는五六個所밖에쓸수없었다。	全部故障으로하나도못쓴다. 沐浴場에서는빨래를못하게한다。
2. 休憩室設置	無	無
3. 女工의特殊衛生施設	無	無
4. 病院施設擴充改善	專任醫師一名看護婦四名 (醫務室은있다)	市內開業醫가隔日한번씩들르며專任看護婦一人
5. 運動娛樂의施設	運動場、運動具等은없었다。그렇	風琴、피아노、조차없어졌다。

	나風琴과피아노各一臺이있었다。	
6. 食堂備員을增員하야食事始末을專任케할것。	女工에게설거지시킨일없다。	설거지를시킨다。
7. 舍監을한房에넣고房을우리들에게달라。	舍監은한人에있었다。	各寮에있고一名又는二名이한房을차지하고 女工은六疊에十三一十六名씩이나넣고있다。
8. 暖氣다리미施設	講堂한便구석에七八個設備해있었다。	한個드없다。
9. 食事改善	一日三食한끼에된창국에쌀밥한그릇(分量三合五勺)	一日三食한끼에수수밥(間或보리밥)한그릇에국한가지나, 새우젓, 콩나물, 시금치나물을준다 국을주면반찬은없고, 반찬한가지주면국은없다。 수수밥——米三, 수수七의比率이다。 보리밥——米六, 보리四의比率이다。 고기국은 두번먹었다 한번은陰歷설때한번은五月二十二, 三日頃이다。 그때는仁川府廳에서調査온다하니가 고기국에쌀밥주었다。 分量은四合五勺이라하나三合內外밖에아니된다

以上으로勞働者들은얼마나 人間以下의生活을强要當하고있는가를잘알수있을것이다。 東紡爭議에對하야長偉한說明을하였으나 이것한가지만보면 所謂罷業이勞働者의잘못이아니고 經營主——資本家側의無理와잘못에서 發生한다는것을두렸이알수있을것이다。

二、南朝鮮에있어서의勞働爭議

昨年八、一五以後今日까지 勞働者의鬪爭을세가지階段으로 난우기로한다。

第一階段 八、一五直後로全國各地에續起된 工場職場倉庫의接取及生活保障取鬪爭。

第二階段 全評結成以來所謂管理者를맞이하여 勞働條件改善과工場操業繼續及解雇反對를爲한鬪爭

第三階段 메ㅣ데ㅣ後反動企業主의挑戰과特히全評破壞를目的으로한分合幹部의强制解雇를發端으로이러난 政治的性格을갖인新形態의鬪爭

一、先進國勞働階級의領導와支持와民主主義聯合國의 英雄的鬪爭에依하여 日本帝國主義는打倒되였으나朝鮮獨立의主權은어느階級의손에도드러잡히지못한채 八、一五直後는興奮과混亂에흐르고있었다。

그러나工場、鑛山、鐵道、交通、其他모ㅣ든職場과産業機關에서、朝鮮勞働者는 或은自然發生的으로或은前衛의領導下에서 全國各地에서倭놈들에게서 生活資糧을빼서내는鬪爭과 敗殘日兵과親日派、謀利輩의發惡放火施設破壞物資放出을防備하며 自衛하는決死的피투성이의싸홈이展開된歷史的事實은 今後朝鮮歷史가人民의손에서씨워지는날 朝鮮産業은解放直後朝鮮의勞働者가死守하였다는것을大特特筆할것이다。

例를들면龍山工作、朝鮮皮革、森永等、永登浦一帶의勞働者가 社宅에서 事務室에서日本刀와短銃을놓리치면서 金庫쇠대와倉庫열쇠를떼서낸것이며 敗殘日兵이機械을漢江에집어너려든때 龍山鷺梁津의勞働者들이트립을때서내든것이며 全國各地에서勞働者의 英雄的蜂起가이러났든것이다。

日帝의彈壓下에서 監獄과地下에서싸우는前衛들이解放되여 表面에나타나그領導下에鬪爭이組織되고鬪員된것이 朝鮮飛行機鬪爭을導火線으로하여京電、朝運等大規模의싸홈이다。

이런鬪爭속에서、革命鬪士들의感激의邂逅가있었고 이싸홈터에서맛난鬪士의結合이全評結成의準備와基礎를만들게되였다。 그러나그當時의鬪爭은自然生長的이며 典型的이며分散的이었다。 그러나이것은곧克服되였다。卽監獄과地下에서나온前衛의精力的指導와、組織的連繫에依하여 十一月五六兩日에朝鮮勞働者는自己의組織을産業別的原則에依한全國的組織으로體系化하였다。이것이곧全評의誕生이다。 全評結成大會의決定書第六節에도 다음과같은指摘과決定이있었다。

「日本軍閥의獨裁下에서 非合法的地下運動으로繼續存在하든 모든勞働組合은全朝鮮勞働運動의全國的組織者는 創意者로서表面에進出하였다(中略)또한勞働者는그組織과運動에있어서 여러가지弱點과缺陷을가지고있었다。非合法時代에는색트的으로 大衆的組織이못되였으며 自然發生的이며 또한八、一五以後로는大衆化의길을열었으되 아즉統一的이못되였고 特히工場管理問題에있어서 極左的傾向을보였으며、生活手當及退職金等은、勞働組合의任務를忘却하고當面한것이며 을

으조아化及非階級性의一部沒理解가없지아니하였다。

二․二八․一五以後로부터 戰鬪的勞働者들의監獄으로부터解放된活動家의참가에依하여 一部不的缺陷은大體로克復되면서있고 大體로正當한路線을基準하고運動이發展되고있으며 短促한期間임에도不拘하고 五十萬의群衆을抱擁한組織이成立되였다。또八節에는大會는現下朝鮮經濟復興과建設이우리勞働者의가장重要한任務의하나이라고指摘한다。그것은우리國民의가장緊急한要求이며 우리勞働者의生活向上의前提的條件이되며 더욱히全國的大量的失業問題解決의열쇠가되는것이다。이것은가장重大한社會問題인同時에 民族的見地上가장至大한急先問題이다。以上의決定은當時合理的諸條件과 勞働者의工場管理를通하여 工場生産을向上하는傾向으로부터 工場[illegible]하는發展的方向으로發展시키면서 勞

働條件의改善을爲한鬪爭으로展開시킨 重要한契機를바꾸었다。

二、今年一月부터六月末까지 全評에報告된爭議는다음과같다。

金屬三六件、纖維一二件、出版六件、化學五件、食料三件、一般三件、造船一件、海員一件、鑛山一件、交通四件、土建八件、鐵道二件、通信一件、計八十三件

以上八十三件中重要한것을列擧한다

一、賃金引上、待遇改善을爲한鬪爭에있어서 生産的罷業運動으로써 賃金의三倍를引上시킨特例는三月十二日發生된釜山鐵工業分會의鬪爭이다。

一、散開된各場의要求를統一시키고 分會代表者의共同鬪爭에依하야 成功한好例는四月二日에發生한 朝鮮機械製作所의鬪爭이다。

一、反動과彈壓의暴風雨속에서 結合한勞働者의英雄的鬪爭性에依하야 自然發生的鬪爭이一月二十七日에發生한 光州鐘紡과若林製絲工場의女職工罷業이다。

이罷業은當時 全南一帶에當局의暴風이되는 反動의壓迫속에서어린女職工들속에서組織된罷業이다。全評에온報告는女職工의손에서서투른글자로씌워졌다。우리는이報告書를가장愛讀한다。

그報告의一節은이러했다。

「工場에서억지로쫓겨나서 강제로도망하여서려다가 어데인지도모르는감옥같은데에다 때버리었읍니다 그날밤우리동무들은 밤길몇십를걸어서 다시工場을점령하였읍니다。한동무도떠러진동무는없읍니다。우리는버리면하더라도지는싸리기는아닙니다。우리는全評組合員입니다。우리는꼭웠읍니다。우리는이기었읍니다」

一、勞働者의戰鬪性과全評의一線指揮에依하야 絶望되었든爭議를成功시키고 極度로對立되여있든感情의惡化를克服하고 明朗한職場

그럼으로 全評結成大會의 決定에 依하야 北朝鮮에 조선노동조합全國評議會北朝鮮總局을 設置하고 密接한自治權을 賦與하야 北朝鮮勞働運動을指導케되며 一九四五年十一月三十日平壤에서 十六個産別北朝鮮委員會를 組織함과 同時에 全評北조선總局을結成하고 平壤新義州八個重要都市에 地方評議會를 組成시켜 約二十六萬의 勞働者를 組織한것이다。

北朝鮮各地方評議會別組織員數(一九四六、一二、二五現在)

地方評議會別	産別支部數	分會數	組合員數
沙里院	九	四〇	三、七九九
元山	一五	一三九	一七、六四一
咸興	一三	一六八	四九、六一三
興南	六	四四	一五、四〇〇
平壤	一五	一五一	四四、二一九
城津	一五	八六	一三、四五一
淸津	一二	一〇〇	二八、八四四
鎭南浦	一五	一〇〇	六、一〇八
海州	五	四五	四、七〇〇
新義州	一五	一二〇	二四、一四一
江原道	(未 詳)		一七、六八一
合計	一二三	八〇一	二六八、三四四

北朝鮮産業別合組員合組織員數

産業別	支部數	分會數	組合員數
金屬	一〇	一七九	一八、六六八
化學	一〇	九二	二九、四六五
纖維	八	五一	九、一二七
出版	七	一〇	六四
交運	一〇	七一	二〇、二六九
食料	九	五三	一〇、〇一三
土建	九	六三	二六、〇〇三
木材	七	一〇〇	一〇、〇八一
電氣	七	四一	六、八六九
漁業	七	四二	一九、一四四
鑛山	六	一一七	二六、〇六四
遞信	六	四五	一、六五五
鐵道	七	一〇四	三一、九二〇
一般俸給	八	六四	一四、四四一
造船	六	一九	一、〇一四
合同		三	一五、七二九
小計	一二五	八〇一	二四一、五四四
江原道	(産別未詳)		一七、六八一
合計	一二五	八〇一	二五九、二二五

그後總局의 發展은 北朝鮮民主建設과 併行하야 飛躍的發展을 보게되었다. 同時에 南北의 連絡關係 및 運動의 戰術的差異는 北朝鮮의 獨自的立場에 있어서의 勞働運動이 要請됨으로 今年四月中旬平壤에서 總局第一次擴大執行委員會를 열고 全評總局으로부터 北朝鮮勞働總同盟으로 發足케된것이다。그러나 이는 조선 勞働階級의 分裂을 意味함이 아니요 徹頭徹尾 戰術的인 理由에 起因한것이다。

以上의 組織의 整備와 아울러 北조선勞總은 自己의 總力量을 集中하야 産業復興과 生産增進 및 勞働者의 生活向上을 爲하야 强力한 투쟁을 展開하므로써 北조鮮民主建設의 推進部隊的役割을 自負한것이며 北朝鮮人民委員會의 成長과 아울러 勞總은 그 組織의 擴大强化를 爲하야 全

勞働者及技術者一般事務員까지 包括할것을目的으로 同年五月二十四日第二次擴大執行委員會에서 北조선勞總은 北조선職業總同盟으로改稱하게된것이다.

그리하야 北조선 職業總同盟은 勞働者뿐만아니라 技術者事務員까지包括하야 同盟의行動綱領을承認하는 産業別職業同盟과 單一職業同盟으로써 構成한것이다.

例컨대 産業別職業同盟은 北朝鮮金屬勞働職業同盟, 北朝鮮化學勞働職業同盟, 北朝鮮纖維勞働職業同盟, 北朝鮮鑛山勞働職業同盟, 北朝鮮鐵道勞働職業同盟, 等々이며

單一職業同盟으로서는 北朝鮮敎員, 文化人, 商業同盟, 北朝鮮保健人職業同盟, 等々十六個同盟, 五十萬組織員으로서 結成되었으며 道에는 道委員會, 市에는市委員會, 工場職場에는 同委員會를設置하고 「生産하는者」는 總動員하야 富强朝鮮建設에邁進하고 있는것이다

北朝鮮職業總同盟의 行動綱領及責任은 다음과같다.

北朝鮮職業總同盟行動綱領

一、人民政權 北朝鮮人民委員會를 絶對支持하며 그의强化를爲하야 積極努力한다.

二、反動分子들과 堅決히 싸우며, 民主主義民族統一戰線을 强固化시키려고 民主主義臨時政府樹立促成을爲하야 積極努力함

三、北朝鮮人民委員會의二十個條政綱을絶對支持하며 그實踐을爲하야 絶對努力함

四、莫府三相會議의朝鮮問題에關한決定을絶對支持함

五、朝鮮人民의 生活向上을爲하야 工場, 鑛山, 鐵道, 運輸, 農業, 敎員, 文化機關의復興과 擴充建設을爲하야 積極的으로 그건설에 參加協力할것을任務로함

六、勞働規律과 國家法律에遵守實踐의模範이되며 努力, 創意, 組織과技術向上을圖謀하야 祖國復産運動을計劃的으로 遂行할것을任務로함

七、勞働時間은 實質的인八時間勞働制實施를主張함

八、勤勞所得에依하야 生活하는勞働者, 技術者, 事務員의最低生活을保障할수있는 最低賃金制實施를主張함

九、性, 年齡, 民族의 差別이없는 등일勞働의同一能率에 同一賃金制實施를主張함

一〇、七日一休制와 年, 二週間有給休假制 實施를主張함

一一、勞働婦人, 技術職業婦人事務職業婦人에게 産前産後二個月間有給休暇制를 實施할것을主張함

業에對한愛着이나 經營에對한技能도全然없는投機的謀利行爲이다。있는原料資材나故買하고 保證金의몇곱쯤의謀利나速히해보자는뱃장이니工場과物資를死守하여오는勞働者가 시키는대로듣지않고싸우는것은 愛國的本能인同時에 工場閉鎖를反對하고 操業의繼續을爲하여싸우게되는것은 勞働者自身의生活을爲하여 當然한것이다。

或若管理人은一方으로原料資材를放賣사取하며一方으로 操業하여生産品을親戚이나忠僕을시키여서 一手販賣를經營하여 販賣價格은生産價格의몇十倍乃至百餘倍로暴利를取한다。生産價格의無理한廉價는賃金低下는勿論 工場施設과厚生設備의擴充을不可能케하고 販賣價格의高騰은國民生活의混亂은勿論勞働者는헐값으로만드러서비싼값으로사게됨으로 二重의搾取와被搾取는눈앞에나타나對立하게되며 現物給與를要求하는過渡的 合理的要求鬪爭이始作된다。

例、生必工場、特히化學纖維金屬의一部

셋째 全評破壞를目的으로한 企業家의挑戰이다。

全評은結成以來朝鮮의現狀에立脚하여 現下勞働運動을愛國的勞働運動으로써 産業建設運動을中心課業으로함에反하여 反動的企業家는反動的階級鬪爭의道具로써一管理權을利用하여工場과職場을 反動的政治舞臺로使用하고있다。

그들은다음의 階段과形態를取한다

一、全評에對한惡宣傳과謀害를 놈은의常用語敎說一貫으로始作한다

勞働者는全評을支持한다。

二、大韓勞總加入을强要한다。

勞働者는拒絶한다。

三、우리工場은全評도아니고 大韓勞總도아닌獨自的組織을하가고덤빈다。

四、分會幹部를無斷解雇한다。

五、解雇理由合理化를爲하여 惡質通과同僚離間策을動員하여 所謂得勢의나라를원料理집으로社交場으로 돈과술과계집으로亂舞시킨다。

分會幹部한사람을解雇시키기爲한費用이 工場의衛生施設이나 賃金引上에充當할以上의巨額을消費한다

六、檢束과反動的테로。

七、反動政治뿌로카의反動的政治交涉。

以上이反動企業家의 全評分會破壞工作을爲한挑戰行使이다。

最近에나타나는新發術로써

一、일부러勞働條件을갑작히惡化시키여서 勞働者의反抗을挑發하고 罷業을煽動한다。警察干涉의口實을만들자는수작이다。

二、大韓勞總를끌入시키여서 通謀한個別과暴力을부티여서 罷業과暴行을誘導한다。

三、惡質大韓勞總特히北鮮에서 쫓기어온테로分子를工場內에採用하여機密費로買收하고 工場內의勞

察權은주워서 分會員의威脅、人權蹂躙、恐喝、暴行、風紀紊亂으로挑戰을繼續한다。

四、分會員들은一方脅迫一方買收로써大韓勞組를强制하면서 分會에서提出한要求條件은拒絕하고 大韓勞組로하여금要求條件을 提出시키여서承認하여줌으로써 勞働者들을欺瞞하고分會破壞를敢行한다 南朝鮮企業家의九九%는 過去親日派民族叛逆者戰爭協力者들이다그들의奸智와術策은特히 美蘇共委休會以後에極度로發惡한 南朝鮮單獨反動政權樹立을爲한 新反動政治브로카ー들과野合하여 全力을集中하여全評組織破壞에充血發狂하고있다。

그러나이와같이親日派民族、叛逆反動政治부로카와野合한 企業家의反動的攻勢와挑戰은 强度의生活難에빠진勞働者大衆으로하여금싸우는길밖에 헤처나갈길이없음을가르켜주는同時에 勞働者의日常生活과活動의些少한利益과 自由를確保하기爲하여는 人民民主主義政權樹立이없이는不可能하다는것을 自身의生活과鬪爭속에서確實히알게되었다 한職場한工場의勞働者의 最低要求를爲한싸움이 豫想以上으로敵의總力量을動員하여 덤비는集中的攻擊에부다치는同時에 一個勞働爭議가 進步와反動의政治鬪爭의 形態로메ー타로化하였다。和信ー東紡ー朝貿의싸움은南朝鮮에있어서 勞働運動의發展과深度와强度를나타낸歷史的事件이다。

四、나는以上에서勞働者의 生活狀態와그를改善키爲한勞働者의鬪爭과그鬪爭이急速度로政治鬪爭化함을말했다。卽

첫재 南朝鮮勞働者는 이때가지그는到底히헤나갈수없다。

둘재 죽지않기爲하여는 싸우지아니하지못한다。

셋재 勞働者가살기爲하여는 南[illegible]이人民民主主義的政權樹立이되는데서만可能하다。

그리고特히注意할點은

첫재 勞働者는階級의좁은울타리를버서나서 愛國的勞働運動으로써人民民主主義 朝鮮産業建設運動을中心課業으로함에反하여 企業家는反動的階級鬪爭을强要하며、工場閉鎖 産業사보타ー쥬를敢行한다。

둘재 勞働者는일하기를要求함에反하여、企業家는罷業으로强要한다。는點

、셋재 勞働者는經濟的要求를提示함에反하여 企業家는急進的으로政治問題化시키는發惡

이와같이南朝鮮에있어서는 反動뿔조아지ー는自己沒落의過程에있어서 最後發惡의戰術로써 反動的階級鬪爭을挑戰하는것이며 이는同時에[illegible]者의食慾을刺戟하여 迎合하는要因的叛逆罪인것이다。

特히反動뿔조아지ー의急進的팟쇼化의 重要한要因은日帝가敗退한後뿔조아지ー로서 自己階級이形成되기前에 朝鮮勞働者는自己의階級的組織을全國的으로完成한곳에서 朝鮮뿌르조아지ㅣ의憎惡와 攻擊의目標가全評이되여있는것이며 여기에反動뿌조아지ㅣ의 팟쇼化의一路를促進시키는同時에 焦燥와發惡과테로手段이오는것이며 全評破壞를唯一目的으로한 大韓勞總의金造가生起는것이며 大韓勞總는創立과同時에反民主義的部分性까지를抛棄하고純全한不良團에로國體化하여바린것이며 이는오로지美軍政의庇護에숨어서 殘命을保存하는朝鮮反動뿌조아지ㅣ의沒落의吊鐘이며 最後의發惡인것이다。

最近에 그들은工場의 拂下를積極的으로努力하는中인데 이는어느程度까지實行한것이다。웨냐하면 日帝의敵産이全部國營化되는것은 朝鮮뿌조아지ㅣ의經濟的뿌리를박음을주지못함이니 敵産의一部를拂下하며私有함으로써 反動뿌조아지ㅣ의經濟的根據를잡을뿐만아니라 反動的封建地主와結托하고 現存軍政貪官吏들의現存反動勢力의延長强化를爲하여 即時獨立이라는美名下에勤勞人民의利益과權利를抹殺하고美軍政下에支持되고있는反動的뿌르조아지地主及政治뿌로카ㅣ의反動政權樹立을爲한 政治金擔川의基地로工場을利用하자는대 그들의焦燥와念慮가있는것이다。이는同時에世界獨占特히 結束에對한嫉妬에불타는 反動的金融資本家의帝國主義的野望達成을爲한 朝鮮植民地化의反動的支柱로써 自己地位의維持와發展을노리는 帝國的陰謀인것이다이러한政治的陰謀와 反動性을가지고 工場에덤비여진는들의絶對的政策은 爲先全評을破壞하는目的에集中되는것이며 이러한反動的攻勢에對하야 勞働者의利益과自由를爲하여이러난싸홈은 또한가장惡質的强壁에부닥치는것이다。그러나 반듯이朝鮮은人民民主主義國家로써 完全自主獨立될것이고 朝鮮의勞働者는解放되고야말것이다。南朝鮮勞働者는美蘇共委休會以後에부닥친 몇군데에싸홈속에서 自己의些少한利益과自由를爲하는싸홈이同時에 反動的政治壓力과싸우게된다는것을아면고 惡質的彈壓과反動的테로와싸우지아니하면아니됨을알었고 그는困難하고벅찬犧牲과 가시덤풀의싸홈더인것을아었고 그싸홈속에서더욱굳어지는同志와勞働者의 洗練된團結力을배웠다。그리고 勞働者는自己를爲한싸홈이同時에 全朝鮮三千萬民族이 다같이幸福스럽게살수있고自由스러웁게發展할수있는 朝鮮人民民主主義路線의 先鋒隊임은께다를며 愛國과犧牲속 에서오히려榮光과解放一週年을맞이하는 南朝鮮勞働者는 段이反動的攻勢에對한守勢防備로부터 새로운局面을打開키爲하여 새로운戰術의適用에過去日帝의彈壓下에서三、勇敢히싸워온一衛의經驗과技能을攝取하야 지난一年동안의大衆的經驗과싸홈의組織的基礎외더욱빛나게살니고 自己隊列의整備에새로운決意와戰鬪準備에분타고있는것이다。

全評은그先頭에嚴然히健在하고있으며 勝利는우리에게있는것이다。

第十章　土地問題

三七制鬪爭

三七制가나오게된國內外的條件

三七制는어떤條件에서나오게되였는가?

朝鮮의小作料은世界的으로有名하다。農民의再生産力까지도完全히奪去하였으며、農業生産에必要한投資와 技術應用等의合理的方法은姑捨하고 農民이所有하고있는幼稚한生産手段도 充分히應用할수없는矛盾은結局、農業生産의發展을阻止하고農地의荒廢化를이르키게하였다。

即一九三九年 耕地面積이四百九十五萬八千五百七町步에서 一九四三年末에는四百二十一萬九千七百九十町步로減少된것을보아도알수있다그욱히地主는不勞所得만収하여오고 荒廢耕地나改修를要하는土地에對한 投資를極力忌避하는現象(八、一五以後더욱甚하다) 等은 民主主義發展과國家建立의內容을準備하기爲한 農民의自由로운發展과 生産을爲하야 農民自身에게土地를주는土地改革이얼마나緊急한것인가를알수있는것이다。

即朝鮮農民에게勢力과家族數에따라 土地를無償으로주는 世紀的進步的課業을 實施할수있는準備的事業으로서 三七制의意義는重大한것이며 어는오직 朝鮮에있어서 反動的封建的勢力을、그대로土台로하므로서 搾取와支配를維持하여온日帝를打倒한 聯合軍即國際民主主義的인 進步的勢力의德澤을입을수없는것이다。 勿論우리는自由의勢으로解放된것은아니나 實質的內容있는解放獨立을戰取하는問題는 우리自身의力量과鬪爭如何에 달렸다는것을이커서는안될것이다。

모든進步的政策과勢力을蛇蝎視하고 反對하는分子를即日帝의殘滓勢力과 一民族叛逆徒輩와、親日的封建殘滓의强大한勢力과 싸우지않으면안되고 完全히勝利할수있는 우리의힘이튼튼하여야하는것이다。

더욱히이모든勢力은農村에根據하고있다는것을이즐수없다。前日人所有土地만沒收하면 朝鮮의土地問題가解決된다고떠드는것等은 全然當치못한地主의代辯者의 잠고대에不過하다。

即日人所有는全耕地의一割程度에不過하고 朝鮮人地主의所有는實로四百三萬餘町步에이르고있는것이다그럼으로八・一五는우리에게 日帝로부터解放은시켰어도 國內反動的封建的殘滓에서 農民이解放된것은어름이아니요 오로지國際民主主義的인進步的勢力의援助아래에 우리自體力量과및鬪爭에있어서 決定되는問題인것이다。

全農은三七制에對한結成大會에있서다음과같이決定하였다。

「八月十五日以後의 우리民族解放은 우리의主體的힘에依해서가아니라 民主主義聯合國의勝利에依하야約束된것을實現하여야한다 土地問題解決이中心問題인데 이것을爲하야 우리民族이當面하고있는가장緊急한任務는하로밧비 民族統一戰線을結成하야 民族的完全獨立과眞正한民主主義政府를樹立하는데있다。—中略—當面任務로내세운土地改革의實踐問題로서 우리는첫재로日本帝國主義와民族叛逆者及大地主의土地는 이를沒收하야 農民에게分配하자를要求한다。그리고良心的인朝鮮人地主의小作料는 三七制로實施하기를主張한다。

日本帝國主義의搾取와彈壓下에가장苦痛과悲慘한生活을하여온것은勞働者農民들이다。그렇므로日本帝國主義가敗退한오늘 朝鮮農民들에게正當한利益이 保障되어야할것은當然한일이다。

一、小作料의納付는原則으로現物制를金納制로變更하되、時히地主가自己倉庫에保管하기爲하야必要로할때는 現物制로할수있다。勿論이때의包裝運搬費等은地主가負擔한다。

—下略—

三七制의歷史的意義

우에말한바와같이 土地問題의根本的解決은國家에서沒收하야이것을農民에게노나주어야함에드不拘하고解放後의人民共和國의政綱이나十二月八日全農結成式에있어서 왜所謂三七制小作料를決定하였든것인가。

이것은그當時農民의自然的或은意識的인革命的氣勢는나날이크고解放의기쁨은當然히小作料不納으로나갔으며 이를激하야農民運動의成長에對하야小作料三七制의決定은 朝鮮에있어서 土地改革課業의根本課業을抛棄하였든것인가? 아니다 다음의南北鮮의相異한條件下에서도 亦是三七制는歷史的階段的政策으로서主客觀的情勢와條件下에얼마나正當한決定인것이였든가를알수있다。

1. 北鮮에있어서붉은軍隊의進駐로말미암아日帝殘滓勢力은完全히淸掃되었으나아직도社會經濟的으로日帝와野合하는反動的封建殘滓勢力을깊이뿌리박고있는것이다。또人民自身의主體的力量이충분히成就하지못하였고 人民의主體를確立하기위하야게단적으로위서야정책을세우면서共產黨의指導밑에서가장短期間에勞働者農民의굳은同盟下에知識層一般市民까지도包攝한廣範한人民의自主的勢力으로 三七制鬪爭을成功的으로完遂하였으며나아가今年正月에北朝鮮臨時人民委員會의新政策을보게됨을따라北朝鮮土地改革을爲한指導에着手하게된것이다。그렇므로이階段的鬪爭目標로서三七制는國內外情勢로보아過渡期的政策으로서가장適切하며正當하였든것을알수있다。

2. 三八以南의南朝鮮에있어서는美

軍이들어오면서人民의自主的主權行使를承認하지않고 一切政權行使는美軍政이한다고하였다。昨年九月二十三日에「土地所有權에何等의變化가없으니 小作人은從來대로地主에게小作料를바치라」며 기에자라나오는革命的‥全農民의氣勢에戰々兢々하든反動地主는힘을다시얻게되고 나아가서從來대로自己의權利를主張하게되였다。小作料問題에있어軍政布告第九號로原則을物納으로하고 境遇에따라金納으로할수있는것과收穫物의三分之一을超過못한다는內容의法令을發布하여 所謂小作料三一制를實施하게되였다。全農도三七制와三一制는大差가있고當先進步的政策의內容을支持하기로하였다。그러나地方에따라小作料不納을主張하는農民의解放氣分과으래혼없은關係로소름다의交換等으로、小作料問題에對한見解의不徹底와統一의缺如三위어三一制度實施는많은困難에逢着하게되였다。全農은全般的으로軍政에協力하여多大한成果를얻게되였는것이다。

그와反對로農民團體가覺醒이不充分하고또한이弱한데있어서는地主의惡質的恐嚇과脅迫에못이겨從前대로或은三七制以上으로준데도있다。이三七制鬪爭을通하야農民의漠然한解放氣分에서나아가서總局的目的의貫徹을위하야 누가그들의指導者이며同盟軍인가를굳게認識하여制御할수없게되였으며、全農傘下의各道聯은各部落組織을通하야 혜로와地方警察과軍政을背景으로하는惡質的彈壓에드不拘하고 差大한力量을集結시키고있으며 民族이가지는最大의大衆團體로되여있다。더욱히北朝鮮土地改革後는 農民에게土地를달라는소리는가장切迫한現實的인民族의 아우성으로되고있다。

三七制의實質的內容

여기에서잠간우리가要求하는三七制의實質的內容을說明하면서어데까지든지名目만은三七制으內容에있어서는從前대로搾取를强化하려는地主輩들과 또는軍政內部에潜入하야가진惡法의實施를强要하는 그代辯者들과의果敢한鬪爭의必要가있기로一言한다。

이것은다음의(1)耕作權問題와도關聯이있기로大略다음의諸條件을걸기로한다。

우리는全農結成大會에서小作料金納을原則으로하였다。物納이나金納이나地主에게小作料를주는데있어서는마찬가지가아닌가이렇게생각할는지몰으나 여기에는大端한差異가있다。

例컨대地主는小作料를바든所出穀物中에서品質의優秀한것을골나바치게하며 同時에市場價格에서보는地主의莫大한利益도重要한條件이되여있다

더욱히朝鮮農民을封建的諸桎梏에서解放됨이없이經理의商品化는植民地的原料獲得과、商品을高價로팔기爲한政策의必要에서나온것이다。이것은商業資本과高利貸의農村支配와跳梁에一任하게되었든것이며 農民이地主에게現物로地代를바치게되고는 上典과奴隸의人身隸屬은버서날수없는것이다。

地主가主張하는看坪斗量과檢査制運搬、精米問題等이다 農民의實質小作料引上을意味하는것임을알수있다。

新韓公司小作條件中의小作權一年契約等을亦是全農이反對하는理由도朝鮮에있어서 小作爭議의八〇%以上은 作權移動問題에있다는것을보아도 얼마나小作契約期間이重大한가를알수있고 土地는投資는하여도利潤의回收가느짐으로 農民이安心하고投資하여耕作할수없는것을말한다。

作權移動을빈번히하므로利益을보는것은 地主와舍音인것이다。

그리고小作料에있어서所謂總生産의三分之一의主張(全農發表新韓公司小作條件) 即二毛作은 勿論間作裡作等도主張하는結果는 軍政이實施한三一制의根本意義가奈邊에있는가를疑心치안을수없다。

이二毛小作料는五月正式農商部長談話로廢止하기로決定된것이다。

結論

三七制는農民의切實한要求인土地改革의根本課業을放棄하거나、封建的殘存勢力을容認하는것이아니고徹底한淸掃를하기爲한準備鬪爭의表現이며 이鬪爭을通하야廣汎한農民大衆을日常經濟的인利害를通하야 그들에게解放과政權樹立이라는政治的問題와不可離의關係를認識케하는問題이며그勢力을意識的自覺과高度의組織化에結束시키면서 朝鮮進步的勢力의强大한主體的力量을構成하는데意義가있어야될것이다。

三七制鬪爭을넘어過少評價하는傾向即小作料不納은 長久한時日을通하야封建地主層이農村에뿌리박고있는勢力과 農民의從屬觀念과無自覺한現狀을過少評價하는것이며三八以南에있어 三七鬪爭의經過를보아도알수있다。

(農民運動이比較的進展되여있는慶北도、全農大會結成時報告는三七制完遂는겨우三七制에不過하다는것이며慶南亦是三七制를完遂못하였든것이며全南全北도다그러한것이다。

、붉은軍隊進駐下의北鮮에있어서도農民은地主에게三七制를保認하고裡面으로는例가不少한것을보아도알수있다。

또한편朝鮮의現實로보아三七制에滿足안할수없다는傾向、即右翼的인傾向과는果敢한鬪爭의展開가必要하다。

이들은土地有償沒收政策과相通되는 階級的利害를代辯하는內容을가지고있는것을알수있다。

卽土地를農民에주되地主의影響과 高利貸踐渠의길을封鎖하지않고는 農民은自己에게分與된土地를保有할수없고 새로운轉落과地主의隸屬下에있게될것은明確한事實이다. 우리는國際的으로各國家에있서實施되고있는 民主主義的課業의重大한內容을意味한 土地改革政策을支持하며 우리도하로빨니落後됨이없이 土地改革의課業을實行할수있는 主體的力量을準備하여야하며 우리政權樹立의要求는곧小作을目的하는地主의土地를沒收하야 勞力農民에게無償分配하여 從前의高利貸的諸負債에서 農民을解放하여야하며 그럼므로北朝鮮人民委員會의土地改革法令을 絶對支持하는바이며農民을解放하여줌 가장徹底한政策으로南鮮에있어서도 하로라도速히이土地改革法令의實施를要求하는바이다。

이當面한國際的情勢와國內革命的인進步勢力의 成熟과農民大衆의土地要求의切迫性에呼應하야 五月四日五日의全農擴大委員會에서從來의三七制를中心으로하는 運動方針과行動綱領의修正을다음과같이하기로決定하였든것이며 現情勢로보아가장正當한것이다。

全國農民組合總聯盟 擴大委員會決定書

一九四六年三月二日北朝鮮人民委員會에서發表하였으며 三月末까지完遂한土地改革法令에對하야 歷史的課業을遂行할準備期間이없었음에도不拘하고 붉은軍隊가 朝鮮을日本帝國主義의暴政과彈壓밑에서解放시킨後朝鮮의政治經濟上에있어서民主主義方向에로迅速한發展을爲한指導援助와아울러 朝鮮共産黨北朝鮮分局의옳은路線아래農民解放을爲하야晝夜不顧하고싸워준偉大한功績을이루었고그指導下에서 全農北朝鮮聯盟은그自體의歷史的使命으로朝鮮의土地革命課業의遂行에積極參加指導하였을뿐만아니라 나아가北鮮百萬農民自身의손으로서解決하는 民主主義的革命的方法에그主動이되기에獻身的으로努力하였음에對하야全國農民組合總聯盟擴大委員會는進步的革命性과 그正當性을더욱徹底히是認하며歡賀하는바이다。朝鮮에있어八一五以後朝鮮人民에게賦與된主要한課業은朝鮮民族의自主獨立과完全解放이다。朝鮮人의七割以上을占하는絶對多數인農民의解放은 朝鮮民主主義的實現에있어서決定的條件이되며 이는農村의封建制度를打破하야地主와小作制度를없게하는土地問題를平民的으로解決하는데있다。이러하므로서만 將來的으로는農村의發展을障害하는封建的搾取形態인封建生産關係는淸掃되며 農民의發意的農業을基礎로한生産力의自由로운發展의길을열려주어 自由로운耕民이地主없는土地에서自由롭게耕作함으로서만 農民의生活은前進的으로向上할수있으며 農業生産은急速히近代化할수있고 또都市工業은

決定的으로發展할수있는것이다。따라서우리民族은永遠한富强과繁榮을누릴수있으며 社會經濟의自由로운길이열어질수있는것이다。朝鮮의民主主義路線의建設과土地改革의두개問題는決코떠러진別個의課業이아니고 民主主義的自主獨立은封建的遺制의肅淸의根本問題인 土地問題의平民的解決이없이는不可能하며 이土地의平民的解決은또한自主獨立이없이는遂行되지못하는것이다。北朝鮮에있어서土地問題의平民的解決은그政治가完全히 우리의손으로된民主主義的臨時人民政權이樹立되었으므로完遂되었든것이다。우리는더욱히北朝鮮土地改革을施行한北朝鮮人民委員會에서 그實踐方法을正確히把握하였음을左와如히指摘한다。

1. 農村委員會의組織은貧農、土地없는農民、土地적은農民、農村僱傭者로組織하므로 農民自身의가장徹底한創意와實情에適應한方針이 곧效果있게發揮하였다는것。

2. 農民의要求를가장切實히들어주었고 適當한方法으로解決하였다는것。

3. 農民들이農民自身의主體的力量인人民委員會 農民組合을通하야自信을어든것。

4. 勞働者나農民이더욱團結하여이土地改革에對하여成果를주었다는것

5. 反人民的要素인地主、親日派、民族叛逆者等의策動을徹底的으로掃蕩하였다는것。

6. 各政黨及社會團體는完全히이土地改革의實施에協力하였다는것。

7. 올조〃民主主義革命段階에있어서 모ー든問題를옳게把握하야農民에게自己耕作土地所有權을永遠히附與하였다는것。

8. 極左的極右的誤謬를勇敢히嚴格하게批判하야肅淸하였다는것。

等이다。

南朝鮮에있어서우리의主觀的客觀的條件이北朝鮮과달러 이土地改革은곧實踐할수는없었으나貧困한農民自身의切實한要求로實現의具體化를爲하야爲先本質的方法으로解得하여그歷史的意義를强調하는事業인全國農民組合總聯盟은이미四月中에南朝鮮各道의擴大執行委員會를通하야 이中心課業에對한態度를明確히規定하였으며 우리의새로운活面의指針을樹立하야活潑히展開하고있다。이土地問題의解決에對한事業과民主主義政權樹立에對한事業에는農民自身이總力量을集結하야 그事業의原動力이됨으로서解決되는것이며 그前衛的指導活動은더욱擴大强化하야完全히農民大衆속에들어가게뿌리를박어强力하게機能을發揮하게되었다。南部朝鮮에있어서는日帝의殘滓的勢力이掃蕩되지못하야 親日派民族叛逆者等과反動派政客들은 必然的으로野合하여서 民主主義陣營에對한最後的野蠻的攻擊을敢行하고있으며나아가서는政權樹立에總力量을集中하고있으니 이러한最後的인惡質的發惡은日帝時代以上의地主的搾取에依

據하는封建式的內容을主張하므로서進步的土地改革을反對하며 欺瞞的土地政策을내세워農民을搾取의鐵鎖로무고려하는現狀을이루고있다。이러한反動的反民主主義陣營의 "데마"와欺瞞的土地政策으로逆宣傳을激烈케하고있음에도不拘하고 全農民은北朝鮮土地改革을絶對支持하고이를하로速히全國的으로實施됨을要求하고있다。 農民運動指導者는이要望을實踐하는 前衛的役割을하여야하며또하고있다。 우리는如何한難關에直面하더래도 더욱農民大衆의組織을擴大强化하야 團結이란偉大한힘으로서 反動陣營을徹底히粉碎하여야한다。

우리는三七制의小作料獲得鬪爭、小作權移動反對鬪爭 食糧問題對策에對한鬪爭等을 果敢히展開하고왔든힘을 더욱强烈하게 總集結하야根本的問題인農民의完全解放을爲한土地問題의 平民的解決에對한鬪爭으로轉換하야 農民大衆을이方向으로이끄러解放하게運動을展開시킬階段에到達하였다。이成功如何가朝鮮의完全解放과自主獨立을決定한다。우리는이土地改革이비단北朝鮮에서만局限될것이아니다。全國에이것을實施하는데서우리의歷史的使命은完遂되는것이다。그럼으로모ㅣ든反民主主義陣營의 土地政策을排擊하고眞正한民主主義的土地政策을爲하야이것을實踐的으로遂行할수있는 民正한民主主義政府樹立을爲하야모ㅣ든鬪爭의力量을集中하여야한다 우리는오즉우리의光輝있는前途를開拓하야 歷史的使命을完遂함에民族的總力量을集中하기를決定하며 當面運動方針에對한行動綱領을(昨年十二月全農結成大會時決定한當面要求條件) 客觀的情勢와主觀的力量에서다음과같이修正하기로決定한다。

一、日本帝國主義者親日派、民族反逆者의土地를沒收하야 無償으로土地없는農民、土地적은農民에게無償分配하라。

二、五町步以上、自耕치안는地主及聖堂、僧院、其他宗敎團體의所有土地와面積을不拘하고 繼續的으로小作주는全土地는沒收하여 雇傭者土地없는農民土地적은農民에게無償分配하라。

三、農民이所有한小山林를除外한全山林과河川沼澤等을沒收하여 國有로하고利用權은農民에게公開하라。

四、水利組合及一切灌漑施設을國有로하고그管理는農民이하자。

五、農産品과工産品의價格을適正히調節하라。

六、金融組合農會産業組合은即時協同組合으로轉換시키고 參加農民이管理하라。

七、地主及高利貸金業者에게서借用한雇傭者와農民의一切負債는取消하라。

八、農民銀行을設立하야農民에게生産資金을融通하라。

九、農民의不足食糧을即時配給하라

一〇、肥料農具農民生活必需品을印時配給하라。

一一、國家負擔으로 託兒所授乳所産兒院等을設立하라。

一二、國家負擔으로農民教育文化施設을擴充하고 義務敎育制를實施하라。

一三、農村醫療機關을擴充하고 農民娛樂機關을普及하라。

一四、階級身分及男女에對한差別을撤廢하고 一切封建的慣習을一掃하라。

一五、農民이參加하는民主主義政府를세우자。

一六、政權形態는人民委員會로하자

一七、男女十八才以上은 同等한選擧權及被選擧權을獲得하자。

一八、言論集合結社出版信仰의自由를獲得하자。

一九、農民은勞働者와굳게團結하자

二〇、反民主主義勢力과팟쇼殘滓를掃蕩하자。

二一、農民은全農旗빨아래로!

二二、民主主義民族戰線萬歲!

二三、蘇美共同委員會萬歲!

二四、朝鮮民主主義臨時政府樹立萬歲!

—以下略—

二毛作問題

여기에 論議되는 二毛作問題는 二毛小作에 對한 問題이다。다른問題와 三關聯되어있으나 特히 三七制問題와 關聯되어있으며 二毛作의 沿革이나 慣行等은 材料不充分도 있고 여기에서는 取扱치 안키로하며 더욱 全農幹部를 七月九日과 十三日의 二回에 걸쳐 檢擧한 理由는 所謂 夏穀收集問題와는 不可離의 關係에 있다。

二毛作은 農民이 春窮期, 麥嶺期를 이것으로서 延命을하여 秋收期까지 生計를 維持하는 主要한 것임으로 世界高率의 小作條件에도 地主는 大體로 二毛小作料는 받지안키로 되어있다。

그러나 大田을 中心으로한 一部와 慶北大邱迎日等地에 있어서 農家密集地帶와 地味와 灌漑設備等이 좋은지방에 있어서 二毛小作料를 받은 例가 있으나 이것은 例外에 屬하는 것이며 또그 秋期에 五%의 程度로 벼르 받던 것이다。今番 二毛作問題가 重大化된 理由는 新韓公司의 小作契約條件에 基因하는 것이다。

新韓公司의 小作契約第五條에「五、小作料는 執租制로서 甲乙協議하야 決定하되 畓田을 勿論하고 栽培品種外로 總生産量의 三分之一을 小作料로 定하고 甲(新韓公司)의 指定時日에 納付하여야 할것—以下略—」

即總收穫物의 三分之一을 主張하는 것으로 二毛作뿐아니라 間作裡作等의 적은 部分까지도 小作料徵收의 對象으로 하고 있다。

그들은 이 小作契約條件은 軍政法令의 三一號에 違反됨이 없다고 하고 있다。

「軍政布告의 法令의 第九號에 小作條件은「總生産物의 三分之一을 超過못한다」는 것으로 되어있음으로 全農은

일직이이點에着眼하야各道民은各道農林部長에게그正當한解釋을要求하였든것이며卽穀生産物은主作物을말하는三一制나그렇지안으면二毛作物全部를包含한問題이냐를質疑하였든것이다此의例를들면道農林部長은이問題로京城에出張하야李勳求氏의詳細한指示를要求하였으나決定이없다는것이四月初旬頃의回答이였다。

우리는얼마나執拗한對抗的殘滓勢力의猛烈한策動이不絕히農民의搾取의再强化와持續을爲하야策略을企圖하고있는가를알수있는것이다。

新韓公社의小作契約條件은軍政의小作問題政策을代表하는것으로곧發令만엿보고있는地主에게三一制實施의根本意圖는날러가고 南朝鮮의地主가二毛作을 한개의假例로小作料를要求하게될 危險이充分하였든것이며 그不當性과反動性은指摘하고民族的良心에呼訴하는問題로」輿論化하였으며新韓公司內部에있어서도進步的인分子의軍政에對한 建議로나타나게되였든것이다。

이리하야二毛小作料問題는五月五日의李勳求農林部長의談話發表로主作物의三・一制」로糾明하게되여問題는一段落을찾게된것이다。

一、民主課業은土地改革으로부터始作된다!

一、土地改革을 쟁取하기爲하야 農民은一致團結하야果敢한 鬪爭을展開하자!

一、軍政을撤廢하고政權은 人民委員會에넘기라

一、農民을無限히蹂躪하는 一部反動警察을徹底히處罰하라

一、人民의民主發展을妨害하는・民族叛逆者親日派、팟쇼分子를人民의偉力으로 完全히肅淸하자

一、草根木皮로延命하는 農民의쌀주미니를뒤지기말고地主와謀利輩의倉庫를뒤지라!

一、生活必需品은 謀利輩의손에주지말고農民에게卽時配給하라!

一、土地를有償分配하자는 反動派의欺瞞에속지말자!

一、農民이積極參加하는民主政府를세우자!

一、農民은農民組合기발밑으로!

土地所有關係

封建的小作關係는오직 土地를占有하므로서 農業生産過程에있어아모런關係가없이 即非經濟的條件밑에 生産者인農民을搾取하는關係를이르는것이며 이것은우리朝鮮에있어서는 一方에는少數의地主가 絕大多數의土地를占有하고 他方에는土地가全然없거나 生計를到底히維持할수없는 적은土地를所有하므로서 土地所有者인地主의土地를빌니지안을수없게되여있는것이다。이것은土地所有의數字를보면明瞭히알수있다。即小作關係는土地所有關係를들으고서는說明할수는없다。우리朝鮮의總耕地面積은年々히森備에따아增減은있으나 一九四二年度현재로

논 一、七六七、七四四町步
밭 二、七〇七、九八一町步
總計 四、四七五、七二五町步

全農家戶數는(一九四〇年)三〇四六、五四六戶의 三·三%(一〇〇、五三六戶)의地主가 全耕地面積의六二·二%(二、七七五、七四二町步)의土地를占有하고 全農家戶數의九六%의農民이 全耕地面積의三七·八%(一、六九九、九六三町步)의土地를所有하고있는것이다。

이것은一部少數의地主에게土地의所有가集中되여있으므로 絕對多數의農民은 封建的農奴的小作關係에隷屬되여있는根本條件을構成하고있는것이다。

土地所有의形態는 李朝時代의野蠻的亞細亞的封建李朝兩班特權社會의身分的明文、土地所有關係의不明確한關係에서 日帝의韓鮮合併以後그들은侵略의野望을 오직이土地所有關係를確立시키므로서 大體다음의目的을達成하려하였든것이다。

一、土地所有制의確立을名目으로從前의國有地、驛屯土、王室墳墓附屬地와、農民의傳統的인 土地耕作의緣故地를收奪한것

一、朝鮮의植民地的從屬을强化하기爲하야 封建地主官僚와野合하였으며 近代的資本主義的媒介으로土地所有의過剩耕作을保障하여준것

一、自由意志에基因하는土地所有의法律的賃借關係와 契約關係에로의轉化는 處分의自由로封建的약탈과 植民地的强盜的方法으로 急격한一部地主와日帝에게兼併化過程을밟게한것

一、商業市場과 값싼原料의供給地로서目的을達하기爲하야 生産關係의封建的뒤떠러진制度를그대로存續시키면서 農民生産의商品經濟化의結果는、商業資本과高利貸의貪婪한誅求에一任하게된것

一、값싼勞働力의供給者로 沒落된農民의廣汎한部分은 筋肉勞働을팔기위하야都市를차저나가게된것

一、日本의勞働市場과 滿洲로流浪하게된것

이모든結果는 農村의過剩人口를낳

게하고 土地飢餓은새로운高率小作料로나타나게되고있다。

이目的을達成하기爲하야 日帝가 土地와林野 即全國土를收奪하기爲한첫着手로 一九一二年「土地調查令」을發布하고 土地調查事業을進捗시키면서「不動產登記令」「不動產證明」等과아울러 前後九年을經過하야 一九一七年七月에網羅測量까지完了하였든것이다。

이結果日人이所有하게된土地는一九四一年現在로

日人土地所有面積　　四二四、二三三町步

에이른것이다。大規模의土地所有는當然日人을首位로되였음은 다음의表로써면알수있다。

(一九四一年現在)

	朝鮮人	日本人
三百町步以上	一二三人	一二六人
一千町步以上	九	四四

日帝의東拓、不二、迫間等은가장커다란土地所有者이다。

東拓은五四、五一八町步로 以南만은三七、六九〇町步(一九四六年三月調書)의多數를筆頭로 朝鮮興業、海南農業、全南農業、不二、迫間等大體로四十二萬四千餘町步의土地所有로되여있다。

一九四一年度의國有地는 民有地의一五、二〇四千町步에對하야 五、五三六千町步 即總數의二割七分이다 이러한土地所有關係는少數의地主에게轉居된、自作土地가全然없거나그렇지않으면極히적은土地를耕作하되生計를維持하기爲하야地主에게隸屬되지안을수없는것을알수있다。

耕地規模와零細農民

一九三八年現在 朝鮮의地主數는一〇〇、五三六戶이며 小作農은一、六八七、三〇〇戶이며 自作兼小作農은七二萬三千戶이며 自作農은不過五四萬八千戶며 被傭者九萬二千戶 火田民五萬九千戶로、地主對農民의階級對立과 零細耕作의不可避性을土地의所有耕地規模의考察에서指摘할수있다

規模別	自作農		自作兼小作農		小作農		合計	
	(千戶)	(%)	(千戶)	(%)	(千戶)	(%)	(千戶)	(%)
〇・三町以下	七二	一三	一一六	一四	三〇一	二〇	四八九	一七
〇・三—〇・六	九二	一七	一六八	二二	三五三	二三	六一三	二一
〇・五—一町	一一四	二一	二〇九	二六	三九〇	二六	七一三	二五
小計	二七八	五一	四九三	六一	一、〇四四	六九	一、八一五	六三

規模別	自作農		自作兼小作農		小作農		合計	
	(千戶)	(%)	(千戶)	(%)	(千戶)	(%)	(千戶)	(%)
一—二町	一一五	二一	一七九	二三	二七二	一八	五六六	二〇
二—三	八七	一六	九四	一二	一三二	九	三一三	一一
三—五	四七	九	三八	五	五一	三	一三六	五
五町以上	一七	三	一〇	〇	一三	一	四〇	一
合計	五四四	一〇〇	八一四	一〇〇	一、九一二	一〇〇	二、八七〇	一〇〇

以上의表에依하야 우리는一町步以下의面積을耕作하는農家가 全農家戶數의六三%이며 小作農에있어畓五段九畝 田七段步計一町二段九畝步로 全耕地面積과農家의平均耕地를본때 慶南은不過九段三畝程度로 全南慶北亦是一町未滿인것이다。現在는海外戰災歸還同胞로 더욱耕地平均面積은縮少되고있는것을 알수있다。 이러한條件은農民이漸次細農化되고 土地는少數의地主에게 集中化過程을밟고있는것을 다음의表에서 알수있다。

營農別 / 年別	自作農 戶數	自作農 %	自小作 戶數	自小作 %	小作 戶數	小作 %	火田民 戶數	火田民 %	被傭者 戶數	被傭者 %	合計 戶數	合計 %
一九一四	五六一・七	二二・〇	一、〇六五・七	四一・一	九一一・五	三五・一	—	—	—	—	二、五九二・二	100
一九一九	五〇七・四	一八	八六五・六	三一・五	一、二八四・五	四五・六	四四・三	一・三	—	—	二、八一三・五	100
一九二九	五三九・六	一七	七一九・二	二三・七	一、三八三・四	五三・四	六九・三	二・四	一一一・六	三・七	三、〇三四・一	100
一九四〇	五四〇・九	一八	七二一・四	二三・五	一、五六六・七	五一・五	六六・〇	二・三	一〇一・六	三・五	三、〇六六・五	100
一九四一	五四八・二	一七	七〇三・二	二三・六	一、五六七・五	五三・六	五九・五	一・九	九二・六	三・一	三、〇七一・〇	100
一九四二	五三九・七	一七・五	七二九・四	二三・九	一、五四一・七	五三・八	五六・八	一・八	五九・七	二・二	三、〇四三・四	100

(吳琪燮著此朝鮮土地改革組合의正當性에서)

大體로以上의諸數字로 朝鮮農民의絕對大多數가地主에게 隸屬되여있는土地所有關係를알수있으며 封建的半農奴的搾取가 어떠한形態로表現되고있는가를 考察하기로하자

高率小作料

小作料의形式은自由契約이나實際에있어서는封建的諸條件의强化이며 地主對小作人의關係는主從的이며身分的隸屬과 여기에起因하는 許多한勞力과膳物과 禮物等의搾取를强要當하고있었든것이다。

大體로小作料形態는세가지로

1 定租法, 豊凶에不拘하고 一定한小作料를바치는것 從來主로驛屯土나遊隔한地帶에있는地主나 或은旱水害가比較的적은地帶에많다。

執租法, 每年農作物은地主舍音이小作人立會下에小作地立毛에對하야 收穫量을檢定하야小作料를徵收하는것

3 打租法, 農作物을折半하는

方法인데地稅種子負擔關係와藁(집)의收得等이다。

以上의세가지方法의四者間關係를보면

水田 過半數는打租法에依한小作料

田 定租法(六割以上) 打租法執租法等이併行되고있다。

우리는다음의表에서얼마나世界에서類例없는 苛酷한小作條件에 朝鮮農民이當하여있는가를알수있다。

다음의表로最高는九〇%까지로되여있고, 最低二〇%等은特殊한農地即不毛地나干潟地일것이며 正常的土地에서볼수없는것이다。平均五〇%以上六〇%에갓가운걸알수있다。

定額小作料率表

(李舜根著土地改革의歷史的必然性에서)

道別	最高	最低	平均
京畿	九〇	二五%	五〇%
忠北	七二	二〇	五〇
忠南	六〇	三九	四九
全北	八〇	三〇	四九
全南	七〇	三〇	五〇
慶北	八〇	二三	五〇
慶南	六五	三八	五一
江原	七〇	三〇	四九
黃海	六〇	一	四〇
平南	七五	三〇	四五
平北	七〇	二〇	四五
咸南	六〇	三〇	四八
咸北	五八	三六	四七

가장普偏的인打租와執租의小作料率表를다음에보자

	打租 最高	打租 最低	打租 平均	執租 最高	執租 最低	執租 平均
京畿	七五%	四〇%	五〇%	六〇%	三〇%	四七%
忠北	五〇	三〇	五〇	六五	三三	四〇
忠南	六五	四四	五一	五五	三四	四一
全北	七〇	三〇	五〇	六〇	三〇	四〇
全南	七〇	四〇	五〇	五五	三〇	四五
慶北	七五	三〇	五〇	六〇	三〇	四五
慶南	六五	四四	五五	六九	三五	四五
江原	六〇	四〇	五〇	六〇	四〇	四〇
黃海	七〇	四〇	六〇	六〇	四五	四五
平南	一	一	六〇	六八	五〇	四五
平北	五〇	一	一	六〇	五〇	三五
咸南	六〇	[illegible]	六〇	六〇	四〇	五〇
咸北	九〇	四〇	五〇	五〇	四〇	五〇

(李舜根著土地革命[illegible]에서引用)

以上으로大略 農民이小作料搾取를剩餘勞働에該當하는部分까지搾取를當해서 다음해의再生產과投資能力을完全히不可能하게되어 不得已高利貸의跳梁에 一任하지아니할수없게되고 이것이새로운農奴的隷屬의强化와 및全農業生產力의阻害로나타나고있는것이다。

小作爭議

地主와小作人關係는 必然的으로階級的對立矛盾을激化하게되며 鬪爭形態의小作爭議는 農村의根本矛盾을除去하지안는以上 恒久的인社會現象으로되여있다。

李朝封建時代에있어서도 良民으로서出現된小作爭議의內容을볼수있고

學風、三一運動等도、이廣汎한農民階級의支持를바덧음으로 비로소可能하였든것이다。

小作爭議의經濟的內容은 主로小作權移動을首位로한것을보아도 알마나朝鮮의地主가 農民의土地經營過程에投入한 資力과勞力의價値回收를보기前에 새로운高率條件으로 他農民에게으로서 地主收得을增大시키고 搾取를强化하는가장惡質內容을前提하는가를알수있다。

小作爭議發生件數

(一九三〇年朝鮮農地年報)

年次	件數	年次	件數
		一九二九年	四二三
一九一九年	一五	一九三二年	一、九七五
一九二一年	二七	一九三三年	七、五四四
一九二三年	一七六	一九三四年	二五、八三四
一九二七年	二七五	一九三五年	二九、九七五
一九二八年	一、五九〇	一九三六年	三二、七九九

以上의表를볼때 一九一九年에는 不過一五밖에없든 小作爭議件數가 一九二八年을前後하야 異類의增加를보이고있으며 所謂農地令이發表된一九三三年度에이르러서는七、五四四件의多數로飛躍하였으며 一九三六年에는三二、七九九件에가는驚異的數字는 深刻한農村의 小作關係의殺人的搾取內容을 意味하는것을곧알수있다。

이小作爭議의地方的分布를보면土地兼併이가장徹底한 中部及南部地方이가장많은것을알수있다。 道別로보아서全南이首位고 그리고慶北、慶南等이라고할수있다。

各道別爭議發生件數 (前出書)

年次 \ 道別	京畿	忠北	忠南	全北	全南	慶北	慶南	黃海	平南	平北	江原	咸南	咸北	計
一九一九年	一	—	一	二	五	四	—	一	一	—	—	—	—	一五
一九二三年	五	一〇	二	六	三四	三	一〇五	七	三	四	二	—	—	一七六
一九三〇年	四四	三五	三〇	八四	一四〇	一五	七七	一〇	—	一	一	—	—	七二六
一九三二年	二七	六六	一六六	五六八	六六五	七七	二一五	四一	一四	四	四	一	一	一、九七五
一九三三年	四三二	一三九	五四九	二、五七八	二、四四四	五三七	六四七	一七八	四一	二七	九二	四	—	七、五四四
一九三四年	一、八七五	一、六六四	二、四三〇	五、五〇〇	五、五六五	二、五一四	三、二一九	一、二四一	一、二三五	六六	七四三	一六八	—	二五、八三四
一九三五年	一、六九九	五、五六一	二、五七五	三、九四一	三、七七一	三、四五五	三、六八五	九七四	一、四四〇	五八三	二、六七七	三六六	六八	二九、九七五
一九三六年	一、三六六	四、八七一	二、四四〇	四、三五六	三、六五四	三、九八四	四、〇九五	一、五七八	一、五三七	一、五七五	三、一五五	四一八	一	三二、七九九

一九三七年	一,三三五	二,○五五	一,八五五	一,八六三	四,五四五	二,四六○	三,三一八	一,一七三	一,三三三	一,○○五	一,五六九	三四○	二	二三,五六六
一九三八年	七○○	一,○四四	一,二三七	一,二二五	三,五○八	二,○八六	一,五六八	七八五	一,四八六	八二六	一,一○二	八一六	一	一六,四五三
計	七,一四四	一五,○八一	二二,六八六	二一,七八○	四六,七九六	五五,一五六	一七,七八五	五,八五五	六,七六五	二三,三二一	六,二三三	二,○三五	三	一四○,九六六

（累計는一九一九年부터의合計數字임）

以上의表를보아小作爭議는가장土地兼併이甚하였든데 農民의零細化가極端化되고 比較的産業과交通이發達되여 地主不在地主의影響이强大한 京畿道、忠南北、全南北、慶南北、地帶로朝鮮의穀倉이라고하는全南의 一九三七年의四、三七三件과一九三四年의五‧五六五件의最高와全北의 一九三七年의四、三三六件이最高의數字를表示하고 全南道의累計에이르러서는 二四、七九六件의多數에 이르고있는것이다。

爭議의發生原因을左記의表에서보기로하자

小作爭議發源因表（前出書）

原因 / 年次	小作地引上또는小作權關係	災害凶作其他의原因으로한小作料의減免	小作料減額	小作料値上	小作料高率	小作料決定又는未決定	小作料의運搬及包裝	小作料統一	小作料의品質改善	公課及組合費負擔의關係	堤防水利費及其關係	設備投資費負擔	小作人無償勞役	小作地有益費支拂	小作料滯納其他의代償請求	假差押假處分	其他	計
一九三二年	一,四六○	一六六	八八	五四	七○	一五	六	一	三	一七	六	一五	一	三	一○	一	五四	一,九七五
一九三三年	五,三四八	七○四	三三三	二七六	四九一	四三	二七	一	一四	六一	七六	一九	一	九	三四	二	四八	七,五四四
一九三四年	二○,八七七	一,九六六	六八五	六一○	七六九	一九八	四二	九	一五	一二五	七	五	八	四	四○七	一八	三二	二三,八二五
一九三五年	一六,二一七	三,六四一	二八八	四六五	四八八	一○八	四三	一	一三	四○	三	一○	二	一五	一九	二	四三四	二六,三二八
小計	四一,四八四	六,八○六	一,七三二	一,三○四	一,八一八	四三一	一二六	一○	四九	二三四	一○一	四九	一○	四○	四九六	二三	五六八	五九,四三八
千分比	六八八	一○四	二九	二○	二八	七	二	一	一	四		一	一	一	六	一	一一	一,○○○

一九三二年으로부터一九三五年까지의 發生原因을參考로보면 首位는小作權關係로 千分比로보아六八八의高位로되여있으며 小作爭議의根本矛盾이奈邊에起因하는가를알수있는것이다。

小作調停施設

이와같이年々이惡化되는 小作爭

議의慢性的이며 農民大衆의階級的發展에서 더욱擴大되는鬪爭을壓殺하며地主의權益을 擁護하기爲하야생긴法令이 卽 小作調停令(一九三二年二月)이다。紛爭解決의居中調停에府尹, 郡守, 島司, 農會長, 邑面長, 警察署長이地主와의協議라면 그決定은누구를爲하調停인가는곳알수있는것이다。

一九三三年朝鮮農地令에明示한바와같이「小作人의利益保護뿐아니라地主의正當한利益을擁護 地主小作人協調融和精神下에農事改良發達」을期한다는것이다。

自作農創定

以上과같이小作爭議는거이慢性的이며 恒久的으로社會化되여있으며小作權移動과 脅威와世界的으로高率小作料의隸屬에서 農民이解放되지안는限에있어서 根本的解決의方法은없는것이다。

日帝時代의農民에게土地를준다는그롬으로서이社會的不幸한現象을除去할수있고解決할수있다고본 所謂自作農地設定案이라는것에內容을簡單이紹介하면다음과같다。

그들은이方法을小作農地增加의防遏農村經濟更生 思想善導의目的이라고하고있으나얼마나 彌縫的이며官僚的欺瞞性을 如實히暴露하고있는가를알수있다。

卽 一九三二年度부터着手하야每年實行戶數二千五百戶面積一千二百五十町步(七、八年度는一千戶、一千町步)를十年間二萬四千戶總面積一萬二千町步를自作農創設을하는데一戶當平均六百六十圓을年利三分五厘로貸付하되 二十四個年間元利均等年賦償還을한다는것이다。

(以上中實施한것은不過一萬七千七戶面積一萬二千百五十五町步)總農家戶數三百餘萬戶에二萬餘戶의問題를가지고 朝鮮農業問題를解決한다고말할수도없는것이고 耕地面積으로도一萬餘町步程度로全然問題가안되는것이며 얼마나오묻이荒廢化하여가는農業問題에無誠意한가를알수있고 從前과같이搾取를延長하며農民運動을鎭壓하기爲한 欺瞞的宣傳을目的으로하는가를알수있다。本質에있어서도五段步程度의農地購入으로아모런地主나 商業高利貸의影響에서離脫될수없이 오히려勞力의强化와 더一層農民의隸屬以外에아모것도아니며 完全히이政策의失敗그當時社會改良主義者나 民族改良主義者와日帝走狗들이 아모리謳揭하고讚歎한들 朝鮮農民全體로볼때岩上狗踏에不過한것이다。

以上에보는바와같이朝鮮의小作條件은 農民의貧窮化에拍子를加하며나아가日帝의帝國主義的政治的 經濟的收奪의對象으로 地方高利貸와金融組合等의各金融投資의 모든惡質的吸血의주둥이는 더욱農民自身의小作料의改善化와農奴的隸屬의强化로顧慮하게再生産하고이젓는것을이즐수없는것이다。

第十一章 文敎

敎育의民主化問題

八·一五에 遵從日本帝國主義가 물하지자 억압과獨斷가은데서 奴隷敎育에만 奉仕하든敎育界는 新氣一轉하야 새로운民主主義敎育의 烽火로化하였다。

때마츰夏期放學이었음에도不拘하고 各處에敎育者自身의 自治的團體가續出하였으며 그들은모다民主化敎育의 眞正한進路를探求하기에熱中하였다。 于先京城에는 八月下旬에 이미初等敎育建設會가民主化敎育을 부르지즈며組織되였고 九月三日役文中學講堂에 中等敎育者大會가開催되여 中等敎育協會를組織하고「敎育者로서過去日帝奴隷敎育에奉仕한 罪를國民에게謝하고 새로운民主主義敎育을建設하기로하였다。 在來의校長敎은 全部辭職을斷行하고 在來敎職員 또한總辭表를提出하되 敎職員만은學徒를爲하야 學園에殘留後新政府樹立後에 處分를기다리겠다」는 赤心의聲明書를 天下에公表하였다。 同時에京城大學을爲始한 各學校(主로公立)에는 各々自治委員會가構成되었다。

이러툿民主主義敎育의재로운움지김이 巨大하게일어나는一便 八·一五그날까지도 日帝가盼剝하는줄로만알든 日帝走狗敎育指導者及그徒輩는은 八·一五를機期로하야 熱々한獨立運動者愛國者로 그빛을一變하므로서 自己들의身邊을保障하기에汲々하였다。

이윽고 美蘇兩軍의進駐와더부러 南朝鮮에軍政이實施되자 그文敎政策이初期에있어서 日本植民地文敎政策을踏襲하였다。 卽日帝가그愚民化奴隷敎育을 强力하게推進시키기위하야든 規律及敎科制度를그대로두었으며 特히中等以下의公民、國史、國語等主要敎科書는 官學品外에使用을不許하는 셈자지도이론할었으며 日帝가朝鮮人敎育의 民主化普通化를防止하기爲하야만든 學校의設立、運營、敎職員의任免 심지어公文書類에이르는 모든規定에이르기까지 多分히日帝現狀을 그대로繼承하였다。 뿐만아니라 그人的構成에있어서도 韓國民主黨幹部金性洙氏가最高顧問에 同黨兪億兼氏가學務局長에就任하야 反民主的인이文敎의要職을占하고 갈바를알아지못하든 日帝殘滓敎育者及陰謀가 이와긑게結合하므로써 反民主的 日帝殘滓 및소敎育勢力의結託한 勢力콘이루었다。

그리하야學校는依然히 學校長의獨裁에다게어 갔으며 職員會는依然히學校長의訓示通化되고 學內自治

는極히制約을當하는狀態를벗어내었다。

同時에새로운 希望과正義를품고 참으로朝鮮의 民主敎育化를爲하야 이와頑敵히전주어온勢力도 또한날로늘어갔으니 이제正確한統計를얻을수는없으나 지난一年동안에있어서學園의民主化問題로말미암어 일어난몇가지事件을들어 回顧하려한다。

于先一九四五年十月 反民主幹部들은 學務行政의實權을 掌握하자 八・一五後에結成된 모든敎育自治團體의 말살化를圖하는一方朝鮮唯一의最高學府인 京城大學以下의人員選擇을 一黨一派에編纂하야 行하기를조곰도주저하지않었다。 그리하야大學總長兼法文學部長에 韓民黨員白樂濬氏 同豫科部長에 同黨幹部玄相允氏를任命하자 朝鮮敎育界의中軸이될 唯一한大學이 反民主的一黨專橫으로化함을 防止하기爲한所由에 同大學自治委員會를中心하야 展開되여社會의進展과 自治委員會의 信念있는結合으로 事件은애매하게나마解決을보았다。

또이와때를같이하야 京城德壽公立商業學校事件이發生하였으니 이것은學務課에서 任命한校長을全職員生徒가一致하야反對하고 그들이排斥하는敎員을校長으로 擁護하였으므로써 無期休校와職員全員罷免이된事件이다。이와같이初期에있어서의 强壓的偏黨(日帝殘滓)人事는南朝鮮各地敎育界混亂의 커다란投石이되고 이에連이어일어난모든不祥事는 모다이들의非民主性에서發生된것이다。

八・一五後처음으로 大規模의學生盟休를비저내고 數많은生徒가退學과無期停學을當한 淸州事件을보자。 事件은一九四五年十二月에 淸州第一高女의 進步的敎員某名이退職을當한지 一個月半만인 一九四六年二月十六日 淸州第一中學校長李完龍氏가 偏黨的이라는理由下에 進步的인敎員三氏를辭職시킨것으로發端하야 學校長의팟쇼를排擊하고 進步的敎員의復職과 學園의民主化를부르지즈며 同中學敎職員의總辭職生徒의同盟休學이일어나자 이問題가擴大되여 二月三十日淸日드되어 淸州師範、淸州農業、淸州商業、第二高女、女子商業、一中의六校가 全部팟쇼敎育日帝敎育을排擊淸掃하기위하야 一齊히盟休를斷行하였다。 그리고三月二日鎭川農業、堤川農業、堤川高女、永同農業이一齊히 同情盟休로드러가고 忠州中學、忠州農業、忠州高女도 또한盟休로들어갔다。이事件은 初期에있어서는 學務當局의言明으로回歸解決을보게된것같드니 三月二十六日突然히淸州警察의動員으로 孫某에淸州學生을 續々逮捕하는同時에退學三名、無期停學三十五名의犧牲을빚어내고 팟쇼處方에勝利를결사그리하버렸다。

前記事件이高潮化되는最中에二文

文敎部(學務局의昇格)에서는 無許可學校閉鎖令을發布하였으니 이로 말미암어三月四日을限하야 서울의 法政專門學校를爲始로 前朝鮮의數많은學校, 學院, 講習會가閉鎖를當하였다。三十六年間日帝의文盲政策에억눌리었든朝鮮이 八·一五를當하자뜻있는者는모다「아는것이힘」이라는信念밑에서 洞里마다面講習會를갖었든것이 이法令으로말미아마 또다시暗黑의나라로 還元하게되였으니 이는敎育의非民主性을云々하느니보다도 오히려亡國의提案을만드는것이라고보게될수있는것이였다 이에反旗를들고民族을爲始하야 民主黨各政黨, 社會團體, 藝術團體良心的인 敎育家, 啓蒙運動者밑學生々徒가뒤이어 그의不當性을들고 蜂起하였으나 이로또한많은犧牲者를내었으며 警察의壓力으로말미아마 實現되고말었다。民主學園建設鬪爭委員會, 專門大學敎授團聯合會等은 이運動의先頭에서서 이때에 敎育民主化를爲하야 猛熱한活動을 展開한團體이다。

이처럼無許可學校閉鎖를界期로 이러난學園의不祥事件을 들추어보면 다음과다。

四月四日 東星商業學校의盟休 要求條件은尹府商(良心的인敎員)의留任, 校長의民主議院脫退, 學園의民主化。結果生徒側의敗。

四月六日 鐵專의盟休。條件: 學園의自由, 法政學校復校, 淸州學生即時釋放, 警察의, 學園干涉反對等

同 日 普成專門盟休, 條件學生自治權承認外。

同 日 法政學校學生多數被檢。

四月八日 光新商業學校盟休 條件學園의民主化, 學生々活解決, 無許可學校閉鎖令反對等。

四月九日 經濟專門學校盟休, 條件學園의自由, 警察干涉反對, 法政校復校。

同 日 京城師範大學, 同附屬中學의合同盟休, 條件, 學園의自由, 法政校復校, 生活問題等。

同月十日 京城工業專門盟休, 五日四名의學生이被檢。

同十七日 京城工業盟休, 條件學園에對한警察彈壓反對, 校舍即時復歸等。

同十七日 京農盟休, 條件, 學生自治令承認外 (結果, 退學二名, 無期停學一名)

中央中學盟休, 팟쇼敎員排斥(이는六月末까지끌다가, 退學無期各十一名과被檢者를내고말다)

이外에公州商女, 咸新中學, 朝鮮電機工業學校, 京城電氣, 朝鮮工業, (二次)商業學院, 漢陽工業學校(二次)淑明女子專門學校, 木浦商業, 木浦文藝中學, 水原文化商業, 安城中學, 京畿中學, 京畿商業한많은盟休事件이꼬리를이어 일어났었는데 이들盟休의거의가全部가 民國의民主化, 警察彈壓反對의 스로간을 들고 일어났든것이다함을特記할수없다。

더욱이朝鮮解放運動史上에 燦然히빛나는 光州第一中學에일어난해괴한事件은 前朝鮮의民主化한非民主

性을 더욱나타내는것이였다。即八一五後처음맞이하는 三一記念祝賀를不偏不黨한 立場에서하려하는同校々長以下全職員은 反動테로로억제하는한편 매맞은五敎員을起訴하므로써 盟休를빚어내였고 四月二十七日에는 全校의反對가있음에도不拘하고 當局이强壓的으로 女子國民黨丘永信의講演을듣게한後 敎職員을위협하고 當局의獨斷을反對하는盟休가再燃되자 道知事의名義로全校生은無期休學에處하는等中世紀暗黑時代에도想像키어려운 暗黑面을露出시켰다。또光州師範學校에서、國의民主化를부르짖고 일어난盟休에는五名의退學、七十名의無期停學으로彈壓되였다。

以上에 본바와같이 지난一年동안에學園의民主化를부르짖고일어난南朝鮮各地의盟休事件은專門學校六、中等學校約三十學參加學徒三萬餘에 達하는 有史以來의일이였음에도不拘하고、文敎行政은더욱偏黨的獨斷으로만 一路를것고있다。

더욱이 敎務上의關係니 偏黨的이니하는모호한理由로 罷免된敎職員數를보건대 學園의民主化를强力히主張하다 公金橫領이라는누명으로 罷免된拔大部相祿敎授를筆頭로 前記淸州의三敎員四月 忠南禮山에서一時에罷免된三十六名 仁川의十二名富平의七名 京畿高女의三名等續出하는 그數를헤아릴수없으며 四月六日京城法政專門學校生의多數檢束을爲始로 京畿中學、中央中學、淸州農業、京城工業專門、淸州中學等學徒의被檢事件또한多數에達하였다。

五月二十九日淑明女專生十六名이李三賢以下敎授를亂打하고 被打된敎授는盜賊의이름으로被檢된 所謂淑專事件、釜山水產專門學校를綜合大學의一部로하려는政策에對한反對鬪爭等또한特記할事件이다。

이와같이亂雜하도록 朝鮮의歷史性을無視하는 文敎當局者들의獨斷을一年이지난오늘날 回顧할때참으로言語道斷의感을이루게한다。

그럼에도不拘하고 八一五一周年을맞이하는날을 얼마남기지않은七月에當局은 마치도過去一年間의非民主性을 綜合强力化하려는것같은 所謂「國立서울綜合大學校」案을提出하였다。서울大學各學部와各官公立專門學校를다合하야 한개의綜合大學을만들고、이것을만듬으로서經濟科、鑛工科、理工科、醫科等을縮少하야 朝鮮의科學建設을억눌리植民地狀態를 그대로벗을뿐만아니라 六名의官僚理事로서이運營을專斷한다는 極端의專制敎育案은產出한것이다。더욱 이夏期放學으로學生이없는틈을타서 이案을法令化하려함을 또한보지않을수없다。

무더운여름임에도不拘하고 全國의敎育者學生은勿論 左右各政黨社會團體의强力한反對 七月三十一日全國敎育者大會의 强力한反對聲明이에對한 兪文敎部長의强壓的인一案主張等이案의 成就를걷고八一五一周年은온다。

그러므로萬一에이案이 人民의소라대로撤回되는날에는 朝鮮敎育民主化問題도 쉽케풀려나갈수있는希望이있는것이요 不幸히不然이라면八一五 一周年이지나서라도 學園의平和와自由는 一部獨占者의掌中에서鬪爭과混亂만을招來할것이다。

就學狀況

八月十五日日帝의吊鐘과함께各校는 九月或은十月까지의休校의狀態로들어갔다。그동안에日人校長과敎員生徒 或은敗殘兵들은學校의備品을盜去窃取하며 重要한記錄과書類를燒却하고器物과設備를破壞하는等蠻行을남김없이하였다。거기에다가亂民의校具破損、盜奪等蠻行도적지않었으므로 아래統計와같이 日帝가 가진吝嗇을다해서最少限으로 設置한敎育機關마저 한동안修羅場이된느것이없지않었다。그러나八·一五以後朝鮮의各界機關中 가장먼저整頓되고運行된것은敎育機關이였다。그리하였으므로朝鮮의敎育界는 그래드온늘날의狀態만큼이라도命脈을保存하게된것이다。

이제日帝가남기고간學校種別과數爻를보건데이러하다。(一九四四年五月 一九四二年五月現在統計。公私立日人專用學校도合算함)

學校種類	學校數	學級數
國民學校	三、六一四	二五、九七一
認定初校	一四一	八七〇
簡易學校	一、六八〇	一、七一五
中學校	七一	六九四
高女校	七一	五四八
農業校	四九	二七〇
商業校	三二	二九四
工校	九	九七
水産校	四	三〇〇
職業校	一五	一五〇
實業補習學校	一〇一	一三三
同	二〇	六九
同 工	七	一八
實業補習水産	二	四
同 農業	一	二
同 其他	六	一六
專門學校	二〇	一四三
大學豫科	一	一〇〇
大學	一	一六
師範	一二	一一七
各種專門	七	二三
同 中等	三六	二二九
同 初等	二一六	七五一
合計	六、一五八	三三、三三〇

日帝殖民地朝鮮의敎育은「外地」的資本主義生産機構가그에隨伴하는帝國主義的徵兵徵用制度와懷柔的文化政策과 부리기쉬운小使下女製造에絶對合致한「奴隷敎育」이였다。될수있는대로愚民政策을强行하랴고하면서도 奴隷養成을爲하야는이中어느部分의敎育機關은 爲不得已열어주지않으면안되게되였던것이다。

半世紀의壓迫과搾取밑에서 그래도알어야만되겠다고 발버등이친結果國民學校卒業以上의知識群이 一九一六、〇六四이라는數爻를내게되었다。一九四五年三月에印刷한一九四四年五月現在의統計를보면 우리朝鮮의學歷別人口는이러하다。

學校別	男	女	合計
大學卒	[illegible]	一〇三	[illegible]
專門卒	[illegible]	[illegible]	[illegible]
中等卒	[illegible]	[illegible]	[illegible]
國高卒	[illegible]	[illegible]	[illegible]
國初卒	[illegible]	[illegible]	[illegible]
合計	[illegible]	[illegible]	[illegible]

個島等 [illegible]

不就學者 [illegible] ◇ ◇ ◇

이와같이二千萬이라는宏大한文盲群을가진우리朝鮮으로는 知識層이獨占되어있는바의모든機關을總利用해서 急速히民主主義國家生活에支障이없는知識水準에까지 人民을敎導하지않으면안될것이다。 그럼에도不拘하고現下南鮮의敎育界는 이러한絶對使命을充分히履行하고있지못하다。 그不振의原因을들어말하면

1 經濟的으로智的으로有能한人士가 저의政爭에眩惑하야敎育에無關心한것。

2 經濟的大恐慌

3 當務者의保守的敎育方針

4 敎育者生活不保障으로因한有能者의敎育者生活忌避

5 敎材缺乏

6 鄕村頑盲派의兒童에게對한普通學强迫

7 日軍의敎育施設破壞

8 交通不便

9 駐屯軍의校舍使用

이러한劣條件밑에서도「배와야된다」는自覺과부르짖음은宏壯하다。 이것은다음統計表를보면 곧알수있을것이다。

(一九四六年四月末現在南鮮)

道	公私立國民校 學校數	公私立國民校 生徒數	公私立國民校 敎員數	公私立中學校 學校數	公私立中學校 生徒數	公私立中學校 敎員數
全南	[illegible]	[illegible]	[illegible]	[illegible]	[illegible]	[illegible]
全北	[illegible]	[illegible]	[illegible]	[illegible]	[illegible]	[illegible]
忠南	[illegible]	[illegible]	[illegible]	[illegible]	[illegible]	[illegible]
忠北	[illegible]	[illegible]	[illegible]	[illegible]	[illegible]	[illegible]
江原	[illegible]	[illegible]	[illegible]	[illegible]	[illegible]	[illegible]
京畿	[illegible]	[illegible]	[illegible]	[illegible]	[illegible]	[illegible]
慶南	[illegible]	[illegible]	[illegible]	[illegible]	[illegible]	[illegible]
慶北	[illegible]	[illegible]	[illegible]	[illegible]	[illegible]	[illegible]
計	[illegible]	[illegible]	[illegible]	[illegible]	[illegible]	[illegible]

專門大學 學校數二六 學生生徒數一〇、二九二 敎員九五一이를一九四四年五月現在의統計에比較하여 보면 江原道를除하고二二〇、一五七名의國民學校兒童이增加되었으며 中等專門大學의生徒學生도相當히增加되어있다。

道	一九四四年五月現在學兒童	一九四六年現在增加數
京畿道	[illegible]	[illegible]
忠北	[illegible]	[illegible]
忠南	[illegible]	[illegible]
全北	[illegible]	[illegible]
全南	[illegible]	[illegible]
慶北	[illegible]	[illegible]

慶南	三一、七四〇	一七、〇二九	
江原	一五六、三五六	二分이되었	
計	一、四三六、〇四六	으므로不明	三四〇、一五一

이와같이 數字上으로는量的增加가 있으나 質的으로보아서는憂慮할點이많이있다。무엇보다도敎員의不足이다。現在公立初等學校敎員만으로도八千餘名이不足이며 中等學校敎員도六千餘名이不足이다。더구나敎員의質에있어서는 滿足을느낄만한狀態가되지못한다。校長以下敎員의大多數는 經驗薄弱者、無經驗者이며、또敎育者되기에必要한最少限의學識이나自己修養을닦지못한이가많다。그나마도臨時的으로自營을들어보고있는狀態다。學과德과人品、더욱히새時代로敎育者들이를고나갈 思想的土臺와覇氣가至極히貧窮하다。거기에다가施設의不完全과生活의不安定과 外國政爭이施設와敎材乏少와 興行的附育熱로말미암아 敎育다운敎育을하지못하고있는現況이다이러한點을顧慮하야、敎育者의大量産出、敎育者의再敎育問題가提想되여있으나 그렇나敎育理念의脆弱性과 經濟的困乏으로말미암아如意히進捗되지못하는貌樣이다。이제美軍政廳文敎當局의師範敎育에對한施設을槪觀하건대(一九四六年七月現在、不遠間實施할計畫도 包含)

學校種別	設置地域場所	計
師範大學	서울師大、서울女師大、大邱師大	三
師範學校	京城師(京城)開城、春川、江陵、大田、公州女師、淸州、忠北師(忠州或淸州)全州、群山、光州、順天(或木浦)、大邱、安東、晋州/釜山	一六
中等敎員養成所	以下各校에附設 京城[illegible](各科)京師(各科)京女師(各科)群英(商科)大邱(各科)京農(農科)中央試驗所(工作)、韓國(生物)中央(數)春川農(農科)全州師(數、家事)大邱師(各科)釜山(各科)	一三

特히中等敎員養成所에있어서는收容할場所를보아 最大限으로志望者를 받을方針이라하는바 現在의學生수효는千餘名이다。이제實業敎育의狀況을살펴보고져한다。封建的觀念에사로잡힌朝鮮의社會는언제던지官位民卑며어느時代에서던지士農工商의位階를찾는다。世界의高度로發達된文明이너무나明白히朝鮮을征服하고들어왔음에도不拘하고 허울좋은文科、法、의志望이絶對多數이며 理工系統은敬遠하고實業敎育은蔑視하고있다。따라서實業學校는不得已中學과女學校로轉換하거나或은閉鎖하고말었다。이제남어지實業學校狀況을表示하면이러하다。(一九四六、二月現在)(는女子)

農業 / 商業

道別	農業 學校數	農業 學級數	農業 教員數	農業 生徒數	商業 學校數	商業 學級數	商業 教員數	商業 生徒數
京畿	(一)七	[illegible]	[illegible]	[illegible]	一三	二〇	一七	[illegible]
忠南	七	[illegible]	[illegible]	[illegible]	一	八	六	[illegible]
忠北	(一)六	[illegible]	[illegible]	[illegible]	二	一〇	一九	[illegible]
全北	六	[illegible]	[illegible]	[illegible]	五	一〇	[illegible]	[illegible]
全南	四	[illegible]	[illegible]	[illegible]	一	三	四	[illegible]
慶北	六	[illegible]	[illegible]	[illegible]	二	三	[illegible]	[illegible]
慶南	七	[illegible]	[illegible]	[illegible]	四	二九	[illegible]	[illegible]
黃海	(一)	[illegible]	[illegible]	[illegible]	—	—	—	—
江原	[illegible]	[illegible]	[illegible]	[illegible]	一	四	二	[illegible]
計	[illegible]	[illegible]	[illegible]	[illegible]	[illegible]	[illegible]	[illegible]	[illegible]

工業 / 水産

道別	工業 學校數	工業 學級數	工業 教員數	工業 生徒數	水産 學校數	水産 學級數	水産 教員數	水産 生徒數
京畿	六	[illegible]	[illegible]	[illegible]	一	—	—	—
忠南	一	[illegible]	[illegible]	[illegible]	—	—	—	—
忠北	—	—	—	—	—	—	—	—
全北	三	[illegible]	[illegible]	[illegible]	—	一〇	[illegible]	[illegible]
全南	[illegible]	[illegible]	[illegible]	[illegible]	一	—	—	—
慶北	二	[illegible]	[illegible]	[illegible]	—	八	[illegible]	[illegible]
慶南	五	[illegible]	[illegible]	[illegible]	—	—	—	—
黃海	—	—	—	—	—	—	—	—
江原	一	[illegible]	[illegible]	[illegible]	—	—	—	—
計	[illegible]	[illegible]	[illegible]	[illegible]	[illegible]	[illegible]	[illegible]	[illegible]

各種實業

道別	學校數	學級數	教員數	生徒數
京畿	[illegible]	[illegible]	[illegible]	[illegible]
忠南	—	—	—	—
忠北	—	—	—	—
全北	—	—	—	—
全南	—	—	—	—
慶北	[illegible]	[illegible]	[illegible]	[illegible]
慶南	—	[illegible]	[illegible]	[illegible]
黃海	—	—	—	—
江原	—	—	—	—
計	[illegible]	[illegible]	[illegible]	[illegible]

實業補習學校(一九四六、二月現在)

道別	農補 學校數	農補 學級數	農補 教員數	農補 生徒數	商補 學校數	商補 學級數	商補 教員數	商補 生徒數	工補 學校數	工補 學級數	工補 教員數	工補 生徒數	水補 學校數	水補 學級數	水補 教員數	水補 生徒數
京畿	六	三	一五	[illegible]	七	一	[illegible]	[illegible]	二	六	七	[illegible]	—	—	—	—

忠南	五(三)	一四(一)	一四(四)	[illegible]	一	一三	一七	一五八	—	—	—	—	—	—	—	—
忠北	二(一)	一三(二〇)	四(二三)	[illegible]	二	一五	一三	一六八	一	一	一	一四	—	—	—	—
全北	七	七	一六	[illegible]	四	一五	七	一九九	一	二	四	一九	—	—	—	—
全南	一三	一三	二六	[illegible]	五	一三	一五	四三二	—	—	—	—	—	—	—	—
慶北	六	一三	二七	[illegible]	五	一〇	四	四〇八	一	四	一	一三	—	—	—	—
慶南	一四	三	二九	[illegible]	四	七	一四	四四七	一	一	三	六三	一	三	一	六八
黃海	—	—	—	—	—	—	—	—	—	—	—	—	一	五	一	七〇
江原	二	二	六	[illegible]	一	一三	六	一〇〇	—	—	—	—	—	—	—	—
計	[illegible](二三)	[illegible]	[illegible]	[illegible]	[illegible]	[illegible]	[illegible]	[illegible]	六	[illegible]	[illegible]	[illegible]	三	六	二	[illegible]

以上의統計로보아人民이얼마나實業敎育을渴待하는가를足히알것이다 實業補習學校는生徒數가모다定員보다不足하며 敎員의수효도一人一校라는奇現象이數處에나타나있다。甲乙種實業學校에있어서도 京城을除하고는어느곳이나 生徒敎員兩方이定員未滿이다。

高等敎育에있어서는財政、設備、敎授陣의貧乏性이餘地없이暴露되여있다。 그러나所謂大學으로의昇格工作은着々進行하고있다。이제그高等敎育機關의이름과科名을列擧하면이러하다。

京城大學 文學部(文學科、哲學、史學) 法學部(法科、政治) 經濟學部(商科、經濟) 醫學部、理工學部

京城大學豫科 文科、理科(甲類理、工乙類醫)

京城法學專門學校

京城醫學專門學校

京城工業專門學校 數學科、物理學科、化學科、工業經營學科、工業化學科、電氣化學科、纖維工業科、機械工學科、電氣工學科、通信工業科

京城經濟專門學校

水原農林專門學校 農學科、林學、畜產學、獸醫學、農工學、農化學、農業經濟學、農業生物學

大邱醫學專門學校

京城鑛山專門學校 鑛山學、金屬工學、採鑛工學、應用數學、地質學

釜山水產專門學校 漁撈科、製造、養殖、遠洋

光州醫學專門學校

大邱農業專門學校 農學科、農藝化科

延禧專門學校 文學院(國文、英文、史學、哲學) 商經學院(政治、經濟、商、理學院(數學、物理、化

學) 神學院 (神學)
世富蘭偲醫學專門學校
普成專門學校 法學部 (法、政治)
經濟學部 (經濟、商) 文學部 (國
文、英文、哲學、史學)
惠化專門學校 佛敎學科、文學、史
學
京城齒科醫學專門學校
京城藥學專門學校
京城師範學校 敎育科、國文、英文
史學、數學、生物 物化、學、體
育、音樂、美術
同 醫科、文科 理、音樂、美術
京城女子師範學校 國文、英文、歷
地、生物、藝工 敎育、家事
大邱師範學校
梨花女子專門學校 翰林院 (文科・
家事、敎育、體育、法政) 藝林院
(音樂、美術) 杏林院 (醫學 藥
學)
京城女子醫學專門學校
淑明女子專門學校 家事科、技藝科
([illegible]) 專修科 (文)

中央女子專門學校 政經科、家事
保育
京城天主公敎專門學校 中等科、高
等科、哲學科、神學科
京城音樂學校 本科、師範科
國學專門學校
建國技術(專門)學校 土木、建築
電氣
朝鮮神學校
韓國夜間大學

以上의高等敎育機關中에 京城音樂學校와國學(專門)學校와韓國夜間大學은 八・一五以後에發足한것이며 그간政爭的犧牲으로死滅된學校로는京城法政學校가있다. 進步的인敎育理念을찾이고活潑한步武를取하고있는學校라고는 指摘할만한것이없는三八線以南의學界에서 그야말로日人의機關으로부터完全한韓向을敢行하고 가장生氣있는意慾을갖었던同校가生埋되고만것은 갈바잃은該學校生만의恨事가아니다. 朝鮮建國初의敎育界를爲하여서三 一大痛事이며痛惡할만한一椿事가아니라할수없다。

一話題를돌려서成人敎育機關을말해보고저한다。

全國人口男女合二、五一二、〇二七四名中에 未就學者수가 一九、六四二、七七五名이라하면 詳瑞를지못한數字다。그나마 三滿十二歲以上의文盲이 一二、三〇五、一一〇이라 하면 慨歎할數字가아니고 무엇인가。義務敎育의機會를잃은 六歲以上十一歲까지의兒童五六%가 (二三二、九六九〇名) 路頭에彷徨하고있는것도 救濟策이 있는가 問題지마는 正常的學校敎育을받지못하게되고말어버린滿十二歲以上未就學者의統計表를들면 이러하다。

年齡	男	%	女	%
一二—一五	[illegible]	[illegible]	[illegible]	[illegible]
一六—二〇	[illegible]	[illegible]	[illegible]	[illegible]
二一—二五	[illegible]	[illegible]	[illegible]	[illegible]
二六—三〇	[illegible]	[illegible]	[illegible]	[illegible]
三一—三五	[illegible]	[illegible]	[illegible]	[illegible]
三六—四〇	[illegible]	[illegible]	[illegible]	[illegible]

[illegible]

計 [illegible]

文字라고는그야말로한글한字드제대로모르는完全한文盲이이러하거니와　그밖에도小學校中退者二五四、八○五名簡易學堂修學者九八○、一二二一名의識學者가있는것도잊어서는안된다。

이러한宏大한啓蒙運動圈內에있는文盲과　識學者가있음에도不拘하고三八線以南의成人敎育熱은보잘것없는것은混亂의繼續이다。文敎部成人敎育局에서는成人敎育의機關으로公民學校、講習會또는講座와指導者養成機關인生活硏究會라는것이있으며있고、이번여름에歸鄕學生을利用하는國文指導運動을實施」라는案이있으며있기는하나　그러나萬事가如意치못한狀態다。

다만職場이다、靑年層의會合에서特殊한啓蒙과訓練이活發히進展되고있는것만이　日帝時代보다는아조다른異彩있는現象이다。

特殊敎育機關으로는從前에있던盲啞學校以外에、國防警備士官學校와女警察官敎習所가생긴것이　또한八一五以後다운風景이다。

朝鮮文化의中樞京畿道의敎育現況을보면、全國의全貌를槪括할수있을것이다。一九四六年四月現在이러하다。敎員陣의大移動으로退職한者八九二名、轉勤한者一、一六六名、新任者一、八四二名、合三、九○○名의退陣과補缺이있었다。多幸히도道內日兒專用의國民學校가五二校學級五五一이있었는데그中에接收하야開校한것이四四校、學級四○五、收容兒童一六、四二五、(分校로使用하는學校一七、學級三一)未接收가八校、學級一四六 (京城五校、仁川二、開豐一) 이다。이제京畿道內의學校와就學狀況을細別하고저한다。

學校別	校數	學級數	敎員	生徒學生
國民學校	四二一	四、五一八	四、四四六	二九八、二八一
認定初校	二九	八一	一九六	一一、六○三
各種初校	九	四七	四七	一、五三○
幼稚院	三三	五五	八一	一、九九○
講習會	二六四	五七○	五四五	三五、二四四
設習營	三一五	三一七	三一七	五、九六六
人文中學校	一六	一九七	三三五	一○、一六五
人文女學校	二一	一六二	三五六	一○、七九三
男女實業校	二八	二四	四七○	一一、七五一
實業補校	一三	三五	六三	一、五○八
各種男女中校	一三	七一	一六二	四、五五三
師範校	一二	五一	八○	八四六
中等敎員養成所	一一	一八	一二五	八一○

專門校	一九	一四三	五四六	七、一四九
大學	一	一一五	二五七	七七六
計	一、三八二	六、七二〇	七、九三〇	四〇三、九六五

・한가지注意할點은 閉校된私立初等學校가京城市內에七校나되는것이다。이는日兒排用校의接收使用으로因하야、私立初等學校의兒童이모다接收된學校로轉學하여버린結果다。따라서私立初等學校는在學生과 志願者의激波으로말미암아維持困難으로・不得已數十年間心血을傾注하여오던 校門을닫게된것이다。大體로말하면京城에서는兒童의入學難이거의解消되였으나 年齡이조곰지난兒童과貧窮한집子女는 如前히敎育機關과는相關이없다。

또한가지注意할點은中等程度의講習會令에依한 學院들의維持困難으로因한閉鎖와 中學校專門大學生徒學生들의學費困難으로因한出席狀況의不良이다。苦學生의激增과文學生의浮虛드八・一五後注意를끄는事實이다。

敎材의現況

日帝奴隷敎育의鐵鎖가풀린간곰어점에따라 日帝의敎育밖에모른다고해드過言이아닌朝鮮의敎育界는 무엇을어더한標準으로 어떻게가르칠것인가에唐荒하고말었다。따라서敎育理念과敎育方針과敎材와敎授方法없는 混亂狀態의一年을經過하여왔다。

八・一五以後初等敎員이나 中等敎員들이各々應次會合을가저보았으나 結局은敎育理念과敎育方針이서지않은곳에는敎材를選擇採集할수없으며 그러한理念과方針은政府의文敎當局에서 提示함이아니면세울수없다는「슬가로운」論旨로서軍政廳의「公文」이降下하기만鶴首苦待하였것이다。그뭐나及其也내려온公文을받들어본즉 敎育理念은「弘益人間」이란三國遺事의文句를빌음이라는것、敎材는編輯中이라는것이였다 昨年間約束한軍政廳文敎部編輯의敎科書發刊을들어보건데

國民學校用	中學校用
國語各學年用	없음
公民五六學年用	一二學年用、三四學年用 없음
音樂印刷中	
國史五六學年用	各學年適用
計 五種	二種

其他道當局의自發的努力과利益다른書店의供給으로若干의國民學校敎科書代用品이나왔다。

國民學校用	中學校用
算數各學年用	아모것도없음
理科四五六學年用	
地理三四五六學年用	
習字四五學年用	
地理附圖	

中等學校의敎科狀況을살펴보건데 實로寒心하다가보다는奇異한느낌을참할수없다。드대체무엇을가르처왔

던가 各科를맡은敎員은自己의全力量과誠意를모다기울려서 每日々々의敎材를狩獵하엿엇다. 첫재로國語科敎材로는한글마춤법統一案, 崔鉉培氏中等조선말본李允宰氏編文藝讀本鄭烈模氏編文藝讀本, 李泰俊氏編文章講話, 鄭寅承氏한글독본 其他한글歷代選時調選集現代朝鮮文學全集各文士의作品, 敎員의自作等을아도려한標準도許할도없이 氣分내키는대로엿왓으다 그래도가장潤澤살림이엇다. 國史는崔南善氏, 黃義敦, 權悳奎, 金澄泰諸氏의著書를無批判하게가르처왓을뿐아니라 特히權君의神話에感激을이르키는 競爭을하여온感이없지않다. 實業敎科書와敎學物綜生物은 日人編纂의敎科書를國席에서 翻譯하여가르처왓고地理, 漢文習字갈은것은置之度外하엿다. 音樂은歌謠數爻가모자라서 生徒의興味는어느듯「방아타령」갈은低俗한民謠에뿌리를박기始作하엿다. 무엇보다도가르침에있어서의 切迫한問題는用語問題이엿다. 權威있는누가나와서어떠한뚜렷한 標準내세워주엇으면하고苦待하며 缺誤造를 거리면서도 臨時便法으로저各其濫發을敢行하엿다.

이러한모든缺點을너무나지나치게까지알면서도 어떤個人이나團體든지沈滯하고 꾸준하게敎材의編述을꾀하고않엇지못한것은遺憾이다. 이러던次에또다시學制가變更되여 修身公民, 地理, 歷史를一括한社會科라는科目이생기고 動, 植, 鑛, 物理化學을綜合한 一般科學이란新科가新設되매따라서 敎材問題는더욱더욱理念的으로는높고 實質的으로는迷路에서低徊하는 現狀을這想이아니게되엿다.

第十二章 文化

一 文化一般

오래지않어서解放一週年을 맞이하는때야 一年동안 文化運動이 걸어온 成果를도리켜보면 대체로다음과같은 몟階段으로나누어 볼수있지않을까생각한다。

一、于先八·一五直後文化의各分野에걸처 人民各層의文化的要求를 實踐하기爲하여文化運動의自發的自主的인展開가시작되였다。이것이첫번階段이였다。

二、둘째론 이自發的인運動이차츰各自가내걸었던 目標와方向의設定을檢討하고 同一한基本路線을發見하려고努力하였다。이基本的인文化路線의發見과決定은 가장重要한運動展開의畵期的인 階段에屬하는事業이 아닐수없다。

三、셋째론 이基本路線의決定에 從하여 組織의 統一態勢가이루어졌다。이리하여 文化運動의各分野는 同一한目標와 方向우에서 하나의 統一的인機關을가짐에이르고 同時에民主主義國家建設을爲한 民族統一戰線結成에있어서 文化部門의統一態勢가 그鬪爭의重要한 一環을 形成함에 이른것이다。

四、그러나 叙上의모든態勢를가추는데 거이一年가까운세월이消費되었다。이態勢를가추고 인제이것을土臺로하여 文化運動은하나의 巨大한轉換앞에 그의任務를세우지 않으면아니되게되었다。그것은 文化를人民大衆의가운데로갖이고들어가기爲한具體的인實踐과「新」展開를爲한計劃이다。앞으로의運動은이方向우에서 展開될것이다。

대중 以上과같은몇개의階段을넘어온것을 우리는 一年동안의運動을回顧하여 생각해볼수가있는것이다。생각해보던 準備態勢를가추기爲하여지나친 努力과오래이貴重한 時日을、쓸데없이消費한것같다。지금새삼스럽게 느껴지는것은 아직文化運動의推進力인問題이다。當若우리들의政府가섰다면 民族文化의自由로운 發展을保障하는 옳은政府가섰다면 그것은우리文化運動의하나의、主體的條件이되었을것이오 더나아가 그推進力이 되었을것이다。그러나不幸히 우리들에게아직도그러한조흔條件이 具備되어지지않었고 特히南部朝鮮에있어서는 모든文化運動의 分野에있어서 그狀況은日帝時代와도 彷彿한狀態였다。한사람의援助者도 못가지고 가끔 眞正한運動의展開에있어、日帝時代보다못지않은 障碍[illegible]하는일조차 없지않었으나、이렇게생각할때에는、지난一年間의成果는決코적은것이아니오 또各分野에걸처서成

經한文化戰士의 우자옹亦是 決코적게評價할것이아님을 알수있을것이다。不幸한環境과 惡한條件下에서 제路線을發見하고 제態勢를整備하고 그리고그것없이는 民主主義國家가 될수없는文化의 一般大衆에의普及化를爲하여 지금文化運動은 有史以來 가장重大한任務앞에、自己의基礎를다진것이다。三十萬多大數의自覺과 民主主義的訓練이가져오는 成果에對해서 怯을내고恐怖와猜疑를느끼는 一切의反動的인小數特殊階級과、그利益을代辯하여鬪爭하는陣營을向하여 猛烈한攻勢를展開할 모든計劃과準備가 이루어진것이다。새로운八·一五의第二年은 이歷史的인 鬪爭의눈부시는展開에依하여 그의첫날을맞이할것이다。

二

長久한時日동안의 日本總督統治가온 朝鮮文化抑壓政策으로因하여 特히中日戰爭을거쳐太平洋戰爭으로發展에對한、全面的인彈壓과 抹殺政策에따라、朝鮮의各文化領域에걸쳐서의 暗澹한蟄居狀態는 民族의將來와 文化의다음歷史를爲하여아무런希望도光明도 豫測하지못하게하기에 充分한形便이었으니 그렇나 八月十五日이가져온 歷史的瞬間이우리에게 보여준바는 비록敗弱하고 追勢에밀어優柔不斷하고後退遷延하여 日本帝國主義를抗拒하는、戰線場裡에있어서는 文化人知識이 何等의보람즉한 革命的鬪爭을갖이고 民族解放運動에 寄與하지는못하였으나 世界進展에對한科學的透視力과 歷史發展에對한 思想的信念에있어서는 다른어느나라知識人에 못지않게 언제나새날을待하여 근심하고생각하고 은근히準備하고 있었다는것을 明確히하였다 八月十五日朝鮮에對한日本帝國主義의 政治的羈絆의鐵鎖가그의마지막 고리를끈키우자 藝術、科學、藝術에亘하는 全文化領域은進展되는全期間을通하여 朝鮮文化는재를놓치지않고準備하였던 構想力을갖이고、各々自發的인自主的運動을 展開하기시작하였으니、解放翌日인八月十六日에는 朝鮮學術院이結成되었고 이것과時日을같이하여藝術分野에있어서도 朝鮮文學建設本部를爲始、美術、演劇、映畵、音樂、舞踊의、結成을보고 同十八日深更에는 이의協議機關으로 朝鮮文化建設中央協議會가 成立된것이다。

이러한文化運動의 自發的인展開는 一方에있어서는 政治路線에適應할려는當然한 움직임이면서 또他方에있어서는 解放과함께 人民各層의文化的要求를 재빨리實現하고저하는 가장옳은方向에對하여文化學問에從事하는 知識人의識見이決코없지안다는것을 말하기에充分하였다。다시말하면 政治와떨어진分野에서沒交涉하게 이루어지는運같으면서 結局에있어서는 그것이朝鮮의自主獨立과 民族의完全解放

이라고하는 目標를세우고 民族統一戰線結成의方向으로 나아갈려는 政治路線과 全혀同一理念을 같이하였나는祖國의情勢에있어서 높이 評價되어야하며 他方에있어서는解放과새로운國家建設에있어서 文化領域이占하는 比重의重大性과 文化와科學에서 隔離되었든人民多大數에게 文化를주어 그들의文化的欲求를充足시키고 한편그들의文化的要求를 啓發昂揚하는事業이 얼마나重且大한가에對하여 解放된一般人民大衆앞에 그들의民族的欲求를 組織的으로提示한데 巨大한意義가있는것이라고 생각하는것이다.

그러나 이러한文化活動의 組織的展開가充分한 理論的인鬪爭과實踐過程을通하여서 이루어지지 못하였다는데서오는弱點은 얼마아니하여곧纂露되었으니 諸種의宗派主義와極左的인 乃至는極右的인 偏向의發生으로因한 諸種의混亂과의鬪爭에對하여 그것은가릴수없는 無力을表示함에이를것이다。 例컨대朝鮮文化建設中央協議會는 結成大會席上宣言에서「文化의解放과文化의建設」「戰線의統一」이라는端的인行動綱領의提示에依하여 出發하였고 八月三十一日傘下各本部에 對한「文化活動의基本的一般方策」의提示에서 그것을詳細히規定하고思想內容을賦與하여

一、日帝의 野蠻的欺瞞的文化政策의 殘滓掃蕩과文化反動에對한 鬪爭의展開

二、文化의徹底的인 人民的基盤과完成을期하야 封建的, 特權階級的, 反民主的地方主義的文化의 要素와殘滓의淸算을爲한 鬪爭의展開

三、世界文化의一環으로서의 民族文化의啓發과 昂揚을爲한建設事業의設計

四、文化戰線의 人民的協同의完成을期한 文化統一戰線의組織一

等々의基本理念의 正當한具體的表現을 보이였음에不拘하고 어떤部門의右翼的逸脫을 防止하지못하는 한편, 階級文化樹立을基本的任務로한다는 極左的理論과偏向을 克服하지는못하였든것이다。

이리하여 九月十七日 프로레타리아文學同盟의結成을爲始하여 同二十二日 프로美術프로音樂等의 結成에이어 드디어同三十一日 朝鮮프로레타리아藝術聯盟의結成을 봄에이른것이다。 이와同時에 科學, 敎育各分野에있어서도 朝鮮學術院으로부터의 遠心作用이具體化되어 十月十八日朝鮮敎育革新同盟의結成 同二十一日 朝鮮科學者同盟의結成을 봄에이르렀다。 그러나이러한統一戰線의 分裂作用을거쳐 文化路線의基本方向에對한 求心的인慾求는熾烈하였고 그것을爲한理論鬪爭은 亦是活潑히展開되어나간것은勿論이다 이것이强力한 再次의統一戰線結成에重大한 理論的實踐的契機가 된것임은이와서는아니된다。

三

文化建設의基本路線이 發見되기까지에 나타난諸種의偏向中의하나로 極左的公式主義的傾向을들지 않으면아니될것이다。朝鮮文化建設의基本課題가 民族文化의樹立에있다는것을 反對하고民族文化를爲한 建設理論을가르처 民族財閥의文化的代辯이라 攻擊하는하편 이들은文化運動에當面한基本任務가 프로레타리아階級文化의樹立 或은社會主義的文化의樹立에있다고 主張함에 이른것이다。

이러한極左的理論의土臺가 된것의하나가 朝鮮革命의現階段에 對한基本的인 規定의錯誤에 있음은勿論이다。即朝鮮革命의 基本的當面任務가 부르조아民主主義革命의課題에 있음을理解치못하고 프로레타리아革命이나 社會主義革命이나하는 極左的인理論이 盛히流行하였는데이것이 文化理論의極左的公式主義的偏向을낳은 하나의直接的인 理論的基盤이된것이다。

다른하나는 一九二五年에시작된프로레타리아藝術運動을 어떠케보느냐하는데서보는 歷史의評價에對한 混亂이다。다시말하면 一九二五年이미 文化의基本任務는 프로레타리아階級文化라고規定이되어藝術運動의主流는 十年間綿々한鬪爭을 歷史우에남겼고 그路線이그대로 八月十五日以後의文化路線은當然히이것과連續的이여야 할것이라는理論이 곧그것인것이다。

이理論이 八月十五日이가저온革命的契機를沒理解로부터 由來한것임은明白한일이다。다시말하면八月十五日을契機로하여 日本帝國主義의政治的羈絆이없어진 事實로부터생겨나는 모든文化的인事情의變化에對해서 옳은理解를 갖이지못한것이다。

八月十五日以前이나 지금이나文化革命의課題가 解決되어있지못하는限 文化의基本任務는 民族文化의樹立에있는것이다。이를領導할擔當階級이 一九二五年代를前後하여 民族부르조아지로부터 프로레타리아트에서넘어온것이다。同時에 反日文化를基本內容으로하는當時의民族文化의樹立을爲한 鬪爭內容은 日本帝國主義를反對하는民族解放運動이 勞農民의蜂起와勞働者의罷業 學生의盟休等 階級鬪爭의形態로展開되어온데따라 階級的慾求를 充足시길必要앞에 一當面하게된것이다。 이리하여 一九二五年代로부터 腐敗한市民文化의日帝와의妥協을反對하고、民族文化의樹立을爲한鬪爭은 프로레타리아文化의 具體的인含意로 간추 必要로하게되었던것이다。그러므로이때와는 全然變化된 八月十五日以後의事情밑에서、一九二五年代의口號를그대로基本課題化할려는 理論이機械的에 빠질수밖에 없는것은當然한일이다。

한편 이러한 極左的公式主義的機械論이 擡頭하는 他方으로는 右翼的[illegible]者가 簇出하여 드디어 反民主主義的 文化集團의 結成을 結果하기에 이르렀다.

이러한 모든 極左的인 或은 右翼的인 偏向으로 因하여 文化戰線은 一時混亂을 極하였으나 理論的 克服과 正當한 路線의 發見을 爲한 求心的인 努力이 組織的으로 차츰 새로운 統一의 氣運을 자었고 客年十二月末에서 今月一日에 걸쳐 朝鮮文化建設中央協議會와 朝鮮프로레타리아藝術聯盟의 各傘下團體가 合同을 具現함에 이르러 이에 文化建設의 基本路線으로 反帝反封建反國粹의 民主主義民族文化의 樹立이 當面한 基本路線이라는 것을 明白히 한 것이다. 合同과 合議統一의 原則으로 이 基本路線이 提示된 것은 勿論이다.

四

이리하여 同一한 文化基本路線의 樹立을 契機로 차츰 文化各分野의 指導理念이 確實히 서고 이 基礎우에서 着々 組織의 民主主義的 整備가 이루어졌다. 藝術、科學、言論、敎育、體育의 各部門이 앞서거니 뒤서거니 차츰 同一한 民主主義民族文化建設의 基本方向으로 集結되었고 이것은 複雜을 極한 政治的情勢가운데서 當面하고 解決하고 鬪爭하는 一實踐的 課業을 가져 다시금 統一的인 機關을 갖일라는 意識的인 努力으로 表現됨에 이르렀다.

이러한 文化建設의 基本課題를 決定하는 鬪爭은 廣汎한 範圍에 걸쳐 充한 實踐과 討議를 거듭한 것이니 二月八、九日에 서울에서 召集된 全國文學者大會에서의 決定은 이 意味에서 劃期的인 歷史的 意義를 갖는 것이라고 생각된다.

同一한 目標를 갖이고 싸우는 文化各部門을 한 機關밑에 統一整備할려는 努力은 드디어 具體化되어 二月二十四日 二十四個團體로써 朝鮮文化團體總聯盟이 結成되었으니 이것은 民族文化建設史上 特記할 事件이 아닐수 없다. 몇개의 反民主主義的인 團體가 除外되는 外의 同分野의 文化團體가 集結이 된 것이다. 朝鮮學術院、朝鮮科學者同盟、朝鮮科學技術聯盟、朝鮮工業技術聯盟、朝鮮生物學會、朝鮮產業醫學研究會、朝鮮法學者同盟、朝鮮社會科學研究所 等々의 學術、科學、技術家의 組織은 勿論이오 朝鮮文學家同盟、音樂同盟、演劇同盟、映畫同盟、舞踊藝術家同盟、國樂院、美術家同盟 等의 藝術家의 組織 朝鮮敎育者協會、朝鮮體育會 等 敎育體育團體、朝鮮新聞記者會、言論學會、國語文化學會 等 實로 藝術、科學、敎育、體育、言論의 各分野가 이에 完全한 統一戰線을 完成함에 이른 것이다. 이제 그 綱領을 紹介하면 「民主主義民族文化의 建設을 爲하여 固有文化의 正當한 繼承과 世界文化의 批判的 攝取와 特히 進步된 科學의 輸入研究와 그 理

論의確立과 人民의非民主主義的文化傾向의 排除를期함으로前記한民族文化의基本路線이 具體化되어있음을, 알수가있다。 그리고聯盟規約에 規定된事業에는 日帝殘滓와封建的、國粹主義的要素의 掃蕩을爲한行動이 맨처음提示되어 文化運動이나아갈 方向을明確히한것이다 國民文化程度의向上을爲한 科學的啓蒙活動과 文化의人民的基礎의確立을爲한 大衆活動이라는 條目과 함께 이제부터展開할 文化鬪爭의 旗幟를 宣明할것이라고 볼수있기 때문이다。

이러한統一戰線의結成이 決코卓上에서白紙우에그려진것이아님은 이混亂한政局에處하여 文化團體가 좌은 比重의巨大하였음을 들보아 充分히짐작할수있는것으로 民主主義民族文化의樹立이 眞正한民主主義國家의建立을 先行條件으로한다는 點을認識할때에 이에對한參加團體는相當히 높이 評價할만큼果敢、愼重沈着하였다고생각하는바이다。

이에四月十五日부터 文聯은傘下團體를總動員하여 五日間에亘하여 民族文化建設全國會議를召集하였으나 이成果와意義는至極히큰것이있다고 믿는바이다。 이밖에各部門은 各己自己分野에있어서 各種의行事와活動을 展開하면서 基本路線의 實踐에 推進하고있는것이다。

이제금으로 우리文化運動이 갖이는 弱點이면서 또同時에 解決하여야할 큰課題는이統一된 整備態勢를갖이고 如何히人民의 가운데로 들어가느냐하는問題다。 앞으로지난一年間의活動은 이것을爲한하나의基礎的作業이였던것이다。 그러므로이 基礎的工作은 앞으로展開하여야할 文化大衆化啓蒙化의課題를 解決하는마당에서 一層堅固히된것이며 이 實踐을通하여서 文化運動은새로운 成長을 맞이할것이다 이것이 아마 解放第二年의 重心的인課題가 될 것이라 믿어진다。(七月十日)

藝術

가、美術

八·一五以前

日本에게主權을때아끼 朝鮮民族은絕望과暗黑속에따졌으나 民族의 底流를흐르는 憤激의즘을피는十年 풍안참다가 三一運動을契機로 爆發되여서 政治的으로는 反日鬪爭이表面化되고 文化的으로는 世界文化攝取와向學熱이 불길과같이이러났다。 비록日本을거쳐서 輸入되었으나마 歐洲近代美術의 面貌를 接하게된것도 이때부터이고 展覽會가생기기도이때부터이였다。 民間展으로書畵協會와 官展으로朝鮮美術展覽會가 前後하야시작되였다 書畵協會는 封建的色彩가濃厚하였지만 朝鮮사람만으로組織되였으므로 朝鮮美展과의對峙되는 民族的인性格을갖이고있었든것이다。 그러나겨우十回展을持續하고는 頓挫될 수밖에없었다。 그外에綜合展 依時

何等 民間상團體가 반듸블같이 생기다가 없어지고 칼푸系의 푸로美術이 또한그랗자만빛이다가 日帝彈壓으로·없어지고마랐다。이리하야 官展인 朝鮮美展만이 所謂懷柔敎化政策의 하나로서·끝까지君臨하얏든것이다。그러므로良心있는 作家는分散되여서 藝術의 純粹性과 自律性을 내세우고는 象牙塔속으로蟄伏하랴하얏든것이다。이리하야八·一五直前에는 東洋畵의後素會, 靑田畵塾展, 西洋畵의新美術家協會가 겨우新進美術家의命脈이 부터있음을 보여주엇을은 눈물겨운일이엇엇다 아모리튼獨自의아트리에를가진 作家가三四人에不過하얏다는 事實은 그동안의消息을說明하고도 남음이있다하겠다。民族解放과, 政治, 經濟의土臺없이는 藝術이成長할수없음을 切實히느끼게하얏든것이다。

八·一五以後

解放直後에 朝鮮文化建設中央協議會傘下團體로서 美術建設本部가 誕生하얏다。그指向하는바는 總盟에協調하고 日帝殘滓를肅淸하며 民族美術을建設하는것이엇엇다。當面기 緊急한實踐을爲하야 本部內에 宣傳美術隊를두고 解放記念行事에 美術家로서할수있는일을시작하게되엇다。그것은聯旗의製作配布, 街頭裝飾 ─ 各建設本部의 標語의圖案化와大衆化運動, 聯合軍進駐歡迎裝飾等인데 여기에는職業美術人(特히看板製作人)들의 協力이 잇엇음은 前에없든아름다운情景이엿엇다。그리고聯合軍歡迎街頭行列에서보여준 美, 蘇, 英, 中四國의元首肖像도美術家의行列다운異彩있는 感銘을民衆에게주엇다。이리하야宣傳美術隊는 그任務를完遂하고, 發展的解散을하는同時에, 이번에는美術建設本部主催로「解放記念文化大祝典·美術展覽會」를열게되엿다。十月二十日부터三十日까지 德壽宮石造殿에서 作家九十七人의 作品百三十二點을陳列하고 戰災同胞救濟를爲한 作品의即賣까지 만드러놓앗다。

여기서問題되는것은, 作品이大部分八·一五以前의舊作이엿다는것이다。이點에對하야는 一般의非難도잇고 本部의聲明도잇는모양이나, 아모튼 서로自己批判해볼좋은機會이엿음에는 틀림이없다。들상解放直後에는 너무나急激한民族으로잇는感情을 좋아 바쳤다노래되엿다。宣傳美術隊에 모인젊은美術家들은, 感激과希望에 가득찬눈으로, 壁에서 國旗를바라보고 부랑카-드를그리는熱情은 될리는것이엿섯다。그러나이런일은그대로圖案化하야 半機械的으로그려가면되는것이엿으나 美術作品은이와같은 工作的인것과는다른要素가있는것이니, 感情의整理를爲하야는 時間的인或은思想的인거리이와, 餘裕를要求하게되는것이다。그러므로解放의너무나벅찬感激을, 作品化하기에는, 아직도時間的餘裕가必要하얏든것이다。그럼에不拘하고 美術家로서할수있는態度은 作品以外에아모것도없는것임에야어찌하랴。 그들을非難하는要點은 日帝殘滓를肅淸할重大한時期에있어서 日帝時代의習作을내여놋는것은 妥當치않다는것인다。本部로서는于先 自己批判의材料를삼자는것과 또外國人에게美術界의實力을보여주자는것이다。그리고나중에美國人의感想을들으면「朝鮮에이러한훌륭한 技能의美術家들이있으리라고는 豫想치못하얐다」는것이다。이러한談話에기피해야한지 부끄러워해야할지 아모러튼自己反省의 好機會였음에는틀림이없었다。

그런데朝鮮文化建設中央協議會와 그傘下로美術建設本部가 誕生될그때에時期를같이하야 푸로레타리아藝術聯盟이結成되고 그傘下푸에로레타리아美術同盟이 생겻든것을記憶해야할것이다。그러나文化建設中央協議會傘下의 各團體의實踐事項이大體로 푸로레타리아藝術聯盟의路線과 大同小異하다는것을깨닷고 먼저文學建設本部와 푸로文學同盟이合同하야 率先示範을하얐든것이다。그런데이때의社會情勢는 美術部門의合同을逆路로모라넣게만들었다。때마침海外「臨政」要人들이歸國하얐고 이에따라서人民共和國支持와 臨政支持는左右分裂의 각을區劃하는分岐點이되었든것이다。美術建設本部의幹部들은 첫재로美術家는美術家만으로團合하야 獨自의活動을해보자는것과 둘재로政治的色彩를全혀超越하야 中立과純粹藝術把持의態度로서 나아가자는主張을하야 德壽宮展覽會를終幕으로하고 解散을하얐다。이것은事實上中央協議會에서脫退한셈이되는同時에 푸로聯盟側과의合同에서離脫하게된것이다。이리하야새로히朝鮮美術家協會를 組織하게되었다。

한편으로푸로聯盟側의푸로美術同盟은 中央協議會에參席으로되어있는 美術部門과는相對없는 合同은할수 없었으나 이것을契機로하야 푸로레타리아의名稱을 바꿔서朝鮮美術同盟으로新發足을하게되었다。

그後莫府三相會議決定事項이公表되고 託治問題가社會化하야 議論이沸騰할때에 朝鮮美術家協會의會長高羲東氏는 美協을代表하야非常國民會議에參加한것이 導火線이되여서 美協에分裂이생기게되었다。그것은高氏가委員會에提議도하지않고 獨斷으로非國會議에參加한데對한責任을常任委員會에서무럿는데 高氏는이에對하야總會席上에서辯明할것을應諾하얐다。그러나臨時總會에는高氏가來參치않고 一部會員은이問題를模糊하게더퍼버릴라고할뿐아니라 美術團體의統一을爲하야 朝鮮美術同盟과合同하자는 動議에對하야도 全面的으로反對하는 氣運이濃厚하얐으므로 이에妥協할수없음을알게된 常任委員의大部分과 며기에共鳴하는會員三十二名은 連袂脫退를하게되었다。

 이와前後하야金周經氏外三人이또한美協幹部의獨斷을反駁하고脫退하야 朝鮮美術同盟에合流되여 朝鮮美術家同盟이새로組織되여가지고文化團體總聯盟結成에參加하게되엿다 美協을脫退한三十二名은 新世代美術의建設과 美術團體統合을目標로한 旗幟를갖이고 朝鮮造形藝術同盟을結成하얏다。그리고文總에加入하얏다。

 이와같이美協이 勵揺됨에따라서 美協만을믿을수없게되므로因하야會員中의彫刻家는 彫刻家協會를따로組織하야 事實上美協을떠나게되고 工藝家는朝鮮工藝家協會를、새로組織하게되엿고 東洋部의少壯作家는 따로히壇丘美術院으로서 作品行動을하게되엿다。이러한現象이刺戟이되여서 商業美術家協會、產業美術家協會와같은 分科的인小集團이簇生하게되엿다。

 이러한情勢는 美協自體의活動을 沈頓狀態에빠지게하엿고 도리혀그外廓團體로볼수있는 壇丘美術院(여기에는실상美協을脫退하고 또는美協에서除名을當한作家도包含되였지만)이 三一記念行事로서小品展을갖었고、또朝鮮工藝家協會가 六月에德壽宮에서 展覽會를갖었다。그리고五月에는 商業美術展、產業美術展等도있었다。

 朝鮮造形藝術同盟에서는 五月에 春季小品展을갖었는데 이것은解放後의 新作을發表하는 最初의綜合展으로서 커다란意義가있었다。即 東洋畵、西洋畵、彫刻、工藝、建築等廣汎한部門에걸처、綜合發表한것은特記할일이라하겠다。

 그리고朝鮮造形藝術同盟에서는作品實踐과併行하야 藝術精神과理論樹立의 必要를切實이느껴서 朝鮮最初의美術雜誌「造型藝術」을發刊하얏다。그리고洋畵部傘下의細胞團體로서 獨立協會員은새로운藝術을爲한 새로운技法의研讃에있어 前衛的인分子로自任하야 七月에獨立協會展을갖었다。여기에呼應하야東洋畵部內의 細胞團體로서 靑年會가組織되여 每月月例合評會를갖이고있다。

 朝鮮美術家同盟은 朝鮮文學者大會々場을 빛나게裝飾하는活動을비롯하야 民戰傘下의宣傳美術(포스타ー、커트等)에 이바지하는한便 六月에는美術家同盟小品展을열고또렷한思想性의路線을보혀주었다。

 一九四六年七月十日現在의 美術分野는아래와같다。

朝鮮美術家協會 代表 高羲東、李鍾禹

朝鮮美術家同盟 代表 金周經、朴文遠

朝鮮造型藝術同盟 代表 尹喜淳、吉鎭燮

 이外에彫刻家協會는 彫刻家가거이다모혔으며 同人制로서아직아모런實踐은없다(同人은尹承旭、李聖華、曺圭奉其他)

朝鮮工藝家協會

產業美術協會 代表 金奎龍 金在奭

展望

世界民主々義路線우에서 새로운 民族美術을建設하라는 氣魄과八一五以後에發足한 作品行動、理論探究等美術運動의實質로보아서 朝鮮造形藝術同盟과、美術家同盟이先驅的인任務를遂行하고있다。그러나 作品制作에있어서 思想性과藝術性의調和를 어떻게昇華시키느냐의核心的인問題를解決하므로서만 民族美術이建設되고、世界文化에어깨를견주며、貢獻할수있게된것이다。그리고이것은完全한民族解放自主獨立의 政治、經濟的土臺가樹立되지않으면 이룰수없는것이다。그러므로美術家는 美術家로서할수있는 最大最善의努力을建國工作에 이바지하므로해서、政府樹立에拍車를加하고 推進力이될수있는것이다。그런데어려운民族死生의危機에있어서 美術家만은超然하야書室속에서 獨坐三昧의境地에逍遙하라는 非協調的部類가있음은遺憾이다。時代와社會를超越한純粹性을錯覺하야 時代와社會의 하는 悠久性이 실상時代와社會의現實에서醱酵된 歷史性을간직하므로서만 이루워질수있음을깨닷지못하고 時代와社會의現實을 無視、捲逃回避하는것이 藝術의悠久性을把握하는것으로 그릇認識하는 反時代的作家들이있다。同胞들이피땀을흘리며政治、經濟、文化의秩序를樹立한뒤에뒤져지고 에헴ㅣ하며큰기침하고나올수는없는것이않인가。

언제든지美術은時代를代辨해왔고 또그러므로서만悠久性의 偉大한光輝를내일수있었든것이다。三十六年間의現實逃避와、現實拒否는不可避의惡夢이었었다。이제建設期에直面한美術家는 現實을凝視하야、그것은勿論過渡的現實이다。過途의連續이歷史다 大膽率直한새로운리아리즘을 開拓하지않으면안될것이다。

나、演藝의一年

歷史的인八 一五를마지하야 社會、經濟、文化의모든部門에있어大變動이招來되었다。親日的인民族叛逆的인 그러므로서오늘까지 舊殘行勢하든徒輩들은、一齊히꼬리를감추고、새로운時代의主人公들이、歷史의方向을錯覺한이들 近視漢들의運命을冷笑하며 颯爽이登場하였다 建國準備委員會를中心코 民主々義的國家를建設할려는人民의情熱은 文化界에도澎湃하야 文化建設中央協議會가結成되고 時代에適應한文化團體의再編成이始作되여、演劇人도映畫、美術、文學、音樂과步調와態勢를가추워 演劇建設本部長을結成코全演劇人이集合하였다。그리하야委員長에宋影、書記長에安英一을選出하고舊日帝統制機關이든 演劇文化會의財產을引繼하는同時、앞으로의方向과課業을討議하고 聯合軍

入城歡迎公演을準備하는一方 男女俳優들이動員하야 罹災民救捐金을街頭에서募集하고 日帝檢閱에代身할推進機關으로서의 脚本審議室의設置와演劇用語의創案의細々에이르기까지그意氣實로冲天之感이있었다。

聯合軍이二三日來로入城한다하므로興奮한나머지 흔이있을수있는過渡期的現像으로 그들끼리파크룹을짜버라고 左翼이아닌演劇人은全部려밖으로따돌려버렸다。이것은모ー든人民이다같이解放의歡喜와 復興의情熱을가슴에품고 모ー든部門에서 民主々義國家建設을向하야 勵進하는過渡期에있어 가장危險한宗派的派閥性의表示였다。여기에攻擊의화살을받은 建設本部의首腦部들은 自由主義者와俳優들을 廣範圍로包攝한網羅的强力的集結體의組織을期圖했으나 結果에있어선 決局그세트的인 人的構成에서 一步도擺脫치못했다。 그들은中間잡프同人을中心한作家들이 文學建設本部의昧曖模糊性을糾彈하고 새로히프로레타리아文學同盟을組織化하야 志向과色彩를鮮明히하자 美術音樂도그를본받은同盟이結成되였고 演劇建設本部에서는 羅雄、姜湖、申鼓松、金承久、金旭等이 프로레타리아演劇同盟을結成하야 이들同盟의統合體인 프로레타리아藝術聯盟과縱的連絡을가지게되자 劇界는建設本部와 同盟의두갈래로分裂하게되었다。그後프로레타리아藝術聯盟은朝鮮의民主々義國家建設段階에 있어서의 先進的인藝術革命의誤謬를自己批判하게되어 中協과藝盟兩團體는各々發展的解消를宣言하는同時에 革命路線에順應된 民族文化樹立發展을目標하고合流하였다。여기에順應하야 劇界도演劇建設本部와프로레타리아演劇同盟이 朝鮮演劇同盟으로서의 새로운發足을보게되었다。同結成大會에서는 人民共和國이提出한合作案을拒否한 臨政要들께熱感을希望하는、建議書를보낸것을決議하였고 信託問題에있어서 英府三相會議를絶對支持하야 同時政府樹立을促進케할것을可決하였다 組織과構成에있어서 從來演劇文化協會의 理事를歷任한사람들과 當局으로있든사람들의 指定的第一線退陣을要求하고 左記五項目의綱領을내걸었다。

一、우리는日帝殘滓를掃蕩하자
一、우리는封建的遺滓를淸算하자
一、우리는國粹主義를排擊하자
一、우리는進步的인朝鮮의民族演劇을樹立하자
一、우리는進步的인國際演劇과提携하자

그리고委員長에宋影 副委員長에 羅雄、趙暎出을推戴하였으며書記長에金承久(六月부터尹世重으로更迭)와三十名의執行委員을選出하였다 그리고이번大會를契機로 從來苦楽을가치해오든樂劇人들은 自己들의獨自性에鑑하야 새로히歌劇同盟을創設하야 姉妹團體로서의連絡

를찾이기를期約하고分離해나갓다。

지난二月社會、經濟、文化各部門을網羅하야　民主々義民族戰線의結成을보게되자　同盟은率先이에參加文化團體의統合體인文化團體總聯盟과의　同一步調下에　民主々義臨時政府樹立을妨害하고　獨立을遲延시키는　온갓日帝의殘存毒素와　封建遺制와　敗亡한獨逸、日本、伊太利의前轍을다시밟으려는　國粹主義、獨裁主義의斷乎排擊에對한　果敢한鬪爭을게을리하지않아왔다。三一運動記念公演에는　全劇場이京鄕을通하야　燦爛한칼파를展開하였으며　이것을契機로民族演劇의課業은　形式內容　共히곧제인第一步를내디디게되었으며　偉大한革命的浪漫과進步的리얼리즘만이　이時代의眞正한民族藝術이될수있다는것을　端的으로表示해주었다。劇場入札問題에있어서는　代表를軍政廳에派遣하야　眞正한文化人에게管理케하도록努力하고　지난水害에는때고다公園에義捐金募集公演을開催하야　三萬餘圓을喜捨하는等　자못機動的活動을해왔고　오는八・一五解放記念에는　展覽會演劇을通하야　三一節에또한못지않게　民族的行事를盛況準備中에있다。

前大會後滿一年이經過되지못했으나　客觀的情勢는　同盟의機構에多少의變更을必然的으로要求하게되였다。同盟을左翼이라規定하고　敬遠하는團體를新迎하고　섹트的이라批判받는人的構成을矯正하야　眞히門戶를開放하므로서　左右翼包攝의襟度를보이고저하였고　또現委員中三八以北에旅行한사람이있어　事務上의遲延도됐고해서　지난七月五日臨時大會를열고　委員의改選을하였다。그리하야名譽委員長에　宋錫夏委員長空席（徐恒錫을推戴하기로可決했으나本人의辭退로再選치않다）副委員長에卞基鍾、朴齊行、趙暎出咸世德、書記長에李康福을選出하야現在에이르렀다。오는가을에는全演劇人을總動員한演劇祭를、各道에劇作家、演出家、演技者를派遣하야指導을시킨全鮮素人劇大會를、그리고前記八・一五記念行事等을決定하였으며　最近頻繁이發生하는劇團테로와　劇場의劇團掃蕩政策에對處討議를거듭하였다。

지난七月二十五日엔　鍾路基督敎靑年會館에서　最初의戲曲의밤을열어劇場에서떠난文學的의미를가졌다。金免鎭、朴英鎬、李曙鄕、安英一의講演과　체-홉作「白鳥의노래」咸世德作「감자와쪽제비와女敎員」의朗讀은今後의演劇方向에　한指針이되는同時에　演劇人自體의칼줌注視도되였다。

×　×

解放後各劇團은　全部白紙로還元하기로되였다。누구의意見도아니요建設本部의指示도아니요　無言中의總意였다。從來排彼와劇團經營者사이에　締結된契約、其他、貸借關係는一切解約되고　各自同志的結合일에서 劇團編成이시작됫다。또한가지特記할것은 從來主로푸리·ㅣ란사ㅣ로 活動하든作家, 演出家, 裝置家들이全部各々劇團組織에參加하게되어 過去의人氣作優나 或은興行師들主面로한 個人格의劇團單位는思想, 技術나아가運營面에距하기까지, 勢力的인發散集團으로 飛躍하게되엿다。劇團再編成에있어 가장實力을充實코 登場한것은朝鮮藝術劇場, 서울藝術劇場, 革命劇場, 自由劇場, 全鮮樂浪劇會等이다。朝鮮藝術은安英一, 金一影, 金兌鎭, 李庭端뒤人스탐을中心하야 裴勇, 金東圭, 金斗讚, 朴永信等俳優가 參加하는集團으로 東京서오래동안新劇的訓鍊을쌓아온 技術者들이니만치經營, 組織, 藝術三面에있어 舊穀을打破하고 새로운것을創造하려는覇氣가滿々했었다。바쿠ㅣ에서의有名한二十六人의 름및살虐殺事件에取題한 카루손의「熱風의거리」五幕十一場을爲始하야, 三一運動記念公演으로 金南天의「三一運動」五幕吳泳鎭作金兌鎭脚色의「孟進士宅慶事」金兌鎭作「壬辰倭亂」五幕等을上演하였다。서울藝術劇場은 前者와反對로俳優가中心이되여 뜻을가치하뒤人스탐을마지한團體이다。野心滿々하고理論도설수있는 朴學李載玄, 李東朝、太乙民, 柳玄等이다 俞慶愛, 文貞福(途中에樂浪으로移籍)을加한 潑剌한中堅層으로旣成陣營의 다ㅣ씨스템에 反旗를들고나온데 好感을주었다。뒤人스탐으로는 또한堅實한羅雄李曙鄉趙靈出美湖等이다。創立公演으로는스타린그라ㅣ드攻防戰에 取題한콘스탄친시모노프의 南部戰線을고나왔으며, 三一運動記念公演에는趙靈出의「獨立軍」을 第三回로韓弘奎의키노드라마를改作한「獄門이열리는날」을上演하였다。

革命劇場은舊高協이創立同人이든沈影과朴昌煥이다시提手하고 朴英鎬, 朴春明을마지하야 各團그대로革命的氣魄에불타는 急進的劇團이다。女優로는金陽春, 林孝恩等이있다。第一回부터四回에이르기까지全部朴英鎬의作品으로「土地없는部落」「北緯三十八度」「님」「再作殘잔불」이그것이다。그다음金兌鎭의新作三男妹를上演하였고 八月六日부터玄鎭健作朴世德脚色의「無影塔」을上演코저 現在準備中에있다。이劇團은 革命的情熱과氣魄에지나친남어지 地方과中央에적지않은反感을준것이事實이다。그理由는이劇團의前身인高協의 레퍼ㅣ트리ㅣ와現在의題材사아에 너무도游離된距離感을露骨的으로주었기때문이다。

自由劇場은舊星群, 青春座의俳優인卞基鍾, 韓一松, 朴孤松等이過去의東洋劇場의新派떼를一掃하고, 새로운時代的意慾에불타, 組織된劇團이다。 秦雨村作「[illegible]」을爲始하야朴露兒作「三一運動과滿洲俞監」朴露兒作「先驅女」金永壽作「閔中殿」沈影作「栗谷과그어머니」等을上演

하야 藝術과興行을折衷하는 中間演劇의樹立을目標로나아가고있다。李雲芳과푸롤푸라某氏의作品만 다란쥐치바퀴돌듯 되푸리하며 文化와는隔離된演劇의紅燈街에서 社長과이뭇자식과、며누리와、妓生들을唯一의作中性格으로알든이분들이 作家陣을一新하고 時代속에敢然히팔을벌리고나온것은、朝鮮演劇史에、部分的이나마一劃點이라할수있다。

「樂浪劇會는 舊阿娘의黃澈과、舊現代劇場의朴民天、咸世德이內容的으로合同하고 徐一星이加擔하야黃澈、徐一星、李海浪、金鮮英、金滿子等 演技陣의强者를擁한 團體로技術에있어서나運營에있어서나 능수능간한强團이다。그렇나뒤ㅅ스탑이弱해서 作品과演出은圈外에서맞흐고있다。咸世德의「山賊」五幕·李昭鄕의「봄밤에온사나이」金史良의「胡蝶」咸世德의「己未年三月一日」中國의曹偶作「雷雨」金史良의「뭇뜬의正服」等은 淸新한레퍼ㅡ트리ㅣ였다。 이劇團은自由한立場에서演劇을 해나가려고하고있다。그렇나어느時代를莫論하고 自由란極히危險한것이며 그時代의革命에이바지하기보다妨害되기가쉬운것이다。이劇團의武器는技術이며 자랑은좋은意味에서의純粹性이다。 그렇나그들은 時代의前衛요 民族文化의烽火인演劇이 自由와純粹로선 決코이루워지지않는다는것도 누구보다잘알고있음에 또한그들에게期待가큰바이다。

以上의劇團이全部行商的存在인데反하야 全然은서울小劇場이란店舖를가젔다。職業劇團과 野合지않으려는新進氣銳들이 興行을度外視하고 이데까지든지 研究的態度를標榜하고組織되였다。創立公演인고ㅣ고리作「檢察官」은 舞臺에흠으는學究的眞摯와熱情은 素人김치같은맛味라고 一笑하기에는 너무도必死的인것이있었다。그後樂浪劇會와金史良의胡蝶을合同上演한後 現在休演狀態에있다。 同人은李化三、李海浪、金東園、李𦘦煒等으로 斯界의嘱望속에登場했든 小劇場演劇運動은 一回의푸로그람으로서消滅되여버렸다。

同盟의演劇人들은 自己의劇團을직혀가는한便 各共箱里에서素人劇을指導하였으며 또各大學專門中學의學生劇을 指導援助하였다。學生行動統一期成會의 金南天作「三一運動」普專의마이어·훨스터ㅡ의「안데하이텔베르크」梨專의咸世德作「童僧」其外培材、誠信、中央、貞成、京畿等을 直接間接으로指導하였으며 各專門學校의演劇部員을 公演에參加사키어 實地工夫를하는便宜를주었었다。

그外學兵同盟、民靑、婦總의 工場、農村의素人劇을 指導하였으며演劇講座、座談會에講師를派遣하는等 새로운제에려이순의 啓蒙에關心하고、그培養에留心하였다。

그렇나解放後第一 生活이困難케

된것도演劇界이다。樂浪이三十餘萬圓 서울藝術과朝鮮藝術이各々二十餘萬圓 自由와革命이十餘萬圓負債를지니고있고 .其外群少劇團은 .運營不能의苦境에있다。:民主々義民族戰線을 共産黨으로보는右翼過激派者는 演劇同盟을左翼이라고 관을바다 劇場에서는날짜를안줄려고하고 反動分子는旅館과舞臺와關에서레로틀하고。아이쓰커피ㅣ하잔값의料金은못받어二割五分의稅金을除하고 劇場에四割주고六割을갖어 一割五分의高料를支拂하고 廣木한통二千餘圓의裝置를하고어떻게劇團을끄러나가란말인가?「싫으면그만두라우리에게는映畵가있다。外國映畵가있다」이것은劇團이當하는큰威脅이다。現在의劇場은舞臺를빌려주는게아니라舞臺上의 .板子를빌려주는것이다。그러므로籠球데라정도劇團負擔이다。이러한結果는直接劇團의意圖와進路에反響되어「狂風의거리」를들고나왔든劇團이「李舜臣」을南部戰線을들고나왔든劇團이「論介」를其外劇團이 .「流浪三千里」「바람부는時節」을들고나오자아니치못하게하였다。

그렇나우리는屈치않하리라、日帝의銃劍밑에서도 演劇을직혀왔거늘解放된오늘날 敗亡을當하다니될번하말이냐? 現實의朝鮮演劇에賦課된使命은 國際民主々義路線에따른世界文化建設의一翼으로서의 새로운民族演劇의建設이있을뿐이다。文化、音樂。其他科學、藝術의各部門에있어 跳梁하는反動文化를抹殺하는同時에 巨大한革命的課業을 實踐해나가는 .廣汎한勞農大衆의前衛部隊로서 民主々義建設을妨害하는온갓殘滓와演劇의健全한發展을阻止하는 反動的毒素를除去하고 .그렇므로서만 그使命의意義를다할수있는 燦爛하고偉大한民族演劇建設에一路奮鬪努力할뿐이다。그勝利의날비로소우리는온갓威脅과 苦痛을눗기지않고 矜持와權威를가지고 演劇을하게될것이다。

다、映 畵

解放前映畵界槪說

一九〇四年(光武帝曆)에 처음으로朝鮮에輸入된映畵가 一九二一年에이르러서 처음으로朝鮮사람에손으로 原始手工業的手段을갖이고製作하기始作하였다。作品에있어서는通俗小說、歷史、野談等、原始宗敎的、善惡觀과 .戀愛觀의悲劇等을갖이고 典型的인封建主義的人倫、葛藤을描寫하는「映畵月下의盟誓」「흥부、놀부傳」等으로써出發하였다。

其後一九二四年 封建主義에挑戰하며 模糊하나마日帝主義가가져온悲劇的諸相을描寫할려는 .苦悶期가나타났으니、마츰내鄕土映畵運動이擡頭되였다。作品內容에있어서도鄕土를찾어戀愛、放浪을描寫하고 惡質地主、資本階級의反族的惡質的인

非人間性을指摘하고, 모ㅣ는悲劇을 造傾한다는內容을갖인映畫로서、朝鮮키네마作品」「아리랑」鷄林映畫協會「먼동이틀때」가 其後이러한傾攝影지나 一九二五年以來進步的映畫人들로하여금 所謂傾向映畫運動이展開되였으니 過去映畫에서볼수있는無定見性에反하야 目的意識的인傾向으로發展되였으매 理論과技術에있어서도 科學的인探究를보게되여자못活潑함을뵈하였으며 그때作品으로서는 서울키노作品「流浪」「昏街」「火輪」과 靑服키노의「地下村」等의映畫가 無產階級을取材하야 階級意識과民族抗爭意識을鼓吹하랴하였으나 結局日帝의全面的彈壓과 經濟的慘狀으로因하야 마츰내이運動은終熄되고마렀다。 日帝政策은、싹트기始作하는 民族觀念乃至階級이데오로기를抹殺시킴에 따라 經濟的窮乏을利用하야 所謂映畫政策을펴하고있음에 半島映畫「漢江」聖峰映畫「나그네」朝鮮映畫「無情」「새出發」「水仙花」高麗映畫「授業料」「집없는天使」等愛慾과生活(人情)을그려 彈壓潮流를廻避하고 技術重點主義的傾向이胎動되였다。

其後一九四二年 日帝는朝鮮映畫의抹殺政策을强化하야 갖이고 總督政治의御用機關으로서、또한軍閥의宣傳機關으로하는等、類例없는事實은 朝鮮을마츰내破滅的悲運으로이끌게하였다。 그들은所謂皇民化運動과 戰爭煽動의恥辱的宣傳道具로使用하여 一九四五年까지 이러한犯罪映畫를 二十篇이나製作驅使하였고 數十의映畫人을軍屬으로 모라는어强壓하였었다。

解放以後의活動狀況

一九四五年八·一五解放以後 自發的으로蹶起한 朝鮮映畫人들은 總集結하야 進步的인民主々義綱領을걸고 活動하기始作하였으며 自然發生的으로 두組織的潮流가있었으니 朝鮮映畫建設本部와 朝鮮푸로레타리아映畫同盟이곧그것이다。 때마츰民族統一이絕對要請되고 映畫部門에서도進步的인意識者로하여금 緊迫한現實에適應케하였으니 以上두團體의統合은勿論 未組織映畫人과 三八以北映畫人도總網羅하야 마침一九四六年一月十六日을期하야 歷史的인朝鮮映畫同盟을結成하고 또一九四六年一月二十日을期하야 製作部와實行部面에亘한 擴大强化를爲하야 臨時大會를갖이고 爲초의成果를거두었다。

其後朝鮮映畫同盟은 文化團體의一環으로서 「民主主義民族戰線結成直後 그傘下로參加하고 朝鮮文化團體總聯盟에所屬으로서 꾸준히活動을하여왔으나 民主陣營에關한時事를 映畫로宣傳、啓蒙에注力하고 日帝殘滓映畫의肅淸運動 劇場運營興行、取締令、非文化稅令檢閱、配給問題、映畫學校等의 對策解決、移動映寫、文化映畫、劇映畫、製作

民黨合開催、時事、學術講座開催、各種記念行事開催、等活動을通하야映畵갓인大衆性과宣傳性을發揮시켜朝鮮의民主主義發展과建設을爲하야啓蒙建設運動에重要한一役을擔當하여왔으며 一般에게映畵에對한正當한認識과 偉大性을또한强調하여왔다。또한머ー지않이樹立될 臨時政府의文化政策과 「經濟産業政策」을爲하야 朝鮮의適應된「映畵政策案」과「映畵法案」을 朝鮮에特殊事情과 進步國家政策에 뒤지지않을만한映畵國營에關한 行政問題까지도立案進捗中이다。

映畵界의組織活動狀況

前述한바朝鮮映畵同盟이란 中央組織을完了하고 强化擴充한다음地方組織에着手하였으나 盟員을三八度以北에派遣하야 一九四六年四月十六日 平南地區映畵同盟을結成하고 以南地方에있어서는 現在慶北地區映畵同盟을結成準備에있다。

中央組織(朝鮮映畵同盟) 傘下團體로서는 製作團體十二、配給團體十二、興行團體一、技術團體三、研究團體一、地方組織(以北、以南) 傘下團體로서는 製作團體四、配給團體四、興行團體二(傘下團體總計三十九團體)

그리고朝鮮映畵同盟全國盟員數는七百十六名 全國執行委員數는五十五名 中央執行委員數는四十三名中央常任委員數는九名이다。

(中央은朝鮮映畵同盟 (中央地方의傘下團體省略)

中央執行委員長 安鍾和

副 任 員 長 李創用、李載明

書 記 長 秋 民

中央常任委員(無順)崔完奎、成東鎬、李瑞求、朴應樹、李圭煥、方漢駿、金 漢、金固基、李明雨

(地方)平南地區映畵同盟

委 員 長 吳泳鎭

副委員長 李德蘭

書 記 長 金治根

製作部長 委員長兼務

事務部長 朴進三

(同) 慶北地區映畵同盟(現今結成準備中)

今後의諸問題(提案)

過去日帝時代에 모ー든文化領域에있어 "映畵가가장많은中傷과抑壓을받아왔으며 따라서企業的으로 完全獨立치못하는弱點을타서 所謂御用機關으로統制하야서、文化的으로또는經濟的으로 致命的害毒을입어왔다。 映畵는本來尨大한資本을要하고 企業을通하야만 健全한産出을볼수있으나 科學産業部門에亘한問題等到底히 어느國家的見地에서解決치않으면안될 特殊的事情에있었으며 條件이具備되여있다。例를들면尨大한資本을投入시켜産出하는映畵가 現在全國百九十三個劇場의市場을相對로는 到底히收支가맞지않으니 이는곧日帝時代에經驗한事實이다。

따라映畵配給과製作을統轄하여서만 配給으로서의收入으로 製作部門에充當시키는政策으로써 겨우貧弱한維持를한것으로도 歷々히證明되는바이다。

그러므로到底히民間事業에게만맛겨서도成立될수없고 또朝鮮人民의地理的또는 人口數의割當으로 適應한劇場을增設하야 民族文化向上을圖謀하여야겠다。

또外國의映畵만으로 或은多大數의外國映畵를 朝鮮市場에다點有시킨다는것은 朝鮮의自立的인映畵藝術乃至產業發展을 自然萎縮시킨것이고 映畵人全體의藝術生活等問題도 登歷될바이매 文化經濟에互한國家政策의見地에서 自主的인解決策이없다든지 或은이러한政策을無視한 外國에市場獲得을爲한 外來的壓力이있다면 이는곳朝鮮映畵發展의支障키녕은 全面的破滅을招來케될것이다、이러한意味에서映畵가新朝鮮民族文化의前衛가되고 科學과產業의基礎를닥거 世界民主主義文化에 寄與하는政策에 順應시키려면은 國家的으로施設하고 保障及育成시키지않으면안된다。그러므로外國映畵에企劃統制와더부러 聯合諸國의文化的技術的乃至物質的援助가絶對要請된다。前述한事情과現實에빛우어 原則的으로 映畵는國營으로하여야되겠으며 國營으로하드라도 純全이消極的負擔이아니라映畵輸入이라든지 合理的配給으로나오는利益으로 有策的補充과助成을할수있으니 이것은技術的으로研究解決하여야할것이다。

「映畵企業을國營으로提議하는原則案」

一、映畵製作及產業에所要되는機材施設을 國家的見地에서본企劃的인輸入及 輸出、敎材、文化、啓蒙、記錄及劇映畵의製作

一、配給은外來資本과國家經濟의調節을爲하고 民族文化에昂揚을爲한 企劃政策으로써施行할것이며 常設館建設及經營。

一、理論技術陣確保及發展을爲하야 映畵科學研究所를施設하고映畵人(藝術家、技術家)에外國派遣。

一、私營(民間事業)에對하야서는 技術的인措置와文化的으로나 企劃的으로서 國家에서는積極的인指導와援助

一、專門的인映畵學校의設立과映校、職場、工場、農山、漁村마다。映畵室設備

朝鮮映畵社

解放뉴-쓰 第一報 第一報(特報)
第二報 第三報 第二報(特報)
第四報 第五報 第六報 第七報
第八報
文化映畵 濟州島風土記
文化映畵 朝鮮의손(製作中)
文化映畵 慶州古蹟發掘(製作中)
文化映畵 農業(製作中)
劇映畵 題未定(準備中)

서울키노

啓蒙映畵　民族戰線
啓蒙映畵　메이데（製作中）
　高麗映畵協會
劇映畵　自由萬歲（製作中）
　南一映畵社
劇映畵　똘똘이의冒險（製作中）
　十月映畵工場（大邱）
十月映畵뉴ㅣ쓰「特報號」

宣　言

朝鮮에있어서 進步的民主主義의國家建設을向하야 總力을集中하고있는이때 우리映畵同盟은、組織을確立하야 一切反動映畵를排擊하는同時에、眞正한民族映畵의劃期的發展과完成을期함。

綱　領

一、日本帝國主義殘滓의掃蕩。
一、封建主義殘滓의淸掃。
一、國粹主義의排擊。
一、進步的民族映畵의建設。
一、朝鮮映畵의國際映畵와의提携

라、音　樂

音　樂

解放直前의音樂이라면西洋音樂、朝鮮音樂、日本音樂의各分野를總網羅한 當時唯一한樂壇인朝鮮音樂協會가있었는데、會長은總督府阿部達一이고 朝鮮人理事로는玄濟明桂貞植等으로서 當時最高의御用樂團이었다。 그다음玄濟明이代表한厚生樂團인데 이團體는主로大和塾의皇民化運動과 步調를같이하야 所謂大東亞戰爭時軍國歌謠普及에從事하고 軍事思想의宣揚을爲하야 北支一帶까지進出한 日本軍屬樂團이다。大東亞樂團은金仁湜을代表로하야「베ㅣ토벤의밤」「모ㅣ찬트의밤」等을開催하야 音樂의純粹性을標榜하고高級한音樂을演奏하였으며 그外에合唱音樂의研究發表를目的으로한 京城合唱團이있었고 二三個의團體가있다고는하나、解放後에들을수있는人民이要求한音樂이란 到底히있을수가없었다。

다만 金順男、李建雨、愼株、李範俊氏等이 八、一五前까지 地下的인音樂의싹을갖이고나려왔는데金順男、李建雨兩氏의發議로 十六日에音樂家大會를召集하야 音樂建設本部를結成하고 文化協議會와손을잡었든것이다。

解放의歡喜의結果라고할까、建國理念이굳세인結果라할가、처음에는團結과動員이잘되였으나、客觀的情勢의變遷에따라、分派分裂을보게되었다。

그리하야 音樂建設本部는 音樂家의大同團結의動機를지였고、音樂文化의政治性을內包한채、解消의運命을지었다。

이中에進步的音樂家들은勤勞大衆을相對로 푸로레타리아音樂同盟을結成하였다。

現下朝鮮全般의當面課題인 民族統一戰線의뚜렷한路線에 文化의一

與을妥當한樂壇에서도 이諸派의正當한解決을짓지안어서는안될것이다라는데에서、樂壇의大同團結을부르짖고、出發하게된것이、곧朝鮮音樂家協會의結成이다。

그後突然南朝鮮民主議院이設置되자、「音樂에政治에關係하지않겠다고聲明하든一部樂人들이、急激히이에協同하고말었으니、樂壇에서만보는特殊現象이라않을수없다。그렇면그들에一貫한理論이있느냐하면그런것도아니오、또信念이堅固한것도아니다。다만다른文化面에서차저볼수없는奇現狀이며 또그對立다야말로感情的、氣分的인것이認定하다고볼수밖에없다。

이러므로이에樂壇統一을目標로 朝鮮音樂家協會結成以來三一記念行事에서는、完全히行動統一을하였고、樂人들은앞으로도統一을堅固히하고大同團結의必要性을再認識하고저 覘望까지올녓든것이다。

그러든것이反動勢力이胎動하며、民主議院이出現以後急進度로組織化되며、人民黨系統協會를結成하고旣成團體와、朝鮮音樂同盟에對立코있었다。

音樂活動

解放以後一年間의、音樂活動에서새로운建設의動機는가졌을지라도建設的意味에서批判할때解放以前의音樂活動과 大差없는發表活動에끌이고만것이있는것은、日帝殘滓勢力이現音樂界에도殘存하는까닭이라할것이다。

愛國歌革新運動

가장切實한問題의하나인데도不拘하고 그保守的인態度에서 革新이못되고말었다。

어느一國의愛國歌가 他國의民謠로써代用될수없음은 이며 더욱保守的인民族主義者들의、이에無關心하다는것은 그들이얼마나音樂에無知한가를 暴露한것이안일수없다。

民謠가落인安益泰氏作三 亦是一五以前것이며 那翁讚美歌步調로된것이여서、그메로디나리듬에있어 愛國的인感激이表現되지못한作品이라는것은 示威行列時에愛國婦人들이부르는소리를들으면곧마치洋道婦人들이、저울밤에부르고다니는 처량한소리같은것임을 곧이알것이다。

殘滓淸算問題

音樂에있어 日帝殘滓와 封建的殘滓淸算없이 새로운發展이없을것은勿論임에도不拘하고 解放以前의作品이그대로演奏되며 學校에서街頭에서放送에서 이殘滓가淸算되지못하고있다。

이것은 곧日帝殘存勢力과保守的音樂家들의 頑固한觀念의不徹底에서오는것이니 例컨대放送을通하야一般에게 널리日帝殘滓音樂을指摘하여 確實히區別할수있도록 音樂鑑賞의知識을普及하며 適當한解說로서啓發할수있음에도不拘하고 如此한企圖的努力이不足하였으며 作曲家와音樂家들도 이問題의科學的

假明과徹底한實踐이不足하였든것이다。放送局에서錄音放送을指摘하는獨立行進曲은 確實히 日帝때國歌論調인것을指摘할수있다。

같은行進曲인建國行進曲과 比較硏究해보면 그 差異를認識할것이니 正確한「아나리ㅣ케」를바란다。

封建的殘滓인愛國歌(安益泰作曲) 와金順男作曲인解放의 노래를 比較試聽해보면 殘滓如何를判斷할수있을것이다。

音樂은抽象的이라하야 民族性과階級性을無視하는데서오는것이니 먼저自身의過去教養과 過去行動에서 意識的으로나 無意識的으로 反逆한殘滓에對하야 自己批判하며 意識的으로實踐하는데서만이 淸算를可能케한다는것을認識해야한다

民族音樂樹立運動

眞正한우리民族音樂을建設하자는論議는많하엿다。

그러나 그實踐의方法은, 아즉實現되지못햇다。

外來音樂의批判的攝取도完成치못하고 우리固有音樂文化로正常的으로繼承치못하고있는現在에 이問題는深心한地境에있는것이다。

眞正한愛國音樂家라면 무엇보담 이問題를提議하였을것이며 關心뿐이 아니라 實踐이 있었을것이어늘 어찌하야 이問題가 學校教科書編纂委員會에서나 放送局企劃에서나 大韓音樂家協會에서 그實績이 小毫도없는것은 事實이며 오즉 進步的인音樂同盟에서만이 國樂院과 提携하였으며 雅樂部에서 古典樂器를硏究하는 機會를갖이고있는것을 銘記하지 안으면안될것이다。

無原則한洋樂의普及과 無秩序한朝鮮音樂의紹介와低俗한流行歌謠를排除하지 안는限 健全한民族音樂의樹立을期待할수없다。

演奏運動

一般演奏活動에있어서는, 解放以前의形態를答襲한程度로合唱會가六回, 器樂師에는「리사이탈」은없었고 朝鮮音樂家協會에서 三回, 大韓音樂協會에서十四回, 音樂同盟에서는大演奏會二回에小演奏會(勞動, 街頭等)는百餘回였다。

다음室內樂團으로活躍한것은 京城三重奏團, 「옵포이」쓰四重奏團, 高麗四重奏團等이있고 合唱團으로 京校合唱團이 放送合唱團을繼承하고 鐵道音樂協會合唱團, 同盟合唱團, 京城合唱團等이 있었고 四重唱團으로 高麗四重唱「우리콰텔」(男聲다콰르텔) 等이 생겼다。

歌劇家들이 固定的으로 活動한데 그들이 各各樂團으로 歌劇運動을展開하려는氣勢를 보여준것은 期待하는바크다。

李宗善氏를中心으로「오페라協會」가結成되였고 金顯, 金永煥氏等이 主宰하는「京城오페라座」가 誕生하였다。其他古典音樂團體로는 雅樂部의 國樂院이 있다。國樂院에는 唱劇團으로「國劇會」가 活動하고있다。國樂院이 全面的協力을 積極的

인行事이었고 그成果는民族音樂樹立에決定的인暗示를주고남음이있었다。

交響樂運動

定期公演第七回를마친高麗交響樂團의存在는 確然하다。모-든 새로운音樂運動은 이交響樂運動과直接間接으로關聯이있다。그러므로使命은크지니 重要한創作活動드이에依存하는바크다。그러나反面에、經營、運營、指揮者「테와-드리」獨奏者問題等雜問이만다 樂團의重鎭인文學準氏가指摘한 交響樂運動의現段階는 如實히把握하고있다。

「原則的인綜合性은 그社會音樂文化의全體的인向上이없이는 樂團自體의發表를期待치못한다」는것은또한樂壇全體의問題에드該當된다。過渡期의 混沌을이루고있는 現狀에비추어、當然한말이지만 그렇면그럴수록우리는 音樂文化의眞正한向上發展을爲하야 싸우지않으면안될것이다。

우리는外部에對한 認識不足을是正할必要도있지만 먼저內部에서의모-든自己矛盾에對하여 究明지안으면안될것이다。

主體勢力의專橫的獨斷이나 反民主主義는過去의殘滓를掃蕩하는데서만이解決될것이며 團員各自의理解있는協力이切實할것이니 無節操한利己主義自由主義的인個人行動이야말로警戒를要할것이다。

缺損을放行하는主宰者의心鏡도正當히理解하는데서만이 全體的인自律的인民主主義的發展을期待할것이다。서울管絃樂團의分派的인行動이야말로 解放以前의厚生樂團의延長이요 破廉恥한利己主義者들의行動이않일수업다。音樂의大衆化는決코音樂의卑俗化를말함이아니며 大衆에게阿諛하는게아니다。오히려大衆을意識的으로指導하는데서만이期待할수있는것이다。

「自稱愛國者然하는 大韓演協委員長 桂貞植氏의說落은 一寒心한일이크할것이다。

創作活動

前記한演奏活動이消極依然한것은그一部의責任이創作活動에도있다。音樂家協會의重要한役割를 企劃한「우리作品發表會」에서도 우리는尖銳한것은무엇이냐 大部分의作品이八、一五以前것이라는데있다。웨그리냐하면 創作이란 作者의世界觀과 모-든客觀的條件에서비저내는것이기때문이다。例컨데安益泰氏의愛國歌를보라 그作品이解放以後의우리에게주는「속크」와 에스프리를어데서發見할수있는가 다만亡命客들을爲한敎會內에서의慰撫에그친것이안일수없다。作品發表會가三回있었고 解放以後發表한作品으로 보아三十曲以上의作者로金順男氏二十曲以上으로、李建雨氏鄭鍾吉氏 十曲以上으로金聖泰氏 安基永氏 任東赫氏 尹龍河氏 金順愛氏 評論에는朴容九氏 成二葉氏等이活躍하였으나 學校敎材는亦是不足을느기고있다. 出版活動으로는 創作活動에서 沈滯되니만치 不足狀態依然하였고 새로운 作品集이라곤 解放歌謠集以外엔 거의 없었다.

敎材不足을 補充하기에 汲々하여 臨時로 發行한 中等學校臨時敎材集은 企劃性이나 指導性이 沒却되었고 다만 樂曲의 羅列에 不過하다.

紙面關係로 「스테」「스」가 充分하지 못하나 大體로 過渡期에 處한 우리 樂壇의 當面的인 問題와 基本方向은 指向되었다고 믿는다.

現在의 가장 要請되는 音樂敎員의 養成과 音樂敎材의 充當은 編成된 一部의 偏見과 保守的인 先覺音樂家들만이 解決할 問題가 아니라 樂壇全體의 關心을 喚起하며 새로운 民族音樂을 建設하려는 原則的인 指導性 밑에서 全樂人들의 理解있는 協調에서만이 이 難題를 解決지을 것이라는 것을 添言해 둔다.

朝鮮音樂同盟

宣　言

現下民主主義政權樹立과 民族統一戰線을 爲한 鬪爭過程에 있어 우리는 音樂運動의 基本任務가 朝鮮의 民主主義的 改革을 遂行하는 所以한 鬪爭의 一翼임을 認識하고 音樂을 帝國主義的 封建主義的 舊文化의 桎梏으로부터 解放하야 人民的 基礎의 確立을 期하여야 할 것이다.

朝鮮音樂同盟은 우리 音樂文化의 自由로운 健全한 發展을 阻害하는 一切의 反動勢力을 排擊하고 進步的 朝鮮民族音樂文化의 建設을 爲하야 組織的 鬪爭을 展開하라 한다.

綱　領

一、日本帝國主義殘滓音樂의 掃蕩을 期함

一 封建主義的 遺物音樂의 淸掃를 期함

一 音樂의 國粹主義傾向을 排擊함

一 樂壇의 反民主主義的 勢力의 驅逐을 期함

一 音樂의 批判的 攝取를 期함

一 進步的 民主主義民族音樂文化의 建設期를 期함

一 國際音樂과의 交流, 協助를 圖함

組織部署

委 員 長　金載勳

副委員長　安基永

書 記 長　鄭 燦

中央委員　李範俊　朴榮根　金順男　李建 明　鄭鍾吉　姜長一　張貞娥　朴楠沫　一 領　盧光郁　申鉉珠　崔昌殷　尹奎燮 但　李根樂

盟員의 區別

聲樂	一七名
器樂	七
作曲	四
評論	二
合唱	二〇
計	五〇名

마、古　蹟

朝鮮內博物館概況

日帝時代에 歷史美術考古學關係의

三

文化建設의基本路線이 發見되기 까지에 나타난諸種의偏向中의하나로 極左的公式主義的傾向을들지않으면아니될것이다。朝鮮文化建設의基本課題가 民族文化의樹立에있다는것을 反對하고民族文化를爲한建設理論을가르처 民族財閥의文化的代辯이라 攻擊하는하던 이들은文化運動에當面한基本任務가 프로레타리아階級文化의樹立 或은社會主義的文化의樹立에있다고 主張함에이른것이다。

이러한極左的理論의土臺가 된것의하나가 朝鮮革命의現階段에 對한基本的인 規定의錯誤에 있음은勿論이다。即朝鮮革命의 基本的當面任務가 부르조아民主主義革命의課題에 있음을理解치못하고 프로레타리아革命이나 社會主義革命으로나타는 極左的인理論이 盛히나타하였는데이것이 文化理論의極左的公式主義的偏向을낳은 하나의直接的인 理論的基盤이된것이다。

다른하나는 一九二五年에시작된 프로레타리아藝術運動을 어떠케보느냐하는데서보는 歷史의評價에對한 混亂이다。다시말하면 一九二五年이미 文化의基本任務는 프로레타리아階級文化라고規定이되어發術運動의主流는 十年間益々한鬪爭을 歷史우에남겼고 그路線이그대로 八月十五日以後의文化路線은當然히이것과連續的이여야 할것이라는理論이 곧그것인것이다。

이理論이 八月十五日이가져온 革命的契機를沒理解로부터 由來한것임은明白한일이다。다시말하면八月十五日을契機로하여 自日本帝國主義의政治的羈絆이벗어진 直後로부터 생겨나는 모든文化的인藝術의變化에對해서 올은理解를 갖이지못한것이다。

八月十五日以前이나 지금이나文化革命의課題가 解決되어있지못하는限 文化建術의基本任務는 民族文化의樹立에있는것이다。이를領導할勞働階級이 一九二五年代를前後하여 民族부르조아지로부터 프로레타리아 I트에서넘어온것이다。同時에 反日文化를基本內容으로하는當時의民族文化의樹立을爲한 鬪爭內容은 日本帝國主義를反對하는民族解放運動이 勞農 農民의烽起와勞働者의罷業 學生의盟休等 階級鬪爭의形態로展開되어온데따라 階級的慾求를 充足시킬必要앞에一當面하게된것이다。이리하여 一九二五年代로부터 腐敗한市民文化의日潮와의妥協을反對하고 民族文化의樹立을爲한鬪爭은 프로레타리아文化의 具體的인命題ㅣ간을 必要로하게되었던것이다。그러므로이때와는 全然變化된 八月十五日以後의事情밑에서、一九二五年代의口號를그대로基本課題化하려는 理論이誤校에빠질수밖에 없는것은當然한일이다。

六七百年前것뿐인지라 其前의것은 中國文獻에依據할수밖에없으나 其確實性에있어不足한點이許多하다。朝鮮은文化上、地理上獨特한地位에있어 東洋에서는勿論이려니와 世界어느나라博物館의價値보다二 지지않는重要性을가지고있는지라 解放後우리땅의遺蹟을우리손으로發掘하야 燦然한古蹟을世界에자랑하고저國立博物館에서는一九四六年五月三日慶州에서 첫發掘을始作하였다。

朝鮮古考學에關心있는學者의大部分과 서울大學을爲始한各大學生의見學下에 慶州邑內路西里二一三番地(古蹟番號一四○號)가發掘開始되여五月九日부터遺物이나오기始作하야 五月十五日까지遺物全部를採取하였다。 그리고作業途中 이곧에다른古墳이하나 即第二古墳이發掘되야 五月十六日부터二十三日까지遺物全部를採取하였다。

博物館에서는第一古墳은 그出土된靑銅壺의銘文에依하야壺杅塚이라고命名하였고 第二古墳은銀방울이하나나왔으므로 임의있는金鈴塚에對하야銀鈴塚이라고命名하였다。

發掘한遺物은二三百點이나되고特히壺杅塚에서나온靑銅壺에쓰인銘文과 同塚出土의漆面은 朝鮮歷史學界의近來에없는重大한發見이라고할것이다。

圖書館界의動向

解放을契機로文化運動이 자못活發해졌음은新朝鮮의建設을爲해서참으로、반가운傾向이라고아니할수없다。 그리고우리民族의約八割이文盲이라는 現實에빛우어더욱이러한느낌이간절함을禁치못하는바이다。다시말하면八·一五以後 國內坊々曲々에서는 向學熱과讀書慾의熾烈한바가있어 良書探求에많은關心을갖이는傾向이이 顯著이브이는터이다여기에있어서男女老少、富貴貧賤、勤務時間等々 모든制限을排除하고오즉民衆의學生的修養道場이라고도看做할수있는圖書館의使命이야말로重且大라아니할수없다。 特히良書難求難、財政難等에逢着하고있는現段階에있어서는 더욱그러하다고믿는다。 그리고우리는日政時代에는全鮮各地에亘해서 極少數의圖書館이겨우그活動을持續했다는事實을、銘記해야할것이다。

이제解放後에있어서의 圖書館界의動向을그大略이나마살펴보기로하자 前總督府圖書館은去年十月五日에接收 同十五日에우리新朝鮮에있어서學究와大衆을對象으로한唯一의國立圖書館으로서 再出發한以來前晝夜를分揀치않고 全智全力을나해서그再建에힘써오든터이며 二十萬以上의疎開圖書를地方으로부터無事히搬來한것은 그一例이라하겠다 또今番同館法律圖書移管問題가 擡頭하였을때는職員一同의良心的努力에依해서、無事히解決을보게됨은무엇보다多幸이라고하겠고 其後一日

千餘名을마지하고있으나 一時收容力이 겨우三〇二名에不過함은遺憾千萬事임으로 그擴張에對해서當局과國力折衝中에있다。그리고同館은現今國內의實情에빛우어、그最初의新規事業으로서、專門程度의朝鮮圖書館學校의新設과 京鄕主要地에分館의設置를圖謀하였었는데 前者는今年四月一日부터 第一期生男女約三十名을모아도全發하고目下訓練中인데 來九月初旬에는우리손으로訓練된 圖書取扱技術者가解放一年後全國各文化機關을職場으로해서 建國鴻業에이바지하게될것이다。그리나後者는大端히遺憾이나 今年의豫算關係로그實現을보지못했으나 今後도이의實現을爲해서努力을繼續할것이다。 그리고此種學校는國內에있어서는勿論이지만 東洋에있어서도正式學校로서設立된것은 나의見聞한範圍內에서는嚆矢가아닐가한다。따라서이學校의設立經路를大略들어보기로하고。 日政時代에오로지그들의손으로養成해왔든 圖書取扱技術者는敎育의一翼을이루고있는圖書館에 圖書를系統的으로蒐集한後 이를科學的으로分類保存하여서 文化의普及向上에가장效果的으로活用시키는者인데 이제新國家를세우고 世界에자랑할만한 新文化를建設하는데있어서이不可缺한일군들을 우리의힘으로서길러내기爲하야 男女共學朝鮮圖書館學校設立을 꾀하야同館에서努力한結果多幸히도 當局의많은理解가있어、今年三月十九日에그設立이決定되었고 四月一日부터授業을開始하였는터이다。다음京城府立圖書館과 日政時代에있어서의鍾路分館을昇格시켜、本館은南大門圖書館으로 그分館은鍾路圖書館으로서 再出發하게되었다鍾路圖書館은 斯界의經驗이豐富한宋夢龍氏가그館長에就任하였고 解放直後로開館을보아 市民에게많은便宜를주고있으며 그姉妹館인南大門圖書館은그準備關係로今年六月十日에 비로소開館하였지만、六月中統計에依하면 總入館者가一〇、九〇〇名인데男子가九、九七一名 女子가九二七名이며 또新聞閱覽者는一日에三四〇名이나되여 盛況을이루고있다。三八以北의斯界消息은仔細히알道理가없으나 仄聞한바에依하면海州、咸川地方에서는 新設을圖謀하는中이라하며 元山府立圖書館은 解放後곧再開되였고 元平壤府立圖書館도 方今은再開되였으나 金泉中學校의設立者인 南鮮의崔松雪堂女史의 名望에뒤떠러지지않은 北鮮의文化方面의篤志家、金仁貞女史가十六年前에設立한 平壤의仁貞圖書館은、某事情에依해서 目下閉鎖中에있다고傳한다。그리고北鮮一帶에는戰前에적어도府廳所在地에는 一個의府立圖書館이 設置되여있었는데只今은어떠한狀態에놓여있는지알길이없다。 또元平壤府立圖書館은 全鮮府立圖書館中設備도第一完備되고또가장잘運營되었었고 仁貞圖書館

은全鮮私立公開圖書館中가장그規模에 있어서나, 藏書에있어서나特出한것이었다는것을附言해두고싶다. 그리고當時朝鮮의各府에는一個의府立圖書館을保有하였음은 勿論이어니와解放直前에一時閉鎖된것도적지아니하였다. 解放後各朝鮮各地方에서는有志들이, 이事業에많은關心을갖게되여, 적지아니한圖書館이再開或은新設되었고 또方今開設準備中에있는터이다. 그一例를들면元山, 大邱府立은再開되고, 元大邱府立은再開準備中에있고, 春川江陵商業等地에는그新設을보게되였고, 釜山, 羅州等地는新設準備中에있다. 또京畿道開城같은곳에서는充分한財力을갖이지못함으로, 親切한주머니를털어내여「우리글발」이라는文庫를設置하였는데, 農村에서배우라는사람, 읽고싶어하는사람에게多少라도便宜를주라는그誠意는, 참으로感謝한그것이아니고무엇일가. 그리고江陵의것은圖書館, 博物館을併置한그것으로서 現在의責任者는崔昌圭氏로서 昨年十月一日에開館되였다. 閱覽者約三十名을收容하는程度의것으로, 그經費는特志家의寄附金에 依하는것이다. 春川圖書館은昭陽學術硏究會에서, 그事業의하나로서 春川圖書館創立後援會를組해서有志의寄附金및圖書의寄附를받오, 元日人春川神社를그館屋으로充當하고 今年三月一日 三一節을期해서開館하였으며 現在는約八千冊을在藏한다.

以上에있어서解放後에있어서의國內圖書館界의動向에對해서 그大略을말헛거니와 우리나라의現實에빛우어서로밧비 國民的圖書館網의完成을期하지아니하면안될것이다. 어떤外國人이圖書館을「民衆의大學」이라고한바와같이 圖書館의性格은그社會敎育的意義에對해서 누구나다같이생각하는바가있어야하겠고 또이國民的修學機關의發展如何가 國運의消長과國民生活에至大한影響을갖어온다는것을 國民은다들銘記하는바있어야할것이다.

出版界의一年

三十六年間日帝의 殺人的壓迫은言論의完全한封鎖에있었다. 三千萬이품고있는不平不滿은, 各自의가삼속에가삼이터지도록갓득이차있었다. 八月十五日은못물을터놓은물길과같이 言論出版의洪水가터졌었다.

그러나日帝의政治的壓力은몬저찾지만, 日帝가남기고간經濟으로 出版界는長期의沈滯를 거두지는못하였다.

(첫째로) 國文活字가없었다. 日帝의朝鮮語抹殺政策은, 國文活字가大部分의印刷所에서없어졌었다. 그래서刊行本을판만한國文活字가具備한곳이極少數였었다. 이것을整備할수있는鑄造機, 字母가있는곳드물갓活字를整備할때까지는 數個月의

時日이必要하였고 鑄造機字母가없는곳은尙今도 整備되지못하고있는形便이다。

(둘째로) 用紙가缺乏한것과印刷資材의不備가있다。

(셋째로) 經濟界의混亂으로 印刷工場이全面的으로 運用을보지못한것等의原因으로 아즉도印刷物의洪水속은 民衆으로부터의要求를 滿足시키지못하고있다。

以上과같이書籍에對한 民衆의渴望과客觀的으로橫在한制約에도不拘하고 筆者가調査한바에依하면 三十八度以南의南朝鮮에서만도 二百二種(一九四六年七月五日現在)(勿論筆者의個人的인調査이므로하나도빠지지않고 完全無缺하게調査하였다고할수는없으나 내가信賴할만한材料에依해서였다는것만은 確言한다)의刊行本이나왔다。

이中에서左翼書籍이 六十六種이 나왔는데이것이最高를占하였고 그다음에는詩、小說等이三十一種이고 國語卽한글이十五種國史가九種 英語學習冊이九種(露語一種中國語一種) 새唱歌(流行歌合하여) 六種等의順序인데鄭鑑錄이있는데「鄭鑑錄」이 나와서相當히돌고있다는것은 그만한迷信性이있다는것을意味하는것이다。

金日成將軍傳、安重根史記、張燦李舜臣傳等도있는한便、親日派의悲哀 大韓獨立運動史等도 相當한讀者層이있는것을잊어서는안된다。

그런데이러케建國의政治的理念에關係되고있는여러가지 冊子가發行되고있는데比하야 科學에關한것은 三醫藥에關한一冊이있을뿐인것은 三千萬人民이모두다우리政府樹立에의苦心한獨立國家로서完璧에 全力을다하고있다는것으로보여진다。

그러면左翼의政治的指導理念을反映하고있는書籍은 別로허드를만한것이없다。다못宣傳的으로民族發記等을通하여서若干의宣傳意圖(?)를보였다고할程度이다

그러나特記하여야할事實은 歷史에關한書籍은 全部가左翼陣營에서執筆한것이없는것이다。이러케한理由는左翼의執筆家들이 朝鮮史에對해서는대자못한理由는 再來의朝鮮史를批判하는方法과全然달러 民主主義的社會發展의見地에서 朝鮮史를보아야하게됨으로 相當한時間的餘裕가있어야하며 또執筆을뒷받하지않으면않이되게된 關係인것은分明한事實이다。

如何든不遠한將來에 이方面의左翼陣營에서의 著作가發出할것은틀림없는事實이다。

그러므로左翼出版物에있어서 解放直後에있어서는 大衆啓蒙的이었지마는 漸次로理論化가나으게되는데 漸次로理論化가나으게되는한便出版이計劃的으로 體系的으로되어 오늘우리朝鮮의民主主義發展의 알은路線을 冊子를通하야浸透시키도록努力하는것이 興味이보이는것은最近에와서 民主主義의啓蒙的出版이盛行하갈려는 傾向을보이

고있는것이다。

　左翼書籍이 比較的階段的으로 民主主義發展을爲하야 計劃的으로進行되고있는것은 左翼書籍出版業者가營利를副次的으로하고 民主主義發展을爲하야 獻身的努力을하고있다는事實에起因한것이다。이業者들은自己自體의統制機關으로朝鮮左翼書籍出版協議會를組織하야 民主主義的分明한出版路線을세운것 이路線에依해서翻譯또는著書를勿論하고 原稿를檢討하야 朝鮮建國의民主主義的路線이면 營業的損失을不顧하고 出版을中止한것 또相互競爭代身二重出版을避할것等을嚴守하야 朝鮮左翼書籍出版協議會에加盟한業者의獻身的團結에서 將來의一層큰發展을約束하고있는것이다。

　左翼書籍이우와같이自由競爭을廢止하고 또出版에當하야는原稿를選擇하는데 努力을傾注한結果는左翼書籍의 質的向上을갖어오는反面 量的으로自然的制限을받어오게되었기때문에 六十六種에그친것이다。그代身몇種類外에는 重複된出版物이거이있지않은結果로써 그成果는將來에도民主主義出版文化의發展을爲하야 매우좋은일이라하겠다。

　그런데무엇보다도 出版界를通하여서가장重要한問題는 用紙의缺乏問題이다。이것을八·一五直後인一九四五年九月初旬頃의 更紙한連二十五圓乃至六十圓까지의 價格에比해서오늘은勿驚! 二千六百圓前後를上下하고있는 氣막키는事情에있음을생각해보면 오늘의出版界와用紙問題에對해서 얼마나重要한關係를갖이고있는가를알수가있다。

　그러나이用紙問題는三十八度以北에있어서는 製紙業이거위操業을開始하고있으므로 三十八度以北에서는 用紙問題가解決되였으며 商人들의숨은힘으로 三十八以南에도多少移入되고있으므로 不遠한將來에臨時民主主義政府가樹立되면 우리自身의힘으로써 解決할수있는問題이다。

　以上과같은出版界의動向에對해서 民主主義民族戰線에 있어서는 아래와같은方策을세우고 將來樹立될우리民主主義政策으로서

1 獻策으로서反民主主義的出版을不許할것。

2 鄭鑑錄等迷信을助長하게하는書籍出版을禁止할것。

3 用紙의輸入을急速히 實現시키며同時에輸入量을常分間制限하지말것。

4 國內의製紙業을하루速히更生시키는同時에國內供給을充足시길것을目標로擴張할것。

等을그主眼點으로하고있다고한다。

第十三章 宗 敎

基督敎

朝鮮基督은 九派가있으니 八·一五以後各派의 事業과 其他活動을 總括하야 簡單히말하기로한다

基督新民會의活躍

一九四五年十一月에 組織된基督敎新民會는 그동안 여러가지方面으로 活動하든中인데 機構를擴大하고 二十餘地方에 支部를設置하야 事業實踐에힘쓰고있는中이다.

지난五月中에 基督靑年大會時參集하였든 地方代表들이熱々히協調로 新民會協同組合全國聯合會를結成하고 日常必要品을廉價로購入하야 一般信者家庭에配給中이다。

朝鮮長老會南部總會創設

三八線以南으로 不得已基督敎南部大會를 조직하여 監理會와함기敎勢振興을도모하든 長老派千餘敎會는 六月에서울勝洞禮拜堂에서 朝鮮예수교長老會南部總會를 創設하고 西北鮮과 統一할수있을때까지 南鮮長老會가모든法的行爲를하기로하였다。

同會의重要決議事項

1 朝鮮神學校를 總會直營大學令에依한神學校로함
2 讚誦歌는總會에서發行키로하고 其外는사지안키로함
3 山東宣敎를繼續키로함
4 平壤總會時神社參拜決議를取消하고 來九月八日을懺悔主日로定함
5 各地方神社를接受하도록 軍政廳에交涉하기로함
6 美國敎會와總會長或은其他適任者를派遣키로함
7 在來基督敎系學校에서聖經을敎授하도록交涉키로함
8 在日本우리同胞의 敎人을爲하야牧師一人을派遣키로함
9 江原道全域은 京畿老會로編入함
10 來會는明年四月中大邱에서하기로함
11 總額十七萬圓豫算을決定함
12 女長老請願件은保留함

再建된聖潔敎會

日帝의彈壓으로解散되었든 朝鮮聖潔敎會는 解放後곧——再建에着手하야 諸般準備하고 市內阿峴町東部에 여러任員들이臨時會合하야 敎會復興과新設에힘쓰고 京城神學校에서 女子神學部도開校하였으며 機關誌活泉을續刊하여 文書活動에主力하는中이며 서울안에再興된敎會가 阿峴、萬里峴、獨立門武橋町外八處오 新設된곳이本町、獎忠壇敎

LION

빈페이지

全國佛敎財産統合의件 模範叢林創設의件 光復事業協助의件 敎憲起草의件

이大會以後佛敎界의 敎政運行事業經營等概況을一瞥하면다음과如하다。

事 業

(가) 光復事業

一、對外事業

解放直後過渡期의 現狀에鑑하야 國民의思想이混亂하고 또는生活이安定지못하며 過去四十年間外族의文化에麻痺되여 我國의固有한民族精神이 沈滯되여있으므로 特히國民精神振作運動에蹶起하다

二、戰災同胞救護事業

戰災同胞를救護키爲하야 總額約七十萬圓을據出하야中央敎務本部를두고 各主要地方에支部를두어 前後數百萬의戰災民에게救護한다。

三、社會事業

海外異域으로부터洪水와같이밀여드는 戰災民으로因하야路頭에彷徨하는無依無托한孤兒의數가激增한것은 自他가共認하는事實인바 이에佛敎總務院에서는 大慈園이라는孤兒院을設置하야 方今四十餘名의孤兒를收容하고 이培育에努力하고있다。

四、敎育事業

倭政時代戰爭으로因하야 休校의運命에逢着되었든 惠化專門學校를卽復舊하야開校함과同時에 東國大學으로昇格하야國家의才子를養成하고 慶北敎區敎務院에서는 從來慶北五本末寺에서經營하든五山佛敎學校를「能仁中學」으로昇格함과同時에大邱市內로移轉하야 英才를養成하고있다 忠南敎區敎務院에서는 大田市內에「普文中學」을新設하고 또京畿敎區敎務院管下奉先寺에서는「光東中學校」設立을未久에보게되었으며 其他慶南敎區敎務院 忠北全南北各敎務院에서도 이計劃을樹立하야準備에努力하고있는中이며 各敎區寺刹에서는幼稚園、日曜學校等多數의施設이있다。

五、譯經事業

어려운漢文으로된八萬藏經을우리의글노로飜譯되지못하야布敎上大遺憾이되었든바 이번解放을期하야 우리文化史上一大劃期的事業으로 京城市內本町三丁目五〇番地에海東譯經院을創設하고準備計劃에着手하였으며 또光復事業記念으로「朝鮮佛敎叢書」도刊行하기로되여 目下準備中이다。

六、佛敎靑年黨結成

一九四五年九月二十二日 全國僧侶大會開催를期하야 全

國佛敎靑年黨을結成하고中央에總本部를두며 各地方에는地方本支部를두고 各々社會敎化事業과 建國事業에協力으로 六大宗敎靑年團과도提携하야活躍하고있다。그外에佛敎靑年會中에서 佛敎革新會가結成되여 從來의古典的佛敎를全面的으로革新하야迷信的信仰을撤廢하고 一切의儀式을改革하야朝鮮佛敎를大衆化하며 現代宗敎로서面色이없도록하기爲하야 目下革新의烽火를들고 猛然蹶起하고있다同年三月十五日 佛敎中央總務院에서는 敎政機構改革後第一回中央宗會議를열고六十餘代表員이太古寺에會合하야 朝鮮佛敎々憲을새로制定頒布함과同時 敎政區劃에關하協議를하야 敎育及事業計劃組織의件 言論機關設置의件 僧侶常識講習保存組織의件 寺刹財産經理의件 敎徒制實施의件及寺刹令廢止促進의件等을決議實現中이다

左右合作의五原則 (民戰發表)

一 朝鮮民主獨立을保障하는 三相會議決定을全面的으로支持하므로써 美蘇共同委員會續開促進運動을展開하여 南北統一의民主主義臨時政府樹立에邁進하되 北朝鮮民主主義民族戰線과도直接會談하여 全國的行動統一을期할것

土地改革(無償沒收、無償分與) 重要産業國有化、民主主義的勞働法令及政治的自由를爲始한 民主主義諸基本課業遂行에邁進할것

三 親日派、民族叛逆者、親팟쇼反動巨頭를完全히排除하고 테로를徹底히撲滅하며 檢擧投獄된民主主義愛國志士의即時釋放을實現하여 民主主義的政治運動을活潑히展開할것

四 南朝鮮에있어서도 政權을軍政으로부터人民의自治機關인 人民委員會에即時移讓하도록企圖할것

五 軍政顧問機關 或은 立法機關創設에反對할것

第十四章 三八以北事情

概 觀

民主主義의偉大한發展

一九四五年八月九日 쏘베트聯邦이 美英과의民主主義同盟條件을忠實히履行하기爲하여 또는世界人類의平和를하로速히達成하기爲하여 侵略國인파시스트强盜日本帝國主義에對하야 宣戰을布告한後 世界에가장强大한軍隊는 湖水와같이滿洲와北朝鮮에進駐하여 倭敵의精銳關東軍을擊破하고 滿洲와朝鮮을强盜의鐵蹄에서 解放하게하였다。 그리하야歐羅巴에있어서나 極東에있어서 「裕仁의軍隊」에게決定的打擊을주어 一八年동안이나世界人類를戰禍속에서呻吟케하던 第二次世界大戰에終止符를찍은同時에 三十六年間自由에굶주린 朝鮮民族에게八一五의偉大한解放을주었다。

그리하야北緯三十八度를界線으로하고 쏘美兩軍은各々日本帝國主義軍隊의武裝을解除하여 朝鮮民族의自由로운發展의길을열어주었다。 그러나오날朝鮮은 三十八度의南北의顯著한差異를보이고있다。 三十八度以南의우리로서는 南部의現象에關하여는 目睹하고있는바이니 仔細한記述을省略하고 三八以北朝鮮의發展의狀況을말하야 朝鮮全國의民主主義發展을爲한그推進的役割을말하려한다。

政 治

三八以北에있어서는 붉은軍隊가日本帝國主義軍隊를擊破하자 三八以南과같이各地에서朝鮮人民의創意르서 人民委員會가組織되야 保安의武裝部隊와日人의所有한工場、鑛山、企業等에對한接收、朝鮮人民自身에依한治安의確保、民族叛逆者의肅淸等을敢行하였다。 붉은軍隊는朝鮮人民에依한 偉大한政治的創造인人民委員會에게모든것을맡기고 다만뒤에서힘있는援助를하야주었다。

그리하야人民委員會의形態로 人民의主權은大衆的基礎우에서튼튼히確立되었고또發展하며있다。 그리고人民委員會의指導者들은 過去에日本帝國主義者와勇敢히鬪爭한 人民들의信望을받고있는鬪士를中心으로構成되였다。 民主主義의言論、出版集會、結社의自由는確保되여 現在北朝鮮에는共産黨、朝鮮民主黨、新

民黨、天道敎靑友黨等四個의民主主義政黨이組織되었고、職業同盟、農民聯盟、女性同盟、靑年同盟、文化團體等五百萬의굳게團結한盟員을갖인九十의民主主義社會團體가構成되었다。그라고이러한民主主義政黨과社會團體及廣汎한人民大衆의土台우에서 北朝鮮의民主한人民政權、北朝鮮臨時人民委員會가 朝鮮의民族英雄金日成將軍을委員長으로하야今年二月에誕生하였다。言論、出版의領域에있어서는三十七種의新聞、六十七種의雜誌가發行되여 人民의政治的、經濟的、文化的、옳은路線을明示하고領導하고있다。北朝鮮에는言論、出版、集會、結社의自由는完全히實行되고있다。다만民族叛逆的파시스트的、言論、出版、集會、結社의自由는許容되지않고 또許容할수없는것이다。오날世界와朝鮮은民主主義的으로發展하고있고또實로해아진 이번民主主義를옹호한三國民시키기爲하여 이번反팟쇼世界大戰에서人類는많은피를흘린것이다。數千萬의피의代價으로서얻은、軍閥팟쇼打倒라는偉大한事業을：다시破壞할一히틀러、뭇소리니的言論、出版結社의自由朝鮮에서日本帝國主義를다시復活시키려는 賣族的言論、出版結社의自由는許容할수없는것이다。

民主主義的인限에있어서北朝鮮에는 完全한言論、出版、集會、結社의自由가있는것이다。共産主義者의組織體인共産黨뿐아니라 民族主義者의組織體인朝鮮民主黨도組織되어活潑한愛國事業을하고있는것이다。이리하야過去三十六年동안우리民族이日本帝國主義와 피를흘리며싸워온言論、出版、集會結社의自由는 北朝鮮에서는完全히實現되었다。

北朝鮮臨時人民委員會의指導에依하야、다음말하려고하는土地改革、二五%農業現物稅令、勞働法令、男女平等權法令、重要產業國有化法令의發布等々 民主主義改革이急速히成就되고있으며 三이人民의政權北朝鮮臨時人民委員會는、北朝鮮에있어서의民主主義統一戰線우에創建되었고、또選擧되고있으나、모든民主主義的政黨과社會團體들의、밀으로부터의自由로운有機的連結과協力에依하야 人民의政權을더욱튼튼히하고 民主改革을더욱힘있게推進시키며 南朝鮮의民主主義民族戰線과呼應하야 朝鮮의새로운植民地奴隷化를꾸미고있는 反動陣營에對한鬪爭力量을더욱强化하기爲하야 지난七月二十二日北朝鮮民主主義民族統一戰線委員會를結成하였다。即「民主主義民族統一戰線委員會」를結成하므로서 統一戰線을더욱공고히하며人民大衆을引導하야反動派의賣國的行動을徹底히粉碎하며 우리나라의植民地化政策을排擊하는鬪爭을 統一的으로强力하게展開하므로서 하루速히民主主義的臨時政府를樹立하려는데있는것이다。 이民主主義統一戰線委員會에는 北朝鮮共産黨、朝鮮新民黨、朝鮮民主黨、天道敎靑友

盟、北朝鮮職業總同盟、北朝鮮農民組同盟、北朝鮮民主女性總同盟、北朝鮮民主青年總同盟、北朝鮮藝術及文化、學術團體等十七個團體、五百餘萬組織大衆을包括하고있다。이리하야北朝鮮民主主義民族統一戰線委員會는 八百萬組織群衆을갖인北朝鮮에있는 民主主義民族戰線과함께朝鮮의民主獨立을戰取할 偉大한勢力으로써 廣汎한未組織大衆을이끌고 모―든反動을粉碎하며强力히前進한것이다。

特히이民主主義民族統一戰線의中核體로서 무엇보다도勤勞人民大衆의統一이絕對로要請되므로 지난七月二十九日北朝鮮의兩大勤勞人民의政黨인 共產黨과新民黨은合同을宣言하고 決定書와宣言書를天下에發表하였다。이兩大政黨의合同의意義는한마디로바로말하면다음과같다。

國際的으로는民主主義勢力의偉大한發展에對하야 낡은팟쇼의殘滓와金融資本의勢力이結合하야 世界의民主主義的改造와平和의確保를反對하고 國際反動勢力과結托하야朝鮮에있어서 쏘美의協調를妨害하며쏘美를離間하야 새로운侵略터를朝鮮에形成하야 過去日帝的統治를復舊하려한다。그리하야朝鮮民族을다시금永久的奴隷로만들고自體의特權을維持하려한다。

이反動派의이러한反國的行動을粉碎하고 民主主義獨立國家를戰取함에는 全人民大衆의굳은民主主義的團結이必要하며 이團結의中核體는으ㅡ즉勤勞人民大衆이다그러므로勞働者、農民、都市小市民、學生、인테리겐차等 勤勞人民大衆의統一體가要請되는바이다。

이勤勞人民大衆의새로운統一體를낳기위하야 北朝鮮의共產、新民의兩黨은모든小異를버리고 大局的見地에서合黨을決定한것이다。이제로운合同黨인勞働黨이야말로 勤勞大衆의利益을옹호하고 民主主義的任을徹底히實行할 大衆的政黨으로서그歷史的使命을다할것이다。지금勞黨北朝鮮勞働黨의綱領을본다면다음과같다。

一、民主主義朝鮮獨立國家를樹立할것이다。

二、一切反動勢力을肅淸하며人民共和國樹立을爲하야鬪爭하며全朝鮮人民의主權을人民의政權인人民委員會에넘기기爲하야鬪爭할것이다。

三、北朝鮮의土地改革의成果를鞏固히하며 全朝鮮의土地改革을實施하며 産業運輸및銀行의國有化와 全朝鮮內에서勞働法令을實施할것이다。

四、國家經濟를復興하며 産業을發展시키고 全人民의物質生活水準을急速的으로向上시키며失業者를없이할것이다。

五、民族文化를發展하야 人民들의文化水準을向上시킬것이다。

六、世界의平和를爲하야 鬪爭하는各隣接國家와 平和를愛護하는民主主義國家들과 親善을돈히할것이다。

土地問題

그리고또한우리가 日本帝國主義時代에가장熱々히부르짖었고 또오날南朝鮮에서부르짖고있는 가장重要한民主主義의課業인 土地改革 即土地問題의平民的解決은 北朝鮮에서는 北朝鮮臨時人民委員會의指導아래成就되었다。三月에實施된北朝鮮土地改革法令은 即이것을말하는것이다。

우리는八月十五日以前에있어서나 또以後에있어서나 恒常朝鮮問題의 眞正한解決은 우리民族의完全解放 即朝鮮의自主獨立과 封建遺制의完全淸掃 即土地問題의 平民的解決에있다는것을主張하여왔다。

民主主義路線으로朝鮮을建設하여 完全한自主獨立을成就하며 土地問題를平民的으로解決하여 寄生地主의隸屬으로부터解放된 自由로운人民이 自由로운土地에서 自由로운耕作을하게함은 우리民族앞에노힌두가지重大課業이다。이두課業은서로떠야뗄수없는 不可分의關係를갖었다。民主主義的自主獨立은 封建的遺制의淸淸이없이는不可能하며 封建遺制의徹底한淸淸은 또한自主獨立이없이는 遂行되지못하는것이다。

今年재봄을맞어北朝鮮에서는 이土地改革의偉大한事業을開始하여成功하므로서 封建制度의物質的基礎를除去하였다。이번北朝鮮土地改革의內容의要點은 日本帝國主義者及朝鮮民族反逆者의土地는無償沒收하고 五町步以上所有한地主의土地 不在地主의土地 繼續으로小作주는全土地 五町步以上으로所有한寺堂僧院其他宗敎團體의土地를無償으로沒收하야 農業雇傭者、土地없는農民、土地적은農民에게所有權을分與한것이다。이것은即數千年間土地를支配하고있던封建的土地制度의終焉을意味하고 農業制度가地主에게隸屬되지않는農民의個人所有 農民經理에依據한다는것을意味함이다。이偉大한土地改革의歷史的意義는다음과같다。

첫재로 北朝鮮에있어서實施된土地改革은 數千年동안내려오던朝鮮의封建制度를없애버리고 民主主義的으로朝鮮을發展시킬 첫起源이되는것이다。今番의土地改革에依하야 北朝鮮의옛地에는封建制度가영영없어지고 人民의生活幸福을위한 民主主義的새農村이誕生하였다。따라서이번土地改革은 朝鮮의民主主義統一政權의樹立과 統一民主政府의樹成을妨害하는民族反逆者、親日分子

의基盤이되는地主階級을根本的으로淸算하는것이다。

둘째로 今番土地改革은三八線을境界하고 南北으로分離된朝鮮으로하여곰 急速한統一을實現시킬重要한힘이된다고生覺한다。이번土地改革은北朝鮮의農民을歡呼의火焰속에모라넣을뿐아니라 全國의農民과人民으로하여곰 北朝鮮의農民과같이궐起하여 民主主義發展을妨害하는反動的地主를淸算하고 朝鮮에하루速히統一的民主主義政權을建設하자는 불라오르는意慾을주는까닭이다

셋째로 붉은軍隊를비롯한 美英中民主主義聯合國의反팟쇼戰爭의勝利로因하야 東方에서日本帝國主義가潰滅된後 東方植民地國家中에서第一먼저朝鮮서封建制度를肅清하고眞正한民主主義制度를始作하게된것이다。今般의土地改革은 朝鮮人民에게만民主主義的影響을주었을뿐아니라 全東方에있어서諸植民地民族에게 民主主義發展의推動力을준것이라고生覺하는바이다。

넷째로 北朝鮮土地改革은 모스크三相會議에서決定된 朝鮮의民主主義的發展을爲한 經濟的土臺를만들어노흔것이다。이것은참으로朝鮮民族이國際的約束을實行하야 朝鮮의팟쇼的日本帝國主義的殘滓, 封建的殘滓를掃蕩하므로서 朝鮮도亦是急速한期日에 眞正한民主主義國家가되어 世界民主主義國家들과같이平和를위한反팟시스트戰線에힘있게나설것을盟誓한첫거름이된것이다。

다섯째로 北朝鮮土地改革은 民主主義政黨과社會團體의굳은同盟의結果이며 北朝鮮臨時人民委員會가人民의참된支持를받는 眞正한民主主義的人民政權임을더한層證明하는것이다。

여섯째로 가장重要한것은 이번土地改革에依하여 全農家戶數의四%밖에되지못하는地主가 五十%以上의土地를所有한不合理한大土地所有制度를없애버리고 百萬六千町步의土地를日本帝國主義者, 民族反逆者와및五町步以上地主로부터沒收하여 七十萬戶의土地없는 또土地적은農民及雇傭者에게나노아주어 農民生活을急進的으로 向上시키는同時에朝鮮의生産力의自由로운發展의튼튼한土臺를닦는것이다。그럼으로이土地改革은 民主主義國家建設에가장主力軍의하나인 農民大衆을積極的으로民主建國運動에參加케하는根本條件을達成한것이다。그럼으로이번土地改革은 民主國家建設에가장主力軍의하나인農民大衆을積極的으로 民主建國運動에參加케하는基本條件을達成케한것이다。

일곱째로 이北朝鮮의土地改革은同胞愛的見地에서地主일지라도民族反逆者가아니고 또自力으로耕作하는以上五町步에限한土地를갖게하야民族的인生産에參與케한것이다。

그럼으로北朝鮮의이偉大한世紀的土地改革은 朝鮮의民主主義的發展을妨害하고 朝鮮을언제까지던지落

伍된, 植民地的封建的멍에속에拘束하라는 意思를갖인民族의反逆者이거나 또는同胞야굶어죽던, 文盲에허덕이던혼자만잘살라고하는 惡質反動地主가아닌以上누구나禮讚하지아니할수없으며 또그實現을爲하여努力하지아니할수없는 正當한民主主義的改革인것이다。 그理由는朝鮮民族은비록日本帝國主義에서解放되였으나 自己民族이自己民族을封建的으로壓迫搾取하는農奴制度를撤廢하지못하였으며 自己民族을사랑하는사람은엇지自己同胞의피를奴隸처럼 搾取하며빨아먹을수있을것인가 이것은社會主義的土地改革이아니오共產主義의實現도아닌 農民의私有經理에基礎둔民主主義的改革인것이다。 그럼에도不拘하고어데까지나特權을維持하려고하는 또는自體의沒落을두려워하는親파시스트分子, 民族反逆의徒輩들은 意識이微弱한朝鮮의一部同胞들을欺瞞하여「北朝鮮土地改革은 共產主義의實現이다」「땅만나노아주었지稅金과供出로收穫物을다떼아서간다」느니「땅만주었지農民所有는안되느니」等々의가진데마고기로서 民衆을기만하야 이偉業을妨害하여왔고 또妨害하고있다。

그러나實踐과事實은 이러한모든逆宣傳을餘地없이粉碎하면서 歷史를前進시키고있는것이다。벌서農民에게土地所有權證書를分配하여 分與된土地는永遠히農民의所有라는것을證明하고있지않는가? 農民의個人所有, 私的經理ー이것은共產主義의實現도 아무것도아니다。오히려少數特權大地主의私有로부터廣汎한農民大衆의私有로轉換한 私有의民主主義化人民化以外에아무것도아니다。또農民은耕作에依한收穫의二割五分만을國家를위하야같은同胞인勞働者와事務員, 都市의住民을爲하야單一稅金으로바치면그남어지는 드다農民의自由處理에一任시키고있지않는가? 昨年三七制의小作料에對하여農民은얼마나기뻐하고뛰였는가? 그러나三七制는이三割의小作料以外에여러가지形態로 稅金을바쳐고있지않는가? 그러나二割五分의現物稅는이單一稅以外에는稅金도없고 地主에바치는小作料도없는것이다。이얼마나農民들을創造的으로向上시키는 崇高한同胞愛的眞正한民主主義的施策인가? 이러므로이런太陽과같은뚜렷한實踐에依한實證으로農民은 數十萬의群衆集會에서歡呼의萬歲를부르고 北朝鮮人民委員會와 그의偉大한領導者金日成委員長을 마음으로부터信賴依支하고 北朝鮮에進駐한偉大한붉은軍隊와그의不滅의大指導者 스타ー린大元帥에게感謝와榮光의萬歲를부르는것이다。 이러한昭然한事實에 눈이어둡고 또보라고도하지안는徒輩와 歷史發展의法則도또오날의朝鮮의歷史的段階도몰으는無識한分子들만이 北朝鮮의이偉大한事業을비난 방해하고있는것이다。 이北朝鮮土地改革은

한마디로말하면「土地는가꾸는農民의것」이라는單純하고도偉大한眞理의實踐的表現인것이다。

勞働問題

以上과같은土地改革으로서封建的殘滓를徹底히淸掃하며、農民生活을急速度으로向上시키고있을뿐아니라發布한勞働法令으로서 勞働者에對한植民地的搾取制度를淸掃하고勞働者와事務員의生活을根本的으로改善시키게되었다。 即北朝鮮勞働法令은蘇聯을비롯하야、民主主義發展國家가民主主義的基本課業의하나로서 日本帝國主義와오랜鬪爭中에서要求하든八時間勞働制、幼年勞働의禁止와、十六歲以下未成年勞働者에對한六時間勞働制、有害危險作業의七時間勞働制、性年齡의差別없이同一勞働에對한同一賃金制實施、有給休暇制、社會保險制實施、姙婦와産兒에對한保護、勞働者의團體契約權認定、紛爭解決에人民裁判의最後決定指導權勞働規律의强化等々을規定實踐하는進步的인法令이다。도리켜생각건대朝鮮의勞働者는 日本帝國主義에게얼마나非人間的搾取와 奴隷的抑壓을當하여왔는가? 實로日本帝國主義는日本資本을爲한 殖民地超過利潤을保障하기爲하야 朝鮮勞働者大衆을牛馬같이부려먹었으며、그膏血우에 資本의發展의土臺를삼었다。 朝鮮의勞働者大衆은 恒常饑死의線上에서彷徨하였으며、 日帝의野蠻的警察憲兵의총칼의彈壓밑에서모ー든人權을빼앗기었었다。十二時間乃至十四時間、甚한데는十六時間의勞働을强要當하였고 賃金은하로에日本人勞働者의半額인ㅡ一圓未滿의低賃金에滿足하지않으면안될人間ㅡ下의生活로서 마지못한목숨을延長시키지않으면안이되였었다。그리하야朝鮮의勞働大衆은이殺人的勞働條件에對하야 日常的利益을向上하기爲하야、또는日本帝國主義를打倒하기爲하야 가장先鋒的階段으로서日本帝國主義와、屈强줄모르는鬪爭을展開하야 朝鮮民族解放運動을領導해나온것이다。 實로朝鮮의勞働者大衆은 前記한바와같은民主的勞働條件을獲得하기爲하야 피투성이의鬪爭을展開하여왔다。 그런데이번勞働法令의發布로말미아마 北朝鮮의天地에는勞働者에對한 殖民地的搾取制度를永遠히根絶시키고 勞働者와事務員의生活의急進的向上을實現시킨것이며 眞實한民主主義發展의前提條件을達成한것이다。 即北朝鮮勞働法令의意義를좀더 具體的으로설명한다면다음과같다。

첫재로 北朝鮮勞働法令은 朝鮮社會發展의現段階에가장適合한法令이다。 民主主義發展段階인오날의朝鮮社會發展의 歷史的條件에根據하야産出된것이다。 우리는朝鮮發展의現段階를 民主主義改革階段이라고規定하였고 그民主主義는亞美利加式民主主義드않이오 쏘聯式民主主

義도안이고 朝鮮의現實에適合한人民的民主主義가 아니여서는안된다고말하였다。朝鮮의社會는日本帝國主義的搾取政策과 封建的殘滓를淸掃하기爲하야 勞働者農民을基礎로하야 民主主義를要望하고實踐하는各政黨社會團體、各階層派의眞正한人民大衆의 民主主義的統一戰線의土臺우에서 民主主義國家를建設하는階段이다。 그러므로北朝鮮勞働法令은 社會主義社會의勞働法令과같이 勞働階級의利益만을위한것도아니고 資本主義國家의勞働法令과같이 帝國主義的搾取를實行하려는 勞働法令도않이다。例를들면有給休暇制、勞働者社會保險制度、同一勞働에對한同一賃金 年齡의殺後性差別이 人民裁判에있는것等々은民主主義國家라고하는美國에도實施되지안코있고 資本主義國家의勞働法令으로는實行하지못하는 發展된形態의民主主義의表現이오 勞働者와事務員에對한高尙한勞働規律의義務를要求하고 萬一에이勞働規律에違反하면 企業所支配人과個人企業主및各機關의指導者들은 職業同盟代表와의協議에依하야解雇權을認定한것은 이勞働法令이單純한無條件한勞働者의利益만을爲한 法令이아닌것을말하는것이다。要컨데勞働法令은民主主義統一思想基礎우에서制定된것이다。即이勞働法令이야말로우리朝鮮의歷史的發展階段의要請하는 人民的民主主義의具體的表現인것이다。

둘째로 이勞働法令은먼저말한바와같이 日本帝國主義의植民地的搾取下에서呻吟하던 勞働階級으로하여금民主解放을주어 그들의生活을急速的으로向上시키는것이다。우리民族의民族繁榮을獲得하려면 우리民族中가장壓迫받든階級이요 또가장進步的階級인 勞働階級의生活과人權과自由로운發展의集合가保障되지않으면안된다。 그와反對로勞働階級이奴隷的非人間的搾取밑에서 그生活과 人權과自由로운發展의集合가保障되지못한다면 우리나라는反動的地主와大資本家의 팟쇼的獨裁로向하는同時에 다시植民地乃至半植民地化의陷穽으로 떠러질수밖에없는것이다。 그럼으로 勞働者와事務員들의利益은 오날우리나라에있어서民主主義國의利益과 完全히符合一致하는것이다。 그럼으로北朝鮮勞働法令은 勞働者들에게民主解放을줄뿐아니라 勞働者들로하여금政治文化、産業에 勇躍參加하야 그先頭的役割을 充게할機會를주는것이며따라서民族統一戰線을 鞏固한勤勞大衆의土臺우에서擴大强化하는것이다。 朝鮮土地改革이實施되자 歡呼의불꽃속에뛰는農民大衆에게 가장强力하고組織的인支持를보내었고 따라서이偉大한事業의進行을妨害하는一切의反動의무리들에게對하야, 가장勇敢한鬪爭을展開한것도勞働階級이었다。 또이勞働法令이發布되자生氣에躍動하는勞働者大衆을爲하야가

창히찬壓搾과稅貿를브내며 勞働者及事務員들의 生活確保를爲한單一現物稅(農作物의二割五分)를깃브게단어것이고 힘찬實踐에突進하는것은農民大衆들이다。 이리하야오날北朝鮮의天地에는 勞働者農民의偉大한民主同盟이 民主解放과建國의現實的事業을遂行하야 깃부게뎃어가지고있나니 이勞働者農民의同盟이아말로 南北의民主統一과全民族的完全自主獨立의大衆的基礎인것이다

셋째로 北朝鮮勞働法令은 朝鮮歷史以來의最初의 法令일뿐아니라全世界의殖民地와半殖民地의被壓迫民族의나라에서 처음實施되는民主主義的勞働法令이다。 歐羅巴에있어서解放된國家들에 土地改革이實施는되었으나 이러한民主主義勞働法令의實施된나라는없다。 中國에서도數億의勤勞大衆들이 이러한民主主義勞働法令의實施를爲하야 許多한피를흘렸으나 아직도이러한法令이나타나지못하였다。 그뿐아니라民主主義國家라고하는美國에서도 이러한進步的인內容을갖인 勞働法令이몇百萬勞働大衆의切實한要求에도不拘하고 아직나오지못하고있다。

넷째로 北朝鮮勞働法令은 우리民族의高尚한民族愛의道德的表現이다 過去日本帝國主義時代에는靑少年은 가혹하고非人間的勞働條件아래 牛馬와같이搾取를當하였으며 無智와蒙昧속에永遠히呻吟하였으며어린때가굳기모전에 영양不足과非衛生的生活로서 內臟깊이무서운病菌을갖이고쓰러지고있었다。 婦人勞働者에對하야는 婦人勞働保護의何等의施策과待遇도주지않고 恒常蹂躪와채죽으로짓밟어 母性愛와母性으被保護權까지强奪하였던것이다。 이번勞働法令은十四歲以下의幼年勞働은禁止하고十六歲以下의靑年은六時間制로하야 靑少年에對한特別한保護를하고 年齡과性別에依한一切差別을없애고 同一한勞働에對하야는同一한賃金을支拂하도록하였으며 婦人勞働에對한産前産後의休暇와其他適切한保護策을規定實踐하게한것이다。 이것은참된人民의政權인 北朝鮮臨時人民委員會의 우리民族에對한崇高한道德的表現이다。 그럼에도不拘하고이러한進步的이오 道德的인內容의勞働法令을反對하는것은民族愛도人間性도없는 저혼자만特權과富裕로잘살려는 民族을叛逆하려는徒輩들임은더말할必要도없는것이다。

다섯째로 北朝鮮勞働法令의出現은 北朝鮮의民主主義建設을더욱促進하는것이며 同時에全國의民主主義建設의推進力이될것이다。 벌서三十八度以南에는 工場에서、거리에서、群衆的으로이法令의實施와같은進步的인內容을갖인 勞働法이南朝鮮에도實施될것을要求하며 廣汎한大衆運動이展開되고있다。

그뿐아니라이法令의實施는 朝鮮에있어서뿐아니라 國際的으로도모1.든被壓迫弱少民族과 獨占資本의

經濟밀에 呻吟하는勞力大衆에게 進步的勞働法令의實施를要求하는促進劑가될것이며 國際民主主義運動에 한개의進步的役割을할것이다。

以上分析的으로論述한바와같이北朝鮮勞働法令은 三十六年동안의日本帝國主義의全朝鮮勞働者에對한植民地搾取制度를根滅하고 勞働者와事務員의生活의急進的向上과 權利와自由로운發展을爲한 偉大한基本條件을賦與한것이다。

經 濟

다음에 北朝鮮의經濟的發展에對하야말하려한다。北朝鮮의經濟는民主主義經濟路線에依하야 急速히發展하고있다。 產業經濟의中樞的地位를占領하던 日本帝國主義及民族叛逆者工場、鑛山發電所、鐵道、運輸、通信、 銀行、金融機關、其他一切의重要한企業은沒收되고國有化되며人民의政權인人民委員會의指導監督下에 勞働者、技術者의管理下에依하야運營되고있다。 그리하야獨占資本의私利私慾을爲하여서가아니라 完全히人民의利益을爲하야 民族經濟의發展을爲하야運營되고있다。

따라서激烈한戰火에依하야 破壞되었던產業施設은 急速히再建復興되었으며 勞働者의生產復興을爲한愛國熱은非常히昂揚되고있어 各處에서힘찬生產競爭運動이展開되고있다。

몇가지例를들면다음과같다。

日本帝國主義의朝鮮人民의搾取機關이오 反소侵略戰을爲한最大의軍需品工場이었든 日本窒素工場은人民工場으로發展하야 一萬四千餘勞働英雄들이불타는愛國의精神밑에서技術者와한뭉치가되어 日帝가破壞한機械를修繕하고 여러가지惡條件을克服하면서 今年一月二十五日現在(共立通信에依함。 그後는더욱飛躍的發展이있었을것이다) 每日다음과같은生產實績을나타내고있다。

硫　安一八〇噸　유린安　二四噸
鹽　素　四噸　硝　酸　七〇噸
硝　安　一五噸　石灰窒素二四噸
濃硫酸一〇噸　카ー바이트七六噸
電氣銅　一五噸　電氣鉛　一.五噸
맷트(니켈)三噸　苛性소ー다　洋燭
치분、비누、석양、火藥、솜뭉치
나프타린.

昨年十一月頃에比하면五〇%乃至一〇〇%의增加다。

吉州製紙工場은벌서百%로復舊되였고 月產製紙五〇餘噸酒精二百石을生產하고있고 城津高周波工場은七〇%의復舊를보이고있어 鋼材一四噸、合金鐵一五〇噸、自動車附屬品工具、農具、鑛山機械等各種工作機械를生產하고있다。 鴨綠江水電水豊發電所는發電機七臺中 三臺는滿洲것이오남어지四臺中一臺는修繕中이고 三臺는지금運轉中인데 八·一五以前에比하야조금도遜色이없다。淸水日窒工場은카ー바이트月產九百餘噸을生產하는데 앞으로六千噸以

上을生産할豫定이라한다。 北中輕金屬工場은八·一五以前에는 七〇%純度밖에되지안든알미니움이 現在純度八〇%以上으로모아지고 月産百噸以上을生産하고있으며 平和産業을轉換하야 솥남비等民衆生活品을만들고있다。

日本製鐵은完全操業을하고있으며西鮮重工業도벌서부터 完全操業을하야 發動機共、船舶部分品、工作機械、鐵道部屬品을生産하고있다。 海州의各工場은十二月까지 다음의目標로서生産闘爭을展開突擊中이다。

西海州製鐵所는鑄物部二五五噸、煉炭部에서는無煙炭五、二〇〇噸、海州製鋼所鑄物一、七〇七噸、鍛鋼二六、一四噸、壓延鋼四、三四〇噸、海州製粉工場 小麥과雜穀物一四四、〇〇〇袋、海州스레이트工場三萬五千枚、中外製作所、製繩機脫穀機等一萬臺

以外에各地方에있어서復舊되며發展되고있는 生産問題를一々히여그

서敎學할수없으나 各處에서勞働者층은八·一五以前의二倍의生産率을提唱하고 原料、勞働、技術、資金輸送、等여러가지惡條件을克服하면서 生産突擊隊活動을힘있게展開시키고있어 勞働者階級이民主建國의先鋒이며基本動力임을實證하고있다이와같은北朝鮮의生産의急速한復舊와發展이야말로 南部朝鮮의經濟的危機와對照할때民主經濟路線의勝利이며人民政權의勝利이다。

敎育文化

다음敎育、文化方面은어떻게發展하고있는가? 그根本的目標를精神方面에있어서 日本帝國主義와封建的殘滓를께끗이淸算하고 人民大衆을爲한民主主義的敎育、文化를創建發展시켜 朝鮮民族文化를昂揚하야世界的文化水準에到達할데두고 모든具體的實踐을하고있다。우선敎育部門에있어 强盜日本帝國主義에徵發되여 배우고싶어도배우지못한다라서朝鮮사람으로서朝鮮國文도모르르고 人間으로서初步的知識도모르는文盲者가 人民의多大數를차지하고있음에비치어 이民族의恥辱인文盲을撲滅하고저 北朝鮮臨時人民委員會의指導下에 十三歲以上의文盲者를 敎育하는成人學校를設置하고있는데 六月七日現在그成人學校數는總數八千餘校、生徒總數는四十餘萬에達하고있다。

그리고現在北朝鮮에는 大中小一千三百三十七의學校가있고 百萬名의學生이工夫를하고있다。또建國幹部를養成하기爲하야 各地에幹部學校를設置하였고 現在平壤에만하야도中央政治幹部學校、保安幹部學校等數種이新設되었다。

다음에各種學校、講習所、小、中等學校施設을 大々的으로擴充新設하야(中等學校數는二倍增加) 北朝鮮에天地에는今年부터 試驗地獄은消滅되고말었다。 그리고專門校學校

國學校、綜合大學等、擴編한敎育의設立이計劃的으로計劃實施되면서있다。

北朝鮮綜合大學을創設하야 九月一日부터開校할目的을設標準備中이며 優秀한青年技術者를大量的으로養成하기爲하야 各種의技術專門學校를新設하얏다。例를들면平南에北朝鮮技術專門學校、平壤醫學專門學校、平壤師範專門學校、平壤鐵道專門學校、平壤鑛業專門學校、平壤工業專門學校等을設立하기로되었다。

이와같이人民의學園은人民의집으로되어 人民을爲하야세워지고있다。그리고以外에敎況한人民大衆의社會的敎育을爲하야 新聞雜誌等外에六個所의放送局이能力을發揮하고있다

文化方面에있어서는눈부신運動을보여 民主主義的朝鮮民族文化建設에 큰기틀을내이드디고있다。 지난三月에結成된北朝鮮藝術總聯盟各에서는各道、郡、市、面에各階級이組織되어. 이미一萬三千五百餘名의文化演劇、美術、音樂、映畫人等이結集團結하야 一般勤勞大衆을爲한文化活動이着々進行되고있어 일즉이우리文化史上에있어보지못하든 劃期的인事實이展開되고있다。 그리고오는八月十五日解放一周年記念을앞두그 多彩로운「藝術總突擊」運動을展開하고저 猛烈한活動을 展開하고있다。

그리고出版物로서는 北朝鮮藝術總聯盟機關紙로「文化戰線」大衆雜誌로「建設」週間藝術新聞으로「藝術時報」朝蘇文化協會機關紙로「朝蘇文化」가各各發行되고있으며 또印刷能力의完備로써 小說、戲曲、詩、音樂、美術、演劇、映畫、等의各種出版物이刊行되리라한다。 人民의與으로서演劇活動은 中央藝術工作團이中心이되어 親日派、民族反逆者의罪惡과 勞動大衆의熱烈한建設譜와 붉은軍隊의偉大한技術을 生々한現實로서 舞臺에 보여주고있다 音樂部面에있어서는 中央交響音樂團이結成中이며 綜合藝術殿堂으로서는中央藝術學院이 가까운將來에設置되리라한다。

이와같이北朝鮮에는 참된人民의政權인 人民委員會의指導아래 敎育、文化、藝術方面에있어서도 民主主義가 우렁차게發展하고있다。

그리하야學生及인테리겐챠에게研究와發展의自由가賦與되며 朝鮮民主建國을위하야 그들이갖인熱情을다할여 參與할機會를줄것이다。

婦人問題

다음에北朝鮮에있어서 婦人問題는어떻게解決되고있는가? 婦人解放은어떻게成就되면서있는가?이問題를正當히解答하려면 八·一五以前까지의 朝鮮의婦人의地位에對하야 一言하지않으면안이될것이다 從來朝鮮의 一千五百萬婦人大衆은日本帝國主義的封建的抑壓과搾取下

에서・奴隷的環境에處하야 經濟的 法律的、文化的、社會的、不平等에 呻吟하고있었다。婦人은自己의運命을 스스로決定할獨立性을全然박탈當하고 社會生活에參加할權利도갖이못한 可憐한生存을繼續하지않으면안되여왔다。特히婦人勞働者가朝鮮사람으로서의 또한婦人으로서의 二重的搾取밑에서非人道的勞働條件아래 苦惱하여온것이라던지 農村婦人이封建的隷屬아래 原始的收奪과身分의無制限的壓迫아래・조고만한自由와權利도 享有할수없이 無智와暗黑과迷信가운데 죽지못한生活을繼續하여온것이라던지・이러한勤勞婦人들의悲慘한生活은 더말할것도없거니와 所謂生活의餘裕있는家庭의婦人들도 何等의權利와自由가없을뿐아니라 빨래와밥짓는家庭奴隷로서 또는料理집이나술집이나마작관에단이며遊興하거나 蓄하야는몇사람식妾을두고 放蕩하거나하는男便에對하야 아무런效果있는忠告나 抗議도하야보지못하고 한숨과煩惱가운데서歲月을보내여온것이다。이러한朝鮮婦人의奴隷的狀態는 이나라모든社會機構中에뿌리깊이박혀있는封建的殘滓와 그것을힘있게떠바치고있는 日本帝國主義의支配勢力에起因한것이였다。若干의差異는있으나 日本帝國主義로부터解放된오날에있어서도 三八以南에있어서는이奴隷的狀態는 根本的으로變化한것이없다。京城紡織과仁川東洋紡織女工에對한 非人道的待遇라던지 搜査갓던巡査의 남의女子에對한非人間的行動이라던지 이러한것은다만一二의例에지나지안는 全般的現象인것이다。그렇나참된人民의主權아래있는 北朝鮮은事情이大端히달으게發展하고있다。한마디로말하면婦人問題에있어서 民主主義는偉大하게發展하고있다。오날北部朝鮮에는참으로文明的이요 進步的인法令男女平等權法令이 지난七月三十日附로發表되여 卽日로부터實施되고있다。이法令은國家、經濟、社會、文化政治等모ㅣ든領域에있어서 女性들은男子와同等한 平等權을갓는다는것을 規定(同法令第一條)한것으로婦人問題에있어서 日本帝國主義的封建的殘滓를 完全히淸算한것으로 다만東洋에있어서가장先進的인法令일뿐아니라 世界的으로보아도 쏘聯邦以外에는 가장進步的인法令에屬하는것이다。

以上의根本平等原則에依하야 同法令은첫저로女性들은 國家의모ㅣ든機關에있어서 男子와同等한選擧權과・被選擧權을갖일수있고(第二條)따라서 이法令에依하야 婦人도代議士도될수있고 大統領도될수있고 또그들은自己뜻에맞는게로選擧할權利가있는것이다。둘저로女性은男子와同一한勞働의權利와 同一한賃金을받을權利와 同等한社會的地位를 갖이할權利를갖게되었다。(第三條) 셋저로女性에對한强制結婚은禁止하며 女性들은男子와同等

한 自由結婚의權利와 自由離婚의權利를갖는同時에 母性으로하야곰子女의養育扶養을 男子에게要求할權利를갖는것을規定하야, 結婚及離婚問題에있어서 男女의完全한平等을實現하였다(第四、第五條)。넷째로中世紀的一夫多妻의 蓄妾을禁止하고 [illegible]公娼私娼妓生等의[illegible]을禁하는 制度와習慣을一掃하야 數千年間女性을얽매인 非人道的외사슬을이버렷다(第七條)。北部朝鮮에서는이法令이나오기前에 實際的으로, 一夫多妻制度는 廢棄되였으며 公娼私娼制度는廢止되였었는데 이렇에다시금立法化한것이다。

다섯째로 女性들도男子와同等한財産及相續權利를갖이며 離婚할境遇에는財産과土地를 分配받을權利를갖을것을規定하였다(第八條)。이리하야封建相續에있어서 男尊女卑制度는完全히一掃되고 數많은女性들이갖은 아버지어머니의子女이면서도 男子가되지못하얏슴을恨하며 눈물흘리는歷史는 永遠히우리땅의半分인 北朝鮮에서살어지고말었다。

이리하야勞働者農民과함께 우리朝鮮에서가장壓迫받은 大衆인女性의解放은實現된것이다。그리하야 멫百萬婦人大衆으로하야금勤勞大衆과의同盟을더욱강게하며 이大衆的同盟우에民主主義民族統一戰線은 더욱擴大强化될것이며 人口의半數를갖이한婦人大衆으로하야금 民主建國事業에더욱積極的으로, 參加할偉大한契機를갖어온것이다。이것은오즉참된民主主義의代表者이며 實踐者인人民의主權下에서만可能한것이다 即世界에서가장進步的이며 弱少民族解放의 가장忠實한옹호者인 붉은軍隊의來援에依하야 그自由로운發展이可能하게된 朝鮮民族의創意的政權인 北朝鮮人民委員會의指導下에서達成된것이다。南部朝鮮의女性大衆들도 北朝鮮女性과같이참된自體解放을爲하야 民主主義運動의끈질찬實踐으로써 三一은女性同盟를 民主主義의旗발밑으로集結하고 訓練하고組織하므로써 一切의反動勢力의中世紀的、專制的、獨裁政權樹立의陰謀를粉碎하고 人民主權의確立强化를爲하야 精力的인努力을展開해야할것이다。

靑年問題

北朝鮮에있어서靑年大衆의 社會的地位의向上과, 그自由로운發展이約束되여있는것은 이미말한바이다。靑年大衆은 過去의封建的家父長的隸屬밑에서解放되여 씩씩하고늠름하게成長하고있는것이다。그들은모ㅣ든政治活動에 힘있게參加하고있고勞働靑年은同一勞働에對한 同一賃金의權利를얻엇고 地下作業과危險作業에서부터 除外되여있으며 學生靑年은 또다試驗地獄에서벗어나向學의機會와研究의自由를獲得하였다。그리고十四歲未滿의少年에게잔며가금기前에 어린熱血을한어떠던

日帝時代의搾取는容許되지안코 法律的으로禁止當하여있다。 그리하야 自由스러운環境밑에서 北朝鮮의靑年들은、自己自身들의 組織體北朝鮮民主靑年總同盟을갖이고 政治、文化、經濟、社會各方面에서 눈부신建設的活動을展開하고있다。 여러갖이行動에 拘束과彈壓을當하고있는 南朝鮮靑年大衆들이眞理를사랑하고 正義에죽으려는젊은熱情으로서 犧牲에찬鬪爭을하고있는것과좋은對照를보이고있다。 그리하야靑年의完全한解放을갖어올수있는 人民의主權을戰取하기爲하야 不屈의鬪爭을展開하고있다。

結論

人民主權의戰取를爲하야 나는以上에서北朝鮮의民主主義的發展에對하야 政治經濟文化社會各方面에亘하야 比較的詳細히記述하였다。이것을總括的으로말하면 北朝鮮에는 日本帝國主義의殘存勢力이 그制度에있어서나 또그人的要素(親日派民族反逆者)에있어서나 徹底히掃蕩되며있고 封建的遺制인土地小作制度가 一掃되고消滅되면서있다。卽日本帝國主義法律體制는 完全히破棄되고 日本帝國主義者及民族反逆者가所有하였던 產業、交通、運輸、金融機關、文化機關等은無償으로沒收되여 人民의所有로써國有化되고 또日本帝國主義者民族反逆者及五町步以上을所有한 地主의土地는無償으로沒收되어 農民에게無償으로分配하야 帝國主義的封建的桎梏으로써얽매여던 朝鮮의社會는自由로운發展의길이열리었다。그리하야數千年間土地에얽매이였든農民은 土地로부터解放되어 土地의主人이되고 낮은賃金과無制限的苦役과 生活難과病魔에呻吟하고있던 勞働者와事務員은植民地搾取制度로부터解放되어 人間다운勞働의神聖性을通하야 民主建國의偉大한 生產力發展의柱石이되고 數千年間封建的男尊女卑의 鐵鎖에사로잡혀侮辱과虐待와無知와暗黑속에서 非人間的虐待를받아오던 女性들은完全한男女平等權을얻어政治、經濟、社會文化各領域에있어서、偉大한活動을展開하고있으며 小市民들은日本帝國主義的搾取와壓迫에서버서나、自由發展의길이열리여 國家的產業에從事하게되고 學生知識文化人들은學園及眞理探求의自由를얻어 偉大한民主主義的學問과 文化의再建에精進하고있다。그리하야北朝鮮에는참으로 解放다운解放을戰取한것이다。드리켜우리朝鮮의半分인 우리가現在살고있는 南朝鮮의狀態는어더한가? 그것은누구나다現實的으로 目睹하고있는것임으로、別로說明치않으랴한다。다만한마되로말하면南朝鮮에는 饑餓와失業과產業經濟의 總破綻의危機、言論、出版、集會、結社及示威에對한 自由의重大한制限、謀利輩의橫行、日帝가所

有하고있던 産業經濟의獨占資本家에의移行 文化敎育機關에對한 官僚的警察統制 進步的敎授及學生의追出 白晝公々然한테로 民主主義言論機關及黨의破壞, 何等納得할理由없이 良心的民主主義的愛國者의檢束投獄等々 混亂과無秩序와不正腐敗가充滿하고있다。이와같은南北의差異는, 어데그原因이있는가? 다같은우리의領土이고 다같이우리民族이사는곳이요 다같은民主主義聯合軍이進駐하고있는데, 그根本的原因은 大體어디있는가? 解放後一週年을지난오날, 南北이이와같이변어짐은어떻게 解決될것인가? 解放後一年이된오날 우리民族으로태여난者, 民族의幸福과自由와獨立을希望하는者 누가이厳然한事實에눈을 돌리지않을者있으며 또이事實에對한眞實한 原因의探究와그解決을爲하야眞摯하고 良心的인努力을하지않을者있으랴! 南北의差異의原因은明瞭하다 卽南北의事態가이려케된것은 親日走狗, 民族反逆者이들은實로朝鮮에있어, 戰爭犯罪者의性格을갖임에도不拘하고 이들은處罰當하지않을뿐아니라, 오히려政治經濟敎育의各部門의要職에들어가美軍政과朝鮮人民及그의充實한指導者와의사이를 中傷離間하고權力을잡고 人民의發展을抑壓하고 民主主義獨立國家建立을爲한 옳은길의實踐을妨害함에있다。親日派民族反逆者는 이와같이庇護를받고 海外에서들어온親日派分子들과結合하야反動的政黨을構成하고 政治的識見과訓練을받을機會를갖지못한 우리의一部同胞를欺瞞하야 或은反動的婦人團體 反動的靑年團體를組織하고 或은스스로或은이들團體를使嗾하야 民族의統一을分裂하고 民主獨立을妨害하야 우리나라로하야금外國의商品市場의길로 永久的植民地奴隷의구렁에로 몰아너으랴고하는것이다。實로그들은自己의運命的인沒落에 恐怖를느끼기거나 또는自己自身及自己를少數特權階級의 利益을爲하야는 民族의利益도國家의運命도眼中에없고, 어더한賣國賣族的行爲도敢行하는것이다。民衆은하르에五合의쌀도 規則的으로保障되지못하고있는데 數千가마니의쌀을숨기고 謀利의機會를엿보고있고 過去數千年동안 戰時殺戮的日帝테로下에서도 조금도屈치안코 民族解放을爲하야 英雄的抗爭을하여온民族의, 偉大한指導者의生命을노리고 어더한謀略으로서드 傳統的인人民의政黨 最大의愛國的政黨의破壞와彈壓도不辭하며, 옳은言論과날카로운批判을두려워民主言論과 그機關을彈壓하기를 두려워하지안는反動分子들이 各部門에權力있는자리를차지하고있는것이 오날의南朝鮮이이와같은 事態에따른重大原因인것이다。이와反對로北朝鮮에는모든權力은人民에게있고 眞正한人民의政權인人民委員會가 참된民主主義愛國者를指導者로하고된데에오날의民主主義的躍進의 根本原因이있는것이다。卽美軍政은親日派民反逆者를排擊하지않고 오히려그들은要職에登用되여 그들의反民主的反民族的行動에對한 거위無制限的自由가行使되고있음에 南朝鮮의오날의反動과停滯와破壞와 混亂의原因이있는것이며、北朝鮮에는붉은軍隊가進駐하야親日派、民族反逆者를徹底히肅淸하고 人民의自由로운政治活動을助長援助하야 朝鮮人民의偉大한政治的創造物인 人民委員會에게모든政權을移讓하고 이人民委員會가 政治經濟文敎社會各方面에있어서 참된民主主義路線을確立하고 그를힘있게實踐한데卽한마디로말하면人民이主權을갖인데있는것이다。그럼므로오날朝鮮의民主主義發展의路線은 自由와獨立의戰取의길은 人民이主權을갖임에있다는것을 解放後一年의經驗을通하야 우리民族은體得한것이다。그럼므로우리는 解放後滿一週年을마지한 오날우리는다음과같이웨치며 그實踐을爲하야深身의努力을 傾注하지않으면안된다。

一、하로四合의食糧을確保하고人民을餓死에서救하라

二、南朝鮮에있는 日帝及民族反逆者所有의交通、通信、金融機關을獨占資本家와謀利輩의손에서 三르차커國有化를斷行하야生産을復興시키고 人民의生活을높이자!

三、南朝鮮에서 日帝及地主의土地를 無償으로沒收하야 農民에게無償으로난노아주자!

四、北朝鮮에서 實施한것과같은進步的勞働法令을 南朝鮮에서도卽時實施하라!

五、北朝鮮에서 實施한것과같은進步的男女平等權法令을 南朝鮮에서도卽時實施하라!

六、言論、出版、集會、結社、罷業及示威의自由를確保하라!

七、學園에對한官僚的統制抑壓政策을 卽時撤廢하고學園의自由를確保하라!

八、行政、司法、警察、敎育機關에潛入한親日派、民族反逆者를모라내라!

九、日帝의殘存勢力親日派、民族反逆者、親파쇼分子를 肅淸하라!!

十、北朝鮮과같이 政權을人民의創意에依한 人民의自治機關인人民委員會에 卽時移讓하라!!

모―든權力은人民에게로!

以上의몇가지口號는 解放一週年을맞이한이때에 卽時實施하지않으면안이될當面緊急한問題이다。그러나우리는여기에滿足하지안는다。우리의자나깨나잊을수없는問題는 完全한自主獨立의戰取이다。眞實한民主主義的獨立國家의樹立 이것이오날朝鮮民族의最高目標이다。그러면이目標는어떻게 達成될수있는가?그것은三千萬民族이참된 民主主義愛國者들의集結體인 民主主義民族戰線에集結하야 우리人民大衆의威

力으로써 一切의反動을粉碎하고 또美共同委員會의再開促進과그成功을爲하야 努力함으로써莫府三相會議決定에依한, 우리의民主主義臨時政府를樹立하고 이政府의指導下에 民主主義友邦들의協力과援助로써 日本帝國主義의長久한 統治의殘滓한要素를根絶하고 허물어진產業經濟를復興시키고 破壞된民族文化를復活發展시켜 참된民主主義國家로發展하므로써 最短期間內에完全한自主獨立國家를戰取할것이다。

이리하야 平和와自由를사랑하는富強한民主主義國家로서 國際民主主義國家의한家族으로써 平和와民主主義的世界建設을爲한 前衛戰士로서우리民族의 偉大한世界史的使命을遂行할것이다。 따라서民主獨立을爲한오날의 우리全人民大衆의口號는다음과같다。

一、또美共同委員會의再開促進과 그成功을爲하야 廣汎한大衆運動을展開하자ㅡ

二、莫府三相決定의 全面的實踐우에民主主義臨時政府를樹立하자ㅡ

三、民主主義獨立國家를戰取하자

八月十五日우리의解放의날이며참된解放을爲한鬪爭의 決意의날이며그實踐의날인 이意義있는八月十五日을當하야 우리人民大衆은南北의 現狀을바로보고 그原因을探究하고 同志를더욱굳게하며 참된民主獨立의戰取를爲하야 어떠한暴風이라도能히물니치고 民族의幸福과祖國의自由와 참된民主獨立을爲하야心身을傾注하야 突進할것이다。歷史의法則은반듯이 自由를拒絶하는것이며 正義는반듯이勝利하는것이다。

經 濟

北朝鮮에있어서施策의重點은 政治經濟兩面을通하야 國際的政治路線이되어있는眞正한「民主主義化」와「平和建設」에立脚하여있었다。于先經濟狀態에低徊하는軍需工業施設을 平和產業으로轉換하야, 絕對的으로工業生產力을均强시켜民衆生活向上을꾀하여야한다。 이產業施設의轉換은資材技術等關係로 國家의主導的役割없이는全然不可能한일이다。여기서大企業에있어서國家管理와 中小企業에있어서個別經營의積極的勸奬이實施되었다。다음에는半封建的農業機構를改革하야 土地를農民에게주고 封建的寄生地主를一掃하야 農業生產力의發展을企圖하였다。이러한諸任務는結局民族經濟를復興하야 人民의生活條件을向上시킴으로써平和的으로 民主主義的新鮮政治文化建設의土台를쌓자는것이다。

그러나이러한課業은簡單이自生的으로 이루어진것은아니다。처음解放直後의第一段階에있어서 쏘聯軍은南鮮과달라서單純한平和進駐가아니고 日帝軍과一部地域에서나마 激烈한戰鬪를經過하야 北鮮各地를戰時占領하였다는經過와 分立的인自主的人民行政機關이倉卒間에 橫的縱的連絡을取하지못한것과 日本人親日走狗輩에對한人民의自然發生的인徹底한掃蕩等으로 맛당히있어야할轉換期의混亂을겪은것이다。이混亂을收拾하는데에쏘聯軍의積極的友好的援助와 各民主主義政黨들의「民族統一戰線」結成의 政治스로ㅣ간과아울러經濟政策의整然한 意見提示는크나큰役割을 놀았든것이다。이第一段階에있어서 朝鮮의重要한施策方向은「反民主主義的인經濟親日派民族反逆者를肅淸하는同時에「停滯破損되였든都市鑛山農村의諸生産機關과 運輸交通通信의諸機關의復舊와運營을圖謀하야 增産에努力하며 勞働者農民小市民等의生活安定과急進的改良向上을시키여서 勤勞大衆으로하여금政治와經濟文化向上部面에 積極的으로參與시킴으로서 새國家建設의튼튼한基礎를確立하여야할것이였다。이에呼應하야北朝鮮에있어서 具體的經濟政策은다음과같이提起되였다。

(一) 工商業에對하야 ㄱ、日帝와民族反逆者의鑛山工場、運輸通信、金融機關等은 一切沒收하나 民族的商工業은地方政權指導下에 自由經營케하며 個人또는株式合資等諸政策을實施하야 全民族的生産의自主的發展을圖謀함。ㄴ、平和産業의方向은第一로日常生活必需品과鑛山農業生産과建設에必要한 機械器具製作에重點을둘것。ㄷ、各種勞働組合은 全民族生活向上을爲하야 産業建設에積極協力하야 勞力을增進시킴。ㄹ、失業對策、八時間勞働者保護關係等의社會政策的諸規定으로서「生産復興을爲하야」建設的으로施策推進을期함。

(二) 農業問題에關하야暫定的으로 ㄱ、土地의沒收分配는日帝와民族反逆者所有에限하고 ㄴ、沒收分配土地의租稅와 朝鮮人地主의小作料는 各各三割標準으로하고 ㄷ、地稅其他公租公課는地主負擔으로함等의 決定下에「生産復興과商品市場의擴張을爲하야힘쓰며」「勞働者는資本家를爲하야勞働함이아니고國家生産을爲하야 勞働하지않으면안된다」라는 勤勞精神의革命的口號에相符한 積極的經濟再建을要請하였다。

이러한眞正한民主主義的諸政策을北朝鮮의民主主義的各政黨 (朝鮮共産黨、朝鮮民主黨、新民黨、靑友黨等) 及其他社會諸團體의一致된意見이였다。이들의全的贊同과全民衆的

支持아래 政治的民族統一戰線樹成成功에 決定的要因이되였다。 드디어이統一戰線은밑으로부터의要請과 우으로부터의協調에의하야 金日成將軍의領導아래 北朝鮮臨時人民委員會로發展形成하게되었다。

四六年二月八日樹立된 北朝鮮의中央行政機關인 北朝鮮臨時人民委員會의誕生은契機로 經濟建設은飛躍的發展을보게된第二段階로드러섰다。이에이르러自主的으로組織되여各其分離된地方行政機關으로서 解決할수없으면서 그解決이焦眉의急務로迫到하였던 各種產業의再生產運營을爲하야資金資材調達・交通通信機關의復舊 金融財政對策等이統一的으로計劃施政케되였다。

이러한目的으로 蘇聯軍이融通하여준資本金一億圓으로서 中央銀行이設置되여 農民銀行의農業貸付와더부러 中央銀行의工業運輸及商業貸付로 產業資金의圓滑을期하게되었다。鑛工業에있어서는 日帝所有의重要企業은이것을國有化하야 直接管理人을두어運營하거나 或은個人及團體에委託經營하고 可及的으로私企業을勸奬指導하야 民間資金資材技術의動員에 注力하야生產發展의길을열고있다。 그러나重要한工業施設의大部分이 日帝의軍需品工場이었든關係上平和產業을爲하야서製鐵、非鐵金屬、輕金屬、機械製作化學工業等은固定施設의改造或은決定的轉換이要請되며 或은資材關係도 日帝의支配圈域에依存하만큼 自給不能으로操業廢止或은轉換을 要求하는部門도不少한것이다。이러한惡條件과技術者不足等多大한難關이橫在하고있으나 臨時應變으로스톡크資材를最大限으로 有無相通하도록調節하는同時에 重要工場에는技術者養成所를設置하며 日本人技術者를登用하고 個別的으로企業體의生產能力을調査計算하야 生產責任數量을設定하야勞働者들의生產突擊隊組織 生產競爭으로客觀的條件이許하는限度에서最大의生產能率을期하였다。

北朝鮮臨時人委에賦課된施策中에가장緊急重要한問題는 食糧對策이었다。米穀生產이絕對的으로消費에따르지못하는 北朝鮮特히咸南北에있어서는 일즉이苦難한食糧事情이豫想되였다。昨年가을各道에따라食糧管理令이내리고 一齊이糧穀買上制가實施되어 農委、人委가先頭로各政黨社會團體가 糧穀獻出運動에나섰든것이다。그렇나買上價格問題로成績을올리지못한채 十二月에는米穀自由販賣에關한布告가 내리게되고多少間은滿洲地方糧穀輸入에依存하는狀態로서 都市勞働者小市民의食糧配給을 겨우確保하여왔다。一方地主들은物納三七制를 그以上五五制까지強要하야 獲得한米穀을自由市場에放賣하야 不當利得을獨占하게되자各地農民들의自生的要望은 農民委員會或은農民大會等의이름으로 農業生產의基本的前提인 土

地問題의根本的解決을要求하게되었다。於是乎北朝鮮臨時人民委員會는 全人民의宿望이든 土地改革에關한 法令을三月五日發布하고 農業에있어서自由發展의길을 열어놓은것이다。

이土地改革法令은

(一) 寄生的地主所有土地를無償沒收하야 農民에게無償分與耕作케한것。

(二) 農民에게分與된土地는 所有權까지가지게되엿다。다만새로운土地所有의集中集積을念慮하야 ·處分權만은制限함。그리하야이法令은 土地私有制아래 個人經營의原則에立脚하야 改革된것이나社會主義的改革이라고는할수없다。生産에아모런寄與도없는 寄生地主에게서決定的生産手段인 土地를沒收하야 生産者인農民에게分配함으로서 勤勞原則과均衡原則아래 農業生産力의發展과農民生活의向上을圖謀하는데不過하다。國家的集團經營과管化([illegible]化)에依한 社會主義的經濟과는距離가먼것이다。그렇나北朝鮮에있어서土地問題解決은 東洋에서처음보는成功인만큼 世界史的意味를 가지며그影響하는바 클것을豫想한다。

農民問題와더부러 勞働者들의要望도達成되었다。六月二十四日發布된勞働法令은勞働者事務員의 厚生保健을爲한諸政策社會保險制와勤勞規律確立團體交步權團體契約의權利의確認等權利와義務를確定하야 規律있는勤勉한勤勞人에게 처음으로人間다운勞働條件을만드러준것이다。

그리하야北朝鮮에서는 朝鮮의現段階에即應한民主主義的諸改革을實施하야 統一朝鮮의民主主義的政府施策의模範을보여주었다할것이다。

農　業

食糧對策破綻後의인푸례의惡性循環에비추어 都市勤勞層의食糧配給을保障하야 糧穀搬出買上制는不可避의施策이었다。十月二十四日平南道人民委員會를비롯하야 各道에서는食糧管理令가發布되고 糧穀搬出運動이展開되었다。이搬出運動은元來가食糧이不足한 北鮮이라豫想과같은成績은날아내지못하였으나 大體는責任量을完遂하고 남어지는自由賣買를許容하게되였다。그리고한쪽에서는生活必需品을農村에 特히纖維品석냥고무신等을 配給하드록努力하였다。그렇나咸北、咸南의絶對的不足은 어제할수없어이絶對的不足量은滿洲糧穀購入策이決定되었다。

三月一日에는從來에 各道人委가獨自的으로食糧需給計劃을세워、全體的인調節을못하야食糧事情의破綻이 均一하지못하든것을基本的으로調節하기爲하야 統一的인食糧對策에對한 北朝鮮臨時人委의決定잔가나오게되었다。

(一) 統一的인適正分配基準(ㄱ)

重勞働者一日六〇〇그람 (ㄴ)一般勞働者一日五〇〇그람(ㄷ)事務員一日四〇〇그람. (ㄹ)勞働者及事務員의家族 一日三〇〇그람 (ㅁ) 農民에게 配給할때는自給米는 全配給量의三割以下로함。그리고一切糧穀의釀造를禁止하고飮食店을整備하야 徵收와 消費規正을實施하는反面에있어서 糧穀買收에는部落單位制로共同責任키로하고隱匿物의摘發等等에嚴格히臨하게되었다。그리하야大略六月末까지 全北朝鮮勤勞者에對한食糧配給計劃이確立되었다。三月末까지買上計劃은一旦끝나고 一般住民은任意로自由市場에依據하게되었다。

土地改革

[illegible]으로부터의 土地改革의 要望이具體的形態로 結集된것은 三月三日全北朝 農民聯盟代表大會의決定書이다。決定書는

一、地主土地의無償沒收에依한農民에의無償分配所有。
二、農民의地主에對한負債取消
三、灌漑施設山林等의無償人民化(國有化) 가그輪廓이다。

드디어三月五日北朝鮮臨時人民委員會는 全農北朝鮮農民聯盟의要請條件에進하야『北朝鮮土地改革法令』을發布하는同時에 被沒收地主들의惡質的인沒收對象의 隱匿, 毁損, 賣却을防止하기爲하야『土地改革實施에對한臨時措置法』을發令하야 嚴重한處罰規定을내린것이다。

土地改革은歷史的經濟的意義 世界어느나라를莫論하고 아직前資本主義的經濟社會에停滯하고있거나 或은封建的生産關係를完全히 脫皮하지못한채 資本主義社會體制를가추게된 後進國植民地等에서는 資本主義的民主主義變革過程을 밟게되는데이 變革過程의基本課業이 土地改革이다土地問題를解決하야 封建的搾取關係를一掃함으로써 農業生産力을發展시키고 國內市場을擴張하야 近代的産業發展의 基礎를 닦는것이다。그런데日帝의손에서는侵略初期의農業變革 (土地調査事業)은封建的農民에게서 土地를剝奪하고半封建的 小作關係를 强制로再生産함으로써 高率小作料는資本制經營을不可能케하며 一方土地商品化는窮乏한零細農土地所有者를 小作農化하야廣範한 無産小作農民을造出함으로써새로운 階級分化를激化식혔다。다시말하면封建的小規模農業生産樣式과 資本主義的經制(日帝經濟의侵略) 資本家的土地私有制度確立)의 農村侵入으로 社會的矛盾을 追加的으로尖銳化하야『土地는農民과더브러 여위고生産力의發展은萎縮한다』 이러한土地集中隷屬的半農奴的零細小作人의增加는드디어一九四三年末統計로 北鮮의總耕地面積一、九八二、四三一町步中 地主

所有面積一、一五四、八三八町步總耕地面積의五八・二%.(全國統計는六二・二%)即六割이寄生的地主所有土地가된것이다。이것을田畓으로나노아보면畓에있어七二・四%(全國七二・六%)田에있어五三・八%(全國五四・六%)가地主所有이니農業生產에 決定的重要性을가지는畓은七割以上이그들의所有로되여간다。地主의數는總農家戶數一、〇〇四、五八六戶(全國三、〇四六、〇〇〇一戶)의四%밖에안되는、四六、一三四戶(全國九三五九六戶 全農家의三%)에不過하다。한주먹밖에않되는三%餘가 六割以上의土地를所有하고있으니 이것을農民에게無償沒收分配하자는것이다。北鮮의農民의經營別階級構成은다음과같다。

自作農 二五一、二六一戶 二五・%(五三六、〇九八戶 一七・六%)

自小作農 一六四、七二四戶 一六・三九%(四八五、四一四戶 一五・九八%)

小自作農 一四四、四一九戶 一四・三七%(四九九、〇〇一戶 一六・三八%)

小作農 四三五、七八九戶四三・三八%(一、四八一、三五七戶 四八・六三%)

其 他 八、三一六戶 〇・八五%(四四、二三一戶 一・八三%)

統計는一九四三年末括弧內는全國

以上과같이小作人은七〇%나되며壓倒的數量을占하고있는이들은「經濟的으로 一片의土地에얽매여 改良農具、金肥、良質種子를사지못하고生產技術의改善이나 生產方法의進步는꿈에도생각할수없으며 오히려縮少生產의飢餓線上을헤매이는것이朝鮮農民의現狀이다。이러한悲慘한半農奴는 쏘聯서는말할必要도없고先進資本主義國인美英佛國에서도볼수없는것이다。이런意味에서 資本民主革命段階에있는 朝鮮의先決問題인土地改革은農民生活向上과 農業生產發展과 工業의健全한發展을促進하는 意味에서 「歷史 또는經濟的必要性으로」되는것이다。

改革原則

(一)、私有制。地主土地를無償沒收하야農民의永遠한所有로주는것이다。土地國有는理想이겠으나 朝鮮의現歷史的段階는그것을採擇하지않는다。다만賣買賃貸借抵當權設定을認定치아니하야 또다시 土地를喪失하는傾向을未然에禁하는 處分權制限아래私有의原則은維持되어있다。(第五條 第十條)

(二)、個人經理의原則。勞力農民「土地私有를 認定하는同時에經營收支에있어서도 集團農場形態를빌리는것이아니라・個人的經營에맡기는것이다。勞働過程에있어서自發的協働으로能率을내는것은勿論自由일것이다(第一條 第六條)

(三) 均衡主義。土地所有權均等히分配할것이다。勞力과扶養家族에比例한均等이나 이原則은全國耕作地의六割以上을占領한九萬戶의地主의所有地를小作하야 生活數量의半數以上을빼앗기는 二百數十萬戶의農民의當然한希望일것이다。不平等과차은農民에게 平等을주어야한다면 이것은合理的이며進步的理想이아닐수없다。(第六條 細則第三章)：

(四) 勤勞主義。土地는勞力하는勤勞農民이가져야한다。封建的搾取를排除하기爲하야 耕作者에게一切生產手段을 貸與하는것이生產增加의온전한길이다。

以上諸原則을綜合하면 封建的遺制에對한小生產者的民主主義의要求를貫徹한것이다。(第一條 三條、六條)

法令內容

(一) 沒收된土地。日本人及日本人國籍의所有土地 人民裁判所의判決로規定받은民族反逆者及親日派와解放後逃走者의所有土地 小作준一切土地 雇傭勞力에依한五町步以上所有土地(第二條 第三條)例外로學校、病院科學研究所. 北朝鮮臨時人委의決定을받은民族解放革命鬪士及文化的功勞者의 所有土地는沒收치않으나 此後는小作不許。(第四條 細則第二章)또

(二) 土地分配。沒收한土地를再分割할配當範圍內에서는 從前小作地는반듯이受配토록함。受配者는雇傭者土地없는農民(純小作) 土地적은農民 (配當基準未滿)와自小作或은自作) 自耕할려는地主。(第六章 第六條細則第三章) 分配基準은 家族數와家族內勞働能力의倂合原則으로한點數表에依하야實施함。基準表。

男	一八才－六〇才	一點
女	一八才－五〇才	一點
青年	一五才－一七才	〇・七點
少年	一〇才－一四才	〇・四點
小兒	九才以下	〇・一點
男	六一才以上	〇・三點
女	五一才以上	〇・三點

土地의質을考慮할것 分配地域範圍는部落單位로 從前의耕作至地域을包含하며行政區域과는關係없다。(細則第三章)

(三) 果樹園과果木。日本人及日本國籍所有와 五町步以上土地所有地主의果樹園은沒收하야道人民委員會의 管理로드리갈(第十二條)

(四) 山林。農民所有의小山林及墓地에關한山林을除外한一切山林은沒收國有化, 道人委는特別委員會를組織하야 山林保護策을實施함。(第十三條 細則第五章)

灌漑施設。沒收된 地主所有灌漑施設은國有化하야 面人民委員會가 接受保管修理利用케할。(第十四條、細則第六章)

(六) 建物其他。 完全沒收地主의畜力、農機具、住宅(都市所在는除外) 全部는 沒收하야 日僱者와小作農에게分與。 (第十一條)

(七) 實施方法。 實施의責任은北朝鮮臨時人民委員會以下 道市郡面人民委員會에 있고 部落에서는農村委員會가代行한다。農村委員會의組織은, 雇傭者土地없는農民土地적은農民 (分配에參與할것이豫想되는農民들) 으로組成되며 그選出은 이들의總會에서 擧手多數決로 . 人口比率이 依하야 五人乃至九人으로한다。農村委員會의 任務와權限은 沒收된土地其他一切를調査하야 完全保管토록할것。分配對象者와 그들人口數를年齡別로調査하고 그들이小作하든地主土地面積을調査記錄할것。土地分與案을作成하야面人民委員會에提出하야 , 그承認을받을것。面人委의決定과農村委員會의分與案과 意見不一致의境遇에는郡人委 道人委로順序로審議에부칠수있으며 最終決定은道人委와農村委員會사이의協議決定함。決定되면곧그效果를發揮할수있음。

(八) 效力。道人委는土地所有證說明書를發行하고 이를土地臺帳에登錄함으로써 所有權確定된다. 그期限은今年六月二十日까지完了交付하게되며 實施는三月末日까지完了하여야한다。

法令實施狀況과그結果, 東學風, 三一運動時의農民騷擾, 咸北江原道를비롯하야, 日帝下의數많은農民暴動 每年七八百件에達하는小作爭議等農民의 꾸준한死의對抗의結實이 이케온셈이다。北朝鮮各地에서 土地를農民에게달라는 口號는約三百萬以上의農民示威와 北朝鮮全農代表三百餘名의一週日에亘한請願으로 나타났다。따라서그實施에는. 農民委員會와農民大衆은勿論 各政黨社會團體는하드리도 二百五十萬名의 黨員會員의, 熱的參加아래進行되었다。實施는順調로進行되었으나 다단法令의法文的不完備로말미아마農村局長의數次質疑問答其他로 解釋을거듭한데도不拘하고地方的으로法文誤解가많이있었으며 薄弱技術的拙劣도不少하였다。그리고이實施를通하야 消極的意識其他로階級的出身에依한 實施員의性格은如實이갈 나타났다고보아진다。實施結果는다음같다。

一、沒收土地 (六道合計)

1 日本國家日本人의所有地 一〇〇、五〇四

2 民族反逆者所有地 二一、六八三

3 五町步以上地主의所有地 二八七、一九六

4 小作주는全土地 五三九、四一九
5 五町步以上의國有所有地 一四八、五五〇
6 沒收總土地 九六三、六五七

二、分與地

1 雇傭者 二三、〇九一
2 土地없는農民 五八三、三〇四
3 土地적은農民 三三六、〇三九
4 他郡에서自耕할地主 九、六二一
分與總土地 九五二、〇五六
人民委員會保留地 一一、六〇一

三、分與戶數

1 雇傭者 一五、五四四
2 土地없는農民 四〇七、三〇七
3 土地적은農民 二五五、九九八
4 他郡에서自耕할地主 三、〇九二
分與總戶數 六八一、九四一

四、沒收한建築物畜力果樹園山林灌漑施設

1 建築物沒收當한地主戶數 四、七五一
2 沒收建築物數 一三、三七〇棟
3 沒收牛 四、五八三頭
4 沒收馬 一一六匹
5 沒收한日本人所有果樹園 二、〇七三・八町
6 沒收한朝鮮人所有果樹園 五、一〇三・二町
7 沒收果園合計 七、一七七町
8 沒收山林 三、四三二、九八六
9 沒收灌漑施設 一、一六五
10 同上計利面積 五〇、五〇二

一七十萬農家가約百萬町步의土地를 無償分配받었다。그리고다음年度食糧對策과의關係로보아今年度는 一切供出制를完廢하고 現物稅制度를取할것은當然한順序였다。七月에發表한北朝鮮臨時人民委員會의現物稅規定은 總收穫의二五%를現物로納稅하고 其他一切公課公租를負擔시키지않으며 供出은絕對로없다는것을闡明하였다。그리하야農民負擔을輕減하고 都市勞働者、事務員의食糧問題를計劃配給으로保障할려는것이다。

畜牛。小農的農業經營에있어서耕牛는 南朝鮮에比하야 細放農業으로經營規模로큰만큼役牛의役割은크다할것이다。四六年一月二十四日에各道農林部長會議에서 積極的으로農耕牛增殖對策을세워 郡面에옮기게되였다。爲先農耕牛確保目標로畜牛一頭에 耕地面積三町步를基準으로定하고 北朝鮮總耕地面積二一九八、九六二町步對農耕牛(役牛)總

所要數七二二、九八七頭인데 現在數(成牛) 四二六、三六四頭差引不足約三〇萬頭를一九五〇年까지 增産하기로되였다。養豚計畫은第一次三個年(一九四六—四八)에增産目標五十萬頭, 現在數一五六、三三九頭, 差引三四三、六六一頭를增加시켜 國民保健上에寄與하려한다。二月二十日에는 牛疫豫防에關하야緊急指導令을나려 發生地一帶의開市一時停止等八項目의 實施事項을規定하고 郡面里人民委員會職員在鄕獸醫等으로構成된 家畜防疫委員을任命하였다。

林業

造林計劃。今年一月十九日各道農林部長會議에서 山林對策이討議되였다。全鮮林野面積은 四一年統計에依하면 一六、二七七、九〇五町步인데 그中北朝鮮에關하는 各道別面積은 咸北 二一、六九八、六八町步 咸南 二、六六五、〇三四町步 江原道 二、一七二、〇一二町步 平北 二、三〇九、三六五町步 平南 九八六、六二七町步 黃海 九九二、一七五町步 計 一〇七七三、八九七町步이나 日帝末期에있어서軍需用材로 國有林濫伐은勿論 私有材도强材供木으로 伐跡地는相當한面積이되리라豫想된다。여기에第一着手로 解放記錄植樹月日을定하야 人民으로하여금愛林植樹케하며 各道責任者는山林被害防止에積極努力토록되였다。特히土地改革으로農民所有의小山林과 墳墓地山林以外는全部國有林이되였으니 管理人民委員會는積極的으로 林野荒廢防止對策을講究하여야할것이다 파르프、스파、알콜等原料로서 當該工業施設이兼備된 北鮮으로서는焦眉의急先務가되어있다。黃海道人委의發表에依하면 道內需要만百萬石이必要한데 道內生產高은二五—四〇萬石에不過하다한다。

水產

國民保健上動物性蛋白質의 給源으로서或은 肥料其他工業原料로서水產業의重要性은論할餘地가없다。緊急對策으로서漁場을 國家管理아래두고 從來의漁業主的漁業組合을改造하야 眞正한漁民의組合으로改造强化하야 漁業과漁場의調整을期하고 元山水產試驗場에指導部를두고 水產技術者의大量養成을하기로되었다。

鑛業

日帝의戰爭需要를爲한 重要物資로서鑛物資源開發에 全力을기우렸는것이다。 日本이需要되는 鐵鑛의三八% 水鉛의八五% 螢石의九五% 덕비숨、黑鉛、雲母、四알뜨鑛의一〇〇%를提供하였든것이다。그러나오날北朝鮮에서 時急한것은產業復興의基底가되고 交通問題解決의열쇠인石炭에있다。

石炭。鑛道用炭으로工業原料로서 石炭의尤甚은尤甚하다。朝鮮有煙炭埋藏量三億八千萬噸의約九割이 咸北에있으나、이褐炭을利用하기爲한 阿吾地人造石油工場이優軍의自爆으로破損될前後 炭鑛作業場도放火自爆等被害가많었으며 그우에(ㄱ)財政難 (ㄴ)資材難 (ㄷ)食糧難等으로 現地는生産不振狀態에있었다。그러나今年三月에는 이미모든難關을克服하고다음같은實績을올렸다。

礦名	從業者數	月産高
鏡城炭礦	一、一八三	三、一九〇
會寧炭礦	一、二〇一	二、七七〇
富寧炭礦	二八〇	未詳
阿吾地炭礦	三、〇八六	六、三〇〇
鍾城炭礦	八六六	三、三〇〇
羅南炭礦	二五〇	一二〇
月産計		一五、六八〇

無煙炭은主로北鮮서는 平南에集中되어있으며 大同、江東、江西、順川、价川및平北球場炭礦等約三百萬噸(四四年統計)의生産高가있었다。이것亦是資材難으로操業短縮은未免일것이나、財政難은中央銀行의融資로打開하고、採炭貯藏百餘萬噸을處分하야 充當키로하며勞働者를 의生産突擊隊組織에依한 建國意欲으로增産能率을漸次올리고있다。二月一、二、三日의第二回炭鑛長會議報告를보면 昨年十一月에는責任數量一〇二%十二月에는一〇五%今年一月에는九七%를産出하였다。月産責任出炭量은 昨年六萬噸에서 今年一月부터七萬噸으로增加하게되였으며 坑道修理가끝나자四月부터는本格으로開始하야 四六年度總責任數量三百萬噸을突破할豫定이라한다。

鐵鑛 朝鮮의鐵山은大部分이北朝鮮에누어있다。咸北의埋藏量十數億噸이라는 茂山鐵山을비롯하야 咸南의端川、利原、黃海道、殷栗、載寧、下聖、銀龍、兼二浦、平南价川鐵山等이있으며 品位는茂山의三二%端川、黃海道諸鐵山은 五〇—六〇%이나埋藏量은 茂山以外를더커七八千萬噸에不過할것이다。

工　業

植民地的從屬性에서벗어난 朝鮮工業그重點工業을中心으로한 不均衡的인不具者로부터 出發하지않으면안되게되었다。따라서企業別生産額의三七·一%를占하고있다하나 (四三年統計) 不和産業建設로轉換하는일은資金資材技術問題로容易한것이아니다。무엇보다工業建設의基幹인機械、材料等의貧弱性과日帝末期의機械工具의酷使는 이미修理不可能의運命을 餘生하고있으나生産手段生産部門의整備는 非本的再建을要할것이다。

北朝鮮駐屯蘇聯軍은 民生問題解決의基本課題로서 工業再建을重要視하고、昨年十一月二十一日平壤市를爲始하야 全面的으로企業登錄制를實施하였다。即國營及私有企業所를登錄하고、十二月十日까지登錄하

라는布告를나리고 同十一月二十七日에는 駐屯軍司令官布告로 甲種重工業部企業所의開業을 命令하고 諸軍政機關및 諸地方人民委員會는 近々乙種企業所開業을指示하고 甲種企業所（重工業部門）를開始하는事業에 自己들의모든資料와勞働力을다하여 現地的協助를줄것이며 소軍人中技術將校로서 指導에나서게된것이다。特히北朝鮮人民委員會議生命的決定뿐이 「生產企業所를人民生活必需品에 必要되는企業所로變更하고 그發展을圖謀할것」을、「비젼重工業中心政策을發明하는同時에 一般企業家와商業家들의 私有資本의發展을抑壓하지않으며 中小企業을獎勵發展시켜야합니다」「人民을爲하야商品의數量을 增加시키려면 우리는반듯이이事業에서 朝鮮企業家들과商業家들의 私有資本의發展을抑壓하지말고獎勵시키며 中小企業의發展을百方으로 장려시키어야될것을 明白히하는바입니다」（同上會議에서金日成氏報告）

工業建設의基底가되는電力은八一五直前의電力設備으로보아도 約二〇億키로時의剩餘가있다하니 比較的豐富하다할것이다。그大部分이北鮮에發電所를 가지고日帝의破壞도多幸히免하야 全面的運轉이進行中이며 南朝鮮까지送電하고있는것은 周知의事實이다。輕金屬에對한電力消費도있으려니와 가장重要한製鋼部門에있어 製鐵用石炭의缺乏을카바하야 電力利用이問題될것이다。이것은重工業北朝鮮에負荷된重大任務이다。

그러나現在로보아 製鐵所마그네사이트工場等은 時急한農機具製作에從業하고있으며 興南工場도最近까지大部分이 軍需品製造에努力하였든만큼 肥料工場으로서 百%稼働은不可望일것이며 硫安、石灰窒素、石鹼等을製造하고있다。따라서資材技術等의積極的解決은 統一政府樹立과國際貿易의 全面的回復이있는날을기다리지않을수없다。다만現在의資源과設備을 最大限運用하여가는데는 民間資本과技術의積極的動員勞働者의 熱誠的能率增進以外에길이없다。咸北의發表만보드라도 青津製鐵의三五〇名、延安工場의五九〇名 막구네사이트工場의一八九名、古茂山세멘트五〇〇名、富周波工場一、九一二名等이就業하고있으며 特히肥料、製粉、纖維等各工場은日常的으로 勞働時間延長을要求하는狀態이며 責任數量을制當하야勞働同盟 企業主勞働者가一體가되어 生產突擊隊運動을必然이展開시키고있으며 現在平均生產率은日帝末期의約三〇%前後이아닌가推測된다。技術陣不足對策으로서는 當分間日人技術者를登用하고平壤에綜合大學理工學部 平壤、興南、元山等地에工業專門學校를 設立하는한便 中等工業學校、講習所等이各地에設置되고있는現狀이다。

勞働運動은北朝鮮勞組總同盟아래.

産業別勞組가、約三十萬以上의組織勞働者를가지게되었다고보아지며昨年十二月五日總同盟結成大會에서오직「朝鮮의生産復興經濟建設을爲하야英雄的으로闘爭할것을」굳게盟誓하고있다。이에應하야今年七月勞働者의生活向上과、保健、保護를爲하야北朝鮮에있어서、勞働者、事務員에對한勞働法令全文二十六條가發布되었다。法令形式은 統一法으로서그內容은

(一) 八時間勞働日制定 有害勞働七時間 十四才―十六才少年工六時間制 十四才以下少年勞働禁止。

(二) 唯一賃金制實施

(三) 保障休息日制定。每週日曜日、五大名節과 每年二週日定期有給休暇 有害勞働者는定期休暇外에二週日補充休暇。少年工은一個月定期休暇 그外에姙産婦으로短期休暇를받을權利認定。

(四) 姙婦乳母의特別休息制。姙産前五週와解産後六週의休暇、姙婦의輕勞働就業自由、一歲未滿乳母의一日二次三十分式授乳休息。

(五) 社會保險制實施。災害保險、姙婦保險、疾病保險、遺族保險、養老失業保險等。

(六) 團體契約締結。團結權確保。

(七) 勞働規律의嚴格한適用。

이勞働法令으로서、事務員및勞働者는完全히 生活不安을잊어버리고生産에盡力하게되었다。保險料는公共企業所는支拂賃金의五%乃至八%의該當金納付 私企業은一〇%乃至一二%納付 被保險者는一%의負擔에不過하다。

財政、金融

北朝鮮臨時人民委員會는、蘇聯軍에서우리의손에 完全히行政權을移讓받은後 바로소統一的인豫算案을編成하였다。이歲出入豫算案은 四六年四月一日부터十二月末日까지九個月間豫算인데 惡性인물價下에서 무엇보다 歲出入의均衡을얻어 完全은歲入으로歲出의健全性을 保持코저努力한데그特色이있다。

歲入	
租稅收入	四七一、六〇一、三七八
事業收入	三三、〇〇〇、〇〇〇
交通事業收入	五六、〇〇〇、〇〇〇
雜收入	六三、五三五、二九一
計	六二四、一三六、六六九

歲出	
會議費	一、三四八、〇〇〇
國家行政費	九七一、四〇〇
政務費	一六四、一三六、三六三
教育費	一一八、五五七、四九八
保健費	三八、五三八、九八七
社會保障費	二、六四〇、〇〇〇
運輸通信費	一〇、〇〇〇、〇〇〇
國營事業費	一〇〇、〇〇〇、〇〇〇
水利施設費	五〇、〇〇〇、〇〇〇
産業助成費	三六、三四五、四六九
建設費	三六、九八五、六五三
整理費	六、九〇八、二九九
豫備費	五七、七〇五、〇〇〇

計 六二四、二三六、六六九

歲入이였어서, 注目할點이 租稅收入이 七六%란것이다。大體로 稅體制는 過渡期인만큼 日帝時代의 商稅를 完全히 脫皮치못할것이나 社會的分配의 均衡을 窺知하기어렵지않다。惡性인 푸레가 날로 深刻하여가는데 稅收入에 全的으로 依存한것은 健全政策이라 고할것이다。

歲出에있어서 政務費가 比率高인것은 (二六%) 秩序安定의 初期에 오는 不可避的現象이나 敎育費가 一九%를 支出한것은 文化啓蒙事業에 얼마나 注力하고있는가 함을 如實히 反映하고있다。 全體豫算編成이 費目別로 된것은 國力發展을 推定함에 가장 合理的인 科學的 編成이라 고보겠다。 그러나 技術的으로 많은 困難을 豫想케한다。

金融對策。 北朝鮮 쏘련軍司令部는 解放後의 金融界混亂을 收拾코저 十二月十日命令書로 朝鮮銀行平壤支店에게 通貨調節財政整理等의 任務를 遂行토록 各銀行의 指導權을 賦與하고 貨幣流通送金銀行間의 計算및 地方稅金收納等의 業務에있어 國庫取扱을 받으며 中央銀行的 性格을 띄게된것이다。 今年一月十五日 前記朝銀改造로 한 暫定措置를 廢止하고 金融貸付政策의 圓滑化와 經濟安定을 期하야 産業運輸의 長足的 發展을 促進코저 一億圓의 基金을 얻어 中央銀行을 設立키로 되였다。 業務는 工業運輸及商業에 關한 貸付 金融調節 北朝鮮各銀行業務의 指導에 檢閱 預金證算爲替及 其他金錢決濟에 關한 事務處行等이고 各銀行에 對한 人事權 貸借對照表의 勘定科目 名稱決定等 事項을 委囑하게 되였다。 그리하야 産業資金으로서 中央銀行은 工業融資는 農民銀行이 各已貸付하기로 되었으나 貨幣發行權이 中央銀行에 賦與에 되지않은 故로 物價의 財政的 調節되나 通貨對策에 있어서 獨自的 金融政策이서지 않는데 頭痛이 있을것이다。 그러나 이點은 軍票發行軍과 緊密한 連絡만 取하면 一時的으로는 解消될 問題이다。 特히 協同組合의 全面的 組織과 國營百貨店으로 生必品配給 市場價格보다 廉價販賣等 交換場裡가 圓滑하여지는데 따라 北朝鮮物價는 安定期에 드러가고있다。

交 通

北朝鮮의 鐵道機關은 一切私鐵을 國有化하야 國鐵一元으로 北朝鮮臨時人民委員會鐵道局管轄아래 드러가게되었다。 私鐵의 株主는 全하야 補償하기로 되어있으며 從業員은 全的으로 國鐵에 編入하였다。 現在 鐵道運營의 最大難點은 石炭不足이다 이것은 交通과 相互作用아래 實地以下로 窮迫하게 떠러트리는 傾向이 없지 않다 그러나 이點은 三月以來 驚異的으로 復舊를 보아가고있다。 그리고 各鐵道局에서는 機關士大量養成에 注力하고있으며 鐵道事務一切에 對하야는 監察隊를 組織하야 人民을 爲한 鐵道되기를 志向하고있다。

勞 働

北朝鮮勞働運動의 現況

解放後北緯三八度를南北으로 美蘇兩軍이取한政治, 經濟, 社會, 其他모ー든政策의根本的코ー스가顯著히다른만큼 勞働問題의分野에있어서도 北朝鮮은特別한 民族的關心事가抹殺되고있다。 그러나現在南北이法的으로 交通이杜絶되여있을뿐아니라 全評과의組織上連繫가中斷되고있으므로 北朝鮮勞働運動에對하야體系있게普及치못하고 다만斷片的으로 略述코저한다。

朝鮮은 日帝의典型的植民地로서 亞細亞大陸의侵略基地로서 重要할뿐만아니라 가장豐富한原料基地로서 重要했든것이다 더욱히無盡藏의地下財源과 自然的條件, 低廉한勞働力, 大陸과의 隣接한條件等을가진北朝鮮은 日帝가野望의最大目標로서 選擇했든것은偶然한것이아니다 그러므로日帝는 現代的工業의 部分的施設을 北鮮에全力을기우였든것이다 即興南, 城津, 淸津中心으로한 北鮮工業地帶와 黃海平南北을中心으로한 西朝鮮工業地帶및元山工業地帶가形成되여 朝鮮産業의決定的環境을 形成하게된것이다 그러므로 조선 勞働運動發展의戰跡을살필때 北朝鮮勞働運動으로부터始發해야될것은 當然한歸結이다。

조선 노동運動의 一段階를세운一九二九年元山埠頭總罷業을비롯하야 一九三一年以後勞働運動이 全혀地下運動으로 轉換하자 全國的指導部의核心體를 恒常北朝鮮에두었든것이다。

即 一九三一年初부터 太平洋勞働組合秘書部의指示에依하야 「조선노동조합운동좌익」의活動에 中心地帶를 北朝鮮에두고 漸次南下했든것이며 그後뒤를이여 第二次第三次의太勞事件이러난것도 亦是北朝鮮이였든것이다。

要約해말하면 日帝의暴政下에 있어서成長한 全國的勞働運動의主導權이北鮮에있었으며 이는곧 畸形的이나마 朝鮮工業發展이 우에말한바 北朝鮮에集中되였든關係에依한것이다。

一八月十五日直前各職場에散在했든北鮮勞働의地下組織이 붉은軍隊의進駐와아울러表面化하야 全國的運動으로 長足의發展을보게되였든것이며 이는또한 昨年十一月全評結成을갖어온推進力이되였든것이다。

그러나 北朝鮮의人民政權의飛躍的發展과 南朝鮮의反動勢力의跳梁은南北노동運動으로하여금 性格과任務의懸隔한差異를 招來케한것이다。

그럼으로 全評結成大會의 決定에依하야 北朝鮮에 조선노동조합全國評議會北朝鮮總局을設置하고 實質的自治權을賦與하야 北朝鮮勞働運動을指導케되며 一九四五年十一月三十日平壤에서 十六個産別北朝鮮委員會를 組織함과同時에 全評北조선總局을結成하고 平壤新義州八個重要都市에 地方評議會를組成시켜 約二十六萬의勞働者를 組織한것이다。

北朝鮮各地方評議會別組織員數(一九四六、二、二五現在)

地方評議會別	産別支部數	分會數	組合員數
沙里院	九	六〇	三、七九九
元山	一五	一二九	一七、六六一
咸興	一二	一六八	四九、六二三
興南	六	四四	一四、四〇〇
平壤	一三	一四一	四四、一一九
城津	一五	八六	三、五九一
淸津	一四	一〇〇	三六、六五四
鎭南浦	一四	一四〇	六、一〇八
海州	五	五五	四、六四〇
新義州	一五	一二七	三四、一四一
江原道	(未報告)		一七、六八一
合計	一二五	九二一	一九九、四五五

北朝鮮産業別各委員會組織員數

産業別	支部數	分會數	組合員數
金屬	一〇	七九	一八、五六八
化學	一〇	九三	二九、五五四
纖維	八	五一	九、二四七
出版	七	一〇	九四
交通	一〇	七一	二〇、三六九
食料	九	五三	一〇、〇一三
土建	九	六三	三六、〇〇三
木材	七	一〇〇	二〇、〇八三
電氣	七	四一	六、八八九
漁業	七	四四	一九、四四〇
鑛山	六	一一七	三六、〇六五
通信	六	三四	一、六六五
鐵道	七	七〇	三、六一〇
一般俸給	八	六四	一四、四三二
造船	八	一九	一、〇一四
合同	一	三	一六、七九九
小計	一二六	九四一	一四一、五六四
江原道	(産別未報告)		一七、六八一
合計	一二五	九四一	一九九、四五五

그後總局의發展은北朝鮮民主建設과併行하야 飛躍的發展을하였음과 同時에、南北의連絡關係및運動의戰術的差異는 北朝鮮의獨自的立場에있어서의 勞働運動이 要請됨으로 今年四月中旬平壤에서、總局第一次擴大執行委員會를열고、全評總局으로부터 北朝鮮勞働總同盟으로 發足케된것이다。 그러나이는조선 勞働階級의 分裂을 意味함이아니요 徹頭徹尾 戰術的인理由에 基因한것이다。

以上의組織이 整備와아울러、北조선勞總은 自己의總力量을集中하야、産業復興과 生産增進및勞働者의 生活向上을爲하야 强力한투쟁을展開하므로써 北조鮮民主建設의推進部隊的役割을 自負한것이며 北朝鮮人民委員會의 成長과아울러 勞總은 그組織의擴大强化를爲하야全

勞働者及技術者一般事務員까지 包攝할것을目的으로 同年五月二十四日第二次擴大執行委員會에서 北조선勞總을 北조선職業總同盟으로改編하게된것이다。

그리하야 北조선 職業總同盟은 勞働者뿐만아니라 技術者事務員까지包攝하야 同盟의行動綱領을承認하는 産業別職業同盟과 單一職業同盟으로써 構成한것이다。

例컨데 産業別職業同盟은 北朝鮮金屬勞働職業同盟, 北朝鮮化學勞働職業同盟, 北朝鮮纖維勞働職業同盟, 北朝鮮鑛山勞働職業同盟, 北朝鮮鐵道勞働職業同盟, 等々이며 單一職業同盟으로서는 北朝鮮敎員, 文化人, 醫藥同盟, 北朝鮮保健人職業同盟, 等々十六個同盟, 五十萬組織員으로서 結成되였으며 道에는 道委員會, 市에는市委員會, 工場鑛場에는 同委員會를設置하고 「生産하는者」는 總動員하야 富强朝鮮建設에邁進하고 있는것이다

北조선職業總同盟의 行動綱領及其主要바는다음과같다。

北朝鮮職業總同盟行動綱領

一 人民政權 北朝鮮人民委員會를 絶對支持하며 그의强化를爲하야 積極努力한다。

二 反動分子들과 堅決히 싸우며, 民主主義民族統一戰線을 强固化시키려고 民主主義臨時政府樹立을促成을爲하야 積極努力함

三 北朝鮮人民委員會의二十個條政綱을絶對支持하며 그實踐을爲하야 絶對努力함

四 莫府三相會議의朝鮮問題에關한決定을絶對支持함

五 朝鮮人民의 生活向上을爲하야 工場, 鑛山, 鐵道, 運輸, 農業, 敎員, 文化機關의復興과 擴充建設을爲하야 積極的으로 그건설에 參加協力할것을任務로함

六 勞働規律과 國家法律에遵守實踐의模範이되며 勞力, 動員, 組織과技術向上을圖謀하야 祖國再建運動을計劃的으로 遂行할것을任務로함

七 勞働時間은 實質的인八時間勞働制實施를主張함

八 勤勞所得에依하야 生活하는勞働者, 技術者, 事務員의最低生活을保障할수있는 最低賃金制實施를主張함

九 性, 年齡, 民族의 差別이없는 동일勞働의同一能率에 同一賃金制實施를主張함

一〇 七日一休制와 年, 二週間有給休暇制 實施를主張함

一一 勞働婦人, 技術職業婦人事務職業婦人에게 産前産後二個月間有給休暇制를 實施할것을主張함

一二 十四歲未滿의 幼年勞働은禁止할것을主張함

一三 十四歲부터 十六歲까지의必作勞働은 六時間制로하며 有害危險勞働은 禁止할것을主張함

一四 有害作業과 危險作業은 時間短縮할것을主張함

一五 疾病、負傷、姙娠、給乳等으로부터 勞働者及技術者事務員을 保護하기爲하야 企業主와勞働者及職業人의負擔에依한 社會保險制實施를 主張함

一六 勞働者、技術者、事務員들의 敎養과技術向上을爲하야 國家及企業主負擔으로 職場에圖書館、技術者養成機關을 設置할것을 主張한다。

一七 生産及生活確保를爲하야 企業主對勞働者、技術者、事務員間의 義務를 規定할目的으로 團體契約制를 實施할것을主張함

一八 農民運動을積極支持하며 일상的으로 革命的連絡을 取하야 일 勞、農同盟을 튼튼히할것을任務로 함

一九 十八歲以上의男女에게 差別없는選擧權被選擧權을줄것을主張함

二〇 言論、出版、集會結社의自由를鞏固化시키기爲하야 싸울것을主張함

二一 民主主義朝鮮完全獨立을爲하야 統一戰線鬪爭함

二二 朝鮮의民主主義建設에 적극參加하는 民主主義的各政黨을支持함

二三 全世界勞働階級團結을공고히하기爲하야모든努力을다하기로함

北朝鮮職業總同盟

委員長及書記部責任者

崔 璟 德

副委員長 朴 秀 [illegible]

宣傳部長 呂 明 [illegible]

組織部長 崔 [illegible] [illegible]

文化部長 崔 浩 [illegible]

勞力賃金部長 韓 國 俊

庶務部長 金 亨 林

社會保險部長 宋

以上과같이 北朝鮮 노동運動이 組織化와 一大躍進과아울러 北조선人民委員會는 日帝의 植民地的搾取와 [illegible]를 淸算하고 勞働者及事務員들의 物質的條件을 根本的으로 改善시키기爲한 朝鮮民主建設에 基本課業의 하나인 進步的勞働法令을 發布하게 된것이다。

北朝鮮勞働者및事務員에對한 勞働法令全文

三、[illegible] 日本帝國主義가 朝鮮 온 동안 勞働者및事務員들의 勞働에 對하야 奴隷的으로 등지하여 力은 잔혹한搾取를 당하였으며 朝

勞働者들의 勞働時間은 十二時間 乃至十四時間에 達하였다。特히 少年들의 勞力과 女子들의 勞力이 광범히 使用되였고 가혹한 搾取를 當하였으므로 그들은 대대로 肉體的不具에 이르게되였다 勞働者事務員에대한 勞働保護와 社會保險은 전혀없었다 붉은軍隊가 北朝鮮을 解放시킨날부터 偉大한 民主主義的改革을 實施하야 勞働者와 事務員들의 勞働을 根本的으로 改善하고 利用할수 있었으며 物質的生活水準을 向上시킬수있는 可能性을 주었다 植民地的搾取의 經濟를 淸掃하고 勞働者와 事務員들의 物質的 형편을 根本的으로 改善시킬 目的으로 北朝鮮臨時人民委員會는 다음과같이 決定한다。

第一條 國家, 社會團體消費組合및 개人의 모든企業所와事務所의 勞働者와事務員들에게 一八時間 勞働日을 制定한다。

第二條 해로운條件을가진 生産部門과, 地下에서勞働하는, 勞働者들에게는 勞働日을 七時間으로 정한다。

備考 해로운 條件을갖인 生産部門과, 地下勞働에對한 職業種目을 産業局과, 職業總同盟에서 規定하야 北朝鮮臨時人民委員會에서 이를批准한다。

第三條 生産企業所와事務所에서 일하는 十四歲써로부터, 十六歲까지의 少年들에게는 勞働일은六時間으로制定한다。

해로운 勞働條件을 갖인 生産部門과 지하勞働에 있어서는 少年勞働을 禁止한다。

備考 해로운 條件을가진 少年勞働에 대하여서는 그勞働種目을 産業局과職業總同盟에서, 規定하고 人民委員會에서이를 비准한다。

第四條 모든 生産部門에서 十四歲未滿者의 勞働을禁止한다。

第五條 制定한 勞働時間外의 勞働은 原則的으로 이를許諾하지 않는다。

備考 企業所와 事務所에서의時間外의 勞働은, 特別한 경우에 限하여 허용하되, 반드시 職業同盟團體의 承認을얻어야한다。各勞働者와事務員들의 制定한時間外의勞働은 一年동안 二五〇時間을 넘지못함

第六條 보수금의 限度는 일군들의職業, 職位및 技術에의하여 規定한다

가、國家企業所및 事務所의 보수金은 北朝鮮臨時人民委員會에서 規定한다。

나、個人所有의 企業所와事務所에서 일하는 일군들의 보수금은 團體 또는勞働契約으로써 規定한다。

第七條 同一한勞働과 同一한 技術을가진 勞働者에게는 年齡과

性別은 不關하고 同一한 賃金을 支拂한다.

第八條 도급제로 하는 勞働賃金은 規格品을 產出하는 量에 의하야 規定한다. 이規格品의 標準生產員企業主와 職業同盟團體에서 協議하여決定한다.

第九條 制定한時間外의 勞働과 휴식일(休息日)명절일(名節日)의 勞働에對한 賃金은 元賃金定額의 一배반(一倍半)未滿이되여서는 안된다.

第十條 勞働者와 事務員들의 勞働賃金은 企業所와 事務所에서 매월(每月)二차식契約에 規定한 期限에依하여 支拂한다.

第十一條 每年一月一日, 三月一日, 五月一日, 八月十五日, 十二月三十一日을 名節日로 規定하며 一般的휴식일(休息日)은 일요일(日曜日)로 定한다. 以上에 指摘한 名節日과 休息日 外에 地方人民委員會에서지방(地方)및 민족적(民族的)종교풍습(宗敎風習)에依하여 每年六次以內의 特別休息日을 規定할權利를가진다.

備考, 月給을받는일군들에게 주는賃金은 名節日과 休息日분을감하지못한다.

第十二條 모든賃金勞働者들에게는 적어도 一年에 一次式, 二週日間의 定期的휴가(休假)를준다 十六歲까지에 少年에게는 적어도 一個月간의정기적(定期的)休暇를준다 特別히해롭거나 危險한企業所에서 일하는 일군들에게는 定期적休暇日外에 적어도 二週日間의 補充的 休暇를 준다. 定期的및 보충적(補充的)休暇日의 賃金은 雇傭主가支拂하되 最近十二月間의 平均率의 賃金에 依하여 規定한다.

備考 보충적 休暇를 주어야할 生產과 職業의種目은 職業總同盟에서 規定하여 北朝鮮臨時人民委員會의승인을얻어야한다.

第十三條 일군들은 雇傭主와 協議하여 자기의 個人事故로 賃金을 받지않는 短期休暇를받을 權利를가진다.

第十四條 모든企業所와 事務所에서일하는 勞働婦女와 女子事務員들이 姙娠中에 있을때에는解產前三十五日, 解產後四十二日間의 休暇를줄것을 제정한다.

第十五條 健康狀態에서 依하여 전보담경한勞働에 넘어가야될 必要를 느기는姙娠中의 女子는 임신六個月부터 始作하야 產前休暇에 이르기까지 경한勞働에 넘어갈수있으며 그동안의 賃金은 最近六個月間의 平均賃金에依하여支拂한다.

第十六條 勞働하는 女子들로서 一年以內의 乳兒를 가진境遇에는 一日二回三十分식 젓먹이는 時間을 가질수 있다 乳母의 젓먹이는 時間의 賃金은 乳母의平均賃金에의하여支拂한다.

第十七條 胎母나 乳母에게는 夜間 게정한 時間外의 勞働이나 勞働을 禁止한다。

第十八條 各企業所、事務所經營部門의 勞働者、事務員들에게 義務的、社會保險制를 다음과같이 제정한다。

가、一時的으로 勞力能力을 喪失한 임군들에對한 補助金

나、姙娠및 解産으로인한 休暇時의 補助金

다、葬禮式의 費用補助金

라、勞働으로인한不具者나 職業으로 생긴病에의하여 勤務할수없는者들의 年恤金

마、扶養者를 상실한 境遇에는 遺族扶養에게주는 年恤金、

社會 保險料납부의 節次는다음과같다。

가、國家消費組合 社會企業所、關係所 및國營에서는 産部門에 따라서 支拂하는賃金 五%乃至八%를 납부한다。

나、個人企業所및고용주는 그들이 支拂하는賃金의 一〇%乃至一二%의 범위에서 납부한다。

다、피보험勞働者및 事務員들은 賃金의 一%를납부한다。

社會保險에依한 보조금은 規定된 保險料를七個月以上繼續的으로납부한 勞働者및 事務員들만이 받을權利를가진다。

第十九條 産業局은職業總同盟과함께勞働者 事務員들의社會保險에 對한規定을 作成하되 거기에는規定된社會保險料를 받는데對한 問題 또는、보조금 年恤金및醫療上방조의 規定과 한드에對한 問題를 미리제정할것이다。

第二十條 産業局은 職業總同盟과함께 生産各部門에있어서 작업상 위생에對한 安全施設과勞働保護에 對한것을 감독하며 檢閱할方策을강구하고 實現할것이다。

第二十一條 生産部門의 衛生및 淸潔에對한 檢閱 方策을 강구 實現 할것은保健局에 위임한다。

第二十二條 勞働者들이 賃金比率表 標準賃金額의作成、國家企業所、運輸機關、기타모든 産業機關의技師 技術者、事務員들과 모든 行政機關의 事務員들이職位上 俸給定額表의 作成은 職業總同盟 財政局産業局、또는交通局에 委任한다。

第二十三條 雇傭主와 雇傭者사이에 發生하는 勞働爭議의問題는 雇主傭와 職業同盟사이에서解決한다 雇傭主와 職業同盟사이에 意見이一致되지못할 境遇에는 人民裁判所에서 그勞働紛爭에 對한 終結的解決을짓는다。

第二十四條 全勞働者들과 事務員들은 모든點에서 고상한勞働規律을 준수할 義務를 가진다。

企業所支配人、個人企業主및 各機關의指導者들은 無斷히缺勤한거,나 勞働規律을違反하는者들에 對

(이)선거제든지 그地方企業同盟代表와協議하여 解雇시 權利를 가진다.

第二十五條 産業總同盟의 參加下에서、特別委員會를 組織하여 勞働者事務員들의 保險에 關한問題와、失業者 년노한勞働者 事務員들에게 주는年金支給規定에 對한問題를 研究作成할것이다.

이委員會 事業期限은 六個月로 하다。

第二十六條 本法令은 發表하는 날부터 効果를 發生한다。

北朝鮮臨時人民委員會委員長 金日成

一九四六年六月二十四日

以上의勞働法令이發布되자 北朝鮮의勤勞人民은怒濤와 같은歡呼로써이를마지했으며 그들은民主建設에先鋒隊됨을더욱더욱盟誓하고 工場에서、企業所에서 鑛山에서 鐵道에서 各機關에서 民主建國의大路에로突進하고있다 다음參考로서 北朝鮮職業總同盟中央委員會의決定書를附記하야 北朝鮮職業總同盟의性格을밝히고저하며 이와같은進步的勞働法令을 全國的으로實施하기爲하야 南部朝鮮의全評傘下各級機關은自己의總力量을 發揮하야사울것이。

北朝鮮職盟中央委員會決定書

決定要綱

첫재 금번人民의 政權인 北朝鮮臨時人民委員會에서 金日成委員長이 發表한 勞働法令은 土地改革法令이 農民을장予한 봉건적속박으로부터 解放시킴과 갈이 勞働者및 事務員을 過去의植民地적搾取關係의 간재制度로부터 完全히버서나게하는 朝鮮의 社會發展상필수의法令임을확인하고 職業總同盟事務員會는 이에對한찬꿈적지지를、表明하는同時에 이人民의 政權이臨時人民委員會의 組織이 全朝鮮的으로 확충되는때에야만 朝鮮完全獨立이 속성될것이며 朝鮮國家自體의 眞正한發展이 있는것을다시금강조한다。

둘재 이法令은 우리勞働階級의 前衛隊인 朝鮮共産黨의 領導的役割이、컸음을 認定하면서 法令의 成功的實行을爲하야、全力을집중하야 共産黨의周圍에 튼튼히집결되며 民族反逆盟의모든모략을反對하며 강렬한 鬪爭을 展開할것이다。

세재 職業總同盟은 歷史的인 本法令의實行을 통하야 職業同盟의 위신을 높히며 未組織勞働者事務員及技術者들을 광범히同盟內에 加入시키므로서 同盟의團結的力量을 確定할것이다。

넷재 同盟各級委員及熱誠者들은 이法令의권의를 徹底히認識시키는 大衆的解釋宣傳事業을 광범히 展開하되 勞働者事務員及技術者는勿論 一般人民과 企業家들에게까지도 이를充分히認識하드록할것이다。

다섯재 勞働者및事務員들의 經濟

的및社會的자위의 향상을확보하므로써 法令實施된다. 産業復興과生産能率을 더한층효이여建國에힘쓰므로써 法令의社會的성과를 확보할수있게 모든方策을 取할것

여섯재 本法令의 實施로 말미아마 過去어떤地方에 간혹있은賃金制度인 本給料外에 現物로써 보수를받은 勞働者들은 物質的으로 多少다적은 반율境遇도있셨지요 그러나 그와같은 옳치못한관렴을 가지고 불평불만 또는태공하는일이없이 자각적으로 作業에 참가하도록 保障宣傳하여正當한 認識을가지도록 할것이다。

일곱재 本法令의 實施는 곧非民主主義的 反動分子 特히 南朝鮮의 팟쇼分子들의 謀略과 論評을 사실로써 분쇄하는强力한 무기이나 이렇게 기르야 더욱 크나욱을 성토하며 우리의 또 團結을 공고하기위하야 군중을 國家에 동원하는데 特히주력하는 동시에 北朝鮮에있어서의 本法令實施를 찬동하는 資本家와 反對하는資本家의 변별네對한경覺醒을 높일것이다。

여덟재 職業總同盟各級團體의 一日前中心課業으로 나서고있는 本法令實施를 올게實踐에옮기는데 對하야 모든정열을集中하여야할 것을 고조한다。

아홉재 本法令實施에있어서 法令을 다만 機械的으로만 解釋하고 經營側에 不可能한 要求를제시하야 그 要求가 同時施行되지 않이한다하여 職工 職業 마찰等이없도록 本總同盟은 積極努力할것을 決定한다 例하면 단時間內에 對策을 樹立할수없는 安全裝置 · 衛生施設共他

열재 · 우리北朝鮮에서實踐한一歷史的또는經濟的 · 政治的偉大한모든 民主主義的 偉大한 課業中하나인 本法令의 實施를할수있게된것드 英雄的붉은軍隊의 偉大한援助와 그가 北朝鮮에 進駐하여 우리와 人民의 解放北朝鮮人民委員會의 自由로운 農民과民主主義建設은 · 積極방조하며 또우리의偉大한 指導者金日成將軍의 直接指導하는 北朝鮮共産黨及北朝鮮職總人民委員會의 役割이컸다는것을 각시금 인식하는 동시에 붉은軍隊에 게감사하며 八金日成將軍과 北朝鮮共産黨及北朝鮮人民委員會를 絶對支持擁護할것이다

土　地

北朝鮮土地改革에 對한法令

第一條 北朝鮮土地改革은歷史的또는經濟的必要 으로 된다. 土地改革의課業은 日本人土地所有와朝鮮人地主들의土地所有와小作制를 撤廢하고 土地利用權은耕作하는자에게있다。 北朝鮮에서의農業制

度는地主에게 隷屬되지않은農民의個人所有인農民經理에依存한다

二條. 沒收되여農民所有地로 넘어가는土地들은如左함

가、日本國家日本人及日本人團體의所有土地

나、朝鮮民衆의反逆者=朝鮮民衆의利益에損害를주며 日本帝國主義者의政治機關에積極協力한者의所有土地와 또는日本壓迫밑에서朝鮮이解放될때에自己地方에서 逃走한者들의所有地

三條. 沒收하야無償으로 農民의所有로分與하는土地는如左함

가、한農戶에五町步以上所有한朝鮮人地主의所有地

나、自耕치안코全部小作주는所有者의土地

다、面積에不關하고繼續的으로小作주는所有者의土地

라、五町步以上으로所有한聖堂僧院其他宗敎團體의所有地

四條. 沒收되지않는土地는如左함

가、學校、科學硏究會、病院、所有土地

나、北朝鮮人民委員會의特別한決定으로 朝鮮의自由와獨立을위하야反日本侵略鬪爭에서 功勞있는者들과 그家族에屬하는土地 朝鮮民族文化發展에 特別한功勞자들과 그의家族에屬한土地

第五條. 第二條第三條에依하야 沒收한土地全部는農民에게 無償으로永遠한所有로讓與함

第六條 가、沒收한土地는雇傭者土地없는農民에게分與하기위하야 人民委員會處理에委任

나、自己勞力에依하야耕作하는農民의所有地는分割치아니함

다、自己勞力으로自耕할여는地主들은 本土地改革에對한法令에依하야 農民들과같은權利로써 다만달은郡에서土地를갖일수있음

第七條. 土地를農民의所有로分與하는것은道人民委員會가 土地所有權에對한證明書를交付하며此를土地臺帳에登錄하므로써完決됨

第八條 本法令에依하여農民에게준土地는一切負債와負擔에서免除함

第九條 本法令에依하야 土地沒收當한地主에게서 借用雇傭者와農民의一切負債는取消함

第十條. 本法令에依하여農民에게分與된土地는賣買치못하며 小作주지못하며 抵當하지못함

第十一條 地主의畜力、農業器具、住宅의一切建築物、垈地等은 第三條「가」項에依한야沒收되여 人民委員會의처리에委任하되 人民委員會는第六條에依하야 土地없는雇傭者土地없는農民에게分與함 沒收된一切建物은學校、病院、其他社會機關의利用으로넘길수있음

第十二條 日本國家日本人及日本人團體의一切果樹園、果樹園기타果木들은沒收하야道人民委員會에맛김

本法令第三條가項에依하야 土地를沒收當한朝鮮人地主의 所有인

果樹園기타果木들은沒收하야 道人民委員會에保留됨

第十三條. 農民들이所有한적은山林을除外하고 모든山林은沒收하여北朝鮮臨時人民委員會의 處理에委任함

第十四條 本法令에依하야土地를沒收當한所有者에게所有된灌漑施設의 전부는無償으로 北朝鮮臨時人民委員會의처리에委任함

第十五條 土地改革은北朝鮮臨時人民委員會의지도하에서實施됨 地方에서土地改革을實施할책임은道、郡、面、人民委員會에 負擔되며 農村에서는雇傭者土地없는小作人 土地적은小作人들의總會에서 選擧된農村委員會에負擔됨

第十六條. 本法令은公布한그때부터 實行키로함

第十七條 土地改革實行은一九四六年三月末日前으로畢할것 土地所有權證明書는 今年六月二十日內으로交付할것

一九四六年三月五日
北朝鮮臨時人民委員會
委員長. 金 日 成
北朝鮮臨時人民委員會
書記長. 康 良 煜

土地改革法令에關한細則

一九四六年三月五日에 北朝鮮臨時人民委員會에서決定된 北朝鮮土地改革法令의實施章程.

第一章. 土地改革을實施할農村委員會의組織과그任務

第一、土地改革法令(以下「土地法令」이라略稱한다) 第十五條에依하야土地改革을準備하고 土地改革을實施하기爲하야 各農村의雇傭者土地없는小作人 土地적은小作人의總會에서 擧手의多數로그農村의人口數에따라서 五人乃至九人의農村委員을選擧하야 農村委員會를組織한다。面人民委員會는各農村委員會의 成員을承認할것이며農村委員會는 面人民委員會의指導下에서工作하여야한다。

第二、農村委員會의實行할任務

一、土地法令第三條「ㄱ」項에依하야 土地를沒收當한地主에게所屬된建物, 農具, 畜力, 穀類, 灌漑施設及建物및 果樹園等을 急速히調査하야, 詳細히臺帳에記錄하고, 이모든것을沒收하기까지 完全히保管하겠다는證書를받고 그地主에게任置할것。 이와同時에沒收될物件을損傷하거나 盜取하는境遇에는 地主가法的責任을지게된다는것을注意시켜야한다。

二、土地法令第二條、第三條에依하야 沒收될一切土地를調査하여야한다。

三、土地法令에依하야 土地를갖이게된雇傭者土地없는農民및土地및은農民等을調査하야統計할것이며 그들에所有地、人口數및年齡別等을 調査할것이며 또그들이小作하든地主의土地面積을調査하여야한다。

四、沒收되土地를雇傭者土地없는農民및土地적은農民等에게 分與할案을作成하야 面人民委員會의承認을받아야한다。 만일面人民委員會의決定과 合致되지아니하는境遇에는 農村委員會는土地分與案을 郡人民委員會의審議에부칠것이며 만일郡人民委員會의決定과合致되지아니하는境遇에는 道人民委員會의審議에부처서 道人民委員會의最後決定을받아야한다。 人民委員會는二日內로 農村委員會代表가參加下에서 土地分與案을審議決定하여야한다。

五、人民委員會가土地分與案을承認한後에는 곧그案을實施에着手할수있으며、또農民에게土地를分與할수있다。

六、土地法令第七條에依하야 土地所有權에對한證明書를交付하기爲하야 土地分與를畢한後에 土地갖인 雇傭者及農民의名簿를 곧面人民委員會에提出할것이며 土地改革을實施한後十日以內로 面人民委員會는郡人民委員會를經由하야 이名簿를道人民委員會에提出하여야한다。

第二章、沒收된土地 [illegible]

第三、土地法令第二條、第三條에依하야土地를沒收한다。

第四、面人民委員會의任務

一、日本飛行場、射擊場、倉庫의 一切所有地및、其他日本軍隊管轄에屬하였든非耕作地는 北朝鮮臨時人民委員會의公有地로된다。

二、土地法令第二條「나」項에依하야 土地를沒收當한農戶名簿를確定하야 道人民委員會의承認을얻을것。 親日派를暴露하기爲하야 이事業에廣範한農民群衆을引入하여야한다。

第五、土地法令「가」項에依하야每戶에五町步를超過하는 土地를所有한朝鮮人地主의土地는 이것을一切沒收한다。

이것은自己의土地를全部小作주거나、雇傭勞力으로耕作하는地主에限한것이고 五町步를超過하는土地를所有하드라도 土地의一部分을自力으로耕作하며 一部分을小作주는土地 小作주는土地所有者에있어서는 다만小作을준土地만沒收한다。

第一例 八町步의土地를所有한土地所有者가 三町步는自力으로耕作하고 五町步는小作을주엇다면 小作준土地五町步만沒收한다。

第二例 七町步의土地를所有한

地主가、 自力으로서耕作하지 안코 寄生蟲的生活을하는 卽 三町步는小作을주고 四町步는雇傭勞力으로耕作하는 地主의土地는全部沒收한다。

셋째例、六町步의耕作地와 二町步의果樹園을所有한 土地所有者果樹園은自力으로經營하고 六町步의耕作地는小作을주엇다면 果樹園은地主의所有로남기고六町步의耕作地는沒收한다。

넷째例、七町步의土地를所有한者가、小作을주지안코自力으로耕作하엿다면 그土地全部가그의所有로된다。

第六、土地法令第三條「나」項에依하야 自力으로農業을經營하지않고 土地全部를小作주는 土地所有者의土地는沒收된다 이項은土地所有面積에不關하고 農村經理와隔離되어、土地를自己자耕作하지않는所有者에限한다 例하면四町步로土地를所有한土地所有者가都市에居住하면서 土地全部를小作주엇다면 그土地를全部沒收한다

第七、土地法令第三條「라」項에依하야五町步를超過하는 土地를所有한敎會僧院 및其他宗敎의土地는沒收한다。이項은自己土地를小作주거나 雇傭勞力으로耕作하는方法으로서 農民과雇傭農民을搾取할目的으로 利用하는敎會와僧院에限한것이고 自己의勞力으로耕作하는 敎會僧院및其他宗敎團體의土地를沒收한다는것은아니다

첫재例、十二町步를 全部小作주는敎會의土地는全部沒收한다。

둘재例 八町步의土地中에서 五町步는雇傭勞力으로耕作하고三町步는小作을주엇다면 其敎會의土地는全部沒收한다。

셋재例 九町步의土地中에서 三町步는自力으로耕作하고 六町步는小作주엇다면 小作준六町步만沒收한다。

第八、諸外國人의土地에對하여서는朝鮮人의土地所有者와같이 土地法令이實施된다 따라서外國人의土地도 土地改革法第二條第三條에指摘한土地와같이되는境遇에는沒收된다。

第九、社會團體의 土地도 土地法令第三條에指摘한土地와같이되는境遇에는沒收될수있다。

第十、朝鮮에入籍하지않고 主로都市附近에서菜園經營하는外國人에게 小作준土地는沒收하야委員會의財源으로編入한다。人民委員會는契約에依하야 元小作人에게耕作權을許與한다。

第十一、學校、病院및科學研究所의土地는 割讓지안니한다。

學校의土地는비록最近까지 營利的으로小作을주엇다하더라도 이것을割讓지아니하나 今後에있어서는小作을주어서는아니된다。學校는그土地를學生이나 學父兄의힘으로耕作하야 그收穫을學校[illegible]

業에使用하여야된다。만일學校가 土地를耕作할形便이못된다면、그 土地는人民委員會에委讓하여야한다。

第十二、朝鮮의獨立을爲하야 反日本帝國主義鬪爭에서功勞있는者와 및그의家族또는民族文化發展에特別한功勞가있는者와및 그家族의土地는 北朝鮮臨時人民委員會의特別한決定에依하야 割讓되지안는다。即朝鮮解放運動에서 熱誠으로鬪爭한革命者 또여러해는안監獄生活하든革命者 武器를잡고 二朝鮮의獨立을爲하야 奮鬪하든遊擊隊員現在民主主義的인朝鮮의建設을爲하야 擴大한國家社會及政治事業을하는者 朝鮮의民族文化科學、藝術의發展을爲한事業에功이있는科學者、文士、藝術家、俳優等이此에屬한다。

第三章 土地分配

第十四、雇傭者와土地없는農民과土地적은農民에게分與하기爲하야沒收한土地를가장正當하게分配할目的으로써、各農村에土地再分割을반드시實施하여야한다。土地法令第二條第三條에依하야 沒收한全土地는再分割에부친다。農民의個人所有로있든土地는、再分割에붙지아니한다。小作人에게土地를再分割할時에는 그小作人에게配當된 土地面積에依하야 그가以前에耕作하는地面을반드시 그에게分與하여야한다。小作人의配當面積을超過하는土地는 土地를所有치못한 農民에게分與하기爲하야반드시分割하여야한다。

第十五、雇傭者와土地없는農民과土地적은農民에對한 沒收된土地의分配는「家族數와 그家族內의勞働能力을갖인者數의原則」에依하야實施하여야한다。

例하면計算方式은다음과같다。

男 一八歲―六〇歲 一點
女 一八歲―五〇歲 一點
靑年 一五歲―一七歲 〇・七點
小兒 一〇歲―一四歲 〇・四點
同 九歲以下 〇・一點
男 六一歲以上 〇・三點
女 五一歲以上 〇・三點

例하면 한農戶가九人의家族中
男女 二〇歲―四五歲까지의 家族 三人
男女 一五歲―一七歲까지의 家族 一人
男女 一一歲―一四歲까지의 家族 二人
男女 九歲以下의家族이 一人
男子 六一歲以上의家族이 二人
이있다면土地分配에있어서 五・二點의土地가配當될것이다。

第十六、土地分配에있어서 반드시土地의質을參酌하여야한다。

第十七、土地를적게갖인農民에게土地分與할時에는 그農民의元來土地面積과合하야 分配定量을超過함이없도록하여야한다。

第四章 果樹園과果木

第十八、各道人民委員會는 土地法

令第十二條에依하야 面人民委員會로하야금 十月以內로果樹園과果木에對한 正確한統計를作成하야 道人民委員會의管理에委任케하여야한다。

第十九、各道人民委員會는 沒收한果樹園의保護栽培및適當한經營과將來의利用에對한方針을決定하야 此를細分하지안토록하여야한다。

第五章 山 林

第二十、土地法令第十三條에依하야農民의所有한小山林을 除外한一切山林은 이것을沒收하야北朝鮮臨時人民委員會가管理한다。

第二十一、日本人地主및僧院等의一切山林은沒收한다。

第二十二、墓地에屬한山林은 沒收하지않는다。

第二十三、各道人民委員會는 各郡內의山林을接收하야 山林內에있는採伐한木材를調査統計하기爲하야 特別委員會를組織하여야한다 의委員會는山林의不法的採伐과盜取에對한保護策을實施한다。

第六章 灌漑施設及建物

第二十四、各面人民委員會는 土地法令第十四條에依하야 沒收되는諸設置관灌漑施設及建物을接收하야保護하며修理하며 適當하게利用하도록準備하여야한다。

一九四六三月八日

北朝鮮臨時人民委員會

農林局長 李舜根

土地改革實施에 對한臨時措置法

第一條 土地改革法令이公布된 時로부터 畜力(牛馬)과農業機具를賣却、隱匿、毁損其他處分을하는地主는 人民의敵으로認定하는同時에 五年以下의懲役又는十萬圓以下의罰金刑에處함

第二條 土地改革法令이 公布된其時부터 住宅、倉庫、其他建築物을賣却、毁損其他處分을하는地主는人民의敵으로認定하는同時에十年以下의懲役、又는二萬圓以下의罰金刑에處함

第三條 第一條第二條에該當한 地主의畜力、農業機具、住宅、倉庫其他建物을買收하는者는 三年以下의懲役 又는五萬圓以下의罰金에處함

一九四六年三月八日

北朝鮮臨時人民委員會

委員長 金日成

北朝鮮臨時人民委員會

書記長 康良煜

北朝鮮土地改革의必然性

一、朝鮮土地所有關係

朝鮮의土地는大部分이 日本帝國主義者와地主가所有하고 이것을

農民이 細分耕作하며 小作料로서 바치는 것이다。 一九四二年度統計에 依하면

가、日本國家所有（單位町步）

田	三、七九八
畓	九、九四八
垈	三、〇八六

日本個人及會社所有

	所有者數	面積計
一段未滿	[illegible]	[illegible]
一段以上一町未滿	[illegible]	[illegible]
一町以上十町以下	[illegible]	[illegible]
五町以上十町以下	[illegible]	[illegible]
十町以上五十町以下	[illegible]	[illegible]
五十町以上百町以下	[illegible]	[illegible]
百町以上二百町以下	[illegible]	[illegible]
二百町以上三百町以下	[illegible]	[illegible]
三百町以上四百町以下	[illegible]	[illegible]
四百町以上五百町以下	[illegible]	[illegible]
五百町以上千町以下	[illegible]	[illegible]
千町以上	[illegible]	[illegible]
計	[illegible]	[illegible]

나、朝鮮人所有

	所有者數	面積計
一段未滿	[illegible]	[illegible]
一段以上	[illegible]	[illegible]
一町以上	[illegible]	[illegible]
五町以上	[illegible]	[illegible]
十町以上	[illegible]	[illegible]
五十町以上	[illegible]	[illegible]
百町以上	[illegible]	[illegible]
二百町以上	[illegible]	[illegible]
三百町以上	[illegible]	[illegible]
四百町以上	[illegible]	[illegible]
五百町以上	[illegible]	[illegible]
千町以上	八	[illegible]
計	[illegible]	[illegible]

以上數字로서 土地의 集中되여 있는 것을 알 수 있다。 全農家戶數 三百五萬戶中 三·四%인 地主 十萬四千戶가 田畓合計 二百六十一萬町步 即 總耕地面積의 五八%를 차지하고 있다。 그리고 小作農戶數는 百六十四萬戶이고 自作兼小作農戶數는 七十三萬戶 이두部類를 合하면 全農家戶數의 七八%를 차지하였다。 一九三九年統計에 依하면 農村屈傭者 十二萬千戶가 使役되고 있는 것을 알 수 있다。 한平의 土地도 없는 農戶만 적어보면 小作農 百六十四萬戶와 農村屈傭者 十一萬一千戶를 合하면 百七十五萬一千戶 全農戶의 五七%를 차지하였다。

三八度以北만 본다면、一九四三年末 總耕地面積 一、九八二、三四一·五町步中에 地主分이 一一五四、八三八·四町步이고 百分比 五八·二%이다。 그리고 地主戶數는 總農戶數에 對한 四%에 不過한 四六、一三四戶다 純小作農이 四三五、八六八戶이고 農村屈傭者가 二六、二六八戶인데 合計 四六八、一三六戶로서 全農戶 一、〇〇四、五八六戶에 對한 四五·四%가 한坪도 所有 못한 農戶이다。 一九四一年統計에 依하면 北鮮 火田耕作面積은 三九九、〇一四町이다 道別로 보면

平北	一二〇、四一八町步
平南	一四五、二七九
咸南	一一三、九五三
咸北	一八、一一一

黃 海 二九、九二六
江 原 六四、四八七

宇垣總督이北鮮開拓이라는것이朝鮮農民을山間辟地에서 처慘한生活을强要하게된 한物的證據의하나로서이統計가證明한다。이以上모ㅣ든것을 綜合하여본다면 朝鮮의土地는耕作하는勤勞農民의손을떠나서少數地主의손에集中되였든것이다。

二、日本帝國主義의土地政策

日本帝國主義는一九一〇年에朝鮮을掠奪하고 植民地政策을强行하여農民을搾取對象으로하였다。日帝는李朝末期의封建的專制政治에搾取와壓迫받는農民들이 一八九四年南鮮全羅道를中心으로 勃起한朝鮮農民革命史(特記할 全琫準亂(世稱東學黨亂)을鎭壓하고 當時無能力한民族地主階級을擁護하여 그代價로朝鮮을侵略하는때自己들의同盟軍을얻기에成功하기始作하였다。그後一九〇七年前後하여 各地에서蜂出하는義兵亂三 二萬五千人이犧牲者가난것도兵亂의侵略과土地收奪에反對하는 農民의暴動이라고본다。日帝는朝鮮을資本主義的發展을抑制하고殷業國으로退落시키여 宗主國의商品販賣市場과、原料市場을만든기위하야 朝鮮의唯一한國富인土地를 近代的으로統計一切을確立하야 日帝侵略의모ㅣ든施策과計劃을세우기위하야 土地調査局을設置하고 一九一〇年으로부터八年間經費二千五百萬圓을들여 林野調査을完了하였든것이다。이事業의結果로써日帝는무엇을所得하였는가。

첫재 土地調査事業을通하여 朝鮮人貴族들의土地所有權을確立하여그들의經濟的生活安定地盤을만들어주었다。日帝는朝鮮을搾取하는데 封建階級을唯一한支柱를만었고 完全한同盟軍을얻었기에成功하였다。

둘재 日帝는朝鮮統治를하는때는土地가唯一한財源이다 그렇기때문에이調査事業을通하여 稅金政策을確立하였다。實例로는李朝末期에 全耕地面積百八十萬町步이든것이 一九一四年統計에依하면全耕地面積二百九十五萬九千百五十八町步인것을보면 約十年間耕地擴張이된것이아니다。農民이稅金도아니물고 自由로耕作하든것이 土地調査한結果稅金무는土地로나타난것이다。

셋재 日帝는該調査事業을通하야貴族들의所有土地一部와 土地所有權이分明치않은것과 農民의無知로因하야 申告를아니한것을國有로하야 日本人會社와個人에게 有償又는無償으로貸付하여주고 或은土地改良과水利와堤防等을위하여 總督府의補助金을주어서 그들에게起耕하였든것이다。이와같이土地兼併과 植民地政策에對한 百年大計를該事業을通하여세웠다。實例하나를들면 慶尙南道金海郡進永面近間農場인데 이農場은約四萬石秋收하는大農場인데併合直後로 土地調査時見取圖를하는때에共者는그곳에赴任하게되였든것이다。그리하야農場의中間에 百餘坪의土地를 錢拌一錢式買受하고는 共附近沼地荒蕪地를 無償貸付를받어가지고 그곳의農民各款附屬하여附近土地를收奪하였다가, 日帝는朝鮮의 殖産興業을하다여온다는 이름을 가지고 一九〇八年에 一千萬圓의 資金으로 東拓이라는 高利貸業的 土地强盜機關을 設立하였다。 一九一八年에 六箇의 農工銀行을 合하여 朝鮮殖銀을 設立하고、 主로 土地改良事業과 細農民의 融資機關인 金融組合에 貸付하였다。 이 金融機關들은 擔保貸付한 것이 償還不能이 되는 때면 競賣又는 있던 方法을 使用하든지 掠奪은 하든 時도 적으르지 안었다。 그나마 農民들은 주먹밖에 남지 않으니 投後의 피 잔방울이라도 더 搾取하기 위하야 貸付貸付라는 美名으로 國合連帶式 債務를 要하였다。 또는 部落民을 連帶責任으로 殖産契를 組織시키고 農民의 生活必需品 又는 農具肥料購入資金으로 高利貸付하였다。 一九四四年 統計에 依하면 契數 四八、〇二九 契員數 一六九三二四〇人 借入金二一八八萬圓이나 達한다。 一九四二年頃에 東拓、殖銀、金融組合에서 農村投資한 것이 約七億數千萬圓에 達한다고 하나 實地는 더 많을 것이며 日本人個人의 貸付까지 合하면 그 額이 相當히 늘을 것이다。

나、日本帝國主義는 宗主國의 食糧政策과 土地兼併政策을 遂行하기 위하야 土地改良事業이라고 하야 水利組合政策을 實施하고 水稅 米納等을 奇酷로 日本人 會社와 日本人個人이 土地를 掠奪하였다。 一九四一年의 統計에 依하면 蒙利面積은 二三六二九九町步에 高利貸金을 扶植하였다。 一九三三以前八年間日米는 每年平均 六百七十五萬一千石을 輸移出하고 粟總額百九十五萬三千石을 輸入하여 朝鮮農民에게 粗食을 시키었다。 米穀以外에 一九四二年 統計에 依하면 特殊作物棉 二億一千四百萬斤 家蠶繭 一四七、五三三七四石 大麻六六三七、〇六一貫이나 되는 重要農産物을 强制供出하여 가지고 價格統制라 하야 生産費以下로 半强制 買收하고 高價한 工業品을 販賣하게 되니 그 不均衡的 交換이라는 것은 朝鮮農民을 土地에 追放시키었으며 離農民을 에 浪生活을 하게 하였다。

三、日本帝國主義와 朝鮮地主의 農民에 對한 搾取

日本帝國主義는 土地令에 依하야 朝鮮의 民族及地主들의 土地所有를 確立하여 주고 이 封建的 階級을 一大 支柱를 삼고 朝鮮農民을 搾取하는 데 朝鮮人地主와 合作하게 되었다。 朝鮮農民은 半封建的 細小作制度로서 世界에 類例가 없는 高率小作料로써 搾取를 當할 뿐 아니라 小作權移動은 地主의 任意로 施行하여 地主에 對한 隷屬을 더욱 要求하였든 것이다。 小作料 以外에 名目의 [illegible] 搾取와 [illegible] 地主의 [illegible] 에 無償賦役과 [illegible] 物又는 [illegible] 나무하기 小作人 子女의 掠奪、小作人의 無知를 利用하야 小作料 徵收할 때 高斗又는 斤數를 속한다든지 온갖 方法으로 搾取하는 高利貸다。 日本帝國主義者와 朝鮮人高利貸에 對한 搾取는 惡辣하여 朝鮮人民은 政治的으로나 文化的으로 世界에 比할 수 없는 低級한 生活을 三十六年間 繼續하여 왔든 것이다。

北朝鮮의土地改革

今次戰爭에팟쇼國獨、伊、日、은 民主主義聯合國의손으로 完全히敗亡되였으며 三十六年間日帝의鐵鎖속에서 壓迫받든朝鮮民族도解放되게되였다。그리하야北朝鮮에는 蘇軍은軍隊가進駐하고 南朝鮮은米軍이進駐하게되여 南北으로兩分하게되였다。朝鮮問題는國際的關聯性에서解決되는것은 客觀的確然한事實이다。昨年十二月二十九日 莫府三相會議는 朝鮮問題에關한決定이있었다。이決定은朝鮮을自主獨立國家로서 民主主義臨時政府樹立과 民主主義諸課業을援助할려는 國際的嚴肅한盟約이였다。北朝鮮은붉은軍隊의友好的協助下에 二月八日北朝鮮臨時人民委員會가 北朝鮮의民族政權으로成立되고 三月五日土地改革令을發布하여 三月末日까지完了하였다。

이歷史的大課業인土地改革은무엇을成就하였는가

첫째 土地改革은 親日派와 一切反動分子들이蠢動할만한經濟的根據를淸掃하고 民主主義的基礎를築成하였든것이다。이民主主義的課業을通하야 全農民은熱誠的으로參加하야進行되였다。그것은土地改革을遂行하기위하야 各農村農民會議에서 農村委員八〇、〇〇〇名을選擧하여 一一、五〇〇農村委員會의힘으로써 이이重大한課業을但二十五日間에完了하였든것이다。그리기때문에 農民自身이勞働者와같이 人民政權에主力部隊이란것을 이土地改革事業을通하야 農民自身의偉大한힘을實踐에서發見하였고 土地를分與하여준 北朝鮮臨時人民委員會를 絶對死守하게되며 確固不動의政權을만들었다。오랫동안李朝末葉의封建專制政治와 日帝下에서朝鮮農民은 政治的生活에서除外되였기때문에 政治的意識水準이低下된農民들 急速度로先進國人民들의政治的水準에까지 急速度로向上시킬길을열어주었다。

둘째 日本人所有나朝鮮人地主의土地所有를完全히없이고 高率한小作料를받든封建的一切小作料는撤廢시키고 勞力農民이自由롭게耕作할수있土地를 分與하여주고解放시키였다。

누구의土地를沒收하여 누구에게分與하였는가 土地法令第二條로부터第三條各項에該當한土地는沒收하여 雇傭者土地없는農民、土地적은農民에게分與하였다。以下土地改革의決算은다음과같다。沒收한土地九六三、六七五五十步인데 北朝鮮總耕地面積의四六%에該當한다。그內容은

一、日本國家 日本人及日本人團體의土地 一〇〇、五〇四町步

二、朝鮮民族反逆者들의土地 二一、六八三町步

三、每戶五十步以上所有한 朝鮮人地主의所有地 二八七、一九六町步

四、第三條나項과다項에依하야沒收된土地 五三九、二一九町步

五、五町步以上所有한聖堂僧院其他宗敎團體의所有地 一四、八五五町步

이沒收한土地를分與하여준者。

一、雇傭者 五、五四四戶 二三、〇九一町步

二、土地없는農民 四〇七、三〇七戶 五八三、三〇四町步

三、土地적은農民 二五五、九九三戶 三三六、〇三九町步

四、他郡에移住當한地主 三、九一一戶 九、六二二町步

計 六七二、七五五戶 八六二、〇五六町步

各道人民委員會保留地는 一一、六〇一町步이다。

五、沒收當한地主의戶數四、七五一戶棟數 一三、三七〇棟

六、沒收牛馬 一四、六九九頭

七、沒收한日本人果樹園 二、〇七三・八町步

八、沒收한朝鮮人果樹園 五、一〇三・二町步

九、沒收한山林 三、四三二、九八六町步

一〇、沒收한關係施設 一、一六五個

一一、沒收한蒙利面積 五〇、五〇二町步

(以上統計는咸南甲山、惠山、豊山郡은包含치안었음)

셋째 이土地改革은 農業生產力을急進的으로促進시킬것이다。頻繁한小作權移動은 農民의生活安定을威脅하며 따라서生產意慾을低下하야減產을招來하게된다。그러나이課業으로依하야 分與받은土地는 農民의永遠한所有를 認定하기때문에土地에對한愛着心은곧 土地改良及整理、施肥、種子選擇農具改良등을하여 많은收穫을慾心내니 그와比例하여朝鮮農業은 近代的先進國家發展에따라가게된다。이未開한朝鮮農村을近代的發展을시켜 民主主的發國家發展을할려는것이 土地改革의重要한意義이다。北朝鮮의農業發展의基礎인耕地計劃統計는如左

(一九四六年五月二十五日單位町步)

		計劃面積	起耕面積	%
黃海	畓	一〇五、〇〇〇	一五、三三〇	[illegible]
	田	四三九、八〇〇	四三〇、四七〇	[illegible]
平南	畓	三七九、四一三	二六八、四六〇	·七一
	田	三三九、一七八	二六八、五九〇	·九六
平北	畓	九四、九五四	六七、九四三	·七三
	田	三四七、〇四六	三三九、三七九	·六八
咸南	畓	六六、三〇五	五三、五〇三	·八〇
	田	三八三、七九九	三六〇、八五四	·九九
咸北	畓	一八、〇〇〇	一一、四六〇	·六四
	田	二二三、四〇〇	二一七、八六四	·九五
江原	畓	一四七、四三〇	一〇四、三三〇	·六四
	田	一六三、六八〇	二二四、一二五	·七〇
合計		二、一四四、一九九	一、四九九、三四四	·七四

넷째 農業發展은곧 工業發展을意味하며 나아가서는國內市場의擴張을增進하게된다。

가. 土地改革으로因하야 生活의餘裕를얻게되여 少數地主들이 獨占享有하든生活面을 農民이 차지하게되니 工業品의購買力은높아진다.

나. 工業品의原料供給은單一的生産을하야供給하게된다. 農民은食糧生産을主로하고 綿麻織으로衣服等을自給하든農民이 農業이發展하므로 必然的單一한原料를 擴張生産을招來하게되니 農民은그部分은工業部面에供給을要求하게된다.

다. 封建的手工業農業經營의機構는 根本的으로改革하게된다. 農業機械와化學肥料, 倉庫設備등의近代的改造를하게되며 農村의文化的設備와 住宅等農民의全生活面을刷新改造를必要하게되니 人民이要求하는都市産業의 再編成과發展을招來하게된다. 都市와農村의 不均衡的發展을發展하게되며 國內市場의一大擴張을하게되여 工業發展을要求하는것이다.

라. 日帝는過去에農民이지은農作物은 生産費以下로掠奪하고 工業品은獨占價格으로 超過利潤을獲得하였든것이다. 이不均衡的價格差를없이는것이 農業發展과農民의 生活向上을시키는 唯一한길이다. 今番北朝鮮土地改革實施以後 現物稅發布는工業品과의 民主主義的交換하는紀元을만든同時에 勞働法實施와아울너 農産物과工業品의適正한價格調整의標準을만들었다. 農産物과工業品은 協同組合을通하야人民을위하야 配給을하게되였으며 生産發展에寄與될것이다.

다섰째 日本帝國主義高利貸的商業資本과 朝鮮人高利貸와合作하여 農民을極度로窮乏化시키고 土地에서追放시키였다. 그러기때문에 抵當할物的根據도없어 貧農資金을어들길도杜絶되였을뿐만아니라 食糧、各種稅金、强制貯金等을强要하여이것을通用할려면 高率한高利貸밖에빌수없게되였다. 이번土地改革은農民에게준土地는 一般負借와負擔에서免除한다. 農民에게一切高利貸의侵入을防止하고 農民本位로한金融機關北朝鮮農民銀行의 設立을보게되였다. 이機關을通하야 農民은農資、을融通하게되며 農業發展促進과生活의急進的向上을하게될 前提條件이成立되였다.

여섰째 一九一一年度總督府豫算을보면 四千八萬圓이고 一九三二年度에는二億一千四百萬圓인데 一九一一年에比하면約五倍의增額이다. 一九四四年度二十三億五千八百萬圓이 一九一一年에比하면 五十一倍의增加이다. 이와가치累年增加되는數字는 日本帝國主義가朝鮮殖民地搾取現狀을暴露되는것이다. 그러면 어떤方法으로하였는가. 農民의收入보다世界에類例가없는高率이다. 單

一稅도아니고 여러가지附加稅로받는다。뿐만아니라最近戰時中에는各種戰時負擔、强制貯金、國公債强買獻金等으로强制徵收하였다。그리고一般農民에게 强制作付侵略을하여强制供出을시키고天引貯金을强行하였다。稅金이二十七餘種供出이四十九種이라는것을보아도 그苛酷한稅金收奪을알수가있다。反動的地主와反動派들의 一切謀略을粉碎하고이土地改革以後六月二十七日單一現物稅制를發布하여 農民에게明朗性을주었다。

일곱째 이土地改革은 朝鮮民族의過半數의婦女大衆에게 特히農村婦女에게民主主義的課業에直接參加시키었으며 解放의길을열어주었다 婦女分配比率도一對一이라는것은 男女의能力도確認되었을뿐만아니라 男尊女卑의封建的因習을打破하고 男女同等權利의 社會的地位를만들었다。農業이發展되면 農村의모든文化施設과 厚生施設等이設立되며 婦女드生產面又는家庭에서 時間的餘裕를얻게될것이다。그리하여야만家庭又는社會的出身의地位가 完全히確保될것이며이길을열었다。지난七月三十日로써 北朝鮮男女同等權法案이，實施되었다는것은事實이證明된다。

여덟째 이土地改革은自耕하는農民의所有土地도 所有權을認定할뿐만아니라 分與바든土地도農民의永遠한所有로넘겨주어 相續權을認定하여주기때문에 그야말로내땅이라는것을農民들로하여곰 確實히認識하게되었다。앞으로南北統一의民主主義臨時政府가樹立될때 萬若反動土地政策이나와도農民自身들이 그政策을斷然히粉碎할基本을만들어주었다。

北朝鮮農民銀行法規

第一條 北朝鮮에北朝鮮農民銀行을設置하고 營業區域을北朝鮮一圓으로한다。

第二條 北朝鮮農民銀行은 資本金二億圓以上의株式會社로하되一株百圓으로한다。

第三條 北朝鮮農民銀行은 農民에게農業融資의正常的인길을열며 農業開發金融을圓滑히할것을 그의基本的課業으로한다。

第四條 北朝鮮에居住하는農民은各自반드시이銀行臨分의 出資를할것이며 農民以外의사람도出資할수있다。

第五條 北朝鮮에있는 金融組合聯合會各道支部는 그所有에屬한建物、什器、備品等一切所有物을適正價格으로評價하고 이에殘餘現金을合하야이銀行에出資할것이다

第六條 各金融組合(村落部市)及金融組合聯合會各道支部는 五月一日現在凍結된것을除한以外의貸借를 北朝鮮農民銀行에서引繼할것이다。

但損失을隨伴할念慮가있는貸借는此限에不在한다。

第七條 各金融組合과金融組合聯合會各道支部의 凍結된貸借의整理事務는 北朝鮮農民銀行에서此를代行한다。

第八條 營業開始는 一九四六年五月一日부터한다。

第九條 北朝鮮農民銀行設置에關한모ー든箇次作成과 그遂行의任務와權限을 財政局長에게附與한다

一九四六年四月一日

北朝鮮臨時人民委員會

委員長 金日成

書記長 康良郁

北朝鮮現物稅

一、北朝鮮農民은 土地에關한一體의租稅를免除한다。

但各種穀物의收穫量의二五%（四分之一）를農業現物稅로納入하고 一體의供出制度를廢止한다。

二、農業現物稅는穀物檢査規則에따라 現物納入만容許한다。

三、農民은穀物檢査規則이規定하는 穀物은 納入한後남은穀物을 自由로販賣할수도있다。

四、各人民委員會는穀物收穫의二五%（四分之一）의現物稅外에는義務的으로 穀物을供出하지못한다 土地分與바든農民들에게

土地證明書交附

（規則公布）土地分配는短時日間에 躊々한勝利裡에 終結을보게되였지만 大抵土地는받가리하는農民들에게만 永遠히가질수있다는趣旨밑에서 土地改革에依하야 土地所有를所有하게된 農民들에게土地所有權證明書를 交附하게되였는데 이에關한規則은아래와같다。

一九四六年五月二十日

北朝鮮臨時人民委員會

委員長 金日成

批准土地所有權證明書交附에關한規則

一、北朝鮮土地改革法令第七條에依하야 土地를農民에게 分與하는 同時에 土地所有權證明書（以下單證明書라한다）를該農民에게交附하여야한다。

二、證明書는土地改革法令에依하야 土地를所有한農民과 土地改革以前의所有地로서現在에도 所有한農民에게만交附한다。

三、證明書와證明書交附에關한臺帳（以下單히證明書交附臺帳이라한다）二通은 面人民委員會가此를記錄한다。

四、證明書及證明書交附臺帳의樣式

가、面人民委員會는證明書表紙에 該證明書受領者의姓名을記入할것。

나、證明書第一頁에 所有者의現住所及姓名을詳記하고 또土地法令에依하야 分與받은土地의所有地 地番、地目、地積等을明記하고 合計欄에는坪數만記入할것。

다、證明書第二頁에는 土地法令以前의所有地로서 現在에도그

所有에屬한 土地의所有地、地番、地目、地積等을明記하고合計欄에는坪數만記入할것。

라、面人民委員會는 證明書交附臺帳은證明書順序에依하야 分與받은土地와土地改革以前의所有地로서 現在에도所有한土地를各々當該所에記入하고 合計欄에는坪數만記入할것。

五、面人民委員會는 證明書와證明書交附臺帳의 記載를完了한後에 그記載한證明書와證明書交附臺帳二通과 및該書類를正確하게記載하였다고保證하는 公文을郡人民委員會에提出할것。

六、郡人民委員會는 證明書와證明書交附臺帳의 記載를嚴密히調査한後에 以上書類提出의先後에依하야 證明書交附臺帳의番號를各面順으로定한다음 證明書、番號를定하야 證明書交附臺帳에記入하는同時에 證明書表紙에該番號를記入하고 同第二頁에該番號와土地證明書交附臺帳番號와年月日을 各々當該所에記入할것。證明書는各面書類提出의先後에依하야 一二의順序로記入하되 郡人民委員會가此를記入할것。

七、郡人民委員會長은番號를 記入한證明書와 證明書交附臺帳二通을檢閱한後에 證明書에自手로署名하고 郡人民委員會、委員長捺印을할것。

八、郡人民委員會는 各證明書와證明書交附臺帳의番號와捺印을檢査한後에 此를道人民委員會에提出할것。

道人民委員會、委員長은 證明書와證明書交附臺帳을檢閱한後에證明書에自手로署名하고 道人民委員會、委員長印을捺하야 證明書와證明書交附臺帳을 郡人民委員會에廻送할것。

九、郡人民委員會는 道人民委員會委員長이捺印한證明書와 證明書交附臺帳二通을 各面人民委員會에廻送할것。

十、面人民委員會는 證明書를土地所有者에게交附하되 證明書交附臺帳二通에 그의捺印을받어서 一通은面人民委員會에保管하고 他一通은郡人民委員會에送附할것。

十一、證明書交附臺帳은 此를嚴重히保管할것。

十二、모든餘存한證明書用紙와 使用하지못할證明書用紙는 北朝鮮臨時人民委員會에廻送하되 그에對한決算은嚴重히할것。

十三、證明書及證明書交附臺帳은北朝鮮臨時人民委員會가印刷한다。

十四、證明書記入은改正함을要하고締正이나塗墨을許한다。

十五、證明書交附料金으로서 十五圓을證明書受領時에納付할것。

十六、證明書交附料金은 道人民委員會收入으로서經理하되 그收入總額과土地改革에關한費用을記入한精算書를 七月二十日까지 北朝鮮臨時人民委員會에提出할것。

土地所有權證明書樣式

現住所 郡 面 里 番地

番號	姓名

土地法令에依하야分與받은土地

所在地	地番	地目	地積	備考
合計				

土地改革以前의所有地로現在에도所有한土地

所在地	地番	地目	地積	備考
合計				

土地所有權證明書登錄年月日	年 月 日
土地所有權證明書受領者의記明捺印	

十七、土地改革法令第十七條第二項에依하야 一九四六年六月二十日前으로證明書를交附할것。

一九四六年五月二十日

北朝鮮臨時人民委員會

農林局長 李 順 根

一、北朝鮮에는붉은軍隊의友好的協助下에 人民의政權인北朝鮮人民委員會를成立하고、農民의基本要求인民主主義的土地改革을 지난三月末로完了하고 六月二十日까지所有權證明書까지交附하였다。

이歷史的課業은南朝鮮에었던關聯과波動을일으켰는가 南朝鮮의農民은 아직封建的小作制에서解放을하고있기때문에 北朝鮮과같은民主主義土地改革이實施되기를大家的으로要求하며 그實施를위하야莫府三相決定을 同盟國들이諾實히實行하여 南北을統一한民主主義臨時政府樹立을促進하기에 人民大衆과함께궐起하여 民主主義民族戰線傘下에鞏固히結集하고。

二、北朝鮮은一切親日的要素는 그

經濟的地盤까지 肅淸하였지마는 南朝鮮에는現 日派, 民族反逆者及反動巨頭들은 軍政을背景으로하고 各行政機關에들어업더여 反動勢力을扶植하고、各産業機關에는謀利輩들이産業을破壞하여 民生은塗炭에빠지고있다。 그리하기때문에解放前時期와 恰사히逆程을밟고있는것은 人民大衆의 面前에表現되고있는嚴然한事實이다。

이 反動輩들은北朝鮮土地改革을보고 그들의活路를 經濟的基床이掃滅된것과 自己들의罪를隱蔽하고, 하로라도더延命하려고 反動的土地政策(有償沒收와有償分配)을流布하면서 三相外相決定實施를가진手段으로 遲延防害하고軍政을延長하려고한다。 朝鮮民主主義臨時政府樹立에 朝鮮에八割이나되는農民을除外하려고 大衆團體農民組合을加擔아니시키려한다

이것은全혀民主主義的土地改革을反對하고 南朝鮮에單獨專制政府를樹立하려는 意圖일은疑心할餘地도없다。 다음大衆團體도除外할는것도, 亦是民主主義課業을反對하는것은 이反動的土地改革과一脈關聯된것이다。

三、北朝鮮土地改革이實施된以後 南朝鮮에親日派反動的地主及土地資本家는 最後發惡으로 反動巨頭들의反動的土地政策을呼應流布하면 北朝鮮民主主義課業에對한가진惡宣傳을하였다。民主主義國體及指導者에게 讒說과反소反共의惡宣傳으며, 反動的國體를總動員하여 軍政을背景삼고 民主陣營에對하야 테로虐殺掠奪을日常課題로삼고있다。 各地方農民은누가眞正한愛國者며 自己를위하는國家인것은, 反動輩들의一擧一動에서누구보다도잘알고있다。 그들이妄動하면할수록 農民大衆은農民組合及民主陣營에 集結하는逆效果를演出하고있다。 最近의例로서는全南의和陽事件과 全北參禮事件等헤아리기에困難할만치많다。 一般農民은親日派, 民族反逆者及反動巨頭들의肅淸과 民主主義者及指導者의釋放을, 大衆的自衛的態勢를取하고있음은, 否定못할事實이다。

四、然故一週年을마지하야 "軍政의是非는 朝鮮人民大衆의 面前에부터이나타났다。 南朝鮮의農民들의完全한解放은 北朝鮮과같은土地改革에있는것은다 잘알고있다。 그러기때문에 政權은軍政으로부터 人民의自治機關인 人民委員會에 即時移讓하라고 人民大衆은외치고있다。 反動巨頭 李承晩一派들이 朝鮮民族더욱히農民은無知하고指導者가없기때문에 獨自的으로할能力이없다고하여 外國의힘을빌어 軍政을延長하며는 妄動과虛構는 今番北鮮土地改革의大課業을二十五日間으로完了하였다는것로서도說明이充分하다。

五、"北朝鮮土地改革을비롯하여 勞働法男女同等權法民主主義課業實施는" 南朝鮮民主主義陣營全民의推進力이되며 朝鮮民族으로하여금完全自主獨立의實力이培養되도며 어떠한反動勢力이라도 排除할力量이蓄積된다。 國際民主主義勢力과呼應하여 莫府三相決定을朝鮮에急速히實施할것을 同盟國에게促進할責任이된다。

編輯後錄

美蘇共同委員會休會顚末

昨年十二月莫府三相會議에서決定된 朝鮮에關한問題를實行하고저 서울德壽宮에서 美蘇共委가열니였다同委員會는 兩國代表의和氣靄々한가운데에서 第七次聲明書까지發하, 였고 第五號聲明書는 朝鮮政府樹立問題의 決定的具體的方向을指示한것을 보혀주었기때문에 三千萬의總身體은 政府樹立實現의安堵感에 一種의興奮을가젔든것이다。

그러든것이共委는休會되고 決裂이냐休會냐하는 岐路에서갈팡질팡하며 人心은또다시凶々하게된것이다。反動陣營에서는 休會의責任이마치左翼陣營에 있는것처럼逆宣傳하며 有名한五月十二日테로가 發動하기始作하야 京鄕各地에서人命의死傷이不少하였으니 只今생각하면賊反荷杖도 너머甚함이있다할것이다。

이에우리는六月十五日付 이쓰베지야紙를通하야 休會眞相을闡明코저하는바이다。

× ×

一九四六年三月二十日一分을市에서朝鮮에關한 모쓰크바三相會議決定에根據하여 組織된쏘美共同委員會는 그決定을 實行할目的으로事業에着手하였다。周知하는바 모쓰크바會議以後南朝鮮의反民主主義的反動派들은 朝鮮에關한三相會議決定의本意를, 故意的으로歪曲하면서그決定을反對하여 猛烈한鬪爭을展開하여왔던것이다。李承晩과金九를首班으로한反動者들은 朝鮮의民主主義的發展과 朝鮮에獨立을保障할것은 主要目的으로삼은 모쓰크바決定을實行하지못하게하려는課業을내세웠다。쏘베트代表團은모쓰크바決定을 正確히實行하고 最短期間에眞實한民主主義的朝鮮臨時政府를組織하려는志向을堅持하면서 모쓰크바決定을反對하여鬪爭하는反動黨들의 그反民主主義的行動을默過할수없었다。

三月二十日共同委員會第一次會議에서 쏘베트代表團은諸黨및社會團體와 더부러協議하는데必然코있어야할條件은 그黨과社會團體들이반드시 모쓰크바決定을全的으로 是認支持하여야될것이라고聲明하였다美國代表團은委員會가 各朝鮮民主主義政黨或은社會團體와 個別的으로協議할것이아니라 協議할目的으로 特別히組織한協議委員會와 더부러協議할것을提議하였다。이人造

機關은南朝鮮駐屯美軍司令官하―지將官附補助機關인、諸反動黨과各派의代表를로써成立된 所謂民主議院이라는데、此基礎하여成立하기를、美國代表團은提議하였다。美國議案에依하면、以上에서指摘한協議委員會를、北朝鮮의諸民主主義政黨代表몇名으로서補充하고、이協議委員會에民主主義的朝鮮臨時政府成員으로加入시길人物들의名簿를作成하며 또한이政府에必要한臨時憲法을制定할것을 協議委員會에委任하려고하였다。朝鮮의行政및經濟的統一에關한 美國代表團의議案에依하면 共同委員會는 아직臨時政府가形成되기前에 即다시말하면直接朝鮮사람들과 그들의政府들아조重要한事業에 參加시키지않고、朝鮮의政府機關과經濟를 統一시키는中央經濟機關들을 반드시準備하자는것이었다

쏘베트代表團은、美國代表團에서提出한委員會의 이런事業案을다음과같은意向에依하야、拒否하였다。協議委員會의創設에對한意見은「共同委員會는반드시自己의 여러가지提案을講究할때에 朝鮮의諸民主主義政黨과諸社會團體와、協議하여야될것이다」라고規定한 모쓰크바決議에矛盾되고「協議委員會」라는特別中間機關의創設은、오르지共同委員會를朝鮮의諸民主主義政黨과 諸社會團體와더부러親히接觸하는것으로부터 隔離시키는것만되는것이다。

쏘베트代表團은共同委員會가、아직政府를成立하기以前에 朝鮮의經濟및行政統一問題를 講究하려는것도亦是拒否하였는데그것은

첫째로 모쓰크바決議의第二項에豫見된急先務의課業、即臨時政府의成立에對한 課業으로부터委員會를整理시키기때문이며

둘째로、쏘베트代表團의 意見으로는 朝鮮의經濟및行政統一은 朝鮮臨時政府가成立된후 直接그의參加下에서、반드시實現되어야할것이기때문이었다。民主主義的臨時政府는 朝鮮의民主主義的改革事業에忠實한人物들로써、政府機關을自意로選定할것이다。美國意見은政府機關을朝鮮政府의參加가없이 共同委員會가自意로、形成하려는데서出發하였다。여기에서美國代表團은、이政府機關에 지금美國軍政廳에서勤務하는 大部分이前에는日帝에게奉仕하던、朝鮮사람들을加入시키려고하였다。그外에美軍駐屯地帶에있는 서울中央經濟機關의所在地로만들고、朝鮮政府가創設되기前에、南北朝鮮의經濟를統一시키는것은、實地로朝鮮의全經濟管理가 美軍々司令部의統制下에 넘어가는것을意味한것이다。

쏘베트代表團은朝鮮의經濟的統一과 中央經濟機關들의創設을、朝鮮民主政府自體가實施하며、이中央經濟機關들의管轄權、即朝鮮全經濟의管轄權도 亦是朝鮮民主政府의手中에 區分하여있어야되리라는것을强

調하였다。長久한討論이있은後 共同委員會의事業綱領의基礎로 쏘베트代表團의意見을 採擇하게되였다 共同委員會의 今後事業에있어서는 朝鮮의諸民主主義政黨과諸社會團體와의相議條件과 節次問題에關하여 長久한討論이展開되였었다。

以上에말한바와같이 쏘베트代表團은共同委員會가 오로지모쓰크바決定을 全幅的으로是認하고 支持하는諸政黨과 社會團體를만相議할것을强調하였다。 여기에서쏘베트代表團은 共同委員會가모쓰크바決定을實行하는外에는 어떤다른目的을가지지않었다는것으로부터 出發하였던것이다。 그런까닭에本委員會는實로모쓰크바決定을支持하는 諸民主々義政黨및社會團體와 더부러相論協議하여야하며 모쓰크바決定을反對하며 그決定實現을障碍하고있는 그런政黨들이나社會團體와는 本委員會가協議할것이없는것이다。民主主義民族戰線에加入한 南朝鮮의民主主義諸政黨및 社會團體라던지 北朝鮮의民主主義的諸및社會團體는 모쓰크바決定을全幅的으로 支持하는立場에立脚하고있다는것을 指摘하지않을수없다。 판에박은反動者들은李承晚과金九및 그外共謀者들약影響下에있는 南朝鮮의一部黨들과 社會團體만이 모쓰크바決定을反對하여行動하고있다。 그러함에도不拘하고 美國代表團은民主主義에對한 美國의見解로보아 모쓰크바決定을反對하는黨들과 共同委員會가協議하기를拒否하는것은 許容할수없다고聲明하면서 各黨과社會團體와더부러協議하는데關한 쏘베트代表團의意見에頑强하게도 同意하지않었던것이다。美國代表團은모쓰크바決定의精神과 文字로부터退却하려는自己의志向을 所謂思想的矛盾이란合當치않은口實로써隱蔽하려고 企圖하였던것이다。 아놀드少將은 쏘베트代表團과 美國代表團間에 民主々義에關한見解가相違한것으로因하여共同委員會는事業에서의 失敗는數學的으로不可避하다고 露骨的으로聲明하였다。 쏘베트代表團은朝鮮民主々義臨時政府와組織을 促進하려고努力하면서 美國代表團에讓步하여 모쓰크바決定을反對하여 出動하였다할지라도 自己의誤謬를自白하고 모쓰크바三相會議決定을支持하겠다고聲明하는 그黨들諸社會團體들과의協議를 許容하자는意見을 四月五日에提出하였다。 쏘베트代表團은 새로組織될 朝鮮民主々義臨時政府成員中에는 非民主々義的分子들을 容許할수없다는것을이미드主張하였거니와 앞으로도主張하겠다는것을 또한聲明하였다。共同委員會는民主主義的諸政黨과社會團體와 協議할데對한條件에關한問題를가지고交涉한結果 四月十七日에그目的과方法에있어서 眞實로民主主義的이며 朝鮮에對한모쓰크바決定을支持하겠다는 그聲明書(聲明書의原文은共同委員會가四月十九

日共同콤뮤니케 第五號에 發表하였음) 에 署名하는朝鮮民主主義諸政黨과社會團體와만이 協議할데對한決定을 採擇하였다。 짐작컨데 結局이 決定을 採擇하므로서 共同委員會의 事業을 促進시킬것을 막는듯하였다。

共同委員會는 콤뮤니케第五號를 發表한後 共同委員會가 協議하여야 될 主要한民主主義的政黨들과 社會團體의名簿作成에 着手하였다。 遂成한約束에依하여 北朝鮮의政黨들과 社會團體들의名簿는 쏘聯軍司令部가 提出하였고南朝鮮에 있어서는 그名簿를美軍司令部가提出하였던것이다。 政黨및社會團體의名簿를作成할때에 第一分科委員會에서 美國代表와쏘베트代表사이에論爭이 또한생겼읍니다。 美國代表團은南朝朝에있는二十個民主主義政黨과社會團體의名簿를 提出하였었다。 그名簿에는南朝鮮에서가장 眞情한進步的民主々義諸政黨을 聯合한民主々義民族戰線에屬하여있는 政黨中三個만記錄되었고 其他는所謂 一民主議院」에屬한反動的傾向으로有名한十七個의團體와黨들인데 그들은모쓰크바決定을反對하여 激烈하게活動하였고 또한現在活動하고있는것이다。美國代表團이提出한 南朝鮮諸政黨과社會團體名簿에는 六十萬名의職業同盟員을網羅한 全朝鮮勞働者評議會、八十萬名을網羅한 全朝鮮總女性同盟六十五萬名의會員을가진 全朝鮮民主青年同盟、三百萬朝鮮農民을結束한 全朝鮮農民總聯盟과같은 南朝鮮大衆團體들과 共他民主主義民族戰線에 所屬된諸政黨과團體는記入되지않았다。美國代表團은勞働者、農民의大衆團體의參加權을除去하면서도 이名簿에六個의宗敎團體와 其他人員數로보아極少한反動團體들을記入한것을 全혀必要한것으로認定하였다。 第五號콤뮤니케가發表되자 即時北朝鮮諸政黨과社會團體들과 南朝鮮民主々義民族戰線에所屬한諸政黨과 社會團體들은모쓰크바決定實現에關한 共同委員會에協調하겠다는 自己들의聲明書를 共同委員會에보내었다。그러나南朝鮮「民主議院」에所屬된右翼反動黨들에있어서는 期待한바와꼭같이 모쓰크바決定을 激烈히反對하던그黨首들은 콤뮤니케第五號에 豫見한聲明書를 그들黨과團體들이 共同委員會에提出하는것을 決定的으로反對하였다。 이反動的諸政黨과社會團體들을 共同委員會와의協議에引入시키기爲하여 또는이反動的諸黨의黨首를 將次臨時政府의成員으로 加入시킬可能性을容易케하기爲하여 南朝鮮軍政은 모쓰크바決定의本性을歪曲하는 解說을發表하였는데 實際에있어이것은共同委員會의四月十七日 決定을修正하는것을意味하였다。 美軍政은反動團體와諸黨의 모쓰크바決定反對活動을 辯明하려고에쓴것이아니라 그들이모쓰크바決定을反對하여 鬪爭하도록奬勵하며 朝鮮人民을恐怖에따지게하며 眞實한民主政黨과社會團體의隊列에 分裂을이르키려고애를썼다。

이러한目的으로, 南朝鮮美軍司令官하ㅣ지中將은單獨的으로모쓰크바決定解說을하였는데 그內容은모쓰크바決定第三項에 豫見한 朝鮮에對한五年期限의四國後見이 萬一朝鮮사람이그것에對하여 反對主張한다면實施않될수도있다는것이었다。이와같이하ㅣ지中將은 朝鮮에對한모쓰크바三相會議決定을反對하라고朝鮮反動界를露骨的으로呼訴하였다。모쓰크바決定에對한 이와같은하ㅣ지中將의解說은 朝鮮反動出版物에 모쓰크바決定에對한 數多한論文이記載되게하였다。어떤反動新聞들은 하ㅣ지中將의演說에서 勇氣를얼마나얻었던지 모쓰크바決定을 無條件的으로支持하는者들을 非難하여야된다고로露骨的으로부르짖었다。그러나하ㅣ지中將의演說은 美軍政이預期하는效果를주지못하였고 또는民主議院에所屬된右翼反動諸政黨이 콤뮤니케第五號가要求한 聲明書를共同委員會에 提出하기를拒絶하고있었으니만지 하ㅣ지中將은再次 콤뮤니케第五號의모쓰크바決定에對한 故意的誤解의解說을하게되었다。하ㅣ지中將은 어떤한政黨이나團體가 콤뮤니케第五號에豫定한聲明書에 署名하는것은信託을贊成하거나 支持함을意味하는것이 아니라는것을四月二十七日에 또다시單獨히聲明하였다。하ㅣ지中將의이聲明은 諸反動黨이共同委員會와의協議할條件을 違反하는길에들어서라고 直接忠告하며 또는그것을奬勵하는것으로밖에는看做할수없다。民主議院은하ㅣ지中將에게서 必要한擔保를받고 五月一日에本民主議院에加入한 諸政黨및團體가 콤뮤니케第五號에指摘한 모쓰크바三相會議의決定에關한 自己들의關係를말하는聲明書에 署名하기를許可하는決定을受理하였다。民主議院의指導者中한사람인金奎植은 民主議院의決定을다음과같이解釋하였다。

「우리는콤뮤니케 第五號를오래동안討議한後 如左한結論을나리었다「聲明書에」署名한다는것은 臨時政府를組織하는事業에있어서 쏘美共同委員會와의 協作을意味하는것이며 하ㅣ지中將이우리에게말한바와같이 政府를組織한後 우리는信託 다시말하면朝鮮에對한 모쓰크바三相會議의決定第三項을 反對하야出動할수있다」民主議院이 이렇게聲明한後에 쏘聯三代表團이 이民主議院에加入한諸政黨및團體는 共同委員會와의協議에 參加할權利가없다고한것은自然스러운일이다。美國代表團은 쏘聯三代表團의見解에 同意하지않었고 따라서모쓰크바會議와決定과는符合되지않고 콤뮤니케第五號에發表한 共同委員會의決定에矛盾되는民主議院의決定은支持하였다。그와同時에美國代表團은 또모쓰크바會議決定을正確하게 또는徹底

하게實行할것을 回避하면서 民主主義諸政黨및社會團體와協議하려한問題解決은延期하고, 朝鮮의經濟的統一問題와三八度境界線을 撤廢할問題를討論하자고提議하였다。쏘베트代表團은아때와같은理由로 美國代表團의그提議를拒否하였다。첫째로 로美國代表團이提議한問題는 朝鮮에臨時政府가樹立되면 그臨時政府와朝鮮人民自體가討議할것이오 둘째로 蘇美共同委員會는 朝鮮의經濟統一問題를討議할全權을가지지 않었다는것이다。그러니까美國代表團은 共同委員會의事業을中止하자는意見을提出하였다。쏘베트代表團은不得이! 그意見을同意하지않을수없었다。五月九日에 쏘베트代表團은 서울을떠나(平壤市(北朝鮮)로돌아오게되었다 共同委員會에서蘇美代表團間에있는論爭을綜合하면서 다음과같은結論을내리않을수없다。

쏘베트代表團은 모쓰크바會의決定이 朝鮮에關한諸同盟國의綱領을陳述한 唯一한文件으로 有機的一體가되는것으로看做하였다。이文件에는朝鮮에關한諸同盟國의 目的即朝鮮의民主主義的發展과朝鮮의獨立國을 宣言하였든것이다。쏘베트代表團은 모쓰크바會議決定을 正確하게實行할수있는諸條件을 지키기爲하야全力을다하였다。蘇美英三國外相이 署名한朝鮮에關한國際的協約은 모쓰크바會議決定을 擁護支持하며 그決定을正確히實行하기爲하야 必要한對策을다쓰라는義務를共同委員會 即쏘베트代表團과美國代表團에負擔시킨것은 明白한事實이다。國際的協約으로되는 朝鮮에關한協約實現은 어느한便이支持하는그어떤政治的概念이나見解에 隷屬되지말어야된다는것을 쏘베트代表團은指摘하였다。이와反對로美國代表團은 모쓰크바決定을唯一한總體로 看做하지않고 그의한部門은 반드시共同委員會가實現하고 다른한部分은特히第三項은 取消할수있는協約으로看做하였다。美國代表團은後見과美國의相異한 國內體制에對한 아주合當치않은口實로서掩蔽하면서 또는交涉이破綻될것을威脅하면서 朝鮮反動的諸政黨과團體들이一體 朝鮮人民을統治할權利를 簒攫할길을막어놓은 모스크바決定을反對하여왔으며 強硬한鬪爭을하여왔으며 또한鬪爭하고있는 朝鮮反動的諸黨과團體에게 共同委員會와協議參加할수있는 門을열어 노으려고企圖하였다。모쓰크바決定을 固守한다면美國代表團은 이計劃을實行치못할것은明白하다。이러한原因으로美國代表團은 委員會事業의첫날부터 모쓰크바決定을正確하게 實行할것을拒絕하는데 들어있든것이다。하지만쏘베트代表團은 朝鮮에對한三相會議의決定遂行에充實하였든것이다美國代表團은自己의見地를 쏘베트代表團에게 押付못(할것과 모쓰크바決定을 修正치못할것을確信하고서 앞으로의交涉을中止하였다。蘇美共同委員會의事業이 中止되였다는通報을 朝鮮人民이悲感스럽게맞이할것은疑心할배없다。朝鮮人民은 朝鮮國家의獨立을 保障할수있으며 民主主義的改革을하므로써 長久한 日本統治의惡毒한結果를肅淸할수있는 民主主義的自主政府組織을期待하고있다。이에對한唯一한方途는모쓰크바外相會議에서嚴肅하게 採擇한盟約을 同盟國들이正確하게 또한徹頭徹尾하게進行하는데있다。

北朝鮮民族統一戰線委員會

北朝鮮에서는全人民의 眞正한民主的統一로써 民主主義完全獨立의 强力한 새朝鮮建設을爲하고 또强力한鬪爭을시키기爲하야 朝鮮民族의偉大한領導者金日成將軍은 北朝鮮民主主義民族統一戰線委員會의結成을提議하였다。

이에七月二十二日午後四時半 北朝鮮人民委員會會議室에서 各政黨社會團體代表會議를開催하고 會議는金日成將軍의 司會아래進行되어 別項과같은 北朝鮮民主主義民族統一戰線委員會結成에對한 金日成委員長의報告가있은뒤에 各代表들의熱烈한討論과結論이있은後 다음과같은決定과와 北朝鮮民主主義民族統一戰線委員會의 規定이滿場一致로採擇되었다。

北朝鮮民主主義民族統一戰線委員會結成에關한決定書

一、

북은軍隊가駐屯하고있는 北朝鮮에있어서우리民主主義各政黨과 社會團體들은民主主義統一戰線基礎우에서 여러가지偉大한 民主課業을完遂하였다는것을指摘하였다。

二、

特別히眞正으로 朝鮮의民主主義的發展과 朝鮮의完全獨立을爲하는 모스크바三相會議의決定이있은後北朝鮮의民主力量은 더욱急速度로發展하였으니

人民의政權

北朝鮮臨時人民委員會의誕生

土地改革事業의徹底한完遂

民主主義勞働法令의實施

二五%農業現物稅制實施

그밖에國家産業交通運輸等復興事業에있어서의莫大한成果 民主主義的原則으로서 敎育事業을改革하기시작하였으며 民主建設에必要한各種學校를新設하였으며 其他各種民主主義民族文化建設事業을 發展시

키고있는것을指摘한다

三

우리는複雜하고도尖銳한現下國內情勢 特別히南朝鮮反動派들이 朝鮮을또다시帝國主義植民地로 팔아먹으려는 陰謀가赤裸々하게暴露되고있는情勢에鑑하여 우리의統一戰線을 더욱鞏固히擴大하여야하며 모든障碍와困難을무릅쓰고 民主自由完全獨立의 强力한새朝鮮을建設하기爲하여 좀더强力한鬪爭을 展開할必要에依하여「北朝鮮民主主義民族統一戰線委員會」를結成한것이다

四

우리는「民主主義民族統一戰線委員會」를갖음으로서 全朝鮮人民들을引率하여 反動派들의賣國行爲를徹底히粉碎하며 帝國主義分子들의朝鮮에對한植民地政策을 排擊하는鬪爭으로 統一的으로더强有力하게展開하므로써하로바삐 民主主義臨時政府를 樹立할수있다는것을指摘한다。

五

우리는「民主主義民族統一戰線委員會」의活動을通하여 各階層의人民大衆을더廣汎히 組織하여敎育하며 人民의政權―北朝鮮臨時人民委員會周圍에더튼튼히集結시키어 우리의民主基盤을 더鞏固히할것을指摘한다。

六

朝鮮人民의偉大한領導者 金日成委員長이發表한二十個條政綱은오는民主朝鮮建設에있어서 그基本綱領이되며 우리民主主義民族統一戰線의共同한理論的根據가되며 共同한鬪爭綱領이된다는것을指摘한다。

七

「北朝鮮民主主義民族統一戰線委員會」의議長은輪番으로하되 北朝鮮共産黨責任秘書 金日成先生朝鮮民主黨々首崔庸健先生 新民黨委員長金科奉先生 天道敎青友黨委員長金達鉉先生을決定한다。

八

各道郡에이르기까지 各政黨社會團體들의 民主主義民族統一戰線委員會를成立한것을指摘하며 各道에있어서는七月二十八日內로成立하며 各郡에있어서는 八月五日內로成立할것이다。民主主義民族統一戰線委員會에서는書記長及其他事務員을두어事務를處理할것이다。

政黨團體와委員

同戰線에參加한 政黨及社會團體及委員은다음과같다。

參加團體

共産黨、民主黨、新民黨、靑友黨(天道敎)職業總同盟、農民總同盟、民主女性總同盟、民主青年同盟、藝術總同盟、朝蘇文化協會、佛敎總務院、敎育文化後援會、反日鬪士後援會、保健聯盟、建築同盟및消費組合等으로써組織된다。

民主主義民族統一戰線에는其他의現在組織되어있는 民主主義政黨團

證은과 將次組織될民主主義政黨들도參加할수있다。

委 員

△金日成△崔庸健△金枓奉△金達鉉△崔敬德△姜鎭乾△朴正愛△金鎭旭△李箕永△韓雪野△金世律△張時雨△金鴻稷△張鍾植△李병濟△李尙琪△金應相

北朝鮮의 合黨問題

世界民主主義가 全世界에瀰滿하여있고・帝國主義의 特徵인國外市場의侵略的行爲는如前히 發動하고있는것이다。第二次世界大戰後世界政策의決定的方向은 오즉世界民主主義의潮流가 뚜렷이울쑥이고있음에도不拘하고 國際的反動資本家는惡質的인破壞工作으로써・國際平和를攪亂하고國內에있어서 世界民主主義의平和路線을混亂시키여 人民大衆으로하여곰・政治的經濟的生活面에 커다란暗黑相을던저주고있다이에一切反民主主義勢力과 强力한鬪爭을展開하고 民主主義의國家를建設하려는者 오직完全한統一的力量을要求치않을수없으니、그것은各民主陣營의總體的結合에서만 朝鮮의民主主義的解放은 可能하기때문이다。

民主主義政黨의合同은 聯盟的이며數字的인組織體로써 出現되는것이아니오 同一한組織과綱領으로써共同鬪爭을하는各團體의 鬪爭力의飛躍的發展을期하려는 새로운革命勢力의形成을 目的으로하는것이다即徹兵的인總和戰보다드 統一된强力한部隊戰이有利하다는것이 現階段의內外情勢가要請되되고있는點이다。

더욱히反動陣營에서는 民主主義를假裝하고 온갖僞善的手段을弄하면서 民主主義陣營을破壞하면 大衆을欺瞞하기에 아무꺼리낌이없는그리고大膽率直히 外國의反動資本과結託하야 植民地化運動을하고있는이때에있어서는 民主陣營의合同은緊急히要請되는問題라아니할수없는것이다。

이러한要請이各政黨과政治人에게具體的으로進展되기始作하엿다。

北朝鮮勞働黨新發足

난지七月二十六日朝鮮新民黨中央委員會에서는 北朝鮮共產黨中央委員會의二黨合併에對한 條件을緊急討議한後、北朝鮮共產黨中央委員會에對하여贊成한다는 回答을보내었다。二十七日朝鮮新民黨과 北朝鮮

共產黨中央委員會代表는 兩黨合併에關하여再次協議하였고 二十八日에는兩黨合併事務委員會를開催하고 兩黨合併에關한 具體的方法을協議하였다。

二十九日에는兩黨合併事務委員會를開催하고 北朝鮮共產黨中央委員會責任秘書金日成將軍과 朝鮮新民黨主席金枓奉氏는 兩黨合併에關하여熱烈히討議한結果 이에最後的決定을보게되어 兩黨을合併하여北朝鮮勞働黨을創立하기로 全幅的贊成과同意를보았다。

北朝鮮共產黨金日成氏報告

同志들이여! 今日우리의合黨은歷史的으로重大한 意義를갖이고있다。複雜微妙한時局은 우리朝鮮共產黨과 朝鮮新民黨中央委員의連席會議를要求하게되었다。이會合에서우리는原則的意見一致를보아우리兩黨의合同問題를 討論하게되었다。

朝鮮에있어서 이民主主義의發展은複雜한情勢下에成長하여왔다。븕은軍隊가駐屯하는 北朝鮮에있어서는人民大衆의力量이 高度로發展하여이미北朝鮮臨時人民委員會가成立되었고 모든產業、鐵道、運輸、銀行等은急速히復興되고있다。 土地改革의勝利的完遂 民主主義的勞働法令農業現物稅 男女平等權에對한法令等朝鮮社會의政治 經濟文化方面에있어서 낡은封建的制度는 徹底的으로廢消되고 自由發展의길은열렸고 民主朝鮮建設의物質的條件을닦기노았다。이모든基本的民主主義改革은 北朝鮮勞働者、農民、知識分子其他勤勞大衆의聯合에依하야展開되었고 民主主義民族統一戰線의뒤에는 이미五百萬의組織된 民衆이團結하고있다。그렇나이朝鮮의民主主義運動은 國內反動派의頑强한反抗을받고있으나 이國際國內의緊急한情勢下에 우리는무엇을하여야할것인가。國內의情勢는勤勞大衆의一層廣汎한統一的行動을要求하고 人民大衆의團結인要望되고있다。이大衆運動은勤勞大衆의 民主主義的政黨의合同에서 어더지는것이며 朝鮮新民黨과 北朝鮮共產黨의二黨을合同하여 大衆的勞働黨으로統一되기로原則的意見이一致되었다。이것은가장正確하고必然的事實이다。우리는人民大衆을 우리周圍에團結하지않으면안된다。 우리에게는오직은勤勞大衆의 無盡藏한힘이있을뿐이다。우리의戰略은한개의죽은公式이아니다。新局面과新環境에는 機動的으로變化하지않으면안된다。이러한情勢下에兩黨의合同은全面的이고 必然的措置인것이다。이點에充分한認識을가지고兩黨員은 相互包擁과相互理解로勞働黨의綱領政策을最高度로 發揮하지않으면안된다 우리는멀지않은將來에 數百萬의勤勞大衆이 勞働黨의周圍에團結할것을確信하는바이다。

新民黨主席金枓奉氏報告

오늘우리는北朝鮮共産黨과 朝鮮新民黨合同에關한 問題를討論하기爲하여 一堂에會合하게되었다。

八·一五의歷史的날을다시맞이하게된今日 偉大한붉은軍隊가進駐하고있는 北朝鮮에있어서는 世界에우리歷史的民主課業을 實施하였고目下實施하고있다。 그러나南朝鮮의反動分子는 民族統一을妨害하고朝鮮의民主獨立을 破壞하고國外의反動勢力의一員으로서 朝鮮을또다시植民地化할려는 前末歷的發態를하고있다. 이國內外의朝鮮에對한反動을掃蕩함에는 民主力量을一層더强化하는데있다。 여기에있어서 朝鮮新民黨은다음과같은 結論에到達하였다。

新情勢는新戰略과戰術을要求한다. 新戰略戰術은新組織體系를要請한다。

一、朝鮮新民黨의今日의發展은友黨으로서의、北朝鮮共産黨의絶大한援助에依한것이다。 그러나朝鮮新民黨의發展에따라거기에는비록若干이나마、相互摩擦을避하지못하고 兩黨의組織體의缺陷을指摘할수가있다。

卽北朝鮮共産黨은知識分子를 全體的으로包含하지못한데에서 또朝鮮新民黨은 勞働者農民을全體的으로包含하지못한데에서、그原因을찾을수가있다。 以上의點에있어서 不必要한分離와摩擦을絶滅하기爲하여朝鮮新民黨은 北朝鮮共産黨에對하야 兩黨合同問題를提議하였다。 이提議를北朝鮮共産黨에서는 誠意를갖이고、接受하여오늘이歷史的會合을갖이게된것이다。 우리는이事業에있어서 다음몇가지를克服하지않으면안된다。

一、우리兩黨合同의歷史的意義를黨員과 一般大衆에게充分히認識시킬것。

二、兩黨合同은 다른一黨이다른一黨을吸收하는것이아니라 現段階의歷史的必然性에依한 無條件合同인것。

以上의北朝鮮共産黨中央委員會와 朝鮮新民黨中央委員會의連席會議에서行한 金日成將軍과金枓奉先生의報告를聽取한、兩黨合同委員會는이에對하여、全幅的으로贊同하고 다음과같은決定書(省略)와北朝鮮共産黨과 朝鮮新民黨이 北朝鮮勞働黨으로合同함에對한要旨 다음과같은宣言書를發表하였다。

勞働黨宣言書

國外國內의複雜微妙한情勢는、朝鮮民主建設의根據地이며 主導力이되어있는 北朝鮮勤勞大衆의民主力量을一層더强化하고 廣汎하게聯合할것을要求하고있다。 이目的을達成하기爲하여는 北朝鮮의勤勞大衆의

利益을擁護하는 大衆的政黨의合同이必然的으로要請되고있다。이緊急情勢에對處하여 北朝鮮共産黨中央委員會와 朝鮮新民黨中央委員會는兩黨을統一合同하여 北朝鮮勞働黨을組織하고 다음과같은當面課業의實踐을爲하여鬪爭하기로되었다。

一、民主主義朝鮮獨立國家建設을促進할것。

二。一切의反動勢力을一掃하고勞働黨의使命達成을爲하여鬪爭할것。

三、北朝鮮土地改革을强固히하여 全朝鮮的土地改革을實施하고産業、運輸、銀行等의國有化全朝鮮內에 民主主義的勞働法令을實施할것。

四、國家經濟를復興하고産業을發展시켜서 全人民의物質的生活水準을急速的으로向上시킬것。

五、民族文化를發展시키고 文化水準을向上시킬것。

六、世界平和를爲하여 鬪爭하는國家及平和를사랑하는 民主主義國家와의親善을强化할것。

우리北朝鮮勞働黨의使命은 民族獨立을達成하고 朝鮮의眞正한民主主義的國家를建設하여 朝鮮으로하여금世界의平和를爲하여 鬪爭하는先進國家의系列에 堂々히參加할수가있는것이다。 北朝鮮共産黨中央委員會와 朝鮮新民黨中央委員會가兩黨統一合同에依한、勞働黨組織의關한決定을兩黨의全黨員이支持할것을確信한다。

勞働黨의黨員은本黨使命實現을爲하여 一層犧牲的鬪爭을할것을우리는確信한다。

南朝鮮의合黨問題

北朝鮮勤勞大衆의利益을爲한、勞働黨의新發足과 合黨問題에對하야南朝鮮에서도各黨各自가充分한研究와 잘은認識을걷은後 八月三日朝鮮人民黨에서 朝鮮共産黨及南朝鮮新民黨에各々合黨에對한提案文을發送하야 合黨問題는드듸어具體化된것이다。

合黨提案文內容

우리現段階의民族的課業은 自主獨立의完遂와、民主主義國家의建設에있다。이것은오로지 民主主義的勢力의强大化에依하여서만 可能한것이다。

우리나라는 아직自主獨立을達成치못하였으나 聯合國의好意로서 自主獨立이保障되어있으며 不過一年間에民主主義發展은 커다란成果를보여주고있다。北朝鮮에서는土地改革重要産業의國有化 勞働法、男女同等權法等의 實施로서民主主義의

根本課業을實現하는、途程에있으며 南朝鮮에있어서도 民主主義民族戰線을中心으로한 八百餘萬의人民大衆이集結되여、眞正한民主主義運動의、巨大한勢力을形成하여 그課業完遂에邁進하고있다。이에反하여朝鮮의反動勢力은、民主主義를假裝하고 온갓僞善的手段을弄하면서、우리民主陣營의破壞와、大衆을誤導하기에汲々하면서、火急한民生問題는오히려度外視하고있다。

이러한情勢는 우리愛國的民主陣營으로하여금 一層더强固한結束을要請한다。우리는民主主義的建設을現段階의課業으로하고있는以上 그勢力을分散시키고、대로는無用의摩擦을가져올 深慮가없지않은政黨의別立은、無意味하다고생각한다。더욱히反動派들의離間과、謀略을封鎖하는意味에있어서도 우리民主主義各政黨은別立할것이아니라 한個의巨大한政黨으로 合同되어야한다고認定하는바이다。眞正한愛國者는은、朝鮮民族의統一을爲해서、努力해야할것이다。勞働者農民小市民인테리等모든 勤勞人民의利益을擁護하는、新民黨、共産黨、人民黨의合同은 朝鮮民族統一基礎를構築하고民主陣營의主導體를完成하는것이다

이러한見地에서 人民黨中央執行委員會는新民黨中央委員會와、共産黨中央委員會에三個黨을 一大政黨으로統一할것을 提案하는바이니、우리의提案을討議한後 이에回答이있기를要望하는바이다。

朝鮮共産黨에서는 朝鮮人民黨々首、呂運亨氏로부터 南朝鮮三政黨合同에對한、提案을지난三日午後에接受하고 이에對한黨의態度를 決定하기爲하여 同日午後에黨中央事務所에서 共産黨中央委員會를열고討議한結果 이提案에全的으로贊成하기를 決議하는同時에、다음과같은回答을보냈다。

共産黨의回答

朝鮮國內및國際情勢는非常히複雜하다。全世界에民主主義勢力이、强化되는反面에팟쇼殘滓와、反動的帝國主義者은 衰弱하여가지않고 더욱히反民主主義的鬪爭을、積極化하고있다。朝鮮內에서도 民主義的勢力과反動勢力과의사이에鬪爭이尖銳化하고있다。붉은軍隊의援助下에서 民主主義運動이廣汎히發展되고있는 北朝鮮에서는勞働者農民인테리一切勤勞大衆은 土地改革産業의國有化및、勞働法令及女性法令이實施되었음으로、莫大한勝利를達成하였다。이것이朝鮮人民의 根本勢力인勞働者、農民 인테리가民主主義

改革을爲한 鬪爭에있어서 그곳의 同盟을展開케하였으며 이것이곧北朝鮮에서新民黨과 共產黨이合同하게된 基礎를創造한것이다。北朝鮮에서의두民主主義政黨의合同을 우리는正當하게評價하는것이며 또한南朝鮮에서도勤勞大衆의 生活의改善的向上과 民主主義改革의實施와完全自主獨立의完遂를爲한 鬪爭의全面的强化發展을 目的하고人民黨、共產黨및新民黨을한黨으로 合同할이必要하다는 옳은結論을갖게된것은 民主建國을爲하여 慶賀하는바이다。이때共產黨中央委員會는三黨合同에對한 貴黨의提議를承諾하며接受하는同時에合同에對한 交涉을開始하기를宣言한다。

一九四六年八月四日

朝鮮共產黨中央委員會

總秘書、朴 憲 永

朝鮮人民黨中央委員會

委員長 呂 運 亨 貴下

新民黨의決定

北朝鮮共產黨과 新民黨의歷史的인 合同에呼應하야 南朝鮮에서도 進步的民主主義陣營을代表하는 共產黨、新民黨、人民黨等三黨의合同工作은 快速調로進行되여新民黨에서도 七日合同提案에贊同한다는것을呂運亨氏에게回答하야 이로서南朝鮮三黨合同에對한原則的인 一致를보게된것이다。이에따라各黨의合同交涉委員間에는 具體的인合同交涉이開始될것인데 南朝鮮新民黨委員長白南雲氏로부터 呂運亨氏에게보낸回答內容은다음과같다。

回答內容

北朝鮮共產黨과新民黨과의合同으로 勞働黨이結成된것은 富强한民主主義獨立國家를建設하라는 解放

政治의方向을規定한것으로理解되는바이다。民主力量이擴大强化될수록朝鮮의自主獨立은 促進되는것이고反民主勢力이增長될수록 朝鮮의自主獨立을遲延되는것이다。現下의國際政情이複雜微妙한바있거니와 南朝鮮의勞働者農民、小市民인테리겐차等々의勤勞大衆의 權益을代表하는共產黨、人民黨、新民黨은合同하므로서民主力量은 組織結合할수있는것이며 民主獨立을爲한解放政治의推動性을一層하 發揮할만한具體的條件은 具有하게될것이다。그러한理由로貴黨의三黨合同에關한、提案文을接受한後四日에開催한 本黨中央委員會에서愼重討議한結果 原則的으로贊同의意思를表明하기로決定된것이며 玆에具體化하는交涉의用意가있음을宣言하는바이다。

一九四六年十月二十五日 印刷
一九四六年十月三十日 發行

(朝鮮解放一年史)

壹百(定價百圓)

檢印

編輯者 民主主義民族戰線

印刷所 協進印刷公司

發行所 文友印書館
京城府鍾路四丁目一一三
電話㊐二二四五番

朝鮮映畫同盟

서울市黄金町二丁目一九九

電本②一七八三番

日刊

藝術通信

서울市黄金町二丁目一九九

迅速・正確

日刊 解放通信

서울市竹添町二丁目

光化門③ 四四六八・四四六九・三三七四番

(全評機關紙)

全國 勞働者新聞

(全農機關紙)

全國 農民新聞

協進印刷公司
서울市南米倉町二五九
電話本局②(二八一八
三五三三)番

조선해방 일년사

인쇄일: 2025년 12월 15일
발행일: 2025년 12월 30일
지은이: 민주주의 민족전선
판매처: 한국서적유통
발행처: 한국학자료원
서울시 구로구 개봉본동 170-30
전화: 02-3159-8050 팩스: 02-3159-8051
문의: 010-4799-9729
등록번호: 제312-1999-074호

잘못된 책은 교환해 드립니다.
정가 250,000원